Hans-Jürgen Eitner

Hitlers Deutsche

HANS-JÜRGEN EITNER

Hitlers Deutsche

Das Ende eines Tabus

Casimir Katz Verlag

CIP-Titelaufnahme der Deutschen Bibliothek

Eitner, Hans-Jürgen:
Hitlers Deutsche: das Ende eines Tabus / Hans-Jürgen Eitner. –
Gernsbach: Katz, 1990
  ISBN 3-925825-46-0

© Casimir Katz Verlag, Gernsbach 1990
Satz: Casimir Katz Verlag, Gernsbach
Druck: Mühlberger GmbH, Augsburg
Umschlaggestaltung: Zembsch' Werkstatt, München
Motiv: Kind in SA-Uniform, Potsdam 1934,
Landesbildstelle Berlin
ISBN: 3-925825-46-0

Inhalt

5

Vorwort: Warum dieses Buch?

Am 10. November 1988 sprach der Präsident des Deutschen Bundestages, Philipp Jenninger, in einer Gedenkstunde zum Pogrom von 1938. Er wollte das oft behandelte Thema persönlicher, ehrlicher, schärfer akzentuiert aufgreifen; es wurde eine teilweise mißverständliche Rede. Indessen: Entgegen einer damals geäußerten überzogenen Kritik, machte sich Jenninger keiner Geschichtsverfälschung schuldig. Wenn er beispielsweise sagte, 1938 hätten die meisten Deutschen in Hitler den größten Staatsmann unserer Geschichte gesehen, so entsprach dies der Volksstimmung von 1938. Nach seinem erzwungenen Rücktritt meinte Jenninger verbittert, wer unangenehme Wahrheiten ausspreche, der müsse noch immer dafür büßen. Seitdem verstummte er. (Als eine Art später Wiedergutmachung wird Philipp Jenninger 1991 Botschafter in Wien.)

Der amerikanische Historiker Alfred Maurice de Zayas stellte 1986 unwidersprochen fest, nach 1945 hätten im Blick auf das Dritte Reich die deutsche Geschichtsschreibung und auch die deutsche Presse bestimmte Tabus respektiert und gewisse Fragen gemieden. Der deutsche Historiker Rainer Zitelmann bestätigte diesen Hinweis und bemerkte 1989: „Frageverbote und Tabus in der NS-Forschung sind ein Ergebnis der Furcht davor, beispielsweise ... in die rechtsradikale Ecke der ‚Apologeten' des NS-Regimes gestellt zu werden."

Ein Mitarbeiter der Landeszentrale für politische Bildung in Nordrhein-Westfalen bekannte 1989 freimütig, seit 1945 habe bezüglich des Dritten Reiches „ein sorgsam aufbereitetes Klischee einer ausschließlich durch brutalen Zwang zusammengehaltenen, totalitären Überwachungsgesellschaft" geherrscht. Tatsächlich aber hätten die meisten Deutschen in der Normalität eines „weitgehend politikfreien Alltags" gelebt – in einer Welt zwischen Verfolgung und Vergnügen. Der Führerstaat garantierte bewußt eine unpolitische Sphäre.

Das ist der hier nur angedeutete Hintergrund dieses Buches. Der Verfasser, Jahrgang 1925, damit Angehöriger der NS-Erlebnisgeneration, legt eine neuartige, bisher nicht geleistete Zusammenschau von Zeit- und Kulturgeschichte, Sozial- und Wirtschaftsgeschichte des Dritten Reiches vor, und zwar auf dem neuesten Forschungsstand. Das damalige Zeitgefühl wird ohne Beschönigungen eingefangen; es wird wiedergegeben, was damals für die meisten Deutschen allgemeine Empfindung war. Durch eine Fülle von Fakten und Daten, Einsichten und Erkenntnissen wird erstmals, in ungewohnter Perspektive, das Gesamtpanorama der differenzierten Lebenswirklichkeit von Hitlers Deutschen umfassend deutlich. **Im Unterschied zu anderen Gesamtdarstellungen, gibt es hier weder Frageverbote noch Tabus mehr.**

Die Einführung antwortet auf die Frage: Warum wandten sich viele Deutsche seit 1930 von der parlamentarischen Demokratie ab und wählten seit 1932, mit absoluter Mehrheit, die radikalen Parteien NSDAP und KPD? Der Hauptteil antwortet auf die in Geschichtsbüchern nicht plausibel beantwortete Frage: Warum waren 1938/39, nach der Proklamation des Großdeutschen Reiches, 90 % der Deutschen (so Golo Mann 1982) n i c h t für die NSDAP, aber f ü r Adolf Hitler?

Eine Besonderheit: Bei wichtigen Personen wird in Klammern Geburts- und Todesjahr vermerkt, bei lebenden Zeitzeugen das Geburtsjahr. Damit kann der Leser sofort erkennen, was jemand in welchem Alter vor/nach 1933 gesagt oder getan hat. Zugleich wird vielfach das nicht uninteressante Schicksal jener Personen nach 1945 skizziert.

II

Mit seiner Studie „‚Der Führer'. Hitlers Persönlichkeit und Charakter" (1981) eröffnete der Verfasser wissenschaftliches Neuland. Golo Mann schrieb ihm dazu: „Sie sind weitergekommen als alle Ihre Vorgänger. Sie haben tiefer gegraben ... als das je vor Ihnen geschehen ist." Darum geht es auch im neuen Buch. Es ist Hitlers Deutschen und ihren Nachgeborenen gewidmet − zum besseren Verstehen.

Nach der Freiheitsrevolution in der DDR wurde auch dort gefragt: Wie sind 40 Jahre Diktatur aufzuarbeiten? Der SPD-Politiker Klaus von Dohnanyi schrieb in einem „Brief an die Deutschen Demokratischen Revolutionäre", der 1990 als Buch in beiden deutschen Teilstaaten erschien: „Das Wichtigste ist Offenheit ... auch über Namen und Zusammenhänge ... (Man) muß ganz offen über die Vergangenheit reden, auch dort, wo es schmerzt. Und schmerzen tut es immer dort am meisten, wo Namen genannt werden ..." Dieser Forderung Dohnanyis fühlt sich der Verfasser des vorliegenden Buches verpflichtet.

Hans-Jürgen Eitner

Frankfurt, 1. August 1990

1

Hitler:
Weder Zufall noch Notwendigkeit
1919-1932

Gemäß NS-Propaganda war das Dritte Reich das Ziel und der logische Endpunkt preußisch-deutscher Geschichte. Wie früher die NS-Propaganda, sah nach 1945 die alliierte Umerziehungspropaganda in Friedrich d. Gr. einen geistigen Ahnherrn Adolf Hitlers. Oder war das Dritte Reich der Bruch mit preußischen und deutschen Traditionen?

Einerseits hatte der Nationalsozialismus mit obrigkeitsstaatlichem Denken, Untertanengesinnung, Machtanbetung und außenpolitischer Expansion mit Überschätzen eigener Möglichkeiten Vorläufer im wilhelminischen Kaiserreich. *Andererseits* stand der Nationalsozialismus mit seinen revolutionären und rassenideologischen Elementen samt massenmörderischen Konsequenzen der preußisch-deutschen Tradition ebenso fern wie der traditionellen europäischen Machtpolitik. Am Eingangstor des KZ Buchenwald prangte der Wahlspruch des höchsten preußischen Ordens, des Schwarzen Adlerordens: Jedem das Seine! Das war eine zynische Perversion alter preußischer Ideale. Preußentum und Nationalsozialismus waren, so 1978 Sebastian Haffner, Jahrgang 1907, im Kern unvereinbar (201).

Hitler war gewiß kein unerklärlicher „Betriebsunfall" deutscher Geschichte. Aber der Nationalsozialismus ist nicht allein als Konsequenz „innerer Strukturfehler" der deutschen Gesellschaft zu erklären. Hitler fand viele in alten geistigen Strukturen verankerte Anknüpfungspunkte vor, nutzte sie, formte sie um. Er verstand es, verhängnisvolle alte deutsche Sehnsüchte für sich zu aktivieren. Der Nationalsozialismus verband konservative und revolutionäre, elitäre und egalitäre Elemente. Er war, somit, teils ein quantitatives *Mehr* deutscher Geschichte, teils − und weit mehr noch − ein qualitatives *Anderes,* und zwar in Deutschland und in Europa.

Kein Reformator oder Revolutionär, kein Sektierer oder Demagoge kann ohne für ihn günstige Umstände und Umweltbedingungen erfolgreich wirken. Dies galt beispielsweise auch für *Jesus,* dem sich Hitler auf politischem Feld geistesverwandt fühlte. In der Jugendzeit Jesu war Galiläa voller Aufrührer und Gottsucher, die auf den „König-Messias" in aller seiner Herrlichkeit und Größe hofften, der allen Leiden und Schmerzen, aller Knechtschaft und Gottlosigkeit ein Ende setzen werde. − Seit 1924 fühlte sich Hitler als der deutsche politische Messias. Daß einst ein begnadeter Führer erstehen werde, um das Volk aus allem Elend in eine bessere Zukunft zu führen, war in deutscher Tradition verwurzelt und wurde durch das Versagen der demokratischen Parteien in der Weimarer Republik wiederbelebt. Von jenem künftigen charismatischen Führer schwärmten viele Deutsche, nicht nur Rechtsradikale. Leider fragten sie sich in ihrer Schwärmerei nie, ob der ersehnte Führer nicht vielleicht ein Krimineller sein könne, der als Diktator nie mehr abzusetzen sei.

Es gibt kein „Gesetz", nach dem eine Persönlichkeit von dieser oder jener Beschaffenheit, unter diesen oder jenen Umständen, gerade zu dieser oder jener Aufgabe vom „Schicksal" berufen werden *muß;* Hitler war keine historische Notwendigkeit. Hitler verdankte seinen Aufstieg und Erfolg aber auch keinem Zufall. Er stimmte dem selbstredend (30. Januar 1934, Regierungserklärung) zu: Dieses Geschehen um ihn und durch ihn sei keinesfalls „nur dem Einfall irgendeines launischen Menschengeistes oder gar dem Spiel des Zufalls zu verdanken" gewesen (Domarus,

352). Er hatte recht: Wenn bei jedem Aufstieg und Erfolg auch manche Zufälligkeiten mitspielen, völlig zufällig ist der Aufstieg und Erfolg höchst selten. Hitler war weder Notwendigkeit noch Zufall, sondern Produkt einer *Konstellation*.

In Hitler und im Nationalsozialismus strömten viele rationale und irrationale, individuelle und überindividuelle Wirkungskräfte einerseits, vorgegebene gesellschaftliche, politische, wirtschaftliche Situationen und Konstellationen andererseits zusammen – in Eigenspiel, Mitspiel, Gegenspiel. Ernst Deuerlein bilanzierte 1969 knapp jenes vielschichtige Bild: „Eine Koinzidenz geschichtlicher Ursachen, politischer Anlässe und personaler Kongruenz (ermöglichte) das Phänomen Hitler" (Hitler, 159). Anders ausgedrückt: Hitler personifizierte die Wechselwirkung von Zeit, Umständen und Umwelt; er repräsentierte seine Zeit, prägte sie und überwand sie – ohne in ihrem allgemeinen Zusammenhang aufzugehen (Hildebrand, 154).

Hitler war nicht bloß eine epochale Gestalt – aus dem Nichts in das Nichts – mit weltgeschichtlicher Zerstörwirkung, sondern er schloß ein Zeitalter der Weltgeschichte ab. Hitler blieb bis zum letzten Tag seines Lebens, lebendig begraben im Führerbunker seiner Neuen Reichskanzlei und ein körperliches Wrack, die bestimmende und zwingende Kraft des deutschen Schicksals. Dies auch im Sinne jener „geheimnisvollen Koinzidenz" (Jacob Burckhardt) zwischen Individuum und Gesamtwillen, der Hitler – auf seine Weise – ein ihn überdauerndes Kapitel in der Weltgeschichte hinzufügte.

Anhang: Mandatsverteilung bei den Wahlen von 1912 bis 1933
(ohne Splitterparteien)

	1912	1919	1920	1924	1924	1928	1930	1932	1932	1933
Rechtsradikale a)	3	–	–	32	14	12	107	230	196	288
Konservative b)	57	44	71	95	103	73	41	37	52	52
Rechtsliberale c)	45	19	65	45	51	45	30	7	11	2
Zentrum d)	91	91	85	81	88	78	87	97	90	92
Linksliberale e)	42	75	39	28	32	25	20	4	2	5
SPD	110	163	102	100	131	153	143	133	121	120
USPD f)	–	22	84	–	–	–	–	–	–	–
KPD	–	–	4	62	45	54	77	89	100	81
Mandate insgesamt	397	421	459	472	493	491	577	608	584	647

a) 1912; 1924: Deutsch-Völkische Freiheitspartei + NSDAP = Nationalsozialistische Freiheitsbewegung; seit 1928: NSDAP

b) 1912: Hochkonservative (Deutschkonservative Partei) und Freikonservative (Deutsche Reichspartei); 1919 bis 1932: DNVP Deutschnationale Volkspartei; 1933: Kampffront Schwarz-Weiß-Rot (Wahlbündnis von DNVP und Stahlhelm, Bund der Frontsoldaten)

c) 1912: Nationalliberale Partei; 1919 bis 1933: DVP Deutsche Volkspartei

d) 1919: Christliche Volkspartei; 1920 bis 1933: einschließlich der 1918 vom Zentrum abgespaltenen BVP Bayerischen Volkspartei

e) 1912: Fortschrittliche Volkspartei; 1919 bis 1928: DDP Deutsche Demokratische Partei; 1930 bis 1933: DStP Deutsche Staatspartei

f) Unabhängige Sozialdemokratische Partei Deutschlands. Entstanden 1917 als Abspaltung der Kriegsgegner in der SPD; 1920 mehrheitlich zur KPD, 1922 minderheitlich wieder zur SPD

2

Zeitgeist und Angstsyndrom
1919-1932

Vor 1914 kannten breite Schichten ruhigen Lebensgenuß und beständige Lebensverhältnisse. Es fehlte ihnen vor allem die Angst vor einer unsicheren Zukunft. Sie lebten, so schien es, in einem goldenen Zeitalter der Sicherheit. Viele, womöglich die meisten Deutschen hatten das Gefühl, ihr Dasein werde behaglicher und sicherer. Keine der mannigfachen Schwächen des Kaiserreiches war lebensgefährlich. Diese „gute alte Zeit" bürgerlicher Daseinsordnung, mit wertbeständiger *Goldmark*, ist 1918 unwiederbringlich verloren.

Ein tiefes gesellschaftliches Trauma ist die *Inflation* von 1919 bis 1923. Rückblickend meint 1939 der österreichische Schriftsteller Stefan Zweig (1881-1942): „Nichts hat das deutsche Volk ... so erbittert, so haßwütig, so hitlerreif gemacht wie die Inflation" (288). Ebenso 1942 der deutsche Schriftsteller Thomas Mann (1875-1955): „Es geht ein gerader Weg von dem Wahnsinn der deutschen Inflation zum Wahnsinn des Dritten Reiches" (Ges. Werke, XIII, 189).

Jede Geldentwertung entschuldet die Schuldner und begünstigt die aktiven und wohlhabenden Schichten, enteignet die Gläubiger und schädigt die inaktiven und ärmeren Schichten. Für Geldentwertung ist der *Staat allein* verantwortlich. Daher ist diese deutsche Inflation „ein fünfjähriges Staatsverbrechen" (Ziemer, 218).

Vermehrte Kaufkraft bei verminderter Warenproduktion

hatte bis 1918 den Binnenwert der Goldmark halbiert. Die riesigen Kriegsausgaben von rd. 151 Mrd. Mark wurden finanziert zu 61,6 % durch Kriegsanleihen und zu 38,4 % durch schwebende Schulden auf Reichsschatzwechsel. Besondere Kriegssteuern auf Einkommen und Vermögen, die vor allem die Besitzenden hätten treffen müssen und durch Abschöpfen von Kaufkraft die 1914 einsetzende Inflation hätten in Grenzen halten können, wurden praktisch nicht erhoben. 1918 stand Deutschland in der Papiergeldvermehrung, abgesehen von Rußland, an der Spitze der Kriegsmächte. In Berlin beruhigte man sich mit der Phrase, die Sorge um das Vaterland sei im Kriege wichtiger als die Sorge um den Geldwert ... Dieses Inflationspotential konnte nur, bei deutschem Sieg, durch Ausbeutung der Besiegten, oder, bei deutscher Niederlage, durch faktische Enteignung der Deutschen getilgt werden (Dederke, 6 + 62; Petzina, Die, 80 + 81-83; Nussbaum, 20).

Seit 1919 scheuen Reichsregierung, Großunternehmen, Großbanken und Gewerkschaften vor rigorosen Maßnahmen im Sinne eines Staatsbankrotts zurück. Vielmehr scheinen sie, in einer stillschweigenden Interessengemeinschaft, an begrenzter Inflation interessiert: sie fördert Absatz und Export, ermöglicht Vollbeschäftigung und höhere Sozialleistungen. Inflation enthüllt ihre verderblichen Seiten erst allmählich. Seit Juli 1922 setzt galoppierende Inflation ein, nach größten Staatshaushalt-Defiziten und großzügigstem Notendruck.

Gewinner dieser rasenden Hyperinflation sind vor allem die Landwirtschaft , der städtische Hausbesitz, die Industrie (speziell die Schwerindustrie mit erhöhter Machtentfaltung und Konzentration) und nicht zuletzt der Staat, dessen Schulden (31. März 1919: 156,5 Mrd. Mark oder das Dreißigfache von 1913) sich, zu Lasten der patriotischen Zeichner von Kriegsanleihen, in Nichts auflösen. Spargelder, Bankguthaben, Pfandbriefe usw. verlieren bis Ende 1919 ihren Wert . Bis heute heißt es fälschlich, die Inflation habe 1922 begonnen; tatsächlich wird sie 1919 *offenbar* und dauert volle fünf Jahre. Ein Beispiel: Wer bis 1914 ein Vermögen von 50.000 Goldmark erspart und mündelsicher angelegt hatte, verfügt Anfang 1920 noch über 5000, Mitte 1922 über 500, Anfang 1923 über 20 Goldmark , im November 1923 über 0,0005 Pfennig (Heiber, Die, 98).

Anfang Oktober 1923, als man mit *einem US-Dollar* eine Woche lang komfortabel leben kann, kostet ein Ei soviel wie 30 Mio. Eier von 1913. Da der Realwochenlohn des gelernten Arbeiters auf die Hälfte von 1913 gesunken ist, muß ein Facharbeiter für ein Pfund Butter zwei Tage arbeiten, für ein Paar einfache Stiefel sechs Wochen. Herausragende Gewinner der Inflation sind „Börsenbarone, Profitgeier und Ausländer " der Goldwährungsländer; sie kaufen Fabriken und Kunstwerke, Juwelen und Grundbesitz weit unter Wert auf, oft für nur einige Dollars (Deuerlein, Kanzler, 349; Toland, 200).

Viele durch Inflation deklassierte Deutsche machen „den Juden" stellvertretend für alle in- und ausländischen Schieber und Spekulanten zum Sündenbock. Größter Inflationsgewinner ist der Nichtjude Hugo Stinnes (1870-1924), der mit Bankkrediten einen Mammutkonzern zusammenkauft, aber deswegen nicht, wie weit kleinere jüdische Spekulanten, verdammt wird. *(Vorgreifend:* Der Stinnes-Konzern fällt, nach Währungssanierung, 1925 schnell auseinander.)

Diese nie gekannte Umschichtung der Einkommens- und Vermögensverhältnisse, diese radikale Umverteilung des Volksvermögens, bei der Grund- und Anlagekapitalbesitzer ihre Sachwerte vermehren können, bewirkt den wirtschaftlichen Untergang breiter Schichten des alten mittelständischen Bürgertums. Deren Sparkapital ist verloren und damit die Altersversorgung. Junge Menschen sind damals überzeugt, daß die Welt von Verrückten oder Verbrechern regiert werde. In der Inflation wechseln 53 % des Aktienkapitals für nur 21 % des Geldwertes den Besitzer (Nussbaum, 121). Vorsichtig geschätzt, dürfte etwa die Hälfte des alten Geldvermögens den Besitzer wechseln.

Nirgendwo, ausgenommen das bolschewistische Rußland, wird durch Inflation das Eigentum und die Hoffnung auf Eigentum radikaler und umfassender vernichtet als in Deutschland. Der Nationalökonom Moritz Julius Bonn (1873-1965) kommentiert 1953 bissig: „Die Wirtschaftsführer hatten eine kapitalistische Variante der kommunistischen Enteignungspolitik entdeckt" (272). Durch die von der Inflation beschleunigte Konzentration besitzen 1925 0,4 % der Industriebetriebe 30 % des Industrievermögens (Nussbaum, 121). Also einerseits: riesiges Wachstum der Kapitalgesellschaften, andererseits: maßlose Verarmung breiter Massen. Nebeneinander stehen Plünderungen und Krawalle, Schiebungen und Schleichhandel, quälender Hunger und wüste Schlemmerei, rascheste Verarmung und jähes Reichwerden, ausschweifende Tanzwut und schreckliches Kinderelend.

Kein Ereignis zuvor beeinflußt die *Kriminalität* in Deutschland so einschneidend wie die Inflation. Die strafrechtlichen Verurteilungen nehmen zu — 1923 im Vergleich zu 1920 um 31,8 %, zu 1912 um 38,2 %. Wichtiger: Während die Personendelikte um die Hälfte zurückgehen, steigen, im Run auf Sachwerte, die Vermögensdelikte auf das Zweieinhalbfache, davon Diebstahl verdreifacht, Hehlerei versechsfacht; die Abtreibungen verdoppeln sich (Exner, 82-83). Tatsächlich ist das Bild noch viel düsterer: Die Behörden sind den Ereignissen bald nicht mehr gewachsen und können daher nur einen Bruchteil der Verbrechen und Vergehen erfassen und aburteilen.

Einflußreiche Unternehmerkreise, besonders in der Schwerindustrie, fördern die fortschreitende Geldentwertung — wegen ihrer schuldentilgenden und verteilungspolitischen Folgen. Diese Großindustriellen widersetzen sich als die eigentlichen Inflationsgewinner erfolgreich mit „patriotischen" Argumenten einer Währungsstabilisierung, solange sie noch Gewinne aus der Geldentwertung ziehen können. Es ist der größte Raubzug der Schwerindustrie gegen das Volk. Das Unglück, so Bert Brecht, kommt nicht wie der Regen, sondern wird von denen gemacht, die davon Gewinn haben. Indessen: Die alte Geld- und Machtelite behält ihre Vermögen und vermehrt sie in der Inflation noch.

In einer ungeahnten Umwertung aller Werte behalten in der Inflation die Gangster und Glücksritter recht. Die bürgerlichen Tugenden von Anstand und Ehrlichkeit gelten nichts mehr. Diese Zersetzung der Geldordnung ist auch ein Verfall der Rechtsordnung. Dieses *soziale Trauma* der Inflation, daß Moral bestraft und Unmoral belohnt wird, vergiftet nachhaltig das gesellschaftliche Klima in Deutschland.

Auf den lange angedrohten Einmarsch französischer und belgischer Truppen am 11. Januar 1923 in das Ruhrgebiet wegen rückständiger Reparationslieferungen antwortet die Reichsregierung mit dem „passiven Widerstand" an Rhein und Ruhr. Er kostet auf seinem Höhepunkt täglich 40 Mio. Goldmark und wird mit der Notenpresse finanziert. Nun wird die innere Mark-Entwertung katastrophal. Der Abbruch des passiven Ruhr-Widerstandes am 26. September 1923 ebnet den Weg zur Währungsreform. Erst als keine der entscheidenden politischen und wirtschaftlichen Gruppen mehr eindeutige Vorteile aus der Hyperinflation ziehen kann, wird die Mark-Stabilisierung *politisch* möglich. Zudem weigern sich auch die Bauern, ihre Ernte gegen wertloses Papiergeld zu verkaufen, so daß allgemeine Hungersnot droht.

Der Währungsschnitt erfolgt am 15. November 1923 unter dem Schutz des militärischen Ausnahmezustands kraft Notverordnung des Reichspräsidenten zum Zwangskurs 1 Billion (oder tausend Mrd.) Papiermark = 1 Rentenmark. Gleichzeitig werden die Notenpresse stillgelegt und die öffentlichen Haushalte rigoros ausbalanciert. Der Devisenkurs wird auf 4,20 Rentenmark = 1 US-Dollar festgesetzt und stellt den Vorkriegszustand wieder her. Alle demokratischen Parteien sind, mittel- oder unmittelbar, am ungeheuerlichen Vorgang „Inflation" beteiligt und dafür ver-

antwortlich. Es überrascht nicht, daß über das „Staatsverbrechen Inflation" nie politisch gerichtet wird.

Mit dem Untergang der gesellschaftlichen Stellung des
besitzbürgerlichen Mittelstandes einerseits, mit der Prole-
tarisierung des Kleinbürgertums andererseits ist für die
Weimarer Republik und Demokratie eine folgenschwere
negative Vorentscheidung gefallen.

Die Katastrophe „Inflation" wird sieben Jahre später in
der Wirtschaftskrise das Denken und Handeln aller politisch Verantwortlichen bestimmen: man will es *nie wieder*
zu einer Geldentwertung kommen lassen. Der internationale Finanzberater und Bankier Felix Somary (1881-1950)
erkennt (10. September 1926, Vortrag Wien): „Man hat die
Währung geopfert in dem Wahn, dadurch die heimische
Wirtschaft und die internationalen Beziehungen zu retten
... Es ist sehr zu fürchten, daß man in der nächsten Krise die
Wirtschaft und die internationalen Beziehungen opfern
wird, um die Währung zu halten" (381). Der kluge Prophet
Somary wird vier Jahre später bestätigt.

Ein Spiegelbild der Zeit nach dem Ersten Weltkrieg und ihrer Daseinsangst ist die *moderne Kunst*. Sie drückt ihr Lebensgefühl einer schwankenden, zerfallenden Welt durch
eine bewußte Deformation der Naturobjekte und durch
Disharmonie aus. Vorherrschend wird das Düstere und Gedrückte, das Gequälte und Gebrochene. Die moderne
Kunst zerstört in der Malerei die „malerischen" Werte, in
der Dichtung die „Stimmung", in der Musik die „Melodie"
und Tonalität. Repräsentativ dafür sind in der Malerei:
Wassily Kandinsky (1866-1944) und Pablo Picasso (1881-
1973), in der Literatur: Franz Kafka (1883-1924) und James
Joyce (1882-1941), in der Musik: Arnold Schönberg (1874-
1951) und Igor Strawinski (1882-1971).

Der Umbruch 1918/19 löst in Deutschland den durch den
Weltkrieg bedingten Stau der großen geistigen Strömungen seit der Jahrhundertwende. Deutschland bekommt
den liberalsten Staat seiner Geschichte. Der folgende hek-

tische Ausbruch und die äußerste Labilität im Geistigen erwecken in der Weimarer Republik den „Eindruck ungemeiner Lebendigkeit und Fruchtbarkeit, ja, einer kulturellen Blüte" (Dederke, 139). Das militärisch geschlagene und politisch unstabile Deutschland wird zum kulturellen Experimentierfeld und erlebt in den „goldenen zwanziger Jahren" eine bis dahin nie erlebte geistige Freiheit. Eine nie gekannte Hemmungslosigkeit zerbricht viele alte Tabus. Es blühen Kunst und Korruption, Revolution und Reaktion, Reichtum und Hunger, Idealismus und Fanatismus.

All dies konzentriert sich in *Berlin,* das, mit einem Schuß amerikanischen Tempos, zu einer internationalen Weltstadt aufsteigt. Der schweizerische Fotograf Martin Hürlimann (1897-1984) und Verleger (1929-1963) der Monatszeitschrift „Atlantis" in Berlin sieht 1983 wehmütig zurück: „(In Berlin) wehte Weltluft. In den großen Berliner Zeitungen überwog der alte Berliner Liberalismus ... Das Angebot der Hochschulen, Theater, Konzertsäle, Museen war von atemberaubender Vielfalt. Die Reichshauptstadt war zum internationalen Treffpunkt der Geister geworden" (in: Glaser, Freuds, 140). Berlin, für viele Deutsche ein Sündenbabel, wird zu einem für Ausländer attraktiven Ausstrahlungszentrum der künstlerischen Avantgarde und zieht die schöpferischsten, auch die wirrsten Köpfe an.

Die moderne Kunst, unverstanden und unbeliebt beim großen Publikum, verbreitert die Kluft zwischen Avantgarde und Öffentlichkeit. Für die breite Masse ist dies alles spukhaft, beängstigend, zumindest Gegenstand des Spottes. Der deutsch-schweizerische Maler und Graphiker Paul Klee (1879-1940) vermerkt 1924 über die moderne Kunst: „Uns trägt kein Volk" (Laqueur, 223). Von den 34 deutschen Buch-Bestsellern von 1918 bis 1932 mit mehr als 500.000 Exemplaren sind nur drei Repräsentanten der Weimarer Kultur zuzurechnen: Thomas Manns „Die Buddenbrooks" (1901), Erich Kästners „Emil und die Detektive" (1929) und Erich Maria Remarques „Im Westen nichts Neues" (1929) (Schulze, Weimar, 125). Als der nationalsozialistische Innen- und Volksbildungsminister (1930/31) Thüringens, Wilhelm Frick (1877-1946), alle modernen Bilder aus dem Weimarer Schloßmuseum als „Schandmale undeutscher Negerkultur" entfernen läßt, findet sein rabiates Vorgehen Beifall in weiten bürgerlichen Kreisen.

„Fortschritt, Modernismus, Experimentieren — das hieß für viele zugleich ein Vorherrschen von Amoralismus in Kunst und Literatur ..." (Karl Dietrich Bracher, in: „Frankfurter Allgemeine Zeitung", Frankfurt, 14. September 1976). Und dies meint der Komponist Hans Pfitzner (1869-1949), in dessen Werk die deutsche Romantik ausklingt, in seiner Schrift „Die neue Ästhetik der musikalischen Impotenz" (1920): „Das atonale Chaos, nebst den ihm entsprechenden Formen der anderen Künste, ist die künstlerische Parallele zu dem Bolschewismus ... Der geistige Kampf (wird geführt) von dem jüdisch-internationalen Geist, der dem Deutschtum den ihm ganz fremden Wahnsinn des Niederreißens und Zertrümmerns einpflanzt. Das Ganze ist ein Verwesungsprozeß" (Detmar Polaczek, in: Corino, 63).

Das Staatliche Bauhaus in Weimar 1919-1925 und in Dessau 1925-1932 unter den Architekten Walter Gropius (1883-1969) und Ludwig Mies van der Rohe (1886-1969) revolutioniert Architektur und Industrieform der westlichen Welt. In Deutschland werden seine Zielsetzung, sein Schaffen, seine Lehrer oft verlacht und verspottet, politisch verdächtigt, als „verrückt" abgetan. (Der Funktionalismus der Bauhaus-Architektur wird vom Publikum bis heute nicht als der klassischen oder neoklassizistischen Architektur ebenbürtig anerkannt.)

Nicht zufällig entsteht, seit 1918, in Deutschland die variantenreiche *Existenzphilosophie*. Sie sieht als einzig unbezweifelbare Gegebenheiten des Menschen nur noch Sein und Existenz des Menschen. Daher gebe es keine endgültige Wahrheit, keine beständige Sicherheit, keine objektive Wertwelt mehr. Die von Sören A. Kierkegaard (1813-1855) erkannte Einsamkeit des Menschen vor Gott wird in der Existenzphilosophie von Martin Heidegger

(1889-1976) und Karl Jaspers (1883-1969) zur Einsamkeit des Menschen vor dem *Nichts*. Daraus folge die Grundbefindlichkeit der *Angst*. Diese bewußt übernommene und ertragene Angst bewirke — gerade in „Grenzsituationen" von Leiden, Kampf, Schuld, Tod — eine elementare Erschütterung und führe zum Offenbarwerden des Seins, zum tapferen Selbstsein und zur Freiheit des Menschen in einer sinn- und zwecklosen Welt.

Seit 1919 verkündet die *dialektische Theologie* oder *Theologie der Krise* von Karl Barth (1886-1968) und seinen Mitstreitern Emil Brunner (1889-1966), Rudolf Bultmann (1884-1976), Friedrich Gogarten (1887-1967) nicht nur den unüberbrückbaren Abgrund zwischen Gott und Mensch, sondern auch Gericht und Todesurteil über die bürgerliche Welt und bewußtes Aushalten des Verlustes aller Sicherheit.

Im Gegensatz zum Tier sagen dem Menschen keine Instinkte, was er *muß*. Im Gegensatz zum Menschen früherer Zeiten sagen dem modernen Menschen keine Traditionen mehr, was er *soll*. Oft scheint daher der moderne Mensch nicht mehr recht zu wissen, was er eigentlich *will*. Um so mehr ist er dann darauf aus, entweder nur das zu wollen, was die anderen tun — als Opfer des Konformismus, oder nur das zu tun, was die anderen (von ihm) wollen — als Opfer des Totalitarismus (Frankl, 12). Gleichsinnig meint 1922 Oswald Spengler (1880-1936): „Einst durfte man nicht wagen, frei zu denken; jetzt darf man es, aber man kann es nicht mehr. Man will nur noch denken, was man wollen soll, und eben das empfindet man als seine Freiheit" (Untergang, 1141). Ähnlich äußern sich viele Denker und Dichter.

Der konvertierte Katholik und Philosoph Max Scheler (1874-1928), nach 1914 zunächst feuriger Annexionist, akzeptiert die Republik nur mit starken Vorbehalten und sieht 1925 die „langsame Umbildung einer liberalen Gedankendemokratie in eine ... dumpfe Massen-, Interessen- und Gefühlsdemokratie, für welche die Führer nur geschobene Exponenten der herrschenden Gruppentriebe (bald völkisch, bald kirchlich, bald kommunistisch) sind" (Laqueur, 237; Schulz, Aufstieg, 297-298). — Der Nationalökonom Emil von Beckerath (1889-1964) sieht 1927 voraus, daß in Europa mit zunehmenden wirtschaftlichen und politischen Spannungen sich die „Majoritätsideologie" zersetzen und der „autoritäre Staat" an Boden gewinnen werde (a.a.O., 441). — Der Dichter Hugo von Hofmannsthal (1874-1929) prophezeit 1927 eine „konservative Revolution", die das Bestreben nach immer mehr Freiheit ablösen und nach neuen Bindungen streben werde: „Das Leben (wird) lebbar nur durch gültige Bindung" (a.a.O., 296-297).

Hofmannsthal hat erkannt: Die Freiheit in der parlamentarischen Demokratie kann zu einer als drückend empfundenen Last werden, derer man sich nicht ungern entledigt, um der mit der Freiheit verbundenen Verantwortung und Selbständigkeit des Denkens zu entfliehen.

Thomas Mann, der größte und interessanteste Schriftsteller der Weimarer Zeit, spricht nach dem sensationellen Wahlsieg der NSDAP vom 14. September 1930 am 17. Oktober 1930 in Berlin zum Bürgertum: „Der Nationalsozialismus hätte als Massen-Gefühls-Überzeugung nicht die Macht und den Umfang gewinnen können, die er jetzt bewiesen, wenn ihm nicht, der großen Mehrzahl seiner Träger unbewußt, aus geistigen Quellen ein Sukkurs käme, der, wie alles zeitgeboren Geistige, eine relative Wahrheit, Gesetzlichkeit und logische Notwendigkeit besitzt und davon an die populäre Wirklichkeit der Bewegung (Hitlers, HJE) abgibt. Mit dem wirtschaftlichen Niedergang der Mittelklasse verband sich ... die Empfindung einer Zeitwende, welche das Ende der von der Französischen Revolution datierenden bürgerlichen Epoche und ihrer Ideenwelt ankündigte" (Ges. Werke, IX, 876f.).

Es herrscht ein Gefühl der Heimatlosigkeit und Entwurzelung vor. Familienbande sind zerrissen, religiöse Bindungen gelockert, herkömmliche Treue- und Abhängigkeitsverhältnisse aufgegeben. Das führt zu tiefen Unsicherheiten (Schulze, Weimar, 68). Mehr noch: Der deutsche Mensch der Nachkriegszeit stellt zunehmend den Sinn seines Daseins in Frage; er fühlt sein Dasein sinn-entleert; er sieht sich unverstandenen anonymen Mächten hilflos ausgeliefert.

Symptomatisch ist das sprunghafte Ansteigen der *Kirchenaustritte*. Während vor 1914 die Zahl der Austritte aus der evangelischen Kirche bei jährlich 0,4 ‰ (oder 16.400) gelegen hatte, steigt sie von 1919 bis 1932 auf 5 ‰ (195.000) mit Spitzenzeiten 1919 bis 1921 und 1930 bis 1932. Die katholische Kirche verliert seit 1919 jährlich mehr als 1,6 ‰ (30.000). Die Dissidenten-Zahl steigt von 1900: 0,02 % auf 1932 fast 5 %. An der Spitze der Austritte stehen Bewohner städtisch-industrieller Gebiete (Langewiesche/Tenorth, 29).

Wer in ein „geistiges Niemandsland" gestellt ist, fühlt sich − religiös und weltanschaulich − nicht mehr dem verpflichtet, was gewesen ist, und vermag sich noch nicht für das zu entscheiden, was kommen soll. (Ebenso war die Renaissance eine Zeit des Umbruchs vom Mittelalter zur Neuzeit: Man hatte *nicht mehr* den Glauben und *noch nicht* das Wissen. Die herrschende Astrologie und Alchimie standen erst davor, zur Astronomie und Chemie zu werden.) Der deutsche Mensch ist, in der Endphase der Weimarer Republik, allen Gefahren des sinn-entleerten Daseins und der inneren Vereinsamung ausgesetzt. Das Gefühl der Leere und Sinnlosigkeit des Daseins ist ein psychopathogener Faktor in der Gesellschaft von entscheidender Bedeutung.

Seit dem Ersten Weltkrieg werden die Menschen in aller Welt „filmverrückt" und „kinosüchtig", besonders die Deutschen. Die aufblühende Traumfabrik „Film", nicht nur sie, aber sie vor allem, überspielt für die breiten Massen das Leid und die latente Daseinsangst. Ein Beispiel: Während in Berlin im Januar 1919 Spartakus-Unruhen toben, dreht der (seit 1922 in Hollywood) weltberühmt gewordene Regisseur Ernst Lubitsch (1892-1947) in Berlin-Babelsberg in einem der ersten Filmateliers der Welt den zweieinhalbstündigen historischen UFA-Ausstattungs-Stummfilm und Welterfolg „Madame Dubarry": in der Titelrolle die berühmte Pola Negri = Barbara Apolonia Chalupiec (1897-1987), als König Ludwig XV. Emil Jannings (1884-1950). Beide werden dadurch — und später auch in Hollywood — zu Weltstars. Deutsche Stummfilme erobern die Welt, künstlerisch und kommerziell. 1932 exportiert Deutschland mehr Filme in die USA als alle übrigen filmproduzierenden Länder Europas zusammen (Borgelt, 23).

Berlin wird zu *der* großen Theaterstadt Europas und der Welt. Das deutsche Theater dieser Jahre hat „die größten Regisseure, die begabtesten Schauspieler und inszeniert die interessantesten Stücke" (Laqueur, 175). Provinzbühnen in München, Frankfurt a.M., Hamburg, Düsseldorf sind alles andere als provinziell. Der durch Massenszenen, Bühnen- und Beleuchtungstechnik berühmte Regie-Zauberer Max Reinhardt = Goldmann (1873-1943) leitet von 1905 bis 1932 das Deutsche Theater in Berlin und schafft mit seinen magisch-impressionistischen Inszenierungen Höhepunkte des modernen Theaters, in denen sich alle rauhe Wirklichkeit in süßen Traum verwandelt.

Im Berliner Showgeschäft und auf der Operettenbühne, kosmopolitisch durch und durch, feiern Triumphe die unvergleichliche Fritzi Massary = Friederike Massarik (1882-1969), die elegant Laszives mit Diskretion serviert, ihr Ehemann Max Pallenberg (1877-1934), ein genialischer Charakterkomiker, und der Tenor Richard Tauber (1891-1948), der König der Luftschlösser für den kleinen Mann und die große Welt. Mit diesen und anderen Stars kann man die Last des Alltags vergessen. Ebenso in den glänzenden Ausstattungsrevuen von Eric Charell = Erich Löwenberg (1894-1974) mit seinen Chor-Girls nach USA-Vorbild (Th. Koch, 23 + 56-57 + 118-119 + 121-123). Indessen: Tanzwut und Sexwelle mit ihrer überbordenden Lebenslust und wilden Hektik sind untermischt mit Schwermut und Daseinsangst.

Literarischen Ausdruck findet jenes Zeitgefühl, bei-

spielsweise, in dem photographisch genauen Bericht „Leb'
wohl, Berlin" (1939) des 1920-32 in Berlin tätigen angloamerikanischen Schriftstellers Christopher Isherwood
(1904-1986). Es ist eine schwermütig-romantisierende Lie-
beserklärung an Berlin. Der nach diesem Buch gedrehte
US-Film „Cabaret" (1971), Regie: Bob Fosse, machte die
Hauptdarstellerin Liza Minnelli weltbekannt. Was Isherwood nur andeutet, zeigt der Film prall: hinter äußerlicher
purer Lust an Dekadenz und Sex sitzen tiefe Daseinsangst,
Verzweiflung, Galgenhumor der Berliner. Im großen Büh-
nenerfolg „Die Dreigroschenoper" (1928), Texte: Bertolt
Brecht (1898-1956), Musik: Kurt Weill (1900-1950), so empfindet es 1985 Dolf Sternberger (1907-1989), „haben sich
die bösen und die übersüßen Essenzen der Zeit miteinander amalgamiert, der Jux tanzte mit dem Unheil Arm in
Arm. Da sehen wir das Finstere und das Goldene der zwanziger Jahre im grandiosen Leichtsinn eines Kunstwerks
miteinander verquickt" (in: „Frankfurter Allgemeine Zeitung", Frankfurt, 15. März 1985). In 250 En-Suite-Vorstel-
lungen in Berlin, gewissermaßen ein Signal des sich zu-
sammenbrauenden Sturms, applaudiert das bürgerliche
Publikum entzückt der Verhöhnung seiner eigenen Mentalität (Dederke, 152), weil es die ätzende Sozialkritik der
„Dreigroschenoper" zum gewohnten Amüsierbetrieb
zählt.

Thilo Koch findet 1970 in den die zwanziger Jahre be-
zeichnenden Werken und Leistungen „eine merkwürdige
Übererregtheit, Gereiztheit, oft auch Verzweiflung. Die
Künstler, Schriftsteller, Musiker, die Theaterleute und
Journalisten spürten das Doppelbödige, die tiefe Unsicherheit beklemmend, und sie drückten dieses Gefühl aus − in
ihren Bildern, Stücken, Romanen, Chansons, Filmen und
Artikeln ... Diese goldenen zwanziger Jahre, die lustigen,
verspielten, verrückten, tosenden, schillernden − sie tanz-
ten gern und rasend; aber das Parkett schwankte gleich
einer dünnen Eisdecke. Die Künstler und Schriftsteller
Europas und Amerikas haben das alles gefühlt, gesehen,

gestaltet: die Brüchigkeit, den sozialen Konflikt, das Verlogene, Unechte, Unüberbrückbare" (7f. + 164).

Kurt Sontheimer sieht 1974 die Weimarer Zeit reich und beschränkt, kühn und gedrückt, schöpferisch und primitiv, befreiend und regressiv. Dies mache deutlich, „daß das Elend von Weimar weitaus mächtiger war als seine Größe" (Glaser, Freuds, 241). Eine „Einheit aus Fortschritt und Zerstörung" gibt der Kultur der Weimarer Zeit ihr „zerrissenes Antlitz" (Michael Stürmer, in: „Die Zeit", Hamburg, 29. Oktober 1982). So urteilen damals viele Zeitgenossen.

Schon 1924 urteilt der Sozialpädagoge Theodor Bäuerle (1882-1956), 1918 mit Robert Bosch (siehe S. 248) Begründer des Vereins zur Förderung der Volksbildung: Die „herrschende Gesellschaft" diene den „Tageslaunen der Massen und Klassen", fördere „mechanische Gleichmacherei" statt „wahre Demokratie" und dulde „Tyrannei der Wirtschaft über den Geist" (Langewiesche/Tenorth, 342). *Vorgreifend:* Bäuerle ist 1947 bis 1951 Kultusminister von Württemberg-Baden.

So schneidend wie Bäuerle urteilen viele Zeitgenossen, beileibe nicht bloß NSDAP-Anhänger. Lothar Schmidt-Mühlisch zieht 1985 die bittere Bilanz, man dürfe die Rolle der (modernen) Kunst bei der geistigen und sozialpsychologischen Vorbereitung des Nationalsozialismus nicht unterschlagen. „Die extreme Radikalität der Kunst in der Weimarer Republik hat entscheidend jenes Vakuum, jene Angst, jene Bodenlosigkeit gefördert, die den erlösenden Führer (Hitler, HJE) ad portas rief" (in: „Die Welt", Bonn, 23. November 1985).

Vorgreifend: Was damals niemand ahnt: Nach 1933 wird Deutschland „die größte Auswanderung von Intellektuellen in der Weltgeschichte" (Pierre Bertaux, in: Treue/Schmädeke, 166) erleben. Es ist eine Art Selbstenthauptung des deutschen Geistes. Damit gehen „Impulse von kaum zu überschätzender Tragweite in die Welt" (Karl Dietrich Bracher, a.a.O.). Mit dem *Exodus* der jüdischen und liberalen Wissenschaftler, Künstler, Literaten aus

Deutschland beginnt die Spaltung der deutschen Kulturnation. Heute vergessen: Die Deutschen erkennen diesen Exodus nicht oder kaum als Verlust im geistigen Leben der Nation (Hildebrand, 6). Der berühmte Staatsrechtler Carl Schmitt (1888-1985) ereifert sich am 31. Mai 1933 wütend über die emigrierten Intellektuellen, die zum Krieg gegen das deutsche Volk hetzen würden: „Den Landes- und Volksverrat, den sie jahrzehntelang heimlich und getarnt betrieben haben, treiben sie jetzt öffentlich vor aller Welt ... Zum deutschen Volk haben sie niemals gehört. Aber auch nicht zum deutschen Geist ... Aus Deutschland sind sie ausgespien für alle Zeiten" (Becker, 323 + 325). Eine Gesamtdarstellung dieser Kulturemigration gibt es bis heute nicht.

Die meisten Deutschen, fast zur Hälfte in Gemeinden bis 5000 Einwohnern lebend, wenden sich schaudernd vom politisch-wirtschaftlich-kulturellen „Wirrwarr" ab. Viele von ihnen halten Ausschau nach dem „starken Mann", der endlich wieder „Ordnung" schaffen werde. In einer als entgöttert empfundenen Welt ist für viele der *Nationalsozialismus* keine nihilistische Revolte. Für sie ist die Hitlerbewegung ein großer Sammlungsgedanke, der nach tiefer Enttäuschung über Liberalismus, Kapitalismus, Demokratie auf den seelischen Notschrei des Menschen und auf seine Existenzangst antwortet.

Hitler weiß das. Früh (12. April 1922, Rede München) ruft er aus: „Das ist das Gewaltigste, das unsere Bewegung schaffen soll: diesen breiten, suchenden und irrenden Massen einen neuen festen Glauben, der sie in dieser Zeit der Wirrnisse nicht verläßt, auf den sie schwören und bauen, auf daß sie wenigstens irgendwo wieder (sprich: bei Hitler, HJE) eine Stelle finden, die ihrem Herzen Ruhe gibt. Und das bringen wir zuwege!" (Jäckel, Hitler, 624).

Die parlamentarische Demokratie in Deutschland versagt aus äußeren und mehr noch inneren Gründen. Karl Dietrich Erdmann bilanziert 1976 die Folgen: „Zurückblieb das durch die Republik unerfüllte und eben durch ihr Scheitern objektiv als berechtigt erwiesene Verlangen vieler, über der gesellschaftlichen Zerrissenheit und dem Parteienstreit das Verbindende wieder zur Geltung gebracht und das Gemeinwohl als Richtschnur politischen Handelns anerkannt zu sehen. Dem Klassenkampf von oben und unten und der Ideologie des permanenten gesellschaftlichen Konflikts stellte sich ein elementares Verlangen nach Autorität, Ordnung und ‚Volksgemeinschaft' entgegen. In die Verachtung des versagenden Parteienstaates mischte sich das durch Propaganda aufgepeitschte Gefühl der nationalen Frustration und in der Wirtschaftskrise die Angst der bürgerlichen Massen vor dem gesellschaftlichen Abgleiten und dem Verlust der überkommenen Lebensformen. Vielen so Gestimmten erschien Hitler als die Verkörperung der gleichen Ängste und Sehnsüchte" (4/2, 346).

Die Krise der Weimarer Republik und Demokratie ist zugleich eine wirtschaftliche und politische, eine gesellschaftliche und geistige Krise. Jene Gesamtkrise beutet Hitler aus. Dem Massenmenschen ist das Ideal der freien und sittlich verantwortlichen Persönlichkeit fragwürdig geworden. Der Nationalsozialismus spricht den Massenmenschen an und ordnet ihn in eine sinnerfüllte Kultgemeinschaft ein. *Sinn* hat das menschliche Leben, wenn man in ihm einen Wert findet und handelnd verwirklicht, für den es sich zu leben lohnt. Dieser Wert ist für Abermillionen Deutsche ohne feste religiöse, traditionelle oder soziale Bindungen der *Nationalsozialismus*.

Die Weltanschauung „Nationalsozialismus" gibt dem Leben der NSDAP-Mitglieder einen neuen, begeisternden Sinn. Wer an Hitler glaubt, der opfert Freizeit und Geld, sogar das Leben im Bewußtsein, einen wichtigen Beitrag für die strahlende Zukunft Deutschlands zu leisten. Daher fällt die bedingungslose Unterordnung unter den Willen des als Heilsträger erlebten Führers Hitler nicht schwer.

Der Philosoph Ernst Bloch (1885-1977) urteilt 1930 über die NSDAP: Nicht ihre (dürftige) Theorie, „wohl aber ihre Energie ist ernst, der fanatisch-religiöse Einschlag, der

30

nicht nur aus Verzweiflung und Dummheit stammt, die seltsam aufgewühlte Glaubenskraft" (62).

Der Berliner Politologe Sigmund Neumann (1904-1962), ein Pionier historisch-politischer Parteiforschung, erkennt 1931 die Grundstimmung der Hitlerbewegung: „An die Stelle des erschütterten Glaubens, an Vernunft und geschichtlichen Fortschritt ... tritt — wenn nicht Nihilismus — die Berufung auf den irrationalen Strom des Lebens ...: Aktivität statt politischer Theorie, Handeln statt Verhandeln, Autorität und Disziplin statt Erkenntnis und Überzeugung, Gefahr und Abenteuer statt Sekurität und Rechenhaftigkeit, heroische wider merkantile Gesinnung" (75). Oder: Innerlichkeit statt kritischem Intellekt, Gefühl statt Analyse, Gemeinschaft statt Gesellschaft, Ideale statt Interessen (Peukert, Volksgenossen, 289f.).

Der scharfsinnige SPD-Reichstagsabgeordnete Julius Leber (1891-1945) blickt am 20. Juni 1933 im Lübecker Untersuchungsgefängnis zurück: „Das deutsche Volk ist seit den Tagen der großen Inflation seine Existenz- und Lebensangst nie mehr ganz losgeworden. Und Lebensangst hat noch immer zum Erlösungsgedanken geführt, zu Messiasglauben usw. ... Die republikanischen Machthaber hatten nur Witze für diese tiefe seelische Flutung. Als es 1924 und 25-29 gelungen war, wenigstens teilweise diese Lebensangst zu betäuben oder zu dämpfen, zog plötzlich Ruhe ein in das deutsche Staatswesen und in die deutsche Politik. Die neue Krise 1930 und 31 ließ aber plötzlich wieder alle Quellen der seelischen Wirrnisse hervorbrechen, und jetzt stürzte alles unaufhaltsam dem Erlösungsglauben zu, politisch gesehen dem großen Experiment" (Becker, 344f.), der Hitlerbewegung.

Thomas Mann, der allmählich zum Oberhaupt der deutschen Emigration aufgestiegen war, sagt am 10. Juni 1947 vor der Studentenschaft in Zürich, rück- und vorausblikkend: „Groß ist die Sehnsucht der Welt nach einem neuen Glauben, einer religiösen Bindung, die ... dem Leben des Individuums Stütze gewährt gegen das gähnende Nichts,

gegen den absoluten Zweifel, seine Ängste und seine Maß-
stablosigkeit. Dies ist die Anziehungskraft des politischen
Totalitarismus, ... der ... einen seelischen Hafen, eine moralische Unterkunft zu bieten scheint ..." (Ges. Werke, X, 368
+ 369).

Diese Faszination teilen auch andere europäische
Schichten. Es sei beispielsweise daran erinnert, daß bedeutende europäische Schriftsteller der Versuchung des Nationalsozialismus erliegen, etwa Robert Brasillach (1909-
1945), Louis-Ferdinand Céline = Destouches (1894-1961),
Pierre Drieu la Rochelle (1893-1945), Knut Hamsun = Pe-
dersen (1859-1952), Ezra Pound (1885-1972). *Vorgreifend:*
Der Historiker Saul Friedländer, Jahrgang 1932, kommentiert 1984: „Bedeutende Gruppen, ein beträchtlicher Teil
der europäischen Eliten, die noch zwei oder drei Jahre vor
dem ‚Zusammenbruch' (des Dritten Reiches, HJE) kaum
ein Hehl aus ihrer Sympathie für die ‚Neue Ordnung' gemacht hatten, fielen (1945) auf einmal in völlige Sprachlo-
sigkeit und erlitten totalen Gedächtnisverlust" (9f.).

3

Demokratie-Verfall und Staatskrise
1930-1932/33

Das kapitalistische Wirtschaftssystem steht 1932 in seiner schwersten Krise: weltweit etwa 30 Mio. Arbeitslose, brachliegende Produktionskapazitäten, gefüllte Warenläger, Vernichtung von Lebensmitteln, zunehmende Verwirrung im weltwirtschaftlichen Währungs- und Kreditsystem. Die Weltindustrieproduktion (ohne UdSSR) wird in drei Jahren, von 1929 bis 1932, fast halbiert. Die USA, England, Deutschland und Polen, die 1928 zusammen mehr als zwei Drittel der Weltindustrieproduktion erbrachten, sind hinter das 1913 erreichte Niveau zurückgeworfen. Der Welthandel schrumpft 1932 auf zwei Fünftel des Umsatzes von 1929. Jeder fünfte Industriearbeiter auf der Erde ist 1932 arbeitslos (Breuer, 8 + 11; Petzina, Die, 16).

Am härtesten unter der Weltwirtschaftskrise leiden Deutschland und die USA. Die *Selbstmord-Quote,* je 1 Mio. Einwohner, beträgt 1932 in Großbritannien 85, in den USA 133, in Frankreich 155, in Deutschland aber 260 – als Spitze in der Welt (Schulze, Weimar, 360).

In den USA erweist sich das parlamentarisch-demokratische System als stabil. In Deutschland wird die Wirtschaftskrise zur politischen Existenzkrise der Demokratie und des Staates. In Deutschland verbindet sich die Krise des kapitalistischen Wirtschaftssystems mit einer Vertrauenskrise des demokratischen Staatsgedankens und der parlamentarischen Regierungsform. Deutschland ist der *einzige* Industriestaat, in dem die Weltwirtschaftskrise in die *Diktatur* umschlägt. (Keine der marxistischen Faschismus-Theorien kann dies erklären, weil sie alle im Faschismus lediglich den politischen „Überbau des Monopolkapitals" sehen. Dies trifft aber nicht zu.)

Von den vierzehn Jahren der Weimarer Republik sind fünf Jahre (1919-1923) eine Zeit des Bürgerkriegs und der Inflation und fast vier Jahre (1928/29-1932) eine Zeit der Massen-Arbeitslosigkeit. Fast zwei Drittel der Weimarer Zeit sind also, was später oft vergessen wird, Krisenjahre. Ein demokratisch intaktes, seines nationalen Selbstverständnisses und seiner Gesellschaftsordnung sicheres Volk kann auch schwerste Wirtschaftskrisen verkraften — die Deutschen können es nach den vielfachen Einbrüchen seit 1918 nicht.

Ohne das Massenelend wäre vermutlich die NSDAP trotz „Versailles", Inflation und Demagogie Hitlers zwar zu einer starken Partei der radikalen Rechten mit vielleicht 15 % Stimmenanteil aufgestiegen, hätte aber nicht mehr als ein Drittel der Wählerstimmen erhalten und wäre stärkste Reichstagsfraktion geworden. Als Reichskanzler Franz von Papen (1879-1969) Hitler 1932 direkt anspricht: „Sie sind nur da, weil die Not da ist", erwidert Hitler (12. Oktober 1932, Rede Pocking/Bayern): „Wenn das Glück da wäre, dann brauchte ich nicht da zu sein, und dann wäre ich nicht da!" (Domarus, 139).

Einzig vor dem düsteren Hintergrund der Wirtschaftskrise und angesichts des erschütterten, dann geschwundenen Vertrauens zum Staat, für die Deutschen seit sechzig Jahren stabiler Rechtsmittelpunkt, kann sich das demagogische Genie Hitlers entfalten. Rudolf Olden (1885-1940) blickt 1935 im Exil zurück: „Die Not hat das irrationale Bedürfnis gelöst, es flottiert im Raum und sucht nach einer neuen Bindung. Der Halt, der sich ihm am eindringlichsten darbietet, der ihm am eifrigsten aufgedrängt wird, ist der Glaube an Hitler. Der Nationalsozialismus ist eine Funktion der deutschen Not. Seine Flut steigt mit der Flut der

Bankrotte, der Arbeitslosigkeit, des Hungers" (238). Hitler drückt dies (30. Januar 1934, Regierungserklärung) pathetisch so aus: „Eine furchtbare Not schrie um Abhilfe. So, daß die Stunde des Willens harrte, der bereit war, den geschichtlichen Auftrag zu vollenden" (Domarus, 352).

Das parlamentarische Regierungssystem der ersten deutschen Republik ist unstabil. Im Kaiserreich waren die Parteien nicht mit Regierungsbildung und Exekutive befaßt. Daher konnten sie sich nicht in der schmerzhaften Tugend des Kompromisses und Interessenausgleichs üben (Schulze, Weimar, 69f.). Die Unwilligkeit, schließlich Unfähigkeit zum Kompromiß sollte der Republik zum Verhängnis werden. Problematisch bleiben stets Regierungsbildung und Interessen-Integration vieler Parteien in labilen Koalitionen, die schnell wieder verfielen. „Nach der parlamentarischen Grenznutzen-Lehre verstärkt sich die Bedeutung auch einer kleinen Flügelpartei durch ihre Unentbehrlichkeit für die Herstellung einer Majorität" (Eyck, II, 293). Dies erschwert sehr eine stetige Politik. Außerdem: Wegen der schwankenden Mehrheiten der von anderen Parteien tolerierten Minderheitskabinette ist deren Arbeit vielen Vorbehalten, Einschränkungen, Rücksichtnahmen unterworfen — mit negativen Folgen.

Schwierig bleibt auch das Verständnis der Parteien von der parlamentarischen Verantwortung und daher das Verhältnis der Mehrheitsfraktionen zu ihrer eigenen Regierung. „Die Angst vor der Verantwortung ist in einem parlamentarisch regierten Staat die Todsünde" (Eyck, II, 73). Reichsaußenminister Gustav Stresemann (1878-1929), gesundheitlich schwer angeschlagen, ruft am 26. Februar 1928 vor seinem DVP-Vorstand aus: „... Wir stehen in einer Krise des Parlamentarismus, die schon mehr als eine Vertrauenskrise ist ... Wir müssen verlangen, daß der Parteigeist seine Grenze findet an den Lebensnotwendigkeiten der deutschen Entwicklung, daß das Parlament den Zwang nicht nur zur formalen, sondern tatsächlichen Mehrheitsbildung in sich findet ..." (Möller, Weimar, 230 + 231).

Die Deutschen erleben in 14 Jahren (1919-1932), bei acht Reichstagswahlen, 17 Kabinette unter zwölf verschiedenen Kanzlern — wegen der parlamentarischen Unstabilität. Niemals in 14 Jahren gibt es den Normalfall, daß eine Regierungskoalition eine Legislaturperiode andauert. Dies läßt eine Mehrheit der Deutschen zweifeln, ob eine solche „Ausartung" der Demokratie sie aus der Wirtschafts- und Staatskrise herausführen könne. Ohne die zunehmende Unstabilität von Staat und Gesellschaft wäre eine Volksbewegung wie die Hitlers undenkbar. Eberhard Kolb urteilt 1988: „Die Auflösung des Parteiensystems begann also, *bevor* die Weltwirtschaftskrise ausbrach, die Staatskrise einsetzte und die NSDAP zu einem politischen Faktor wurde; der rapide Aufstieg der NSDAP zur Massenpartei hat dann jedoch den Auflösungsprozeß außerordentlich beschleunigt" (169f.). Oder dazu Hans Mommsen 1984 kurz und bündig: „Die Weimarer Demokratie scheiterte nicht an Hitler, sondern Hitler war die letzte Konsequenz ihres Scheiterns" (in: Michalka, 42).

Besondere Beachtung verdient: Seit 1929/30, vor dem politischen Durchbruch der NSDAP, bekennen sich zunehmend *Studenten* zu Hitler.

Die Universitäten überstehen den Umbruch 1918 „nahezu spurlos" (Heiber, Die, 23). Laue Reformversuche zur besseren Eingliederung der Universitäten in die demokratische Gesellschaft versanden. Besonders die Fakultäten Geschichte, Recht, Germanistik sind Bollwerke des Konservatismus, oft der Republikfeindschaft und des antidemokratischen Denkens. Eine Mehrheit des akademischen Establishments und der Studenten, beide im Grunde „unpolitisch", bleibt gefühlsmäßig alldeutschen und wilhelminischen Vorstellungen verhaftet. Die Jahrestage der Schlacht von Sedan (2. September 1870) und der Reichsgründung (18. Januar 1871) werden an allen Universitäten mit Festansprachen pathetisch gefeiert; der Verfassungstag (11. August 1919) bleibt an den Universitäten bloße Ferien-Pflichtübung.

Zwei Momentaufnahmen: *1.* Der berühmte Soziologe und Sozialökonom Max Weber (1864-1920), führendes Mitglied der DDP, scheitert bei den von patriotischen Phrasen erfüllten Münchener Studenten. Bei seiner Beerdigung sind nur wenig Trauergäste zugegen; die akademische Jugend versagt Weber das Grabgeleit (Niekisch, Erinnerungen, I, 60). — 2. Vor der Feier zum 60. Geburtstag Gerhart Hauptmanns am 15. November 1922 beschließt die Berliner Studentenschaft mit großer Mehrheit, an dieser Feier nicht teilzunehmen, weil Hauptmann, nachdem er sich als Republikaner bekannt habe, nicht mehr als charakterfester Deutscher zu betrachten sei (Schulze, Weimar, 123).

Tonangebend bleiben, als „Elite der Nation", die Korporationen, besonders die schlagenden Verbindungen. Sie sind fast ausnahmslos für das Führerprinzip, völkisch-nationalistisch, militaristisch und mehr oder weniger verhüllt *antisemitisch.* Dies vor allem, wie vor 1914, die Deutsche Burschenschaft, die 1920 die Aufnahme von Juden und Judenstämmlingen grundsätzlich ablehnt. So auch 1921 der Hohe Kösener S.C. Verband. Selbst der Cartellverband der katholischen farbentragenden Studentenverbindungen setzt 1923 fest: „Hinderungsgrund für die Aufnahme in den C.V. bildet semitische Abstammung nachweisbar bis auf die Großeltern" (Wolfgang Scheffler, in: Treue/Schmädeke, 20). Der Boden für die NSDAP ist vorbereitet.

Der psychologische Machtverlust der Republik und Demokratie wird besonders eindringlich und früh beim überwiegend aus dem Mittelstand stammenden akademischen Nachwuchs sichtbar. Weil von der Wirtschaftskrise die Studenten besonders hart und ausdauernd getroffen werden, scheint ihnen die Zukunft ungesichert, das traditionell hohe Prestige unerträglich gemindert. Daher gewinnen bei den Studenten völkisch-nationalistische Vorstellungen an Boden.

Der erst am 20. Februar 1926 an der Münchener Universität gegründete NSDStB Nationalsozialistische Deutsche Studentenbund ist antisemitisch, antimarxistisch, teils sozialrevolutionär. Er bemüht sich vor allem um die Werkstudenten und setzt sich für Zusammenarbeit mit Arbeitern ein. Hitler zeigt sich 1927 skeptisch: Es werde nie gelingen, mehr als 10 % der Studenten für den NSDStB zu gewinnen, weil die Studenten Teil der bürgerlichen Intelligenz seien (Wortmann, 51). Der NSDStB wird seit 20. Juli 1928 geführt vom Germanistik-Studenten *Baldur von Schirach* (1907-1974) aus alter, aristokratischer Offiziersfamilie mit künstlerisch-kosmopolitischen Neigungen und amerikanischer Mutter, der, seit 1925 NSDAP-Mitglied, erhebliche eigene Mittel investiert. Die früheren sozialrevolutionären Tendenzen im NSDStB werden ausgeschaltet (Brandenburg, 47).

Das Anschwellen der „Nationalen Opposition" drückt sich im Anstieg des NSDStB aus. Der Appell an patriotische Gefühle findet ein williges Ohr bei einer Generation, die alle Schrecken des Krieges nicht am eigenem Leib erfahren hat, die Schrecken des Friedens mit seinem Daseinskampf aber kennt und fürchtet. Dank einer bis dahin unbekannten radikalen Propaganda und wegen Provokation des Establishments durch wüste Demonstrationen und Krawalle gewinnt der NSDStB in vielen AStA ein Übergewicht, zumal sich an den AStA-Wahlen nur 30-35 % der Studenten beteiligen. Bei den AStA-Wahlen im Wintersemester 1928/29 erhält der NSDStB an den 15 Hochschulen, an denen er kandidiert, im Durchschnitt 13 % der Stimmen (Wortmann, 70). Im Frühjahr 1930 ist der NSDStB stärkster Studentenverband.

Schirach kann zunächst die Korporations- und Burschenschaftsverbände einspannen, dann (21. Juli 1931) die aus den AStA-Wahlen hervorgehende, demokratisch organisierte Dachorganisation Deutsche Studentenschaft. Der 1928 aus den den demokratischen Staat bejahenden republikanischen, sozialistischen und jüdischen Hochschulgruppen gegründete Deutsche Studentenverband bleibt eine Minderheit.

Bei den AStA-Wahlen schneidet der NSDStB wie folgt

ab, zunächst Ergebnis 1929/30, dann 1930/31. Berlin Technische Hochschule 38,0 %-66,6 %, Tierärztliche Hochschule 30,0 %-50,0 %; Bonn 8,8 %-19,0 %; Breslau 25,4 %-70,9 %; Erlangen 51,0 %-76,0 %; Greifswald 53,0 %-60,0 %; Hamburg 16,6 %-41,7 %; Jena 30,0 %-66,6 %; München Universität 18,4 %-33,3 %, Technische Hochschule 20,0 %-36,6 %; Würzburg 30,0 %-40,0 % (Bracher, 132-134). Dieser meist kampflos gelungene „Sturm des NSDStB auf die Hochschulen" nimmt den politischen Durchbruch der NSDAP am 14. September 1930 im Reich deutlich vorweg. Wenn sich gerade die künftige akademische Führungsschicht gegen das „System" und für die Hitlerbewegung mobilisieren läßt, stärkt das den Nimbus der NSDAP als junger Bewegung, welche die alte, sterbende Ordnung bald ablösen werde (Langewiesche/Tenorth, 216).

Vorgreifend: Am 30. Januar 1933 dürften weit über die Hälfte der Studenten, womöglich bis zu zwei Drittel ihrer Gesinnung nach Nationalsozialisten sein (Michael H. Kater, in: Tröger, 33). Der NSDStB wird nach 1933 zu einer politischen Elite der NSDAP an den Universitäten und Hochschulen und stellt den Kadernachwuchs besonders für den SD, den geheimen Sicherheitsdienst der SS. Die aus dem NSDStB hervorgehenden Beamten, Ärzte, Studienräte, Rechtsanwälte usw. arbeiten vielfach als SD-Spitzel, ohne daß jemand in ihrer Umgebung etwas davon ahnt (Engelmann, Im, 127f.).

Es heißt heute oft, da die Weimarer Demokratie weder von der Verfassungs- noch von der Gesellschaftssstruktur her eine echte Demokratie gewesen sei, wäre ihr Scheitern in gewisser Weise konsequent. Michael Stürmer meint 1984, die freiheitliche Demokratie sei „nicht lebensfähig" gewesen, da ihr der tragende Konsens der Bürger gefehlt habe. „Bis heute gilt, daß niemand die Geschichte der ersten deutschen Republik anders zu sehen vermag als im Banne des Bürgerkrieges, in dem sie zustande kam, der trügerischen Hoffnungen, die sie begleiteten, und des moralischen und politischen Höllensturzes, der ihrem Scheitern folgte" (in: Boockmann, 325).

Hatte die Republik wirklich, von ihrer Geburt an, die „Krankheit zum Tode?" (Kierkegaard). Diese These wird umstritten bleiben. Es ist Horst Möller (1985) beizupflichten: „Kein Zweifel, die Chancen der demokratischen Republik waren von Beginn an gering, doch war sie nicht zwangsläufig zum Scheitern verurteilt" (Weimar, 8).

Eine entscheidende Frage wird in Schulbüchern kaum gestellt und beantwortet: Wie entwickelt sich (Dederke, 273) in der Wahl zur Nationalversammlung 1919 und in den folgenden acht Reichstagswahlen der Stimmenanteil der *staatsfeindlichen* und der *staatstragenden* Parteien? Staatsfeindliche Parteien sind Völkische/NSDAP, DNVP, DVP, kleine, in ihrer Haltung schwankende Parteien und USPD/KPD. Staatstragende Parteien sind SPD, DDP/DStP und Zentrum/BVP. Der erstgenannte Wähleranteil nennt die staatsfeindlichen, der zweitgenannte die staatstragenden Parteien, beide Wähleranteile kombiniert, Mehrheit hervorgehoben, Rest sind Splitterparteien.

1.	19. Januar	1919	23,4 % :	**76,1 %**
2.	6. Juni	1920	**50,6 %** :	47,8 %
3.	4. Mai	1924	**53,7 %** :	45,7 %
4.	7. Dezember	1924	49,3 % :	**49,5 %**
5.	20. Mai	1928	45,1 % :	**49,4 %**
6.	14. September	1930	**51,6 %** :	42,9 %
7.	31. Juli	1932	**59,5 %** :	38,1 %
8.	6. November	1932	**59,8 %** :	36,1 %
9.	5. März	1933	**65,8 %** :	33,0 %

Es lassen sich fünf ins Auge fallende Schlußfolgerungen ziehen:

1. In nur einer der neun Wahlen, der ersten, vereinigen 1919 die staatstragenden Parteien eine klare Dreiviertel-Mehrheit auf sich.

2. In nur zwei Reichstagswahlen (1924, 1928) haben die

staatstragenden Parteien eine relative Mehrheit der Wähler hinter sich.

3. Die Wähler machen früh (1920, 1924) ihrer Enttäuschung über die staatstragenden Parteien und damit über die Demokratie Luft.

4. Seit 1930 verurteilen die Wähler die staatstragenden Parteien zur Minderheit und bekennen sich, mit wachsenden absoluten Mehrheiten, zu staatsfeindlichen Parteien und damit zur Diktatur.

5. Anfangs, 1919, wählen die deutschen Stimmbürger zu drei Viertel demokratische Parteien, 1932/33 nur noch zu einem Drittel.

Der Publizist Paul Sethe (1901-1967) urteilt 1963 zusammenfassend: „Die Mehrheit des deutschen Volkes wollte 1932 die Herrschaft des Volkes nicht mehr. Die Freiheit war ihr zu anstrengend geworden. Man kann gegen den Willen eines Volkes autokratisch, tyrannisch, absolutistisch, aristokratisch regieren, aber man kann nicht gegen ein Volk demokratisch regieren" (328). Die Gefühlswelt der Deutschen ist 1932/33 in der Tat überwiegend antiliberal und antiparlamentarisch, dafür auf Volksgemeinschaft und Diktatur gerichtet.

Der Publizist Konrad Heiden (1901-1966) blickt 1936 zurück, wie sich die Deklassierten von der Demokratie abwenden: Sie behalten ihre gesellschaftlichen Ansprüche und Ideale, kommen aber, angesichts des Versagens der parlamentarischen Demokratie, notwendigerweise zur Überzeugung, daß nur eine Umwälzung ihre Forderungen erfüllen könne. „Der deklassierte Arbeiter will Arbeit; der deklassierte Angestellte will standesgemäßes Auskommen; der deklassierte Gewerbetreibende will Aufwertung seines durch Zinslast, Konkurrenz und Steuerdruck entwerteten Besitzes ...; der deklassierte Fabrikant wie der deklassierte Aktionär wünschen staatliche Aufträge; der deklassierte Landwirt fordert staatliche Mindestpreise. Bunt und schillernd zieht der Umsturz heran" (Hitler, I, 250).

Der Politiker und Publizist Ernst Niekisch (1889-1967) erinnert sich 1958 ähnlich: „Der Nationalsozialismus stieg zur Macht empor als eine bürgerliche Bewegung; was aber seine Reihen füllte, war entwurzeltes Bürgertum. Es wurde verstärkt durch arbeitsloses Proletariat, das ... das Los der Entwurzelung teilte. Es waren Menschen, deren tägliches Lebenselement die Unsicherheit war und die mit dem Zusammenbruch ihrer kleinen Welt ... ihr seelisches Gleichgewicht verloren hatten ... Sie hatten nicht mehr viel zu verteidigen; so waren sie Angreifer und wollten ein Stückchen Boden erobern, um darin wieder Wurzeln schlagen zu können. Sie waren Ausgestoßene, die nicht gewillt waren, es zu bleiben" (Erinnerungen, I, 254).

Die *Sozialdemokratie* kann aus der Umbruchphase 1918/ 19, als ihr die Massen zuströmten, kein dauerhaftes Kapital schlagen und verliert rasch an Anziehungskraft. In der ersten Reichstagswahl nach Verabschiedung der Reichsverfassung, fast drei Monate nach dem rechten Kapp-Putsch, ist am 6. Juni 1920 die SPD der große Verlierer. Bei einer um 3,8 % geringeren Wahlbeteiligung erhält die SPD statt 11,509 Mio. nur 6,104 Mio. Stimmen oder 47,0 % weniger.

Der *Liberalismus,* die politische Anschauung des gebildeten und besitzenden Bürgertums, gerät in zunehmende Vereinsamung. Seit Ende des 19. Jahrhunderts befindet sich der Liberalismus in einem „langen Dauersterben" (Hagen Schulze, in „Frankfurter Allgemeine Zeitung", Frankfurt, 3. April 1982). Er kann sich nach 1918 weder erholen, noch in der Aufschwungzeit 1924-1928/29 stabilisieren, geht daher ohne wirkliche Anziehungskraft in die Wirtschafts-, Gesellschafts- und Staatskrise hinein und ist dieser dreifachen Herausforderung nicht gewachsen (Jürgen C. Heß, in: Holl, 46). Die linksliberale DDP, „einzige zuverlässige Stütze des republikanischen Deutschland in der nicht-sozialistischen und nicht-katholischen Bevölkerung" (Eyck, I, 221), verliert 1920 60,0 % ihrer Wählerstimmen von 1919.

Die *Weimarer Koalition* von SPD, DDP und Zentrum/BVP

insgesamt, die in der Nationalversammlung eine Dreiviertel-Mehrheit besitzt, verliert 1920 erdrutschartig die Parlamentsmehrheit und kann sie *nie wieder* zurückerobern. „Die Parteiengruppe, die sich 1917 zusammengefunden und 1919 die Verfassung geschaffen hatte, ist niemals von der Wählerschaft mit der politischen Führung der Republik auf der Basis dieser Verfassung beauftragt worden" (Erdmann, 4/1, 227). Damit hat die Wählerschaft eine folgenschwere Weichenstellung zu Ungunsten von Demokratie und Republik getroffen. Es wird demnach 1920 sichtbar, „wie satt die Mehrheit der Deutschen nach anderthalb Jahren bereits die Demokratie hatte" (Schulze, Weimar, 223).

Reichskanzler (1930-1932) Heinrich Brüning (1885-1970) steuert, mit Blick auf die ausländischen Reparationsgläubiger, harten Deflationskurs, um den Reichshaushalt ins Gleichgewicht zu bringen. Das ist, nach damals vorherrschendem Erkenntnisstand, zwar nationalökonomisch korrekt, beschwört jedoch den Notstand, dem es zu begegnen gilt, erst eigentlich herauf. Brüning weiß, daß sein Kurs (Ausgabensenkungen, Steuererhöhungen) zunächst, durch gewolltes „Gesundschrumpfen der Wirtschaft", die Krise noch verschärfen muß.

Brünings stete Begründung: Er werde keine inflatorische Maßnahme zulassen. Brüning will den Gläubigerstaaten ein verarmtes Deutschland vorführen, das keine Reparationen mehr zahlen könne. Im Wettlauf mit der Zeit, so Brüning, werde die Befreiung von Reparationen und dann auch der Konjunktur-Aufschwung eher kommen als der Punkt, an dem das von Elend und Lasten erdrückte Volk sein Schicksal dem rechten oder linken Radikalismus anvertrauen werde.

Mit seinem rigorosen Deflationskurs befindet sich Brüning *im Einklang* mit den meisten Politikern, Wirtschaftlern, Wissenschaftlern. Daher können sich diese nicht von der Mitverantwortung für diesen Kurs freisprechen (Werner Jochmann, in: Stegmann/Wendt/Witt, 99). So sind angesehene Nationalökonomen wie etwa Edgar Salin (1892-

1974) oder Wilhelm Röpke (1899-1966) gegen Arbeitsbeschaffung durch Kreditprogramme. Werner Jochmann
stellt 1978 fest: „Es ist unbillig, immer nur der Bevölkerung
Kopflosigkeit und Verführbarkeit, Angst und Panik zu be-
scheinigen, die wenigen aber, die den Leistungswillen und
die Kraft des deutschen Volkes aber so hoffnungslos über-
forderten, beflissen zu rechtfertigen und aus der Verantwortung zu entlassen" (in: Stegmann/Wendt/Witt, 107).

Alle politisch Verantwortlichen versagen darin, spätestens zur Jahreswende 1930/31 ein Arbeitsbeschaffungsprogramm auf die Beine zu stellen. Die „heimatlose Linke"
in ihrem Hauptorgan „Weltbühne" (Auflage rd. 10.000
Exemplare) unter Kurt Tucholsky und Carl von Ossietzky
bleibt in dieser zentralen Frage ebenso stumm wie die „heimatlose Rechte" in ihrem Hauptorgan „Die Tat" (Auflage
rd. 30.000 Exemplare) unter Hans Zehrer und Ferdinand
Fried.

Die orthodoxe Wirtschafts- und Finanzpolitik Brünings
trägt erheblich zum Kollaps der Weimarer Republik bei.
Daher bleibt am allererstaunlichsten: In seinen 1934/35
diktierten, 1970 posthum veröffentlichen Memoiren bleibt
Brüning unerschüttert dabei, daß sein Deflationskurs richtig gewesen sei. Mit der Widerlegung seiner Überzeugung
setzt er sich nicht auseinander (Ziemer, 197).

Der Reichstag spricht am 14. Dezember 1929 einer
Reichsregierung zum letzten Mal das Vertrauen aus. Seitdem ist das bis dahin funktions*unwillige* Parlament eindeutig funktions*unfähig* geworden (Heiber, Die, 228). Entgegen einer nach 1945 mitunter geübten Schönfärberei, bietet die Weimarer Republik in ihren letzten Jahren, so Golo
Mann 1940, tatsächlich immer mehr „das Schauspiel ab-
scheulicher Verwilderung und Zersetzung" (Geschichte,
51).

Die demokratischen Parteien tragen die geschichtliche
Verantwortung dafür. Sie machen den Reichstag schon zu
einem Zeitpunkt handlungsunfähig, als die revolutionären
Gegner von der extremen Rechten und Linken noch keine

bedrohliche Stärke besitzen. An der engstirnigen, zum mehrheitlichen Kompromiß unfähigen Politik der demokratischen Parteien gibt es nichts zu beschönigen. Die von der extremen Rechten und Linken berannte Demokratie ist *nicht* in erster Linie von den beiden radikalen Herausforderern NSDAP und KPD zerstört worden. Hans Mommsen urteilt 1984: „Nicht die Wahlerfolge Hitlers lösten die Krise des parlamentarischen Systems aus, sondern die Krise des parlamentarischen Systems machte den Durchbruch der NSDAP als Massenbewegung überhaupt erst möglich" (in: Michalka, 35).

Hitler steht die Tür zur Macht zwar nicht offen, er ist aber auch nicht gezwungen, sie gewaltsam aufzubrechen. Erst das Versagen der demokratischen Parteien macht Hitler den Weg zur Macht frei. Seine Massenbewegung hat ihn bis an die Schwelle der Macht gebracht; nur die alte Machtelite konnte ihm über diese Schwelle hinweghelfen (Klaus-Jürgen Müller, in: Michalka, 143). Und sie tut es 1933.

Der Parlamentarismus dankt 1930 zugunsten einer präsidialen Notverordnungs-Diktatur ab. Das Verhältnis von präsidialen Notverordnungen zu Reichstags-Gesetzen verschiebt sich von 5:98 (1930) über 42:34 (1931) zu 60:5 (1932). Auf Drängen der Reichsregierung vertagt sich der Reichstag mehrfach für längere Zeit, monatelang, so daß die Reichstags-Sitzungstage von 1930: 94 über 1931: 41 auf 1932: 13 zurückgehen (Möller, Weimar, 192). Von Parlamentarismus kann mithin auch hier keine Rede mehr sein.

In ihrem Kern existiert die Weimarer Republik *vor* der NS-Diktatur nur noch als ein Scheinwesen. Daher meint die „Weltbühne" am 7. Juni 1932 bitter, Brüning sei der „Totengräber" der Republik gewesen (Gerhard Schreiber, in: Michalka, 321). Daher meint 1980 Helmut Heiber, daß „an der Wiege des Dritten Reiches" Brüning stehe (Die, 231). Auch Marion Gräfin Dönhoff urteilt 1984, es sei „der totale Bankrott von Weimar" gewesen, „der so unausweichlich zu Hitler hingeführt" habe (in: „Die Zeit", Hamburg, 20. Juli 1984).

Die letzten drei Reichstagswahlen 1930 bis 1932 zeigen übereinstimmend: Eine Wählermehrheit ist *gegen* die NSDAP, kann sich jedoch nicht mehrheitlich *für* etwas anderes entscheiden. Mithin gibt es keine klare Mehrheitsbildung der Rechten, der Linken oder der Weimarer Koalition mehr. Aber die Mehrheit gegen Hitler ist eben keine Mehrheit für die Demokratie. Als die beiden Diktaturparteien NSDAP und KPD zusammen im Reichstag die Mehrheit haben, ist die parlamentarische Demokratie verloren. Die Demokratie in Deutschland hat ihre Legitimation durch die Stimmbürger eingebüßt. Die Reichsverfassung bietet keine hinreichenden rechtlichen Möglichkeiten, die Grundlagen des demokratischen Rechtsstaates zu wahren.

In der Staatskrise 1932/33 gibt es nur die Alternative des offenen *Verfassungsbruchs:* Ausschaltung des Reichstages, Verbot der extremen Parteien und Kampfverbände, vollziehende Gewalt bei den Kommandierenden Generalen der sieben Wehrkreise — also eine von der Reichswehr gestützte Präsidialdiktatur ... *Ein Gedankenspiel:* Wenn ein autoritäres Regime, im Zeichen der Reichswehr-Exekutive, zwar die Demokratie suspendiert, aber die Freiheit der Bürger vor NSDAP und KPD schützt, womöglich die NSDAP weiter an Anhang verliert, könnte es eine völlig andere Entwicklung geben — ohne ein Drittes Reich. Dies allerdings mit dem unkalkulierbaren Risiko des militärischen Ausnahmezustandes und eines denkbaren Bürgerkrieges gegen NSDAP und KPD, also — wählermäßig — gegen die Hälfte des Volkes.

Reichswehr und Polizei sind aber angeblich außerstande, gegen Nationalsozialisten *und* Kommunisten die Ordnung aufrechtzuerhalten. Deswegen breitet sich in Berlin 1932/33 ein ähnliches Gefühl der Ratlosigkeit aus wie 1917/18 bei Kaiser und Kanzler: Volle Parlamentarisierung oder Ausschaltung des Reichstags durch Verfassungsbruch schienen gleichermaßen ungangbar. Der kaisertreue und stockkonservative Reichspräsident Paul von Hindenburg (1847-1934), kein Demokrat, aber seinem Eid auf die Verfassung treu, lehnt die ihm zweimal vorgeschlagene Militärdiktatur ab. Damit bleibt Hindenburg als Alternative nur die verfassungsmäßige Berufung eines Kabinetts Hitler. Weder Hindenburg noch seine Umgebung denken daran, die Macht an die NSDAP auszuliefern. Eine NS-Diktatur soll geradezu durch ein Einspannen Hitlers *hintangehalten* werden.

Das Berliner Institut für Konjunkturforschung meldet im Dezember 1932 — voreilig — über die weltwirtschaftliche Konjunktur: „Noch kein Aufschwung, aber der Abschwung beendet." Der internationale Geldmarkt (kurzfristige Bankkredite, Wechselgeschäfte) und Kapitalmarkt (längerfristige Kredit- und Bankgeschäfte) sieht jedoch 1932/33 so aus: Der Geldmarkt quillt über und muß sich mit minimaler Verzinsung begnügen; auf dem Kapitalmarkt ist das Geld knapp und das Zinsniveau hoch. In Deutschland wird die kurzfristige Anlage weiterhin der langfristigen vorgezogen, weil schnelle Rückkehr des Kredits mehr wiegt als höherer Zinsertrag langfristiger Anlage. Das heißt: Entgegen späterer Legendenbildung ist zur Jahreswende 1932/33 die deutsche Volks- und Wirtschaftskraft *tatsächlich gelähmt.*

In einigen Darstellungen heißt es demgegenüber bis heute, die Wirtschaftskrise sei im Sommer 1932, mit dem Tiefpunkt des Abschwungs, im Abklingen gewesen, und im Herbst 1932 habe ein zwar langsamer, aber doch deutlich registrierbarer Aufschwung eingesetzt. Die Fakten: 1934 kennzeichnet das Statistische Reichsamt das gesamte Jahr 1932 *und* das erste Halbjahr 1933 als „Depression" und erst die zweite Jahreshälfte 1933 als „Erholung". Alle Indikatoren der wirtschaftlichen Entwicklung zeigen, daß zur Jahreswende 1932/33 ein *neuer Tiefpunkt* erreicht ist. „Der entscheidende Impuls kam demnach aus den mit der Machtübernahme des Nationalsozialismus entstehenden Erwartungen ..." (Friedrich-Wilhelm Henning, in: Winkel,

172). Ohne staatliche Arbeitsbeschaffungsmaßnahmen von 1933 wäre vielleicht die Arbeitslosigkeit nicht weiter gestiegen. Aber es ist wenig wahrscheinlich, daß die Wirtschaft *ohne* die NS-Impulse sich so schnell aus ihrer Erstarrung gelöst und die Beschäftigung so schnell zugenommen hätte (Kroll, 417; Pentzlin, Die, 199f.).

Weitverbreitet sind zur Jahreswende 1932/33 im deutschen Volk alle Schattierungen von Verbitterung, Unlust, Pessimismus − wie ein „Endzeit"-Gefühl: So wie bisher kann und darf es nicht weitergehen! Im Halbmonatsbericht des Regierungspräsidenten von Ober- und Mittelfranken vom 19. Januar 1933 heißt es fast repräsentativ: „Die Stimmung der Bevölkerung ist recht gedrückt. Jeder Stand ist über seine Lage ungehalten. Das Trostlose an der Sache ist, daß gar keine Besserung in Aussicht ist" (Broszat/Fröhlich/ Wiesemann, 48).

Dazu gehören u.a. dürftige, abgenutzte Kleider und Möbel, ungepflegte und verfallende Häuser, trostlose kleine Läden ohne Kundschaft. Dazu gehören aber auch die herumlungernden Arbeitslosen, die auf Bessergestellte bedrohlich wirken. Demgegenüber sind populäre Forderungen: Autorität, Führertum, klare Verhältnisse, hartes Durchgreifen ... Die Anhänger von Parlamentarismus und Parteienstaat sind in der Minderheit, und sie wissen nicht mehr weiter.

Zur Jahreswende 1932/33 resignieren Führungen und Anhänger der zermürbten demokratischen Parteien − mit wenig Ausnahmen. Dem Gefühl allgemeiner Ratlosigkeit gibt der linke Journalist Axel Eggebrecht, Jahrgang 1899, in der „Weltbühne" vom 12. Januar 1933 Ausdruck: „Wir sind dabei, uns selbst aufzugeben ... Es ist vorbei. Man legt die Hände in den Schoß und wartet auf Hitler" (Corino, 253, Anm. 32). *Vorgreifend:* Eggebrecht, früher Stummfilm-Drehbuchautor, Verfasser spöttischer Artikel über NSDAP-Führer, kommt 1933 ins KZ, wird 1934 freigelassen und arbeitet als Drehbuchautor unpolitischer Filme.

Es herrscht in Deutschland 1932/33 eine Situation, die

Wladimir I. Lenin = Uljanow (1870-1924) in seiner Schrift „Radikalismus, die Kinderkrankheit des Kommunismus" so beschreibt, daß „die ‚Unterschichten' das Alte nicht mehr *wollen* und die ‚Oberschichten' in der alten Weise nicht mehr *können*" (Ruge, Hitler, 89). Wünschen auch Hitlers Gegner insgeheim jetzt den Reichskanzler Hitler?

Die NSDAP ist eine Volkspartei, die Hitlerbewegung eine Volksbewegung. Unter den Parolen „Deutschland erwache!", „Juda verrecke!", „Gemeinnutz geht vor Eigennutz!", „Arbeit und Brot!" zählen, vor 1933, zur NSDAP Monarchisten und Ex-Kommunisten, Protestanten, Katholiken und Christentum-Gegner, Industrielle und Arbeiter, Handwerker und Intellektuelle. Die NSDAP verliert zwar nicht ihre ursprüngliche mittelständisch-kleinbürgerliche Prägung, ist aber eine Partei neuen Typs gegen Klassen und Stände. Seit 1930 vermag die NSDAP Angehörige aller sozialen Schichten anzuziehen. Sie kann daher als „erste moderne Integrationspartei der deutschen Geschichte" bezeichnet werden (Jürgen W. Falter, in: Michalka, 53; dto., in: „Frankfurter Allgemeine Zeitung", Frankfurt, 19. März 1986).

Da Hitler sich, seit 1924, mit Jesus vergleicht, mag er eine Parallele zur gesellschaftlichen Integrationskraft des Christentums sehen. Im Christentum fanden sich in den ersten Jahrhunderten n. Chr. *alle Stände* zusammen: Handwerker, Bürger, Soldaten, Kaufleute, Seefahrer, Bauern, Akademiker, Beamte, Sklaven — obwohl die Spätantike ein ausgeprägtes Standes- und Berufsbewußtsein hatte.

Die *Arbeiter* sind — bis 1932 — unter NSDAP-Mitgliedern und -Wählern unterdurchschnittlich vertreten. In allen großen Industriestädten schneidet die NSDAP bei Wahlen relativ schlecht ab. Aber von 1930 bis 1932 kommen über ein Drittel der neuen NSDAP-Mitglieder und etwa ein Fünftel bis ein Drittel oder gar 40 % der NSDAP-Wähler aus der Arbeiterschaft. Die NSDAP hat vor 1933 von allen nicht-marxistischen Parteien den relativ höchsten Arbeiter-Anteil.

Daher ist sie − neben SPD, KPD und Zentrum − eine der großen Parteien, die die Arbeiterschaft politisieren und organisieren − mit größerer Erfassungskraft als KPD und Zentrum (Broszat, Die, 50; Erdmann, 4/2, 354; Schulz, Aufstieg, 551; Jürgen W. Falter, in: Michalka, 54; dto., in: „Frankfurter Allgemeine Zeitung", Frankfurt, a.a.O.).

Besondere Bedeutung gewinnt der Aspekt „Jugend und Nationalsozialismus". Große Teile der Jugend finden sich aus der Bahn geworfen und traditionellen Vorstellungen entfremdet. Jene gesicherte Zukunft, die sich einst ihren Vätern eröffnet hatte, ist dahin. Diese Jugend hat im entscheidenden eindrucksfähigen Alter viele Erschütterungen erlebt: Weltkrieg, Revolution, Nachkriegs-Bürgerkrieg, Inflation, nun Massen-Arbeitslosigkeit. Diese Jugend verliert nie mehr ganz das Gefühl, auf schwankendem Boden zu stehen. Nichts scheint ihr mehr gültig und selbstverständlich.

Die Weimarer Republik, eine „Republik der Älteren und Alten" (Koch, 56), unterschätzt die Rolle der Jugend in der Politik. Den demokratischen Parteien gelingt es selten, die junge Generation anzusprechen, geschweige sie in ihrer Führung angemessen zu repräsentieren (Möller, Weimar, 102). Mindestens 40 % der Wahlberechtigten von 1932/33 sind 1919/20 noch nicht wahlberechtigt und durch die Nachkriegsjahre geprägt (Falter/Lindenberger/Schumann, 119).

Erstmals ist durch alle Schichten das Wirken einer eigenständigen „jungen Generation" zu spüren (Brandenburg, 15). Unter „Aufbruch der Jugend" versteht man „Erneuerung der Nation" im Sinne einer Abkehr von der konventionellen Politik „der Alten" (Klönne, 285). Das parlamentarische System mit seinen Kompromissen und Interessenverbänden vermag jene Jugend nicht zu begeistern (Brandenburg, 20). Mit der Parole „Sendung der jungen Generation" verbindet sich eine oft antibürgerliche Abkehr vom Individualismus. In jener Sicht ist „Gesellschaft" böse, künstlich, Gebilde von Menschenhand − „Gemeinschaft" gut, organisch, Schöpfung Gottes (in: Glaser, Freuds, 265).

Jugendverbände *aller* Richtungen singen das für die kommunistische Jugend geschriebene Lied von Hermann Claudius (1878-1980): „Wann wir schreiten Seit an Seit/ und die alten Lieder singen/und die Wälder widerklingen,/ fühlen wir, es muß gelingen:/Mit uns zieht die neue Zeit!" (Koch, 60). Arno Klönne zieht 1982 das Fazit, daß die Jugendbewegung von vor 1914 zu jenen Strömungen gehört, die Denkweisen und Lebensformen bereitstellt, an die der Nationalsozialismus anknüpfen, die er teilweise integrieren kann und die einen erheblichen Teil seiner „idealistischen" Seite ausmachen (109).

Der Erfolg der NSDAP wird entscheidend dadurch mitbestimmt, daß sie als *junge Bewegung* antritt, die über neue, zukunftsweisende Ideen verfüge, während die sieche Demokratie zum Absterben verurteilt sei. Die NSDAP vermag durch Auftreten und Propaganda die Attribute der Jugendlichkeit zu repräsentieren: Kraft, Entschlossenheit, Wagemut, Opferbereitschaft (Thamer, 400). Große Teile der Jugend geben der NSDAP Schwung; die NSDAP stellt dafür der Jugend Wechsel auf Gehälter, Titel, Beute aus. (*Vorgreifend:* 1933 werden die „Wechsel" eingelöst; dreißigjährige besetzen führende Positionen im Staat.)

Die NSDAP ist bis 1932 eine nicht bürokratisierte Partei der *enttäuschten Jugend.* 1930 sind fast 70 % der NSDAP-Mitglieder jünger als 40 Jahre, rd. 37 % jünger als 30 Jahre. Von den NSDAP-Funktionären sind 1930 rd. 65 % unter 40 Jahre, rd. 26 % unter 30 Jahre alt. Es liegt nahe, obwohl nicht nachzuweisen, daß die NSDAP weit stärker als andere Parteien von Jung- und Neuwählern gewählt wird (Jürgen W. Falter, in: Michalka, 50; Kolb, 117). Im Reichstag von 1930 sind nur 10 % der SPD-Fraktion unter 40 Jahre, bei der NSDAP- und KPD-Fraktion sind es rd. 60 % (Thamer, 178). Die Sozialdemokraten legen sich mehr und mehr zudem das Image von „alternden, selbstzufriedenen Spießern" zu (Michael H. Kater, in: Tröger, 29).

Aus der Sicht vieler Jugendlicher hat die ältere Generation massiv versagt. Je mehr junge Jahrgänge politisiert und wahlmündig werden, desto mehr verlieren die älteren und alten Jahrgänge den Boden unter den Füßen (Schulz, Aufstieg, 443). Der statistische Normalfall ist: Die Väter sind deutschnational oder liberal, die Kinder NSDAP – die Väter wählen SPD, die Kinder KPD. Familien sind gespalten.

Die jungen Jahrgänge, genauer: die Deklassierten oder Kandidaten der Deklassierung, fühlen sich in der Krise von der Demokratie abgestoßen und enttäuscht. Sie sehen, zunehmend, in der NSDAP (und KPD) ihre politische Heimat. Reichskanzler Heinrich Brüning fragt zwei Tage vor seinem Sturz, am 28. Mai 1932, vor dem Verein der Auslandspresse in Berlin, resigniert: „Wundert Sie, meine Damen und Herren, daß in den Herzen und Sinnen dieser Jugendlichen ein Radikalismus aufquillt, der nur vom Untergang und der Zerschlagung alles Bestehenden Besserung erwartet und auf ihn seine triebmäßigen Hoffnungen setzt?" (Bennecke, 75). *Vorgreifend:* Zehn Jahre später (1942) meint Brüning im USA-Exil, jene „emotionell unstabile Jugend" habe nach jemandem Ausschau gehalten, „der ihr sagte, was sie tun sollte" (Briefe, 397) – und das ist meist Hitler.

Gerade die Jugend wird besonders hart von Krise und Arbeitslosigkeit getroffen, wird weitgehend von vornherein von Berufslaufbahnen ausgesperrt und an einer Familiengründung gehindert. Die auf den Arbeitsmarkt drückenden jungen Menschen von 15 bis 30 Jahren entstammen zudem den starken Geburtsjahrgängen von 1900 bis 1914.

Jeder Heranwachsende, der sich dem Erwerbsleben der Erwachsenen nähert, ist „unerwünscht" und sozusagen ein Mensch *zuviel.* Schon dem Lehrling wird offen gesagt, daß er eine Anstellung als Geselle nicht bekomme. Wenn der angehende Lehrling keine Lehrstelle findet, muß dies demoralisieren und radikalisieren. Vom 1. Juli 1931 bis

30. Juni 1932 können rd. 214.000 männlichen Lehrstellensuchern nur rd. 82.000 Lehrstellen vermittelt werden, 61,7 % gehen nicht in den Beruf. Von rd. 172.000 weiblichen Anwärtern auf eine Lehrstelle können nur rd. 41.000 eine Berufsausbildung beginnen, 76,2 % nicht (Bennecke, 178 f.). 1932 sind fast zwei Drittel der Arbeitslosen jünger als 25 Jahre — eine erschütternde Jugend-Statistik.

Bei Ausbruch der Wirtschaftskrise verlieren als erste Jugendliche ohne oder mit abgebrochener Lehre ihren Arbeitsplatz. Wenig später trifft dieses Schicksal auch Jugendliche mit Lehre. Von den Mitte 1931 arbeitslosen Angestellten unter 21 Jahren haben mehr als 90 % einen Lehrbrief, 60 % besitzen zudem höhere Schulbildung. Gleichzeitig geht die Studierwilligkeit drastisch zurück, weil für Kinder aus der Mittelschicht, zunehmend auch Oberschicht, ein Studium unerschwinglich wird: Von 40.000 Abiturienten 1932 nehmen nur noch 10.000 ein Studium auf. Tiefsitzende Ressentiments gegen das „System" sind auch hier die Folge (Langewiesche/Tenorth, 91). Im politischen Endkampf der Weimarer Republik 1931/32 wird die Einstellung der jungen Generation zu einem entscheidenden Faktor.

Konrad Heiden beschreibt 1936 die Entfremdung jener Jugend vom demokratischen Staat: „Die 16- bis 25jährigen haben zum großen Teil nichts verloren, sondern nie etwas gehabt; sie haben überhaupt keine Arbeit bekommen; sie haben zu Hause das Elend der Arbeitslosigkeit beim Vater sehen müssen oder von der anspruchsvollen Bürgerlichkeit ihrer Familie nur den Jammer des verlorenen Vermögens erlebt; sie sind von Berufs wegen Erwerbslose, Hoffnungslose, Zukunftslose. Diese Jugend wird eine Art Klasse für sich und Trägerin der stärksten Unzufriedenheit" (Hitler, I, 251), was Hitler ausbeutet. Hitler greift ihre Sehnsüchte auf — und mißbraucht sie.

Wie stellt sich, zur Jahreswende 1932/33, die Situation in Sicht der *NSDAP-Anhänger* dar? Die NSDAP wird ein Spiegelbild der von Kriegsniederlage, Inflation, Wirtschaftskrise, Demokratie-Agonie erschütterten Gesellschaft. Für die gutgläubigen NSDAP-Mitglieder und Hitler-Wähler geht es dem Nationalsozialismus um das Miteinander von Tradition und Revolution, Überlieferung und Fortschritt — geführt von den besten Kräften der Nation aus allen Lagern.

Zeitzeuge und Historiker Bodo Scheurig, Jahrgang 1928, faßt 1968 zusammen: „Keiner schien wie er (Hitler) vom Feuer seiner Mission durchglüht. Keiner schien so ehrlich, selbstlos und hingegeben eine bessere Zeit erstreben zu wollen. Seine geradezu monomanische Gewalt ... stieß alle Hindernisse und Zweifel weg; doch sie vermochte es nur, weil sie zwingend bewußt machte, was in vielen schlummerte oder gärte. Trotz und Haß, Verzweiflung und Besinnungslosigkeit trieben ihm die Massen zu, die ihrer Ängste und Sorgen, aber auch der Geduld und Nüchternheit überdrüssig waren" (Kleist, 99).

Der Nationalsozialismus, besser: die Hitlerbewegung, entwickelt ein Sendungsbewußtsein, das den Hitler-Gläubigen unter den massenwirksamen Schlagworten von politischer Einheit, nationaler Größe und sozialer Volksgemeinschaft zum Lebensinhalt wird. Konrad Heiden vermerkt 1932, daß die Hitlerbewegung „als Leistung ... der Hingabe ... etwas Außerordentliches" sei (Geschichte, 295).

Es gibt vier Gründe für die Massenwirksamkeit der Hitlerbewegung:

1. Die NSDAP stellt sich als dynamische Bewegung dar, die den Aufbruch in eine völlig neue Ordnung verspricht, in der alles anders und besser werde. *2.* Der Hitler-Mythos ist wesentliche Grundlage der Erfolgsgewißheit, weil Vertrauen und Hoffnungen auf die Person des unfehlbaren und durchschlagskräftigen Führers gelenkt werden. *3.* Die verkündete neue Ordnung verspricht Überwindung der gesellschaftlichen Zerrissenheit durch das Ideal Volksgemeinschaft in einer einigen und mächtigen Nation. *4.* Die NS-Propaganda der Schlagworte und Massenpsychologie ist hypermodern und sehr wirkungsvoll.

Diese vier Faktoren der Massenwirksamkeit der NSDAP wurzeln in vier Grundbedingungen: *1.* Nach 1918 gibt es Verwilderung der Sitten, merkliche Brutalisierung des öffentlichen Lebens, Desintegration aller Traditionen. *2.* Diese Umbrüche laufen parallel mit Entwurzelung und Deklassierung breiter Schichten durch Inflation und Wirtschaftskrise, was ein breites Potential an Enttäuschung und Verbitterung hervorbringt. *3.* Das Versprechen einer neuen harmonischen Ordnung und der Führer-Mythos kommen dem Bedürfnis entwurzelter und deklassierter Schichten entgegen. *4.* Enttäuschung und Verbitterung in der langen Wirtschaftskrise erwecken, angesichts des Versagens des Parlamentarismus, alle Vorbehalte gegen Demokratie und Parteienstaat zu neuem Leben. So werden die NSDAP-Verheißungen in weiten Volksschichten attraktiv (Megerle, Warum, 170-171).

Der Nationalsozialismus bleibt undenkbar ohne seine Integrationsfigur Hitler. Wer aber *nur* auf den Visionär und Demagogen Hitler sieht, der wird die Zeit, die seinen Namen trägt, nicht begreifen können. Hitler spricht offene und geheime Sehnsüchte der deutschen Seele an. Saul Friedländer nennte 1984 Hitler „die Projektion der meistverbreiteten Wünsche und Geschmacksrichtungen seiner Zeit" (58). Im Grunde ist nicht Hitler das eigentliche Problem, sondern der Zustand der deutschen *Gesellschaft,* der ihn aufsteigen und herrschen läßt. In diesem Sinne meint Carl von Ossietzky am 3. Januar 1933 in der „Weltbühne", die NSDAP entspreche „nicht nur einem politischen Bedürfnis, sondern auch einer speziellen deutschen Gemütslage" (Gerhard Schreiber, in: Michalka, 323).

Hitler und der Nationalsozialismus erscheinen in der ökonomischen und staatlichen, geistigen und seelischen Krise dieser Jahre mehr als einem Drittel der Deutschen als der „Heilsbringer" aus Not und Verzweiflung. Die Hitlerbewegung ist „Resultat fundamentaler Erschütterung sowie gesellschaftlicher, politischer und moralischer Desorientierung" (Möller, Exodus, 22). Dazu pointiert 1989 der israelische Publizist und Politiker Uri Avnery, Jahrgang 1923: „Die Situation war reif für einen Hitler. Hitler hatte sie nicht herbeigeführt. Hitler hatte die Weimarer Republik nicht zerstört. Es waren die Umstände, die nach einem Hitler verlangten, nachdem die Republik sich bereits selber zerstört hatte" (in: Augstein, 46).

Paul Sethe erinnert sich 1963, „daß viele idealistische Menschen sich leer fühlten. Auch an sie wandte Hitler sich, gerade indem er Forderungen an sie stellte: die Bereitschaft zum Opfer, zur Hingabe, zur freiwilligen Zucht. Das liberale Zeitalter hatte das Einzelwesen sehr hoch gestellt. Nun begann gerade das Einzelwesen zu frieren. Hitler versprach ihm nicht nur materielles Wohlergehen, er versprach ihm auch die Wärme in einer großen Gemeinschaft. Er rief sie dazu auf, und Millionen fühlten sich erlöst ... Die deutsche Jugend war immer ein Hort des Freiheitswillens gewesen, jetzt bekannten sich viele junge Menschen zu einem Staatsaufbau, der alle Freiheitsrechte zerstörte ... Hitler befriedigte nicht nur das geistige Ruhebedürfnis des Bürgers, für ihn war auch der feurige nationale Idealismus junger Menschen ein Baustein seines Erfolges" (333-334).

Zeitzeuge und Schriftsteller Hans Egon Holthusen, Jahrgang 1913, blickt 1983 zurück: „Jedenfalls gehörte ich nicht zu den Verteidigern der sterbenden Republik. Die politische Grundströmung in der vom Krisenfieber geschüttelten deutschen Gesellschaft war antidemokratisch, daran ist wohl kein Zweifel erlaubt ... Wie viele war ich davon überzeugt, daß der Liberalismus seine historische Rolle ausgespielt hatte und daß mit der parlamentarischen Demokratie nichts mehr anzufangen war" (in: Glaser, Siegreich, 129).

Anhang 1: Potempa-Telegramm 1932

Nach einem Zechgelage überfallen in der Nacht 9./10. August 1932 im Dorf Potempa/Oberschlesien (1936 umbenannt in: Wüstenrode) auf Weisung ihres lokalen Führers fünf SA-Männer den Kommunisten Konrad Pietrzuch im Schlafzimmer und trampeln ihn in Gegenwart von Mutter und Bruder mit viehischer Bestialität zu Tode. Gemäß Notverordnung der Papen-Regierung vom 9. August 1932, wonach politische tödliche Angriffe mit Zuchthaus oder Todesstrafe geahndet werden, verurteilt am 22. August 1932 das Sondergericht beim Landgericht Beuthen die Täter wegen Totschlags als Angreifer aus politischen Beweggründen zum Tode, zögert aber kraft Weisung der vom Papen-Kabinett gleichgeschalteten Preußen-Behörden mit der Vollstreckung des Urteils.

Die NS-Propaganda entfesselt gegen das Beuthener Urteil einen Proteststurm: es sei „in seiner blutigen Objektivität ein Verbrechen am deutschen Volk" (Dederke, 254). Hitler telegrafiert an die zum Tode verurteilten SA-Männer: „Meine Kameraden! Angesichts dieses ungeheuerlichen Bluturteils fühle ich mich Euch in unbegrenzter Treue verbunden. Eure Freiheit ist von diesem Augenblick an eine Frage unserer Ehre, der Kampf gegen eine Regierung, unter der dieses möglich war, unsere Pflicht!" Das ist eine Kriegserklärung gegen die Grundlagen des Rechtsstaates. Verschiedene nationalkonservative Gruppen identifizieren sich zwar nicht mit den Verurteilten, wenden sich aber mit Gnadengesuchen für sie an Hindenburg, so: Der Stahlhelm — Bund der Frontsoldaten und der Bund Königin Luise.

Gösta von Uexküll kommentiert 1944: „Die allgemeine moralische Auflösung war schon so weit fortgeschritten, daß man dem Geschehen lediglich politische Bedeutung beimaß, statt es vom ethischen und rechtlichen Standpunkt zu beurteilen ... Hitlers Schuld liegt in der Vergewaltigung des Rechts, die des deutschen Volkes in der kampflosen Preisgabe des Rechts. In einem moralischen gesunden Volk hätte Hitlers Vorgehen einen Sturm der Entrüstung ausgelöst, der ihn und seine Bewegung von der politischen Bühne hinweggefegt hätte. In Deutschland zuckte man über das Potempa-Telegramm die Achseln und ging zur Tagesordnung über" (31). *Vorgreifend:* Die Potempa-Täter werden am 2. September 1932 auf Empfehlung Papens zu lebenslänglicher Zuchthausstrafe begnadigt, dann kraft Amnestie vom 21. März 1933 für Straftaten „nationaler Kämpfer" freigelassen und als Triumphatoren gefeiert. – Potempa ist der Prolog des Dritten Reiches.

Anhang 2: Hitler und Hintergrundmächte?

Die NSDAP befindet sich ständig in finanziellen Schwierigkeiten, um Apparat und Propaganda zu erhalten und auszubauen. Nach vier aufwendigen Wahlkämpfen im Reich droht die NSDAP Ende 1932 von ihrer Schuldenlast, oft sogar Wechselschulden, erdrückt zu werden. Demgegenüber hieß es damals und heißt es oft noch heute, Hitler und seine Bewegung seien durch anonyme Hintergrundmächte (Wirtschaftsverbände, Konzerne, Großunternehmer besonders der Schwerindustrie) „gemacht" worden, deutsche und ausländische, vor allem amerikanische Industriekapitäne und Bankiers hätten sie finanziert, Ende 1932 vor dem finanziellen Ruin bewahrt und 1933 in die Regierungsverantwortung gebracht. All dies entspricht nicht den Tatsachen.

Von 1925 bis 1929 bleibt die NSDAP fast ausschließlich angewiesen auf Mitglieder- und Werbebeiträge, Eintrittsgelder zu und Sammlungen nach ihren Veranstaltungen (die NSDAP erhebt als einzige Partei Eintrittsgeld für ihre Veranstaltungen), Haus- und Straßensammlungen, Einnahmen ihrer Presse-Erzeugnisse, dazu gelegentlich Spenden von Sympathisanten (Thomas Trumpp, in: Bracher/Funke/Jacobsen, 137). Die Politische Polizei Preußens stellt gemäß Bericht des preußischen Innenministers vom 16. September 1930 fest, daß die NSDAP sich größtenteils selbst finanziere (Turner, Die, 144).

Für die Großindustrie ist die NSDAP bis 1929/30 ziemlich

uninteressant. Erst der Wahlsieg der NSDAP am 14. September 1930 macht sie „spendenfähig" (Thomas Trumpp, a.a.O., 139). Die Großindustrie unterstützt Hitler spät, und zwar nicht, *damit* er Erfolg habe, sondern weil und *nachdem* er Erfolg hat. „Die große Mehrheit der Großunternehmen hat Hitlers Triumph weder gewünscht noch materiell zu ihm beigetragen" (Turner, Faschismus, 30; Schulz, Aufstieg, 641).

Ein repräsentatives Beispiel. Das DVP-Mitglied *Friedrich Flick* (1883-1972), Schöpfer eines Mammut-Privatkonzerns (siehe S. 251), spendet allen großen bürgerlichen Parteien, aber auch der SPD. 1932 spendet er etwa 50.000 bis 100.000 RM der NSDAP, aber Brüning und konservativen Parteien 780.000 RM (Vogelsang, 36; Turner, Die, 314). Dies vermutlich auch deshalb: Flick muß nach Kurssturz seiner spekulativen Eisen- und Stahlaktien 1932 zu verzweifelten Maßnahmen greifen, um eine Katastrophe abzuwenden. Kreise um Reichskanzler Heinrich Brüning sind im Mai 1932 in einer verzwickten Finanztransaktion bereit, Flicks Aktienpaket von 100 Mio. RM der Mehrheit bei der Gelsenkirchener Bergwerks-AG und damit Sperr-Minorität bei Vereinigte Stahlwerke AG, dem 1926 gegründeten größten Montankonzern Europas, zum vierfachen Marktwert zu kaufen. Angeblich waren, so Flick, Franzosen daran als Käufer interessiert.

Jene und andere Zuwendungen, „politische Versicherungsprämien" für den Fall einer Regierungsübernahme durch Hitler, sind begrenzt im Verhältnis zum NSDAP-Geldbedarf und im Verhältnis zu den Zuwendungen für andere Parteien. Die NSDAP erhält 1932 nur einen Bruchteil aus dem Spenden-Gesamtaufkommen der deutschen Industrie für die Parteien. Dafür decken seit 1931 Spenden vieler *kleiner* und *mittlerer* Unternehmen, ziemlich häufig, kurzfristig drängende NSDAP-Defizite. Im Unterschied zur Großindustrie, erfahren sie keine Stützung oder Subventionen des Staates und stehen daher dem Vergleichsverfahren oder sogar dem Konkurs näher als die Industrie-Giganten.

Alles in allem: Die NSDAP hätte weder ihre SA/SS unterhalten, noch die riesige Propaganda, die Gehälter der hauptamtlichen Funktionäre, die Parteibauten, die eigene Versicherung für im politischen Kampf getötete oder verwundete Mitglieder, die Kosten für Aufmärsche, Reichsparteitage und vieles andere mehr finanzieren können, wäre sie auf Spenden der Wirtschaft angewiesen gewesen.

Die meisten Unternehmer wünschen 1932/33 als neuen Reichskanzler nicht Hitler, sondern Franz von Papen. Die Industriellen müssen erkennen, daß in der Demokratie Wählerstimmen mehr zählen als Geld. Wirtschaftliche Macht läßt sich nicht ohne weiteres in politischen Einfluß umsetzen (Turner, Die, 405). Hätte Geld politische Macht kaufen können, so wäre nicht Hitlers „Drittes Reich" gefolgt, sondern Papens autoritärer „Neuer Staat" (Thomas Trumpp, a.a.O., 145).

Im Organ der Vereinigung der Deutschen Arbeitgeberverbände, „Der Arbeitgeber", wird das parlamentarische System offen und häufig abgelehnt und jede auf Ausschaltung oder Eindämmung einer demokratisch legitimierten Volksvertretung gerichtete Doktrin aufmerksam beachtet. Besonders den Schwerindustriellen scheint ein autoritäres Regime, das soziale Konflikte notfalls mit Gewalt unterdrückt, erstrebenswerter als eine liberale Demokratie (Winkler, 179 + 337, Anm. 24 + 215). Beispielhaft führt Carl Friedrich von Siemens (1872-1941) in einem Vortrag am 27. Oktober 1931 in New York u.a. aus, der Nationalsozialismus sei „gegen die ungezügelte Vorherrschaft des Parlamentarismus gerichtet, wie sie leider in unserer Verfassung vorgesehen ist. Das deutsche Volk ... ist für diese Form der Demokratie nicht reif." Angesichts bolschewistischer Gefahr sei im übrigen Hitler immer noch das kleinere Übel (Hörster-Philipps, 106; Czichon, 48). *Vorgreifend:* Im Organ des Vereins Deutscher Eisenhüttenleute, „Stahl und Eisen", heißt es am 2. März 1933, die neue Reichstagswahl habe nur Sinn, wenn sie die letzte und „auf Wahlstimmen keinerlei Rücksicht mehr zu nehmen" sei (Zumpe, 41).

60

Die Offensive wichtiger Teile der Großindustrie gegen Sozialpolitik, Gewerkschaften und Staat trägt zur Destabilisierung der Republik bei (Reinhard Neebe, in: Michalka, 121). Das Großunternehmertum ist nicht von der Verantwortung freizusprechen, daß es, durch offene oder versteckte Ablehnung von Demokratie und Parlamentarismus, *zu seinem Teil* dazu beiträgt, die Existenzvoraussetzungen der Republik auszuhöhlen. Indem das Großunternehmertum das antidemokratische Klima fördert, trägt es Mitverantwortung für das Scheitern Weimars, „mehr Verantwortung, als man ihm aufgrund seiner direkten NSDAP-Finanzierung anlasten kann" (Thomas Trumpp, a.a.O., 153).

Die vom Reichstag unabhängigen, autoritären Präsidialkabinette kommen den Interessen der Arbeitgeber entgegen. Franz von Papens autoritäres Konzept zur „Sanierung" von Staat und Wirtschaft, unabhängig und gegen die Mehrheit des Volkes, wird von der Wirtschaft begeistert aufgenommen. Daher wird das Papen-Kabinett für die überwiegende Mehrheit der Unternehmer zum „populärsten Kabinett" − vor allem weit sympathischer für sie als die NSDAP (Winkler, 191; dto., in: „Die Zeit", Hamburg, 9. April 1982) oder ein Hitler-Kabinett.

Das marxistische Geschichtsbild hat vergeblich versucht, Hitler als unselbständiges Vollstreckungsorgan und als „Büttel des Monopolkapitals" zu deuten, der durch eine „Verschwörung der Monopolkapitalisten und Junker" an die Macht „geschoben" worden sei. Bis heute ist im kommunistischen Lager die im Dezember 1933 auf dem XIII. Plenum des Exekutivkomitees der Kommunistischen Internationale getroffene Definition gültig, wonach der Faschismus, auch und gerade der Nationalsozialismus, „die offen terroristische Diktatur der am meisten reaktionären, chauvinistischen und imperialistischen Elemente des Finanzkapitals" sei. Dies war und ist eine Fehldiagnose.

Der Sturz der Monarchien in Rußland, Deutschland und Österreich-Ungarn schien 1917/18 den langerwarteten, endgültigen Triumph der Demokratie in Europa zu bedeuten. Es kam anders. „Die Zahl der diktatorischen Regimes vergrößerte sich bald, die der funktionsfähigen Demokratien ging bis zum Vorabend des Zweiten Weltkrieges ständig zurück" (Schulz, Dd., 51 + 10). Lange, bevor der Name Hitler für die Welt bekannt war, regierten Diktaturen ein größeres Gebiet auf der politischen Landkarte Europas als die parlamentarischen Demokratien.

Der Philosoph und Soziologe Max Horkheimer (1895-1973), 1933 emigrierter Direktor des von ihm mitgegründeten Instituts für Sozialforschung an der Frankfurter Universität, hielt es 1939, tief enttäuscht, für möglich, daß der Faschismus „für unabsehbare Zeit und vielleicht gar für Jahrhunderte fortdauern" werde (Ernst Nolte, in: „Frankfurter Allgemeine Zeitung", Frankfurt, 10. Juli 1976).

Antiliberale, autoritäre, diktatorische und faschistische oder faschistoide Strömungen, Bewegungen und Regierungsformen waren, seit 1917, in der Krise des liberalen Systems zu geltenden Staats- oder Lebensformen geworden. Dies setzte mit Rußland ein: November 1917 durch Wladimir I. Lenin. Es folgte im wesentlichen Italien: Oktober 1922 durch Benito Mussolini (1883-1945), zeitweilig bewundert und gelobt von Demokraten wie George B. Shaw (1856-1950), Herbert G. Wells (1866-1946), Sir Austen Chamberlain (1863-1937), Winston Churchill (1874-1965) oder von deutschen Links-Intellektuellen und Publizisten wie etwa Kurt Hiller (1885-1972) und Kurt Tucholsky.

Es schlossen sich an Spanien: September 1923 durch Miguel Primo de Rivera (1870-1930), Polen: Mai 1926 durch Jozef Pilsudski (1867-1935), Portugal: Mai 1926 durch Antonio de Oliveira Salazar (1899-1970), Jugoslawien: Januar 1929 durch König Alexander I. (1888-1934). – Schließlich folgten Österreich: April 1932 durch Engelbert

Dollfuß (1892-1934), Rumänien: Juli 1932 durch Corneliu Z. Codreanu (1899-1938), Ungarn: Oktober 1932 durch Gyula Gömbös (1886-1936), Großbritannien: Oktober 1932 durch Sir Oswald Mosley (1896-1980).

Zu nennen sind noch Belgien: 1930 mit Léon Degrelle (geb. 1906), Niederlande: 1931 mit Anton A. Mussert (1894-1946), Norwegen: 1933 mit Vidkun A.L. Quisling (1889-1945). − In Ländern mit fester, intakter parlamentarischer Demokratie freilich blieb der Faschismus nur eine oft kuriose Randerscheinung des politischen Lebens.

4

Von der „Machtübernahme" zum „Tag von Potsdam" 1933

Am 30. Januar 1933, gegen 11.00 Uhr, läßt sich Reichspräsident Paul von Hindenburg seufzend herbei, den ihm unsympathischen „Parvenü Hitler" zum Reichskanzler zu ernennen. Hitler leistet den vorgeschriebenen Amtseid: „Ich werde meine Kraft für das Wohl des deutschen Volkes einsetzen, die Verfassung und die Gesetze des Reiches wahren, die mir obliegenden Pflichten gewissenhaft erfüllen und meine Geschäfte unparteiisch und gerecht gegen jedermann führen."

Hitlers Ernennung zum Reichskanzler ist nicht verfassungswidrig. Diesem Regierungswechsel ist sogar ein besonders hohes Maß an Legalität zuzuschreiben: anstelle der Präsidialkabinette soll, nach dem Willen des gegenüber Hitler weiterhin skeptischen Hindenburg, ein parlamentarisch gestütztes Kabinett wirken (Ernst Nolte, in: Michalka, 402). Niemand in Deutschland bezweifelt indessen, daß die lange Agonie der Weimarer Republik mit dem Tod geendet hat.

Hitler ist Kanzler eines NSDAP/DNVP-Koalitionskabinetts geworden. Von „Machtergreifung" sprechen 1933 fälschlicherweise einerseits Joseph Goebbels, andererseits Vertreter der demokratischen Parteien, die damit von ihrem eigenen Versagen bis 1932 ablenken wollen (Pentzlin, Die, 16). Hitler *ergreift* nicht die Macht − weder mit parlamentarischer Mehrheit, die er nicht hat, noch durch revolutionäre Gewalt, die er nicht anwendet. Die Macht wird ihm in einem verwirrenden Kräftespiel *übertragen*. Alle Begleit-Intrigen 1932/33 sind nur deshalb erfolgreich, weil das parlamentarische System, nach Abdankung der Verfassungsparteien, nicht mehr funktioniert hatte (Eberhard Jäckel, in: Bracher/Funke/Jacobsen, 717).

Der von den Kommunisten geforderte und vielfach erwartete Generalstreik bleibt ebenso aus wie ein Aufstand der Kommunisten. Das hat für alle NS-Aktivisten, besonders in der SA, einen bitteren Beigeschmack: es fehlt ihnen das Erlebnis der Entscheidungsschlacht ...

Im Aufruf des *ADGB* und anderer Gewerkschaften vom 30. Januar 1933 heißt es: „Die Lebensinteressen der gesamten Arbeitnehmerschaft stehen auf dem Spiel. Um Angriffe gegen Verfassung und Volksrechte im Ernstfall wirksam abzuwehren, ist kühles Blut und Besonnenheit erstes Gebot" (Becker, 33). — Die *SPD-Führung* rechnet mit einer nur kurzen Dauer der Hitler-Regierung und, im schlimmsten Falle, mit einer Sozialisten-Gesetzgebung à la Bismarck (Koszyk, 210). Das SPD-Zentralorgan „Vorwärts" schreibt am 31.1., man werde „kaltblütig beobachten und sich zu entscheidendem Handeln bereithalten, sowie die Stunde es erfordert." Ein Bruch der Legalität werde der neuen Regierung „verdammt schlecht bekommen" (Frei/ Schmitz, 14).

Die der Großindustrie nahestehende DAZ „Deutsche Allgemeine Zeitung" meint am 30.1., man habe „seit Jahren diesen Versuch, mit allen Bedenken, die er hat, empfohlen ... Eine gewagte und kühne Entscheidung ist es in jedem Fall, und kein verantwortungsbewußter Politiker wird zum Jubel geneigt sein ... Einmal aber mußte dieser Sprung ins Dunkle gewagt werden ... (Hitler) wird uns nun zu zeigen haben, ob er das Zeug zum Staatsmann besitzt".

Die FZ „Frankfurter Zeitung" meint am 31.1., „daß er (Hitler) bis zur Stunde den Beweis menschlicher Qualifikation für dieses hohe Amt der Nation schuldig geblieben ist". Und am 1.2.: „Wir halten die nationalsozialistische Politik für ein unklares Gewirr von Dilettantismus und Leidenschaft. Wir können von dieser Politik nichts für Deutschlands Zukunft erhoffen ... Es ist eine hoffnungslose Verkennung unserer Nation, zu glauben, man könne ihr ein diktatorisches Regiment aufzwingen" (Eschenhagen, 96 + 140; Frei/Schmitz, 11).

Indessen: Nicht der fast 44 Jahre alte Reichskanzler Adolf Hitler, sondern der mehr als 85 Jahre alte Reichspräsident Paul von Hindenburg symbolisiert für viele Deutsche die Stimmung dieser Tage.

Ein Jahr zuvor, im Januar 1932, hatte Hitler zum DVP-Vorsitzenden Eduard Dingeldey (1886-1942) gesagt, bei Bildung einer „nationalen Regierung" unter Einschluß der NSDAP könne die Persönlichkeit und Autorität des Namens Hindenburg im In- und Ausland nicht entbehrt werden. Denn der Name Hindenburg sei, namentlich dem Ausland gegenüber, die sichere Garantie dafür, daß eine solche Regierung nicht etwa eine Politik politischer Abenteuer versuchen werde (Deuerlein, Aufstieg, 371) — wozu Hitler fest entschlossen ist.

Vorgreifend: Hindenburg wird den Verlauf deutscher Geschichte mehr durch das beeinflussen, was er *unterläßt,* als durch das, was er unternimmt. Er gibt nach dem 30. Januar 1933 seine Rolle als „Hüter der Verfassung" (Carl Schmitt 1931) auf. Mit zunehmendem Ruhebedürfnis gibt er immer mehr seinem angeborenen Phlegma nach. Hitler gelingt es, den Reichspräsidenten Schritt für Schritt von Einwirkung fernzuhalten; umgekehrt fühlt sich Hindenburg durch Hitler von den Widerwärtigkeiten der Tagespolitik entlastet. Hindenburg schweigt zu Gewalt und Terror der NS-Bewegung, statt sich, kraft passiven Widerstandes, von Hitler zu distanzieren. In seinem langen Leben hatte sich Hindenburg, kaisertreu und gottesfürchtig, immer bemüht, das Rechte zu tun. Nun sieht er nicht, oder kann er nicht sehen, daß um ihn die Verderber Preußens und des Reiches kühl und zielstrebig am Werk sind. Hindenburg will das Gute und läßt das Schlechte gewähren, das für viele wie das Gute aussieht.

Am Ende des ersten Kanzlertages Hitlers steht ein Meisterstück der Propaganda. Joseph Goebbels inszeniert einen eindrucksvollen dreieinhalbstündigen *Fackelzug* von SA, SS, Stahlhelm-Bund mit Militärkapellen zum Großen Stern am Tiergarten, dann durch das Brandenburger Tor und die Wilhelmstraße vor Hindenburg und Hitler. Dies wird von fast allen deutschen Rundfunksendern, nicht von den bayerischen, übertragen, später ohne die württembergischen und badischen Sender. Hindenburg scheint halb verwundert, halb bezaubert auf die ihm fremden braunen Marschkolonnen zu sehen.

Jener feierliche Fackelzug erhebt *diese* Regierungsbildung theatralisch und demonstrativ in eine „Machtergreifung" und „nationale Revolution". Die 15 Jahre alte Augenzeugin und spätere BdM-Führerin Melita Maschmann erinnert sich 1963: „Etwas Unheimliches ist mir von dieser Nacht her gegenwärtig geblieben: Das Hämmern der Schritte, die düstere Feierlichkeit roter und schwarzer Fahnen, zuckender Widerschein der Fackeln auf den Gesichtern und Lieder, deren Melodien aufpeitschend und sentimental zugleich klangen" (17).

NS-Rundfunkreporter Wulf Bley berichtet begeistert und sucht seine Zuhörer im Reich mitzureißen. Schriftsteller Horst Krüger, damals 13 Jahre alt, erinnert sich 1976: „Der Sprecher im Radio, der in lauten Tönen eigentlich mehr sang und schluchzte als berichtete, mußte Ungeheures erleben; es mußte da ein unbeschreiblicher Jubel auf der Prachtstraße der Reichshauptstadt sein, und alle gutwilligen, alle echten und jungen Deutschen mußten zusammengeströmt sein, um, wie ich vernahm, dem greisen Marschall und seinem jungen Kanzler zu huldigen ... Ein Singen und Marschieren und Rufen und Brausen und dann wieder die schluchzende Stimme im Radio, die etwas von Deutschlands Erwachen sang und wie in einem Refrain immer hinzufügte, daß sich alles, alles wenden werde" (22).

Paul Sethe blickt 1963 zurück: „Das halbe Deutschland feierte in brausendem Jubel den Tag, von dem es wähnte, er bedeute den Aufbruch zu neuer Größe. Die andere Hälfte der Deutschen stand bedrückt, schweigend und sorgenvoll daneben" (327). Weitverbreitet ist das Gefühl des offensichtlichen Bankrotts der alten Parteien und der Lähmung des Regierungssystems. Daher sind manche, die ernste Zweifel an der NS-Bewegung hegen, bereit, Hitler eine Chance zu geben. Die Ernennung Hitlers zum Reichskanzler räumt ihm einen Vertrauensvorschuß auch bei NSDAP-Kritikern ein (Kershaw, 44).

Der NS-Regie gelingt es, glauben zu machen, daß eine „nationale Erhebung" ablaufe, nicht eine NS-Machtübernahme. Hinter der Fassade der Legalität bereitet Hitler die Auflösung der rechtsstaatlichen Ordnung und die Errichtung seiner Diktatur vor. Das hat scharfsinnig der Staatsrechtler Carl Schmitt 1932 vorausgesehen: „Der Legalitätsanspruch macht jeden Widerspruch zum Unrecht ... Wer 51 v. H. hat, würde die restlichen 49 v. H. auf legale Weise illegal machen können. Er würde auf legale Weise die Tür der Legalität, durch die er eingetreten ist, hinter sich schließen ..." (Günter Maschke, in: Corino, 211). Genauso läuft die NS-Regie ab. Im übrigen: Diese „legale Revolution" Hitlers und seiner Bewegung ist in ihrer Art ohne Vorbild in der Geschichte (Zitelmann, Selbstv., 31).

Seit dem 30. Januar 1933 tritt die „Regierung der nationalen Konzentration" in doppelter Besetzung auf, vor allem durch den NSDAP-Koalitionspartner DNVP Deutschnationale Volkspartei. In jener Doppelrolle verkörpert das Kabinett Hitler-Papen-Hugenberg die „edle Fassade" und deren kriminelle Hinterseite. Es ist eine trügerische Koexistenz von Tradition und Revolution, von Legalität und Terror, von soigniertem Geheimrat und rauhbeinigem SA-Mann. Hitler haßt das nach seiner Ansicht überlebte und zum Untergang berufene Bürgertum. Warum koaliert er notgedrungen mit den von ihm verachteten Kräften der Reaktion? Weil bei ihnen noch die Macht ist. Der Historiker

Rainer Zitelmann, Jahrgang 1957, faßt 1989 zusammen: Hitler verbündet sich mit jenen Kräften nicht *trotz* seiner Einsicht in deren Unfähigkeit und Schwäche, sondern gerade deshalb (Biogr., 82).

Am 1. Februar 1933 verliest Hitler, in seiner ersten Rundfunkansprache, den „Aufruf der Reichsregierung an das deutsche Volk". Hitler spricht eingangs in Verbindung mit der Dolchstoß-Legende vom Segen, den der Allmächtige 1918 „seit diesen Tagen des Verrats" den Deutschen entzogen habe. Er bezeichnet das Christentum als „Basis unserer gesamten Moral", erwähnt den für ihn zentralen Antisemitismus mit keinem Wort, kündigt zwei Vierjahrespläne zur Rettung der Bauern und Arbeiter an und schließt feierlich: „Möge der allmächtige Gott unsere Arbeit in seine Gnade nehmen, unseren Willen recht gestalten, unsere Einsicht segnen und uns mit dem Vertrauen unseres Volkes beglücken. Denn wir wollen nicht kämpfen für uns, sondern für Deutschland!" (Domarus, 194). Hitlers Programm klingt maßvoll und überzeugend. In der Pose des christlich-konservativen Staatsmanns spricht Hitler vielen Deutschen aus dem Herzen. Später wird er seine Wahlkampfreden sogar mit einem „Amen" beenden ...

Wo stehen am 30. Januar 1933 *die Konservativen?* Viele maßgebende Nationalkonservative hoffen, die NSDAP werde, kraft ihrer Massenbasis, die konservativen Ziele in der Innen- und Außenpolitik durchsetzen. Die von den konservativen und bürgerlichen Nationalisten, von Reichspräsident und Reichswehr repräsentierte preußisch-deutsche Tradition und Reaktion ist 1933 bereit, sich *gleichberechtigt* mit der NS-Volksbewegung zu verbünden und diese zugleich im Sinne ihres eigenen Zieles zu zähmen: Restauration des Obrigkeitsstaates. Die in politischem Denken und Methoden „überständige Reaktion glaubt 1933, eine Revolution neuen Typs abfangen zu können und für sich arbeiten zu lassen" (Günter Maschke, in: Corino, 212). Man will die wilden (NS-)Tiere zwar in die eigene

Umzäunung holen und ihnen zu fressen geben, ohne dabei von ihnen gefressen zu werden.

Franz von Papen, beispielsweise, sieht sich durchaus nicht als ein „Wegbereiter" oder „Steigbügelhalter" Hitlers. Papen will keine NS-Diktatur, sondern nach preußischem Motto „Autorität vor Majorität" einen rechtsstaatlich-autoritären korporativen Ständestaat christlicher Prägung. Papens Erwägungen und die anderer Nationalkonservativer kreisen vor und nach dem 30. Januar 1933 hauptsächlich um die Frage: Wie kann man eine Machtergreifung durch die Nationalsozialisten und deren lange angekündigte Parteidiktatur *verhindern?*

Jene Kreise glauben: In den verfassungsmäßigen Rechten des Reichspräsidenten und seinem Oberbefehl über die Reichswehr, im Reichstag und Reichsrat, im Reichskabinett mit seiner 9:3-Mehrheit der Nicht-NS-Minister seien genügend starke Bremsen vorhanden, um ein Abgleiten in eine Hitler-Diktatur zu verhindern. Schließlich wird in jenen Kreisen auch spekuliert: Das hohe Alter Hindenburgs von 85 Jahren und sein jeden Tag mögliches Ableben läßt es ratsam erscheinen, noch zu Hindenburgs Lebzeiten die NS-Bewegung, unter Ausschalten ihrer revolutionären Teile, in den Staat einzugliedern und sie durch Beteiligung an der Verantwortung zu verbürgerlichen.

Bezeichnend für die Geisteshaltung Hindenburgs und seiner Umgebung ist, daß sie vor allem Anstoß an der Herkunft Hitlers nehmen: Er ist kein Offizier, also kein „Herr"; er entstammt nicht der alten Geld- und Machtelite; er ist nicht Alter Herr eines exklusiven studentischen Corps ; er kann weder reiten noch jagen noch festen (Engelmann, Reich, 178f.). In Berliner Salon-Gesprächen über Hitler hört man: „Keine gute Kinderstube", „am Knigge vorbei", „weiß er, wie man Spargel ißt?" (Pierre Bertaux, in: Treue/ Schmädeke, 158). Um so mehr gilt es ihnen, jenen „Plebejer Hitler" als nunmehrigen, ungeliebten Reichskanzler zu zähmen. *Vorgreifend:* Die konservativ-nationalistischen Kreise mißverstehen − teilweise bis 1938 − das NS-System als einen autoritären, von NSDAP *und* Reichswehr/Wehr-macht gemeinsam getragenen Obrigkeitsstaat traditioneller Prägung.

Der forsche Draufgänger Franz von Papen soll, im neugeschaffenen Amt des Vizekanzlers, für Reichspräsident und Nationalkonservative der „Aufpasser" über Hitler sein. Der ebenso eitle wie oberflächliche Papen äußert vor und nach dem 30. Januar 1933 selbstsicher und überheblich: „Wir haben ihn (Hitler) uns engagiert ... Ich habe das Vertrauen Hindenburgs. In zwei Monaten haben wir Hitler in die Ecke gedrückt, daß er quietscht." Das ist für die meisten in- und ausländischen Beobachter durchaus glaubhaft (Schwerin-Krosigk, 147; Scheurig, Kleist, 267; Hildebrand, 1). Ähnlich meint ein führender Bankier lächelnd zu Erich Ebermayer: „Ach, der gute Herr Hitler — er bleibt, solange *wir* wollen, daß er bleibt!" (denn, 171).

In seiner konservativen Maske wird Hitler 1933 zum „Volkserlebnis" der alten Führungsschichten. Mit Hilfe des von ihnen verachteten „Trommlers Hitler" glaubt die konservative Elite das Volk zu erleben, zu gewinnen, sogar zu führen. Umgekehrt findet Hitler in jenen Kreisen den Rückhalt, den er bis zur Festigung seiner Diktatur dringend braucht. Hitler bedient sich der traditionellen Eliten, ihres Einflusses und Sachverstandes, solange er auf sie angewiesen ist. *Vorgreifend:* Anderthalb Jahre später sind die Illusionen der Kreise um Papen verflogen. In seiner Marburger Rede vom 17. Juni 1934 übt Papen unverhüllt Kritik an Gewalt und Radikalismus des NS-Regimes. Später zählen auch Nationalkonservative zu den NS-Opfern; viele von ihnen bezahlen verspätete Einsicht mit ihrer Exekution.

Hans Zehrer (1899-1966), dem Ex-Reichskanzler Kurt von Schleicher (1882-1934) nahestehend, meint am 31. Januar 1933 in der Berliner „Täglichen Rundschau" herablassend, das neue Kabinett sei „nur ein provisorischer Übergang, dessen Tage nicht sehr lang bemessen sind". Die „Frankfurter Zeitung" sieht am 2.2. den „Schwerpunkt der Reichsregierung nicht beim Reichskanzler, sondern bei

Herrn Hugenberg", der als Wirtschaftsdiktator gilt. Ebenso falsch am 4.2. in Augsburg der aufstrebende SPD-Reichstagsabgeordnete Kurt Schumacher (1895-1952), Hitler habe nur „den Schein der Macht" (Becker, 45). Auch Carl von Ossietzky (1889-1938) glossiert am 7.2. in der „Weltbühne" Hitler als schwachen Kanzler (a.a.O., 54). In der Auslandspresse heißt es weithin, daß es der konservativen Rechten gelungen sei, den NSDAP-Anspruch auf totale Macht abzuwehren. Viele nehmen Hitler immer noch nicht ernst. Man kann es sich nicht vorstellen, daß dieser Ex-Gefreite, Autodidakt und Massenagitator einfallsreicher, geschickter sein sollte als die alte Elite.

Die Verordnung des Reichspräsidenten vom 4. Februar 1933 „zum Schutz des deutschen Volkes" sieht, im Falle einer „unmittelbaren Gefahr für öffentliche Sicherheit", Kontrolle oder Verbot von Zeitungen und politischen Versammlungen vor. Damit kann die Propaganda von Regierungsgegnern − weitgehend − unterbunden werden. Dazu das SPD-Zentralorgan „Vorwärts" acht Tage später: „Das freie Wort ist eingeengt ... Über dem Wahlkampf lauert die Notverordnung, auf der Straße wütet der Terror." Gegen eine Mehrheit des Volkes sei „eine beschimpfende Agitation entfacht ... Die Knebelung der Presse mag Kritik unterdrücken, sie mag das freie Wort zum Schweigen verurteilen − aber eines vermag sie nicht: sie kann die geschichtliche Wahrheit nicht aus der Welt schaffen" (Koszyk, 212).

Eine Momentaufnahme aus dem Reichstag: Am 14. Februar 1933 tritt der Reichstags-Ausschuß zur Wahrung der Rechte der Volksvertretung zusammen. Als sein Vorsitzender Paul Löbe (SPD) die Sitzung eröffnet, stimmen die NSDAP-Abgeordneten, im Ausschuß eine Minderheit, ein schauerliches Gebrüll an. Darauf stößt der Vizevorsitzende, Rechtsanwalt Hans Frank (1900-1946), NSDAP-Mitglied seit 1923, oft Verteidiger Hitlers, 1927 Leiter der Rechtsabteilung in der NSDAP-Reichsleitung, Löbe mit heftigem Ruck zur Seite, reißt die Präsidentenglocke an sich und erklärt die Sitzung, unter Beifallsgeschrei seiner Anhänger, für geschlossen. Sprengen eines Reichstags-Ausschusses ist ein mit Zuchthaus bedrohtes Verbrechen und offener Verfassungsbruch (Hoegner, 89-90) – und bleibt jetzt ungeahndet ...

Flieger-Hauptmann a.D. *Hermann Göring* (1893-1946), Träger des Pour le Mérite mit offiziell 22 Luftsiegen, letzter Kommandeur (seit 7. Juli 1918) des berühmten Jagdgeschwaders 1 „Richthofen", seit 1922 NSDAP-Mitglied und bis 1923 SA-Kommandeur, ist Reichsminister ohne Geschäftsbereich und Reichskommissar für den Luftverkehr, aber vor allem kommissarischer Innenminister Preußens und damit Herr des größten Polizeiapparates im Reich. In Göring vereinigen sich Bonhomie und Brutalität; er ist skrupellos und eitel, machtgierig und korrupt, dennoch im Volk populär. Nun besetzt Göring die entscheidende Schaltstelle. Im Runderlaß vom 17. Februar 1933 untersagt er der Polizei, strafbare Handlungen von SA, SS und Stahlhelm-Bund zu verfolgen; Polizeibeamte, die schießen, werden „ohne Rücksicht auf die Folgen des Schußwaffengebrauchs" gedeckt; wer beim Schießen versage, habe „dienststrafrechtliche Folgen zu gewärtigen."

Die „Weltbühne" schreibt am 21.2.: „In Deutschland herrscht jetzt die Ruhe, die die autoritären Regierungen lieben. Die Opposition ist zum Schweigen verurteilt." Da das „liberale Deutschland" tot sei, habe eine Zeit der brutalen Gegensätze begonnen. „Uns ziemt es nicht, diese Zeit zu begrüßen oder zu beklagen. Wir konstatieren sie lediglich. Ihr moralisches Fazit werden unsere Kinder ziehen" (Gerhard Schreiber, in: Michalka, 324). Bald folgt das Verbot.

Am Abend des 27. Februar 1933 *brennt der Reichstag.* Der Plenarsaal geht in Flammen auf, die riesige Kuppel wirkt wie ein Kamin. Einen Tag später ergeht, eng angelehnt an die Notverordnungen vom 23. September 1923 und 20. Juli 1932, die „Verordnung des Reichspräsidenten zum Schutz von Volk und Staat" vor „kommunistischen staatsgefährdenden Gewaltakten". Damit wird die KPD faktisch in die Illegalität gedrängt. Mit dieser Reichstags-brand-Notverordnung werden sieben wichtige Verfas-sungs-Grundrechte „bis auf weiteres" (gemeint: für im-mer) „außer Kraft gesetzt". „Beschränkungen der persönli-chen Freiheit" (gemeint: Inhaftierungen, HJE), „des Rech-tes der freien Meinungsäußerung, einschließlich Presse-freiheit, des Vereins- und Versammlungsrechtes" usw. werden nun zulässig.

Damit wird der politische Bereich aus dem Geltungsbe-reich der allgemeinen Rechtsordnung herausgenommen und der zivile Ausnahmezustand *auf Dauer* begründet. Da-mit beginnt die NS-Revolution. Mit diesem „Grundgesetz des Dritten Reiches" wird die Abschaffung der Demokratie eingeleitet. Wer von der Reichswehr-Führung Widerstand dagegen erhofft hatte, wird enttäuscht. An diesem 28.2. darf die SPD-Presse in Preußen zum letzten Mal erscheinen (Koszyk, 214).

Es folgt eine *Welle des Terrors* der vom preußischen Staat unter Göring schon am 22. Februar 1933 legalisierten, be-waffneten Hilfspolizei von rd. 50.000 Mann, darunter rd. 40.000 SA- und SS-Leute.

Die SA hatte lange von der „Nacht der langen Messer" geträumt. Nun beginnt, noch vor Erlaß der Reichstags-brand-Notverordnung, die Jagd auf Kommunisten und So-zialdemokraten, Pazifisten und Gewerkschafter, liberale Journalisten und Rechtsanwälte. Der SA schwillt der Kamm: wenn man das Braunhemd trägt, wird Gewalt zu Tapferkeit. Der Terror wird legal. In allen Städten werden Gefängnisse und Folterkeller hergerichtet. Erste Meldun-gen kommen, daß Verhaftete „auf der Flucht erschossen" worden seien. Allein in Preußen kommen im März/April 1933 mindestens 25.000 Personen in „Schutzhaft".

Die *Ausgrenzung* wird zum Prinzip politischen Han-delns. Zunächst Hunderte, dann Tausende, später Millio-nen Deutsche werden im Namen einer selbstherrlichen Volksgemeinschaft aus ihrem Volk ausgestoßen, verfemt, erniedrigt, gefoltert, ermordet. Hunderttausende von

Deutschen werden sich an dieser Verfolgung aktiv beteiligen; Millionen Deutsche werden zustimmend, untätig oder ohnmächtig Zeugen.

Dieser massenhafte Terror irritiert die NS-Gegner, lähmt sie, jagt sie in die Emigration. Sie alle haben, in Sicht der Nationalsozialisten, das Elend der letzten „Systemjahre" willentlich herbeigeführt, seien also persönlich dafür verantwortlich. Die NSDAP/SA-Schläger erfuhren das Elend jener Jahre am eigenen Leib und wollen endlich, unbelästigt durch Polizei und Justiz, mit ihren Gegnern abrechnen (Mason, 87). Bei dieser Gelegenheit werden oft auch private Streitigkeiten gewaltsam „geregelt". Opposition wird zum kriminellen Fall. Der politische Gegner wird öffentlicher Feind.

Beispiel Wuppertal: Dort steigt der berüchtigte Schläger und SA-Standartenführer (Oberst-Rang) Willi „Emmes" Veller (1896-1941) faktisch (offiziell: Juli 1933 bis März 1934) zum Polizeipräsidenten auf. Seit 1924 in der NSDAP, hat er bei seiner Berufung 14 Vorstrafen. Umgekehrt kann er auf Verletzungen und Narben hinweisen. Die Vorwürfe gegen Veller: Unterschlagung und Beleidigung über Widerstandsleistung, Körperverletzung und Sachbeschädigung bis zu Totschlags- und Mordversuchen (Ulrich Kein, in: Peukert/Reulecke, 47). Beispiel Berlin-Köpenick: SA-Rollkommandos verhaften mindestens 200 NS-Gegner. Später werden im Spree-Nebenfluß Dahme mehrere Säcke mit Toten angeschwemmt, darunter als prominenteste der frühere Ministerpräsident von Mecklenburg-Schwerin, Johannes Stelling, und der Reichsbanner-Führer Paul von Essen (Aleff, 28).

Die SA-Banden plündern, mißhandeln, morden. Rudolf Olden vom „Berliner Tageblatt" erinnert sich 1935 im Exil: „Die ehrlichen Fanatiker (in der SA/SS-Hilfspolizei, HJE) glauben die Nation um so gewisser zu retten, je härter sie verfahren. Die Unehrlichen stopfen sich die Taschen mit dem Eigentum ihrer Opfer voll. Die Haßpropaganda (Hitlers) ... trägt furchtbare Früchte. Die sadistischen Triebe, die in den zu Gewalt Erzogenen, an Gewalt Gewöhnten, die Gewalt Verehrenden wohnen, brechen jetzt hervor und walten ohne Hemmung" (278). Der jahrelang verfolgte Ernst Niekisch kommentiert 1953: „Es enthüllte sich, welcher Schlamm, welche barbarischen Instinkte auf dem Grunde der deutschen Seele ruhen" (Reich, 121).

Werden wohlhabende jüdische Geschäftsleute in die Privat-KZs der SA verschleppt, pflegen SA-Führer die Familien dieser Opfer mit der Drohung zu erpressen, die Inhaftierten noch schlimmer zu quälen oder zu ermorden. Mancher SA-Hauptsturm- oder -Standartenführer bereichert sich auf diese Weise gewaltig (Engelmann, Im, 113). Wer freigelassen wird, muß sich unterschriftlich verpflichten, nie von seinen Erlebnissen zu sprechen; er muß bestätigen, daß die ihm zuteil gewordene Behandlung keinen Grund zur Klage biete. So müssen sich die Opfer des NS-Terrors noch selbst demütigen und entehren.

Der vielgelesene Schriftsteller *Rudolf Georg Binding* (1867-1938) behandelt Ritterlichkeit, Selbstzucht, Opfer. Seine formstrenge Prosa und Lyrik, sein distinguierter Konservatismus machen ihn zu einem Lieblingsautor des Bürgertums. Jener Neuklassizist und Rittmeister a.D. schreibt 1933: „Wir geben zu, daß in Deutschland Menschenjagden veranstaltet werden auf solche Menschen, die wir nicht für deutsch zu erklären uns anmaßen ... Was besagen die Leiden einzelner Gruppen gegenüber der herrlichen Tatsache, daß unser Volk wieder ein Volk wurde, daß die deutsche Seele Auferstehung, Neugeburt, vaterländischen Höhenflug feiert?" Deutschland habe keinen Raum für Marxisten, Juden, Pazifisten, Humanisten und ähnliches Gelichter (Bronder, 86). Diese Parteinahme des als glaubwürdig angesehenen Binding für Hitler erweist dem NS-Regime einen großen Dienst. *Vorgreifend:* Binding wird nicht NSDAP-Mitglied, bleibt seiner jüdischen Lebensgefährtin Elisabeth Jungmann, früher langjährige Sekretärin von Gerhart Hauptmann, wie seinen jüdischen Freunden treu. Er fühlt sich als Nationalkonservativer bald betrogen, glaubt aber noch 1935, das Anständige und Gerechte werde sich auch im NS-Regime durchsetzen. Daß bei seiner Trauerfeier das offizielle Deutschland nicht vertreten ist, ehrt Binding posthum (Loewy, 306; Ebermayer, denn, 567).

Binding steht mit seiner ursprünglichen Bejahung der „Menschenjagden" auf NS-Gegner nicht allein. Im Gegenteil. Diese rücksichtslose Terrorwelle vor allem gegen Kommunisten, aber auch gegen Sozialdemokraten, ist in bürgerlichen und ländlichen Schichten *populär* und bringt Hitler, am Vorabend der kommenden Reichstagswahl am 5. März 1933, große Anerkennung ein. Daß der NS-Terror vorrangig „die Linke" und „die Juden" trifft, wird im alten und neuen Mittelstand begrüßt (Ian Kershaw, in: Peukert/ Reulecke, 228; dto., 49 + 50).

Seit der Reichstagswahl vom 6. November 1932 verfügen NSDAP und DNVP im Reichstag über 196 + 52 = 248 oder 42,5 % der 584 Mandate. Das Hitler/Hugenberg-Kabinett hat eine breitere parlamentarische Basis als die letzten Kabinette. NSDAP/DNVP können überdies damit rechnen, von den 70 Zentrum-Abgeordneten oder 12,0 % der Mandate toleriert zu werden. Der DNVP-Vorsitzende Alfred Hugenberg (siehe S. 93) war in das Kabinett unter der Voraussetzung eingetreten, daß es keine neue Reichstagswahl geben solle, willigt aber doch, vor Vereidigung des Kabinetts, als Franz von Papen die „Größe der Stunde" beschwört, widerwillig in Neuwahlen ein. Damit hat Hitler seinen Koalitionspartner DNVP erstmals ausmanövriert. *Vorgreifend:* Dieses setzt sich zielstrebig fort. Hugenberg wird am 10. Mai 1933 resigniert feststellen, man wolle die DNVP „langsam in Vergessenheit geraten" lassen. „Eine politische Intervention gegen diese Machenschaften scheint mir unmöglich" (Becker, 297).

Vor prominenten Industriellen erklärt Hitler am 20. Februar 1933, Deutschland stehe vor dem „letzten Wahlkampf"; auch wenn die Wahl keine Mehrheit für seine Regierung bringe, habe er nicht die Absicht, die Macht abzugeben; es gäbe nur die Wahl zwischen seiner Regierung und dem Kommunismus. Anschließend protzt Hermann Göring, die Wahl sei „die letzte sicherlich innerhalb zehn Jahren, voraussichtlich aber in hundert Jahren." Hjalmar Schacht legt den Industriellen einen Wechsel über 3 Mio. RM als „Wahlkampfspende" mit dem Ersuchen um Gegenzeichnung vor. Dies erfolgt. 25 % des Geldes sind für DNVP/Stahlhelm-Bund bestimmt (Turner, Die, 394-396).

Die halbfreie *Reichstagswahl vom 5. März 1933* wird von Joseph Goebbels als „Tag der erwachenden Nation" ausgerufen. Die „Frankfurter Zeitung" stellt am 1.3. lakonisch fest, noch nie sei in Deutschland ein Wahlkampf unter den Bedingungen des (zivilen) Ausnahmezustands geführt worden. Genauer gesagt: Diese letzte demokratische Wahl findet nicht unter normalen rechtsstaatlichen Bedingungen statt (Schulz, Deutschland, 128). Statt dessen prangen auf den Wahlplakaten der Liste 1 = NSDAP die Porträts des 85 Jahre alten Reichspräsidenten Paul von Hindenburg und des knapp 44 Jahre alten Reichskanzlers Adolf Hitler nebeneinander − als Effekthascherei.

Im Wahlkampf sind SPD und KPD, bisher mehr als ein Drittel der Wähler, fast zum Schweigen verurteilt. Ihre Plakate sind überklebt, ihre Zeitungen verboten, ihre Versammlungen nicht genehmigt oder aufgelöst, ihre Flugblätter beschlagnahmt. Dafür entfalten sich NS-Propaganda und -Terror ungehemmt. „Reichsbanner Schwarz-Rot-Gold" und „Rotfront" schlagen zurück. Nachdem sich die katholischen Bischöfe Preußens bei Hindenburg über Beeinträchtigung der Wahlfreiheit (für das Zentrum) beschwert hatten, antwortet Hindenburg, er werde alles in seinen Kräften Liegende tun, um die Wahlfreiheit der Staatsbürger zu sichern; im übrigen sei er auch überzeugt, daß die Reichsregierung von derselben Ansicht geleitet sei (Becker, 120).

Hitler spricht in zehn Städten, zuletzt in Königsberg/Ostpreußen, der Krönungsstadt der preußischen Könige. Nach seinem letzten Satz erklingt im Rundfunk das Niederländische Dankgebet „Wir treten zum Beten", gefolgt vom — angeblichen — Glockengeläut des Königsberger Doms (tatsächlich ist es eine eingespielte Schallplatte), dann fünf Minuten Funkstille. Die Königsberger Inszenierung ist eindrucksvoll. Hitler will (8. Februar 1933, Ministerbesprechung) 18 bis 19 Mio. Wählerstimmen hinter die Reichsregierung bringen und rechnet am 28. Februar 1933 im Kabinett mit der absoluten Mehrheit von 51 % für die NSDAP/DNVP -Koalition — insgeheim allein für die NSDAP.

Bei einer nie zuvor erzielten Spitzen-Wahlbeteiligung von 39,658 Mio. oder 88,8 %, das sind 8,2 % mehr als am 6. November 1932, und dem propagandistisch geschicktesten Wahlkampf, den je eine Partei in Deutschland entfesselte, ist das Wahlergebnis für Hitler doch einigermaßen enttäuschend. Die NSDAP erhält „nur" 43,9 % der Stimmen. Immerhin erreicht sie das *höchste Wahlergebnis* überhaupt im Reich und übertrifft damit das in der 62-jährigen Geschichte des Reichstages bisher höchste Wahlergebnis einer Partei, das der SPD am 19. Januar 1919 zur Nationalversammlung mit 37,9 %, erheblich.

Der NSDAP gelingt es noch einmal, bisher resistent gebliebene Anhänger der bürgerlich-protestantischen Parteien und — vor allem — Nichtwähler sowie, in geringerem Maß, Wähler der übrigen Parteien an sich zu ziehen. Aber sie kommt nicht in greifbare Nähe zur erstrebten absoluten Mehrheit (Jürgen W. Falter, in: Michalka, 58).

Es ergeben sich jetzt stärkere NSDAP-Mehrheiten auch außerhalb der protestantischen Gebiete westlich der Weser-Werra-Linie. Dies zeigt die beginnende Auflösung der katholischen Gegenwehr — auch im größten Teil Oberschlesiens, vor allem in ganz Oberbayern und Bayerisch Schwaben, in Niederbayern und in Baden. Dort entstehen teilweise sogar neue NSDAP-Hochburgen mit absoluten Mehrheiten.

Ein Blick auf *Berlin,* oft ein Brennspiegel: In 17 der 20 Bezirke wird die NSDAP stärkste Partei. Nur in den drei Arbeiterbezirken Neukölln (32 %), Friedrichshain (35 %) und

Wedding (47 %) bleibt die KPD an der Spitze. In anderen historischen Hochburgen der Arbeiterlinken (Lichtenberg, Kreuzberg, Prenzlauer Berg) erhält die NSDAP die meisten Stimmen (Gerhard Schulz, in: Treue/Schmädeke, 72).

Ein Blick auf die *Wahlkreise*. Bei einem Reichs-Durchschnitt von 43,9 % erringt die NSDAP absolute Mehrheiten in acht Wahlkreisen: Ostpreußen 56,5 %, Pommern 56,3 %, Frankfurt/Oder = Ostbrandenburg 55,2 %, Osthannover 54,3 %, Liegnitz/Niederschlesien 54,0 %, Schleswig-Holstein 50,0 %. − Unter 40 % erhält die NSDAP in Köln-Aachen 30,1 %, Berlin 31,3 %, Bremen 32,8 %, Westfalen-Süd 33,8 %, Westfalen-Nord 34,9 %, Düsseldorf-West 35,2 %, Düsseldorf-Ost 37,4 %, Potsdam II 38,2 %, Koblenz-Trier 38,4 %, Hamburg 38,9 %, Niederbayern 39,2 %. − Rekord-Stimmenanteile erringt die NSDAP in den Kreisen Rothenburg-Tauber/Franken und Schotten/Hessen mit je 83 %, in Neidenburg/Ostpreußen mit 81 %, in Lyck/Ostpreußen mit 80 % und in Neustadt-Aisch/Franken mit 79 % (Falter/Lindenberger/Schumann, 133).

Die *Mitte-Parteien* werden bedeutungslos. Die rechtsliberale DVP erhält 432.255 Stimmen, ein Verlust von 34,6 %, oder 1,0 % statt 1,7 % der Stimmen und 2 statt 11 Mandate. Die linksliberale DDP/DStP behauptet sich mit 334.315 Stimmen, ein Verlust von 0,15 %, oder 0,9 % statt 1,0 % der Stimmen und 5 (auf SPD-Liste) statt 2 Mandate. − Der Reichsgeschäftsführer (1922-1929) der DDP, Werner Stephan (1895-1984), seit 1929 Referent der Presseabteilung der Reichsregierung, wird 1933 ins Propagandaministerium überführt, wo er bis 1945 als persönlicher Referent von Reichspressechef Otto Dietrich tätig ist. *Vorgreifend:* Stephan wird 1955-1959 Bundesgeschäftsführer der FDP.

Die *SPD* behauptet sich und erhält statt 7,252 Mio. Stimmen oder 20,4 % nun 7,181 Mio Stimmen oder 18,3 %, ein Verlust von 0,98 %, oder statt 121 nun 120 Mandate. − Die *KPD* büßt ein und erhält statt 5,981 Mio. Stimmen oder 16,9 % nun 4,848 Mio. Stimmen oder 12,3 %, ein Verlust von 19,0 %, oder statt 100 nun 81 Mandate, deren Zuteilung jedoch gemäß Gesetz vom 13. März 1933 ungültig gemacht wird.

Das *Zentrum* (ohne BVP), dessen Wahlkampf auch durch Versammlungs-, Rede- und Zeitungsverbote behindert war, verbessert sich von 4,231 Mio. oder 11,9 % auf 4,425 Mio. Stimmen oder 11,2 %, ein Gewinn von 4,6 %, oder statt 70 nun 74 Mandate. Katholische Geistliche hatten nicht überall, aber oft vor der Stimmabgabe für die NSDAP gewarnt. Vielleicht auch deshalb bleibt in fast allen katholischen Gebieten im Reich die NSDAP unter ihrem Reichs-Durchschnitt.

Ein Blick auf *Bayern und die dortige BVP*, das Gegenstück zum Zentrum. Besonders kleinbürgerliche und mittlere Schichten standen in guten und bösen Tagen treu zur BVP, der stärksten Fraktion im Landtag. In den ärmlichen agrarisch-katholischen Gebieten erzielt die NSDAP jetzt einen phänomenalen Durchbruch. Die Zuwachsraten der NSDAP-Stimmen, im Vergleich zum 6. November 1932, sind in den fast ausschließlich katholischen Gebieten im Durchschnitt zwei- bis dreimal so groß wie in den evangelischen. Die BVP geht zurück auf 1,074 (6. November 1932: 1,206) Mio. Stimmen, ein Verlust von 10,9 %. Die BVP-Stimmen ergeben im Reich 2,7 % (1932: 3,1 %) Stimmenanteil. Der NSDAP gelingen starke Einbrüche besonders in katholischen Armutsgebieten; sie erhält in Oberbayern-Schwaben 40,9 %, in Niederbayern 39,2 %. Die armen und ärmsten Teile der katholischen Landbevölkerung hatte die BVP schon vor 1930 nur teilweise an sich binden können (Elke Fröhlich, in: Hirschfeld/Kettenacker, 257f.).

Ein Blick auf *Konfession* und NSDAP-Wählerschaft. Bei der Reichstagswahl 1930 war der NSDAP-Stimmenanteil in Gebieten mit mehr als zwei Drittel Nicht-Katholiken (Protestanten und Sonstige) rd. 21 %, in Gebieten mit mehr als zwei Drittel Katholiken rd. 12 %. Bei der Reichstagswahl vom 31. Juli 1932 erzielte die NSDAP (im Reich: 37,3 %) in den überwiegend protestantischen Gebieten knapp 43 %, in den katholischen Gebieten rd. 23 %. Nun kommt die NSDAP in den protestantischen Gebieten auf rd. 48 %, in den überwiegend katholischen Gebieten auf rd. 35 %. Während also 1933 ungefähr jeder zweite protestantische (genauer: nicht-katholische) Wähler für die NSDAP stimmt, tut das nur etwa jeder dritte Katholik. Die relative Immunität der Katholiken gegenüber der NSDAP beginnt demnach 1933 spürbar nachzulassen (Jürgen W. Falter, in: Michalka, 52-53).

Ein Blick auf *Gemeindegrößen* und NSDAP-Wählerschaft. In Dörfern und Kleingemeinden bis 5000 Einwohnern erhält die NSDAP 50,1 % der Stimmen, in Kleinstädten von 5000 bis 20.000 Einwohnern 41,6 %, in Mittelstädten von 20.000 bis 100.000 Einwohnern 40,8 % und in Großstädten über 100.000 Einwohner 38,1 % − im Vergleich zum NSDAP-Reichsergebnis von 43,9 % (a.a.O., 51).

Zusammenfassend: Den im Reich 17,277 Mio. NSDAP-Wählern stehen 21,431 Mio. oder 56,1 % Nicht-NSDAP-Wähler gegenüber, davon als für Hitler entscheidende Gruppe: 3, 137 Mio. oder 8,0 % Wähler der von Hindenburg favorisierten „Kampffront Schwarz-Weiß-Rot" (DNVP plus Stahlhelm-Frontsoldatenbund) unter Alfred Hugenberg, Franz von Papen und Stahlhelm-Führer Franz Seldte (1882-1947), nun Reichsarbeitsminister im Kabinett. Die *DNVP* hat demnach ihr bestes Ergebnis seit 1930 erzielt und sich im Vergleich zum 6. November 1932 behauptet. Die 288 NSDAP-Abgeordneten haben nur mit den 52 DNVP-Abgeordneten eine absolute Mehrheit von 340 der 647 Mandate. Hitler kommentiert in der Wahlnacht: „Solange der alte Herr (Hindenburg) lebt, werden wir die Bande (DNVP) nicht los" (Paul, Wer, 146). *Vorgreifend:* Hitler überschätzt hier den Einfluß Hindenburgs. Nach drei Monaten wird sich die DNVP auflösen wie die anderen Parteien.

Die gleichzeitige Landtagswahl in *Preußen*, mit zwei Drittel des Reichsgebietes und drei Fünftel der Reichsbevölkerung, bestätigt im wesentlichen das Reichstagswahl-Ergebnis, mit einer Ausnahme: die KPD gewinnt 11,1 %

Stimmen hinzu und erhält 63 statt 57 Mandate. − Bei den *Kommunalwahlen* in Preußen am 12. März 1933, Wahlbeteiligung um 13 % geringer als am 5. März, nimmt die NSDAP erneut zu und erringt häufig die absolute Mehrheit der Mandate. Die SPD verliert 20 %, die KPD 40 % der Stimmen. Die NSDAP wird stärkste Partei in allen Großstädten Preußens − nicht in Aachen, Essen und Oberhausen.

In der Bürokratie mancher deutscher Länder ist das Rechtsgefühl lebendig genug, so daß nicht überall die bürgerkriegsmäßigen Gewaltakte ablaufen. Gestützt auf die Reichstagsbrand-Notverordnung vom 28.2., dirigieren vom 5. bis 9. März 1933 in den nicht von der NSDAP regierten Ländern Hamburg, Bremen, Schaumburg-Lippe, dann Hessen, Baden, Württemberg, Sachsen, zuletzt Bayern NS-Reichskommissare (seit 7. April 1933, Gesetz zur Gleichschaltung der Länder mit dem Reich, genannt: Reichsstatthalter) deren *Gleichschaltung.* Damit wird − faktisch − die Alleinherrschaft der NSDAP begründet.

Die SA mit ihren Rache- und Eroberungsgelüsten wird zum „Motor der Gleichschaltung" (Thamer, 264); Widerstand regt sich nicht. Auf allen öffentlichen Gebäuden weht die Hafenkreuzfahne, die damit faktisch zur Reichsflagge erhoben wird. Das Unrecht „Gleichschaltung" wird im Volk mehrheitlich als nationale Integration verstanden.

So schreibt der ehemalige preußische Finanzminister (1925-1931) Hermann Höpker-Aschoff (1883-1954), DDP/DStP, am 21. April 1933 in „Der deutsche Volkswirt": „Die Länder haben aufgehört, Staaten zu sein. Die Neuregelung bedeutet das Ende des deutschen Föderalismus und wird daher freudige Zustimmung aller derer finden, die sich seit Jahren die Finger wundgeschrieben haben, um der deutschen Libertät eines unseligen Föderalismus den Garaus zu machen" (Becker, 253). *Vorgreifend:* Höpker-Aschoff, im NS-Regime zurückgezogen, wird 1945 Mitbegründer der FDP und verleiht dem Bundesverfassungsgericht als dessen erster Präsident von 1951 bis 1954 hohes Ansehen. Der prominente Soziologe Ralf Dahrendorf, Jahrgang 1929, bezeichnet 1965 die „Beseitigung der Länderrechte" als Angriff auf „eine der charakteristischen Traditionen – und Verwerfungen – deutscher Sozialstruktur" und als Bestandteil der durch den Nationalsozialismus ausgelösten sozialen Revolution (Zitelmann, Selbstv., 445).

Die *Gleichschaltung,* ein Begriff der elektrischen Stromschalttechnik, erfolgt durch zwei sich ergänzende und bedingende Teilprozesse. Zum einen: Die NSDAP wirkt auf alle Bereiche von Staat und Gesellschaft ein und zwingt sie in das Joch der NS-Ideen. Zum anderen: Die gesellschaftlichen Gruppen und Organisationen passen sich den NS-Vorstellungen in der Hoffnung an, dadurch dem Druck und Terror der NSDAP zu entgehen und für sich und ihre Mitglieder „Erleichterungen" erwirken zu können (Megerle, Machtergr., 459). Die NS-Bewegung überrennt Staat und Gesellschaft, usurpiert die Macht, kommt jedoch nicht gegen den Willen einer Bevölkerungsmehrheit in Machtpositionen. Die NSDAP kann nur gleichschalten, weil die Bereitschaft zu einer *Selbst-Gleichschaltung* weit verbreitet ist.

Weite Kreise, die bisher nichts von der NSDAP hatten wissen wollen, strömen ihr nun zu. Wer steht nicht lieber auf der Seite der Sieger als der Besiegten? Bei vielen wandelt sich, subjektiv-ehrlich, die Gesinnung: Sie erkennen in Hitler und seiner Bewegung etwas Gutes, das ihnen bisher entgangen war. Die bis dahin gesehenen Fehler und Gefahren erscheinen nun als geringfügig oder nicht vorhanden. Andere werden aus Opportunismus (siehe S. 372) NSDAP-Mitglieder, weil sie sich bestimmte berufliche Vorteile versprechen. Mit dem bekannten Eifer des Konvertiten besuchen sie beflissen Parteiversammlungen, betätigen sich in der Propaganda und pflegen häufig ihnen bekannte NS-Gegner zu denunzieren (Pentzlin, Die, 66-67).

Wo stehen die rd. 21 Mio. Wähler von SPD, KPD, Zentrum usw.? Haben sie vor dem immer stärker werdenden

Meinungsdruck kapituliert? Haben sie sich in eine „Abwarteposition" begeben, die allmählich in eine Nachfolgebereitschaft mündet? „Nachfolgebereitschaft ist eine Haltung, die sich nicht allein erzwingen läßt, sondern eine gewisse Freiwilligkeit voraussetzt, Neigungen der Selbst-Gleichschaltung entgegenkommt ... Sie entspringt nicht nur der Furcht, sondern auch der ... leichtfertigen Akzeptierung der NS-Ziele und -Praktiken" (Peter Steinbach, in: Megerle, Machtergr., 199-200).

Diese Gleichschaltung vollzieht sich schubweise und ist bis zum 2. August 1934, als Hitler auch Reichspräsident wird, in 18 Monaten abgeschlossen. *Zum Vergleich:* In Italien schaffte dies Benito Mussolini von Oktober 1922 bis April 1926 erst in dreieinhalb Jahren.

Rainer Zitelmann bilanziert 1989: Hitlers pseudo-legale Revolution ist in einem Land mit extrem obrigkeitsstaatlichen-autoritären Traditionen die „adäquate Form einer Revolution", gerade weil die Begriffe formaler Ordnung, Disziplin und Ruhe an der Spitze stehen. Damit wird Hitler den in sich widersprüchlichen Bedürfnissen breiter Schichten gerecht. Einerseits sehen sie, nach dem wirtschaftlich-politischen Zusammenbruch der Weimarer Republik, eine radikale Änderung der gesellschaftlichen und politischen Verhältnisse herbei. Andererseits sind sie zu stark in der deutschen anti-revolutionären Tradition befangen, als daß sie eine andere Form der Revolution mitvollzogen oder akzeptiert hätten (Selbstv., 96).

Einer Anregung von Joseph Goebbels folgend, läßt Hitler den neugewählten Reichstag, ohne nicht eingeladene und verfolgte Linksparteien SPD und KPD, zu Frühlingsanfang in der Potsdamer Garnisonkirche einberufen. So will Hitler symbolisch erinnern an den ersten Reichstag des preußisch-deutschen Kaiserreiches, der am 21. März 1871 durch Reichskanzler Otto von Bismarck (1815-1898) eröffnet worden war, und knüpft so vorgeblich an preußische Tradition an.

Für die „marxistisch besudelte" Republikfahne *Schwarz-*

Rot-Gold ist kein Platz mehr. Symbolhaft wird durch Erlaß des Reichspräsidenten vom 12. März 1933 (Volkstrauertag) Artikel 5 der Reichsverfassung: „Die Reichsfarben sind schwarz-rot-gold" außer Kraft gesetzt. „Bis zur endgültigen Regelung der Reichsfarben" sind „die schwarz-weiß-rote Fahne (des Kaiserreiches bis 1918, HJE) und die Hakenkreuzfahne gemeinsam zu hissen." Das traditionelle Symbol stehe für „die ruhmreiche Vergangenheit des Deutschen Reiches", das neue Symbol für „die kraftvolle Wiedergeburt der Deutschen Nation": „Vereint sollen sie die Macht des Staates und die innere Verbundenheit aller nationalen Kreise des deutschen Volkes verkörpern." Konservative Kreise akzeptieren nur widerwillig die Gleichberechtigung des Hakenkreuzes als Flagge des Deutschen Reiches. Mit diesem Verfassungsbruch sanktioniert der Reichspräsident die NS-Revolution.

Vorgreifend: Durch Gesetz vom 15. September 1935 läßt Hitler verkünden, die Reichsfarben seien Schwarz-Weiß-Rot, die Reichs- und Nationalflagge *nur* die Hakenkreuzflagge. In einem vielgesungenen Lied heißt es: „Wissen wir auch nicht, wohin es geht, wenn nur die Fahne vor uns weht ..." *Vorgreifend:* Im Zuge der alliierten Besetzung 1945 wird die Hakenkreuzfahne in Küchenherden und Stubenöfen so massenhaft verbrannt, wie sie vorher überall geweht hatte.

NSDAP-Reichspropagandaleiter (seit 1929) *Joseph Goebbels* (1897-1945), einer der fähigsten, zugleich zynisch-skrupellosesten Köpfe der Partei, tritt als Chef des neugebildeten Reichsministeriums für Volksaufklärung und Propaganda, einem Novum deutscher Geschichte, am 13. März 1933 in das Reichskabinett ein. Goebbels lenkt bald weltweite Aufmerksamkeit auf sich und wird eine Schlüsselfigur der sich nun beschleunigenden Gleichschaltung aller Lebensbereiche. Joseph Goebbels übt auf Zeitgenossen und Historiker „eine eigenartige, gleichermaßen abstoßende, wie faszinierende Wirkung aus." Die Historikerin Elke Fröhlich, Jahrgang 1944, seit 1987 Herausgeberin der Goebbels-Tagebücher, weist 1989, neben dem sarkastischen Intellekt und der geschliffenen Rhetorik, auf das Doppelgesicht des Propagandaministers hin: „Minderwertigkeitskomplexe und missionarisches Selbstbewußtsein, Erlösungssehnsucht und Vernichtungswille, sentimentale Larmoyanz und berechnender Zynismus, weinerliches Selbstmitleid und brutale Härte" (in: Smelser/Zitelmann, 52 + 53).

Am 15.3. verkündet Goebbels vor der Presse, man wolle dem Volk geben, was dem Volk gebührt, aber anders als im demokratischen Parlamentarismus. Da diese Regierung niemals und unter keinen Umständen weichen werde, wolle sie sich nicht der Bajonette bedienen und könne nicht damit zufrieden sein, 52 % (gemeint: NSDAP + DNVP, HJE) hinter sich zu wissen. Man werde nicht die übrigen 48 % terrorisieren, sondern man wolle sie für sich gewinnen. „Wir wollen die Menschen so lange bearbeiten, bis sie uns verfallen sind." Und so geschieht es. *Vorgreifend:* Bald erhält Goebbels nach dem Sprichwort „Lügen haben kurze Beine", wegen seines Klumpfuß-Geburtsfehlers, im Volksmund den Spitznamen „Die Lüge hat ein kurzes Bein ..."

Am 20.3. wird das KZ Dachau (siehe S. 516) eingerichtet. Kaum beachtet, werden am 21.3. bei allen Oberlandesgerichten „als neue Form politischer Schnelljustiz" (Maser, Regime, 153) *Sondergerichte* geschaffen, die ohne gerichtliche Voruntersuchung die politische Strafjustiz dem normalen Rechtsweg entziehen. Gegen Entscheidungen dieser Sondergerichte gibt es grundsätzlich keine Rechtsmittel. Das ist ein klarer Bruch des Artikels 107 der Reichsverfassung: „Ausnahmegerichte sind unstatthaft. Niemand darf seinem gesetzlichen Richter entzogen werden." Diese Sondergerichte sind fleißig tätig.

Das ist, in großen Zügen, der *Hintergrund* des „Tages von Potsdam", mit seiner theatralisch glänzend inszenierten nationalen Symbolik.

Wenn Napoleon vom Theater-Erfolg „Der tolle Tag oder Figaros Hochzeit" (1784) des französischen Dramatikers Pierre A.C. de Beaumarchais später sagte: „C'était la révolution déja en action", so hat für Deutschland Hitlers „Tag von Potsdam" eine ähnliche Bedeutung.

Die erste deutsche Republik wurde 1919 im thüringischen Weimar begründet, das im 18. Jahrhundert für fünfzig Jahre eine Residenz des Weltgeistes war. „Hier hatte deutscher Geist sich am weitesten über das Elend deutscher Politik erhoben" (Möller, Weimar, 7). Im Weimarer Nationaltheater verabschiedete die Nationalversammlung die Verfassung der Republik. Der Geist der Republik sollte in Humanität und Freiheit dem Geist von Potsdam entgegengesetzt sein. Millionen Deutsche teilten die Abneigung gegen den „Geist von Potsdam"; andere Millionen Deutsche sahen in Potsdam das Sinnbild einer großen preußisch-deutschen Vergangenheit strenger Größe.

Das Dritte Reich wird 1933 begründet in der ehrwürdigen Potsdamer Garnisonkirche. Potsdam war von 1685 bis 1918 zweite brandenburgisch-preußische Residenz, wichtigste Garnisonstadt Preußens und Weihestätte des altpreußischen Gedankens. Mit dem „Tag von Potsdam" will sich der Reichskanzler Hitler vor allem eine weihevolle Legitimation verschaffen. Hitler weiß, daß *Legalität* (Gesetzmäßigkeit) eine wesentliche Quelle für *Legitimität* (Rechtmäßigkeit) ist. Legalität sichert den Gehorsam der Bürger, die Loyalität von Verwaltung, Polizei, Reichswehr und lähmt den Widerstand politischer Gegner (Thamer, 226). Gleichzeitig aber will Hitler so seinen „legalen Staatsstreich" durch stufenweise Revolution verschleiern.

Potsdam ist an diesem 21. März 1933 kaum wiederzuerkennen. Aus fast allen Fenstern wehen Fahnen, meist schwarz-weiß-rot. Die Straßen nach Berlin sind mit Ehrenpforten geschmückt und tragen markige Willkommensgrüße für Hindenburg und Hitler. Auf den Straßen gibt es nach Eintreffen vieler Sonderzüge ein ungewohntes Gewimmel. Es herrscht die Freude, Befehle zu erhalten, zu marschieren, strammstehen zu dürfen. Viele Alt-Potsdamer können sich nicht mit den SA-Absperrmannschaften in brauner Uniform befreunden und murren.

Beim „Tag von Potsdam" erscheint Hitler in einer Garderobe, in der ihn noch niemand gesehen hat: schwarzer Zylinder und Cut – beides der traditionelle Ausdruck bürgerlicher Feierlichkeit und Ehrbarkeit. Das berühmte, in alle Welt gehende Foto zeigt Hitler vor der Garnisonkirche: barhäuptig, scheinbar voller Ehrfurcht und Demut, verneigt er sich tief vor Hindenburg in der feldgrauen Uniform des preußischen Generalfeldmarschalls mit allen großen Kaiserorden und Marschallstab. Dieses lange im In- und Ausland nachwirkende Foto suggeriert nachhaltig den von Hitler gewollten Eindruck: Der Führer der deutschen Revolution buckelt, in einer lakaienhaft wirkenden Verbeugung, vor der militärisch-junkerlichen Reaktion ... Keine Fehleinschätzung Hitlers und seiner schleichenden Umsturztaktik sollte sich, im In- und Ausland, als trügerischer erweisen.

Hindenburg begibt sich zum einleitenden protestantischen Gottesdienst in die Potsdamer St. Nicolai-Kirche. Generalsuperintendent Otto Dibelius (siehe S. 108) stimmt zu, bei Beginn des Staatsaktes die Glocken aller Potsdamer Kirchen läuten zu lassen, und predigt zum Bibeltext „Ist Gott für uns, wer mag wider uns sein" (Römer 8, 31). Über jenen Text wurde auch bei Reichstags-Eröffnung am 4. August 1914, Kriegsbeginn, gepredigt. (1930 verkündete Dibelius in seiner Schrift „Frieden auf Erden?", der Krieg sei „eine natürliche Lebensordnung der Völker"; das Christentum sei nicht dagegen.)

Die in der Garnisonkirche versammelten konservativen und bürgerlichen Honoratioren blicken bewegt auf die mit Lorbeerkränzen geschmückten historischen Fahnen der alten preußischen Regimenter. Sie sind tief gerührt, daß in der ehemaligen Kaiserloge ein Sessel für den abgedankten Kaiser freigelassen worden ist – beides Effekte der Regiekunst des Propagandaministers Joseph Goebbels. Hindenburg wird zu einer thronartigen Erhöhung über der Gruft der beiden Soldatenkönige geleitet und damit besonders geehrt. Nichts deutet auf einen lärmenden NS-Triumph hin. Leises Orgelspiel leitet den Staatsakt ein, der Staats- und Domchor singt den Choral von Leuthen „Nun danket alle Gott". Alles *hier* ist abgestellt auf das Bekenntnis zu den gestaltenden Kräften der Vergangenheit, zum Frieden nach außen und zur Einheit nach innen, zu Christentum und Preußentum.

In seiner kernigen Begrüßungsansprache erinnert Hindenburg an das alte Preußen: „Möge der alte Geist dieser Ruhestätte auch das heutige Geschlecht beseelen", und ruft alle Deutschen auf, „zum Segen eines geeinten, freien, stolzen Deutschlands" zusammenzustehen.

Dann beginnt Hitler mit einer Laudatio auf Hindenburg. Hitlers Ansprache ist auffallend gemäßigt: kein Wort des Hasses auf die Gegner, kein Wort von Rassen-Ideologie, keine Drohung nach innen oder außen. Hitlers Schluß-Apotheose ist gekonnt: „Heute, Herr Generalfeldmarschall, läßt die Vorsehung Sie Schirmherr sein über die Neuerhebung unseres Volkes ... So dankt Ihnen heute des deutschen Volkes Jugend, und wir alle mit, die wir Ihre Zustimmung zum Werk der deutschen Erhebung als Segnung empfinden ... Möge uns dann aber auch die Vorsehung verleihen jenen Mut und jene Beharrlichkeit, die wir in diesem für jeden Deutschen geheiligten Raume um uns spüren, als für unseres Volkes Freiheit und Größe ringende Menschen, zu Füßen der Bahre seines größten Königs!" (Domarus, 228) Friedrichs d.Gr.

Hindenburg, in erhabener Reglosigkeit verharrend, beschließt den feierlichen Staatsakt. Sichtlich bewegt betritt er die Kanzelgruft und verweilt, tief in Gedanken verloren, an den Sarkophagen Friedrich Wilhelms I. und Friedrichs d.Gr. – Das leise gesungene Niederländische Dankgebet beschließt diese weihevolle Stunde des „Tages von Potsdam". Als Hindenburg unter den Salutschüssen der Reichswehr aus der Garnisonkirche tritt und die Ovationen der Menge entgegennimmt, scheint sein Reichskanzler neben ihm zu verschwinden. Neben dem mächtigen Greis Hindenburg erscheint Hitler fast unbedeutend.

Alle sehenswürdigen Vorgänge jenes Tages werden auf Film aufgenommen und in Wochenschauen und Sonderprogrammen in allen deutschen Kinos gezeigt; die meisten Zuschauer sind stark beeindruckt (Pentzlin, Die, 71), sogar hingerissen – teilweise auch Hitler-Gegner.

Der „Tag von Potsdam" ist ein „Meilenstein nicht nur des nationalen Gefühls-Aufbruchs, sondern auch der Etablierung des nationalen Ansehens Hitlers". Es ist ein überaus geschickter Schachzug der NS-Propaganda, die Autorität des greisen Hindenburg für das NS-Regime zu nutzen. Unzweifelhaft wird damit ein Teil des großen Vertrauens, das Hindenburg besitzt, auf Hitler übertragen (Kershaw, 51 + 52). „Kein anderes Ereignis" in der Anfangsphase des NS-Regimes fördert die Illusionen so wie dieser Tag von Potsdam (Thamer, 271).

Die wenigsten Deutschen ahnen, daß an jenem Tag der *Bruch Hitlers* mit dem Geist von Potsdam endgültig vollzogen wird. Seitdem ist „Preußen als Traditionskraft tot" (Niekisch, Reich, 172). Die besten preußischen Tugenden hießen Hingabe und Redlichkeit, Selbstverleugnung und Bescheidenheit; mehr als äußere Güter zählten Ehre und Pflichtbewußtsein (Scheurig, Kleist, 16). Hitler und das Dritte Reich werden gute preußische Tugenden in den Staub treten.

Hitlers Täuschungsmanöver gelingt. Es ist ein raffinierter Bühneneffekt mit Chorälen und Armeefahnen, mit den Särgen der Preußenkönige als Requisiten. Wahrscheinlich ist der Theatraliker und Schauspieler Hitler in der Garnisonkirche selbst vom eigenen deklamierten nationalen Pathos und von der für ihn und um ihn inszenierten Feierlichkeit ergriffen – ohne indes „aus der Rolle" zu fallen. Hitlers Potsdam-Coup offenbart: Wer, wie Hitler, immer und überall *zweck*rational handelt, muß allen denjenigen überlegen sein, die sich manchmal, häufig oder immer an *wert*rationalen Motiven orientieren. Hitler verhält sich am „Tag von Potsdam" so, wie es traditionelle Ordnungen und wertrationale Gebote erheischen.

Hitler ist unter Umständen „ehrlich", aber nicht, um einem moralischen Bedürfnis oder einem „kategorischen Imperativ" zu entsprechen, sondern einzig, weil Ehrlichkeit einen guten Eindruck macht und daher seine Erfolgs-Chancen begünstigt. So geht Hitler vor: zielstrebig zweckrational, täuschend wertrational. Soweit das dem Schein nach wertrationale Verhalten seine Erfolgs-Chancen erhöht, wird es von Hitler produziert; bringt es Nachteile, engt es seine Bewegungsfreiheit ein, hört diese „Produktion" sofort auf. Am „Tag von Potsdam" verlarvt sich Hitler konservativ, weil bei den Konservativen (Kern: Reichspräsident und Reichswehr) die Macht liegt.

Was Marcel Reich-Ranicki 1978 über Thomas Mann sagt, gilt ohne Abstriche von dessen Gegenfigur Hitler: „Er liebte die Rolle, die er spielte; und er spielte sie vorzüglich ... Er brauchte das Publikum ... Und er war bereit, seinen ganzen Habitus den Erfordernissen der Rolle unterzuordnen, die er auf sich genommen hatte. Die kunstvolle Selbststilisierung − das war sein Element. Die diskrete Selbstinszenierung − das war die Basis seiner Existenz" (in: „Frankfurter Allgemeine Zeitung", Frankfurt, 11. März 1978).

Der begeisterte Varieté-Besucher Hitler ist, speziell am „Tag von Potsdam", ein trickreicher, überzeugender *Taschenspieler*. Denn der Taschenspieler verwickelt die Zuschauer durch Suggestion und Redekunst, Gewandtheit und Fingerfertigkeit in ein Netz von Sinnestäuschungen, so daß er ihnen unbemerkt alles vor der Nase vormachen kann. Er unterschiebt echten Ergebnissen falsche Ursachen, oder er setzt falsche Ergebnisse auf echte Ursachen. Vor allem wirkt der Taschenspieler durch die Gesetze der Kausalität, denen wir unwillkürlich gehorchen und deren fehlende Glieder wir selber ergänzen: Wir sehen den *Anfang* der Vorführung und glauben damit das (gute) *Ende* zu sehen. Tatsächlich aber sehen wir nur das, worauf der Taschenspieler unsere Aufmerksamkeit lenkt und damit beschränkt ...

So agiert der brillante „langjährige (politische) Taschenspieler", wie sich Hitler selbst (5. April 1942, Tischgespräch) bezeichnet (Picker, 195), nach dem alten Leitwort des fahrenden Volkes: „Eure Gunst – unser Streben!" Hitlers glanzvolle Premiere als Taschenspieler-Reichskanzler ist der denkwürdige „Tag von Potsdam", sein Super-Varieté die Garnisonkirche mit ihrem berühmten Glockenspiel zur halben Stunde: „Üb' immer Treu und Redlichkeit bis an das kühle Grab!" Nur wenige ahnen, daß dort der politische Taschenspieler Hitler seine pompöse „nationale Vorstellung" zelebriert. Wann hätte jemals ein Taschenspieler vor dem größten denkbaren Publikum eines ganzen Volkes und weiter Teile des Auslandes gespielt?

Vorgreifend: Am 200. Jahrestag der Grundsteinlegung des Potsdamer Fridericus-Schlosses „Sanssouci" wird am 14./15. April 1945 durch britischen Luftangriff auf Potsdam mit der Altstadt auch die Garnisonkirche zerstört; sie brennt bis auf den Turm und die Umfassungsmauern aus. 1962/68 läßt die DDR-Regierung auch die Reste der Garnisonkirche schleifen. Seitdem erinnert nichts mehr an sie.

Anhang: Alfred Hugenberg

Schlüsselfigur im Machtkampf mit Hitler wird 1933 der DNVP-Vorsitzende (seit 1928) Alfred Hugenberg (1865-1951). Er war 1890 Mitbegründer des Alldeutschen Verbandes und vehementer Annexionist bis 1918, 1900 in der Leitung der Raiffeisen-Genossenschaften, 1903 Vortragender Rat im Finanzministerium Preußens, 1907/08 Direktor der Berg- und Metallbank in Frankfurt/Main, mit 44 Jahren (1909) Generaldirektor (bis 1918) der Firma Friedrich Krupp und 1911 im Direktorium des Centralverbandes Deutscher Industrieller.

Seit 1914 baute Hugenberg mit Geldern der rheinisch-westfälischen Schwerindustrie, aber auch als „geschickter Inflationsgewinner" (Heiber, Die, 161), einen Medienkonzern auf: Tageszeitungen, Zeitschriften, Anzeigenagentur, Nachrichtenagentur, Materndienst für Provinzpresse, seit 1927 auch UFA-Filmgruppe. Der Nationalist Hugenberg ist der erste deutsche Politiker, der sich bewußt der Massenmedien bedient. Dieser größte Pressekonzern des Kontinents verbreitet antidemokratische, antirepublikanische, antisozialistische Meinungen. Während die DNVP-Grundsätze 1920 antisemitische Parolen enthalten, sind im Hugenberg-Konzern Juden wohlgelitten. Auch politische Gegner bezeugen, daß Hugenberg in seiner verqueren Art ein leidenschaftlicher Patriot ist, der stets an die Größe Deutschlands denkt – wie er sie versteht (Eyck, II, 31).

Der kleine, unscheinbare Geheimrat Hugenberg mit Feldwebelschnurrbart, kurzem Bürstenhaar und bebrilltem Fuchsgesicht ist weder guter Redner noch Publizist, dafür guter Organisator, präziser Rechner, kühler Logiker. Hitler verachtet Hugenberg und dessen DNVP und ist davon überzeugt, daß er sich ihrer eines Tages entledigen könne. In der Tat: Hugenberg wird von Hitler mit Leichtigkeit überspielt, ausgeschaltet und verliert seit dem „Tag von Potsdam" bald allen politischen Einfluß. Er wird nie wieder als Politiker hervortreten. Der Hugenberg-Konzern wird bis 1944 aufgelöst.

Vorgreifend: Ohne jede Fähigkeit der politischen Einsicht und der Selbstkritik, wird Hugenberg nach 1945 leugnen, Hitler den Steigbügel gehalten zu haben. Paul Sethe urteilt 1963: „Er (Hugenberg) hat ihnen (den Nationalsozialisten, HJE) nicht mit Absicht den Staat ausgeliefert; er konnte von keiner Spruchkammer verurteilt werden. Aber auf seinem Andenken bleibt ein hohes Maß an Mitverantwortung für den Zusammenbruch des freiheitlichen Staates" (338).

5

Ermächtigungsgesetz 1933

Die Gewaltentrennung oder Gewaltenteilung unterscheidet die drei Staatsfunktionen Exekutive = vollziehende Gewalt, Legislative = Gesetzgebung und Jurisdiktion = Rechtsprechung und weist sie voneinander unabhängigen Staatsorganen zu, um Machtmißbrauch zu verhindern und die bürgerlichen Freiheiten rechtsstaatlich zu verankern. Die Legislative (das Parlament) kann der Exekutive (der Regierung), unter Durchbrechen des Prinzips der Gewaltenteilung, durch ein Ermächtigungsgesetz die Befugnis zum Erlaß von Gesetzen oder gesetzesvertretenden Verordnungen einräumen, um beispielsweise einen Ausnahmezustand zu bewältigen. In den Krisen des liberaldemokratischen Verfassungsstaats sollten Ermächtigungsgesetze akute politische und wirtschaftlich-soziale Notstände überwinden. Die Weimarer Verfassung sah Ermächtigungsgesetze nicht ausdrücklich vor. Daher wurden die Ermächtigungsgesetze vom 13. Oktober und 8. Dezember 1923 zur Überwindung der Folgen von Ruhr-Besetzung und Inflation, aufgrund des parlamentarischen Rechts zu verfassungsändernden Gesetzen, mit einer Zweidrittelmehrheit vom Reichstag beschlossen.

Das NSDAP/DNVP-Kabinett hat seit 5. März 1933 im Reichstag die absolute Mehrheit, könnte also parlamentarisch regieren. Hitler verlangt jedoch vom Reichstag, mit Zweidrittelmehrheit, reichsgesetzlich vier Jahre lang volle Handlungsfreiheit − ohne Rücksicht auf die verfassungsmäßige Begrenzung der Exekutive. Er will klarerweise den Reichstag ausschalten und die Verfassung selbst außer Kraft setzen. Allen Fraktionen ist bekannt, daß sich Hitler die Ermächtigung notfalls auch mit Gewalt verschaffen und die geplanten Maßnahmen auf dem Weg über den „Staatsnotstand" durchführen werde. Es gelingt Hitler, über seinen Koalitionspartner DNVP hinaus, dafür auch die Mitteparteien und vor allem das Zentrum mit seiner Schlüsselposition zu gewinnen: ohne Zentrum gibt es keine Zweidrittelmehrheit. Zentrum-Vorsitzender Ludwig Kaas sagt: „Unsere Entscheidung ist schwerer als selbst die über den Versailler Vertrag." (Schulz, Dd., 130) Die anderen Parteien wissen, was auf dem Spiel steht. Sie glauben, ihr Widerspruch werde Gefahren doch nicht aufhalten; sie hoffen, durch Anpassung Schlimmeres verhüten zu können.

Am 23. März 1933 stimmt der Reichstag mit 444 Ja- gegen 94 Nein-Stimmen der SPD-Fraktion dem „Gesetz zur Behebung der Not von Volk und Reich" (Ermächtigungsgesetz) zu. Der SPD-Vorsitzende Otto Wels (1873-1939), der im November/Dezember 1918 als Stadtkommandant von Berlin die Machtergreifung der radikalen Linken verhindert hatte, hält im Reichstag eine würdige, zurückhaltende Oppositionsrede. Mit Ja stimmen, u.a., die drei Ex-Reichskanzler Joseph Wirth, Heinrich Brüning und Franz von Papen. Hitlers Versicherungen geben eine letzte schwache Hoffnung, daß man der NS-Diktatur werde entgehen können. Hitler sagt zu, daß die Rechte des Reichspräsidenten nicht berührt würden und daß die Parteien unbehelligt blieben. Das scheint die letzte Brücke zum Rechtsstaat. Es lockt auch die Hoffnung, daß Verhaftungswelle und andere Rechtsbrüche ein Ende haben.

Paul Sethe urteilt 1963 milde, man werde die Ja-Sager „kaum tadeln können: es ist in verzweifelter Lage nicht leicht, den richtigen Entschluß zu treffen" (337). Joachim Maier urteilt 1984 hart: „Das Geschenk einer komfortablen, nach außen hin legal erscheinenden Zwei-Drittel-

Mehrheit hätte Hitler verweigert werden sollen" (in: Michalka, 156). Dem ist beizupflichten. Die Ja-Sager verzichten darauf, in einem geschichtlich bedeutsamen Augenblick sich als unerschrockene und tapfere demokratische Charaktere zu bewähren und für die Demokratie zu fallen. So machen sie sich zu NS-Komplizen.

Das Ermächtigungsgesetz ist das „vorläufige Verfassungsgesetz des neuen Deutschlands" (Carl Schmitt) und das Grundgesetz der NS-Diktatur. Es überträgt das Gesetzgebungsrecht auch für verfassungsändernde Maßnahmen auf die Reichsregierung. Es schaltet, darüber hinaus, den Reichspräsidenten als Kontrollinstanz dadurch aus, daß es sein Recht auf Gegenzeichnung von Gesetzen aufhebt. Nur noch Hindenburg hätte Hitler in den Arm fallen können. Aber Hindenburg ist froh, daß nun alles „geordnet" ist; von ihm kommt kein Einspruch mehr. – Der französische Staatstheoretiker Charles de Montesquieu (1689-1755) übte mit seiner Lehre von der Gewaltentrennung großen Einfluß auf die Herausbildung des modernen Verfassungsstaates aus. Seitdem wurde Gewaltentrennung als menschlicher Fortschritt in der zivilisierten Welt gefeiert. Das NS-Regime wendet sich davon ab.

Drei Jahre zuvor, am 27. März 1930, hatte sich der Reichstag ausgeschaltet. Nun dankt die parlamentarische Demokratie vor der Diktatur ab und öffnet ihr „legal" den Weg. *Vorgreifend:* Das für eine Legislaturperiode bis 1. April 1937 befristete Ermächtigungsgesetz wird je am 30. Januar 1937 und 1939 durch „Reichstagsbeschluß", am 10. Mai 1943 durch Führer-Erlaß auf unbestimmte Zeit verlängert.

Anhang: Hellmut Diwald über
„Fug und Unfug historischer Jubiläen"

Der Historiker Hellmut Diwald, geboren 1929 in Schattau (Satov), bei Znaim/Süd-Mähren (siehe S. 533), unweit der österreichischen Grenze, kommentiert 1989 (S. 147-148) das Ermächtigungsgesetz so:

„Das Dritte Reich feierte seine Jubiläen mit einem gewaltigen Aufwand. Die Regie war abgestimmt auf eine Selbstdarstellung, die den politischen Triumph über die Weimarer Demokratie mit der Bestätigung der eigenen Sache in eine geschlossene Form brachte ...

Nach 1945 verwandelte sich der 30. Januar 1933 aus einem Tag des Triumphes in einen Jahrestag des Schandbaren. Maßgebend dabei war das Siegerkonzept der alliierten Umerziehung, am intensivsten aber beteiligten sich dabei die Gründerväter der Bundesrepublik.

Fast alle waren überwiegend alterfahrene Parlamentarier der Weimarer Republik, kannten bis ins Detail die innere Situation der damaligen Demokratie aus eigener Anschauung, aus eigenen Aktivitäten und aus dem eigenen Versagen. Die beschwörenden Reden, mit denen sie am 30. Januar jeweils an die Nazi-Verbrechen erinnerten und das Banner der demokratischen Normen hochhielten, waren nicht zuletzt deshalb so leidenschaftlich, weil sie der eigenen unerläßlichen Profilierung dienten, − einer Profilierung, die sie in der kritischsten Phase der Weimarer Republik dem deutschen Volk nicht überzeugend vermitteln konnten. Die lauten Töne beim Gedenken an den 30. Januar sollten nicht zuletzt vergessen lassen, welche Rolle die Demokraten am 23. März 1933 gespielt hatten ...

Nahezu die Hälfte der Deutschen hatte 1933 Hitler gewählt, darunter Verzweifelte, Idealisten, Konjunkturritter, Fanatiker, Hoffende, Enttäuschte, Irrende. Doch am 23. März 1933 statteten mehr als zweiundachtzig Prozent der professionell mit Politik befaßten Mandatsträger Deutschlands den neuen Reichskanzler Hitler mit Vollmachten aus, die eine Bankrott-Erklärung des eigenen politischen Bemühens im Rahmen der Weimarer Republik darstellte. Damit hatten die Parteien jenes freiesten Staates unserer Geschichte durch Akklamation erklärt, daß dieses liberale System, dessen Existenz einzig und allein von der

Existenz der Parteien und ihrem demokratischen Zusammenspiel abhing, keine Möglichkeiten des Weiterbestehens enthielt. Sie warfen das Handtuch. Der 23. März 1933 eignet sich nicht zu einem Jubiläum, wohl aber zu intensiver Selbsterforschung der demokratischen Parteien. Deshalb wird er ignoriert."

6

Aufbruchstimmung 1933

Das Gefühl wird übermächtig, mit Hitler werde ein „gordischer Knoten" durchgehauen, den keiner vorher hatte auflösen können. Vielfach herrscht eine Stimmung wie beim Kriegsausbruch 1914, als sich alle Schichten dem Hochgefühl nationaler Einmütigkeit hingaben. Der Nationalsozialismus *erscheint* 1933 als nationale Wiedergeburt. Dies Gefühl hält sich — trotz aller sofort wahrnehmbaren NS-Verbrechen. Viele sagen dazu schlicht: Wo gehobelt wird, da fallen Späne ...

Rainer Zitelmann 1989 über jene Aufbruchstimmung als „die wichtigste Machtgrundlage" für den kommenden Führerstaat: Es verbinden sich Hoffnungen nach Wiedergewinnung nationaler Größe und Utopien einer besseren, auch sozialeren Gesellschaft. So paradox es klingen mag: das Ende der Demokratie scheint 1933 für viele gleichbedeutend mit dem Beginn wirklicher Volksherrschaft (Biogr., 85).

Drei Zeitzeugen und Historiker blicken zurück. Werner Klose, Jahrgang 1923: „In jenem Frühling 1933 ging ein großes Aufatmen, eine Welle ehrlicher Freude durch das Volk" (69). Bodo Scheurig, Jahrgang 1928: „Begeisterung ergriff viele Stände: jubelnd feierten sie das neue Reich ... Überall packte die Gewalt der Stunde ... Überall wehten Hakenkreuzfahnen neben jenem Schwarz-Weiß-Rot, in dem sich eine ruhmvolle und nicht länger verleugnete Vergangenheit symbolisierte. Dieser Taumel ... riß auch Männer der Künste und Wissenschaften zu Hymnen hin, mit denen sie das Dritte Reich als Erfüllung geschichtlicher Sehnsüchte priesen" (Kleist, 126). Golo Mann, Jahrgang 1909: Daß Hitler der rechte Mann auf dem rechten Wege wäre, ist „damals tief im liberalen oder ehemals liberalen Bürgertum verbreitet, auch außerhalb Deutschlands" (Dt. Geschichte, 810).

Ohne Kooperation der *Intellektuellen* wäre das Dritte Reich schwerlich möglich gewesen. Ein großer Teil der Intellektuellen ebnet Hitler den Weg zum Erfolg − aus verfehltem Idealismus, Opportunismus, Angst, Gesinnungslosigkeit, Dummheit (Loewy, 18). Für das NS-Regime stellen alle diese intellektuellen Mitläufer wegen ihrer internationalen Prominenz eine − zeitweise notwendige − Legitimationsbasis dar.

NS-Historiker Walter Frank (1905-1945) glossiert die sich 1933 der NSDAP anbiedernden, eilfertig angepaßten Intellektuellen: „Es war, als ob dem Siege (der NSDAP) eine vergeistigende Macht innewohne ... Es kamen die Griechlein, klug und gebildet und charakterlos, grüßten bieder mit dem ‚deutschen Gruß' und erboten sich, den nationalsozialistischen Sieg geistig zu unterbauen" (Grunberger, 320).

Zu den Intellektuellen, die sich noch 1934 anzubiedern versuchen, gehört − wenig bekannt − auch der Soziologe *Theodor W. Adorno* = Theodor Wiesengrund (1903-1969) mit einem jüdischen Elternteil. Er stand dem marxistisch orientierten Frankfurter Institut für Sozialforschung nahe. Im Juni 1934 erscheint sein Huldigungsartikel, mit Berufung auf Baldur von Schirach und Joseph Goebbels, in der Monatszeitschrift „Die Musik", Organ der Reichsjugendführung. *Vorgreifend: 1.* Als der 1934 emigrierte Adorno 1938 in das New Yorker Institut für Sozialforschung eintritt, wird er gebeten, den jüdisch klingenden Namensteil Wiesengrund wegzulassen, weil das Institut schon zu viele jüdische Namen aufweise (Möller, Exodus, 26). 2. Als Adornos Anbiederung 1963 bekannt wird, bedauert er sein damaliges „dumm-taktisches" Verhalten. Indessen: „Man schwieg den braunen Fleck auf der sonst weißen Weste des geehrten Frankfurter Philosophen weg" (Dietmar Polaczek, in: Corino, 74).

Die meisten *Universitäten* betreiben die verordnete Gleichschaltung beflissener, als es die NSDAP verlangt — mit den Studenten als aktiven und überzeugten Wegbereitern des NS-Gedankengutes (Tröger, 7). Die Lehrkörper der Universitäten schweigen zur Amtsenthebung, Entlassung, vorzeitigen Pensionierung politisch oder rassisch mißliebiger Kollegen. Ein traditioneller Antisemitismus betäubt das akademische Gewissen: Bei einem jüdischen Anteil von 0,8 % an der Gesamtbevölkerung beträgt der Anteil jüdischer Hochschullehrer 5 %.

Bis 1938 haben 20 % aller Hochschul-Naturwissenschaftler das Reich verlassen. 25 % der Physiker müssen gehen oder gehen freiwillig, darunter elf Nobelpreisträger. Es bleiben Weltgrößen wie Otto Hahn (1879-1968), Werner Heisenberg (1901-1976), Max von Laue (1879-1960), Max Planck (1858-1947). Es gilt die Losung, daß jene, die können, bleiben sollen. Aber bedeutende Vertreter der theoretischen Physik emigrieren, etwa Hans Bethe (geb. 1906), Max Born (1882-1970), Albert Einstein (1879-1955), James Franck (1882-1964), Erwin Schrödinger (1887-1961) — eine folgenschwere Schwächung der Physikforschung, die bis 1932 eine internationale Spitzenstellung einnahm. *Vorgreifend:* Erst im November 1940 werden Quantenmechanik und Relativitätstheorie vom NS-Regime als gesicherte und unentbehrliche Bestandteile moderner Physik widerwillig anerkannt.

Vorgreifend: Ein Fazit der NS-Wissenschaftspolitik: Zahl und Niveau des akademischen Nachwuchses gehen zurück. So sinkt die Anzahl der Habilitationen, ein wichtiger Indikator, von 1933 bis 1944 um ein gutes Drittel auf 1534 gegenüber 2333 im Zeitraum 1920 bis 1933. Eine 1940 von der Reichskanzlei unternommene vertrauliche Umfrage ergibt: Die Chefs der höchsten Reichsbehörden, die Wehrmacht und die Studentenführung sind sich darin einig, daß das Hochschulniveau seit 1933 gesunken ist (Langewiesche/Tenorth, 235).

Vorgreifend: Viele Professoren sind nach 1945 bestrebt, die politische und moralische Verantwortung für ihr Verhalten im Dritten Reich abzuwälzen. Eine Anerkenntnis eigenen Fehlverhaltens bleibt äußerst selten. Emil Julius Gumbel (1891-1966) aus der Emigration: Die deutschen Professoren hätten „im ganzen keinen Charakter gezeigt ... Die Idee der Universität zerging vor der Frage der Pensionsberechtigung" (Adam, Hochschule, 202). Bis heute tun sich die Universitäten mit ihrer Geschichte im Dritten Reich schwer.

Ein Sonderbeispiel: Der prominente Soziologe *Helmut Schelsky* (1912-1984) spart in seinem viel diskutierten Buch „Einsamkeit und Freiheit" (1963) über die Universitäten und ihre Reformen die Zeit des Dritten Reiches aus − ohne ein Wort der Erklärung. Dazu: Entgegen späteren Behauptungen ist Schelsky eng mit dem NS-Regime liiert. Er tritt 1932 in die SA ein, 1934 im SA-Lehrsturm 107 in Leipzig, 1935 Mitarbeiter im Amt Rosenberg an Empfehlungslisten für wissenschaftliche Publikationen. 1934 nennt Schelsky „die Unfruchtbarmachung von unheilbar belasteten Menschen" eine „sozialistische Tat" (Christoph Cobet, in: „Der Spiegel", Hamburg, 3. Oktober 1988).

Die Über- und Mitläufer der Intelligenz schweigen zur *NS-Bücherverbrennung* am 10. Mai 1933 auf dem Berliner Opernplatz. Diese Aktion läuft auch in vielen anderen Universitätsstädten ab, in Würzburg sogar unter den Klängen einer Reichswehr-Kapelle. Diese Aktion ist planmäßig von Studenten, Bibliothekaren, Wissenschaftlern vorbereitet worden. Studenten verdammen schneidend ihnen unliebsame Literatur. Diesen Akt der Barbarei nennt man „Aktion wider den undeutschen Geist". Ähnliches geschah einst „zu Zeiten der Inquisition oder des deutschtümelnden Wartburgfests" (Michael Stürmer, in: Boockmann, 346) am 18./19. Oktober 1817 „im Namen der Gerechtigkeit, des

Vaterlandes und des Gemeingeistes" — damals als eine Demonstration patriotisch-liberaler Kräfte gegen die Reaktion.

Der berühmte Literarhistoriker und Dichter Ernst Bertram (1884-1957) erklärt, er gehe nur mit zur Bücherverbrennung, wenn nicht auch die Bücher Thomas Manns (Bertram war Patenonkel eines Mann-Kindes) mitverbrannt würden. Bertram steuert einen „Weihespruch" zur Bücherverbrennung bei: „Verwerft, was euch verwirrt, verfemt, was euch verführt! Was reinen Willens nicht wuchs, in die Flamme mit, was euch bedroht!" (Rolf Hochhuth, in: Augstein, 66; Loewy, 18). Der ebenso berühmte Literarhistoriker Hans Naumann (1886-1951) sagt bei der Bonner Bücherverbrennung, es gelte eine „Fremdherrschaft" abzuschütteln: „Von einer Besetzung des deutschen Geistes wollen wir uns befreien" (Karl Riha, in: Denkler/Lämmert, 33).

Bei diesem Autodafé ruft Joseph Goebbels aus: „Das Alte liegt in Flammen ... Aber aus diesen Trümmern wird sich siegreich erheben der Phönix eines neuen Geistes", und schließt mit dem Wort des großen deutschen Humanisten Ulrich von Hutten (1488-1523): „O Jahrhundert! Die Studien blühen, die Geister erwachen, es ist eine Lust zu leben!" Die „jüdische und zersetzende Asphaltliteratur" wird nun geächtet.

Nachdem der französische Schriftsteller Romain Rolland (1866-1944) die Bücherverbrennung als Barbarei verdammt, wird sie verteidigt u.a. von den Schriftstellern Rudolf G. Binding (siehe S. 76), Erwin Guido Kolbenheyer (1878-1962) und Wilhelm von Scholz (1874-1969) als ein rechtmäßiger und notwendiger Akt der „Reinigung" und „Läuterung" (Strothmann, 79). Heute verdrängt oder vergessen: Von der Mehrheit der Bevölkerung und sogar von vielen Kulturschaffenden wird die Bücherverbrennung als ein Vorgang eingeschätzt, der noch dem Überschwang des Revolutionsgeistes zuzuschreiben sei und nicht stärker beachtet zu werden brauche (Pentzlin, Die, 88).

Am 20. Mai 1933 heißt es unter der Überschrift „Scheiterhaufen" in der „Frankfurter Zeitung" mutig, der Geist wehe nach der Bibel immer noch, wohin er wolle, und kein symbolischer Akt werde ihn vernichten. „Es ist ein Irrtum, junge Herren, zu glauben, Dichter-und Denker-Geist sei durch Bücher-Verbrennungen zu erledigen."

Der Börsenverein der Deutschen Buchhändler gibt am 13. und 16. Mai 1933 „schwarze Listen" unerwünschter Autoren heraus. Verbotene Bücher werden aus dem Bibliotheken-Leihverkehr entfernt, jedoch nicht in den Buchhandlungen beschlagnahmt, sondern sind dort unter Verschluß zu halten. Es gehört zum „guten Ton", besser kein Buch als ein unerlaubtes zu lesen. Die Literaturkontrolle erstreckt sich in der Regel nicht bis in die Familie. Wahrscheinlich sind mehr Bücher geächteter Autoren durch alliierte Luftangriffe verbrannt als durch NS-Maßnahmen (Koch, 207; Maser, Regime, 377, Anm. 27). − Der 1844 gegründete Borromäusverein, ein katholischer Bücherverein mit dem Ziel, gute Bücher zum Eigenbesitz zu vermitteln und Volksbüchereien zu gründen, erklärt 1933, daß die „Säuberung" in seinen eigenen Büchereien kaum zu Beanstandungen führte. Man habe aus „grundsätzlich christlicher Haltung" heraus „schon lange zuvor gegenüber den Büchern und Schriftstellern, die in den Schwarzen Listen als verfemt bezeichnet wurden, dieselbe ablehnende Haltung eingenommen wie die Verfasser jener Listen" (Langewiesche/Tenorth, 349).

Für den Umfall des *Bürgertums* fast repräsentativ ist die Kehrtwendung des parteilosen Ex-Reichskanzlers (1925/26) und − seit 1930 − Reichsbankpräsidenten *Hans Luther* (1879-1962). Zunächst brüstet sich Luther, er werde sein Amt nicht aufgeben. Als Hitler ihn aber am 16. März 1933 zu sich bestellt, tritt er zugunsten seines designierten Nachfolgers Hjalmar Schacht prompt zurück − und dient anschließend bis März 1938 dem NS-Regime loyal als Botschafter in Washington. Es ist nicht uninteressant, wie sich der „Fall Luther" in der Sicht Hitlers (22. April 1942, Tisch-

gespräch) darstellt: Dem schlauen Rat des (seit 1920) Lei-
ters des Büros des Reichspräsidenten und Staatssekretärs
(seit 1923) im Reichspräsidialamt, Otto Meißner (1880-
1953), folgend, habe er, Hitler, Luther bei freiwilligem
Rücktritt den Botschafterposten in Washington angeboten
und ihm, zusätzlich zu seiner Pension, eine jährliche Rente
von 50.000 RM zugesichert. Daraufhin habe Luther mit
frommem Augenaufschlag erklärt, daß er selbstverständlich nur aus reinem Patriotismus den Wünschen Hitlers entspreche (Picker, 232).

Zu Otto Meißner: Der kaiserliche Regierungsrat, 1918
Hauptmann bei der deutschen Militärverwaltung in der
Ukraine, diente drei Reichspräsidenten (Ebert, Hindenburg, Hitler) hingebungsvoll. Von 1933 bis 1945 ist Meißner Chef der Präsidialkanzlei Hitlers, seit 1937 im Range
eines Reichsministers, gilt aber 1945 als entlastet.

Der Mediziner und Psychologe Willy Hellpach (1877-1955),
Professor in Heidelberg mit bedeutenden Beiträgen zur
medizinischen Psychologie und zur Völker-, Sozial-, Kul-
tur- und Religionspsychologie, 1924/25 Staatspräsident in
Baden, 1925 DDP-Kandidat für die Reichspräsidentenwahl, 1928-1930 DDP-Reichstagsabgeordneter, blickt 1954
auf den Umbruch von 1933 zurück: „Schon im Frühjahr
1933 wäre es jedem Oberkellner oder Geschäftsführer übel
bekommen, hätte er − wie bis dahin − einen Gast im Arbei-
terkittel aus dem Restaurant oder dem Speisewagen weisen und ihm die Bedienung verweigern wollen ... Noch nie
zuvor hatte es in Deutschland eine solche ‚égalité' und ‚fra-
ternité' gegeben, und diese ‚liberté' ist vielen einfachen
Menschen (und nicht nur ihnen, HJE) wichtiger als die auf
dem Verfassungspapier garantierte der politischen
Rechte" (156 + 157).

Der Regierungsrat Hans Bernd Gisevius (1904-1974),
früher DNVP-Jugendführer, 1933 NSDAP-Mitglied, späterer Widerstandskämpfer, erinnert sich 1963 an das Jahr
1933: „Selbst Zweifler werden in diesen Strom der Hoff-

nungen und Freude hineingerissen. Die zündende Parole, der neue Rhythmus, die volkstümliche Sprache, froher Gesang, mitreißender Schwung und leidenschaftliche Bekenntnisse – wer kann da widerstehen? Nicht einzelne stoßen zum Nationalsozialismus, sondern die Masse gerät in Bewegung ... Das herrliche Gefühl einer neuen Brüderlichkeit übermannt alle Schichten und Stände ... Die trübe Vergangenheit (der Weimarer Republik, HJE) ist vergessen, die bedrückende Gegenwart versinkt hinter der verklärenden Zukunft des endlich verwirklichten Dritten Reiches" (219).

Die prominenten katholischen Theologen Josef Adam Lortz (1887-1975) und Michael Schmaus (geb. 1897) versuchen, auf der Grundlage des antiliberalen katholischen Autoritäts- und Ganzheitsdenkens, eine Brücke zwischen Katholizismus und Nationalsozialismus zu schlagen. Lortz rühmt 1934 die „gewaltigen positiven Kräfte, Ideen und Pläne des Nationalsozialismus" und verkündet die Erkenntnis „grundlegender Verwandtschaften zwischen Nationalsozialismus und Katholizismus" (Karlheinz Deschner, in: Corino, 29). Schmaus sagt 1933 noch deutlicher, daß im „entschiedenen Nein zum Liberalismus" Katholizismus und Nationalsozialismus „durchaus gleichgerichtet" seien. Der „Wille des Staates verkörpert sich im Führer". „Die Tafeln des nationalsozialistischen Sollens und die der katholischen Imperative stehen in verschiedenen Ebenen des Seins ..., aber sie weisen in dieselbe Wegrichtung" (dto., a.a.O., 39 + 41 + 42).
Ähnlich protestantische Theologen. So der bedeutende Neutestamentler Gerhard Kittel (1888-1948) in Tübingen. Seit Mai 1933 NSDAP-Mitglied, wird er 1936 Mitbegründer der Forschungsabteilung „Judenfrage" des von Walter Frank (siehe S. 101) geleiteten „Reichsinstituts für die Geschichte des Neuen Deutschland", dem Kittel noch nach 1945 den Charakter einer Heimstätte für freie Forschung attestiert. Kittel lehnt die Assimilierung der Juden scharf

107

ab, da sie über die rassische Vermischung direkt in die „Dekadenz" des Volkes führe. Statt dessen befürwortet Kittel für das Judentum den „Gastzustand", also die Separierung ohne Bürgerrechte. *Vorgreifend:* Kittel glaubt nach 1945 damit einen Beitrag zur „Reinheit der Bewegung" gegen den rüden SA-Antisemitismus geleistet zu haben. – Pastor Martin Niemöller (1892-1984) vergleicht 1933 die Weimarer Republik mit „14 Jahren Finsternis" (Eich, 160). *Vorgreifend:* siehe S. 405.

Der Generalsuperintendent (seit 1925) der Kurmark, Otto Dibelius (1880-1967), einer der profiliertesten Kirchenführer, begrüßt am 8. März 1933, in einem vertraulichen Rundbrief an seine Pastoren, den NSDAP-Wahlsieg, betont jedoch, „daß nicht das Volkstum, sondern das Gottesreich evangelische Verkündigung ist" (Becker, 130). Dibelius spricht am 4. April 1933 über den Berliner Kurzwellensender zu den Amerikanern: Der neue Anfang in Deutschland sei „auf dem Wege des Rechts und der Loyalität" erfolgt. „An den Schauernachrichten über grausame und blutige Behandlung der Kommunisten in Deutschland ist kein wahres Wort." Anschließend bittet Dibelius, für den NSDAP-Boykott jüdischer Geschäfte vier Tage zuvor Verständnis aufzubringen. Vier Tage darauf fordert er die Reichsregierung auf, Maßnahmen gegen die Juden als die „unerfreulichsten Elemente" zu ergreifen (Eich, 161 + 170f. + 276; Bronder, 54 + 344; Becker, 207 + 209). *Vorgreifend:* Als Dibelius sich später der Bekennenden Kirche (siehe S. 406) anschließt, wird er suspendiert.

Der Schriftsteller Gottfried Benn (1886-1956) sieht, in seinem elitären Ästhetizismus, 1933 eine Überwindung des Nihilismus im Endstadium der weißen Rasse und eine neue Epoche des geschichtlichen Seins. Eine von Benn am 13. März 1933 formulierte Bereitschaft zur „loyalen Mitarbeit ... im Sinne der veränderten geschichtlichen Lage" unterschreiben, u.a., die Schriftsteller Ludwig Fulda (1862-1939), Georg Kaiser (1878-1945), Bernhard Kellermann

(1879-1951), Alfred Mombert (1872-1942) , Franz Werfel (1890-1945) (Martin Hürlimann, in: Glaser, Siegreich, 145). In seinem Rundfunkvortrag „Der neue Staat und die Intellektuellen" spricht Benn am 24. April 1933 von dem großartigen neuen NS-Staat, der den „unfruchtbar gewordenen marxistischen Gegensatz von Arbeitnehmer und Arbeitgeber auflösen will"; die „Geistesfreiheit" sei nun „für den Staat" aufzugeben.

In der Berliner Wochenzeitschrift „Die literarische Welt" (sie wird seit April 1934 als „Das Deutsche Wort" fortgesetzt) legen im März 1933 viele Autoren, auch spätere Emigranten und „Unerwünschte", ein Bekenntnis zu Deutschland ab, so − u.a. − Ernst Barlach (1870-1938), Bruno Frank (1887-1945), Manfred Hausmann (1898-1986), Walter von Molo (1880-1958), Alfred Neumann (1895-1952), Robert Neumann (1897-1975), Jakob Wassermann (1873-1934) (Strothmann, 111).

Nach dem erzwungenen, widerstandslosen Rücktritt von Heinrich Mann (1871-1950) am 15. Februar 1933 läßt sich Benn mit der kommissarischen Leitung der Sektion für Dichtkunst der Preußischen Akademie der Künste beauftragen. Benn betreibt den Ausschluß der Schriftsteller Leonhard Frank (1882-1961), Ludwig Fulda, Georg Kaiser, Bernhard Kellermann, Alfred Mombert, Rudolf Pannwitz (1881-1969), Alfons Paquet (1881-1944), René Schickele (1883-1940), Fritz von Unruh (1885-1970), Jakob Wassermann, Franz Werfel. Damit ist diese Institution von allen „liberal-reaktionären" Schriftstellern „gesäubert" (Pierre Bertaux, in: Treue/Schmädeke, 169). *Vorgreifend:* Noch nachdem seine Bücher der NS-Bücherverbrennung zum Opfer gefallen sind, beantragt Franz Werfel im Dezember 1933 seine Aufnahme in den neuen NS-Reichsverband Deutscher Schriftsteller − als „Angehöriger der deutschen Minorität in der Tschechoslowakei".

Thomas Mann empört sich im Exil in seinem Tagebuch vom 9. Mai 1933 darüber, daß Gerhart Hauptmann (1862-1946) nicht aus der Akademie ausgetreten ist, „der Mann der Republik, der Freund Eberts und Rathenaus, den Juden erhoben und groß gemacht haben. Er hat am ‚Tage der Arbeit' auf seinem Hause das Hakenkreuz hissen lassen. Er mag sich goethisch vorkommen in seiner Loyalität gegen das Gemeine. Ich hasse diese Attrappe, die ich verherrlichen half ..." (Becker, 293). Daß Hauptmann, der bedeutendste Bühnendichter der Weimarer Republik, nicht emigriert, wird vom NS-Regime ausgeschlachtet.

Im Rundfunkvortrag „Antwort an die literarischen Emigranten" rechnet Benn mit der „liberalen und individualistischen Ära" ab und billigt Hitlers „sozialistischer Volksgemeinschaft" „historische Größe" zu. Benns Bekenntnis zum Nationalsozialismus ist kein „bloßes Mißverständnis" und „Ausdruck politischer Naivität" (Klaus Vondung, in: Denkler/Prümm, 45). Hätte sich Gottfried Benn, beginnend 1934, aus Enttäuschung zum NS-Gegner gewandelt, wenn man ihn, wie er erhoffte, zum NS-Barden ernannt hätte? Nach Schreibverbot und Ausschluß aus der Reichsschrifttumskammer 1937/38 beobachtet er genau Hitlers Kriegsvorbereitungen. Im Ersten Weltkrieg Militärarzt, flüchtet er in die Wehrmacht als „aristokratische Form der Emigration", ohne seine ideologischen Dispositionen abzulegen.

Viele Köpfe der Opposition resignieren. So beispielhaft der bekannte Radikalpazifist, Journalist und Schriftsteller Kurt Tucholsky (1890-1935), der seit 1929 in Schweden lebt, 1933 ausgebürgert und verfemt wird und Selbstmord begeht. Tucholsky sah in der Weimarer Republik nur Schwäche, Kleinlichkeit, Enge; er verhöhnte sie tief verwundet. Er half mit, viele Intellektuelle in die Verachtung der Republik zu führen und gab zugleich der Rechten willkommene Munition für ihre Agitation. Marcel Reich-Ranicki urteilt 1978 über Tucholsky, an ihm werde „mit erschreckender Schärfe wahrnehmbar, was bis heute nicht hinreichend dargestellt wurde: die Rolle der linken Intellektuellen in der Weimarer Republik und ihre Mitschuld an deren Untergang ... Ihre positiven Elemente zu verteidigen, sah er in

der Regel keine Notwendigkeit" (in: „Frankfurter Allgemeine Zeitung", Frankfurt, 9. September 1978). Mitschuldig am Untergang der Republik sind rechte *und* linke Intellektuelle. Im marxistisch-revolutionären Denken vor 1933
trug die Republik „unübersehbare Merkmale von Übergang und Auflösung" und schrumpfte so zu einer zu diffa-
mierenden Übergangsperiode (Möller, Exodus, 15).

Der SPD-Reichstagsabgeordnete (seit 1924) Julius Leber
beobachtet 1933 aus dem Gefängnis „das große Experiment" des Nationalsozialismus, „Millionen Deutsche aus
ihrer Lebensangst herauszuführen". Der von ihm schmerz-
lich empfundene Bankrott der SPD läßt ihn dem NS-Regime eine historische Aufgabe und politische Chance einräumen. Leber meint sogar, wenn die großen Aufgaben der
Wirtschaft und Außenpolitik nicht anders gelöst werden
könnten als in Unfreiheit, Diktatur und rücksichtsloser
Machtanwendung, dann sei er bereit, der „Abschaffung
der Demokratie" eine „innere Rechtfertigung" nicht abzu-
sprechen und es als unwesentlich zu betrachten, „ob einige
Juden oder Sozialdemokraten oder Pfarrer mißhandelt
würden" (Thamer, 302f.). *Vorgreifend:* Leber ist von 1933
bis 1937 in Gefängnis- und KZ-Haft. Dann arbeitet er im
1942 entstandenen Kreisauer Kreis in der Widerstandsbewegung. Nach geglücktem Umsturz des 20. Juli 1944 ist er
als Reichsinnenminister vorgesehen. Er wird schon am
4.7.1944 verhaftet und erst am 5.1.1945 hingerichtet.

7

Kulturleben:
Anpassung und innere Emigration
1933-1945

Die Weimarer Zeit hatte einen Überfluß an *darstelleri-schem Können* von Bühne und Film. Hier — stellvertretend — nur zwölf Namen: Elisabeth Bergner = Ettel (1897-1986), Käthe Dorsch (1890-1957), Lucie Höflich = von Holwede (1883-1956), Marianne Hoppe (geb. 1911), Lucie Mann-heim (1899-1976), Agnes Straub (1890-1941); Ernst Deutsch (1890-1969), Heinrich George = Georg Heinrich Schulz (1893-1946), Gustaf Gründgens (1899-1963), Fritz Kortner (1892-1970), Werner Krauss (1894-1959), Bernhard Minetti (geb. 1905). Die wenigsten emigrieren 1933, die meisten bleiben. Aber unter den Emigranten (Regisseure, Darsteller usw.) befinden sich meist jene Größen, die dem deutschen Theater und Film bis 1932 Weltruf eingetragen hatten.

Ein Kuriosum: Joseph Goebbels ist vom fachlichen Kön-nen des Filmregisseurs Fritz Lang (1890-1976) derart faszi-niert, daß er ihm im März 1933 die Führung des deutschen Filmwesens übertragen will; Langs jüdische Abstammung spiele keine Rolle, Lang aber emigriert.

Ein weiteres Kuriosum: Der Regisseur und Kameramann Piel Jutzi (1896-1946) dreht vor 1933 einen der bedeutend-sten Filme im Umkreis der (linken) Arbeiterbewegung: „Mutters Krausens Fahrt ins Glück" (1929) mit der Tri-stesse der Hinterhöfe und der Not in den Elendsquartieren,

dazu den Dokumentarfilm „100.000 unter roten Fahnen"
(1929). Jutzi bleibt im Dritten Reich, paßt sich an und dreht
u.a. „Gewehr über" (1939), „die humanistische Ästhetik
des proletarischen Films opfernd" (Hilmar Hoffmann, 39 +
66 + 149).

Hermann Göring, für die preußischen Staatstheater zuständig, beruft 1934 den genialischen Gustaf Gründgens
zum Intendanten des Staatlichen Schauspielhauses in Berlin. Das ist angesichts der persönlichen und politischen
Vergangenheit von Gründgens eine Sensation und ein besonderer Göring-Coup. Das NS-Regime kann damit sagen:
Seht her, wir verstehen zu vergessen und zu verzeihen! Wir
sind so großzügig! Wenn wir sogar einen Gründgens mit offenen Armen empfangen – was wollt ihr NS-Gegner im In-
und Ausland mit eurem Gezeter von Geistesknechtung?
Vorgreifend: Gründgens ist als Generalintendant (1937-
1945) der Preußischen Staatstheater bemüht, Gutes zu tun
und Schlechtes zu verhindern, hält seine Spielpläne fast
rein von NS-Tendenzstücken und ist ein (allzu?) geschickter Taktiker. Sein Wirken dient dem internationalen Ansehen des NS-Regimes.

Zeitzeuge und Schriftsteller Joachim Seyppel, Jahrgang
1919, urteilt 1986, „trotz Krieg, trotz Nationalsozialismus,
trotz Barbarei" sei „die Zeit zwischen 1939 und 1941 sicherlich eine der größten Blütezeiten des deutschen Theaters" gewesen (in: „Die Welt", Bonn, 15. März 1986). Parallel dazu gibt es künstlerisch hervorragende Filme (siehe
S. 121). Die Versuchung ist stark, in einem Staat zu bleiben,
der durch virtuose Förderung des Films bedeutenden
Schauspielern große Chancen bietet (Möller, Exodus, 32).
Beispielhaft dafür ist der Bühnen- und Filmstar Emil Jannings, der sich, kein NSDAP-Mitglied, begeistert zur NS-
Ideologie bekennt.

Auch die *Schriftsteller* bleiben mehrheitlich. Aufsehen erregt, daß 1933 Ricarda Huch (1864-1947) sofort ihren Austritt aus der gleichgeschalteten Preußischen Akademie der

Künste erklärt. Bis heute unbeachtet bleibt ihr Wort, „daß ich an dem nationalen Aufschwung von Herzen teilnehme." Sie macht aus ihrer Anti-NS-Überzeugung kein Hehl, veröffentlicht wenig und dann lieber in der Schweiz. Ebenso erregt Aufsehen, daß die Schriftstellerin und Drehbuchautorin Thea von Harbou (1888-1954), seit 1922 Frau des Halbjuden Fritz Lang, sich 1933 der NS-Propaganda an den Hals wirft und sich scheiden läßt.

Die meisten Schriftsteller, auch Linke oder Liberale, publizieren unpolitisch weiter — wie Otto Flake (1880-1963), Walther Karsch (1906-1975), Walter Kiaulehn (1900-1968), Gerhart Pohl (1902-1966), Ehm Welk = Thomas Trimm (1884-1966). Hans Fallada = Rudolf Ditzen (1893-1947) publiziert außer dem zweibändigen „Wolf unter Wölfen" (1936) sechs weitere Bücher. *Vorgreifend:* 1945 sagt Fallada, er habe zwölf Jahre „erzwungenes Schweigen" erduldet (Borgelt, 85).

Oder Herbert Ihering (1888-1977): Er erhält 1936 als Theaterkritiker Berufsverbot, wirkt im Besetzungsbüro der Tobis-Filmproduktion und ist 1941-1944 künstlerischer Beirat des Wiener Burgtheaters. Der Musikkritiker und Zwölftonmusik-Anhänger Hans Heinz Stuckenschmidt (1901-1988) wird Texter ohne Verfassernamen für klassische Schallplatten bei der Deutschen Grammophon-Gesellschaft in Berlin.

Eine Sonderrolle spielt Erich Kästner (1899-1974). Er gilt, seit 1933, offiziell als verfemt und kann daher nur von den Einnahmen der Auslands-Übersetzungen seiner heiteren Unterhaltungsromane leben. Kästner wird — insgeheim — von Joseph Goebbels geschätzt. Er darf daher, trotz Schreibverbots, unter dem Pseudonym Berthold Bürger das Drehbuch zum UFA-Jubiläums-Farbfilm „Münchhausen" (1943) schreiben. — Regie: Josef von Baky, Hauptrolle: Hans Albers, Musik: Georg Haentzschel. Dort sagt der alte Casanova (Gustav Waldau) zur Prinzessin Isabella (Ilse Werner): „Die Staatsinquisition hat zehntausend Augen und Arme. Und sie hat die Macht, recht und unrecht zu tun!" Nach dem Drehbuch erhält Kästner erneut Schreibverbot.

Sonderfall Bernard von Brentano (1901-1964): Er ist Bruder des CDU-Politikers Heinrich von Brentano (1904-1964), der 1949-1955 und 1961-1964 CDU/CSU-Fraktionsvorsitzender und 1955-1961 Außenminister war. – Der Schriftsteller Brentano emigriert 1933 in die Schweiz, entwickelt aber später zunehmend Sympathien für den Nationalsozialismus und beantragt 1940 die Wiedereinreise ins Reich. Berlin will ihm zwar die Einreise, nicht aber literarische Tätigkeit gestatten. So ergibt sich die Paradoxie, daß Brentano in der Schweiz bleibt, aber im Reich publizieren darf, etwa 1943 seine Biographie über den Schriftsteller, Sprach- und Literaturwissenschaftler August Wilhelm von Schlegel (1767-1845). Mit Ernst Glaeser (1902-1963), beide mit Bertolt Brecht, Heinrich Mann usw. Teilnehmer der Widerstandstagung „Das Freie Wort" am 19. Februar 1933 in Berlin, „teilt Brentano die Schande, einer der großen Verräter des Exils zu sein" (Hermann Kurzke, in: „Frankfurter Allgemeine Zeitung", Frankfurt, 4. Juli 1986). Seit 1949 lebte Brentano in Wiesbaden.

Dazu: Etwa 30 Emigranten kehren ins Reich zurück, ein noch unaufgehelltes Kapitel. Zu den Remigranten zählt 1939 auch der prominente Filmregisseur Georg Wilhelm Pabst (1885-1967), dessen Anti-Kriegsfilm von 1930 „Westfront 1918" 1933 in Deutschland verboten worden ist. Pabst hatte 1930 mit Heinrich Mann und Erwin Piscator (1893-1966) als engagierter Kämpfer gegen reaktionär-chauvinistische Tendenzen und für die progressive Linke den „Volksbund für Filmkunst" gegründet. Nun dreht er im Dritten Reich künstlerisch großgewollte Filme, die aber meist unbedeutend ausfallen.

Nach dem Austritt Deutschlands aus dem Völkerbund am 14. Oktober 1933 legen in einem Manifest 88 prominente Dichter und Schriftsteller „das Gelöbnis treuester Gefolgschaft" vor Hitler ab. Jene Kundgebung erregt im In- und

Ausland großes Aufsehen und stärkt psychologisch das NS-Regime. Viele der Unterzeichner haben auch nach 1945 einen guten Namen; auch sie glauben 1933 an eine neue Epoche.

Das Hitler-Gelöbnis unterzeichnen, u.a., Gottfried Benn, Rudolf G. Binding, Arnolt Bronnen (siehe S. 303) = Arnold Bronner (1895-1959), Hermann Claudius, Otto Flake, Hanns Franck (1879-1964), Gustav Frenssen (1863-1945), Friedrich Griese (1890-1975), Carl Haensel (1889-1968), Max Halbe (1865-1944), Rudolf Herzog (1869-1943), Rudolf Huch (1862-1943), Oskar Loerke (1884-1941), Walter von Molo, Börries von Münchhausen (1874-1945), Eckart von Naso (1888-1976), Helene von Nostitz-Wallwitz (1878-1944), Josef Ponten (1883-1940), Anton Schnack (1892-1973), Friedrich Schnack (1888-1977), Wilhelm von Scholz, Lothar Schreyer (1886-1966), Ina Seidel (1885-1974), Lulu von Strauß und Torney (1873-1956), Eduard Stucken (1865-1936), Bruno (Erich) Werner Süßkind (1896-1965) (Fabry, 153f.).

Ähnlich, vielleicht noch begeisterter, reagieren 1938, nach dem Anschluß, bekannte österreichische Schriftsteller, so u.a. Bruno Brehm (1892-1974), Gertrud Fussenegger (geb. 1912), Maria Grengg (1888-1963), Robert Hohlbaum (1886-1955), Heinz Kindermann (geb. 1894), Max Mell (1882-1971), Friedrich Perkonig (1890-1959), Colin Ross (1885-1945), Luis Trenker (1892-1990), Franz Tumler (geb. 1912), Karl Heinrich Waggerl (1897-1973), Josef Weinheber (1892-1945). − Indessen: Die österreichischen Schriftsteller von Rang emigrieren mehrheitlich, so etwa Hermann Broch (1886-1951), Franz Theodor Csokor (1885-1969), Ödön von Horváth (1901-1938), Anton Kuh (1891-1941), Robert Musil (1880-1942), Alfred Polgar (1873-1955), Joseph Roth (1894-1939), Hans Weigel (geb. 1908), Stefan Zweig.

Ein großer Teil der *NS-Literatur,* vor allem auch solche Werke, die Publikumserfolg haben und im Dritten Reich als vorbildhaft gelten, entstand vor 1918 − als völkisch-natio-

nal-konservative Literatur. *Vorgreifend:* Im literarhistori-
schen Bewußtsein der Gegenwart ist die völkisch-national-
konservative Literatur und auch die eigentliche NS-Literatur in Deutschland so gut wie unbekannt. Umgekehrt spielt
eigentliche NS-Literatur im Dritten Reich beim Lesepublikum „nur eine untergeordnete Rolle" (Thamer, 463) ohne
großen Erfolg.

Deutsche Erfolgsautoren sind — 1938 — nach ihrer Auflagenhöhe Richard Voß (1851-1918): „Zwei Menschen"
(1911) — 860.000 Exemplare; Waldemar Bonsels (1880-
1952): „Die Biene Maja und ihre Abenteuer" (1912) —
770.000; Ludwig Ganghofer (1855-1920): „Schloß Huber-
tus" (1895) — 677.000; Felix Dahn (1834-1912): „Ein Kampf
um Rom" (1876) — 615.000; Rudolf Herzog: „Die Wiskot-
tens" (1905) — 583.000; Paul Keller (1873-1932): „Die Heimat" (1903) — 573.000; Rudolf G. Binding: „Der Opfer-
gang" (1912) — 525.000; Hermann Löns (1866-1914): „Der
Wehrwolf" — 504.000; Rainer Maria Rilke (1875-1926):
„Die Weise von Liebe und Tod des Cornets Christoph
Rilke" (1906) — 500.000; Felicitas Rose = Rose Felicitas
Moersberger (1862-1938): „Heideschulmeister Uwe Kar-
stens" (1908) — 500.000; Walter Flex (1887-1917): „Der
Wanderer zwischen beiden Welten" (1917) — 682.000 bis
1940. Wie die Auflagenhöhen ausweisen, bilden demnach
die bewährten Unterhaltungsautoren die Spitze des Buch-
konsums. „Unerwünschte" deutsche Erfolgsautoren sind
etwa Ernst Wiechert (1887-1950), Gertrud von Le Fort
(1876-1971), Manfred Hausmann, Joachim Ringelnatz =
Hans Bötticher (1883-1934), deren Werke trotz Konsum-
steuerung verhältnismäßig hohen Absatz finden (Strothmann, 381 + 379).

Hans Carossa (1878-1956), Emil Strauß (1866-1960) und
viele andere sind Favoriten der überwiegend nationalkonservativen Bildungsbürger. Sie haben zwar nicht die Weimarer Republik verteidigt, sind aber keine Vorläufer des
Nationalsozialismus. Niemand von ihnen ist als Nationalsozialist zu bezeichnen. Aber sie alle und viele andere las-

sen sich, mit unterschiedlichen Graden und Zeiten der Zustimmung zum Dritten Reich, in dessen Dienst nehmen. Dies auch deswegen, weil sie sich darin in Romantik, Heimat- und Arbeiterdichtung, Irrationalismus, teils auch Expressionismus, bestätigt fühlen.

Neben den christlichen, ideologiefreien Büchern gibt es eine erlaubte *Nicht-NS-Literatur* einer jungen Außenseiter-Generation von beachtlichem Niveau. Enttäuscht von der Weimarer Republik, abgestoßen von der NS-Wirklichkeit, suchen diese betont apolitischen Literaten einen eigenen Weg. So Günter Eich (1907-1972), Peter Huchel (1903-1981), Marie Luise Kaschnitz = Freifrau von Kaschnitz-Weinberg (1901-1974), Wolfgang Koeppen (geb. 1906), Karl Krolow (geb. 1915), Horst Lange (1904-1971), Martin Raschke (1905-1943), Eugen Gottlob Winkler (1912-1936). Wie „wenig rigoros" die NS-Kontrollen in Wirklichkeit sind, ergibt sich daraus, daß erst nach Kriegsbeginn 1939 zu einer Überwachung jener Nicht-NS-Literatur der Jungen aufgerufen wird (Schäfer, 84). *Vorgreifend:* Viele von ihnen gehören nach 1945 zur Spitze der Nachkriegsliteratur. Aber prominent gewordene Autoren pflegen dann ihre Veröffentlichungen im Dritten Reich zu verschleiern oder die NS-Zensur-Schwierigkeiten zu übertreiben (Hans Dieter Schäfer, in: Denkler/Prümm, 470 + 461).

Ein Blick auf die *Musiker.* Komponisten und Interpreten haben einen Boom. Gefragt sind schmissige Rhythmen für die vielen Marschmusikzüge, Feiermusik für nationale Feste, patriotisches oder volkstümliches „Liedgut" (Klose, Hitler, 96). Dies teils zur Selbstfeier des NS-Regimes, teils zur Förderung großer Musik der Vergangenheit.

Vorgreifend: Nach 1945 „entnazifizieren" Komponisten und Verleger ihre Werksverzeichnisse. Kompositionen mit starkem NS-Geist werden entfernt. Ein Beispiel: Vom Lehrer (1931-1954) am Kirchenmusikalischen Institut Heidelberg, Wolfgang Fortner (1907-1987), sind Partituren für das von ihm geleitete HJ-Bann-Orchester nicht mehr greifbar. Im übrigen: Fortner wird einer der profiliertesten Lehrer atonaler zwölftoniger, später auch postserieller Komposition (Peter Jonas Korn, in: „Die Welt", Bonn, 27. Februar 1982; Richard Bernstein, in: „Rheinischer Merkur", Bonn, 2. April 1982).

Die Liste der vom Nationalsozialismus faszinierten oder von der „Aufbruchstimmung" von 1933 gepackten prominenten Mitläufer Hitlers ließe sich beliebig in allen Lebensbereichen verlängern.

Viele von ihnen erkennen später ihren Irrtum und begeben sich in eine *innere Emigration.* Dies „kann Flucht in unverbindliche Innerlichkeit oder Rückbesinnung auf zeitlos verbindliche Werte sein" (Erdmann, 4/2, 451 + 452). Die innere Emigration geht aber zumeist nicht so weit, daß man mit Verzicht auf Teilnahme auch von Teilhabe abläßt (Funke). Indessen: Innere Emigration der Schriftsteller ist eine gefährliche Gratwanderung. Die NS-Überwachungs-Instanzen können nur gelegentlich getäuscht und an unauffälliger Stelle überlistet werden. Es gilt daher, Töne anzuschlagen, die von der Zensur nicht erfaßt und von Gleichgesinnten gerade noch verstanden werden können. Einige Schriftsteller verstummen konsequent.

Herausragende Beispiele innerer Emigration *und* literarischen Widerstandes sind Werner Bergengruen (1892-1964), 1936 Katholik, mit „Der Großtyrann und das Gericht" (1935); Ernst Jünger (geb. 1895) mit „Auf den Marmor-Klippen" (1939) und „Gärten und Straßen" (1942); Jochen Klepper (1903-1942) mit „Der Vater" (1937); Friedrich Percival Reck-Malleczewen (1884-1945) mit „Bockelson. Geschichte eines Massenwahns" (1937); Reinhold Schneider (1903-1958), seit 1940 Schreibverbot, mit „Las Casas vor Karl V. Szenen aus der Konquistadorenzeit" (1938) und „Macht und Gnade" (1940); Frank Thieß (1890-1977) mit „Das Reich der Dämonen. Roman eines Jahrtausends" (1941). Dieser Minderheit von Schriftstellern drohen Repressalien. Ihr Widerstand und der anderer wirkt nicht im Sinne eines politischen Programms, sondern sie bemühen sich, die humanistische Tradition zu bewahren und – weiterführend – für die Zeit nach dem NS-Nihilismus zu erneuern (Richard Löwenthal, in: Bracher/Funke/ Jacobsen, 630f.).

Theater- und Filmstars nehmen eine privilegierte Stellung ein.

Schauspieler und Sänger sehen, unter welchem Regierungssystem auch immer, vorrangig die Rolle, den Beifall, den Erfolg. Im NS-Regime werden Prominente von Theater und Film hofiert und hoch honoriert. Die erste Garnitur der Sänger, beispielsweise, ist nicht mehr bereit, an der New Yorker Metropolitan Opera zu gastieren, weil sie dadurch finanzielle Einbußen erleiden würden. Joseph Goebbels läßt Kammersängerinnen, Kammersänger, Staatsschauspieler von Steuern befreien: Ihre Hochform sei auf so wenige Jahre beschränkt, daß man ihnen nicht die Chance nehmen solle, sich Werte zu schaffen, die es ihnen nach Überschreiten des beruflichen Höhepunktes ermöglichen könnten, ein standesgemäßes Leben zu führen (Frauenfeld, 148).

Viele Künstler sind ehrlich begeistert im Dritten Reich, einige von ihnen sind fanatische NS-Anhänger und gefährliche Denunzianten, so etwa die in Muttchen-Rollen populäre Ida Wüst. Andere (die meisten?) Künstler sind ablehnend, aber nach außen hin unterwürfig. Einige zeigen Mut und Charakterstärke, so Hans Albers, Käthe Dorsch, Brigitte Horney. Es gibt Stolze und Kriecher, Aufrichtige und Verlogene, Trotzige und Duckmäuser. Zahlreiche Künstler und Künstlerinnen bemühen sich – oft widerlich – um Hitlers Gunst. Hitler genehmigt oft persönlich Gagen, die tiefe Dankbarkeit hätten hervorrufen müssen; meist führen sie zu Starallüren und nach 1945 zu Beschimpfungen. Oft gilt: Je mehr man unter Hitler/Goebbels kassierte, desto mehr schilt man sie nach 1945 (Hertel, 225; Ambesser, 225).

Joseph Goebbels fordert geschickten Wechsel zwischen politischem Film und Unterhaltungsfilm, um das Publikum kinofreudig und kinowillig zu halten. Im Krieg verdoppelt sich nahezu die Zahl der Kinogänger: 1939 624 Mio., 1943 1,1 Mrd. In Orten mit Filmtheatern steigt deren Besuch, je Kopf der Gesamtbevölkerung, von 12,2 auf 20,2 an bei nur mäßig von 77 auf 86 Pfg. erhöhten Eintrittskarten. „Gute Laune" gilt − gerade im Krieg − als stärkste Propagandawaffe, die verzuckerte Traumwelt als Ablenkung von der Wirklichkeit. Nur 153 oder 14 % der von 1933 bis 1945 uraufgeführten 1094 Spielfilme sind offene Propagandafilme. Tendenz wird weitgehend in Unterhaltung verpackt. Die Filme sind Historiengemälde, Lebensromane, Klassiker, Krimireißer, Lustspiele, Liebesschnulzen, Operettenzauber − alles ohne Hitlergruß, aber mit unterschwelliger politischer Seelenmassage. Außerdem gibt es rd. 600 ausländische Filme zu sehen.

Einige Filme sind wüste Hetze mit Starbesetzung, als Gipfel: „Jud Süß" (1940) von Veit Harlan mit Ferdinand Marian, Kristina Söderbaum, Heinrich George, Werner Krauss, Eugen Klöpfer, Albert Florath, Theodor Loos. Einige Filme sind international anerkannte Filmkunst, etwa „Romanze in Moll" (1943) von Helmut Käutner, Musik: Werner Eisbrenner, mit Marianne Hoppe, Paul Dahlke, Ferdinand Marian, oder „Träumerei" (1944) von Harald Braun mit Hilde Krahl und Mathias Wieman, oder „Unter den Brücken" (1944/45) von Helmut Käutner mit Gustav Knuth, Carl Raddatz, Hannelore Schroth. Eine Sonderrolle nimmt 1939 die Verfilmung des Romans „Bel ami" von Guy de Maupassant (Drehbuch: Axel Eggebrecht, siehe S. 48, Musik: Theo Mackeben) ein: Regisseur Willi Forst, auch in der Hauptrolle, schildert den unaufhaltsamen Aufstieg eines anrüchigen Parvenüs und Frauenjägers zum Minister. Joseph Goebbels fühlt sich getroffen, kann sich aber nicht durch ein Verbot des Films demaskieren.

Künstlerinnen pflegen sich dem zuzuwenden, der die Macht besitzt. So sind viele Künstlerinnen, besonders der

Nachwuchs der Starlets, mit NS-Größen liiert, am besten mit Joseph Goebbels. Er wird in Berlin nach den UFA-Film-ateliers, den modernsten Europas, allgemein „Bock von Babelsberg" genannt. Verweigerungen sind um so leich-ter, je gefestigter der künstlerische Status einer Schauspie-lerin ist: siehe Lil Dagover, Marika Rökk, Zarah Leander. Wenn eine Künstlerin sich Goebbels nicht hingeben will, muß sie es auch nicht. Spätere Behauptungen, bei Verwei-gerung wäre sie durch „Filmsperre" in ihrer beruflichen Existenz gefährdet gewesen, treffen nicht zu.

Für einige Halbjuden, Juden, Homosexuelle gilt in Thea-ter und Film eine gewisse Narrenfreiheit. Wenn Goebbels eine jüdische Schauspielerin gefällt, hält er es mit dem fri-volen Ausspruch des österreichischen Schriftstellers Alex-ander Lernet-Holenia (1897-1976): „A fesche Jüdin is no lang ka Jud" (Rabenalt, 128). Auf der von Hitler genehmig-ten „GB"-Liste (= Gottbegnadete) steht 1944/45 auch der klassische jugendliche Held Horst Caspar (1913-1952), ein Idol der Jugend besonders seit seinem Film „Friedrich Schiller" (1940), obwohl er „Vierteljude" ist. Ebenso darf die Opernsängerin und „Vierteljüdin" Margarete (Gretl) Slezak (1901-1953), mit Hitler seit den zwanziger Jahren bekannt, bis Kriegsende ungehindert auftreten.

Hitler „verzeiht" einigen Filmstars ihren jüdischen Ehe-partner, im NS-Jargon: „Webfehler", oder Lebensgefähr-ten, so u.a. Hans Albers, Georg Alexander, Paul Bildt, Maria Eis, Karl Ettinger, Erich Fiedler, Paul Henckels, Hans Moser, Theo Lingen, Heinz Rühmann, Albrecht Schönhals, Leo Slezak, Otto Stöckl, Kurt Vespermann, Otto Wernicke. Aufsehen erregt: 1937 gibt Hitler die Heiratserlaubnis für die „Halbjüdin" Ingeborg Kohler und Herbert Engelsing, Produktionsleiter Unterhaltung bei der Tobis AG und ge-heimer NS-Gegner.

Andere geraten unter immer härteren politischen Druck, so, beispielhaft, der seit 1938 durch Filme populär gewor-dene Schauspieler *Joachim Gottschalk,* ein stiller Mensch und vom Typ her ein Antiheld. Er lehnt es ab, sich von seiner jüdischen Frau Meta scheiden zu lassen oder sie im Ausland „zu parken", wie es andere Kollegen tun. Fast alle Kollegen stehen hinter ihm, was Goebbels besonders provoziert. Darauf bekommt er weniger Film- und Theaterrollen. Als Gottschalk 1941 erfährt, daß Frau und Sohn nach Theresienstadt deportiert werden sollen, scheidet er, 37 Jahre alt, mit Frau und achtjährigem Sohn Michael aus dem Leben. Goebbels gibt die Parole aus: Keine Prominenz bei der Gottschalk-Beerdigung! Dennoch erscheinen einige Prominente: René Deltgen, Ruth Hellberg, Brigitte Horney, Gustav Knuth, Wolfgang Liebeneiner (Cziffra, 154-156; Hippler, 223).

Für seine Einladungen zum Abendessen kommt Goebbels immer auf dieselben Namen zurück: Fita Benkhoff, Willy Birgel, Lil Dagover, René Deltgen, Will Dohm, Heli Finkenzeller, Willy Fritsch, Käthe Haack, Paul Hartmann, Margot Hielscher, Werner Hinz, Malte Jaeger, Karl John, Jenny Jugo, Friedrich Kayßler, Hilde Krahl, Zarah Leander, Hans Leibelt, Wolfgang Liebeneiner, Leni Marenbach, Irene von Meyendorff, Else von Möllendorf, Marika Rökk, Heinz Rühmann, Magda Schneider, Hannelore Schroth, Hans Schweikart, Hans Söhnker, Viktor Staal, Olga Tschechowa, Gisela Uhlen, Luise Ullrich, Lizzy Waldmüller, Grethe Weiser, Mathias Wieman (Hippler, 217) – was bei ihnen nicht mit politischer Solidarisierung gleichzusetzen ist.

Die Filmgagen liegen, aufs Jahr gerechnet, bei den Spitzenverdienern Zarah Leander und Hans Albers bei 250.000 RM; bei Heinrich George und Hans Moser bei über 200.000 RM; bei Karl Ludwig Diehl, Gustav Fröhlich, Eugen Klöpfer, Albrecht Schönhals um 160.000 RM; bei Käthe Dorsch, Brigitte Horney, Jenny Jugo, Hilde Krahl, Marika Rökk, Kristina Söderbaum, Olga Tschechowa, Paula Wessely bei 80.000 bis 150.000 RM. Hinzu kommt: Alle dürfen Werbungskosten von 20 % absetzen, Prominente sogar 40 % (Hippler, 225).

Anläßlich der Jahrestagung der Reichsfilmkammer und der Grundsteinlegung der Deutschen Filmakademie in Potsdam-Babelsberg am 3. und 4. März 1938, Leiter der Fakultät Filmkunst: Staatsschauspieler Wolfgang Liebeneiner (1905-1987), notiert der halb verfemte, halb geduldete Schriftsteller und Drehbuchautor in sein Geheimtagebuch:

„Tatsache ist, daß sich in keiner Sparte des deutschen Geisteslebens wohl so wenig 'gewandelt' hat wie bei den Filmschaffenden. Bis auf geringe Ausnahmen sind sich alle Filmschaffenden, ob Regisseure, Autoren oder Schauspieler einig, daß man gute Filme machen soll und daß Filmarbeit kein weltanschauliches Bekennertum bedeutet. Die Ausnahmen, wie etwa Harlan, George, Liebeneiner, Golling, die außer, daß sie etwas *können* auch noch *glauben* (oder zu glauben vorgeben!), kann man an den Fingern abzählen. Goebbels hielt eine ausgezeichnete Rede, elegant, geschmeidig, leise, charmant werbend — er hat ja jede Platte und Nadel zur Verfügung.

Zum Schluß seiner Rede stellte er drei Forderungen für die nächste Zukunft in den Vordergrund der filmischen Entwicklung: Die planmäßige Pflege der Menschen, die etwas *können;* die systematische Erziehung eines besonders befähigten *Nachwuchses* und schließlich den schnellen organisatorischen und künstlerischen Aufbau der Filmakademie selbst. Die Art wie Goebbels, wenn er unter den Filmschaffenden weilt, sich gibt, ist tatsächlich faszinierend ... Er spricht frei oder liest so geschickt ab, daß es wie frei wirkt. Alles was er sagt, hat Hand und Fuß. Keine Phrase, kein Pathos bei *dieser* Platte. Der Film ist ihm tatsächlich wichtig, das spürt man, und nicht nur, sogar am wenigsten, der *politische* Film. Er will den *künstlerischen* Film, den guten Film, der „ein Spiegelbild des Lebens" sein soll, wie er zu meiner Freude fordert ...

Der Beifall war echt und spontan, gleichgültig, wie der

einzelne politisch zu den derzeitigen Machthabern steht. Jeder von uns, den die Filmarbeit fasziniert, weiß, daß dieser Minister für den Film wirklich tut, was er tun kann, daß er auf diesem Sektor das Beste will. Wir Andersgläubigen können nur bedauern, daß Goebbels eben doch Goebbels ist und bleibt, und daß wir seinen Untergang wünschen *müssen,* da wir den Staat und die Weltanschauung, die er vertritt, für ein Unglück halten. Ansonsten könnten sich der Film und jeder von uns einen solchen 'Chef' nur wünschen" (und, 238 + 239).

Anhang 2: Leni = Helene Riefenstahl (geb. 1902)

Kunstakademie Berlin (Malen und Zeichnen), Tanz- und Ballettausbildung als Schülerin der berühmten Tänzerin Mary Wigman (1886-1973). Die Ausdruckstänzerin Leni Riefenstahl trat (1923-1927) in München, Berlin (bei Max Reinhardt, siehe S. 26), Zürich, Prag auf. Von dem Filmregisseur Arnold Fanck (1889-1974), Schöpfer wegweisender Berg- und Naturfilme, wurde sie in „Der heilige Berg" (1925) für den Film entdeckt. Sie wurde der Star von Bergfilmen, so „Der große Sprung" (1927), „Die weiße Hölle vom Piz Palü" (1929), „Stürme über dem Montblanc" (1930). Im Bergfilm „Das blaue Licht" (1932) war sie Ko-Autorin, Produzentin, Regisseurin und Trägerin der Hauptrolle; dafür gewann sie 1932 eine Goldmedaille auf der Biennale in Venedig.

1933 wird Leni Riefenstahl begeisterte filmische Interpretin von NS-Leitbildern wie Männlichkeits-, Gesundheits-, Reinheitskult. Sie schafft zwei Filme über Reichsparteitage: „Sieg des Glaubens" (1933) und, bis heute beeindruckend, „Triumph des Willens" (1934), der 1935 eine weitere Biennale-Goldmedaille gewinnt. Es ist die wirksamste, je ins Bild gesetzte NS-Propaganda (siehe unten), die melodramatische Kameratechniken der Stummfilmzeit mit den dramatischen Effekten von Wagner-Opern verbindet. Sie sieht sich als unpolitische Künstlerin, schafft aber, mit „Triumph des Willens", eine originäre Ästhetik des NS-Dokumentarfilms (Wistrich, 283-284).

„Triumph des Willens" zeigt einen Hitler, der über das Maß des Irdischen bereits hinausgewachsen ist. In keinem Film des Dritten Reiches findet der Hitler-Mythos einen vollkommeneren Ausdruck, im Sinne einer „Ästhetisierung der Politik" (Walter Benjamin). Die begabte Tänzerin Riefenstahl muß fasziniert gewesen sein von der Theatralik und Choreographie des Reichsparteitages, von der suggestiven Wirkung der Aufmärsche, Fackelzüge, Fahnenweihen, Lichtdome, Totenehrungen. NS-Politik wird hier ganz und gar in Kunst verwandelt und einer einschüchternden, terroristischen Ästhetik dienstbar gemacht. Das Phänomen „Nationalsozialismus" bleibt unbegriffen, wenn man seine gleisnerischen Selbstdarstellungen, seine ins Profane gewendeten Liturgien der Nachbetrachtung bänglich entzieht.

Leni Riefenstahl verteidigt sich nach 1945, sie sei immer nur an Schönheit, an ästhetischen Effekten interessiert gewesen, nicht an Politik. Man darf es ihr glauben. Hitler will die Weltentrücktheit, das große demagogische Theater, das rauschhafte Erlebnis und im Film wie in der Wirklichkeit den überwältigten Betrachter, der sich dem „Mysterium der Macht" ausliefert. Das „Filmgenie" Riefenstahl (Jean Cocteau) liefert ihm das. Mehr noch: Raffinierte Kamera-Positionen, ausgeklügelte Zwischenschnitte, Rhythmus, Montage, Musik überhöhen noch die Theatralik des Reichsparteitages, so daß erst im Film das propagandistische Kalkül zur Vollendung kommt.

„Triumph des Willens" verklärt Unfreiheit und Aufgehen in der Masse, genannt „Volksgemeinschaft" (siehe S. 333): eine Apotheose der Geschlossenheit, Stärke und Macht. Jener Monumentalismus ist nicht nur Konstrukt oder Ideologie, sondern er ist Ausdruck menschlicher Sehnsüchte, die so sehr dem Zeitgeist angehören, daß auch Ausländer sich nicht unbeeindruckt zeigen. Wer mag damals aus den aggressiven Reichsparteitag-Ritualen 1934 das nahende Unheil herauslesen?

Es folgt der klassische Dokumentarfilm „*Olympia*" über die Berliner Olympischen Spiele von 1936: ein zweiteiliges vierstündiges Filmepos „Fest der Völker" (1936) und „Fest der Schönheit" (1938). Es gibt Belege für das „interesselose Wohlgefallen" Leni Riefenstahls an Kraft, Schönheit, Anmut. So widmet sie dem US-Sprinter-Star Jesse Owens, einem Neger, vierfachen Goldmedaillengewinner, mehr Aufmerksamkeit, als es bornierten NS-Rasse-Ideologen lieb sein kann.

Dieser Olympiafilm der bahnbrechenden Filmemacherin Riefenstahl findet wegen seiner neuen Kameratechniken und filmischen Vollendung weltweit Bewunderer (bis zur Gegenwart), erhält 1938 auf der Venedig-Biennale den ersten Preis, 1939 die Olympische Goldmedaille des IOC Internationalen Olympischen Komitees. (Bei den Olympischen Spielen von 1976 in Montreal ist Leni Riefenstahl IOC-Ehrengast.)

Vorgreifend: Nach 1945 ist Leni Riefenstahl eine der wenigen Filmprominenten, die für Verherrlichung des NS-Regimes büßen muß. Sie weist alle Verdächtigungen politischer Komplizenschaft mit Hitler zurück. Die Riefenstahl-Filme sind weniger Ausdruck einer NS-Gesinnung als eines ästhetisch reduzierten Verhältnisses zur Realität. Sie zeigen Genie und Grenzen eines Trunkenseins von Schönheit, Glanz, Monumentalität. Als Dokumente einer Faszination bannen sie die unabweisbare Verführungskunst des NS-Regimes kongenial auf Zelluloid. Mit 70 Jahren macht sie noch eine Tauchausbildung und Tauchexkursionen in tropische Gewässer. Mit Fotoexpeditionen in Afrika erringt sie erneut internationale Bewunderung, so mit den Bildbänden „Die Nuba" (1973) und „Die Nuba von Kau" (1976) im Süd-Sudan (Wistrich, 283-284).

Anhang 3: Wilhelm Lehmann (1882-1968)
und Günter Eich

Der Lyriker und Erzähler Lehmann, bedeutend durch seine streng geformten Gedichte in symbol- und bilderreicher Sprache, übte großen Einfluß auf die neuere deutsche Lyrik aus. Nach 1945 läßt es eine teilweise rabiate Praxis der Lizenzerteilung durch die Alliierten geboten erscheinen, die Veröffentlichungen im Dritten Reich zu verkleinern und demgegenüber die innere Opposition zu betonen.

In der bio-bibliographischen Notiz von Wilhelm Lehmann in Gunter Grolls Anthologie „De Profundis" (1946) heißt es: „Im Dritten Reich galt er seit seinem in dem später verbotenen Widerstandsverlag publizierten Buch 'Antwort des Schweigens' als 'unerwünscht'. Er verbrachte jene zwölf Jahre in stummer Zurückgezogenheit, die nur durch den 1942 erschienenen und später gesperrten Gedichtband 'Der grüne Gott' durchbrochen wurde." Tatsächlich lebt Lehmann nicht in stummer Zurückgezogenheit, sondern publiziert in der Presse mehrere Dutzend Gedichte. Am 14. November 1943 druckt die Wochenzeitung „Das Reich" seinen grundlegenden poetologischen und nach 1945 viel diskutierten Aufsatz „Die Entstehung eines Gedichts" ab. Seine Gedichtbände „Antwort des Schweigens" (1935) und „Der grüne Gott" (1942) finden im Dritten Reich zwar nur geringe Verbreitung, werden aber weder verboten noch gesperrt.

Ebenso Günter Eich mit seinen betont knappen Angaben für „De Profundis": „Seine wichtigsten Publikationen sind die Erzählung 'Katharina' und ein Band 'Gedichte'. Er war vom ersten bis zum letzten Tag des Krieges Soldat." Eich läßt somit weg, daß er von 1933 bis 1940 für den Reichsrundfunk 27 Hörspiele und zusammen mit Martin Raschke von 1933 bis 1939 rd. 70 Hörfolgen des „Deutschen Kalenders" schreibt. Konflikte Eichs mit der Zensur sind unbekannt. Zur Kriegszeit: Eich bleibt zunächst, wie viele seiner schreibenden Generationsgefährten, vom unmittelbaren

Fronteinsatz verschont. Von 1940 bis 1943 arbeitet er, unter dem Kriegsverwaltungsrat Jürgen Eggebrecht, in der „Stabsstelle Papier", lektoriert dort Feldpostausgaben und beteiligt sich am Aufbau des Frontbuchhandels.

Fazit: Die stilisierten Lebensläufe von Wilhelm Lehmann und Günter Eich sind – in ihrer Grundhaltung – repräsentativ für die nach 1945 versäumte Selbstreinigung. Nach 1945 fühlen sich viele Autoren als „Gefangene ihrer Lebensläufe" vor 1945. Nur die wenigsten finden den Mut, ihre Angaben zu korrigieren (Schäfer, 11 + 84-86).

8

Hitlers außenpolitische Triumphe
1933-1938/39

Jede neu in die Weltpolitik tretende und Regierungsmacht ausübende Weltanschauung verändert das Gleichgewicht der Kräfte. Und: „Jede Machtballung in Deutschland wirkt als Aufkündigung des europäischen Gleichgewichts" (Schulze, Weimar, 17). Der Nationalsozialismus ist „die neuartigste, alle übrigen Mächte zur Stellungnahme zwingende Kraft der Epoche" (Nolte, 157). Daher ist der außenpolitische Herausforderer Hitler 1933 die Schlüsselfigur der Politik in Europa.

In der Nacht 30./31. Januar 1933 äußert Hitler vor Vertrauten, mit diesem Tage beginne „die größte germanische Rassenrevolution der Weltgeschichte" (Frank, 141; Fest, 510). Am 3. Februar 1933 sagt Hitler vor Befehlshabern von Heer und Marine in Berlin den Aufbau der Wehrmacht zwecks „Eroberung neuen Lebensraumes im Osten und dessen rücksichtslose Germanisierung" (Domarus, 198) voraus — wie in „Mein Kampf" (1925) propagiert. Die Generale und Admirale sind teils alarmiert, teils nehmen sie Hitlers Worte nicht ernst. Erst später wird der Führungsschicht, nicht dem Volk klar: Mit Hitlers Kanzlerschaft mündet die Nachkriegszeit in eine Vorkriegszeit ein.

In Sicht gläubiger NS-Idealisten hat der Nationalsozialismus 1933 die großartige Chance, mit einer gesellschaftlichen Erneuerung und Versöhnung von Nationalismus und Sozialismus sich an die Spitze einer *friedlichen* Entwicklung Europas zu stellen. Aber Hitler will seit Beginn seiner politischen Karriere den „Lebensraum"-Krieg.

Früh (13. April 1923, Rede München) sagt Hitler: „Im Völkerleben ... entscheidet stets eine Art Gottesgericht ... Es zeigt sich, daß der Stärkere vor Gott und der Welt das Recht hat, seinen Willen durchzusetzen ... Die ganze Natur ist ein dauerndes Ringen zwischen Kraft und Schwäche, ein dauernder Sieg der Starken über die Schwachen. Fäulnis wäre die ganze Natur, wenn es anders wäre, und zur Fäulnis werden die Staaten, die dieses Gesetz nicht anerkennen wollen" (Jäckel, Hitler, 887). Während, so Hitler (1924/25), „aus künstlich gehegten Friedenszuständen öfter als einmal die Fäulnis zum Himmel empor stank", sei „im ewigen Kampf ... die Menschheit groß geworden − im ewigen Frieden geht sie zugrunde" (Mein Kampf, 773 + 149).

Für Hitler ist (28. Februar 1926, Vortrag Hamburg) „das letzte Ziel der Politik der Krieg" (Jochmann, 83). Im Manuskript (1928) seines unveröffentlichten „Zweiten Buches" fordert Hitler den permanenten Krieg: „Wir ermessen die eigenen Opfer, wägen ab die Größe des möglichen Erfolges und werden zum Angriff schreiten, ganz gleich, ob er 10 oder 1000 km hinter den heutigen Linien (das heißt: Luftlinie Oder bis Kiew/Ukraine, HJE) zum Stehen kommt. Denn wo immer unser Erfolg endet, er wird stets nur der Ausgangspunkt eines neuen Kampfes sein" (77). Für Hitler ist Krieg normaler Lebenszustand.

Die alten preußisch-deutschen Machteliten und die europäischen Kabinette halten Hitler für eine moderne Version des wilhelminischen Machtpolitikers. Sie unterschätzen Hitler gründlich: Hitler will Großdeutschland als Weltmacht − mit Anspruch auf Weltherrschaft ... Erst allmählich wird seit 1933 selbst engeren Mitarbeitern Hitlers sein Endziel „Krieg" deutlich. Hitler plant (28. Februar 1934, Rede vor der Generalität, Berlin) Angriffskriege mit „kurzen und entscheidenden Schlägen" (Domarus, 368), das heißt: „Blitzkriege".

Daher fordert Hitler eine kurzfristige *Breitenrüstung* mit einem möglichst hohen Vorrat an fertigem, einsatzbereitem Rüstungsmaterial. Daher wehrt er sich 1936 gegen eine Bevorratung von Rohstoffen, wenn sie auf Kosten der Munitionserzeugung gehe. Er lehnt eine *Tiefenrüstung* ab, das heißt: eine langfristige Ausweitung und Modernisierung des Rüstungs-Produktionspotentials nebst entsprechender Rohstoff-Bevorratung. (Eine konsequente Tiefenrüstung hätte, zum einen, Hitlers Kriegskurs schneller enthüllt und, zum anderen, den Lebensstandard der Deutschen einschneidend gesenkt.) Da Hitler keinen totalen, langdauernden Krieg vorhat (siehe S. 449), will er nicht großes Rüstungs*potential* im Sinne der Tiefenrüstung, sondern möglichst hohen Rüstungs*stand* im Sinne der Breitenrüstung.

Vorgreifend: 1939 ist Deutschland zweitstärkste Industriemacht der westlichen Welt. Dennoch kann die deutsche Rüstungsüberlegenheit nur zeitweilig vorhalten, weil die Rüstungspotentiale der übrigen Großmächte erheblich größer sind. Das weiß Hitler. Deshalb will er alles auf eine Karte setzen: Durch kurze Kraftüberspannung eine Anfangs-Überlegenheit erringen und durch Blitzkrieg-Strategie fehlende Rüstungstiefe durch umfassende Expansion verbessern.

In der *Außenpolitik* erscheinen Hitlers Leistungen als unvergleichlich und gipfeln 1939 in einer sieben Jahre zuvor unvorstellbar gewesenen internationalen Machtstellung des Dritten Reiches.

Der spätere Historiker-Professor Hans-Günter Zmarzlik, Jahrgang 1922, erinnert sich 1970: „Längst waren wir alle, Lehrer wie Schüler, in den Sog der großen Erfolge des neuen Regimes hineingeraten. Uns imponierte der Machtzuwachs Deutschlands. Besonders hinreißend war die Stimmung im März 1938 ... Wir lebten in einer großen Zeit,

und ihr Schöpfer und Garant war Hitler ..., für uns die be-
eindruckende Führergestalt ... Bei jeder Rede wartete man
doch mit dem prickelnden Gefühl: gleich wird er einen
neuen Erfolg Deutschlands bekanntgeben. Man wurde selten enttäuscht" (22).

Seine außenpolitischen Coups bis 1938, in deren Geheimhaltung er ein Meister ist, nennt Hitler das „Zeitalter
der vollendeten Tatsachen" (H. Hoffmann, 93). Je ver-
wegener sein Entschluß, je unvorstellbarer seine Aktion,
desto atemberaubender sind seine Erfolge. Fast alle Deutschen schenken Hitlers Leistung höchste Bewunderung.
Erst 1938/39 beginnen nachdenkliche Deutsche zu ahnen,
daß Hitler etwas ganz anderes ist als nur ein Sprung vom
schwankenden Boden der Demokratie auf vertraute Fundamente des autoritären Staates. Warnungen vor Hitlers
Kriegskurs finden kein Echo. Hitlers Quittung für die
Schwäche der Westmächte ist ungehemmte Aufrüstung.
Die Westmächte sind „weder fähig noch willens, der deutschen Diktatur vorbeugend in den Arm zu fallen" (Michael
Stürmer, in: Boockmann, 349). *Vorgreifend:* Der Verzicht
der Westmächte auf Gewalt 1933/34 wird die Welt im
Zweiten Weltkrieg rd. 50 Mio. Tote kosten.

Gemäß Völkerbund sind alle Staaten „einzeln und insgesamt" verpflichtet, „einem angegriffenen und bedrohten
Staat zu Hilfe zu kommen." Es ermutigt Hitler, daß die
Völkerbund-Vollversammlung am 24. Februar 1933 den
Aggressor Japan (seit 18. September 1931 in der Man-
dschurei) moralisch verurteilt, ohne Japan zum Angreifer zu
erklären und Sanktionen zu beschließen. Hitler lernt: Der
Völkerbund bietet bedrohten Nationen nur eine Scheinga-
rantie. Ebenso beim Überfall des *faschistischen Italien* am
3. Oktober 1935 auf Abessinien: England und Frankreich
haben die militärischen Mittel, diese räuberische Aggression zu ersticken; sie halten still; Völkerbund-„Sanktionen" (Waffen, Kredite, Rohstoffe) bleiben wirkungslos.

Die demokratischen Staaten nehmen Hitlers Friedensbeteuerungen (wegen der militärischen Schwäche des Dritten Reiches bis 1936) als ein Alibi, nicht geschlossen gegen Deutschland Front machen zu müssen. „Kollektive Sicherheit" stößt sich an der harten Tatsache, daß Menschen wie Staaten nur dann zu Opfern bereit sind, wenn etwas auf dem Spiele steht, woran sie ein einleuchtendes Interesse haben (Eyck, II, 12). Alle sind vor Hitler besorgt, wollen Hilfe vor Deutschland, niemand wünscht wirksam zu helfen. Jeder will, wenn auch der andere will; also will jeder und schließlich keiner.

Um seinen Kriegskurs gründlich zu verschleiern, stellt sich Hitler als gemäßigter Staatsmann dar und entfesselt eine grandiose *Friedenspropaganda*. Ein Meisterstück, um die Empörung des Auslandes über den NS-Terror zu dämpfen und die Deutschen hinter seine Außenpolitik zu bringen, ist Hitlers Reichstagsrede vom 17. Mai 1933, so u.a.: „Die deutsche Regierung wünscht, sich über alle schwierigen Fragen mit den Nationen friedlich auseinanderzusetzen. Sie weiß, daß jede militärische Aktion in Europa auch bei deren völligem Gelingen, gemessen an den Opfern, in keinem Verhältnis stehen würde zu dem Gewinn" (Domarus, 277). Die Londoner „Times" kommentiert den „Staatsmann Hitler": „Das meiste, was er gesagt hat, hätten auch seine Vorgänger sagen können" (Becker, 309).

Hitlers Taktik äußerster Selbstverharmlosung hat bis 1938 Erfolg. Später (10. November 1938, Geheimrede vor etwa 400 führenden Journalisten, München) gesteht Hitler ein, daß die Friedensphrasen der vergangenen Jahre ein Täuschungsmanöver gewesen seien, um die eigene Aufrüstung abzuschirmen und das In- und Ausland irrezuführen. Es sei ihm „nur unter der fortgesetzten Betonung des deutschen Friedenswillens und der Friedensabsichten" möglich gewesen, die „für den nächsten Schritt" jeweils nötige Rüstung zu schaffen. „Die Umstände haben mich gezwungen, jahrzehntelang fast nur vom Frieden zu reden." Damit sei jetzt Schluß (Domarus, 974). Seit Ende 1938 gibt es, gemäß Hitler-Weisung, eine planmäßige, zunächst allmähliche und indirekte psychologische Mobilmachung für den Krieg.

Durch die außenpolitischen Erfolge Hitlers bis 1938 geraten seine innenpolitischen Gegner in ein Dilemma. Der Glaube an die Staatskunst der Demokratien war ihnen von 1919 bis 1932 geschwunden. Nun sehen sie, daß es den Westmächten an der wahren Erkenntnis der Lage wie an Entschlußkraft fehlt. Viele noch zweifelnde Deutsche beschließen, Hitler die größere Einsicht in erfolgreiche Außenpolitik zuzubilligen. Im Exil bekennt Ex-Reichskanzler Heinrich Brüning am 19. September 1936: Im Kampf um die ewige Heiligkeit gewisser Rechtsprinzipien gebe es mit den NS-Machthabern keine Versöhnung; davon abgesehen, „müssen Erfolge für das Vaterland, wenn sie von den Jetzigen errungen werden, begrüßt werden ..." (Briefe, 127).

Mit der Münchener Konferenz vom 29./30. September 1938 hat Hitler die Versailler Friedensordnung auch territorial zerfetzt. Dies ist für die Deutschen krönender Abschluß alter großdeutscher Sehnsüchte und Hoffnungen. Für Hitler jedoch ist „Großdeutschland" nur ein Sprungbrett für den Kampf um sein Weltmacht-Ziel. Wer sich im Dritten Reich klaren Sinn bewahrt, kann nur mutmaßen: Hitlers Erfolgsserie muß zwangsläufig zur Kriegs-Katastrophe führen; nach grandiosen Siegen müssen furchtbare Niederlagen unvermeidlich sein.

Für den nachdenklichen Zeitgenossen im In- und Ausland gleicht die Karriere Hitlers dem *Drama Napoleons* (1769-1821). Auch in seiner Epoche vollzog sich der − unvermeidliche − Ausgleich der Kräfte nur langsam. Der Kräfteverteilung nach hätte Napoleons Karriere schon 1805 besiegelt sein müssen: England, Rußland und Österreich waren gegen ihn verbündet, und Preußen war nahe daran, dieser Koalition beizutreten. Diese Unterlassung Preußens (aus Furcht und Eigennutz) stürzte die Verbündeten in eine schwere Niederlage, Preußen selbst 1806 in die bis dahin größte Katastrophe seiner Geschichte, als es dann allein den Kampf mit dem überlegenen Frankreich aufnahm. Sodann war Österreich 1809 allein der überlegenen Militärmacht Frankreichs ausgeliefert. So gingen die drei Mächte England, Österreich, Preußen dreimal in die Niederlage vor Napoleon. Erst danach fanden sie sich, mit Rußland, 1813 zu jenem schlagkräftigen Bündnis zusammen, das die wirkliche Kräfteverteilung in Europa geltend machte und die Hegemonie Frankreichs brach.

Für die meisten Deutschen ist Krieg undenkbar. Wenige frühe Warner vor dem Hitler-Kurs werden als „Miesmacher" ignoriert. So Felix Somary (siehe S. 20): Er avisiert im März 1933 seinem ungläubigen Freund Hjalmar Schacht brieflich eine „neue Völkerschlacht bei Leipzig, wo sich die Russen mit Engländern, Franzosen und Amerikanern zum gemeinsamen Kampf gegen Deutschland treffen ..." (230).

Auch Oswald Spengler warnt deutlich. Im Oktober 1932 hatte er „Parteiführer und Schwärmer für ein Drittes Reich" verspottet. Nun sieht er Deutschland unter Hitler in größter Gefahr und spricht das im Juni 1933 in seinem letzten Buch „Jahre der Entscheidung" aus: „Das uralte Barbarentum ... wacht wieder auf ... Wir stehen vielleicht schon dicht vor dem Zweiten Weltkrieg ..." (18). Im Frühjahr 1936, kurz vor seinem Tod, prophezeit Spengler, in einem Brief an Hans Frank (siehe S. 72), daß „wohl in zehn Jahren ein Deutsches Reich nicht mehr existieren" werde (Angesichts, 255). Dies trifft ein.

9

Freiheit und Unfreiheit 1933-1945

In den Berichten der Exil-SPD heißt es schon im Januar 1936, der NS-Terror bleibe nicht nur dem Ausland verborgen, „auch in Deutschland selbst gibt es Kreise, die kaum eine Ahnung davon haben."

Zwei Beispiele: Nach einem Besuch von Hermann Pünder (1888-1976), 1926 bis 1932 Staatssekretär in der Reichskanzlei, vermerkt Ex-Reichskanzler Heinrich Brüning am 12. Juni 1935: „Es ist erstaunlich, wie wenig Menschen wie er, die die besten Verbindungen haben und sich genau informieren können, tatsächlich (über die Verhältnisse im Dritten Reich, HJE) wissen" (Briefe, 74). — Der Hamburger Rechtsanwalt und spätere Verleger Gerd Bucerius, Jahrgang 1906, sein Vater Vierteljude, er daher jüdischer „Mischling zweiten Grades", mit einer Jüdin verheiratet, daher „wehrunwürdig", berichtet 1985, er sei durch Auslandssender gut unterrichtet gewesen. „Aber sogar von einem KZ in Neuengamme, nahe Hamburgs, und vom Vernichtungslager in Bergen-Belsen, 70 km südlich Hamburgs, habe ich erst nach Kriegsende gehört" (in: „Die Zeit", Hamburg, 15. März 1985).

Der NS-Unrechtsstaat ist nicht immer ohne weiteres zu erkennen, der NS-Terror nicht immer überall wahrzunehmen. Das Böse im Alltag ist zwar stets präsent, wird aber nicht immer drastisch äußerlich sichtbar. Das Dritte Reich hat ein Doppelgesicht: Einerseits das (mehr propagandistische als reale) Aufleuchten der künftigen Leistungs- und

Konsumgesellschaft mit Kleinfamilie, Eigenheim, Aufstiegsorientierung, Massenmedien, Freizeitkultur und intervenierendem Wohlfahrtsstaat; andererseits der breite Schatten einer terroristischen Herrschaftsordnung besonders für alle jene, die sich nicht integrieren lassen – mit der Konsequenz ihrer Aussonderung und – womöglich – Vernichtung (Peukert, Volksgenossen, 214). Doppelgesichtig sind, so Christoph Kleßmann 1989, viele hohe NS-Funktionäre mit Zynismus, Brutalität, Korrektheit samt Sentimentalität und bildungsbürgerlicher Kulturbeflissenheit bruchlos vereint und daher ein „besonders erschreckendes Muster" (in: Smelser/Zitelmann, 49).

Hitler beschreibt Freiheit und Unfreiheit im Dritten Reich (1. Mai 1939, Rede Berlin): „Soweit das Interesse der Volksgemeinschaft dem einzelnen Freiheit gibt, ist sie ihm gegeben. Dort, wo seine Freiheit die Interessen der Volksgemeinschaft beeinträchtigt, hört die Freiheit des einzelnen auf. Dann tritt die Freiheit des Volkes an die Stelle der Freiheit des einzelnen" (Zitelmann, Selbstv., 397).

Momentaufnahme Berlin, 27. September 1937: Hitler und Mussolini fahren durch die theatralisch gleich einer Opernaufführung dekorierte Reichshauptstadt. Schöpfer der Dekorationen ist der Bühnenbildner und Filmarchitekt Benno von Arent (1898-1956), Kriegsteilnehmer, Freikorpskämpfer, 1931 SS- und 1932 NSDAP-Mitglied, nun Reichsbühnenbildner. Weiße Pylonen mit großen Adlern, Hakenkreuzen und Liktorenbündeln, riesige Fahnentürme mit gerafften, geballten oder künstlerisch verknoteten Fahnentüchern in italienischen und deutschen Farben am Brandenburger Tor und am Pariser Platz, Fahnenmeere an der Wilhelmstraße und das Licht aus ungezählten Scheinwerfern machen die Route beider verbündeter Diktatoren zu einer „Via triumphalis". Zeitzeuge und NS-Gegner Erich Ebermayer notiert: „Das ‚Volk' reagierte geradezu hektisch begeistert und brauchte gar nicht erst mühsam aufgeputscht zu werden" (und, 197).

Am selben Abend läuft im Kino „Die Kurbel" am Kurfürstendamm der Hollywoodfilm „Shanghai-Express" mit Marlene Dietrich = Maria Magdalena von Losch (geb. 1901) als Teil der Woche mit Dietrich-Filmen. Gegenüber, im Kino „Marmorhaus", läuft, seit zwei Monaten ausverkauft, das amerikanische Filmmusical „Gehn wir bummeln" (Originaltitel „On the Avenue", Musik: Irving Berlin). An der Kasse der Staatsoper bilden sich Schlangen für die Premiere des Balletts „Le baiser de la fée" (1928) = Der Kuß der Fee von Igor Strawinski. (Während NS-Kritiker Strawinski als „Kulturbolschewisten" angreifen, gehört er zu den im Dritten Reich am häufigsten gespielten ausländischen Komponisten.) In der „Femina-Bar" spielt die besonders von der Jugend umjubelte Swingband des Schweizers Teddy Stauffer. Unter dem Plakat der „Original Teddies" jener Band klebt an der Litfaßsäule immer noch die Bekanntmachung für die zivile Luftschutzübung im Stadtgebiet Berlin vom 20. bis 26. September 1937 (Thamer, 431).

Im Dritten Reich koexistieren ideologischer Zwang *und* ideologische Freiräume. Da sind, beispielsweise, zum einen Gestapo-Terror und KZ, zum anderen NS-freie Unterhaltungsfilme und angloamerikanische Swingmusik. Es ist „ein gespenstisches Nebeneinander von Entrechtung und Verfolgung einerseits, von bürgerlichem Kulturbetrieb und Massenkonsum andererseits" (Thamer, 510). Hitler und Goebbels wissen um die große Bedeutung der kulturellen und unterhaltsamen Ablenkung von den „Zumutungen" des NS-Regimes (Martin Broszat, in: Broszat/Möller, 60). Der „verjudete" und „verniggerte" Jazz wird offiziell bekämpft, aber bis Kriegsbeginn werden Jazz-Schallplatten in hohen Auflagen produziert: Louis Armstrong, Count Basie, Tommy Dorsey, Duke Ellington, Nat Gonella, Coleman Hawkins, Artie Shaw usw. Moderne Tänze, besonders Swing, in den Ausstattungs-Revuen und den an Hollywood orientierten aufwendigen Musikfilmen gehören zu dem von Goebbels geforderten Vergnügungsangebot, gerade im Krieg (Peukert, Volksgenossen, 90-91).

Die tatsächliche Unfreiheit im NS-Regime schmerzt nur

wenige Deutsche. Eberhard Jäckel urteilt 1983 knapp: „Gezweifelt, gestöhnt und aufbegehrt wie unter einem Tyrannen haben die Deutschen unter Hitler nicht" (in: Bracher/Funke/Jacobsen, 707). Das brutale Sein der NS-Diktatur wird durch den schönen Schein verdrängt, auch in den Kriegsjahren. Vor allem für Nachgeborene unverständlich: Die meisten Deutschen fühlen sich unter Hitler *nicht unfrei.* (Die subjektive Unterwerfung ist bisher kaum begriffen und erforscht.)

Für vielleicht 90 % der Deutschen ist das Dritte Reich die Rückkehr zu normalen Zeiten, zur geregelten Arbeit, zur Sicherheit der Lebensplanung. Gegenüber dieser lang entbehrten Erfahrung privaten Wohlergehens bleiben wahrgenommene Kriegsvorbereitung und Terror gegen „Gemeinschaftsfremde" und „Asoziale" an den Rand gedrängt und aus der Alltagserfahrung — beinahe — ausgeschlossen. — „Mit Motorisierung und Coca Cola, mit Mallorcareisen und Fernsehen, mit Leistungswettbewerb und Überwachungsstaat präformierte die Alltagskultur unter dem NS-Staat diejenige der Nachkriegszeit. Die Zeit zwischen 1933 und 1945 war nicht nur der Ausnahmezustand, zu dem man sie (nach 1945) erklärt hat" (Langewiesche/Tenorth, 59).

Bis Kriegsbeginn 1939 ist das Dritte Reich weltoffener, als es heute scheinen mag. So finden 1938 in Deutschland 83 internationale Kongresse statt. Die deutsche Jugend wird keineswegs von der Welt abgeschottet. Allein in Berlin versechsfachen sich fast die Schülerreisen ins Ausland von 986 (1928-1932) auf 5370 (1933-1937), vor allem nach Frankreich und England, aber auch in die Vereinigten Staaten (Ulrich Heinemann, in: Kleßmann, 26; Schäfer, 161).

Ein diffuses Bekenntnis zum NS-Regime erlaubt in vielen Bereichen „unpolitische" Lebensgestaltung, die von oben zur Popularisierung der Diktatur ausdrücklich gebilligt wird, aber im Einzelfall jederzeit wiederum unter Entziehung des Rechtsweges durch Staatsterror kündbar ist. Unter der Diktatur-Glocke existiert eine kultivierte Lebenswelt (Manfred Funke, 13 + 14). Joachim Günther (s.u.) erinnert sich 1968, es habe viele interne Kritik und freizügiges Denken in Gruppen gegeben, wobei die NS-Anhänger in hoffnungsloser Defensive waren, jedoch später nicht denunzierten (War, 33).

Auch im *Wissenschaftsbereich* gibt es diese kennzeichnende Doppelgleisigkeit des NS-Regimes: Versuche radikaler Politisierung und zugleich entpolitisierte Spezialisierung; rückwärts gewandte politische Romantik und zugleich Verherrlichung wissenschaftlich-technischer Modernität (Karl Dietrich Bracher, in: Beyerchen, 11). Es bleibt in einigen Nischen möglich, geistig unabhängig zu arbeiten.

Im Hochschulwesen halten sich „Inseln", in denen ideologische Uniformierung und totalitärer Zugriff der Partei weniger dicht sind. Ein Beleg: Die Hälfte der vom 1. Januar 1937 bis 1. Januar 1939 auf Lehrstühle im Altreich neu Berufenen (213 von 426) gehört nicht der NSDAP an. Sie gelten offenbar dank ihrer Kompetenz als unentbehrlich. *Vorgreifend:* Nach Kriegsbeginn kommt es vor, daß sich der NS-Dozentenbund bei der Parteikanzlei für Wiedereinsetzung von Professoren ausspricht, die früher auf Verlangen der NS-Studentenführung vorzeitig emeritiert worden waren (Langewiesche/Tenorth, 234).

Im *Buchmarkt*, Theater und Film herrschen keineswegs NS-Themen vor. Ideologiefreie Literatur wird in „Frankfurter Zeitung", „Berliner Tageblatt" und „Kölnischer Zeitung", in den Zeitschriften „Neue Rundschau", „Europäische Revue", „Deutsche Rundschau" abgedruckt oder rezensiert, dazu in den konfessionellen Zeitschriften „Hochland" und „Eckart", ab und an sogar (seit Mai 1940) in der repräsentativen Goebbels-Wochenzeitung „Das Reich" (siehe Anhang). Die Verlage Fischer-Suhrkamp, Zsolnay-Bischoff, Rowohlt und Insel bringen von 1933 bis 1944, ohne Unterbrechung, Werke „unerwünschter" Autoren auf den Buchmarkt und sind auch führend in jener Übersetzungsliteratur, die nicht dem NS-Förderungsprogramm entspricht. Es erscheinen insgesamt 446 „unerwünschte" Titel namhafter deutscher und 109 Bücher ausländischer Autoren (Strothmann, 374).

Das kulturelle Leben wird nicht vollständig von der *ausländischen Moderne* abgekapselt. Amerikanische Bestseller haben im NS-Regime hohe Auflagen. Ernest Hemingway (1899-1961), William Faulkner (1897-1962), Thomas Wolfe (1900-1938) faszinieren die junge Generation. An der Spitze der übersetzten ausländischen Autoren stehen von 1933 bis 1945, nach der Auflagenhöhe, John Galsworthy (1867-1933), Warwick Deeping (1877-1950), Trygve Gulbranssen (1894-1962), Gunnar Gunnarsson (1889-1975), Margaret Mitchell (1900-1949), Edgar Wallace (1875-1932), Pearl S. Buck (1892-1973), Joseph Conrad (1857-1924), Jean Giono (1895-1970). Selbst im Krieg ist die geistige Einkerkerung nicht total (Thamer, 510; Strothmann, 416f.).

Der Berliner Journalist und spätere Schriftsteller Joachim Günther (1905-1990), der Kontinuität geistiger Tradition verpflichtet, daher Autor des einzigen Presseglückwunsches zu Thomas Manns 60. Geburtstag 1935 in der „Deutschen Allgemeinen Zeitung", seit 1954 Herausgeber der „Neuen Deutschen Hefte", erinnert sich 1968: „Aufs ganze gesehen, haben wir jedoch im Innern weit weniger unter Atemmangel der Freiheit gelitten, als es von heute aus den Anschein hat ..." (War, 33). Der Leser kann nicht gezwungen werden, amtlich empfohlene Bücher zu kaufen oder zu entleihen − dies vor dem Hintergrund einer allgemeinen Schrifttumsdiktatur (Strothmann, 427).

Ein Blick auf die *Volksbüchereien*. Der Lesergeschmack läßt sich im NS-Regime wenig umsteuern. Der Anteil der Belletristik an den Buchausleihen liegt noch 1940 zwischen 50 % und 80 %, wie in den Jahrzehnten zuvor. Die Ausleihe von Belletristik läßt sich auch durch entgegensteuernde Bestandspolitik nicht zugunsten der „belehrenden Literatur" senken (Langewiesche/Tenorth, 362). Bei den *Zeitungsromanen* steigt der Anteil der Liebes-, Gesellschafts-

und Familienromane zwischen 1934 und 1940 sogar von 29 % auf 49 % (a.a.O., 363).

Das Fazit von Dieter Langewiesche 1989 für die *Erwachsenenbildung:* Im Dritten Reich tritt nicht, wie oft nach 1945 gesagt wurde, ein „Vakuum" ein. Ihr organisatorisches und thematisches Spektrum wird zwar verengt, aber Träger und Teilnehmer sorgen für „beachtenswerte, bisher unzureichend erhellte Kontinuitäten" von der vormals „freien" zur NS-Erwachsenenbildung (in: Langewiesche/ Tenorth, 365).

Vergleichen mit dem Stalin-Regime, gibt es im Hitler-Regime „wesentlich mehr individuelle und politische Freiheit, eine größere Vielfalt von wissenschaftlichen und künstlerischen Veröffentlichungen, mehr Bewegungsfreiheit für individuelles Arbeiten ..." Es fällt „in einem derartigen Polizeistaat" auch die „relative Bewegungsfreiheit der Widerstandskreise" auf (Lukacs, 265). Bis Kriegsbeginn ist das Abhören ausländischer Sender, abgesehen von Radio Moskau, nicht verboten. Bis Kriegsbeginn liegen in Berlin die wichtigsten englischen, französischen, amerikanischen, schweizerischen Zeitungen aus – ausgenommen kommunistische und sozialistische Blätter.

Im Dritten Reich gibt es nicht nur angesichts des Anpassungsdrucks und der Gesinnungskontrolle einen zunehmenden Rückzug ins Private, sondern das NS-Regime kommt dem Bedürfnis nach unpolitischer Unterhaltung entgegen. Dies besonders im Krieg. Die Tendenz der Kultur- und Unterhaltungsproduktion zum Unpolitischen und Zeitlosen, oft als Ergebnis „innerer Emigration" gedeutet, deckt sich fast völlig mit der Orientierung des Propagandaministeriums auf leichte, entspannende Unterhaltung. Joseph Goebbels läßt Freiräume zu oder *organisiert* sie sogar, weil er weiß, daß „Ventile" gebraucht werden.

Tendenzfreie Bücher erfüllen am erfolgreichsten die Aufgabe, durch Zerstreuung oder säkularisierte Erbauung den Leser vom Widerspruch zum NS-Regime freizuhalten, so Rudolf G. Binding: „Moselfahrt aus Liebeskummer"

(1944: 367.000), Heinrich Spoerl: „Wenn wir alle Engel wären" (1944: 325.000), Hans Carossa: „Das Jahr der schönen Täuschungen" (1943: 128.000), Willy Reichert: „Lerne lachen ohne zu klagen" (1944: 91.000), Ernst Heimeran: „Trostbüchlein in allen Lebenslagen" (1944: 71.000) (Schäfer, 142).

Joseph Goebbels erklärt am 28. Juli 1939 bei Eröffnung der 16. Rundfunkausstellung in Berlin unter der Losung „Freude und Miterleben", es gehe nicht so sehr darum, „ein schweres und ernstes Programm, das am Ende nur ein Bruchteil des Volkes erfassen kann, zu senden", sondern „den breiten Millionenmassen unseres Volkes in ihrem schweren Daseinskampf soviel wie möglich Entspannung, Unterhaltung, Erhebung und Erbauung zu vermitteln." Goebbels weiß: Gerade der Rückzug ins Unpolitische und Private lähmt möglichen Widerstand und mildert die Zumutungen des NS-Regimes (Peukert, Volksgenossen, 92 + 226). Die Programmstruktur des Reichsrundfunks 1938/39 sieht daher wie folgt aus: 64 % unterhaltende Musik, 10,4 % Nachrichten, 7,4 % Hörspiele, 5,0 % ernste Musik, 3,5 % Politik, 3,5 % Jugend- und Schulfunk, 3,2 % Sport, 2,9 % Zeitfunkberichte (Langewiesche/Tenorth, 397).

Die Hitler-Diktatur erhärtet eine ungern zugegebene geschichtliche Tatsache: *Freiheitsbewußtsein* und tatsächliche Freiheit decken sich erfahrungsgemäß nicht. Wir sind nicht überall frei, wo wir es zu sein glauben. Wie oft wird nicht ein Freiheitsbewußtsein auch dann noch erzielt, wo tatsächlich Gebundenheit besteht? Die uralte Spannung zwischen Freiheit und Bindung ist im Dritten Reich „abgeschafft", weil die Bindung „Freiheit" genannt und oft auch als Freiheit *empfunden* wird. 1936 wird das Lied „Nur der Freiheit gehört unser Leben" zum Lied des Jungvolks in der HJ: „Freiheit ist das Feuer,/ist der helle Schein,/solang' sie noch lodert,/ist die Welt nicht klein" (Paul, Feldlager, 293 + 340). Die Mehrheit spürt den NS-Druck kaum mehr oder hält ihn für ganz selbstverständlich.

Das illusionäre Bewußtsein der Freiheit wird aufgrund komplizierter „Verdrängung" möglich. Es gehört zur „Sozialmimik" moderner Diktaturen, daß der *schöne Schein* der Freiheit für wirkliche Freiheit genommen und geglaubt wird. Im weltweit berühmt-berüchtigt gewordenen HJ-Lied „Es zittern die morschen Knochen" heißt es am Schluß der dritten Strophe: „Du Fahne der Freiheit, flieg!/ Wir werden weitermarschieren, wenn alles in Scherben fällt;/ die Freiheit stand auf in Deutschland/und morgen gehört ihr die Welt!"

Es gab stets eine Freude oder Sehnsucht am Gehorchen und gehorchen dürfen. Unter dem Antrieb bestimmter Seins-Erwartungen, hier: des Nationalsozialismus, können Leistungs- und Leidensfähigkeit einer unfreien Menschengemeinschaft auf ein Höchstmaß gesteigert werden. Thomas Mann erkennt dies 1938 in seinem kalifornischen Exil, daß „wirtschaftliche Kriegsaskese (im Dritten Reich, HJE) ... nicht ausschließlich als Druck und Entbehrung, sondern auch als Reiz, als Anlaß zum Stolz und als Gemeinschaftserlebnis empfunden wird" (Ges. Werke, XI, 934). Die von Hitler in hohem Ausmaß bewirkte Umkehrung von Sein und Bewußtsein besteht ihre höchste Bewährungsprobe im NS-Sinne in den harten, zuletzt härtesten Kriegsjahren.

Anhang: Wochenzeitung „Das Reich"

Seit 26. Mai 1940 erscheint in Berlin die repräsentative, dem Londoner „Observer" nachempfundene Wochenzeitung „Das Reich" im unüblichen Großformat. Diese NS-Zeitung wird im Stil und mit den Methoden des alten liberalen Journalismus gestaltet. Bis zuletzt informiert sie gründlicher und detaillierter als andere Zeitungen. Nach einem Goebbels-Leitartikel schreiben hier Spitzenpublizisten, auch „unerwünschte" aus der Weimarer Zeit, gepflegt über Politik, Kultur (zeitweilig fast 50 % des Blattes) und Wirtschaft. Bis Dezember 1940 ist auch Theodor Heuss

(1884-1963) freier Mitarbeiter. Feuilleton-Chef ist bis Oktober 1940 Karl Korn (siehe S. 191f.). Das Echo des Lesepublikums, nach der lähmenden Langeweile der Presse, ist riesengroß; die Auflage erreicht 1944 1,4 („Völkischer Beobachter": 1,7) Mio. Exemplare. Ins Ausland gehen 250.000 Exemplare. Das britische Kurierflugzeug Lissabon-London verzögert angeblich seinen Abflug, wenn „Das Reich" unpünktlich eintrifft.

Die Innenpolitik dieser Zeitung untersteht zeitweilig Erich-Peter Neumann (1912-1973): früher Dresden-Korrespondent des „Berliner Tageblatts", 1937 bis 1941 (Ausschluß) NSDAP-Mitglied. Seine Nachfolgerin und spätere Ehefrau ist Elisabeth Noelle, Jahrgang 1916: bisher „Deutsche Allgemeine Zeitung" in Berlin, seit 1942 bei der „Frankfurter Zeitung" und „Frankfurter Illustrierte.". *Vorgreifend:* Beide werden 1946 das Institut für Demoskopie Allensbach begründen. Den Wirtschaftsteil leitet John Brech (1897-1987), bisher Hauptschriftleiter des „Wirtschaftsdienst" des HWWA Hamburger Weltwirtschaftsarchivs, 1937 NSDAP-Mitglied. *Vorgreifend:* Brech ist 1956 bis 1964 Leiter der Wirtschaftsredaktion des WDR in Köln. − Die Karikaturen stammen von e.o. plauen (siehe S. 476) und Hanns Erich Köhler, Jahrgang 1905, später „Frankfurter Allgemeine Zeitung".

Zu den Korrespondenten und freien Mitarbeitern gehören klangvolle Namen, so: Peter Bamm = Curt Emmrich, Heinz Barth, Nikolas Benckiser, Heinz Bongartz = Jürgen Thorwald, Herbert von Borch, Margret Boveri, Lothar-Günther Buchheim, Wilhelm von Cube, Joachim Fernau, Gerd Gaiser, Joachim Günther, Manfred Hausmann, Walter Henkels, Curt Hohoff, Walter Kiaulehn, Volkmar Muthesius, Hermann Poerzgen, Christa Rotzoll, Ernst Samhaber, Ernst Schnabel, Eduard Spranger, W.E. Süskind, A. Paul Weber, Wolfgang Weyrauch, Benno von Wiese, Egmont Zechlin. *Vorgreifend:* Sie machen nach 1945 weiter Karriere.

10

Volksstimmung und Volksverhalten
1934-1938/39

Das von Hitler verkörperte Dritte Reich wird mehrheitlich populär. Die NSDAP und ihre Amtsträger hingegen bleiben mehrheitlich unpopulär. Es stehen sich mithin gegenüber ein glorifizierter Führer und eine ungeliebte NSDAP mit Massenorganisationen. In der Staatspartei werden Bonzentum und Pfründenwirtschaft fast überall sichtbar. Daß Hitler dies bewußt fördert, bleibt im Volk unbekannt. Der Vorwurf des Bonzentums und der Korruption prägt das negative Bild der NSDAP strukturell von Anfang bis Ende (Kershaw, 72 + 88).

Zeitzeuge und NS-Gegner Erich Ebermayer notiert am 30. Januar 1934: „Es ist den Nationalsozialisten in diesem ersten Jahr ihrer Macht gelungen – und dies zu leugnen, wäre Verblendung –, die gewaltige Mehrheit des deutschen Volkes ... auf ihre Seite zu ziehen. Wir Wenigen (Gegner, HJE) werden immer weniger. Wir sind fast allein. Erfolg erzeugt Erfolg – das englische Sprichwort ist wahrhaftig auf Hitler anzuwenden" (denn, 249).

Einen bedeutsamen Einschnitt bildet *Hitlers Mordaktion* vom 30. Juni 1934 gegen die SA-Führung. Sie findet fast einhellige Zustimmung. Wenn die „Frankfurter Zeitung" damals meint: „Das Volk von der Herrschaft Minderwertiger zu befreien, ist ein Preis, der einen hohen Einsatz wert ist", so drückt sie damit aus, was fast alle Deutsche denken

(Höhne, Orden, I, 133). Im übrigen ist am Sonntag, 1. Juli 1934, für viele viel wichtiger, daß im Endspiel um die deutsche Fußballmeisterschaft Schalke 04 mit 2:1 über den 1. FC Nürnberg siegt und damit erstmals Fußballmeister wird.

Es stört nur wenige, daß gegen die SA-Führer kein Verfahren eingeleitet, kein Schuldnachweis geführt, kein Gericht tätig wird. Eindruck macht auch, daß sich Reichswehr-Führung und Reichspräsident hinter die Morde stellen und diesen Bruch mit jeglicher Rechtsstaatlichkeit billigen. Hat Hindenburg nicht mehr erkannt, daß er ein Staatsverbrechen sanktioniert? Vier Wochen später stirbt er.

Hitlers Reichstagsrede am 13. Juli 1934, in der er sich als „oberster Gerichtsherr" bezeichnet, der in einem Notzustand zu sofortigem Handeln gezwungen gewesen sei und deshalb befohlen habe, die Hauptschuldigen zu erschießen, ist der Volksstimmung gut angepaßt. Der Ruf nach „Ruhe und Ordnung" umfaßt auch die Zustimmung zum Terror von oben. Wenige denken darüber nach, daß auch der „oberste Gerichtsherr" an Rechtsnormen gebunden ist: er kann nach Ausnahmerecht verurteilen, aber nicht einfach niederschießen lassen.

Die fast einhellige Zustimmung zu diesem brutalen, gesetzlosen Mordwüten ist nur zu verstehen, wenn man weiß, wie verhaßt im Volk die SA (und die Korruption der Partei) geworden waren. Somit wird die Liquidierung der SA-Führung als ein befreiendes Gewitter und als ein Akt politischer Moralität und Gerechtigkeit angesehen. Hitlers Popularität steigt schlagartig. Das gewohnte Verlangen nach „Ruhe und Ordnung", das durch Terror und Exzesse der SA-Führer empfindlich gestört worden war, legitimiert in Sicht des Volkes Hitlers außergerichtliche Gewalt (Kershaw, 89). Der NS-Terror wird legalisiert.

Die Exil-SPD muß bekümmert registrieren, daß auch und gerade Arbeiter Hitlers „schneidiges Vorgehen" bejahen

– im Sinne der umlaufenden (falschen) Parole „Mit Hitler gegen die NSDAP!"

Überdies: Die SA-Aktion öffnet ein kräftig genutztes Ventil für legale Kritik an vielen unpopulären Erscheinungen des NS-Regimes (Mathilde Jamin, in: Michalka, 213). Hitler kann sein Ansehen als über der Partei stehender Führer auf Kosten seiner Bewegung erheblich stärken. Seitdem, verstärkt seit 1935/36, steht Hitler, in Sicht der Mehrheit, als Hoffnungsträger über Partei und Alltag. Bis in den Krieg hinein gilt: „Hitlers Charisma bleibt vom widrigen NS-Alltag weitgehend unangetastet" (Kershaw, 79 + 81 + 89).

Die Einführung der allgemeinen Wehrpflicht am 16. März 1935, entgegen „Versailles", ist im Volk ungemein populär. NS-Gegner Erich Ebermayer kommentiert am 25. März 1935 in seinem Tagebuch: „Bis zum kleinsten Mann reibt man sich in Deutschland befriedigt die Hände, sogar viele Parteigegner. Von dieser Wirkung bin selbst ich überrascht, der ich mein Volk doch zu kennen glaubte" (denn, 500).

Seit 1936 wird es immer schwieriger, nicht zuzugeben, daß Hitler eine phänomenale Wende herbeigeführt hat. Rudolf Augstein 1989: „Man mußte damals ein Gegner, ja, ein Feind Hitlers sein, um das, was er tat, schlecht zu finden ... Es war jetzt bald unmöglich, ein Antinazi zu werden, wenn man es nicht schon war" (in: Augstein, 4). Die NS-Propaganda kann nur aktualisieren und inszenieren, was einer genügenden inneren Glaubensbereitschaft entspricht (Kershaw, 69). Wenn Reichspressechef Otto Dietrich (1897-1952) zum Führer-Geburtstag 1936 sagt: „Wohl kein Sterblicher ist je von soviel Liebe und Vertrauen getragen worden wie Adolf Hitler, der Mann aus dem Volke", so stimmt dem eine sehr große Mehrheit nun zu.

Nach den außenpolitischen Erfolgen Hitlers von 1935 (Rückkehr des Saargebietes, Wehrpflicht, Flotten-Abkommen mit Großbritannien, das damit Hitlers „Versailles"-Revision eindeutig stützt) bedeuten die IV. Olympischen

Winterspiele vom 6. bis 16. Februar 1936 in Garmisch-Partenkirchen eine weitere Zäsur. Das NS-Regime ist charmanter Gastgeber der Sportwelt. Sie erlebt sportliche Wettkämpfe, wie sie die Welt in dieser Perfektion noch nie gesehen hatte. Superlative sind das Olympiastadion für 60.000 Zuschauer, die Olympiaschanze mit 43 Meter hohem Anlaufturm, das Kunsteisstadion für 10.000 Zuschauer, die 1500 Meter lange Bobbahn. Diese Winterspiele sind ein großer Erfolg für das NS-Regime und seine Selbstdarstellung. Der Präsident des Organisationskomitees, Karl Ritter von Halt (1891-1964), stellt vorher sicher, daß die so verbreiteten Schilder „Juden sind hier unerwünscht!" in Garmisch-Partenkirchen und in allen Orten der Umgebung für diese Zeit still verschwinden.

Tausende Helfer bewirken mustergültig organisierte Winterspiele. Dies, nachdem die III. Winterspiele 1932 in Lake Placid/USA im Zeichen der Weltwirtschaftskrise und amerikanischer wintersportlicher Inkompetenz gestanden hatten. Das IOC vergibt am 9. Juni 1939 einstimmig die V. Winterspiele 1940 − erneut − nach Garmisch-Partenkirchen. Übrigens: Der Dokumentarfilm „Jugend der Welt" (1936) über die Olympischen Winterspiele stammt von Carl Junghans (1897-1984), der 1928 für die KPD die Propaganda-Stummfilme „Weltwende" und „Was wollen die Kommunisten?" gedreht hatte (Hilmar Hoffmann, 122).

Vorgreifend: Nach 1945 kann man sich der großartigen Sportler und ihrer Erfolge nicht erinnern, ohne nicht parallel an den NS-Terror zu denken, den sie verdecken halfen. Auch Sportwettkämpfe dienen zur Absicherung des NS-Regimes, das sich auch des Sports bedient, „um eine Kultur der Massenzustimmung zu erzeugen" (Arnd Krüger, in: „Die Zeit", Hamburg, 7. Februar 1986 und 9. Juni 1989).

Es folgen die *XI. Olympischen Sommerspiele* vom 1. bis 16. August 1936 in Berlin. Das olympische Geschehen hat tiefgreifende psychologische Folgen für den deutschen Gastgeber wie für die Gäste aus aller Welt. Der Deutsche sieht sich von der Welt anerkannt und geachtet. Daß Hitler

150

die Wehrpflicht eingeführt, 1936 das Rheinland besetzt und die Kriegsschuld zerrissen hatte, war doch wohl nichts anderes als Beseitigung Versailler Unrechts? Revolutionäre Ausschreitungen, antisemitische Exzesse, blutige Repressalien wie am 30. Juni 1934 scheinen vergeben und vergessen durch die olympische Teilhabe der Welt. Kann sich der Ausländer nicht aus eigener Anschauung ein Bild vom vielgeschmähten Hitler-Deutschland machen? Ist hier nicht alles piekfein, sauber, ordentlich, friedlich? Und machen die Deutschen einen gehetzten, gequälten, unfreien Eindruck?

Hinter der glänzenden Fassade einer friedfertigen und geschäftigen Nation mit ihrer quirligen und mondänen Hauptstadt verschwinden alle Spuren von Verfolgung und Gewalt. Wochen vorher werden antisemitische Hetzkampagnen eingestellt, alle verräterischen Schilder und Mauer-Inschriften beseitigt. Während sonst alle Theaterkarten den Reichsadler mit Hakenkreuz zeigen, enthalten die Eintrittskarten zu den Olympia-Veranstaltungen nicht das NS-Emblem. Aber am 26. August 1936 dekretiert der „Friedenskanzler" Hitler, Industrie und Wehrmacht müßten 1940 „kriegs- und einsatzfähig" sein ...

Erich Ebermayer ist im Berliner Olympiastadion und beobachtet mit dem Fernglas Hitler: „Das Riesenrund der Hunderttausend bis auf den letzten Platz gefüllt. Der Eindruck ist tatsächlich überwältigend ... Das Bemerkenswerte an Hitler ist die heitere Ruhe, die sichere Gelassenheit des Glückhaften und Erfolgreichen, die jetzt von ihm ausgeht ... Der Krampf, das Besessene der Kampfzeit und der ersten Jahre nach der Machtergreifung ist aus diesen Zügen gewichen ... Der Erfolg der XI. Olympiade für Nazi-Deutschland ist eindeutig und unbestreitbar ... Wir Gegner dieser Diktatur können nur schweigend resignieren" (und, 94 + 97). Durch diese Olympischen Spiele, oft die bis dahin schönsten und bestorganisierten der Neuzeit genannt, gewinnen das NS-Regime und Hitler persönlich einen Höhepunkt der Reputation; die kriminelle Kehrseite bleibt verdeckt.

Die Fremdenverkehrsämter sind bemüht, „Deutschland mit seinen herrlichen Naturschönheiten" auch für Ausländer zu einem begehrten Reiseland zu machen. Das hat Erfolge. Die Zahl der ausländischen Besucher verdoppelt sich, die Übernachtungsdauer verdreifacht sich von 1932: 2,3 Mio. auf 1937: 7 Mio. Übernachtungen. Umgekehrt konkurrieren NS-Organisationen und private Reisebüros mit preisgünstigen Angeboten für Auslands-Schiffsreisen. Neben KdF-Angeboten bieten Hapag Lloyd und Hamburg-Amerika Linie für den Individual-Touristen Reisen in das Mittelmeer oder nach Nordamerika an. Jeden Donnerstag kann man, von Hamburg aus, mit den Schiffen „Hamburg", „New York", „Deutschland" oder „Hansa" eine Reise nach New York antreten. Tropenreisen im Winter sind ebenso begehrt wie etwa der oft inserierte „Sonnenweg nach den Vereinigten Staaten", der den Passagier über Southampton, Vigo und Habanna nach Miami, New Orleans oder Mexiko bringt (Schäfer, 155 + 156).

Die Volksmehrheit will den nationalen Erfolg, will aber dafür keine bedeutenden Opfer bringen, schon gar nicht Krieg riskieren. Das ist eine „Geschäftsgrundlage" des Hitler-Mythos. Die NS-Propaganda kann einen oft extremen Zustand nationaler Exaltation in Verbindung mit den außenpolitischen Erfolgen Hitlers erzeugen, keineswegs aber eine mehrheitliche Bereitschaft, es dabei auf Krieg ankommen zu lassen (Kershaw, 112). Hitlers erfolgreiche Außenpolitik ist, überdies, ein außerordentlich suggestives Instrument zur Integration des Volkes. Mit nationalen Erfolgen werden immer wieder Interessengegensätze und innere Spannungen überbrückt (a.a.O., 115).

Konrad Heiden vermerkt 1937 im Exil: „Hitler hat das deutsche Volk erobert. In jedem Sinne ist dies richtig" (Hitler, II, 97).

Sebastian Haffner blickt 1973 auf Hitlers „außenpolitische Wunder" zurück: „Die Skeptiker standen blamiert und beschämt da, auch vor sich selber ... Das Wirtschaftswunder hatte die Arbeiter überzeugt, das außenpolitische

Wunder überzeugte die patriotischen Großbürger ... Man mußte lange suchen, um solche außenpolitischen Erfolge zu entdecken, wie sie Hitler in ununterbrochener Folge Jahr für Jahr einheimste ... Was alte Hitler-Gegner ... sich ... immer wieder fragten − fragen mußten −, war: Könnte es sein, daß meine eigenen Maßstäbe falsch sind? ... Bin ich nicht durch das, was hier unleugbar vor meinen Augen geschieht, widerlegt? ... Das Experiment Hitler schien eben gelungen − und beweiskräftig" (Kempowski, 113 + 114 + 115).

Die Proklamation *Großdeutschlands* am 13. März 1938 wird von einem Taumel der Begeisterung begleitet − in Österreich wie im Altreich. Einen sehnlicher herbeigeführten „Überfall" im Blumenmeer, in Freudentränen, hat es in der Weltgeschichte nicht gegeben. Theodor Heuss schreibt am 10. April 1938 in der Wiener „Neuen Freien Presse" u.a.: „Der Spuk ist vorbei. Großdeutschland entsteht."

Erich Ebermayer notiert am 11. März 1938 in sein Tagebuch: „Der Anschluß des seit Versailles nicht mehr lebensfähigen Staates (Österreich) an Deutschland, das haben wir alle immer gewollt − und nie vollbracht. Es *nicht* zu wünschen, bloß weil Hitler es jetzt geschafft hat, wäre Torheit ...(Der Anschluß) war (in der Weimarer Zeit) kein hochverräterisches, sondern ein von allen Staatsrechtlern, von Politikern angestrebtes Ziel ... Was zusammen ein großer, schöner, blühender *Rechts*staat hätte sein können, das ist nun ein um das Donauland erweitertes riesiges KZ, ein noch größeres, vergewaltigtes Volk, das es freilich nicht anders haben will. So sei es also!" (und, 244). Ebenso erinnert sich 1985 Zeitzeuge und NS-Gegner Gerd Bucerius: „Daß der 'Anschluß' ein Anschluß an ein Zuchthaus war, das sahen die Menschen nicht; für 99 % der Bürger war es auch keins" (in: „Die Zeit", Hamburg, 15. März 1985).

Hitlers Prestige erreicht einen Höhepunkt, Hitler genießt das größte Maß an Zustimmung. Die Propaganda-Parole „Ein Volk, ein Reich, ein Führer!" entspricht, wie nie zuvor, der Volksstimmung (Kershaw, 116 + 117). Sebastian Haffner vermerkt 1973, daß Hitler 1938 „auch die ehemaligen Gegner und die ehemals Zweifelnden fast völlig" zu sich herübergezogen habe (Kempowski, 111). Der großdeutsche Traum scheint erfüllt. Hitler hat erreicht, was 1848 und 1919 nicht gelungen war. Kaum bekannt: Österreichs Ex-Bundeskanzler Kurt Schuschnigg (1897-1977) bietet aus der Haft Hitler seine Dienste an: „Die heutige Lösung ist ebenso zwangsläufig als endgültig, historisch und begründet"; Hitler habe vollendet, was Bismarck begonnen habe. (Vorgreifend: Schuschnigg bleibt 1941 bis 1945 im Prominenten-KZ.)

Die Kehrseite Großdeutschlands bleibt weithin unbemerkt. Auch in Österreich, nun „Ostmark" genannt, so erinnert sich 1982 Alt-Parteigenosse Fritz Hippler, „machten sich die Hyänen revolutionären Geschehens ans Werk. Auch hier diktierte der totale Staat seiner Geheimpolizei ihr unheimliches Pensum. Auch hier kam vor allem über jüdische Familien Angst und Jammer, Schmerz und Leid; viele gingen freiwillig in den Tod; wer es konnte, ging ins Ausland. Das alles aber drang kaum ins Bewußtsein der Deutschen, die in Hitler jetzt ... einen unfehlbaren Halbgott verehrten" (162). Zeitzeugen wissen: Im März 1938 tobt sich in Wien ein besonders fanatischer Judenhaß aus, der sogar Gestapo-Beamte erschreckt (siehe S. 386).

Im Juli/August 1938 spitzt Hitler die sudetendeutsche Frage zu. In der Sudetenkrise im Sommer 1938 ist Hitlers Popularität erstmals gefährdet: es droht Krieg mit den Westmächten. Joseph Goebbels notiert schon am 17. Juli 1938 in sein Tagebuch: „Im übrigen wächst im Lande Kriegspanik, man glaubt, daß der Krieg unvermeidlich geworden sei" (Martin Broszat, in: Augstein, 19). Am späten Nachmittag des 27. September 1938, einen Tag nach Hitlers Sportpalast-Rede mit Kriegsdrohungen gegen die Tschechoslowakei, beobachtet Fritz Hippler, wie eine Kolonne von Panzern und motorisierten Verbänden, haargenau ausgerichtet, durch die Friedrichstraße heranfährt und mit ohrenbetäubendem Lärm in Richtung Brandenburger Tor abdreht. Im Café, in den Häusern, an den großen Straßenkreuzungen scheint jedes Leben erloschen, die Menschen sitzen oder stehen wie gelähmt und starren auf die stählernen Ungeheuer (164).

Ähnlich notiert Erich Ebermayer: „Rechnen wir die fanatisierten Massen ab, die gestern den Sportpalast füllten, so sieht man überall nur vermieste Gesichter. Keiner will den Krieg – aber viele wollen die Sudeten. Es geht doch allen so gut!" (und, 299). Da das Echo auf den von Hitler angeordneten Propagandamarsch motorisierter Truppen durch das Regierungsviertel verstörtes Schweigen ist, wird sofort der deutschen Presse untersagt, über diese Truppendurchfahrt zu berichten (Sywottek, 159). Hitler ist tief enttäuscht, im Volk keine Spur von Kriegsbegeisterung zu entdecken.

Es folgt Hitlers glänzender Erfolg und die diplomatische Niederlage der Westmächte bei der Münchener Sudeten-Konferenz. Dies nimmt dem Widerstand gegen Hitler allen Wind aus den Segeln. Beim Abschied von München werden die Initiatoren der Konferenz (Neville Chamberlain, Edouard Daladier und Benito Mussolini) stürmisch als Retter des Friedens gefeiert – zum Verdruß Hitlers. Der überwältigenden Volksmehrheit scheint es: Auch in kritischen, riskanten, spannungsvollen Situationen wie dieser, kann man dem überlegenen Genie des Führers vertrauen! Der Hitler-Mythos gewinnt durch den Sudeten-Triumph neue, legendäre Unfehlbarkeit (Kershaw, 123). Im US-Nachrichtenmagazin „Time" ist Hitler der „Mann des Jahres 1938".

Wie stellt sich für Ex-Reichskanzler Heinrich Brüning im britischen Exil im März 1939 die Stimmung im Reich dar? Auf diese Frage eines englischen Ministers antwortet Brüning: „Ein echter Widerstand von einiger Bedeutung besteht nur bei denen, die sich dem Regime aus rein religiösen Gründen widersetzen ... Das Bürgertum bewundert allenthalben den Erfolg (Hitlers, HJE). Dies gilt besonders für das sogenannte liberale Bürgertum in Deutschland. Die Bauern und die Großgrundbesitzer streben nach besseren

Verhältnissen und äußern deshalb von Zeit zu Zeit Kritik. Die Arbeiter in den Rüstungsindustrien erhielten Lohnerhöhungen. Den unteren Mittelschichten geht es schlecht, aber das ist bei ihnen persönliches Schicksal, und deshalb kann hier keine größere Oppositionsbewegung entstehen. Die einzigen Arbeiter, die im Widerstand hart blieben, sind die, die es aus religiösen Gründen tun ... Auch bei den früheren sozialdemokratischen Arbeitern ist die Stimmung wechselhaft und hängt davon ab, ob es ihnen gutgeht. Die Sozialdemokraten im Exil haben nicht den geringsten Einfluß auf sie" (Briefe, 232).

Das Volk läßt Hitler in seiner hohen Stellung einerseits unbelastet von den anstößigen Maßnahmen seines Regimes, schreibt ihm andererseits, trotz seiner Erhabenheit, tiefes Verständnis für die Sorgen des „kleinen Mannes" zu. Dieses Hitler-Bild, teils NS-Propaganda, teils — und mehr noch — unbewußte Projektion von volkstümlichen Erwartungen und Sehnsüchten, findet Anklang bei nahezu allen Gruppen und Schichten. Abgesehen von noch immer linksorientierten Arbeiterkreisen und Teilen des kritisch gewordenen Kirchenvolkes, identifiziert sich im Frühjahr 1939 unzweifelhaft die große Mehrheit des Volkes mit seinem Führer (Kershaw, 131 + 124). Schätzungsweise 90 % der Deutschen stehen treu hinter Hitler.

Zeitzeuge und Historiker Karl Dietrich Erdmann (1910-1990) stellt 1976 fest: „Hitlers Legitimität als Führer war plebiszitär. Sie wurde unmittelbar und ständig von der Basis her erneuert" (4/2, 348). Zeitzeuge und Generalsuperintendent Günter Jacob ergänzt 1978: „Das deutsche Volk hat in seiner überwältigenden Mehrheit bis tief in die Kreise der damals politisch links Orientierten und Organisierten diese NS-Herrschaft ungeachtet gewisser ‚Mängel' bejaht und immer enthusiastisch bestätigt" (in: „Die Zeit", Hamburg, 17. November 1978).

Rückblickend notiert Thomas Mann im USA-Exil am 17. Juli 1944 in sein Tagebuch: „Man soll nicht vergessen und sich nicht ausreden lassen, daß der Nationalsozialismus eine enthusiastische, funkensprühende Revolution, eine deutsche Volksbewegung mit einer ungeheuren seelischen Investierung von Glauben und Begeisterung war." Dazu 1987 Zeitzeuge Ralph Giordano, Jahrgang 1923, rassisch verfolgt: „Das ist die Wahrheit, und alles andere, sage ich als Augenzeuge, ist Lüge. Die Verschmelzung war, bis auf Reste, total ..." (14).

Das NS-Regime erregt bei Zeitgenossen „gemischte Gefühle: Schrecken, Staunen und Dankbarkeit. Für einige ist es die Katastrophe, Exil und Verfolgung. Für viele bedeutet es große und kleine Vorteile und Hoffnungen" (Michael Stürmer, in: Boockmann, 348). Hitler hat „triumphale Zustimmung gefunden und schlechte Gewissen hinterlassen" (Jäckel, Weltansch., 22). Daher ist auch die Reaktion der Zeitgenossen nach 1945 so zwiespältig gegenüber diesem Geschehen.

Zeitzeuge und SPIEGEL-Herausgeber Rudolf Augstein, Jahrgang 1923, schaut 1977 nachdenklich auf Hitler und die Deutschen zurück: Hitler würde nicht als „Großverbrecher" betrachtet werden, „wenn er eine Woche vor seinem Einmarsch in Prag (15. März 1939) gestorben wäre ..." (in: „Der Spiegel", Hamburg, 15. August 1977). Diese Meinung teilen nach 1945 viele Zeitgenossen, vielleicht die meisten.

Ein Gedankenspiel. Wäre Hitler etwa zur Jahreswende 1938/39 gestorben, wird die Möglichkeit eines dauerhaften Großdeutschen Reiches unter dem NS-Regime denkbar. Folgendes ist vorstellbar: Die Führer-Nachfolge hätte, im Einklang mit dem Geheimgesetz vom 19. Dezember 1934, nach einigem Streit und Kompetenzabgrenzungen der Diadochen, Hermann Göring angetreten. Der SS-Apparat (siehe S. 359) hätte sich weiter emanzipiert, die NSDAP wäre weiter erstarrt, die Wehrmacht hätte mehr Bewegungsfreiheit gewonnen. Die Korruption besonders in der Staatspartei hätte, unter dem allseits korrupten Göring, unvorstellbare Ausmaße angenommen. Einschneidende Änderungen in der Sozial- und Wirtschaftsverfassung wären nicht zu erwarten gewesen.

Interessanterweise sieht Hitler (25. Januar 1942, Tischgespräch) voraus, daß das Dritte Reich gesellschaftlich verkrusten werde: „Ich nehme an, die Nationalsozialistische Partei baut einmal eine festgefügte Gesellschaftsordnung auf, nimmt Staatsstellungen ein und pflegt den Reichtum. Hoffentlich kommt dann auch wieder einer und zieht einen neuen Verein auf" (Heim, 229). Damit vertritt Hitler die Idee der permanenten Revolution (Zitelmann, Selbstv., 113). Der Historiker Michael Salewski, Jahrgang 1938, weist 1985 auf die neue Generation von überzeugten Nationalsozialisten und Technokraten hin, die nach Hitler weiter in Führungspositionen gekommen wäre. Bis 1945 können Persönlichkeiten bis in höchste Staatsstellungen aufsteigen, ohne zur Kategorie jener verbrecherischen Typen zu gehören, die in der NS-Frühphase tonangebend waren (Hildebrand, 184).

Großdeutschland unter Göring wäre unangefochtene Hegemonialmacht Europas geworden. Die Beziehungen zum Ausland, besonders zu England, wären wahrscheinlich verbessert worden, nach einem angenehmen London-Besuch Görings und Zusicherungen, daß es keinen militärischen Expansionskurs Berlins geben werde. (Wenig bekannt: Noch 1939/40 ist der britische Premierminister Neville Chamberlain zu einem moderaten Frieden mit dem Dritten Reich bereit – nicht aber mit Hitler, sondern mit einer von Göring geführten Reichsregierung. Umgekehrt hält Göring damals weiterhin Geheimkontakte mit London, wagt es aber nicht, sich offen gegen Hitler zu stellen.)

Ohne eine Kriegsplanung Görings, wäre der Lebensstandard der Deutschen eher gehoben worden. Die Göring-Führung hätte den diktatorischen Kurs weitergesteuert, jedoch nicht, mit dem Überfall auf Polen, den dadurch avisierten Zweiten Weltkrieg entfesselt. Die Juden wären weiterhin verfolgt und zur Auswanderung unter der Schirmherrschaft der SS gedrängt worden, aber einen Holocaust hätte es wahrscheinlich nicht gegeben. *Vorgreifend:* Im Krieg sind Alliierte und deutsche Widerstandskreise anfangs geneigt, Göring nach Sturz Hitlers als Chef einer Übergangsregierung zu akzeptieren.

Anhang: Horst Krüger über Kleinbürgertum und NS-Regime

„Ich bin ein typischer Sohn jener harmlosen Deutschen, die niemals Nazis waren und ohne die die Nazis doch niemals ihr Werk hätten tun können ... Eichkamp war die Welt der guten Deutschen" (21).

„Eigentlich stand so viel Größe (des Dritten Reiches, HJE) in einem seltsamen, bizarren Gegensatz zu unserer kleinen Siedlung (Berlin-Eichkamp), aber wenn ich es so recht bedenke, so lag gerade darin die Faszination. Die Eichkamper waren diese Ausmaße (des Dritten Reiches, HJE) nicht gewohnt. Es machte sie waffenlos, willig und wundergläubig. Sie waren wie Kinder, waren einfach beglückt, zu hören, wie groß es sei, ein Deutscher zu sein, zu sehen, wie dieses Deutschland nun dauernd größer wurde. Und das Reich wuchs ja nun täglich. Alles wurde immer besser, alles kam immer mehr nach oben, und da die Eichkamper eigentlich von unten kamen, ließen sie sich von diesen Wogen der Erhebung gern noch ein Stückchen höher tragen. Es ging ja noch immer weiter hinaus" (40f.).

„Es ist ein wenig peinlich und komisch, und niemand will es mehr wahrhaben, daß er auf eine so inbrünstige und kindische Weise da mitgemacht hat ... (Es bleibt später unverständlich), warum die Deutschen diesen Mann (Hitler) liebten, warum sie ihm ehrlich zujubelten, warum sie für ihn starben ... Das waren ehrlich Glaubende, Begeisterte, Berauschte ... (Im März 1938) standen Deutschlands Dinge sehr gut, aber wir gehörten nicht zu denen, die sich in solcher Zeit gern nach vorn drängen ... Lärm lag uns nicht. Großdeutschlands Jubel endete in vielen Bürgerhäusern (nicht nur in Eichkamp, HJE) besinnlich, großdeutscher Schrei ging in Eichkamp leise in Treue über. Wir müssen wohl damals so etwas wie eine anständige deutsche Familie gewesen sein, eine von vielen Millionen, die am jähen Aufstieg unsere Volkes dankbar und fleißig teilnahmen" (55).

Horst Krüger, im Dritten Reich 13 bis 25 Jahre alt, resümiert 1976: „Weil hier keine eigene Schuld beschönigt werden mußte, weil ich und meine Familie nie in den Bann der deutschen Hitler-Begeisterung geraten war, bot sich ein ideales, komplexfreies Feld zur Selbstanalyse. Ich entdeckte, was mir zuvor selber nicht so bewußt war, das Phänomen des unpolitischen deutschen Kleinbürgertums, das in seiner sozialen Unsicherheit, in seiner Labilität und Bedürftigkeit nach Irrationalismen das fruchtbare Vorfeld für die innere Machtergreifung des Nationalsozialismus in Deutschland abgab" (224).

11

Zusammensetzung der NSDAP vor
und nach 1933

Aus der ersten großen (zutreffenden?) Mitgliederstatistik der NSDAP von 1935 ergeben sich nach Lothar Kettenakker 1983 diese Details:

Vor dem politischen Durchbruch der NSDAP am 14. September 1930 gab es in der NSDAP 33.944 Arbeiter und 3586 Freiberufler, aber 52.044 Angehörige des alten und neuen *Mittelstandes* (Handwerker, kleine Gewerbetreibende, Angestellte). Rechnet man Bauern und Beamte hinzu, steigt dessen Zahl auf 79.240 oder 61,0 % − gegenüber 26,3 % Arbeitern und 2,8 % freien Berufen. Demgegenüber betrug 1930 der Anteil der Beamten 7,7 % und Angestellten 24,4 % = 31,7 %, während ihr Anteil an der Gesamtzahl der Erwerbstätigen 4,6 % + 12,5 % = 17,1 % ausmachte. Berücksichtigt man noch die vor 1930 in der NSDAP aktiven Politischen Leiter (Funktionäre), nahm der Mittelstand 73,0 % ein, gegenüber 18,5 % Arbeitern und 2,3 % freiberuflich Tätigen.

Zwei Jahre nach der Machtübernahme (1935) liegen die *Arbeiter* mit 32,1 % in der NSDAP noch erheblich unter ihrem Anteil von 46,3 % an der erwerbstätigen Bevölkerung. 5,1 % aller Arbeiter gehören der NSDAP an, dagegen 12,0 % aller Angestellten, 15,2 % aller Selbständigen und 20,7 % aller Beamten. Die drei letztgenannten Berufsgruppen erreichen in der NSDAP zusammen 53,8 %. Das gleiche Bild bieten die NSDAP-Mitglieder *bäuerlicher* Herkunft, die nicht im Ruf mangelnder NS-Treue stehen, zumal sich aus ihren Reihen die meisten Politischen Leiter – nach den Arbeitern – rekrutieren. Die Bauern machen 20,7 % (Arbeiter: 46,3) der erwerbstätigen Bevölkerung aus und stellen 10,7 % (Arbeiter: 32,1 %) der Parteigenossen und 14,7 % (Arbeiter: 23,0 %) der Politischen Leiter. 1935 gehört jeder zwanzigste Arbeiter der NSDAP an. Außerdem stellen die Arbeiter mit 112.328 Politischen Leitern mehr NS-Aktivisten als jede andere Berufsgruppe. Dennoch dominiert 1935 eindeutig die *Mittelschicht* (Angestellte, Selbständige und Beamte einschließlich Lehrer): Obschon ihr Anteil an der Gesamtzahl der Erwerbstätigen nur 26,8 % beträgt, stellen sie 53,8 % der NSDAP-Mitglieder und 59,7 % der Politischen Leiter (in: Bracher/Funke/Jacobsen, 108 + 118).

Es gibt in der NSDAP Idealisten in Machtstellungen. Zu ihnen zählt nach damaliger überwiegender Meinung Rudolf Heß (1894-1987), der Hitler hörig bleibt bis zum Tode. Der Historiker Dietrich Orlow, Jahrgang 1937, urteilt 1989: Der „ausgesprochene Sonderling" Heß „war einer der wenigen unter den führenden Männern des Dritten Reiches, der seine Stellung nicht dazu benutzte, um sich selbst zu bereichern oder zu beweihräuchern" (in: Smelser/Zitelmann, 85). Das NS-Funktionärkorps ist eine Kumpanei der Machtbesessenen und Nutznießer – mit Ämterschacher, Willkür und vor allem Korruption.

Anhang 1: Gauleiter

In germanischer Zeit waren „Gaue" die Siedlungsräume der Untergliederungen der Stämme, oft auch Herrschaftsbereiche von Unterkönigen. Der Gau ist die territoriale Organisationseinheit der NSDAP. An seiner Spitze steht ein Hitler oder dessen Partei-Stellvertreter unmittelbar untergeordneter Gauleiter. – Die Gauleiter spielen als Oberpräsidenten, Reichsstatthalter und Reichskommissare eine wichtige Rolle bei der NS-Machtergreifung, der Stabilisierung der Parteiherrschaft und (1944/45) bei der zivilen Landesverteidigung.

Unter den 33 Gauleitern von 1943 (einschließlich der stellvertretenden Gauleiter von Berlin und Hannover) sind sieben Volksschullehrer, fünf mittlere Beamte, vier Bankangestellte, drei kaufmännische Angestellte, drei selbständige Kaufleute, zwei Matrosen, ein Berufs-Unteroffizier, ein ehemaliger aktiver Offizier; zwei kommen aus verschiedenen Berufen; nur fünf oder 15,1 % sind Vollakademiker (W. Domarus, 35).

Als repräsentativ für die Gauleiter mag der Lebensweg von *Karl Wahl* (1892-1981) gelten: Vater Lokomotivführer, Sohn nach Volks- und Fortbildungsschule Schlossergeselle. 1910 Berufssoldat (bis 1919), 1914-1918 Westfront, EK II und I, Militärverdienstkreuz II. Klasse mit Schwertern usw., wegen Tapferkeit zum Sanitäts-Vizefeldwebel befördert. 1919-1921 Leiter der chefärztlichen Kanzlei des Garnisons-Lazaretts Augsburg. 1921 Eintritt in die NSDAP und SA. 1922 Kanzleiassistent im Magistrat Augsburg und Führer der NSDAP-Ortsgruppe Augsburg, 1926 Führer der SA-Standarte Augsburg. 1927 Kanzleisekretär im Magistrat Augsburg. 1928 Gauleiter. 1934 zugleich Regierungspräsident von Schwaben. 1935 als Gruppenführer in die SS übernommen, jedoch erst 1944 zum SS-Obergruppenführer befördert.

Karl Wahl ist demnach Angehöriger des Kleinbürgertums, der nach zwölf Jahren Dienstzeit als Berufssoldat in die Schicht der kleinen städtischen Beamten übernommen wird und nach 1933 Karriere macht.

Hitler hat sich seit 1925 die Gauleiter-Berufung vorbehalten. Er braucht Männer mit blindem Gehorsam ohne intellektuell-juristische Hemmungen. Daher sind die Gauleiter mittlere Beamte, Lehrer, Berufs-Unteroffiziere, kleine Angestellte. Deren Ergebenheit versteht sich Hitler zusätzlich durch gute finanzielle Bezüge in Form hoher Staatsposten zu sichern. Im Gegenzug für absolute Treue, läßt

Hitler ihnen in den Gauen ziemlich freie Hand (W. Domarus, 33-35).

Anhang 2: „Amtswalter" und „Hoheitsträger"

Nach 1945 werden oft die NS-Massenorganisationen als Träger gesellschaftlicher Kontrolle übersehen. Sie sollen ideologisch beeinflussen und politisch kontrollieren; sie sollen aber auch neue Energien freisetzen. Bei ihnen verknüpfen sich Teilnahmezwang, motiviertes Mitmachen, nominelle Mitgliedschaft. Für dieses Organisationssystem werden Hunderttausende mit Ämtern betraut, erhalten Befehlskompetenzen und Aufstiegs-Chancen. Dadurch weckt Hitler Verantwortungsgefühl und Opferbereitschaft. Ihr gesteigertes Sozialprestige läßt diese NS-Amtswalter dankbar zu Hitler aufschauen. Obwohl die vielfältig organisierten Massen politisch faktisch einflußlos bleiben, übt dieses System dennoch einen starken Reiz aus. Die häufig gedrückte soziale Lage der NS-Funktionsträger verändert sich nicht real, jedoch symbolisch: sie leben in einer „privilegierten Unterwerfung" (Keller, 18; Peukert, Volksgenossen, 86).

Die Kreis- und Ortsgruppenleiter der NSDAP, sodann die Zellen- und Blockleiter können einen fast lückenlosen Einblick in das Privatleben gewinnen. Damit tragen sie mehr zur Stärkung des NS-Regimes bei als die Gestapo. Zielscheibe des öffentlichen Unmuts wird die Partei, weil sie politische Leumundszeugnisse für jedermann auszustellen hat — eine Gelegenheit für unzählige kleinkarierte Schikanen. Zellen- und Blockleiter können ihre Macht höher gestellte Mieter spüren lassen. Sie sollen nach oben Volksstimmung melden, nach unten Blitzableiter für Klagen sein. Zwar müssen alle gehorchen, aber viele dürfen einen Zipfel der Macht in Händen halten.

1939 gibt es 41 Gauleiter für 36 Länder und Provinzen, 808 Kreisleiter für 1052 Stadt- und Landkreise, 28.376 Ortsgruppenleiter für 79.375 Gemeinden, 89.378 Zellenleiter und 463.048 Blockleiter (Aleff, 66). Wie in der NSDAP-Mitgliedschaft gibt es unter ihnen Fanatiker und Idealisten, Faulpelze und Schwerarbeiter, Korrupte und Anständige. Was aber diese NS-Hoheitsträger nicht oder zu spät erkennen, vor allem nicht wahrhaben wollen: Ihren oft aufrichtigen, uneigennützigen Idealismus nimmt Hitler in den Dienst verbrecherischer Politik. Nach Überwinden der akuten Not spricht das NS-Regime gerade solche nicht wenigen Menschen an, die überpersönliche Aufgaben und Ziele gestellt haben wollen – und *nutzt sie aus.* Dies erkennen auch die Amtswalter in den NS-Massenorganisationen, oft auch sie „kleine Hitlers", erst in der Kriegs-Endphase 1944/45.

12

Führerprinzip und Führerstaat
1921-1945

Hitler sieht die Weimarer Republik (1919-1932) bloß als „Zwischenreich", das nationalsozialistische Deutschland jedoch als drittes Reich der Deutschen — nach dem (ersten) Heiligen Römischen Reich deutscher Nation (962-1806) und dem (zweiten) Kaiserreich Otto von Bismarcks (1871-1918). Für Hitler soll das Dritte Reich diese beiden Reiche historisch erfüllen und sie, darüber hinaus, gigantisch überhöhen zum kontinentalen *NS-Weltreich*. Mittelalter-Mystik und wilhelminisch-alldeutsche Gloria sollen im Raub-Imperialismus des Nationalsozialismus ihre alle Zeiten überdauernde Synthese finden.

Die Weimarer Reichsverfassung bleibt bis zum Ende des Dritten Reiches *formell* in Kraft. Die Reichsregierung kündigt zwar 1934 an, ein neues Verfassungsrecht zu schaffen, doch dies bleibt Phrase. Hitlers „Verfassungspolitik" beschränkt sich darauf, seine Alleinherrschaft zu sichern. Für Hitler ist, wie er schon 1925 schreibt, die „Frage der äußeren Ausgestaltung" eines NS-Staates „nicht von grundsätzlicher Bedeutung", sondern nur durch „Fragen praktischer Zweckmäßigkeit" bedingt (Mein Kampf, 380). Daher kann Hitler alle Verfassungsfragen ohne ideologische Schwierigkeiten verschleppen. Ab und an überlegt Hitler, wie der „Führerstaat" verfassungsrechtlich zu verankern wäre. Tatsächlich jedoch ist Hitler vorrangig an seinem Nachruhm in der Zukunft interessiert, nicht an Verfassung.

Seit 29. Juli 1921 ist Hitler Erster Vorsitzender der NSDAP mit diktatorischen Vollmachten. In der NSDAP setzt sich, erst allmählich, zunächst das Führerprinzip, dann der Führerkult durch. Jener Führerkult enthebt Hitler vor 1933 zwar innerparteilicher Kontrolle, setzt ihn aber zugleich unter großen Erwartungsdruck. Am 6. August 1933 kündigt Hitler einen Senat „der ältesten, bewährtesten und treuesten Parteigenossen" an. Aber die 61 roten Sessel im mit auserlesenem Geschmack eingerichteten Senatoren-Saal im „Braunen Haus" zu München bleiben leer. Hitler hat niemals ernstlich daran gedacht, diesen Senat zu bilden. Am 1. September 1939, Kriegsbeginn, kündigt Hitler erneut einen Senat an, der aus seiner Mitte einen Führer-Nachfolger *nach* Hermann Göring und Rudolf Heß wählen soll; es bleibt wiederum bei der bloßen Ankündigung.

Anfänglich (1921 bis 1925) scheut sich Hitler, in seiner Führerpartei das Demokratie-Prinzip offen zu verwerfen. In der 1. Auflage von „Mein Kampf" (1925) vertritt Hitler für die NSDAP „den Gedanken einer germanischen Demokratie": Führer-*Wahl* von der Ortsgruppe über die Gauleiter bis zum Parteiführer. Dann folgt Hitlers Kehrtwendung. Hitler hat in „Mein Kampf" stilistische Korrekturen zugelassen, aber bis 1928 nie inhaltlich etwas geändert – mit einer Ausnahme: Seit der 2. Auflage von „Mein Kampf" wird die einstige Führer-Wahl auf allen Ebenen der Partei durch die *Berufung* ersetzt.

Seitdem herrscht in der NSDAP, statt des demokratischen Wahlrechts, das autoritäre Führerprinzip. Spätestens seit 1928 ist die NSDAP, seit 1933 der deutsche Staat persönliches Eigentum Hitlers. In jenem Sinne ist zuerst der Führer da – Hitler selbst –, dann die Partei und der Staat. Aus dem Führer *entwickelt* sich der Staat. Seit Hitler am 2. August 1934 die Ämter des Reichspräsidenten und des Reichskanzlers vereinigt, gibt es auch formell keine Instanz mehr, der Hitler de jure hätte Rechenschaft ablegen müssen (Hans Mommsen, in: Hirschfeld/Kettenacker, 43). Die

Reichswehr-Führung geht noch einen Schritt weiter und beschließt, aus eigenem Antrieb, für diesen Tag die Vereidigung der Soldaten auf Hitler persönlich.

Das Führerprinzip ist die konsequente Erscheinungsform der plebiszitär legitimierten Diktatur des 20. Jahrhunderts. Der „Führer" ist nun wirklich das, was bei Thomas Hobbes (1588-1679), dem englischen Philosophen und (heftig kritisierten) Staatstheoretiker des Absolutismus, der Staat ist: ein sterblicher Gott. Der Führerkult um Hitler findet seine Entsprechung im Führerprinzip der Parteiorganisation. Gemäß Führerprinzip wird Autorität ausschließlich von einer monokratischen Spitze (Hitler) nach unten ausgeübt, Verantwortung aber ausschließlich von unten nach oben geschuldet. Nur durch rigorose Anwendung des Führerprinzips kann Hitler sein Eigentum „NSDAP" mit ihrem widersprüchlichem Programm, mit ihrer sehr unterschiedlichen Mitgliedschaft und deren einander widersprechenden Wünschen zusammenhalten, disziplinieren, integrieren.

Gegen volksferne Diktaturpläne des Reichskanzlers Franz von Papen wendet Hitler (16. August 1932, Interview) ein: „Eine Diktatur ist nur denkbar, wenn sie der Träger eines Volkswillens ist oder sicherste Aussichten hat, in kurzer und absehbarer Zeit als solcher Träger des Volkswillens anerkannt zu werden" (Domarus, 127). Nach Schaffung Großdeutschlands ruft Hitler (8. November 1938, vor den „Alten Kämpfern", München) aus: „Demokratie ist in unseren Augen ein Regime, das vom Willen des Volkes getragen wird. Ich bin nach den Regeln der parlamentarischen Demokratie einst in Deutschland Kanzler geworden. Und zwar als Führer der weitaus stärksten Partei! ... Im übrigen bin ich nicht Staatsoberhaupt im Sinne eines Diktators oder eines Monarchen, sondern ich bin deutscher Volksführer!" (Domarus, 969). Nur vielleicht 5 % Deutsche widersprechen.

Das Führerprinzip bedeutet seit 1933 die absolute und

außer einer imaginären „Volksidee" niemandem verantwortliche Stellung Hitlers als Führer von Partei und Staat. Hitler beteuert oft, er trage die letzte und schwerste Verantwortung; tatsächlich trägt er keine: niemand darf ihn zur Rechenschaft ziehen. Hitler und alle NS-Hoheitsträger fühlen sich frei von jeder moralischen Bindung. Einfachen NSDAP-Mitgliedern kommt, trotz eigener unguter Erfahrungen, nie voll zum Bewußtsein, wie verheerend sich das Führerprinzip auswirkt. Es züchtet maßlose, unkontrollierte Selbstherrlichkeit der NS-Hoheitsträger, im Volksmund bald genannt „kleine Hitlers", und unterbindet weitgehend jede Kritik an ihrem Tun und Lassen.

Gemäß Gesetz vom 1. Dezember 1933 ist die NSDAP nicht Trägerin des Staates, jedoch „Trägerin des deutschen Staatsgedankens". Damit wird keine institutionelle und verfassungsrechtliche, sondern lediglich eine vage ideelle Vorrangigkeit der Partei gegenüber dem Staat begründet. Die „Verschmelzung von Partei und Staat" bedeutet tatsächlich: Die Partei hat sich klar der Staatsführung unterzuordnen. Die Partei soll ihre von der Basis kommende Eigendynamik verlieren und sich in ein dem Führer Hitler gehorchendes Massenorgan umwandeln, um die Staatsmacht propagandistisch und organisatorisch zu ergänzen und zu verstärken (Broszat, Der, 265).

Der berühmte Staatsrechtler Carl Schmitt, bis 1932 Gegner der NS-Machtübernahme, publiziert am 1. August 1934 den Artikel „Der Führer schützt das Recht", wonach Hitler „im Augenblick der Gefahr kraft seines Führertums als oberster Gerichtsherr unmittelbar Recht schaffen" könne und müsse. Damit erhebt Schmitt die mörderische Willkür des Diktators Hitler zum Gesetz. Bis 1932 kein Antisemit, gibt sich Schmitt nun rassistisch, um seine Bekehrung noch überzeugender darzustellen. Sein Opportunismus hindert das NS-Regime jedoch nicht, ihn als „politisch unzuverlässig" anzusehen.

Deutsche Staatsrechts-Professoren mit Rang und Namen

bringen in atemberaubendem Tempo das „Staatsrecht" des Führerstaates in ein juristisch präsentables System. Den Führerstaat verherrlichen, zum Beispiel, die bedeutenden Staatsrechtler Julius Binder (1870-1939), Ernst Rudolf Huber (1903-1975), Otto Koellreutter (1883-1972) und Werner Weber (1904-1976). Auch Ernst Forsthoff (1902-1974) stellt sich, mit seiner Kampfschrift „Der totale Staat" (1933), vorbehaltlos in den Dienst des NS-Regimes. *(Vorgreifend:* 1953 hält Forsthoff auf der Staatsrechtslehrer-Tagung das Grundsatzreferat über „Begriff und Wesen des sozialen Rechtsstaates".) Von diesen und weiteren Rechtsgelehrten erfährt die Gewaltentrennung in gesetzgebende, exekutive und richterliche Gewalt eine scharfe Absage, wie sie seit 1917 nur im bolschewistischen Rußland erfolgt ist. Viele professorengläubige Deutsche sagen sich, wenn sogar Professoren für den Führerstaat seien, müsse er gut und richtig sein.

Ein besonderes Karrierebeispiel liefert *Reinhard Höhn* (geb. 1904): Bis Anfang 1932 Führer in dem der linksliberalen DDP nahestehenden Jungdeutschen Orden, 1. Mai 1933 Mitglied der NSDAP, 1934 der SS.

Höhn, „radikal engagierter Vertreter" eines NS-Rechts, verwirft das Recht als Normenordnung, da „Recht" nur eine Ausdrucksform für das richtige Verhalten des Einzelnen in der Gemeinschaft sei (Adam, Judenpolitik, 109). Höhn will den Einzelnen und den Staat als juristische Person abschaffen; der Staat sei nicht Selbstzweck, sondern nur ein Mittel für die Erreichung der Volksziele, und die setze der Führer. „Es gibt gar keine größere Macht des Führers als die, daß man erklärt, er sei der Führer" — womit Höhn Hitler von allen faßbaren Rechtsbindungen freistellt (Höhne, I, 197; Adam, Judenpolitik, 94). Höhn wird 1935 jüngster Professor im Reich, ist hauptamtlicher Abteilungsleiter im SD-Hauptamt, seit 1939 Direktor des der SS nahestehenden Instituts für Staatsforschung an der Universität Berlin, 1944 SS-Oberführer (Oberst-Rang) im Reichssicherheitshauptamt. Am 1. Oktober 1944 schreibt er in der Wochenzeitung „Das Reich", daß der Eid auf den Führer auch nach dessen Tod noch gültig sei (Wistrich, 181). *Vorgreifend:* Nach 1945 arbeitet Höhn unter falschem Namen als Heilgymnast und nimmt nach Amnestie in der britischen Zone wieder seinen richtigen Namen an. Seit 1956 wirkt er als Leiter der Akademie für Führungskräfte der Wirtschaft in Bad Harzburg, einer der größten europäischen Managerschulen.

Einsamer Warner in der NSDAP ist der von Hitler als Spintisierer belächelte Ideologe Alfred Rosenberg (1893-1946). Er schreibt 1930, es seien Führernaturen mit Förderung der freien Selbstverantwortung zu fordern, wenn der „lutherhafte Führer (womit Hitler gemeint ist, HJE) nicht nur sich selbst verwirklichen, sondern auch über seinen Tod hinaus ein dauerhaftes, auf einen Höchstwert eingeschworenes Reich schaffen möchte." Sonst bestehe die Gefahr, daß ein „Zusammenbruch" folge (Mythus, 516-521). Rosenberg schwächt seine unüberhörbare Mahnung an Hitler auch in den seit 1933 erscheinenden Auflagen seines Buches nicht ab, verstummt aber dann resignierend, weil er politisch nur wenig Einfluß hat. Nach 1939 scheint Rosenberg für die Nachkriegszeit daran zu denken, das Führerprinzip durch das Ratsprinzip zu ergänzen, das Ein-Partei-System durch Neugründung mehrerer Parteien abzulösen, einen freien Reichstag und Versammlungsfreiheit zu schaffen.

Hätte Hitler Memoiren verfaßt, würde er geschrieben haben, daß ihm beim Aufbau seiner Diktatur die zögernden, ablehnenden Kreise des nationalkonservativen Bürgertums dank ihres Fachwissens und Pflichtgefühls unentbehrlich gewesen seien. In weiten Teilen der Beamtenschaft genießt 1933 das NS-Regime Sympathie, das Wunschbild eines straff und autoritär geführten Staates ist für Beamte verführerisch.

Im kleinen Kreis macht Hitler kein Hehl daraus, daß einzig der alte, übernommene *„Berufsbeamten-Apparat"* ihm seine vielen innen- und außenpolitischen Anfangserfolge ermöglichte. Nur gestützt auf seine Parteifunktionäre, wäre er an diffizilen Problemen kläglich gescheitert (Pikker, 61). Die Beamten bleiben Hitlers treue Diener. Preußische Tugenden (Arbeitseifer, Korrektheit, Unbestechlichkeit) machen die Beamtenschaft zum willfährigen Befehlsempfänger Hitlers. Viele Beamte bleiben auf ihren Posten, um „Schlimmeres zu verhüten" – bis sie den NS-Verbrechern zum Verwechseln ähnlich sehen ...

Dazu 1981 Hans Mommsen: „Der Mechanismus, der die alten Eliten in die verbrecherische Politik des Regimes verwickelte und sie systematisch moralisch korrumpierte, beruhte vor allem darauf, daß die Dienststellen aller Ressorts in immer stärkerem Maße bereit waren, die Radikalisierung des Regimes mit zu tragen, um nicht einfach umgangen oder ausgeschaltet zu werden. Der Versuch, ihr Existenzrecht zu sichern, war regelmäßig mit rechtsstaatlichen und inhaltlichen Konzessionen erkauft" (in: Hirschfeld/Kettenacker, 55).

Wie stellt sich der Führerstaat „Drittes Reich" dar? Das NS-Regime ist die „Karikatur all der Träume, Hoffnungen und Ideen, die einst die NS-Führer in den Aufbau des autoritären Staates investiert hatten". Weil Hitler das Zentrum politischer Macht in den Reihen der engsten Mitarbeiter ständig verlagert, verhindert er das Aufkommen unerwünschter Rivalen. Der Leiter des SD-Inlandsnachrichtendienstes, Otto Ohlendorf (1907-1951), wird nach 1945 bezeugen, theoretisch habe es einen absoluten Führerstaat gegeben, der sich besonders im Krieg in eine „pluralistische Anarchie" verwandelt habe: „Der Führer hat nicht nur den Staat verneint als Selbstzweck, sondern ihn in einer Form vernichtet, daß er auch nicht mehr als Instrument zur Verfügung stand. Anstelle des Staates trat die pluralistische Willkür der obersten Hierarchen" (Höhne, I, 15 + 16). – Franz Neumann (1900-1965) sieht dies 1944 im USA-Exil ebenso: Nach Beseitigung der „Relikte des rationalen Verwaltungsstaates" werde sich das Dritte Reich in eine „mehr oder minder organisierte Anarchie" verwandeln (Wolfgang Benz, in: Broszat/Möller, 66).

Hitler beherrscht die alte Machiavelli-Kunst, Feinde gegeneinander auszuspielen, Eifersucht und Neid rege zu halten, bei Kontroversen den Schiedsrichter zu spielen. In die von den diversen Bürokratien betriebene Politik pflegt sich Hitler nur zögernd und erst dann einzuschalten, wenn seine eigene Machtstellung bedroht scheint.

Reinhard Bollmus bilanziert 1970: „Niemals in deutscher Geschichte war der ‚Parteihader' heftiger, der gegenseitige Haß der Verantwortlichen größer, die charakterliche und materielle Korruption verbreiteter und der Staat verwirrender organisiert" als unter Hitler (239). Im NSDAP-Programm vom 24. Februar 1920 heißt es, man bekämpfe „die korrumpierende Parlamentswirtschaft einer Stellenbesetzung nur nach Parteigesichtspunkten ohne Rücksicht auf Charakter und Fähigkeiten". Ebendies geschieht in aller Regel im NS-Regime. Die Korruption nimmt im Dritten Reich bald unvorstellbare Ausmaße an. Alle Korruption hat aber nichts mit Auflösung oder Zersetzung der Macht zu tun – wie Emigranten im Wunschdenken vermeinen.

Die „Gleichschaltung" des Volkes ist im Dritten Reich keineswegs perfekt, geschweige total. Hitler erhebt zwar monolithischen Herrschaftsanspruch, aber das NS-Regime schafft, entgegen einer nach 1945 vertretenen Legende, keinen monolithischen totalitären Staat.

Die Tatsachen sehen anders aus. Die teils monokratische, teils polykratische Struktur des Dritten Reiches wird geprägt zum einen durch zahlreiche, miteinander rivalisierende Machtgruppen, zum anderen durch einen in stetem Wandel begriffenen bürokratischen Apparat. Dem Kampf um Zuständigkeiten steht die verbreitete Tendenz entgegen, sich dort für unzuständig zu erklären oder Kompetenzen sogar bereitwillig abzugeben, wo unbequeme oder moralisch fragwürdige Aktionen im Spiel sind. Ein Beispiel: Das Reichsministerium des Inneren achtet sorgfältig darauf, daß Deportationsmaßnahmen durch Verordnungen abgestützt werden, die ausdrücklich seine Nichtzuständigkeit festlegen (Hans Mommsen, in: a.a.O., 54).

Die dauernden, oft jahrelangen Kompetenzkriege und Interessenkonflikte, gleichsam „autoritäre Anarchie", werden durch Hitlers Charisma oberflächlich überbrückt. Es existiert aber weder eine formlose Polykratie, noch ist Hitler ein „schwacher Diktator" (Hans Mommsen 1971). Vielmehr: Das unübersichtliche Neben- und Gegeneinander konkurrierender Bürokratien begründet die *Schlüsselstellung* Hitlers und seines Bormann-Stabes. Hitler kennt jene Zusammenhänge von Wirrwarr genau, sie sind ihm aber herzlich gleichgültig – solange *er* die Macht über Leben und Tod der Menschen ausüben kann.

Die Widersprüche im NS-Programm werden nie aufgelöst, können nicht aufgelöst werden, sondern gehen im für die NS-Gläubigen unantastbaren Charisma Hitlers auf. Umgekehrt fängt der Führerkult die Gefährdung des Zusammenhalts der NSDAP auf. Die Schüler des griechischen Philosophen Pythagoras (um 570 – um 480 v. Chr.) sagten: „autos epha" (ipse dixit) = Er (der Meister) hat's gesagt! Diese Formel blinden Autoritätsglaubens vollziehen die Hitler-Gläubigen nach.

Anhang: Martin Bormann

Bis 1938/39 konkurrieren die verschiedenen Kanzleien und Adjutanturen Hitlers nebeneinander. Seit Kriegsbeginn 1939 beginnt Martin Bormann (1900-1945) diese Vorzimmer-Schleusen auf sich zu konzentrieren und beherrscht sie seit 1940 fast unangefochten. Seit dem England-Flug am 10. Mai 1941 seines Chefs Rudolf Heß ist Bormann Leiter der Parteikanzlei, seit 12. April 1943 zusätzlich „Sekretär des Führers". Er ist damit die hinter den Kulissen wirkende oberste Figur der Parteiorganisation. Der bald vielgefürchtete, vielgehaßte Bormann verfolgt Mißliebige mit Niedertracht und Brutalität. Niemand will es mit ihm verderben. Er weicht kaum von Hitlers Seite. Er bestimmt, wer und was bei Hitler zum politischen Vortrag kommt und wer und was nicht; er läßt wie zufällig abfällige Bemerkungen über Personen und Vorschläge fallen; er trägt Briefe und Eingänge an Hitler vor, beantwortet sie oder auch nicht.

Bormann besetzt nach und nach alle Posten der Persönlichen Adjutantur Hitlers mit seinen Leuten. Nur wenige unmittelbare Mitarbeiter Hitlers geraten nicht in Bormanns Überwachungsnetz. Schließlich sind sogar die Gauleiter vom Wohlwollen Bormanns abhängig — es sei denn, sie verfügen aus alten Zeiten über einen direkten Draht zu Hitler.

Bormann wird mit seiner Präsenz, mit seinem Bienenfleiß, mit seinem ausgezeichneten Gedächtnis, mit seiner schnellen Auffassungsgabe für Hitler geradezu unentbehrlich. — Wenn eine Angelegenheit Hitler unklar erscheint oder Fakten fehlen, weiß Bormann die Antwort oder läßt über Telefon und Fernschreiber nachforschen. Darauf kann Bormann in kürzester Zeit beflissen Hitler die Antwort geben und so die Führer-Entscheidung in seinem Sinne herbeiführen.

Werner Naumann (1909-1982), Staatssekretär seit 1944 bei Joseph Goebbels, beurteilt (1970, in richterlicher Vernehmung) Bormann so: „Ein robustes Arbeitstier ... Er verband (wie Hitler, HJE) Improvisationsgabe mit äußerst beachtlichem taktischen Geschick. Wenn er auch von der Bildung her nicht irgendwie auffiel, so verstand er es jedoch regelmäßig, für alle Fragen, auch wenn sie noch so überraschend an ihn herangetragen wurden, eine plausible Lösung vorzuschlagen. Dieser an Effektivität orientierte Arbeitsstil, der nach heutigen Vorstellungen auf weite Strecken dem Idealbild des rücksichtslosen Managers entspricht, erklärt es, daß Bormann das uneingeschränkte Vertrauen Hitlers besaß" (Lang, 388).

13

Rechtsstaat und Unrechtsstaat:
Kriminalität 1933-1945

Die „nationale Revolution" von 1933 hat eine ähnliche psychologische Wirkung wie der patriotische Aufschwung von 1914: die Verurteilungen sinken ab. Kriminalstatistisch wird dies durch Amnestien (1933, 1934, 1936) nicht so deutlich, aber auch die Verurteilungen von durch Amnestien nicht berührter schwerer Verbrechen gehen zurück.

Die Verurteilungszahlen stehen tief unter dem Stand von 1913. Sie bleiben jahrelang tief aufgrund kriminalpolitischer Maßnahmen, besonders „Vorbeugehaft" = Sicherungsverwahrung, in Verbindung mit dem Gesetz gegen gefährliche Gewohnheitsverbrecher vom 24. November 1933, in Kraft seit 1. Januar 1934, und mit dem Erlaß vom 14. Dezember 1937 über vorbeugende polizeiliche Verbrechensbekämpfung.

Je 100.000 Köpfe strafmündige Bevölkerung sinkt 1933 die Zahl der Verurteilungen wegen Verbrechen und Vergehen, im Vergleich zu 1932, um 13,1 %, im Vergleich zu 1912 sogar um 20,6 % (Exner, 102). Die Jugendkriminalität geht 1933, im Vergleich zu 1932, sogar um 25,9 % zurück — bedingt auch durch das Nachrücken der schwachen Geburtenjahrgänge des Weltkrieges in das strafmündige Alter (Mezger, 131). Die Zahl der geahndeten Gewaltakte (Raub, räuberische Erpressung usw.) sinkt von 1932 bis 1935 um fast ein Drittel, die der Tötungsdelikte um knapp ein Drittel, die der Diebstähle um mehr als ein Drittel, die der Betrügereien um ein Viertel (Picker, 332).

Bis 1932 gab es Verbrechervereine, die offen ihre Jahresbälle abhielten, wobei oft einer der eingeladenen Kriminalbeamten die Kapelle dirigierte, eigene Hilfsorganisationen (auch für Ehefrauen einsitzender Verbrecher) betrieben und sich eigene Vertragsanwälte leisteten; die Starverteidiger jener Jahre waren „Ehrenmitglieder" solcher „Ringvereine". Alles dies gibt es seit 1933 nicht mehr.

Nun werden Verbrecherviertel in Abständen abgeriegelt und straßenweise durchgekämmt. Alle wegen Verbrechen Verurteilte stehen, nach Haftentlassung, unter polizeilicher Überwachung. Wer geregelter Arbeit fernbleibt und, auch bei Verwarnung, Kontakt mit aktiven Kriminellen aufnimmt, kommt in „vorbeugende Polizeihaft." Die Vorbeuge- oder Schutzhaft, gegen die es weder Rechtsmittel noch Rechtsschutz oder Rechtsbeistand gibt, ist meist im KZ (Moorkultivierung, Straßenbau, Ödland-Dränage usw.) mit harten Arbeitsnormen abzuleisten und ist daher allgemein gefürchtet. Auch deswegen geht die (früher hohe) Rückfallkriminalität zurück (Picker, 103f.).

Wenn das Volk alles, das Individuum nichts ist, so folgert hieraus für Hitler ebenso die Aufhebung der Rechtssicherheit des Einzelnen (nach dem berühmt gewordenen „Recht ist, was dem Volke nützt") und das Recht des Staates zur „Ausmerzung" erbkranken Nachwuchses, wie auch die Forderung nach der Bindung des Privateigentums an das Gemeinwohl und die egalisierende Tendenz zur Aufhebung der Sonderrechte einzelner Klassen. Für Hitler gibt es keine traditionelle, moralische, ethische, gesellschaftliche, religiöse oder sonstige Vorbehalte, Rücksichten und Hemmungen. Dieser radikale Anti-Konservatismus Hitlers erkennt Bestehendes nicht an, wenn es mit Hitlers Grundüberzeugungen kollidiert (Zitelmann, Selbstv., 46-47).

In den (1944) 20 KZs und 165 angeschlossenen Arbeitslagern sollen, gemäß NS-Propaganda, „Volks- und Reichsfeinde" umerzogen werden. Tatsächlich sind es Stätten der Demütigung, Folterung und Fronarbeit, in denen rd. 500.000 Häftlinge ermordet werden oder durch Krankheiten und Mißhandlungen umkommen. Nur eine Minderheit der Deutschen, die von der KZ-Wirklichkeit erfährt, schämt sich. Das Unfaßbare ist: Wer im KZ verschwindet, ist ausgeschieden aus der Menschheit und rechtlos. Niemand weiß, wo er ist. Kein Anwalt kann seine Rechte wahrnehmen. Es gibt keine Möglichkeit der Beschwerde, der Nachprüfung, der Korrektur. Es gibt kein Verfahren und kein Urteil. Und es gibt keine Frist: Was jedem Verbrecher gewährt ist, die Zeit seiner Strafe zu kennen, ist dem KZ-Häftling versagt.

Selbst wer den NS-Terror gegen Juden und NS-Gegner mißbilligt, bezeugt meist Desinteresse, oft verhaltene Zustimmung, daß Arbeitsscheue und Homosexuelle, Landstreicher, Zigeuner und Gelegenheitsdiebe ins KZ kommen. Daß damit jegliche Rechtsgarantien für Menschen mit abweichendem Verhalten wegfallen, wird nicht gesehen. Dieser Terror gegen politisch oder soziale „Störer der Ordnung" ist in hohem Maße öffentlich, wird in der Presse dokumentiert und von vielen gebilligt — zumindest solange er sich gegen „Feinde" von links und später gegen „Asoziale" oder „Gemeinschaftsfremde" richtet und somit der „Wiederherstellung der Ordnung" dient. *Vorgreifend:* Nach 1945 wird häufig privat bedauert, daß es für jene Außenseiter keine KZs mehr gebe (Peukert, Volksgenossen, 89 + 233).

Daß man hart durchgreifen müsse und Ordnung, wenn nötig, durch Terror herzustellen sei, wird allgemein als legitimes Herrschaftsmittel des lange ersehnten starken Staates anerkannt. Ein Beispiel: In der „Reichsaktion Arbeitsscheu" werden im April 1938 nach Listen der Fürsorge- und Arbeitsämter „asoziale und arbeitsscheue Personen" von der Gestapo zwecks Zwangsarbeit in KZs verbracht. Solche „Parasiten der Gemeinschaft" könnten nicht geduldet werden und hätten „ihre vollen oder beschränkten Kräfte dem Aufbauwerk zur Verfügung zu stellen". Dadurch habe sich „die Arbeitsbereitschaft bei dem überwiegenden Rest dieses Personenkreise alsbald eingestellt" (Ulrich Heinemann, in: Kleßmann, 30-31). So etwas ist populär.

Die katholische Bevölkerung des Emslandes, beispielsweise, hat in der Reichstagswahl vom 5. März 1933 im Kreis Meppen zu 69 % das Zentrum gewählt, steht dem NS-Regime distanziert gegenüber, hat aber prinzipiell nichts gegen die dortigen KZs Bürgermoor, Esterwegen und Neusustrum einzuwenden und verdient sogar an ihnen als Lieferanten und Handwerker gut. Gerade in der verschärften Kriminalpolitik besteht zwischen Volk und NS-Regime ein *Konsens* (Detlev Peukert, in: Peukert/Reulecke, 413f.). So besonders bei Homosexuellen (siehe S. 363). Viele sind für ihre Absonderung. Die homosexuellen KZ-Häftlinge mit rosa Winkel erfahren überdurchschnittliche Schikanen und eine unterdurchschnittliche Überlebens-Chance.

Die vom Volk wenig oder kaum zur Kenntnis genommene oder verdrängte Kehrseite der günstigen Entwicklung der Kriminalstatistik: Es besteht, durch Propaganda verschleiert, der permanente Ausnahmezustand politischer Terrorisierung. Hinter der Fassade des Rechtsstaates wird ein Terrorsystem aufgebaut und stetig perfektioniert.

Mit Erlaß vom 6. Mai 1933 wird angeordnet: Personen, die unter dem Verdacht staatsfeindlichen Verhaltens stehen, dürfen nicht aus der Untersuchungshaft entlassen werden, auch wenn kein dringender Tatverdacht mehr besteht, sondern sie sind der Politischen Polizei zu übergeben, die allein über die Dauer der U-Haft zu befinden hat. Vielfach werden von den Gerichten Freigesprochene am Ausgang des Untersuchungsgefängnisses oder an der Tür des Gerichtssaales von SS-Leuten, genannt „Himmlersche Heerscharen", erwartet und vor den Augen ihres Anwalts neu verhaftet, um in Kellern oder Lagern der SS zu verschwinden — oft auf Nimmerwiedersehen. Auch Verurteilte verschwinden, nach Strafablauf, aufs neue im SS-Imperium. All dies heißt, bei NS-Juristen, „Korrektur der bürgerlichen Justiz" ...

Viele gewaltsame Übergriffe und Straftaten von NSDAP-und speziell SA-Angehörigen, bis hin zu Totschlag und Mord, bleiben der Verurteilung entzogen und werden teilweise sogar ausdrücklich durch Gesetze vom 21. März 1933 und 23. April 1935 amnestiert (Exner, 65; Mezger, 130). Mit einer besonderen Partei-Gerichtsbarkeit wird gemäß Gesetz vom 1. Dezember 1933 die Disziplinierung der NSDAP-Mitgliedschaft aus den Gerichten in den Parteiapparat selbst verlegt.

Oberste Instanz in politischen Strafsachen, vor allem Hoch- und Landesverrat, wird, anstelle des Reichsgerichts, am 24. April 1934 der *Volksgerichtshof* (VGH). Bis dahin war das Reichsgericht der Fels, der in der Brandung von Willkür und Rechtsunsicherheit noch einigermaßen fest stand. Dies ist vorbei. Abweichend vom Gerichtsverfassungsgesetz, werden die VGH-Mitglieder von Hitler ernannt:
577 Richter und Reichsanwälte, darunter 106 Berufsrichter, 299 Beisitzer/Schöffen aus NSDAP, Polizei, Wehrmacht und 179 Staatsanwälte. Es heißt nun, nicht die Tat sei in erster Linie strafwürdig, sondern die Gesinnung des Täters. – Der VGH, seit 1942 forciert politisches Werkzeug einer justizförmigen Prozedur, fällt, als erste und letzte Instanz, bei 16.324 Angeklagten 5243 Todesurteile. Der auf Veranlassung von Joseph Goebbels 1944 gedrehte Dokumentarfilm „Verräter vor dem Volksgerichtshof" wird nicht öffentlich gezeigt. Die NS-Machthaber, vor allem Hitler-Sekretär Martin Bormann, fürchten die verheerende psychologische Wirkung der Tobsuchtsausbrüche des berüchtigten VGH-Präsidenten Roland Freisler (1893-1945) auf das Publikum im zerbombten Reich. Daher wird dieser Film nur den Gauleitern in geschlossener Sitzung vorgeführt.

Grundlage jeder Strafrechtspflege, die nach Maßgabe von Tat und Täter urteilt, war bisher, kraft des Satzes „Nulla poena sine lege" (keine Strafe ohne Gesetz), der Satz in Artikel 116 der Reichsverfassung: „Eine Tat kann nur bestraft werden, wenn die Strafbarkeit gesetzlich bestimmt war, bevor die Tat begangen wurde." Dies ist ein *Fundamentalsatz* jedes rechtsstaatlichen Strafrechtes. Er gilt jetzt als „überlebte Vernunft- und Gerechtigkeitswidrigkeit" und wird durch Gesetz vom 28. Juni 1935 in § 2 des StGB durch die Formulierung ersetzt: „Bestraft wird, wer eine Tat begeht, die das Gesetz für strafbar erklärt, oder die ... nach gesundem Volksempfinden Bestrafung verdient." Damit wird die Bindung des Strafrichters an das Gesetz beseitigt; damit wird die Schleuse für eine immer extensivere Auslegung – zu Lasten des Angeklagten – geöffnet.

Jetzt ist die *analoge Anwendung* von Strafvorschriften auf ähnliche Tatbestände erlaubt. Jeder Richter kann sich, wenn ihm eine Tat strafwürdig erscheint, die nach dem Gesetz nicht strafbar ist, einen ihm geeignet erscheinenden Paragraphen „ausborgen" und erklären: Zwar ist der Täter nach den geltenden Bestimmungen nicht strafbar und müßte also freigesprochen werden; ich bestrafe ihn jedoch, indem ich § XYZ „analog" auf seine Tat anwende! Dies bedeutet die Aufhebung des Rechts in Deutschland überhaupt (Ulrich K. Preuß, in: Tröger, 122; Ebermayer, denn, 548-549).

Die dreitägige Hitler-Mordaktion seit dem 30. Juni 1934, offiziell und fälschlich als Niederschlagen einer SA-Revolte begründet, wird vom Reichskabinett durch Gesetz vom 3. Juli 1934 als „Staatsnotwehr" für „rechtens" erklärt. Die bürgerlichen Minister ringen mit ihrem Gewissen, siegen und stellen sich – ohne auszugleiten – auf den schlüpfrigen Boden der blutigen Tatsachen. Mathilde Jamin präzisiert 1984: „Die Staatsführung hatte aus Gründen der politischen Systemerhaltung gemordet, und der Mörder rechtfertigte dies ... erfolgreich als Wiederherstellung von ‚Ordnung' und ‚Moral'. Die Mehrheit der Bevölkerung fühlte sich durch den legalisierten staatlichen Terror nicht etwa selbst bedroht ..." (in: Michalka, 216). Viele beschwichtigen ihr Gewissen über die unerhörten Mordtaten von 1934, indem sie sich einreden, daß hier im Grunde doch die guten Kräfte über die bösen gesiegt hätten (Erdmann, 4/2, 381).

Tatsächlich wird im Dritten Reich Recht *legal* im Namen des Gesetzes gebrochen, womit sich erhärtet: Legalität (lex) ist oft nicht gleich Rechtsstaatlichkeit (ius). Im Volk, besonders im alten Mittelstand, heißt es oft, die Ordnung müsse nicht unbedingt im Rahmen der Rechtsstaatlichkeit aufrechterhalten werden, sondern könne auch Aufrechterhaltung der Ordnung mit Hilfe des Rechts bedeuten. Wenn das NS-Regime seine Unterdrückung in Gesetzesform kleidet, nimmt es jenen den Wind aus den Segeln, die gesetzloses Unrecht verurteilen. Daher lehnen viele Deutsche antijüdische Ausschreitungen ab, nicht aber die „Nürnberger Gesetze", weil jene Maßnahmen „durch Gesetz", also: „ordnungsgemäß" erfolgen (Saldern, 184).

Bei vielen Deutschen gibt es eine innere Abwehr, inoffizielle Meldungen über den NS-Terror zur Kenntnis zu nehmen. Man weiß etwas vom NS-Terror, weigert sich aber, darauf zu achten; man verdrängt die finstere Seite des Dritten Reiches. Im übrigen: Abgesehen von spektakulären Aktionen gegen Juden (1935, 1938), vollzieht sich alle terroristische Unterdrückung wirklicher oder vermeintlicher NS-Gegner seit 1934 *unauffällig*. Der Terror begleitet zwar den Alltag, er wird aber versteckter, hinterhältiger, geräuschloser. Dieses Vorgehen der Verfolgungsbürokratie liefert allen ein bequemes Alibi, die den Terror nicht zur Kenntnis nehmen wollen und es vorziehen, die Augen vor dem Schicksal der Opfer des NS-Regimes zu verschließen (Eberhard Kolb, in: Bracher/Funke/Jacobsen, 272).

Dafür ein Beispiel. Die BdM-Führerin und spätere Schriftstellerin Carola Stern, Jahrgang 1925, im Rückblick 1982: „Wir wußten mehr, als wir zugeben mochten ... Wenn wir die Opfer kannten, empfanden wir Mitleid. Doch Folgerungen zogen wir nicht" (Reich-Ranicki, 153).

Die meisten Gestapo-Angehörigen sind, trotz aller Niedertracht, Spießer-Typen mit kleinbürgerlichem Geschmack (siehe Anhang 1). Nach ihrem Tagewerk räumen sie den Schreibtisch auf, legen den Totschläger säuberlich wieder in die Schublade und verwandeln sich in vorbildliche Familienväter. Ihre Untaten werden mit ihren Akten weggeschlossen (Bielenberg, 250). Ebenso viele Richter: Am härtesten fallen die Urteile von karrieresüchtigen Jung-Juristen unterer Instanzen aus, die im Privatleben auf gute Manieren achten.

Die versuchte Geheimhaltung der *„Endlösung der Judenfrage"* in den Ost-Todeslagern ist durchlässiger, als man jahrzehntelang nach 1945 anzunehmen bereit ist (Wolfgang Scheffler, in: Treue/Schmädeke, 34). Seit Mitte 1943 ist in der Berliner Bevölkerung die Ermordung der Juden verbreitet − durch Urlauber über Polizei, SS, Wehrmacht, Partei und Bürokratie hinaus. Joseph P. Stern dazu 1983: „Die Bevölkerung im Reich wußte so viel (vor allem über die Ermordung der Zeugen Jehovas oder ihrer eigenen kranken Mitbürger) und so wenig (zum Beispiel über die Ermordung ihrer jüdischen Mitbürger und der Zigeuner), als sie wissen wollte. Was sie nicht wußte, das wollte sie − aus verständlichen Gründen − nicht wissen. Etwas nicht wissen zu wollen, heißt jedoch stets, daß man genug weiß, um zu wissen, daß man nicht mehr wissen will" (in: Bracher/Funke/Jacobsen, 732).

Die meisten Deutschen wissen nicht oder wollen es nicht wissen: Auch wenn immer wieder tapfere Menschen in Justiz- und Ministerialbürokratie versuchen, „das Schlimmste" abzuwenden, ist das Dritte Reich in weiten Bereichen tatsächlich nicht mehr ein Rechtsstaat, sondern, vor allem im Strafrecht, ein *Unrechtsstaat.* Was anfangs nur wenige Zeitgenossen im In- und Ausland begreifen können: Terror nicht als Übergriffe einzelner Dienststellen, sondern als alltägliches Element der Diktatur. Der NS-Staat legalisiert politische Verbrechen, gipfelnd im millionenfachen Holocaust der Juden.

Will sich die *Justiz* nicht ständig dem Vorwurf des „Versagens" im NS-Sinne und damit der Gefahr ihrer weiteren Ausschaltung aussetzen, bleiben ihr nur Anpassung, Kapitulation und damit wachsende Komplizenschaft (Thamer, 386). Innenverwaltung und Justizverwaltung arbeiten mit dem KZ-System reibungslos zusammen. Reibungen gibt es nicht hinsichtlich der Ziele des NS-Regimes, sondern wegen des Verfahrens und der Kompetenzen. Angesichts des riesigen Mangels an Arbeitskräften in den Kriegsjahren stehen Bürgermeister beim SS-Apparat Schlange, um Arbeitslager einrichten zu dürfen.

Die Justiz wird zum Machtinstrument der NS-Diktatur und diskreditiert sich, mit wenigen rühmlichen Ausnahmen, als Komplizin Hitlers aufs gründlichste. *Vorgreifend:* Nach 1945 wird in der Bundesrepublik Deutschland kein einziger der Richter und Staatsanwälte weder des VGH noch anderer Gerichte rechtskräftig verurteilt – eine lautlose Amnestie der NS-Justiz. Die Juristen behalten oft nach 1945 ihre Ämter. Ihr Opportunismus läßt sie ihre Wandlung zum demokratischen Justizwesen, ohne moralische Skrupel, durchstehen.

Viele Richter nehmen sogar vom Wortlaut und Zweck der Gesetze keineswegs geforderte Verschärfungen vor und werden so zu Bütteln des NS-Unrechtsstaates. Die heute oft vergessene Kehrseite dieser Praxis: Eine härtere Strafe und damit ein offenkundiges Unrecht des Richters kann den Betroffenen vor noch Schlimmerem bewahren, der Schutzhaft und dem KZ. Unrecht kann so vor noch größerem Unrecht bewahren (Thamer, 387) – auch ein Spiegel des NS-Unrechtsstaates.

Vergessen ist weithin das Wort des Kirchenvaters Augustinus (354-430): „Remota justitia quid sunt regna nisi magna latrocina?" = Was sind Staaten ohne Gerechtigkeit anders als große Räuberbanden?

Geboren 1897 in Geilenkirchen, elf Geschwister. Vater, Volksschullehrer, 1917 gestorben, die Mutter schon vorher im Kindbett. Die Strenge des Vaters wird übertroffen von der des Patenonkels, bei dem er vom achten Lebensjahr an aufwächst. Nach Volksschule Hausbursche im Gasthof des Onkels. 1915 Militärdienst, meist in Wesel, als Offiziersbursche. Nach 1919 Aushilfskellner, Erntearbeiter, Nachtwächter. 1921 Beamtenanwärter des unteren Polizeidienstes in Krefeld. Da vier Militärdienstjahre wegen Kriegszeit doppelt angerechnet werden, 1925 Hauptwachtmeister und Beamter auf Lebenszeit. 1929 zur Kripo, 1931 Kriminalassistent im Betrugsdezernat. Bis dahin parteilos. 1933 NSDAP-, 1935 SS-Mitglied. 1934 zur Gestapo, Dezernat „Illegale KP-Wühlarbeit", versetzt. Der bis dahin korrekte Beamte Berger entwickelt sich bei der Gestapo rasch zu einem brutalen, von allen Verhafteten gefürchteten Prügel-Peiniger.

1940 Zuteilung zum Judendezernat der Gestapo-Leitstelle Düsseldorf. Vermutlich war er mit seiner Stellung als Kriminalsekretär unzufrieden und hat sich daher freiwillig zum Judendezernat gemeldet. Wurmte es ihn, daß er, weil ohne höhere Schule, bei Beförderungen übergangen wurde? 1942 wird Berger endlich zum Kommissar befördert und nach Düsseldorf versetzt. Dort arbeitet er, bis Anfang April 1945, bei der nach Ratingen ausgelagerten Gestapo-Leitstelle, wird noch zum Volkssturm einberufen, befehligt im Ruhrkessel eine Feldpolizei-Einheit und kommt in britische Kriegsgefangenschaft.

Elf Monate Internierung im Sennelager bei Paderborn. Später klagt er: „Das war eine sehr schwere Zeit ... Wir haben anfangs gehungert und gefroren ... Sie haben uns miserabel behandelt ... Es hat sogar Mißhandlungen gegeben!" Er pflegt den Garten des Kommandanten, wird vorzeitig entlassen, ist zunächst arbeitslos, kommt wieder bei der Polizei in Oberhausen, später in Krefeld unter. Zuletzt Hauptkommissar beim LKA Landeskriminalamt. (Chef des LKA Nordrhein-Westfalen wird Bernhard Wehner, zuvor SS-Hauptsturmführer/Hauptmann-Rang im Reichssicherheitshauptamt in Berlin.) Bergers Bilanz: „Ich habe immer nur meine Pflicht getan – nicht mehr und nicht weniger! Ich habe mir nichts vorzuwerfen ... außer, daß ich mich von meinen Vorgesetzten dazu habe überreden lassen, aus der Kirche auszutreten, und das habe ich gleich nach dem Krieg wieder rückgängig gemacht ..." (Engelmann, Bis, 278-279 + 280-283 + 290 + 298).

Anhang 2: Juristen-Karrieren vor und nach 1933

Viele Juristen setzen ihre Karriere nach 1933 (und meist auch nach 1945) bruchlos fort. Vier Beispiele. *Franz Gürtner* (1881-1941), bis Juni 1933 DNVP-Mitglied, 1922-1932 Justizminister Bayerns, hielt seine schützende Hand über Hitler durch seine Weigerung, ihn als Ausländer auszuweisen. 1932 wird er im Papen-Kabinett Reichsjustizminister und bleibt es bis zu seinem Tode. Seine Proteste gegen SA- und Gestapo-Willkür verhallen, so daß er Unrechtsakte decken muß.

Erwin Bumke (1874-1945): Aus gutbürgerlichem Haus und Reserveoffizier, beginnt seine Karriere 1907 im kaiserlichen Justizministerium. Er setzt sie 1919, insgeheim DNVP-Mitglied, im Reichsjustizministerium fort, wird 1929 Präsident des Reichsgerichts und bleibt es bis zu seinem Selbstmord in Leipzig. 1933 hat er zunächst keine Lust, zum Antrittsbesuch bei Hitler zu erscheinen, kehrt aber als Bekehrter von Hitler zurück. Ist Bumke ein Beispiel dafür, daß Juristen ihre sachbezogene, nur dem Recht verpflichtete Arbeit über alle politischen Wechselfälle hinweg verrichten? Für Bumke und viele andere gilt dies nicht. Zunächst: Der von Bumke geleitete 3. Strafsenat des Reichsgerichts, zuständig für Rassenschutzsachen und Vergehen gegen die Nürnberger Judengesetze von 1935, nimmt in seiner Rechtsprechung eine Ausweitung dieser skandalösen Gesetze zu Lasten der Angeklagten vor. Sodann: Bumke handelt in Gesprächen mit Reichsanwaltschaft und Reichsjustizministerium nahezu konspirativ aus, wie der von Bumke geleitete Große Senat des Reichsgerichts es in einem konkreten Fall bewerkstelligen könne, zu Lasten des Angeklagten das Gesetz zu umgehen. Bumke regt sogar an, noch vor dem Urteilsspruch ein rückwirkendes Gesetz zu erlassen.

Der spätere Präsident (1950-1960) des Bundesgerichtshofes, *Hermann Weinkauff* (1894-1981), ist von 1933 bis 1938, zuletzt Reichsgerichtsrat, Mitglied des von Bumke geleiteten 3. Strafsenats, bis 1945 Mitglied eines Zivilsenats. – Schließlich: Gemäß Richard Schmid (1899-1986), Präsident (1953-1964) des Oberlandesgerichts Stuttgart, wird der Bumke-Senat an Brutalität nur überboten von Oberstaatsanwalt *Wolfgang Fränkel* (geb. 1905) bei der Reichsanwaltschaft, einem Fanatiker der Todesstrafe (Ulrich K. Preuß, in: Tröger, 117-118). Dieser Fränkel war 1962 für vier Monate Generalbundesanwalt der BR Deutschland in Karlsruhe, bis er, nach DDR-Enthüllungen über übertriebene Strenge, sein Amt niederlegen mußte.

14

Kunst und Ästhetik 1933-1945

Naturferne Kunst pflegt publikumsfremde Kunst zu sein. Eine Mehrheit der Deutschen empfindet *bis heute* moderne Kunst als „ungesund" oder „entartet". Joseph Goebbels sagt am 25. März 1933, vor den Intendanten und Direktoren der Rundfunkgesellschaften, in Berlin, die Moderne sei „eine Kunst, die mit dem Volk eigentlich gar nichts mehr zu tun hat, gekauft und hingenommen von einer ganz kleinen Oberschicht ... So wie die Kunst das Volk verließ, so hat das Volk die Kunst verlassen" (Reden, I, 83). Der Kunsthistoriker Wilhelm Worringer (1881-1965) stellt 1948 fest, das große Publikum habe herzlich überzeugt der NS-Kunstdiktatur zugestimmt: „Denn sie hatte den Nagel des Publikumsgeschmacks auf den Kopf getroffen. Jede heutige Volksabstimmung würde ihr wieder recht geben" (139).

Zeitzeuge und Verleger Wolf Jobst Siedler, Jahrgang 1926, präzisiert 1979: „Wie das NS-Regime auf weite Strecken und über viele Jahre plebiszitäre Züge hatte, so konnten auch seine Literatur und Kunst auf einen Applaus rechnen, der nicht nur aus der Unterdrückung kam ... Für die Künstler Weimars ... kann es nicht das Schwerste gewesen sein, daß sie der siegreiche Gegner unterdrückte; damit wird man fertig. Daß aber über Nacht das eigene Publikum davonlief, das ... muß verzweifeln gemacht haben. Es war ja nicht so, daß alle über Nacht Arbeitsverbot gehabt hätten; es wollte sie nur niemand mehr ... Gestern noch waren

Ernst Barlach und Käthe Kollwitz (1867-1945) unbezahl-
bar; nun suchten ihre Galerien vergeblich nach Interessen-
ten" (in: „Die Zeit", Hamburg, 20. April 1979).

Die für erledigt gehaltene NS-Vergangenheit bleibt
auch in Kunst und Ästhetik aktuell. Das Echo auf die erste
neuere Ausstellung von Kunst aus dem Dritten Reich (1974,
Frankfurt) wirkte auf viele Kunstexperten wie ein Schock:
Weite Teile der Öffentlichkeit reagierten auf diese NS-
Ausstellung anders als erwartet. Es gab weder Abwertung
der „Blut-und-Boden"-Malerei noch der Gigantomanie in
der Architektur. Statt dessen hieß es oft, daß auf jenen Bildern etwas zu erkennen sei, was Gefallen fand; die Riesen-
projekte wurden bewundert. Fazit: Als man nach 1945 die
lange verfemte Moderne wieder propagierte, ging man an
den ästhetischen Bedürfnissen der Mehrheit des Volkes
vorbei. Moderne abstrakte Kunst erwies sich als elitäre Sache (Rainer Stommer, in: Peukert/Reulecke, 149).

Die Vorstellung vom im NS-Regime verwirklichten di-
lettantisch-epigonalen Einbruch einer dem 19. Jahrhundert verhafteten Kunstdiktatur in eine sonst moderne Entwicklung im 20. Jahrhundert ist irreführend. Im Dritten
Reich gibt es reaktionäre Kunsttheorien neben dem eklek-
tischen Gebrauch fast aller zeitgenössischen (modernen)
ästhetischen Konzepte, die teilweise weiterführende und
innovative Ergebnisse erbringen. Trotz aller Unterschiede
in der Ausformung und Entwicklung der einzelnen Kunst-
gattungen lassen sich zeitliche Phasen erkennen, die für
alle ästhetischen Phänomene gelten:

1933/34, in der Phase der Festigung der NS-Diktatur,
steht, neben der Eroberung der Schaltstellen im Kunst- und
Medienbereich, der Versuch, eine dem Verständnis von
der „nationalen Revolution" angemessene neue Ästhetik
zu entwickeln. Man will eine „Volkskultur" im Gegensatz
zur proletarisch-revolutionären Kunst schaffen. In Diskussionen und Experimenten werden alle nicht eindeutig abgelehnten oder diffamierten Vorbilder zu integrieren versucht.

1935-1939, in der Phase der gefestigten NS-Diktatur, werden in den ästhetischen Produkten die offensichtlich politischen Aussagen zurückgedrängt. Unterhaltung und Zerstreuung sind die vorrangigen an die Kunst geknüpften Ansprüche und Erwartungen. Traditionelle Genremalerei und herkömmliche Bauern-, Kriegs- und Familienromane feiern Wiederauferstehung. Filmkomödie, Revue und Rundfunk erleben ihre Höhepunkte – vor allem, um den Alltag versinken zu lassen.

1940-1945 wird, unter dem Einfluß des Krieges, nach anfänglicher Betonung des „Heroischen", die ablenkende Wirkung der Medien als Mechanismus der Verdrängung offensichtlich. Diese vermischt sich mit einer idealistisch-utopischen Zukunftsperspektive, die auf der „tabula rasa" der Nachkriegszeit einen Neuanfang versuchen will.

Realismus und Volkstümlichkeit der NS-Kunst sind zu sehen im Zusammenhang mit den nicht eingelösten Hoffnungen und Erwartungen an die von der breiten Masse abgelehnte Moderne der zwanziger Jahre. Daher ist die Rolle der technisch-ästhetischen „Avantgarde" nicht nur in den Anfangsjahren des Dritten Reiches neu zu bestimmen (Rainer Stommer, in: Peukert/Reulecke, 149-152). – Nachdem die USA 1986 rd. 6300 der 1945 beschlagnahmten Arbeiten von NS-Künstlern rückerstatteten, wurden sie rasch im Armeemuseum Ingolstadt der Öffentlichkeit entzogen – wiederum aus Furcht vor unerwünschtem Beifall? Eine grundlegende Darstellung der Kunst und Ästhetik im Dritten Reich steht aus; statt Bewältigung gab es Verdrängung.

Anhang 1: „Entartete Kunst"

Hitler verfemt künstlerische Moderne und Avantgarde als „Kulturbolschewismus". Seinem Verdikt fallen weltberühmte Meister zum Opfer, so u.a.: Paul Cézanne (1839-1906), Giorgio de Chirico (1888-1978), Paul Gauguin (1848-1903), Vincent van Gogh (1853-1890), Wassily Kandinsky,

Paul Klee, Oskar Kokoschka (1886-1980), Henri Matisse (1869-1954), Pablo Picasso. Sie und viele mehr gelten als „entartet." Ein Teil der beschlagnahmten rd. 5000 Gemälde und Plastiken und rd. 12.000 Werke der Graphik werden am 30. Juni 1939 in öffentlicher Auktion in Luzern versteigert und erbringen einen Bruchteil früher üblicher Beträge. Der „unverwertbare Rest" wird am 20. März 1939 in Berlin − angeblich − heimlich verbrannt. Hermann Göring verleibt konfiszierte Werke seiner Privatsammlung ein. Viele der als „artfremd" diffamierten Künstler erhalten Schaffensverbot. Das Publikum kauft „die genehme Kunst, wie befreit von dem schweren Alpdruck der Moderne" (Michael Stürmer, in: Boockmann, 346).

Die Ausstellung „Entartete Kunst" vom 19. Juli bis 30. November 1937 beim Haus der Deutschen Kunst in München wird von rd. 2 Mio. Menschen besucht. Für sie stehen 730 Werke von 112 Künstlern am Pranger des Spotts. Außer genannten Malern finden sich dort Werke, u.a., von George Braque (1882-1963), Marc Chagall (1887-1985), Lovis Corinth (1858-1925), Max Ernst (1891-1976), August Macke (1887-1914), Franz Marc (1880-1916). Auch von Emil Nolde = Hansen (1867-1956) werden 1052 Arbeiten als „entartet" beschlagnahmt, obwohl er 1933/34 (siehe Anhang 2) Favorit des NS-Studentenbundes gewesen war. Nolde weist am 12. Juli 1937 den Präsidenten der Preußischen Akademie der Künste empört darauf hin, daß er bereits nach Gründung der NSDAP in Nordschleswig „deren Mitglied" geworden sei.

Karl Korn (geb. 1908) schreibt am 21. Juli 1937 im „Berliner Tageblatt" zu dieser Ausstellung u.a.: „Nirgends in diesen Bildern ist Ruhe und in sich ausgeglichenes Lebensgefühl anzutreffen. Zerwühltheit, Zerrissenheit, die Nachtseiten des Lebens sind hier um ihrer selbst willen und aus offenbarer Freude am Schrecklichen, dunkel Rauschhaften, Chaotischen gemalt worden." Statt des „wahren und echten Dämonischen" bekäme man hier „falsche Fratzengebilde" zu sehen (Maser, Regime, 139f. + 391, Anm. 7).

Vorgreifend: Korn ist von 1950 bis 1973 Mitherausgeber und einflußreicher Redakteur für Feuilleton und Kulturpolitik der „Frankfurter Allgemeinen Zeitung".

Anhang 2: Emil Nolde

Der von friesisch-dänischen Bauern abstammende Maler und Graphiker Nolde entwickelte sich zu einem Hauptvertreter des Expressionismus. 1910 verwandte sich Nolde in einem offenen Brief an den Präsidenten der Berliner Sezession, Max Liebermann (1847-1935), für jene jungen Maler, die nicht zur Sezession-Ausstellung zugelassen worden waren, und wurde aus der Sezession ausgeschlossen. − Nolde wurde berühmt durch seine kräftigen, kontrastreichen, großflächigen Aquarelle von Blumen und Landschaften. Er gab der religiösen Kunst neue Impulse, wobei er sich leuchtender Farben von eruptiver Ausdruckskraft bediente. Seine dämonischen Menschenschilderungen schockierten. Sein Zyklus vor 1914 über das Leben Christi gab Jesus und seine Jünger derart ekstatisch wieder, daß Pastoren es verboten sehen wollten.

Erst in den zwanziger Jahren fanden Noldes leuchtendvisionäre Arbeiten in breiteren Kreisen Anerkennung. Zum 60. Geburtstag 1927 wurde er weithin gefeiert. Nolde war beseelt von Nationalismus, Fremdenhaß und Antisemitismus. Er tadelte die „Süßlichkeit" der Impressionisten, verurteilte Kubismus und Konstruktivismus. Den Juden sprach er „Geist und Schöpfergabe" ab und beschuldigte sie, die Kunstwelt mit materialistischer Habgier zu vergiften. Nach Noldes Ansicht seien die Juden außerstande, eine im deutschen Boden wurzelnde Kunst zu verstehen. 1933 begrüßt Nolde Hitlers Machtübernahme als Erhebung gegen die Macht der Juden, die in sämtlichen Künsten die Herrschaft an sich gerissen hätten, und erwartet, nun als „deutschester" aller Künstler vom NS-Regime gefeiert zu werden.

Während Joseph Goebbels vor 1933 Nolde schätzte, wurde er vom NS-Kampfbund für Deutsche Kultur unter Alfred Rosenberg als entartet bekämpft. 1930 fielen Noldes Werke im Weimarer Schloßmuseum der Säuberung zum Opfer (siehe S. 22). Fürsprecher hat Nolde 1933/34 vor allem im NSDStB (siehe S. 37ff.) und bei der NS-Gemeinschaft Kraft durch Freude (siehe S. 309), die auch dann noch „Fabrikausstellungen" mit Noldes Werken veranstaltet, als Nolde offiziell längst verpönt ist. 1937 sieht sich Nolde von den „Verfechtern nordischer Art" geächtet, 1941 wird er aus der Reichskammer der bildenden Künste ausgeschlossen, erhält Malverbot und darf nicht mehr öffentlich ausstellen. Auf seinem Hof Seebüll/Nordfriesland malt Nolde unermüdlich weiter und schafft bis 1945 etwa 1300 Aquarelle, die heute als Meisterwerke gelten (Wistrich, 254-256).

15

Architektur und Städtebau 1933-1945

Das „Neue Bauen" in der Weimarer Zeit verzichtete auf historisch ableitbare Formen. Vorherrschend waren weißgetünchte, entmaterialisiert wirkende Wand, durchlaufende Fenster- und Wandbänder, Sichtbarmachen der Konstruktion als Trägerin der Form. Das „Neue Bauen" zielte auf Veränderung der Gesellschaft hin, blieb aber weitgehend unverstanden, auch bei Arbeitern. Dieser Baustil wurde getragen von Deutschem Werkbund (siehe S. 304), Bauhaus (siehe S. 22), SPD und KPD; größte Bedeutung fand er im sozialen Wohnungsbau.

Konservative Architekten bekämpften das „Neue Bauen" als „kulturbolschewistisch", mindestens „undeutsch". Sie traten ein für vorindustrielle Wertsysteme: Ablehnung der Großstadt, Hinwendung zu Dorf und Kleinstadt, Eigenheim als Leitbild. Diese Architekten-Auffassung war weit verbreitet in Bau-Ausbildungsbereich, Bauwirtschaft, Baubürokratie, Heimatschutzvereinen, Mitteparteien.

Die konservative Architektur kannte seit 1919 zwei Hauptströmungen: Zum einen Monumentalarchitektur der wilhelminischen Zeit (siehe öffentliche Bauten, Verwaltungsbauten besonders der Schwerindustrie), zum anderen Heimatkunstbewegung mit bodenständigen Bauweisen, handwerklichen Fertigungsmethoden, heimischen Baumaterialien. Die Heimatschutzbewegung radikalisierte sich früh, vor allem durch den Architekten Paul

Schultze-Naumburg (1869-1949). Vertreter beider konservativer Architektur-Richtungen schlossen sich fast ausnahmslos dem 1928 gegründeten NS-Kampfbund für Deutsche Kultur an, wobei der Kampf gegen das „Neue Bauen" das erklärte Ziel war.

Die Architektur im Dritten Reich schließt, inhaltlich und formal, an die Entwicklung in der Weimarer Zeit an. Die NS-Theorie der „Neuen Baukunst" ist ein Konglomerat verschiedener konservativer Strömungen, kein einheitliches Programm. Die ökonomische Funktionalität des Bauens einerseits, die unterschiedlichen Vorstellungen der NSDAP-Anhänger und der Führungsschichten andererseits verhindern Entstehung und Ausformung eines einheitlichen NS-Baustils.

Im Dritten Reich lassen sich, nach formal-ästhetischen Maßstäben, drei Richtungen unterscheiden: 1. Die monumentale Architektur dient der Selbstdarstellung des NS-Regimes und der Lenkung der Massen. 2. Der Heimatschutzstil wird vor allem bei Bauten des sozialen Lebens (Wohnungsbau, Schulungs- und Ordensburgen, Jugendherbergen, Kasernen) angewendet. 3. Der sachliche Stil ist vor allem bei der Industrie- und Ingenieur-Architektur (Fabriken, Brücken) weit verbreitet, verzichtet weitgehend auf NS-Architekturinhalte, bedient sich modernster Konstruktionsweisen und Materialien (Skelettkonstruktionen, Beton, Glas) und orientiert sich formal an Formen des „Neuen Bauens" der sonst offiziell verpönten zwanziger Jahre.

Prominente Partei- und Staatsbauten sind das Haus der Deutschen Kunst in München (1934) von Paul Ludwig Troost, das Zeppelinfeld des Parteitagsgeländes in Nürnberg (1934) von Albert Speer, das Reichsluftfahrtministerium in Berlin (1935/36) von Ernst Sagebiel, das Reichssportfeld in Berlin (1934-36) von Werner March. Jene neoklassizistischen Bauten liegen „auf dem oberen Niveau der gleichzeitigen europäischen Tendenzen" (Thamer, 716). – Seit 1937 werden, gemäß Berlin-Planung Speers, für alle

Gauhauptstädte gigantische Neugestaltungen entwickelt: zentrales Achsenkreuz, Prachtstraße und großer Platz mit allen wichtigen Partei- und Staatsbauten.

Um Bodenständigkeit, Schlichtheit, Dauerhaftigkeit, Größe und für die Ewigkeit berechnete Macht auszudrükken, wählt man vornehmlich Werkstein (edler Granit, Muschelkalkstein) und Ziegelstein als Materialien. Die großen, mit Natursteinplatten verkleideten, glatten Wandflächen unterstreichen den festungsartigen Charakter der Bauten. Die wenigen tief eingeschnittenen Fenster sind durch steinerne Fensterkreuze unterteilt und steigern die Undurchdringlichkeit. Die statischen Rahmen und Bezugssysteme unterdrücken jeden Eindruck von Bewegung; ungeteilte Raummassen dominieren. Formen, Proportionen, Dimensionen sollen beeindrucken, einschüchtern, in den Bann ziehen und ein- und unterordnen − für das „tausendjährige Reich".

Das NS-Regime bedient sich aller historischen Formen, die sich für die Darstellung der NS-Weltanschauung eignen. Mit Hilfe vertrauter Architekturformen soll die NS-Überzeugungskraft gesteigert werden. Ziel ist, den öffentlichen Raum durch Herrschaftssymbole zu erfassen, um die Allmacht der Partei zu demonstrieren. Inszenierte Massen-Veranstaltungen mit ritualisiertem Ablauf, bei denen die uniformierten Massen entweder statisch Aufstellung beziehen oder in steter Bewegung auf den Führer ausgerichtet sind, dienen der Einübung der NS-Verhaltensweisen. Die aufmarschierten Massen werden zum Attribut und Ornament der Architektur gleichgeschaltet. Eine publikumswirksame Erfindung ist der „Lichtdom" von Speer (Joachim Petsch, in: Peukert/Reulecke, 175-178, 180-182, 184-185, 187-188).

Anhang 1: Architekten-Karrieren vor und nach 1933

Ein weitverbreitetes Klischee lautet: Die deutsche Architektur-Moderne vor 1933 sei weltoffen, zukunftsfroh, sozial engagiert, demokratisch gewesen. Die konservativen Architekten hingegen hätten die „Blut-und-Boden"-Ideologie ausgebrütet, der NSDAP den Weg bereitet und wären den Verführungen der NS-Machthaber erlegen. Da ist Heinrich Tessenow (1876-1950): Seine Bauten prägt ein wohlproportionierter, puritanisch schmuckloser Neuklassizismus, seine Arbeiter-Reihenhäuser und Wohnhäuser in den Gartenstädten Dresden-Hellerau und Hopfengarten bei Magdeburg ein sachlich einfacher Stil. Den bedächtigen Tessenow, Lehrer des NS-Star-Architekten Albert Speer, widert die Großmannssucht seiner NS-Schüler an. Da ist Paul Schmitthenner (1884-1972), 1932 für Hitler: Er beeinflußt mit seiner bodenständigen Gesinnung das Bauen im zeitlos schlichten Stil; sein Wohn- und Siedlungsbau zeichnet sich durch handwerkliche Liebe zum Detail aus. Er widmet Hitler peinliche Elogen. Als die großen Aufträge allerdings an ihm vorbeigehen, wird er zum Sprecher des „sanften Gesetzes" — als Antithese zum NS-Staatsbaustil.

Auch Parteigänger der Architektur-Moderne finden 1933 schnell den Weg zu den neuen Herren. Bald stehen große Namen der Avantgarde, so Walter Gropius, unter Denkschriften, in denen die bislang als international gerühmte Architektur zur eigentlichen deutschen Baukunst erklärt wird. Allenthalben finden sich Frontenwechsel und Etikettenschwindel, versuchte Nähe und abgewiesene Partisanenschaft — auch bei den Architekten. „Die Geschichte ist immer komplizierter, als es die heldenbedürftige Nachwelt wahrhaben will."

Es gibt Abhängigkeiten der Schüler von Lehrern, Erkenntlichkeiten von Kollegen untereinander, Kumpanei der Schicksalsgenossen. Zwar geht auch die Avantgarde ihre Schutz- und Trutzbündnisse ein. Aber für die Verbindungen zwischen dem Bauen der zwanziger Jahre, des NS-Regimes und der ersten Jahre nach 1945 ist die Symbiose derer wichtig, die auf den Lehrstühlen und in den Amtssesseln sitzen und das Sagen haben. Und das sind, das Preußen der Weimarer Zeit ausgenommen, nur selten die Modernen (Wolfgang Pehnt, in: „Frankfurter Allgemeine Zeitung", Frankfurt, 21. Juni 1986). Am Ende scheint Albert Speer der einzige gewesen zu sein, der nach dem Dritten Reich auf seine Architekten-Laufbahn verzichten mußte und statt dessen die erfolgreiche Karriere des Schriftstellers einschlägt.

Anhang 2: Ludwig Mies van der Rohe 1933-1937

Es ist eine Legende, Mies habe das Dritte Reich aus Gewissensgründen verlassen. Tatsächlich zögert er lange und versucht immer wieder, sich mit dem NS-Regime um fast jeden Preis zu arrangieren.

Vor 1933 galt Mies im In- und Ausland als Deutschlands bedeutendster Architekt. Er leitete das Bauhaus (siehe S. 22) und beherrschte den Deutschen Werkbund (siehe S. 304). Weltweites Aufsehen erregte er u.a. mit der internationalen Weißenhofsiedlung in Stuttgart (1926/27), mit dem Deutschen Pavillon auf der Weltausstellung 1929 in Barcelona, mit dem Haus Tugendhat (1930) in Brünn. In der NSDAP galt er als „Kulturbolschewist" ... 1933 beteiligt er sich an einem Bauwettbewerb für die Reichsbank und wird Mitglied der Reichskulturkammer. 1934 unterzeichnet er ein Treuebekenntnis der Kulturschaffenden zu Hitler, gemeinsam mit Prominenten wie Ernst Barlach, Wilhelm Furtwängler (1886-1954), Emil Nolde (siehe S. 192), Hans Pfitzner (siehe S. 22), Wilhelm Pinder (1878-1947), Richard Strauss (1864-1949), Heinz Tietjen (1881-1967), und beantragt die Aufnahme in die NS-Volkswohlfahrt (siehe S. 321), eine Massenorganisation.

Im Dritten Reich schlägt sich Mies mit den Tantiemen für

seine Möbelentwürfe durch. Nachdem Hitler alle Wettbe-
werbsbeiträge für den Reichsbank-Bau verwirft, setzt Mies
seine Hoffnungen auf einen von Joseph Goebbels ausge-
lobten Wettbewerb für einen Deutschen Pavillon auf der
Weltausstellung 1935 in Brüssel, der das NS-Regime repräsentieren soll. Mies hatte der Weimarer Republik bei seinem Barcelona-Bau jedes Zugeständnis verweigert. Nun
treibt er seine Kompromißbereitschaft sogar bis zum Verrat
an seinen Prinzipien: er garniert seinen Kubus mit einem
Reichsadlerchen und strichelt an die Marmorwand einer
Pavillon-„Ehrenhalle" ein abstrahiertes Hakenkreuz. Es
folgen Demütigungen, etwa: aus dem Katalog einer Ausstellung wird sein Name gestrichen; für ein Privathaus wird
die Genehmigung nur unter der Auflage erteilt, daß der
Bau durch einen Erdwall gegen jede Einsicht abzuschirmen sei. Er wartet vergebens auf einen nur bescheidenen
Auftrag und emigriert erst 1937 in die USA.

Vorgreifend: 1965 erlebt er als US-Bürger die Grund-
steinlegung für seine neue Nationalgalerie (1968) in West-
berlin auf jenem Grund, auf dem Albert Speer einst den
Runden Platz der Nord/Süd-Achse angelegt hatte. Ludwig
Mies van der Rohe stirbt 1969, gefeiert als „Architekt des
Jahrhunderts" („Der Spiegel", Hamburg, 5. Juni 1989).

Anhang 3: Ordensburgen, hier Vogelsang

Seit 1934 läßt Robert Ley, NSDAP-Reichsorganisationsleiter und DAF-Leiter, in kargen, schwer zugänglichen Landschaften drei Ordensburgen errichten: in Crössinsee/Ost-
pommern, Sonthofen/Allgäu und Vogelsang/Nordeifel −
in der Tradition des Deutschen Ritterordens. Sie sollen den
Nachwuchs für die höhere Parteiführerschaft heranbilden,
jeweils tausend Junker für ein Jahr. Deren Auslese ist den
Kreisleitern, Gauleitern und Ley vorbehalten. Die Junker-
Angehörigen erhalten einen Monatszuschuß; die Partei
kommt für etwaige Schulden auf. Die Disziplin ist rigoros,

etwa Zwangsfasten für geringfügige Verstöße. Entgegen der Planung sind die Ordensburgen nie voll besetzt, oft nur zu zwei Drittel (Grunberger, 311).

Durch den Ley-Architekten Clemens Klotz (1886-1955) werden die Ordensburgen eindrucksvoll gestaltet. Vogelsang rühmt sich der größten Turnhalle der Welt; in Sonthofen kann der 200 Meter lange Speisesaal mit Wänden und Boden aus deutschem Marmor 1500 Personen fassen. In Crössinsee liegt der Akzent auf Leibesübungen, Segeln, Reiten und Segelflug, in Sonthofen auf Skilauf und Alpinismus, in Vogelsang auf militärischer Ausbildung. Finanziert und verwaltet werden die Ordensburgen von der DAF. — Seit 1941 werden sie von Adolf-Hitler-Schulen (siehe S. 298), den Vorschulen für die Ordensburgen, belegt. Vogelsang, seit 1943 Entbindungsheim für Frauen aus dem bombengeschädigten Köln, wird am 4. Februar 1945 von US-Truppen kampflos besetzt, seit 1946 von den Briten, seit 1950 von den Belgiern, seit 1956 von NATO-Partnern militärisch genutzt.

Im Februar 1989 wird *Vogelsang* auf Antrag des Rheinischen Amtes für Denkmalpflege vom Kölner Regierungspräsidenten unter Denkmalschutz gestellt. Die weiträumigen Anlagen wie Thingplatz, Sonnenwendplatz und Bauten (Gemeinschaftshäuser, Gästehaus, „Adlerhorst", Kameradschaftshäuser für die Junker, Haus des Wissens, Burgschenke) samt Reliefs als Kunst am Bau blieben erhalten. Für den Landeskonservator Udo Mainzer steht außer Frage, daß die Ordensburg-Architektur „nicht als Fremdkörper aus der Kontinuität der deutschen Architekturentwicklung seit 1918 herausgeschnitten" werden könne („Frankfurter Allgemeine Zeitung", Frankfurt, 25. Februar 1989).

Sonthofen wird von der Bundeswehr genutzt. Crössinsee, bis 31. Januar 1945 Hauptquartier der Heeresgruppe Weichsel, steht seit März 1945 unter polnischer Verwaltung, mit unbekannter Nutzung.

16

NS-Wirtschaft und NS-Wirtschaftswunder
1933-1938/39

Bis 1923 verliert das Geld seinen Wert; seit 1929 verliert die Arbeit ihren Wert. Von 1928 bis 1932 ist in Deutschland das Volkseinkommen um rd. 40 % gesunken, der Bruttowert der Industrieproduktion und das Jahreseinkommen der Arbeiter um je rd. 50 %, der Bruttowert der besonders krisenempfindlichen Investitionsgüter wegen anhaltenden Preissturzes um rd. 60 % (Fischer, 108). Zur Jahreswende 1932/33 ist ein Drittel der erwerbsfähigen Bevölkerung arbeitslos. Öffentliche Finanzen (Reich, Länder, Gemeinden) und Banken sind dem Zusammenbruch nahe. Industrie und vor allem Landwirtschaft können ihre teilweise riesigen Schulden nicht mehr bezahlen.

Am 1. Februar 1933 verkündet Hitler: „Binnen vier Jahren muß die Arbeitslosigkeit endgültig überwunden sein" (Domarus, 193). Hitler weiß, daß nur durch schnelle, sichtbare Besserung der Lage der notleidenden Massen sein Regime gestärkt werden kann. – Im Ausland und unter deutschen Emigranten glaubt man 1933, Hitler werde nach kurzer Regierungszeit vor unüberwindlichen Schwierigkeiten scheitern.

Deutsche Wirtschaftskreise denken ähnlich. Vertrauen oder Mißtrauen in die politisch-wirtschaftliche Entwicklung werden auf dem *Kapitalmarkt* schneller als anderswo sichtbar: das Risiko des plötzlichen Verlustes ist am größten. Der deutsche Kreditmarkt kommt, bis Herbst 1933, noch nicht in Bewegung. Der Aktienindex liegt im September 1933 nur knapp 3 Punkte über dem Stand von September 1932. Die Kurse und besonders Rendite der 6 %-Wertpapiere, speziell die der Gemeinden, sind erheblich gefallen. Im Herbst 1933, als die NS-Herrschaftsstruktur im wesentlichen stabilisiert ist, gibt es noch kein solides, gefestigtes Vertrauen in die Wirtschaftspolitik Hitlers, denn die Geldgeber sind *noch nicht* bereit, ihr Geld in größerem Umfang langfristig anzulegen (Zumpe, 44 + 444-445).

Um so mehr bestaunt bis 1938 die Welt Hitlers unleugbare Erfolge. Erst damit gewinnt Hitler, so Golo Mann 1982 rückschauend, „neun Zehntel aller Deutschen für sich" (in: „Rheinischer Merkur", Bonn, 2. Juli 1982). Deutschland, in Europa von der Weltwirtschaftskrise am stärksten betroffen (siehe S. 33), vermag die Massen-Arbeitslosigkeit zu beseitigen, die gelähmte Wirtschaft rasch anzukurbeln und einen „erstaunlich langen und stetigen Anstieg" sicherzustellen" – während sich in Frankreich bis 1939 die Krise fortsetzt, in England und in den USA dem konjunkturellen Aufschwung eine neue Rezession 1937 folgt (Knut Borchardt, in: Aubin/Zorn, II, 712).

Nach vier Hitler-Jahren gibt es fast Vollbeschäftigung und einen bis dahin präzedenzlosen Wirtschaftsaufschwung nach Maß und Plan – wie in keinem anderen kapitalistischen Staat. „Lange Zeit hatte das deutsche Volk in seiner Gesamtheit das, was es selber besaß, machen, ernten konnte, nicht genießen dürfen. Dieser widernatürliche Skandal hörte nun auf ..." (Golo Mann, Dt. G., 829f.). Das widersinnige Bild bis 1932: hier der hungernde städtische Arbeitslose, dort das unverkäufliche Schwein des Bauern, ist verschwunden.

Die Beschäftigung der Industrie im Altreich (Basis 1928 = 100) steigert sich von 1932 bis 1938 um 112 %, in der ganzen Welt (ohne UdSSR) nur um 52 %. Die Leistung der NS-Wirtschaftspolitik wird nicht dadurch geschmälert, daß der deutsche Aufschwung zu einem gewissen Maß durch die seit 1935/36 allmählich abklingende Weltwirtschaftskrise erleichtert wird. Insgesamt aber stagniert, bis 1939, die Weltwirtschafts-Entwicklung, statt Auftriebsimpulse zu geben.

Dietmar Petzina bezeichnet 1977 Hitler als „den Gewinner der Weltwirtschaftskrise" und bilanziert das NS-Wirtschaftswunder: „Der Anstieg des realen Volkseinkommens übertraf zwischen 1933 und 1939 mit 8,2 % jährlich sogar das wirtschaftliche Wachstum im ersten Jahrzehnt (1949 bis 1959) der Bundesrepublik (Deutschland), dem gemeinhin die größte Dynamik in der deutschen Wirtschaftsgeschichte seit Beginn der Industrialisierung zugeschrieben wird" (Die, 109 + 18).

Die eigentliche Schubkraft des deutschen Aufschwungs sind die umfangreichen staatlichen Aufträge, der hohe Anteil staatlicher Investitionen, staatliche Subventionen und Garantieleistungen (Zumpe, 427). Die Weichen dafür waren 1932 unter den Reichskanzlern Papen und Schleicher gestellt worden. *Damals* übernahm der Staat die Aufgabe, statt fehlender Selbstheilungskräfte der Wirtschaft die Konjunkturwende herbeizuführen und die Krise zu überwinden. Mit dem Papen-Programm vom 4./5. September 1932 und dem Schleicher-Sofortprogramm vom 28. Januar 1933 findet Hitler das Rüstzeug schon vor.

Im Dritten Reich darf freilich niemand offen sagen: Beseitigung der Arbeitslosigkeit und Aufschwung wären, mit antizyklischem Instrumentarium, auch *ohne Hitler* erreichbar gewesen. Mit einem wichtigen Unterschied: *Ihm* bringt eine zunächst schwache, dann riesige Mehrheit der Deutschen größtes Vertrauen entgegen, während die demokratischen Weimarer Politiker als „abgewirtschaftet" gelten.

NS-Wirtschaftssystem

Das Wirtschaftssystem des Dritten Reiches ist weder Staatskapitalismus noch staatliche Planwirtschaft. Hitler verstaatlicht nicht die Industrie, sondern das Volk. Das NS-Wirtschaftssystem unterscheidet sich von liberaler Marktwirtschaft wie von umfassender Planwirtschaft. Es weist sowohl vorliberale und merkantilistische wie spätkapitalistische und monopolistische Merkmale auf (Petzina, Die, 140). Es ist in seinem Kern „eine staatlich umfassend gelenkte privatwirtschaftliche monopolistische Wirtschaft" (Swatek, 46).

Für Hitler stellt sich die Lage so dar: Der Staat, das heißt: ich, stellt der Privatwirtschaft die Aufgaben; löst sie sie nicht, wird der Staat tätig! Dafür ein repräsentatives Beispiel: Die Gründung der Reichswerke AG für Erzbergbau und Eisenhütten „Hermann Göring" in Salzgitter am 15. Juli 1937 gegen zögernde oder widerstrebende Teile der früher so einflußreichen Schwerindustrie. – Eigentumsverhältnisse und Rechtsformen der Wirtschaft werden nach politischer Zweckmäßigkeit entschieden. Dies gilt auch für wirtschaftliches Rentabilitätsdenken: Wenn etwas für Hitlers politisch-militärische Vorhaben dringend geboten ist, muß auf das kapitalistische Prinzip (minimaler Aufwand, maximaler Ertrag) eben verzichtet werden. Die Industrie kennt Hitlers stete Drohung einer Verstaatlichung.

Bis Kriegsende läßt Hitler die vorgefundene Wirtschaftselite an ihrem Platz und nutzt sie für seine Zwecke. (Siehe Industriekonzerne und Großbanken 1933-1945, S. 241). In seinen „Tischgesprächen" im Führerhauptquartier bekräftigt Hitler wiederholt, nach dem Krieg das Wirtschaftsleben des Dritten Reiches einschneidend zu ändern. Hitler will dann den Makel tilgen, daß zuviel Reichtum in den Händen weniger konzentriert sei, wobei es sich allzu häufig um unwürdige Hände handele. Bis zum Ende sucht Hitler nach einem „dritten Weg" zwischen Kapitalismus und Sozialismus (Turner, Die, 402), der die Vorteile privater Initiative und ökonomischer Konkurrenz mit den Vorteilen staatlicher Wirtschaftslenkung (mit möglicher Sozialisierung bestimmter Branchen) miteinander verbinde (Zitelmann, Selbstv., 298). Neue Formeln dafür bleiben aber bei Hitler aus.

Unter SS-Intellektuellen gibt es 1944/45 Überlegungen, zu mittelständisch-antikapitalistischen NS-Tendenzen der Kampfzeit vor 1933 zurückzukehren. Man entwickelt Pläne zur Entflechtung der Großkonzerne und zur Trennung von Bürokratie und Wirtschaft (Thamer, 723).

Hitler und Wirtschaftspolitik

Vor 1933 und nach 1945 heißt es oft, Hitler habe von wirtschaftlichen Fragen nichts verstanden und der Wirtschaftspolitik und -ordnung nur geringe Bedeutung beigemessen. Dies trifft nicht zu und ist eine Legende (Zitelmann, Selbstv., 228; dto., Biogr., 9). Die *ihm* wichtigen Ökonomie-Aspekte erfaßt er rasch. Das NSDAP-Programm vom 24. Februar 1920 ist ein Propaganda-Katalog und bleibt nach 1933 fast bedeutungslos. – Für Hitler ist bereits 1925 die Wirtschaft „nur eines der vielen Hilfsmittel", die zum Erreichen der Ziele des Staates erforderlich sind (Mein Kampf, 165). Hjalmar Schacht hatte Hitler am 29. August 1932 geraten, „kein detailliertes Wirtschaftsprogramm" aufzustellen. Tatsächlich besitzt die NSDAP bei Machtübernahme 1933 keine ordnungspolitische Konzeption.

Hitler schwankt ein Leben lang zwischen Improvisation und Planung. Über Außen- und Militärpolitik hat er viel genauere Vorstellungen als über Innen- und Wirtschaftspolitik. Er verfügt 1933 nur in Umrissen über ein wirtschaftspolitisches Konzept und über ordnungspolitische Vorstellungen. Jenes „wirtschaftspolitische Defizit" Hitlers ist, so seltsam es klingen mag, kein Nachteil. Gerade *ohne* Wirtschaftsdogma kann der Nationalsozialismus eine Systemkombination und wirtschaftspolitische Methodik entwickeln, zu der Liberale und Sozialisten infolge dogmatischer Gebundenheit nur schwierig gelangen können (Swatek, 46). Dies spricht die Wehrwirtschaftsinspektion IV/Dresden im Geheimbericht vom 19. Dezember 1935 an: Die NS-Wirtschaftsführung „unterscheidet sich vor allem dadurch von den vorbeschriebenen (marxistischen und liberalen, HJE) Arten durch ihre oft überraschende Beweglichkeit und möglichste Anpassungsfähigkeit. Sie bekennt sich zwar auch zu bestimmten Zielen und Grundsätzen, aber sie bindet sich nicht an bestimmte Einrichtungen und Methoden" (Tilla Siegel, in: Sachse, 65).

Das Miteinander von revolutionären und traditionellen Mitteln und Zielen macht den Nationalsozialismus für viele Deutsche und Ausländer attraktiv. – Im Gegensatz zu den meisten sozialistischen Staaten beweist Hitler, daß es möglich ist, „unter einer straffen, zentralisierten Diktatur einen hohen Lebensstandard zu erhalten". Entgegen anderer Meinung ist es möglich, „vor dem Krieg und weit bis in den Krieg hinein Butter *und* Kanonen zu produzieren" (Lukacs, 193).

Staatskonjunktur und Aufrüstung

Die Weltwirtschaftskrise fördert weltweit ökonomischen Nationalismus und Protektionismus, staatliche Interventionen und Wirtschaftslenkung. Überall werden die öffentlichen Aufträge zur Ankurbelung der Wirtschaft mittels Zentralbank-Krediten finanziert. Auch der Aufschwung unter Hitler ist eine „Staatskonjunktur".

Der NS-Staat beansprucht, im Rahmen seiner „gelenkten Marktwirtschaft", bis 1938 von den multiplikativ auftretenden Zuwächsen des Bruttosozialprodukts etwa die Hälfte bis zwei Drittel, wobei sich der Staatsverbrauch auf mehr als das Dreifache des Vorkrisenniveaus erhöht und seit 1936 immer forcierter in die Rüstung gelenkt wird (Knut Borchardt, in: Aubin/Zorn, II, 713; Swatek, 36f. + 49).

Zeitzeuge Sebastian Haffner bekundet 1973: „Von Hitlers Wirtschaftswunder spricht heute keiner mehr. Es hat's aber gegeben, und es war für die Mitlebenden ein größeres Wunder als später (1948-1955, HJE) die Erhardsche Wiederaufbaukonjunktur" (Kempowski, 112). Dieses NS-Wirtschaftswunder ist *keine Scheinblüte.* Es beschert den Deutschen einen im Ausland beneideten, von ihnen 1932 für undenkbar gehaltenen Lebensstandard. Das 1932 extrem niedrige Produktionsniveau und die riesigen unausgelasteten Kapazitäten ermöglichen es, aus dem wachsenden Bruttosozialprodukt den zivilen und den schnell wachsenden militärischen Bedarf zu befriedigen, ohne daß die Aufrüstung auf Kosten des Lebensstandards gehen muß (Knut Borchardt, in: Stürmer, 339, Anm. 53).

Als Initialzündung für die *unmittelbare* Arbeitsbeschaffung 1933 bis 1934 genügen, kraft Kreditschöpfung der Reichsbank, staatliche Mittel von etwa 5,0 bis 5,5 Mrd. RM, davon ausgezahlt bis Mai 1934 rd. 2,3 Mrd. RM, bis Anfang 1935 rd. 4 Mrd. RM (Mason, 124; Kehrl, 37; Petzina, Die, 113; Zumpe, 69f.; Boelcke, 70, Anm. 41).

Die Vollbeschäftigung für alle Arbeitsfähigen wird bis 1936/37, entgegen zäher Legende, *nicht* erreicht durch die geheim vom Brüning-Kabinett seit 1930 eingeleitete, vom Papen-Kabinett 1932 verstärkte, durch Hitler getarnt fortgesetzte, dann forcierte *Aufrüstung.* Die Wende auf dem Arbeitsmarkt wird erreicht, als Rüstungsaufträge und Truppenverstärkung nur bescheidene Umfänge aufweisen (Pentzlin, Die, 199). Seit 1933 bestimmt das Hitler-Ziel „Aufrüstung" die Wirtschafts-, Arbeitsbeschaffungs- und Lohnpolitik. Arbeitsbeschaffung und Aufrüstung laufen nebeneinander. Aber für den Wirtschaftsaufschwung spielen die Aufwendungen für die Aufrüstung 1933 bis 1935 nur eine verhältnismäßig geringe, 1936 bis 1937 eine normale bis große und erst 1938 bis 1939 eine riesige Rolle.

Die Aufwendungen für Aufrüstung bleiben, als Motor des wirtschaftlichen Wachstums, hinter den Investitionen für nicht rüstungsbedingte Bereiche zurück. In Industrie, Landwirtschaft, Verkehr, Energiewesen, Wohnungsbau, öffentliche Verwaltung werden von 1933 bis 1939 rd. 100 Mrd. RM investiert, in Wehrmacht und Rüstung *rd. 62 Mrd. RM* (Kehrl, 36-37; Erbe, 37 + 100; Boelcke, 7).

Hitler brüstet sich in seiner Reichstagsrede am 1. September 1939, „in sechs Jahren" seien „über 90 Mrd. RM" für den Aufbau der Wehrmacht aufgewendet worden — eine großsprecherische Übertreibung. Bis 1934/35 ist die Reichswehr nur ein Verteidigungsheer, seit 1935/36 wird die Wehrmacht zum Angriffsheer formiert (Boelcke, 27).

Nach rein ökonomischen Maßstäben kann bis 1936 die deutsche Wirtschaft weder quantitativ noch institutionell als „Kriegswirtschaft im Frieden" bezeichnet werden, auch wenn es damals im In- und Ausland anders anmutet. Hitler dekretiert am 26. August 1936 in seiner geheimen Denkschrift über den *Vierjahresplan* (Kopie nur an Hermann Göring und Werner von Blomberg, 1944 an Albert Speer) knapp: „I. Die deutsche Armee muß in vier Jahren einsatzfähig sein. II. Die deutsche Industrie muß in vier Jahren kriegsfähig sein." Göring erläutert am 4. September 1936 im Ministerrat Hitlers „Generalanweisung", daß alle Vierjahresplan-Maßnahmen zu erfolgen hätten, als ob man „im Stadium drohender Kriegsgefahr" sei (Zumpe, 225).

Der seit 1936/37 wirksame Vierjahresplan leitet durch ein großes Investitionsprogramm eine umfassende Aufrüstung und statt der allgemeinen eine direkte Kriegsvorbereitung (Ausbau der Rohstoffbasis und Agrarerzeugung) in die Wege. Er ist „weit davon entfernt, die deutsche Wirtschaft ... einem umfassenden kriegswirtschaftlichen Generalplan zu unterwerfen" (Petzina, Die, 131). Im Vierjahresplan-Apparat arbeiten erstklassige Fachleute, mit wenig Ausnahmen keine überzeugten NS-Leute, die es reizt, die großen Aufgaben ohne Rücksicht auf Kosten in Angriff nehmen zu können (Pentzlin, Die, 238). Intern sagt Hitler, eine endgültige Lösung des Rohstoff- und Devisenproblems sei erst durch Erweiterung von Lebensraum und Rohstoff- und Ernährungsbasis (sprich: Krieg gegen die UdSSR) möglich. Die NS-Wirtschaftspolitik bleibt eine grandiose Improvisation.

Arbeitsbeschaffung

Der Industrielle und Volkswirtschaftler Robert Friedländer-Prechtl (1881-1954) forderte in seinem Buch „Wirtschafts-Wende. Die Ursachen der Arbeitslosen-Krise und deren Bekämpfung" 1931: Vorrang der Landwirtschaft; Autarkie durch Steigerung der Agrarerzeugung und Ersatz ausländischer Rohstoffe durch neue Verfahren, etwa Benzin-Synthese; großzügige öffentliche Arbeitsbeschaffung durch Kreditausweitung; Ausbau der Verkehrsnetzes nebst Bau eines Autobahnsystems von 20.000 Kilometer Länge; Schaffung einer „Arbeitsarmee" mit soldatischem Ethos und militärischer Disziplin. − Friedländer-Prechtl war einer der ersten deutschen Theoretiker und Verfechter neuzeitlicher Beschäftigungs- und Finanzierungsmethoden (Barkai, 45). Er muß 1932 resigniert feststellen, daß leider die NSDAP die einzige Partei weit und breit sei, die wirtschaftspolitische Aktivität entfalte (Werner Jochmann, in: Stegmann/Wendt/Witt, 111f.).

Vielleicht ging dieser Plan und der Plan „Arbeitsbeschaffung durch produktive Kreditschöpfung" (1932) des Lübecker Industriellen Heinrich Dräger (1898-1986) in das von *Gregor Strasser* (1892-1934) am 10. Mai 1932 (Reichstagsrede) vage, dann im Juli 1932 konkreter vorgelegte „Wirtschaftliche Sofortprogramm der NSDAP" ein. Dieses kühne Anti-Depression-Programm versprach entschiedene Schritte in Richtung auf wirtschaftliche Autarkie und Schaffung neuer Arbeitsplätze durch die Regierung, was durch höhere Staatsverschuldung und höhere Besteuerung der Bezieher hoher Einkommen finanziert werden sollte (Turner, Die, 306). Das Strasser-Programm erregte vor der Reichstagswahl vom 31. Juli 1932 Aufsehen, zumal erstmals in einem Parteitext der Begriff „produktive Kreditschöpfung" erschien.

In vielen Ländern stehen 1933 staatliche Eingriffe in das gesamte Wirtschaftsleben, umfangreiche Finanzhilfen, staatliche Programme zur Krisen-Überwindung auf der Tagesordnung. In Deutschland liegen 1932/33 die Maßnahmenpakete der Kabinette Papen und Schleicher vor; sie werden von Hitler übernommen, jedoch stark ausgeweitet.

Konservative Kreise pflegten vor 1933 die Furcht, durch produktive Kreditschöpfung werde *Inflation* erzeugt. So wollten jene Zirkel die ihnen unliebsamen Arbeitsbeschaffungspläne diskreditieren (Mason, 125). Auch Hjalmar Schacht widersetzte sich 1932 öffentlicher Arbeitsbeschaffung kraft „deficit spending" und Kreditausweitung und beklagte, daß ohnehin zuviel Geld im Umlauf sei; ein Jahr später revidiert er sich (Barkai, 38; Turner, Die, 300). Da Reichskanzler Kurt von Schleicher 1932/33 die Arbeitsbeschaffung vor allem durch den Staat finanzieren und sich verstärkt auf die Gewerkschaften stützen wollte, wurde er von der Mehrheit der Unternehmer bekämpft. Andererseits: Stark verschuldete Industrielle und Großgrundbesitzer liebäugelten mit einer sie schuldenfrei machenden Inflation und sind *deswegen* für eine produktive Kreditschöpfung.

Das von Gregor Strasser im Juli 1932 propagierte „Wirtschaftliche Sofortprogramm der NSDAP" wurde von Hitler im September 1932 zurückgezogen. Dies vermutlich, weil fast alle maßgebenden Kreise der Wirtschaft es ablehnten (Turner, Die, 343). Auch der DIHT (Deutscher Industrie- und Handelstag) lehnt noch im März 1933 jedes umfangreiche „deficit spending" nach wie vor entschieden ab. Das erste Arbeitsbeschaffungsprogramm der Reichsregierung Hitler wird, demnach, *gegen* die Wünsche und Interessen der Industrie erlassen.

Hitlers staatliches Arbeitsbeschaffungsprogramm (Gesetze vom 1. Juni/21. September 1933) wird maßgebend vom Steuerberater und Alt-Pg. Fritz Reinhardt (1895-1969), 1928-1930 Gauleiter von Oberbayern, seit 1933 Staatssekretär im Reichsfinanzministerium, geschaffen: Arbeitsschatzanweisungen über 1,5 Mrd. RM zur Belebung vor allem der Bauwirtschaft und Reichsautobahn-Wechsel (Gesetz vom 27. Juni 1933 über Errichtung des Unternehmens Reichsautobahnen) über 600 Mio. RM. Damit werden Papen/Schleicher-Pläne forciert.

Die NS-Finanzpolitik will ferner im Zuge mittelbarer Arbeitsbeschaffung durch vorübergehende oder dauernde Steuererleichterungen die Nachfrage anregen, so daß mit Belebung der Wirtschaft auch höhere Steuereingänge erfolgen. Unter den dauernden Erleichterungen ist die Aufhebung/Ablösung der *Kraftfahrzeugsteuer* (Gesetze vom 10. April/31. Mai 1933) besonders wirkungsvoll: Alle seit 31. März 1933 (dann: davor) neu zugelassenen Kraftfahrzeuge und Krafträder werden von Steuer befreit. Der Erfolg ist durchschlagend. Die dadurch angeregte Nachfrage führt zu einem schnellen Aufschwung der Automobilindustrie, die ein Jahr später — April 1934 — schon den Höchststand der Produktion von 1928 überschreitet und zu 84 % ausgelastet ist. Während 1932 41.119 PKW zugelassen wurden, sind es 1933 82.048 und 1934 130.938. Die Zahl der zugelassenen Kraftfahrzeuge verdoppelt sich von 1932 bis 1938, was auch für die gesamte Wirtschaft wichtig ist, besonders für die Zulieferindustrie.

Die Zahl der Kraftfahrzeuge nimmt von 1933 bis 1939 bei PKW von 522.000 auf 1,4 Mio. zu, bei LKW von 155.000 auf 400.000. Das Auto, früher „Luxusgut der Oberschicht" (siehe S. 316), wird zum „Teil des Massenalltags. Damit wird der Grund gelegt für die künftige deutsche Automobilgesellschaft" (Langewiesche/Tenorth, 54) seit 1948.

Bei Hitlers Arbeitsbeschaffungspolitik stehen *drei Schwerpunkte* im Vordergrund: *1.* Die Arbeitslosigkeit muß schnell genug wesentlich verringert werden, damit der Masseneinfluß des NS-Regimes erhalten und verstärkt wird. 2. Die Arbeitslosigkeit muß auch für die Industrie wirksam werden, darf also nicht nur vorwiegend manuelle Tätigkeiten betreffen und somit nur auf schnelle zahlenmäßige Verringerung der Arbeitslosen ausgerichtet sein. 3. Die Arbeitsbeschaffung soll soweit wie möglich der Militarisierung der Volkswirtschaft dienen (Zumpe, 57). Hitler schafft diese drei Aufgaben.

Hitler weiß: Was im Ausgleich zwischen Kapital und Arbeit freiwillig unerreichbar und kämpferisch nur unter Einbußen zu erringen ist, gelingt, unter direktem-indirektem Zwang staatlicher Lenkung (Investitions-, Steuer-, Lohn- und Preispolitik), meist spielend, sobald der Zwang ausweglos erscheint und doch nicht so weit geht, daß der gewinnorientierte Leistungsanreiz der Unternehmer erlahmt. Hitler weiß auch: So wenig durch vernünftiges Zureden, durch moralische oder selbst ökonomische Appelle zu erreichen ist, so leicht gelingt es, eine vom Staat gewünschte Tendenz durchzusetzen, wenn diese mit den egoistischen Tendenzen optimal übereinstimmt. Diese Überlegungen sind der psychologische Rahmen für den NS-Kurs.

Hitler realisiert sein frühes Wort (24. April 1923, Rede München): „Das Kapital ist nicht die Herrin des Staates, sondern sein Diener" (Jäckel, Hitler, 913), was er (23. März 1933, Regierungserklärung zum Ermächtigungsgesetz) so konkretisiert: „Das Volk lebt nicht für die Wirtschaft, und die Wirtschaft existiert nicht für das Kapital, sondern das Kapital dient der Wirtschaft und die Wirtschaft dem Volk" (Domarus, 233). Hitler verkündet den Primat der Politik über die Wirtschaft. Die Wirtschaftsführer hatten 1932/33 vor, mit Hitler als ihrem Werkzeug die Politik endgültig der Wirtschaft unterzuordnen. Ihre Illusion zerplatzt. Hitlers Kurs heißt, von seinen blumigen Phrasen in Klartext übersetzt: Volk, Wirtschaft und Kapital stehen im Dienst des

NS-Regimes und damit der erklärten friedlichen und (vorerst) unerklärten kriegerischen Ziele Hitlers.

Anhang 1: Hjalmar Schacht

Reichsbankpräsident seit 17. März 1933 *und* Reichswirtschaftsminister seit 30. Juli 1934 ist Hjalmar Schacht (1877-1970). Mit 31 Jahren war er Freimaurer und Vize-Direktor der Dresdner Bank, mit 39 Jahren Vorstandsmitglied der (privaten) Nationalbank für Deutschland bis 1923. Weltbekannt wurde er im November 1923 als Reichswährungskommissar bei der Mark-Stabilisierung. Anschließend war er, bis zum Rücktritt am 7. März 1930, Präsident der Reichsbank. Sein Vatermörder, eckiger Gang, Zwicker, Mittelscheitel machen Schacht zur beliebten Zielscheibe für Karikaturisten im In- und Ausland.

Der international bewunderte Bankier Schacht verbindet subtile Intelligenz, hohen Ehrgeiz, Roßtäuschertricks, grenzenlose Eitelkeit und lyrische Neigungen. Für viele Unternehmer gilt er 1933 als Bürge einer stetigen wirtschaftlichen und die bürgerlichen Freiheiten respektierenden Entwicklung im Dritten Reich. Schacht täuscht sich in Hitler und überschätzt seine eigenen Einflußmöglichkeiten.

Hitler scheut anfangs vor Finanzierungsfragen zurück. Daher kann Schacht, kein Nationalsozialist, lange einen verhältnismäßig unabhängigen Kurs steuern. Er erregt mit ungeschminkten Reden Anstoß in NS-Kreisen, so im September 1935 gegen den NS-Antisemitismus. Er hält die einseitige Entwaffnung Deutschlands für ungerecht und will daher mithelfen, daß sich das Reich eine Wehrmacht aufbaue, mit der es sich verteidigen könne. Schacht finanziert die Aufrüstung mit einem finanztechnischen Trick von genialer Einfachheit (siehe Anhang 2) geräuschlos und versucht Staatsverschuldung und somit Rüstung zu begrenzen. Dies bringt ihn seit 1936 in Gegensatz zu Göring, dann zu Hitler (Petzina, Die, 118). Die Staatsverschuldung steigt von 1933 bis 1935 gegenüber 1932 um 63 %, aber von 1936 bis 1938 gegenüber 1935 um nicht weniger als 107 % (Zumpe, 432).

Seit 1937 sieht Schacht durch steigende Rüstungsausgaben und irreparable Staatsverschuldung die Währung gefährdet. Erst Ende 1938 wird ihm klar, daß der Sinn von Hitlers Aufrüstung der Krieg ist. Schachts Rücktritt am 26. November 1937 als Wirtschaftsminister, dann am 20. Januar 1939 seine Entlassung als Reichsbankpräsident, auch wegen seiner Opposition gegen die NS-Kirchen- und Judenpolitik, markiert für die Eingeweihten im Dritten Reich: Nunmehr wird, mit dem Gesetz über die Reichsbank vom 15. Juni 1939, die Begrenzung der Kreditversorgung des Reiches durch die Reichsbank aufgehoben; Hitler hat die Schwelle vom „deutschen Finanzwunder" durch Schacht zur *unverhüllten* Inflations- und Kriegspolitik überschritten.

Nur wenige Deutsche wissen: Der Gold- und Devisenbestand der Reichsbank von 1928 2,40 Mrd. RM, 1929 2,51 Mrd. RM und 1933 975 Mio. RM sinkt 1935 auf 91, 1939 auf 70 Mio. RM (Petzina, Die, 123). Während die NS-Propaganda die „Freiheit der Währung vom Gold" bejubelt, besteht die Deckung der Reichsmark zunehmend aus Wechseln. Unerwähnt bleibt: die Rentenmark von 1923/24 hatte ebenfalls, notgedrungen, ohne Gold- und Devisendeckung funktioniert. Daß eine solche Deckung nicht für Währungsstabilität erforderlich ist, bedeutet vor und nach 1933 kein Geheimnis mehr in der Finanzwelt.

Die geldschöpfende Zweit-Einlösung der Reichsrüstungswechsel durch die Reichsbank wird verdeckt; die Folge muß Inflation sein. Der Kursverlust der Reichsmark wird durch Unterbinden des freien Devisenhandels nicht offenkundig. Der Währungsverfall wird durch allgemeinen Preisstopp 1936, sodann auch Lohnstopp 1938, zur zurückgestauten Inflation herabgedrückt und eine weitergehende Beschränkung der Normaleinkommen durch erhöhte Besteuerung vermieden.

Vor dem Bruch mit Schacht äußert Hitler am 5. November 1937, einerseits sei die große Wehrmacht zu unterhalten; andererseits stehe die Aussicht, den Lebensstandard zu senken; dieses Dilemma lasse keine andere Wahl als zu handeln, also die „Raumfrage" bis spätestens 1943-45 zu lösen. — Aus solchen und ähnlichen Äußerungen hat man nach 1945 geschlossen, Hitler habe Krieg führen *müssen,* da ihn die krisenhafte wirtschaftliche Entwicklung Deutschlands in seinen Augen dazu gezwungen habe. Eine solche Deutung verkennt die wahren Motive von Hitlers Handeln. Hitler führt nicht Krieg, weil die Währung ausgehöhlt ist, sondern er höhlt die Währung aus, um aufzurüsten und Krieg führen zu können. Hitlers Furcht, er werde früh sterben und könne dann den Krieg nicht mehr selbst führen, beeinflußt die Wahl des Zeitpunktes für den Kriegsbeginn entscheidend — nicht seine angebliche Sorge vor dem Zerfall der Währung.

Vorgreifend: Schacht, bis 1943 Reichsminister ohne Geschäftsbereich, hält losen Kontakt zum konservativen Widerstand. Er wird am 23. Juli 1944 verhaftet und bleibt bis Kriegsende im Prominenten-KZ. Nach Freispruch im Nürnberger Kriegsverbrecherprozeß 1946 und erneuter Verhaftung durch deutsche Behörden wirkt er als Privatbankier in Hamburg/Düsseldorf und als internationaler Finanzberater.

Anhang 2: Finanzierung von Arbeitsbeschaffung und Aufrüstung

Die üblichen staatlichen Finanzierungsquellen reichen nicht aus oder können (für Aufrüstung wegen Geheimhaltung) nicht in Anspruch genommen werden. Eine etatmäßige Beschaffung kraft Steuererhöhungen oder Anleihen ist ausgeschlossen: Steuererhöhungen würden die Krise verschärfen, für Aufnahme von Anleihen bietet der Kapitalmarkt keine Möglichkeiten. Schachts Weg muß über die Inanspruchnahme der Reichsbank führen. Deren

Kredithergabe an das Reich ist aber gemäß Bankgesetz vom 20. August 1924 auf insgesamt 500 Mio. RM begrenzt. Der Kunstgriff Schachts: Die Arbeitsbeschaffungswechsel, sodann die Rüstungswechsel, beide tatsächlich Finanzwechsel, werden formell zu „guten", also rediskontfähigen Wechseln gemacht.

Da das deutsche Wechselrecht sehr streng ist, der Wechsel eine gesetzlich festgelegte kurze Laufzeit hat, wird der *Arbeitsbeschaffungswechsel* aufgespalten in ein Bündel von spätestens nach drei Monaten fälligen Wechseln. Die Einlösung der einzelnen Wechsel, mit Ausnahme des letzten, erfolgt nicht wie üblich durch Bezahlung der Wechselsumme, sondern durch Hingabe des nächsten Abschnittes des betreffenden Wechselbündels. Damit wird die Einlösungspflicht des Reiches auf fünf Jahre hinausgeschoben, gleichzeitig die dem Wechsel eigene strenge Einlösungspflicht erhalten und die kurzfristige Verschuldung zu einer mittelfristigen Verschuldung manipuliert.

Ebenso beim *Mefo-Wechsel für Aufrüstung.* Zu jedem Mefo-Wechsel gehören eine auf fünf Jahre berechnete Anzahl von Prolongationsstücken, die stets nach Ablauf der jeweiligen Laufzeit an die Stelle des Primawechsels treten. Die Mefo-Wechsel werden auf die im August 1933 mit einem Kapital von nur 1 Mio. RM gegründete Metallurgische Forschungsgesellschaft mbH = Mefo in Berlin gezogen, die nur die Aufgabe hat, die eingereichten Wechsel zu akzeptieren. Das Mefo-Kapital ist zu vier gleichen Teilen von den Konzernen Krupp AG, Siemens AG, Gutehoffnungshütte AG und Rheinmetall AG gezeichnet. Der Mefo-Vorstand wird von je einem Vertreter der Reichsbank und des Reichswehrministeriums gebildet; das Mefo-Personal besteht aus Reichsbank-Angestellten. Weil die Mefo nur durch die hinter ihr stehende Reichsbank „gut" ist, garantiert sich diese faktisch die Wechsel selbst. Dies im Interesse der Industrie und Banken, die ihr Geld in solchen Wechseln mit 4,0 bis 4,5 % verzinst anlegen. Dadurch gehen bis 31. März 1938 rd. 12 Mrd. RM in die Aufrüstung.

17

Bilanz des NS-Wirtschaftswunders
1933-1938/39

Lohnstopp und Steuerpolitik verhindern ein rasches An-
steigen der disponiblen Einkommen und damit auch der
Ersparnisse der privaten Haushalte. Die gesamtwirtschaft-
liche Kapitalbildung speist sich, neben den unverteilten
Gewinnen der Unternehmen, hauptsächlich aus dem
„Zwangssparen" der Sozial- und Lebensversicherungen.
Die dort und in privaten Spareinlagen angesammelten Mit-
tel werden von 1937 bis 1939 zu 70-75 % „geräuschlos" in
Form von Reichsanleihen dem Staat zur Verfügung gestellt, ohne Erlaubnis der Besitzer. So werden Millionen
Deutsche, ohne es zu ahnen, zu mittelbaren Gläubigern
des NS-Regimes. Wahrscheinlich hätte auch propagandi-
stische Überredung das gleiche positive Ergebnis erbracht
(Barkai, 157).
   Im Kriege wird am 20. Oktober/10. November 1941 für
Lohn- und Gehaltsempfänger zwecks Kaufkraftabschöp-
fung das freiwillige steuerbegünstigte „Eiserne Sparen"
eingeführt: Festlegung gut verzinster Spareinlagen, die bis
12 Monate nach Kriegsende gesperrt bleiben sollen. Das
„Eiserne Sparen" verstärkt Gerüchte über Inflation.
   Wenige Eingeweihte wissen: Hitler will in den Friedensjahren nicht abstrakt das Bruttosozialprodukt erhöhen und
den Wohlstand des Volkes mehren. Das NS-Wirtschaftswunder steht, für Hitler, im Dienst der *Kriegsvorbereitung.*
Daher wird durch ein Kreditpotential die Aufrüstung ohne

spektakuläre Steuererhöhungen gesichert. Daher wird der private Verbrauch zugunsten Rüstung und Unternehmer-Gewinnen, trotz wachsenden Volkseinkommens, anfangs auf dem niedrigen Niveau der Depressionsjahre gehalten, dann gedrosselt. Denn die gegebenen Ressourcen lassen eine parallele Steigerung des privaten Verbrauchs zum Staatsverbrauch nicht zu. Dem deutschen Volk wird dies weitgehend verschleiert. Es gelingt nämlich jahrelang, einen überproportional wachsenden Staatsanteil am Bruttosozialprodukt mit einem höheren privaten Verbrauch zu vereinbaren (Petzina, Die, 140).

Nachfolgend werden notgedrungen häufig Statistiken zitiert, weil Statistiken objektivieren und quantifizieren. Jede, auch unmanipulierte statistische Aussage ist mit einer abschätzbaren, aber prinzipiell unvermeidlichen Unsicherheit behaftet. Noch so verfeinerte Statistiken sagen als solche nichts aus, sondern sie sind bloß Vorstufen zur Analyse wirtschaftlicher und gesellschaftlicher Vorgänge. Wie drückt sich das NS-Wirtschaftswunder in der kritisch verstandenen und interpretierten deutschen Statistik aus?

Heiraten

Verheiratet sind im Reich 1910 36,0 %, 1939 46,6 %; ledig sind 1910 58,5 %, 1939 46,2 %. Auf 1000 Einwohner kommen (Jahres-Durchschnitt 1891-1910: 8,1) noch 1929 9,2 und 1932 7,9 Heiraten, also nur wenig beeinflußt von der Wirtschaftskrise, dann 1933 9,7, 1934 11,1, 1935 9,7, 1936 9,1, 1937 9,1, 1938 9,4 und 1939 11,2 Heiraten.

Die Zahl der Verheirateten liegt demnach erheblich, die Zahl der Heiraten bis 1938 leicht über der Vorkriegszeit und entspricht der des Konjunkturjahres 1929, um 1939 beide Daten wesentlich zu übertreffen. Aber: 1938/39 verzeichnet Deutschland die meisten Heiraten in Europa. In

Linz/Österreich, einer prototypischen NS-Stadt und Hitlers Vaterstadt, liegen 1939 die Heiraten mit 25,8 p.T. sogar um 113 % über dem Reichs-Durchschnitt (Lukacs, 151f. + 427).

Am frühesten heiraten Arbeiter, später Angestellte, Selbständige und Landwirte, noch später mittlere und untere Beamte, zuletzt Akademiker. Wenn ein Beamter nicht frühzeitig genug heiratet und eine Familie begründet, kann er bei Beförderung übergangen werden. Nicht zu heiraten, gar kinderlos zu bleiben, gilt weithin als verwerflich oder, zumindest, als bemitleidenswert. *(Vorgreifend:* Diese Stimmung hält noch lange nach 1945 an.) Trotz NS-Leitbild „Vier-Kinder-Ehe" zählt 1933 eine Familie 3,9, 1939 3,3 und die der auf Kindersegen eingeschworenen SS-Führer 3,4 Köpfe (Aleff, 110).

In Sicht der NSDAP ist die Familie die Grundlage des Staates, so daß der Staat direkt zur Sicherung der Familie eingreifen müsse — wenn die Eheleute „rassisch einwandfrei" sind. Durch das staatliche *Ehestandsdarlehen* (Gesetz zur Verminderung der Arbeitslosigkeit vom 1. Juni 1933) können junge Brautleute, nach ärztlicher Feststellung ihrer Ehetauglichkeit, bei Heirat die erhebliche Summe von bis zu 1000 RM als zinsloses Darlehen für Möbel und Hausrat erhalten. Zum Vergleich: Mitte 1933 kostet ein Eichen-Schlafzimmer rd. 300 RM, ein Eichen-Kleiderschrank rd. 30 RM, eine Flurgarderobe rd. 20 RM; „Eigenhäuser" gibt es ab 6800 RM, eine viertürige Citroen-Limousine für 3550 RM (Maser, Regime, 67).

Das Darlehen wird vielfach nicht in Geld, sondern in „Bedarfsdeckungsscheinen" für Waren ausgegeben. Daher erhält die Industrie in großem Umfang Aufträge und muß Arbeitsuchende einstellen. Die Jahres-Umsätze im Handel mit Möbeln und Hausrat (1932: 2,4 Mrd. RM) steigen von 1933 2,3 um 30,4 % auf 1934 3,0 Mrd. RM (Keller, 50).

Die Gewährung des Darlehens hängt bis September 1937 davon ab, daß die Braut in den vergangenen zwei Jahren mindestens sechs Monate erwerbstätig war und mit Heirat eine Erwerbstätigkeit beendet, so daß damit ein

Arbeitsplatz für einen männlichen Arbeitslosen frei wird. Überdies: Die Ehefrau darf erst nach Darlehenstilgung, also nach Jahren, wieder ein Arbeitsverhältnis eingehen. Schließlich: Das Darlehen ist drei Monate nach Gewährung mit monatlich 1 % zurückzuzahlen. Am wichtigsten: Für jede Geburt werden 25 % des Darlehens rückzahlungsfrei, womit es bei vier Kindern getilgt oder, im Behördendeutsch, „abgekindert" ist und zur Schenkung wird.

Das Aufgeben eines Arbeitsverhältnisses bei Annahme des Darlehens ist wenig verlockend. Noch 1937 nehmen von insgesamt 702.303 Brautpaaren nur 179.653 oder 25,5 % ein Ehestandsdarlehen in Anspruch (Maser, Regime, 68). Weil Ende 1938 1,121 Mio. Ehestandsdarlehen vergeben sind, hat nur etwa ein Drittel aller geschlossenen Ehen davon Gebrauch gemacht. Wegen Geburten brauchen rd. 980.000 Darlehen nicht rückgezahlt zu werden; die Investition des Staates hat somit einen „Ertrag an Nachwuchs" von 87,4 % erbracht (Grunberger, 245), das heißt: die erwünschte Vorverlegung der Erstgeburten bewirkt. Für Hitler sind das vorrangig die künftigen Jahrgänge für die riesigen militärischen und zivilen Aufgaben des deutschen Weltreiches. Die Aufhebung des Arbeitsverbots Ende 1937 läßt die Anträge auf Ehestandsdarlehen emporschnellen: 1939 erhalten 42 % aller Eheleute jene Darlehen, mehr als je zuvor (Stephenson, 46).

Das Ehestandsdarlehen findet, in makaberem Zusammenhang, auch Eingang in die Rechenaufgaben der Schulen: „Ein geistig Behinderter kostet die Allgemeinheit etwa 4 RM pro Tag, ein Krüppel 5,50 RM und ein verurteilter Verbrecher 3,50 RM. Vorsichtige Schätzungen ergeben, daß 300.000 Personen innerhalb der deutschen Reichsgrenzen in öffentlichen Anstalten verköstigt werden. Wieviele Ehedarlehen zu je 1000 RM pro Paar könnten jährlich aus den den Anstalten zugeführten Geldmitteln finanziert werden?" (H. Koch, 262). Diese Rechenaufgabe stimmt auf Vernichtung „unwerten Lebens" ein.

Zur Familienpolitik gehören Kinderzulagen in der Sozialversicherung, verlängerte Bezugsdauer für Waisenrenten, verlängerte Sozialversicherung-Kinderzuschläge bis zum 18. Lebensjahr bei Schul- und Berufsausbildung und (Gesetz vom 16. Oktober 1934) wesentlich größere, kinderzahlabhängige Steuerermäßigungen und Wohnungshilfen.

Anhang: Ehescheidungsrecht

In NS-Sicht trägt eine zerrüttete Ehe nicht zur erwünschten höheren Geburtenrate bei, während nach Scheidung jeder Partner in neuer Ehe Kinder in die Welt setzen werde. Das Gesetz vom 6. Juli 1938 zur Vereinheitlichung des Rechts der Eheschließung und der Ehescheidung streicht die BGB-Bestimmungen und ersetzt sie durch neue Scheidungsgründe. Damit wird die frühere Praxis (Untreue, verfrühte Unfruchtbarkeit) formalisiert. Neu ist § 55: Jeder Partner kann die Scheidung einreichen, wenn das Ehepaar drei Jahre getrennt lebte und die Ehe unheilbar zerrüttet erscheint; das Beibringen von Schuldgründen entfällt. Diese Bestimmung ähnelt der von der liberalen oder radikalen Frauenbewegung der Weimarer Republik vorgetragenen Forderung. Damals wurde das Glück des Einzelnen als Reformgrund genannt; nun steht das Interesse des Staates an gesunden Ehen (und an vielen gesunden Kindern) im Vordergrund.

Von 1933 bis 1938 gibt es jährlich 43.000 bis 50.000 Scheidungen. Das neue Scheidungsrecht ist äußerst populär. Im ersten vollen Jahr seiner Geltung, 1939, gibt es fast 62.000 Scheidungen, davon 21,6 % gemäß § 55. Mithin ziehen viele Menschen, deren Ehe zerrüttet war, aber unter BGB-Bestimmungen keine Scheidungsgründe hatten, Vorteil aus dem neuen Gesetz. Die Hälfte der gemäß § 55 geschiedenen Ehen war *zwanzig Jahre* oder noch früher geschlossen worden. 1940 sinkt die Zahl der Scheidungen auf unter 50.000, aber noch immer 15,5 % erfolgen gemäß

§ 55, und fast die Hälfte dieser Scheidungen erfolgen nach langer Ehe. In staatlicher Sicht werden nun eingegangene neue Ehebindungen legalisiert und damit auch deren Kinder.

Zur Unterhaltsfrage heißt es: In Fällen, wo das Schuldprinzip weiterhin gilt, muß der schuldige Ehemann seine frühere Ehefrau so unterstützen, wie sie es gewohnt ist, wenn sie kein genügendes Einkommen aus Vermögen hat und nicht erwartet werden kann, daß sie ihren Lebensunterhalt verdienen kann. Gleichermaßen ist die schuldige Ehefrau verpflichtet, ihrem Ex-Ehemann Unterhalt zu zahlen, wenn er sich nicht selbst unterhalten kann. Damit werden entsprechende BGB-Bestimmungen wiederholt. Bei neuer Ehe wird die Unterhaltszahlung neu geregelt. Da 1939 jede Arbeitsreserve genutzt werden muß, werden geschiedene Frauen auf den Arbeitsmarkt verwiesen. Aus bevölkerungspolitischen Gründen kann der geschiedene Ehemann vom Unterhalt befreit werden, wenn er eine neue Familie begründet.

Geburten

Unmittelbar nach dem 30. Januar 1933, lange vor dem wirtschaftlichen Aufschwung, steigt die Zahl der Heiraten jäh an und werden mehr Kinder gezeugt, ehelich und unehelich, als seit vielen Jahren (Michael Stürmer, in: Boockmann, 346). Der *Babyboom* ist ein biologisches Vertrauensvotum. Deutschland zählte von 1890 bis 1913 mit einem durchschnittlichen Geburtenüberschuß von 1,4 % zu den am schnellsten wachsenden Völkern der Erde. In den 90er Jahren gab es je 1000 Einwohner 36 Geburten (Lebendgeborene), 1911 bis 1914 28. Im Weltkrieg gab es 1917 und 1918 verständlicherweise nur 14 Geburten je 1000 Einwohner. Der seit 1910 deutlicher einsetzende Geburtenrückgang setzte sich, wie in allen Industriestaaten mit erhöhter Verstädterung, stetig und seit 1921 unvermindert fort. In den Depressionsjahren erreichte die Geburtenrate einen Tiefpunkt.

Wegen der „vorweggenommenen" Sterbefälle des Weltkrieges (Gefallene, Mehr-Sterblichkeit der Zivilbevölkerung) reichte der geringe Geburtenüberschuß nach 1926, gemessen an der *damaligen* Absterbeordnung oder Sterbetafel, nicht mehr aus, um den Bestand des deutschen Volkes zu erhalten. (Jene Berechnungen basierten auf der Absterbeordnung 1924-1926 mit einer mittleren Lebenserwartung bei Geburt von 57,4 Jahren; sie waren insofern überholt, als jener Wert in den folgenden Jahren und Jahrzehnten anstieg, so daß auch eine geringere Geburtlichkeit ausreichte, um den Bestand des Volkes zu erhalten.) Reichskabinette und Reichstag unternahmen keinen ernstlichen Versuch, eine Bevölkerungspolitik zu formulieren.

Die NS-Propaganda malt, mit dem Geburtenrückgang, das Gespenst einer „Untervölkerung" an die Wand. Schon 1933 werden alle Zentren und Organisationen für Geburtenkontrolle geschlossen und verboten.

Die bevölkerungspolitischen NS-Maßnahmen (Ehestandsdarlehen seit 1933, Steuerermäßigungen für Kinderreiche seit 1934, Kinderbeihilfen seit 1936) entsprechen den in anderen Staaten üblichen Regelungen. Angesichts steigender Zahlen von Frühgeburten und deren hoher Sterblichkeit ergeht am 21. Dezember 1938 das Hebammengesetz: Jede deutsche Frau hat das Recht auf Beistand einer Hebamme, jede schwangere deutsche Frau die Pflicht, prompt eine Hebamme zu rufen. Dies im Sinne der NS-These: Gesunde Eltern werden gesunde Kinder haben; kräftige Kinder werden gesunde Eltern; mithin ist die Frau „Richterin über Leben und Tod des Volkes" (Stephenson, 45).

Hinzu kommen „Rassenhygiene"-Gesetze zur Verhütung erbkranken Nachwuchses am 14. Juli 1933, was in letzter Konsequenz zur Euthanasie = NS-„Gnadentod" führen wird; zum Schutz der Erbgesundheit am 18. Oktober 1935 mit Heiratsverbot bei bestimmten körperlichen Krankheiten oder geistigen Störungen; zum Schutz des deutschen Blutes und der deutschen Ehre am 15. September 1935: die Nürnberger Gesetze gegen das Judentum mit Verbot der Heirat von Juden und des Geschlechtsverkehrs mit ihnen. Die schon in der Weimarer Republik verbreitete humane Rassenhygiene wird im NS-Regime pervertiert.

Im Volk findet die Tötung „unwerten Lebens" weithin Zustimmung, teilweise auch bei Familienangehörigen von offenbar unheilbar Geisteskranken. Im Zuge der NS-„Euthanasie" werden von 1940 bis August 1941 80.000 bis 100.000 Menschen getötet, bis Kriegsende weitere etwa 20.000 bis 30.000 Menschen – dank willfähriger Ärzte.

Auf 1000 Einwohner kommen 1928 18,6 und 1932 15,1 Geburten = Lebendgeborene; 1933 14,7 (das heißt: bei einer Sterblichkeit von 11,2 p.T. nähert sich der Nettozuwachs von 3,5 p.T. der Stagnationsgrenze); 1934 18,0 oder + 22,4 %; 1935 18,9; 1936 19,0; 1937 18,8; 1938 19,6 Geburten. Die Geburten liegen von 1935 bis 1939 mit 19,3 p.T. auf dem Niveau von 1924 bis 1928 mit 19,6 p.T. Demnach ist die Geburtensteigerung viel weniger spektakulär als vom NS-Regime erwartet. Gemäß Volkszählung vom 17. Mai 1939 machen Kinder unter sechs Jahren 9,7 % (1923-1925: 3,34 %) der Gesamtbevölkerung aus.

Für Geburt von vier oder fünf Kindern wird, seit 1939, mit der Inschrift „Das Kind adelt die Mutter" das „Ehrenkreuz der Deutschen Mutter" in Bronze verliehen, für sechs oder sieben Kinder in Silber, für acht und mehr Kinder in Gold. Das Mutterkreuz erhalten nur „würdige, deutschblütige, erbtüchtige" Mütter, nicht jedoch Mütter „asozialer Großfamilien". Die HJ hat Trägerinnen des Mutterkreuzes zu grüßen. Manche stille Frau, die sich jahrelang für ihre große Familie abrackerte, empfängt den NS-Orden mit Tränen der Rührung. Aber der gesetzliche Mutterschutz bleibt überwiegend nach den Bestimmungen des Gesetzes vom 16. Juli/29. Oktober 1927 ausgerichtet. *Vorgreifend:*

Großzügige Verbesserungen bringt erst das Gesetz vom 17. Mai 1942 zum Schutz der erwerbstätigen Mutter. Damit sollen werdende und junge Mütter, dringend in der Kriegswirtschaft benötigt, ihre Bedenken gegen eine Doppelbelastung durch Kinderaufzucht und Beruf zurückstellen (Kranig, 145).

Anhang: Uneheliche Geburten und Abtreibung

In der Weimarer Republik blieb das Los der unverheirateten Mutter hart, zumal wenn sie allein lebte und arbeiten mußte. Es gab wenig Fortschritte, die Unterhaltspflicht des unehelichen Vaters angemessen zu regeln. Das BGB beließ der ledigen Mutter keine gesetzlichen Rechte auf ihr Kind. Ein Drittel der 1925 von der AEG-Betriebskrankenkasse versicherten Mütter war ledig. Damals war der Anteil nichtehelicher Geburten an allen Lebendgeborenen erheblich angestiegen von 1905 8,5 % über 1920 11,4 % auf 1925 12,0 %. Seit 1931 geht die Zahl nichtehelicher Kinder stetig zurück und beträgt 1934 8,5 % wie im Kaiserreich, 1938 und 1939 7,6 % und 7,7 %. Die NS-These, man habe nach der „Weimarer Dekadenz" die Moral wiederhergestellt, ist angesichts des Abwärtstrends seit 1931 unzutreffend.

Damals wie heute heißt es, das NS-Regime ermutige, etwa in den Entbindungsheimen der SS-Einrichtung „Lebensborn e.V.", Fortpflanzung auch außerhalb der Ehe, um die Geburtenrate zu heben. Diese Annahme ist angesichts der Zahlen von 1933 bis 1938 zu bezweifeln. Die Lage ändert sich freilich mit Kriegsausbruch 1939 dramatisch. Während die Reichsstatistik seit 1882 laufend die unehelichen Geburten ausweist, schweigt sich das Dritte Reich in seinen Statistischen Jahrbüchern seit 1940 darüber aus, obwohl weiterhin die Zahlen für Heiraten, Todesfälle und Geburten genannt werden. Es ist anzunehmen, daß die Zahlen für nichteheliche Geburten bewußt verschwiegen werden, weil sie hoch (im NS-Sinne: zu hoch) sind.

Seit 1933 ist *Abtreibung* nur bei unmittelbarer Gefahr für Leben oder Gesundheit der Schwangeren erlaubt. Abtreibung bleibt erwünscht und straflos, wenn sie die Fortpflanzung „Minderwertiger" verhindert: Juden, Zigeuner, Angehörige nicht nordischer Volksgruppen. Jeder andere Schwangerschaftsabbruch, der angeblich die Lebenskraft des Volkes bedroht, ist bei Todesstrafe verboten.

Der Status der ehelosen Mutter ändert sich nach 1933 nur langsam. Zunächst (1933) gibt es Steuerermäßigung für sie, um den Unterhalt des Kindes zu fördern. Dies gilt auch für alleinstehende Frauen, die Kinder adoptieren. Sodann (1937) dürfen ehelose Mütter, falls gewünscht, mit „Frau" statt „Fräulein" angeredet werden — wie es die Weimarer Reformer gefordert hatten. — Eine gesetzliche Regelung der Rechte und Pflichten der nichtehelichen Mutter wird bis nach dem Krieg vertagt (Stephenson, 58 + 71, Anm. 12 + 13, 63 + 65).

Wohnungsbau

Von 1925 bis 1930 entfielen 6,6 % aller öffentlichen Ausgaben einschließlich Sozialversicherung auf den staatlichen oder kommunalen Wohnungsbau (Petzina, Die, 91). Die Mieten für Neubauwohnungen wurden durch staatliche Zuschüsse künstlich niedrig gehalten. Man baute nicht nur erstaunlich viel, sondern auch erstaunlich gut, hygienisch und rationell. 1932 war die Bauindustrie mit (geschätzt) 90 % arbeitslosen Arbeitnehmern (Preller, 166) fast erloschen. Sie profitiert 1933 am schnellsten und umfassendsten vom Aufschwung, zunächst durch staatliche, dann private Aufträge. Das NS-Versprechen vor 1933, die Wohnungsnot zu beseitigen, bleibt aber uneingelöst.

Die Zahl der fertiggestellten Neubauwohnungen übersteigt erst 1936 mit 310.490 die des letzten echten Konjunkturjahres 1928 309.762, erreicht aber nicht die Zahlen von 1929 317.682 oder 1930 310.971, hebt sich jedoch vorteilhaft von 1932 141.265 ab. Die weitere Entwicklung: 1937 320.057, seitdem sinkend von 1938 285.269 auf 1939 206.229. Gemessen an den gesamten öffentlichen Investitionen, betragen die öffentlichen Wohnungsbau-Investitionen 1933 5,8 %, 1934 4,1 %, 1935 2,3 %, 1936 1,3 %, 1937 1,3 %, 1938 1,2 % (Heinz Lampert + Fritz Blaich, in: Bracher/Funke/Jacobsen, 201-202 + 313).

Seit 1935/36 werden die Ausgaben zugunsten öffentlicher Großbauten verlagert. Die Finanzierung des sozialen Wohnungsbaus wird privatisiert, gestützt durch indirekte staatliche Förderungsmaßnahmen wie Neuordnung des Kapitalmarktes, Steuererleichterungen, Reichsbürgschaften. Der Wohnungsbau dürfte die einzige Branche im Dritten Reich sein, in der der Einfluß der öffentlichen Hand stetig kräftig zurückgeht (Joachim Petsch, in: Peukert/Reulecke, 178).

Die auf das Kaiserreich zurückgehende Kluft zwischen der Zahl der Haushalte und den vorhandenen Wohnungen (Defizit 1932: rd. 900.000 Wohnungen) erweitert sich bis 1938, durch steigende Geburten und Landflucht, um zwei Drittel auf 1,5 Mio. Wohnungen, vor allem in den Großstädten. Die „Volkswohnung" hat für ein kinderloses Ehepaar 26, für eine vierköpfige Familie 35 Quadratmeter. Die Miete für mittelgroße Altbauwohnungen und für Neubauwohnungen von zweieinhalb Zimmern und mehr beträgt monatlich rd. 38 RM. Beide Typen sind für die meisten Arbeiter nahezu unerschwinglich, weil die Miete ein Viertel bis ein Drittel ihres Nettolohns ausmachen würde (Grunberger, 229 + 230). Die DAF muß die Wohnungsnot eingestehen.

Die vor 1933 am Rande von Groß- und Kleinstädten entstandenen Erwerbslosen-Siedlungen hatten 500 bis 1500
qm große Nutzgärten für Obst- und Gemüseanbau sowie
Kleinviehhaltung zwecks Selbstversorgung. Diese Sied-
lungen werden nach 1933 in den Rang von NS-Kleinsied-
lungen erhoben und zunehmend für Facharbeiter rü-
stungswichtiger Betriebe errichtet. Das Kleinsiedlungs-
haus, die „Heimstätte", soll härtere Arbeitsbedingungen
ausgleichen und sozial befrieden.

Das Eigenheim wurde im späten 19. Jahrhundert zum
bevorzugten Wohnungstyp und Wunschtraum. Im Weltkrieg propagierte das Reichsheimstättenamt das Eigenheim. Reformbewegungen wollten durch das Eigenheim
gesellschaftliche Gegensätze und soziale Mißstände überwinden. Die Mietskaserne galt ihnen als undeutsch und als
Symbol der Entwurzelung der Massen. Für das Eigenheim
forderte man bodenständige Bauweisen, heimische Baumaterialien, überlieferte Formen. Giebel-, Sattel- und
Walmdach galten als deutsch, das Flachdach nicht. Der Stil
der Heimstätten-Bewegung im Kleinsiedlungsbau wird
nach 1933 auch in Schulen, Jugendherbergen, Schulungs-
burgen weitergeführt.

Im April 1934 wird das DAF-Heimstättenamt gegründet.
Der DAF untersteht aus der Erbmasse der Gewerkschaften
vor allem die „Neue Heimat" für Wohnungsbau. Im Dritten
Reich steht die Kleinsiedlung im Mittelpunkt der NS-Propaganda. Es werden nur wenige Siedlungskomplexe fertiggestellt, meist Ausstellungs- und Propagandasiedlun-
gen. Bis 1935 beträgt der Anteil der Heimstätten am Wohnungsbau etwa 75 %, bis 1939 sinkt er auf 11 % ab. Der
Kaufpreis einer Heimstätte von 4500 bis 6000 RM ist für Arbeiter schwer erschwinglich. Seit 1936 werden die Woh-
nungsbau-Subventionen auf den Mietwohnungsbau um-
gesteuert, weil er angesichts forcierter Aufrüstung geringere finanzielle Förderung erfordert. Seitdem läßt sich

bei den Geschoßhäusern mit Kleinwohnungen, genannt „Volkswohnungen", eine formale Angleichung an den Heimstätten-Stil feststellen.

Die von den einzelnen Schichten bevorzugten Wohnhaustypen spiegeln die soziale Hierarchie der „Volksgemeinschaft" wider. Führungskreise geben Villa und Landhaus den Vorzug, das Bürgertum dem freistehenden Einfamilienhaus. Der Einrichtungsstil der Oberschicht prägt auch die Inneneinrichtung der Partei- und Staatsbauten. Der Geschmack des Bürger- und Kleinbürgertums orientiert sich an dem der Oberschicht (Joachim Petsch, in: Peukert/Reulecke, 191 + 193).

Anhang 2: DAF und Sozialer Wohnungsbau

In den Vorkriegsjahren engagiert sich die DAF zunehmend im sozialen Wohnungsbau. DAF-Ziel ist es, optimale Wohnbedingungen für große Familien zu schaffen. Bis 1939/40 erscheinen die staatlichen Aktivitäten im Wohn- und Siedlungsbau vielen als zu schwerfällig. Zudem sieht Hitler gerade den Wohnungs- und Siedlungsbau als eine entscheidende „volkspolitische" Aufgabe der Nachkriegszeit.

Gemäß Führer-Erlaß vom 15. September 1940 soll ein Ausschuß unter DAF-Leiter Robert Ley ein großzügiges Wohnungsbauprogramm für die Nachkriegszeit ausarbeiten. Es soll den Deutschen ermöglichen, mit „Geburtenzuwachs die Lücken zu füllen, die der Krieg dem Volkskörper als Opfer auferlegt." Hitler stellt präzise Minimalforderungen: 80 % der Wohnungen sollen mit 74 qm eine geräumige Wohnküche, drei Schlafzimmer, Dusche und Balkon umfassen; 10 % sollen mit 86 qm einen Raum mehr, 10 % mit 62 qm einen Raum weniger haben. Ein Luftschutzkeller mit Schlafgelegenheiten für alle Hausbewohner ist vorzusehen. Richtpreise für Bauland und staatliche Förderungsmittel sollen „tragbare Mieten" ermöglichen. Die geschätzten Gesamtkosten sollen den gesamten Aufwendungen für Rüstung und Westwall-Bau von 1934 bis 1939 entsprechen. Durch Führer-Erlaß vom 15. November 1940 wird Ley Reichskommissar für den sozialen Wohnungsbau. Sein Bauprogramm von fünf Mio. neuen Wohnungen ist aber derart unrealistisch, daß Joseph Goebbels es in der Presse zu verschweigen sucht.

Nach Kompetenzstreitigkeiten wird Ley mit Führer-Erlaß vom 23. Oktober 1942 Reichswohnungskommissar als Oberste Reichsbehörde. Ley erläßt eine Fülle von Verordnungen und Anweisungen, jedoch bleiben die Bemühungen weit hinter dem dringenden Bedarf zurück. Bis Sommer 1943 sind erst 300.000 Wohnungen fertiggestellt. Inzwischen erzwingt der alliierte Luftkrieg gegen die Städte Notmaßnahmen.

Auf Drängen Martin Bormanns verwirft Hitler das bisherige Wohnungsbauprogramm und empfiehlt einfache, fast primitive Behelfswohnungen, die weit mehr und schneller gebaut werden können. Sie gleichen aber eher den Gartenhäuschen in Schrebergärten und heißen daher im Volksmund „Ley-Lauben". Jenes „Deutsche Wohnungshilfswerk" wird im Führer-Erlaß vom 9. September 1943 verkündet, aber Ley scheitert. Das Ziel von jährlich 1 Mio. Behelfswohnungen bleibt Theorie. Im Juni 1944 sind trotz Luftkrieg 35.000 Behelfswohnungen fertig, weitere 23.000 im Bau (Smelser, 273-278; Zitelmann, Biogr., 151).

Zinsen

In der Wirtschaftskrise sanken Preise, Absatz und Gewinne erheblich, jedoch die Zinsen blieben unverändert hoch auf dem Stand der Konjunkturjahre. Die Brüning-Notverordnung vom 8. Dezember 1931 senkte die Zinsen von meist 8 % für langfristige Kredite im Zuge einer Zwangskonversion auf 6 %. Die Papen-Notverordnung vom 27. September 1932 senkte die landwirtschaftlichen Hypothekenzinsen für zwei Jahre auf 4 %. Zinssenkung bedeutet Übertragung von Kapitaleinkommen vom Gläubiger auf den Schuldner (Zumpe, 288 + 289).

Unter der Parole „Brechung und Zinsknechtschaft!" forderte in den zwanziger Jahren der linke NSDAP-Flügel die Abschaffung aller Zinszahlungen, was bürgerliche Mittelschichten anlockte. Diese Parole wurde später gedämpft und erschien nur noch als Zukunftsvision. Auf dem 69. Deutschen Genossenschaftstag muß der NS-Ideologe Gottfried Feder am 26. August 1933 widerrufen und erklären, daß diese Parole nicht die Aufhebung des Zinses bedeute, sondern nur die Anerkennung ausdrücken solle, daß das Primat der deutschen Arbeit, nicht aber dem Finanzkapital gehöre (Zumpe, 45). (Feder, vom 29. Juni 1933 bis 2. August 1934 Staatssekretär im Reichswirtschaftsministerium, wird am 16. November 1934 in den Ruhestand versetzt und versinkt in politische Bedeutungslosigkeit.) Die von Feder angeprangerte „Zinsknechtschaft" wird seit 1933 *offiziell* beendet.

Die *Banken* hatten durch den Bankenkrach von 1931 weithin Vertrauen verloren. Nun büßen sie einen Großteil ihrer wirtschaftlichen Macht ein. Dies wird, angesichts der bankenfeindlichen Stimmung im Volk, positiv vermerkt. Es ist unvergessen, daß die Großbanken nach der Währungsnormalisierung 1924 die Einlagen der kleinen Sparer nicht aufwerteten, während die Sparkassen dies mit 15-25 % taten, so daß die Sparkassen durch Zuzug des Publikums zu den eigentlichen Sammelstellen für Depositengelder wurden. (*Vorgreifend:* Im Zweiten Weltkrieg steigen die Gewinne der Banken steil an, zumal sie sich am Ausplündern der besetzten Staaten aktiv beteiligen.)

Durch das Gemeinde-Umschuldungsgesetz vom 21. September 1933 werden etwa 3 Mrd. RM kurzfristige Kredite der Kommunen in zinsgünstigere langfristige Kredite umgeschuldet, die *Gemeinden* saniert: für die Gläubiger bleibt die Geldanlage kurzfristig, für die Schuldner wird sie langfristig. Die *Dividenden* der Kapitalgesellschaften werden durch Gesetze vom 29. März/4. Dezember 1934 auf 6 %, ausnahmsweise 8 %, begrenzt. Daher geht der Anteil des Einkommens aus Kapitalvermögen (Dividenden, Zinsen, Gesellschaftsanteile) am Volkseinkommen zurück. Aber so wird der Öffentlichkeit der Anstieg der Gewinne nicht oder nicht voll bewußt und erbringt den gewünschten psychologischen Effekt besonders für mittelständische NS-Anhänger.

Die Kehrseite: Auch durch Dividenden-Begrenzung wachsen die unverteilten Gewinne erheblich und fördern Schuldentilgung, Liquidität und vor allem Selbstfinanzierung von Investitionen. Diese gewollte Privilegierung der großen Kapitalgesellschaften wird an folgendem Vergleich deutlich: Von 1932/33 bis 1935/36 verfünffacht sich der versteuerte Gewinn der Kapitalgesellschaften, verdoppelt sich nur die Dividenden-Ausschüttung, aber der den Unternehmen verbleibende verschleierte Gewinn steigt auf das 35-fache (Zumpe, 291).

Vor 1933 konnten viele Schuldner, besonders *Hypothekar*-Schuldner, wegen hoher Zinsbelastung nur mit großer Mühe ihren Verpflichtungen nachkommen; ihre wirtschaftliche Existenz war dadurch gefährdet. Das Gesetz über Hypothekenschulden vom 2. Juli 1936 verpflichtet die Gläubiger, vom Zinssatz von 7-8 % herunterzugehen und mit ihrem Schuldner neue, niedrigere Zinssätze zu vereinbaren. Einigen sich beide Teile nicht, werden die neuen Zinssätze vom Richter kraft „Vertragshilfe" festgesetzt — im Sinne des Schuldners. Da (geschätzt) jeder zweite Handwerksmeister ein Haus besitzt, kommt die Hypotheken-Zinssenkung dem gewerblichen Mittelstand zugute.

Der Höchstzinssatz für alle *öffentlichen Wertpapiere* wird durch Gesetze vom 24. Januar/27. Februar 1935 kraft Zwangskonversion auf 4,5 % festgesetzt. Damit soll der enge Kapitalmarkt für neue Reichsanleihen vorbereitet werden; der Staat kann seine kurzfristigen Schulden durch

Anleihen konsolidieren und dadurch immer neue kurzfristige Schulden aufnehmen. Für das NS-Regime entscheidend ist: Die ständig zunehmende Anleihefinanzierung der staatlichen Ausgaben (1935 bis 1938: rd. 15 Mrd. Reichsanleihen) erfordert auf dem Kapitalmarkt ein möglichst niedriges Zinsniveau, wenn der Schuldendienst vertretbare Grenzen nicht überschreiten soll (Swatek, 60).

Der Kreditmarkt erhält die neue Funktion, vorrangig zur Finanzierung der Staatsaufträge und Konsolidierung der Staatsverschuldung zu dienen (Zumpe, 292). Wenig bekannt wird unter Arbeitnehmern: Da Löhne und Preise bei hinreichender Gewinnspanne der Unternehmer gestoppt sind, bleibt die Kapitalverzinsung hoch und gesichert.

Industrie-Investitionen

Die Investitionen werden gelenkt durch öffentliche Aufträge, steuerpolitische und gesetzliche Maßnahmen. Darin spiegelt sich die rasch steigende Entwicklung der Investitionen. Gemessen am Wert der gesamten industriellen Bruttoproduktion, erreicht das Investitionsvolumen schon 1934 wieder den Anteil von 1928, obschon das industrielle Bruttoprodukt von 1934 noch 40 % unter dem von 1928 liegt (Zumpe, 74 f.). Die faktisch staatlicher Kontrolle unterstellten Investitionen der Industrie *insgesamt* sind 1937 wieder so hoch wie 1928; sie liegen 1938 mit 3,69 Mrd. RM und 1939 mit 4,43 Mrd. RM um 41,4 % und 70,0 % höher als 1928 mit 2,61 Mrd. RM. Sie sind 1938 und 1939, für die Deutschen noch eindrücklicher, mehr als das Achtfache und Zehnfache höher als im Krisenjahr 1932 mit 439 Mio. RM.

Weniger bemerkt wird: Einschränkungen oder Verbote von Investitionen treffen vor allem Branchen der Verbrauchsgüterindustrie. Das NS-Regime will, in der Kriegsvorbereitung, verhindern, daß Produktionskapazitäten in nicht rüstungswichtigen Branchen zunehmen.

Der Anteil der Investitionen in die rüstungswichtige Produktionsgüterindustrie zu denen in die meist mittelständische Verbrauchsgüterindustrie stellte sich 1928 auf zwei Drittel zu ein Drittel, verlagert sich aber bis 1938/39 auf vier Fünftel zu ein Fünftel. Anders ausgedrückt: Der Anteil der Investitionen der Verbrauchsgüterindustrie vermindert sich vom Jahres-Durchschnitt 1928/29 31 % über 1934/35 25 % auf 1937/38 17 %. Oder: Das Investitionsvolumen der Produktionsgüterindustrie ist 1939 mehr als zweieinhalbmal so groß als 1928, während der Zuwachs bei der Verbrauchsgüterindustrie nur 20 % beträgt (Petzina, Autarkiepol., 186f.; dto., Die, 138).

Das Verhältnis von *privaten* und *öffentlichen* Investitionen wird umgekehrt. 1929 stellte es sich auf 5,8 zu 2,0 Mrd. RM, 1933 auf 0,2 zu 2,5 Mrd. RM. Als Folge krisenbedingter Lähmung ist die private Neu-Investition 1933/34 bedeutungslos, bleibt aber auch 1935 bis 1938 nach voller Auslastung brachliegender Produktionsanlagen verhältnismäßig niedrig. Von den insgesamt entstandenen Neuanlagen (1933-1938) von 49,8 Mrd. RM entfallen nur 11,6 Mrd. RM oder 23,3 % auf die private Wirtschaft. Die Umsteuerung der Investitions-Initiative von privater in die öffentliche Hand ist seit 1936 die Konsequenz der Aufrüstung (Boelcke, 52-53). Die genannten Zusammenhänge werden mehr oder minder von breiteren Kreisen wahrgenommen.

Produktions- und Verbrauchsgüter

Der Produktionsindex der *gesamten* Industrie (Basis 1928 = 100) beträgt 1933 66, 1938 125 Punkte und hat somit den Stand von 1928 um ein Viertel übertroffen. In allen Industriestaaten verschob sich seit längerem die Produktionsstruktur zu Lasten der Verbrauchsgüterindustrie. Im Dritten Reich aber wird, wie in der UdSSR, diese Entwicklung dramatisch beschleunigt. Der Index der Produktionsgüterindustrie (Basis 1928 = 100) beträgt 1933 56, 1938 144 Punkte, also 44 % höher als 1928. Der Index der Verbrauchsgüterindustrie beträgt 1933 80, 1938 116 Punkte, also nur 16 % höher als 1928.

Ein Blick auf die Textilindustrie, die noch 1936 einem weitgehenden Investitionsverbot unterliegt: Ihre Produktionskapazität wird 1936 nur zu 62,6 % ausgelastet, die der Bekleidungsindustrie nur zu 53 %, während der Produktionsindex (1928 = 100) bei 98,5 liegt. Dafür wird sehr stark in die Zellwolleproduktion investiert, deren Produktion sich von 1932 1300 Tonnen über 1934 7200 und 1936 42.900 auf 1937 99.400 Tonnen steigert. Deutschland nimmt 1937 in der Weltproduktion von Zellwolle den ersten und in der Produktion von Kunstseide den dritten Platz ein – trotz einer außerhalb Deutschlands insgesamt stark gestiegenen Welterzeugung dieser beiden Produkte Zellwolle und Kunstseide (Zumpe, 76).

Gustav Stolper kommentiert 1966 diese Entwicklung: „Berücksichtigt man die um rd. 7 % gestiegene Bevölkerung und die Beschränkungen im Verbrauch der Zivilbevölkerung in qualitativer und quantitativer Hinsicht, so ergibt sich, daß sich die Güterversorgung pro Kopf in diesen Jahren kaum verbessert hat" (165). Zur Qualitätsverschlechterung für zivilen Verbrauch: Bereits 1936 besteht bei Baumwolle ein Beimischungszwang für Zellwolle von 16-20 %; bei Wolle werden 10-30 % Reiß- und Zellwolle beigemischt. Wie zu erwarten, zeigen sich Verknappungen bei zivilen Verbrauchsgütern. Setzt man 1933 = 100, wird das Bild noch deutlicher: Der Index für Produktionsgüter steigt bis 1938 auf 255,6 Punkte, für Verbrauchsgüter nur auf 145,1 Punkte. Er liegt vor allem deswegen nicht noch niedriger, damit die nach Erreichen der Vollbeschäftigung zunehmende Massenkaufkraft, bei nicht hinreichendem Angebot an Verbrauchsgütern und Nahrungsmitteln, nicht inflationär ins Leere stößt. Ein Indiz: Aus den Tageszeitungen verschwinden zunehmend die gewerblichen Inserate, während parallel Anzeigen für privaten Tauschmarkt anwachsen.

Anhang 1: Ersatzstoffe 1938

Auf dem *Textilmarkt* gibt es eine erhebliche Qualitätsverschlechterung. Der Beimischungszwang für Zellwolle und Kunstseide verringert die Lebensdauer und vermindert den Kälteschutz der Textilien. Um größere Unruhe im Volk abzubiegen, wird die Auszeichnung von Waren mit dem Hinweis „Reine Wolle" untersagt. Fabrikanten, die auf mangelnde Waschbarkeit ihrer Produkte hinweisen, werden mit der Polizei bedroht (Fritz Blaich, in: Bracher/Funke/Jacobsen, 311).

Zeitzeuge und Schriftsteller Bernt Engelmann, Jahrgang 1921, blickt 1982 zurück: Alle klagen über Textilien-Qualität und reißen Witze über die Anzüge Marke „Deutscher Wald", die im Frühjahr ausschlagen und im Herbst sich färben. Früher konnten sich Arbeiter und kleine Angestellte einen anständigen Wollanzug „von der Stange" für etwa 35 RM kaufen. 1938 bezahlen sie mindestens 50 RM für einen Anzug, der so aussieht, als ob er aus Wolle sei. Diese Anzüge hängen wie Säcke am Körper, kratzen und knautschen, als ob sie aus Papier wären. Wer seinen alten Sonntagsanzug vier Jahre lang getragen hat, sich dann zu Weihnachten 1938 einen neuen Anzug kauft, hätte diesen nach kurzer Zeit wegwerfen müssen. Nur wer 150 RM und mehr für einen Anzug bezahlen kann, bekommt dafür etwas, das der normalen (früheren) Qualität noch einigermaßen entspricht. Mit allen anderen Textilien ist es um keinen Deut besser. Das Zeug wärmt nicht und ist im Nu verschlissen (Im, 324).

Das fehlende *Erdöl* soll durch synthetische Treibstoffe aus Kohle, das fehlende *Rohgummi* durch synthetischen

Kautschuk „Buna", die fehlende Wolle und Baumwolle durch Kunstseide- und Zellwolleherstellung ersetzt oder ergänzt werden. Wie angespannt die Textil-Versorgungslage ist, zeigt der Vorschlag des Reichsbauernführers Walther R. Darré von 1935, jeder Landwirt solle ein „paar Quadratmeter Flachs" anbauen und den Ertrag dem Führer zum Geschenk machen, damit daraus jedem Soldaten ein Drillichanzug gewebt werden könne (Kroll, 499). Was daraus geworden ist, wird nicht bekannt.

Anhang 2: Ersatznahrungsmittel 1938

Hochwertige Lebensmittel werden durch solche geringerer Qualität ersetzt. Die Westeuropäer essen mehr Fleisch, Weißbrot, Zucker und Eier; im Dritten Reich kommen für die Allgemeinheit vor allem Kohl, Roggenbrot, Kartoffeln und Margarine auf den Tisch. Dies wird nicht ohne Murren, aber ohne größeren Protest hingenommen, zumal sich viele noch der Hungerjahre vor 1933 erinnern (Thamer, 489).

Fett und Fleisch sind 1938 sehr knapp und für die meisten zu teuer. Aus diesem Mangel versuchen Glücksritter Profit zu schlagen. Ein Zahnarzt in der Nähe von Mannheim stellt Bouillonwürfel her. Sein Schwager, hoher Funktionär in der NS-Ärzteschaft, bescheinigt ihnen hohen Nährwert, Vitaminreichtum und andere hervorragende Eigenschaften. Anfangs sind zwei Mädchen und der Fahrer die Belegschaft der Firma, deren Produktion in der Waschküche des Zahnarztes stattfindet. Als sich die Nachbarschaft über die ständige Geruchsbelästigung beschwert, wird der Betrieb in eine leere Lagerhalle verlegt. Die Bouillonwürfel werden hauptsächlich aus Salz, etwas Hefe und minderwertigem Rindertalg hergestellt. Sie finden reißenden Absatz bei Krankenhäusern, Militärküchen, Restaurants, dann auch in privaten Haushalten. Der Zahnarzt wird steinreich und gibt seine Praxis auf. Er muß immer neues Personal einstel-

len. Bei Kriegsausbruch verfügt seine Firma bereits über 25
eigene Lieferwagen.

Dieser Betrieb stellt später auch das Pulver für die „Bratlinge" her, im Volksmund genannt fleischlose „Hermann-
Göring-Koteletts". Offiziell sind diese Bratlinge aus fein-
stem Fischmehl, das glaubt aber niemand, denn sie
schmecken nach gar nichts. – Dieser Betrieb stellt schließlich noch Eipulver in Tüten zu 10 Pfg. her, die „garantiert
den Nährwert von drei Eiern" enthalten sollen. Der ehemalige Zahnarzt muß damit ein Bombengeschäft machen, zumal er vom Staat gefördert und steuerlich begünstigt wird,
weil seine Ersatznahrungsmittel Devisen sparen helfen
(Engelmann, Im, 322-323).

Vorgreifend: Angesichts drohender Hungersnot wird
den Gauämtern für Volksgesundheit am 5. April 1945 empfohlen, zu wichtigen neuen Nahrungsmitteln überzugehen: Raps, Mohnkuchen, Leinsamen, Kastanien, Eicheln
(nach Rösten als Getränk zu nutzen), Zucker- und Runkelrüben, Seradella, Klee, Luzerne, Wildbeeren, Wurzeln,
Pilze. Die Vitamin-Versorgung soll durch Aufbrühen von
Kiefer- und Fichtennadel-Jungtrieben verbessert werden
(Kuby, 88f.).

Auslandsschulden und Außenhandel

Die durch die Weltwirtschaftskrise schrumpfenden Bin-
nenmärkte verstärkten das internationale Exportinteresse.
Da die Importmöglichkeiten zunehmend erschwert wurden, war ein Wirtschaftskrieg aller Länder gegeneinander
die Folge. Hohe internationale Schuldverbindlichkeiten
und ein schnell sinkender Außenhandel bewirkten in vielen Ländern einen starken Abfluß der Gold- und Devisenbestände. Bis Mitte 1932 waren siebzehn europäische und
zwölf überseeische Staaten zur Devisen-Zwangswirtschaft

übergegangen. Parallel gab es fast überall Protektionismus mit Autarkie-Tendenzen (Zumpe, 24).

Deutschlands hohe Auslandsverschuldung erfordert ständigen Exportüberschuß, um die Devisen für die Zahlungen zu liefern. Eine etwaige Belebung der Weltwirtschaft wird, ehe sie deutsche Exportchancen verbessert, die Rohstoffpreise steigen lassen, was die deutsche Handelsbilanz devisenmäßig in rote Zahlen bringt. Zudem wird jede Belebung des deutschen Binnenmarktes zu erhöhtem Import und erhöhter Passivierung der Handelsbilanz führen. Die dann auftretende Devisenknappheit zwingt dazu, die Rohstoffimporte zu drosseln (also Ankurbelung und Zinsendienst zu erschweren) und/oder den Transfer des Kapitaldienstes auf Auslandskredite zu beschränken.

Die deutschen Auslandsschulden (Juli 1931: 23,8 Mrd. RM; Februar 1933: 19,0 Mrd. RM) werden bis Februar 1938 um fast die Hälfte auf 9,9 Mrd. RM abgebaut. Dies durch drastische, einer faktischen Enteignung der Gläubiger gleichkommende Maßnahmen, so am 1. Juli 1933 zeitweises Transfermoratorium, dann am 15. Juni 1934 Verbot des Transfers von Zinsen und Tilgungsraten aus mittel- und langfristigen Auslandsverpflichtungen. Trotz Zwangsablieferung privaten Goldbesitzes und allen Auslandsgeldes sind 1934 die Gold- und Devisenbestände der Reichsbank so gut wie erschöpft. Als der unerläßliche Rohstoffimport gegen Devisen zu erliegen droht, tritt am 20. September 1934 Hjalmar Schachts „Neuer Plan" in Kraft.

Der Schacht-Plan perfektioniert die am 1. August 1931 eingeführten Außenhandels-Devisenkontrollen, als nach dem Bankenkrach sich der Abzug der Auslandskredite enorm verstärkte und der deutsche Devisenbestand rasch abnahm. Nun wird, unter Vermeiden offener Mark-Abwertung, eine staatsmonopolistische Außenhandelswirtschaft (totale staatliche Kontrolle des grenzüberschreitenden Verkehrs von Gütern, Diensten, Geld, Kapital, Personen) mit devisenlosen zweiseitigen Verrechnungseinheiten eingeführt. Jenes System ist, trotz erheblichen bürokratischen

Papierkriegs (für eine Außenhandelstransaktion sind etwa 40 Formulare erforderlich), im großen und ganzen erfolgreich. Der deutsche Außenhandel dient nicht mehr vorrangig dem Absatz von Waren, sondern der Sicherung des Rohstoffimports − wie oft im Ausland. Der deutsche Export wird somit zur einzigen Quelle für Deviseneinnahmen zwecks Schuldendienst *und* Importen.

Deutschland war traditionell stark mit dem Weltmarkt verflochten, hatte stets mehr importiert als exportiert und daher eine passive Handelsbilanz. Bis 1914 wurde die Zahlungsbilanz ausgeglichen durch Deviseneinnahmen und Auslandsguthaben, Kapitalexport, Dienstleistungen; das Kaiserreich war Gläubigerland. Seit 1919 war Deutschland Schuldnerland; die Handelsbilanz blieb passiv, doch Auslandskredite glichen in der Zahlungsbilanz den Saldo aus. Die Rohstoffimporte hatten seit 1910 einen Anteil von durchschnittlich 41 % am Gesamtimport; die exportorientierte deutsche Industrie brauchte den Absatz am Weltmarkt. Die Exportquote (Anteil des Exports am Volkseinkommen) betrug 1913 20,2 %, 1928 17,0 % und 1936 nur 7,5 %.

Der deutsche Außenhandel schrumpft, in laufenden Preisen, von 1928 26,28 (Import 14,00/Export 12,28) Mrd. RM, dem Höchststand 1929 26,93 (Import 13,45/Export 13,48) Mrd. RM, auf 1932 10,41 (Import 4,67/Export 5,74) Mrd. RM und 1933 9,07 (Import 4,20/Export 4,87) Mrd. RM auf 1936 8,99 (Import 4,22/Export 4,77) Mrd. RM, um 1939 10,86 (Import 5,21/Export 5,65) Mrd. RM zu erreichen. Insgesamt gelingt es demnach, die Handelsbilanz einigermaßen auszugleichen.

Hitler/Schacht organisieren den Außenhandel als ein System bilateraler Wirtschaftsbeziehungen auf der Basis „Ware gegen Ware", beschränken ihn mengenmäßig auf rüstungswichtige Importe und steuern ihn vermehrt um auf die Mittel- und Kleinstaaten Südosteuropas (Ungarn, Rumänien, Bulgarien, Jugoslawien, Albanien, Griechenland) und Skandinaviens (Dänemark, Schweden, Norwegen,

Finnland). Diese Staaten sind in Krisen-Situationen gefügiger und in Kriegszeiten, da dem Zugriff der englischen Flotte entzogen, vorteilhafter gelegen. – Im Frühjahr 1939 bestehen Verrechnungsverträge mit 26 Staaten, mit denen mehr als die Hälfte aller Außenhandelsumsätze abgewickelt werden. Solche Bilateralisierung ist keine alleinige NS-Außenhandelsstrategie, sondern international weit verbreitet. Berlin will in Bezugs- und Absatzmärkten weitgehend autark werden.

Industriekonzerne und Großbanken
1933-1945

Hitler ist 1933 bei der Verwirklichung seiner Pläne auf die Industriekonzerne angewiesen. Daß er seine Pläne verwirklichen kann, ist nur möglich, weil die Pläne und Interessen der Industriekonzerne langfristig mit denen Hitlers übereinstimmen. Die schwarzen Zahlen in den Hauptbüchern seit 1933, in denen bis 1932 fast nur rote Zahlen gestanden hatten, bringen Einwände gegen weniger erfreuliche Begleiterscheinungen des NS-Regimes zum Schweigen.

Das NS-Regime betreibt eine Steuer- und Einkommenspolitik, die das Interesse unternehmerischen Gewinnstrebens respektiert, daher höhere Gewinne sichert, zugleich aber den Einsatz des neugebildeten Geldkapitals für die Aufrüstung erzwingt. Um seine Produktionsbefehle durchzusetzen, braucht das NS-Regime willige Unternehmer und leistungsfähige Unternehmen und macht deshalb der industriellen Führungsschicht ökonomische Konzessionen (Boelcke, 50).

Alfried Krupp von Bohlen und Halbach (1907-1967) erklärt 1945 seine Haltung und die vieler Industrieller: „In diesem harten Kampf brauchten wir harte und starke Führung. Hitler gab uns beides ... Wir wollten nur ein System, das gut funktionierte und das uns eine Gelegenheit gab, ungestört zu arbeiten. Politik ist nicht unsere Sache. Wenn man ein gutes Pferd kauft, muß man ein paar Mängel hinnehmen" (Aleff, 40). Der Hamburger Bankier Alwin Münchmeyer (geb. 1908), 1937 Mitinhaber der Außenhandels- und Bankfirma Münchmeyer & Co., bekennt 1988: „Wir konzentrierten uns auf unsere Firmen und erklärten uns ausschließlich für Soll und Haben verantwortlich. Alles, was uns darüber hinaus zu Ohren kam, verharmlosten wir bis zur Unkenntlichkeit." (*Vorgreifend:* Münchmeyer, 1969 Vorstandsvorsitzender des Bankhauses Schröder, Münchmeyer, Hengst & Co., ist langjähriger Präsident des Deutschen Industrie- und Handelstages.) Das Verhältnis der Großindustriellen zum NS-Regime ist nicht von Herzlichkeit oder Demut, gar vom Willen zur Unterwerfung bestimmt, sondern basiert auf Opportunismus. Hitler wiederum bewundert die selbstbewußten Konzernmagnaten von Rhein und Ruhr.

Bis 1936 hat die Großindustrie, wie die Reichswehr/ Wehrmacht, eine „relativ große Autonomie"; beide sind zunächst „parteifreier Raum"; beide sind an Aufschwung und Aufrüstung interessiert, was sie mit Hitler verbindet. 1936/37 folgt die politische Entmachtung der Industrie, 1938 die Unterwerfung der Wehrmacht durch Hitler (Erdmann, 4/2, 409). Das Dritte Reich erhärtet wiederum: Ökonomische Macht bedeutet nicht notwendigerweise auch politische Macht.

Der Vierjahresplan von 1936 steht weitgehend unter dem Einfluß des IG Farben-Konzerns unter Generaldirektor (seit 1940) Carl Krauch (1887-1968). Das von Krauch geleitete Reichsamt für Wirtschaftsausbau wird ironisch „Reichsamt für IG-Ausbau" genannt. Es gibt eine oft festzustellende Interessen-Identität (siehe speziell IG Farben) mit dem Expansions- und Kriegsprogramm Hitlers. Indessen: Unter Hitler ist der *wirkliche Einfluß* der Großindustriellen auf die außen- und kriegspolitischen Entscheidungen Hitlers gering. Während im Kaiserreich wirtschaftliche

Interessenverbände Einfluß auf die Formulierung der Kriegsziele nehmen konnten, gibt es das im Dritten Reich nicht mehr, weil allein Hitler dies diktiert.

Die Deutsche Bank muß nach 1933 Beteiligungen und Grundstücksgesellschaften, Hypotheken und Grundstücke verkaufen, um ihr Bestehen zu sichern. Erst 1938 beginnt für sie der Umschwung mit der Expansion in Österreich, Sudetenland, CSR, seit 1940 in Westeuropa, seit 1941 auf dem Balkan mit Beteiligungen und Unterbeteiligungen. In ihren Vorstand wird noch 1944 Heinrich Hunke (geb. 1902) aufgenommen, NSDAP-Mitglied seit 1923. Ebenso expandieren Dresdner Bank und Commerzbank. Die Dresdner Bank verdient sich den Beinamen „SS-Bank". Die Tuchfühlung der Konzerne und Banken mit der SS ist eng.

Der persönliche Kontakt führender Industrieller mit Hitler reißt bis 1944 nicht ab. *Vorgreifend:* Die nach 1945 von Industriellen beschworene kühle Reserve gegenüber der NS-Prominenz ist eine Legende (Hans-Erich Volkmann, in: Bracher/Funke/Jacobsen, 480).

Die NS-Wirtschaftssteuerung (mit Vollbeschäftigung, Absatz- und Gewinngarantien für die Unternehmen) verwandelt sich in eine *Selbstverwaltung* der Wirtschaft. An den Knotenpunkten der Wirtschaftslenkung amtiert immer ein Mann der Wirtschaft, auf den sich das NS-Regime verlassen kann. Als Elite der Technokraten gelten die sorgfältig ausgelesenen „Wehrwirtschaftsführer" aus der Großindustrie, aber auch aus mittleren und Handwersbetrieben. Sie alle sind gute Unternehmer, kantige Individualisten, harte Egozentriker und auf den Nutzen ihrer Machtposition bedacht. Mit wenig Ausnahmen sind sie treue Gefolgsleute Hitlers — bis fast zum Ende.

Hitlers Streben nach einer blockadefesten, kontinental verankerten Weltmachtstellung Deutschlands wird von Wehrmachtführung und Ministerialbürokratie ebenso unterstützt wie von Großindustrie und Großbanken. (Im Ersten Weltkrieg vertrat besonders die Schwerindustrie

„Großraumpolitik" mit riesigen annexionistischen Kriegszielforderungen.) Im Kriegsverlauf errichten Industriekonzerne und Großbanken ein Netz von Niederlassungen, Beteiligungen, Unterbeteiligungen in Europa. Mammutkonzerne und Großbanken schalten sich fieberhaft ein in die „Neuverteilung" von Bodenschätzen und Ländereien, Patenten und Erfindungen, Fabriken und Bergwerken, Kapitalanlagezonen und Absatzmärkten, Rohstoffen und Arbeitskräften.

Wirtschaftsführer und NS-Großraumideologen arbeiten gemeinsam unter den Stichworten „Friedensplanung" und „Neuordnung Europas" entsprechende Kriegszielpläne aus. Man träumt 1940/41 vom „Großwirtschaftsraum Europa" von Bordeaux bis Sofia, vom Nordkap bis Sizilien unter deutscher Führung. Nach dem Überfall auf die UdSSR 1941 planen Industriekonzerne und Großbanken eine Ausbeutung Rußlands, des künftigen „deutschen Indiens". Die Eroberung der riesigen russischen Rohstoff- und Energiequellen soll, so gemäß Hitlers Vision, zu einem ungeahnten Aufschwung der deutschen Industrie führen, so daß Deutschland schließlich die USA, deren technisch-industriellen Standard Hitler bewundert, ein- und überholen würde (Zitelmann, Biogr., 161). Der IG Farben-Konzern baut, zusammen mit der SS-Führung, in Auschwitz ein Chemiewerk, in dem sich Tausende von KZ-Häftlingen zu Tode schuften. *Vorgreifend:* In Nürnberg werden 1947/48 IG Farben-Direktoren für schuldig befunden, Kriegsverbrechen und Verbrechen gegen die Menschlichkeit begangen zu haben.

Einerseits wird die Wirtschaft des besetzten Europas offen geplündert und gewaltsam auf Deutschland ausgerichtet, andererseits werden bedeutende Teile der europäischen Wirtschaft durch Zwangsverwaltung oder Eigentumsübertragung, genannt: „Kapitalverflechtung", in das Dritte Reich integriert. Typisch dafür ist der „Francolor"Vertrag vom 18. November 1941: Die gesamte französische Farbstoffindustrie wird zu einer neuen deutsch-französischen AG zusammengeschlossen, in der der IG Farben-Konzern 51 % des Aktienkapitals hat.

Es ist nach 1945 Schönfärberei, das NS-Regime habe die Initiative des Unternehmertums zurückgedrängt und schließlich erstickt. 1942 schreibt Reichswirtschaftsminister Walther Funk (1890-1960) zutreffend, trotz verschärfter Wirtschaftslenkung „blieb doch die eigene Verantwortung und die freie Entschlußkraft des Unternehmens grundsätzlich bestehen ... Ein aktives, wagemutiges Unternehmertum wird immer die Voraussetzung einer erfolgreichen Wirtschaftspolitik bleiben" (Hans Dieter Schäfer, in: Denkler/Lämmert, 125, Anm. 11). Die Spielräume der Industrie sind größer als das NS-Schlagwort „Befehlswirtschaft". Um so mehr fällt ins Gewicht, in welchem Maß die Industriellen über unvermeidliche Anpassung hinausgehen — man denke vor allem an Arisierung und Zwangsarbeit

Entgegen Hitlers Wort (1. September 1939, Reichstag), niemand solle am Krieg verdienen (Domarus, 1340), verdient die Wirtschaft im Krieg und am Krieg glänzend. Die Marktgesetze sind stärker als NS-Gesetze. Hitlers Drohung: „Wer aber glaubt, sich in diesen schicksalhaften Monaten oder Jahren bereichern zu müssen, erwirbt kein Vermögen, sondern holt sich den Tod" (a.a.O., 1342), verhallt.

Die *Bilanz* namentlich der Großunternehmen ist ein artistischer Balanceakt hohen Grades. Beispiel Mannesmann Röhrenwerke AG: 1933 bilanziert das Anlagevermögen mit 133,2 Mio. RM = 100 %, 1939 mit 139,0 Mio. RM = 104,3 %, 1943 mit 129,3 Mio RM = 97,1 %. Trotz gewaltiger Investitionen in jenem Jahrzehnt ist das Mannesmann-Anlagevermögen bilanztechnisch 1943 im Vergleich zu 1933 um 5,8 % kleiner — zugunsten stiller Reserven (Pritzkoleit, Gott, 40-41). Durch die Preis- und Steuerverordnungen der Kriegsjahre entfernt sich die Industrie noch weiter als im Frieden von der stets sehr theoretischen Bilanzwahrheit. In der Steuerbilanz pflegt man gewöhnlich einen Gewinn auszuweisen, den das Finanzamt als „angemessen" anerkennen kann (Boelcke, 126). Dies bleibt bis heute so.

Einen Hinweis auf steil steigende Gewinne gibt die Wertsteigerung der *Aktien* an der Berliner Börse von 1939 bis 1943 (Kursstopp). Der Kurs (1939 = 100) sinkt zwar von 1941 130,97 über 1942 120,70 auf 1943 119,26 Punkte. Aber der *Kurswert des Kapitals* je Gesellschaft (1939 = 100) steigt von 140,24 über 1942 159,89 auf 1943 165,20 Punkte, also in gut drei Kriegsjahren von Ende 1939 bis Mitte 1943 um 65 % (Pritzkoleit, Gott, 71). Die Aktionäre der Kapitalgesellschaften können zufrieden sein: die Berliner Börse hat den Zuwachs an Leistung und Leistungskraft gebührend honoriert.

Die *Gewinnexplosion* im Kriege wird durch die Entwicklung der Körperschaftssteuer deutlicher. Die Körperschaftssteuer ist die Einkommensteuer der juristischen Personen, vornehmlich Kapitalgesellschaften. Sie steigt (Index 1938/39 = 100) so an: 1939/40 134, 1940/41 144, 1941/42 211, 1942/43 288, 1943/44 275. Rechnet man die Körperschaftssteuer-Erträge nach den jeweiligen Steuersätzen (bis 1940/41 30 %, 1941/42 37,5 %, seit 1942/43 48,75 %) um, ergibt sich folgende Entwicklung des Bruttogewinns gemäß Index 1938/39 = 100: 1939/40 134, 1940/41 144, 1941/42 168, 1942/43 174, 1943/44 170. Beide Zahlenreihen sind eindeutig (Zumpe, 409-410).

Bis 1942 rechnet man, mit wenig Ausnahmen, mit dem deutschen Sieg. Als 1943/44 Ost- und Westfront unaufhaltsam auf das Reich zurücken, zerbricht der Konsens mit dem NS-Regime. Beispiel Krupp-Konzern, seit Gesetz vom 12. November 1943 in eine OHG umgewandelt unter dem alleinigen Inhaber (nicht Eigentümer) Alfried Krupp von Bohlen und Halbach: Krupp stößt Reichsanleihen ab, erhebt Ansprüche auf Schadenersatz für Kriegsschäden, drängt auf Eintreibung von Schulden des Reiches und hält die liquiden Mittel möglichst hoch anstatt sie wieder in neue Rüstungswerke zu investieren (Muhlen, 177).

Symptomatisch ist die kühle Resonanz von etwa hundert

Vertretern der Rüstungsindustrie auf eine Hitler-Rede am 26. Juni 1944 im Hotel „Platterhof" auf dem Obersalzberg. (Zur Frontlage: Das Ostheer ist, zwischen Pripjetsümpfen und Düna, auf 350 Kilometer Länge durchbrochen und eingekesselt; das Westheer ist nach Invasion noch intakt, wird aber stetig zurückgedrängt.) Hitler erhält während seiner ungeordneten Rede kaum Beifall. Rüstungsminister Albert Speer (1905-1981) erinnert sich 1969: „Wir alle waren wie vor den Kopf geschlagen" (370). Die Industriellen zeigen sich von den verbrauchten Phrasen Hitlers wenig beeindruckt. Nach der Hitler-Rede folgt halbminütiger Pflichtbeifall, worauf Speer der Peinlichkeit durch schnelles Ausbringen des obligaten „Sieg Heil!" ein Ende bereitet.

Auf Initiative des Speer-Technokraten Hans Kehrl (1900-1984) wird im Mai 1943, konkret Anfang 1944 beim Reichswirtschaftsministerium ein *Arbeitskreis für außenwirtschaftliche Fragen* tätig. Er arbeitet mit dem Planungsamt des Speer-Ministeriums und mit den Reichsgruppen Industrie und Handel zusammen. Mitglieder sind u.a. Hermann Josef Abs (Deutsche Bank AG), Karl Blessing (Kontinentale Öl-AG), Max Ilgner (IG Farbenindustrie AG), Karl Lindemann (Norddeutscher Lloyd), Andreas Predöhl (Institut für Weltwirtschaft, Kiel), Karl Rasche (Dresdner Bank AG), Philipp F. Reemtsma (H.F. und Ph.F. Reemtsma AG), August Rohdewald (Reichskreditgesellschaft AG), Philipp von Schöller (Bankhaus Schoeller & Co., Aufsichtsratsvorsitzender Schoeller-Bleckmann-Stahlwerke AG), Kurt Freiherr von Schröder (Bankhaus J.H. Stein, Köln), Hugo Stinnes jr. (Hugo Stinnes GmbH), Ernst Hellmut Vits (Vereinigte Glanzstoff-Fabriken AG), Ludger Westrick (Vereinigte Aluminiumwerke AG).

Die Mitglieder dieses Arbeitskreises verfügen über weitreichende, ausgezeichnete internationale Verbindungen. Der Arbeitskreis hat die Aufgabe, systematisch Kontakt mit qualifizierten Persönlichkeiten im Ausland aufzunehmen. Außerdem befaßt sich der Arbeitskreis mit der internationalen Entwicklung wichtiger Industriezweige, mit Währungs- und Marktproblemen, mit Fragen einer Kriegs-schuldenregelung und des Wiederaufbaues nach dem Kriege. Diese und andere eingeleitete Untersuchungen sind derart langfristig angelegt, daß ihre zu erwartenden Ergebnisse, im Einklang mit dem Speer-Ministerium, zugleich als Unterlagen für eine Nachkriegsplanung verwendet werden können – nach Hitler, ohne NS-Regime (Zumpe, 434-444).

Die Industrie ist nur minimal in die Widerstandsbewegung verwickelt. Einige Industriekapitäne unterstützen die Verschwörung des 20. Juli 1944. Eine Sonderrolle nimmt Eduard Schulte (1891-1966), Generaldirektor des Giesche-Konzerns in Breslau, ein: Schulte übermittelt seit 1939 Informationen über Hitlers Kriegskurs an ausländische Kontaktleute, meldet vorzeitig den Überfall auf die UdSSR und informiert 1942 über den Beginn des Holocaust, was im State Departement als Gerücht abgetan wird. – Der Kreis der Industrie-Opposition gruppiert sich anfänglich lose um den Großindustriellen und Konzerngründer Robert Bosch (1861-1942), Vorsitzender der Robert Bosch GmbH, der bewußt dem Korps der Wehrwirtschaftsführer fernbleibt.

Zu diesem Kreis zählen, u.a., Krupps Schwager und enger Vertrauter Tilo Freiherr von Wilmowsky (1876-1966), im Aufsichtsrat der Fried. Krupp AG/OHG und Präsident des Mitteleuropäischen Wirtschaftstages; Krupp-Direktor Ewald Loeser (1887-1970); Albert Vögler (1877-1945), bis 1935 Generaldirektor, seitdem Aufsichtsratsvorsitzender Vereinigte Stahlwerke AG; Hermann von Siemens (1885-1986); Hermann Bücher (1882-1951), Generaldirektor AEG-Konzern; Paul Reusch (1868-1956), der nach vielen Zusammenstößen mit dem NS-Regime gezwungen wird, 1942 als Generaldirektor des Haniel-Konzerns abzutreten.

Jene und andere Großindustrielle befürworten Fortsetzung des Krieges gegen die Sowjetunion bei Waffenstillstand im Westen. Der 1944 gescheiterte Putsch gegen Hitler und die drohende Niederlage lassen ihnen die Verwirklichung der „Westkonzeption" immer dringlicher erscheinen. Trotz enger Verbindung zur Widerstandsbewegung sind sie keine unmittelbar kompromittierenden Verpflichtungen eingegangen. Sie wollen jedoch, in Verbindung mit Albert Speer, ein realistisches Programm für Niederlage und Nachkriegszeit entwickeln.

Einen Wendepunkt bildet der 10. August 1944. (An diesem Tage steht die Rote Armee an San und Weichsel, im Westen stehen amerikanische Panzerdivisionen an der Loire im Bewegungskrieg). Im „Hôtel de la Maison Rouge" in Straßburg versammeln sich eine größere Anzahl von Vertretern führender Rüstungskonzerne wie Krupp, Röchling, Messerschmitt, Rheinmetall-Borsig, Thyssen, BBC, Hermann-Göring-Werke und Vertreter des Rüstungs- und Wirtschaftsministeriums zu einer vertraulichen Aussprache. Den Konferenzvorsitz hat Friedrich Scheidt, Vorstandsmitglied im Kahla-Konzern und Leiter der Amtsgruppe Industrielle Selbstverwaltung im Speer-Ministerium. Von jener Konferenz ist kein Protokoll erhalten; alle Angaben beziehen sich auf den Bericht eines US-Geheimagenten vom 7. November 1944.

Federführend bei der Straßburg-Konferenz scheint das Speer-Ministerium zu sein. Wortführer Scheidt stellt unumwunden fest, daß der Krieg verloren sei und es nun darauf ankomme, praktische Maßnahmen für die Sicherung der Nachkriegsposition zu ergreifen. Jeder Industrielle müsse Fühlung mit ausländischen Firmen aufnehmen und mit ihnen Verträge abschließen, und zwar individuell, ohne Argwohn zu erregen. Es seien Scheinfirmen im Ausland zwecks Kapitalverlagerung zu gründen. Die Forschungs-, Konstruktions- und Produktionsunterlagen seien zu verstecken. Es seien Vorbereitungen für die Aufnahme erheblicher Auslandskredite für die Nachkriegszeit zu treffen. Als Beispiel für eine für beide Teile nützliche Zusammenarbeit mit den USA nennt Scheidt die gemeinsame Nutzung der Nirosta-Patente (für nichtrostende Stähle) durch Krupp und Chemical Foundation, Inc., New York.

Als vorbildlich bezeichnet Scheidt die Zusammenarbeit von Leica, Zeiss und HAPAG mit USA-Firmen. Mit Scheidt sind sich die Straßburger Konferenzteilnehmer nicht nur über den verlorenen Krieg einig, sondern auch darin, zwecks Rettung der Industriesubstanz die Verflechtungen ihrer und anderer Konzerne mit angloamerikanischen Konzernen auszunutzen (Zumpe, 424-425).

Im Dritten Reich ist nur Insidern bekannt: Während des Krieges werden Geschäftsbeziehungen deutscher Konzerne mit den USA und Großbritannien weiter gepflegt – über neutrale Länder und Strohmänner. So etwa zwischen IG Farben und dem größten Erdölkonzern Standard Oil Co. entsprechend Abmachungen vom Oktober 1939; zwischen IG Farben und dem Chemietrust E.I. du Pont de Nemours & Co. entsprechend Vereinbarungen von 1941; zwischen dem Hugo Stinnes jr.-Konzern und Großbritannien/USA, das heißt: Edmund Stinnes, der 1939 die Hugo Stinnes Industries, Inc., New York, übernommen hat und seinen Schwager Gero von Gaevernitz beim US-Geheimdienstchef Allen W. Dulles unterbringt; zwischen dem Bosch-Konzern und seiner USA-Filiale. In Kraft bleiben im Krieg auch die Verträge zwischen der Deutschen Bank und der National Bank of New York usw.

Es ist an die Anlage neuer Bankkonten im neutralen Ausland, die Aufstockung bestehender Guthaben und den Ankauf von Betrieben im Ausland durch einheimische Mittelsmänner gedacht. Bei diesen Finanztransaktionen ist die Zustimmung der staatlichen Stellen erforderlich. Der bei der Straßburg-Konferenz anwesende Vertreter des Rüstungsministeriums, Bosse, erklärt die Bereitschaft, die Industriellen bei der Gründung von Niederlassungen im Ausland für die Nachkriegszeit finanziell zu unterstützen, und sagt zu, diesen hart bestraften unkontrollierten Kapitalexport zu decken (Zumpe, 424).

Seit Herbst 1943 räumen die *Großbanken,* wegen des verheerenden Bombenkrieges, ihre Safes in Berlin und verlagern deren Inhalt dezentralisiert im Reichsgebiet. Seit

Sommer 1944, die Rote Armee steht an der Weichsel, verlagern die oberschlesischen Konzerne, im Einvernehmen mit den Großbanken, ihre Bankguthaben ins Reichsinnere und nach dem Westen Deutschlands. Angesichts des möglichen Vordringens der Roten Armee auf Oberschlesien verlangen die Großbanken Bürgschaften der Konzern-Muttergesellschaften für Kredite an deren schlesische Werke, etwa Bergwerksverwaltung Oberschlesien GmbH der Reichswerke Hermann Göring AG in Kattowitz, und fördern die zunehmende Kontenverlagerung ostdeutscher Unternehmen auf Bankfilialen im Westen Deutschlands (Eichholtz/Schumann, 466).

Der *Flick-Konzern*, 1937 nach Vereinigte Stahlwerke AG und Fried. Krupp AG drittgrößter Rohstahlproduzent, verhandelt über den Leiter (seit 1938) der Auslandsabteilung der Deutschen Bank AG, Hermann Josef Abs (geb. 1901), geheim mit der jüdischen Familie Julius Petschek in den USA, den einstigen, aus Prag emigrierten Braunkohlenkönigen in Mitteldeutschland, deren Zechen Flick 1938/39 für 6,5 Mio. US-Dollar übernommen hatte. Friedrich Flick hat ziemlich früh die Niederlage einkalkuliert. Sein kunstvoll verschachtelter Konzern wird von einer Holding geführt, die mit geringstem Kapitalaufwand ein Höchstmaß an Kontrolle erzielt. Flick gruppiert im September 1944 seinen Konzern um. Entsprechend den ihm bekanntgewordenen vier geplanten Besatzungszonen schafft er vier Unternehmensgruppen und verlegt die Konzernzentrale von Berlin nach Düsseldorf. Es folgen Verlagerungen von wertvollen Maschinen und Legierungsmetallen. Vom Nominalkapital seiner Holding von 37,5 Mio. RM behält er sicherheitshalber nur 10 %, aber mit alleinigem Entscheidungsrecht, und überträgt 90 % im Schenkungswege seinen verbliebenen Söhnen Otto-Ernst (1916-1974) und Friedrich-Karl, Jahrgang 1927. *Vorgreifend:* Konzern − Alleinerbe Friedrich-Karl Flick verkauft 1986 seinen Konzern, Jahresumsatz 1985 rd. 8,83 Mrd. DM, für 5,3 Mrd. DM an die Deutsche Bank AG, die den Konzern auflöst und die Aktien der Flick-Gesellschaften breit streut. Der im März 1914 gegründete Deutsch-Amerikanische Wirtschaftsverband (im Präsidium 1941 u.a.: Hermann Josef Abs; Otto Christian Fischer, Leiter der Reichsgruppe Banken; Paul Henrichs, Zeiss-Konzern; Max Ilgner; Ernst Hellmut Vits) weist am 21. November 1944 unter Hinweis auf die USA darauf hin, in der Nachkriegszeit nicht den Anschluß zu verpassen (Eichholtz/Schumann, 466). Im Dezember 1944 verhandeln in Lissabon Vertreter von IG Farben mit Vertretern der US-Konzerne Standard Oil und Du Pont. Im Januar 1945 drängt der Telefunken-Konzern auf Verlängerung des mit der marktbeherrschenden RCA Radio Corporation of America geschlossenen Kartellvertrages.

Im Februar 1945 ziehen die Mitglieder des Vorstandes und die Spitzen-Schlüsselkräfte aller Abteilungen des Berliner Hauptwerkes des Siemens-Konzerns unter Mitnahme der wichtigsten Produktionsunterlagen und Patente nach Hof/Bayern um, damit diese „Gruppenleitung" sofort nach Kriegsende ihre Tätigkeit wieder aufnehmen könne.

Ein „Kleiner Arbeitskreis" unter Rudolf Stahl, Vizepräsident der Reichsgruppe Industrie (RI), formuliert 1944 ein Programm zum Übergang auf Friedenswirtschaft: Umfang, Bedeutung, Möglichkeiten, Formen des Übergangs; Rangordnung der Bedarfsgruppen; Erfordernisse einer Lohn-, Preis- und Marktordnung; Währungsfragen. Vorgreifend: Die in jener weitschauenden Nachkriegsplanung maßgeblich beteiligten Fachleute werden wenig später in Westdeutschland wirtschaftliche Schlüsselstellungen bekleiden, so Ludwig Erhard, der wesentlich im Kleinen Arbeitskreis mitarbeitete (siehe Anhang 1).

Vorgreifend: Die Großindustrie übersteht, wider Erwarten, den Bombenkrieg überraschend intakt und rettet ihre Kernkapazität in die Nachkriegszeit. Einigen Konzernen (IG Farben, Siemens, AEG, Flick, Wintershall usw.) werden durch Enteignung von 1945 bis 1947 in der sowjetischen Besatzungszone erhebliche Teile ihres Potentials entzogen. Dennoch gelingt es ihnen in den drei Westzonen bis 1948/49 rasch, alte Positionen wieder aufzubauen. Mit genannten vorausschauenden Maßnahmen, sehr unterstützt durch Speers Sabotage der Zerstörungsbefehle Hitlers, legt die Großindustrie die Fundamente für den so schnellen Aufstieg und das westdeutsche Wirtschaftswunder.

Vorgreifend: Seit Mai 1945 sitzen fast alle Konzernherren und Großbankiers sowie viele führende Manager unter dem Verdacht der Beteiligung an Kriegsverbrechen im Gefängnis oder Internierungslager. Kaum jemand kann sich 1945 vorstellen, daß diese „kompromittierten Kapitalisten" jemals wieder zu Macht und Einfluß gelangen würden. Das Gegenteil wird eintreten. Beispiel Wehrwirtschaftsführer Wilhelm Zangen (1891-1971): 1934 bis 1957 Generaldirektor der Mannesmann Röhrenwerke AG, 1938 Leiter der RI, 1957 bis 1966 Aufsichtsratsvorsitzender der Mannesmann AG. − Repräsentativ ist *Friedrich Flick:* Größter Konzernherr und prominentester Wehrwirtschaftsführer im Dritten Reich, fünf Jahre Gefangener der Siegermächte, dann wieder größter Konzernherr der Bundesrepublik Deutschland und Träger des Großen Bundesverdienstkreuzes mit Stern und Schulterband.

Anhang 1: Ludwig Erhard (1897-1977)

Nach kaufmännischer Lehre und Teilnahme als Artillerie-Unteroffizier am Weltkrieg, dabei 1918 schwer verwundet, studierte Erhard Betriebs- und Volkswirtschaft sowie Soziologie. 1928 wurde er wissenschaftlicher Assistent, später stellvertretender Leiter am Institut für Wirtschaftsbeobachtung der deutschen Fertigware der Handelshochschule Nürnberg. 1931 befürwortete der Marktforscher Erhard anstelle des altliberalen „Laissez-faire" eine aktive Konjunkturpolitik durch staatliche Beeinflussung der Marktwirtschaft.

1934 gründet jenes Nürnberger Institut, nach USA-Vorbild, die Gesellschaft für Konsumforschung unter Erhard, mit Korrespondenten (1941) in 880 Konsumbezirken. Erhard, der sich beharrlich weigert, der NSDAP oder wenigstens der DAF beizutreten, grenzt sich 1939 ab sowohl gegen das Chaos der liberalen Wirtschaft mit seinem „Kampf aller gegen alle" wie gegen den kommunistischen Staatskapitalismus und verteidigt das Nebeneinander von Lenkung und Privatinitiative mit dem Primat der politischen Führung (Hans Dieter Schäfer, in: Denkler/Lämmert, 112-113). Mit Hilfe seines Schwagers Karl Guth, Hauptgeschäftsführer der RI, wird Erhard 1942 Leiter des Ein-Mann-Instituts für Industrieforschung in Nürnberg. Er wird unterstützt von der RI und einigen Konzernen, vor allem Siemens, ferner Mannesmann, Bosch, Thyssen. Seit 1944 nimmt Erhard an den Beratungen des „Kleinen Arbeitskreises" (siehe S. 252) teil. 1943/44 verfaßt Erhard die 270 Seiten umfassende Denkschrift „Kriegsfinanzierung und Schuldenkonsolidierung", die er der RI *und* Carl Goerdeler übermittelt. Ende 1944 empfängt SS-Gruppenführer Otto Ohlendorf, Leiter des SD-Inland im Reichssicherheitshauptamt und amtierender Staatssekretär im Reichswirtschaftsministerium, Erhard und diskutiert mit ihm über jene Denkschrift; Erhard bleibt unbehelligt (a.a.O., 113; Daniel Koerfer, in: „Die Zeit", Hamburg, 17. Juni 1988).

Vorgreifend: Erhard wurde am 2. März 1948 Direktor der Verwaltung für Wirtschaft der amerikanischen und britischen Zone (Bizone) und erklärte am Tag der Währungsreform (20. Juni 1948) gegen Widerspruch der Besatzungsmächte das Ende der Zwangswirtschaft. Von 1949 bis 1963 war er Bundeswirtschaftsminister, bis 1966 Bundeskanzler. Ludwig Erhard bestimmte, gegen alle Widerstände, wesentlich den wirtschaftlichen Wiederaufstieg der Bundesrepublik Deutschland und wurde, mit der sozialen Marktwirtschaft, zum populärsten Politiker.

Anhang 2: „Freundeskreis Reichsführer SS" 1936-1944

Dem Freundeskreis Reichsführer SS gehören 1939 die leitenden Persönlichkeiten von 14 der 52 größten deutschen Aktiengesellschaften an – an der Spitze die drei größten Industriekonzerne IG Farben, Vereinigte Stahlwerke und Reichswerke Hermann Göring (Vogelsang, 134-135). Jener Freundeskreis unterstützt seit 1936 Heinrich Himmler finanziell und erfährt dafür SS-Förderung seiner Interessen.

Einflußreiche Mitglieder sind 1943/44 – u.a.: Rudolf Bingel (1882-1945), Generaldirektor Siemens-Schuckertwerke AG; Karl Blessing (1900-1971), bis 1939 Reichsbank-Direktor, stellvertretender Vorsitzender Verwaltungsrat Kontinentale Öl-AG, als Vorstandsmitglied Margarine-Union AG Treuhänder der Niederlande-Betriebe des Unilever-Konzerns, nach geglücktem Umsturz des 20. Juli 1944 als neuer Reichsbank-Präsident vorgesehen, *vorgreifend:* 1958-1969 Präsident Deutsche Bundesbank; Heinrich Bütefisch (1896-1969), Vorstandsmitglied IG Farbenindustrie AG; Friedrich Flick, Inhaber Friedrich Flick KG-Holding; Karl Ritter von Halt, Vorstandsmitglied Deutsche Bank AG (als NS-Konzessionsschulze), 1929-1945 Mitglied IOC Internationales Olympisches Komitee, *vorgreifend:* 1951-1960 Präsident NOK Nationales Olympisches Komitee der BR Deutschland; Emil Helfferich (1878-1972), Aufsichtsratsvorsitzender HAPAG Hamburg-Amerika-Linie und Deutsche ESSO AG; Richard Kaselowsky (1888-1949), Oetker-Halbbruder, Direktor Dr. August Oetker Nährmittelfabrik GmbH; Prof. Emil Meyer (1886-1945), Vorstandsmitglied Dresdner Bank AG; Friedrich Reinhart (1871-1943), Aufsichtsratsvorsitzender Commerz- und Privatbank AG; Hellmut Roenert (1888-1945), Generaldirektor Rheinmetall-Borsig AG, Aufsichtsratsvorsitzender Reichswerke Hermann Göring AG; August Rosterg (1870-1945), Generaldirektor Wintershall AG; Kurt Schmitt (1886-1950), Aufsichtsratsvorsitzender Münchener Rückversicherungs-

AG / Allianz-Versicherungs-AG, 1933/34 Reichswirt-schaftsminister; Kurt Freiherr von Schröder (1889-1966), Mitinhaber Bankhaus J.H. Stein; Wilhelm Voss (geb. 1896), stellvertretender Aufsichtsratsvorsitzender Reichswerke Hermann Göring AG, Direktor Deutsche Revisions- und Treuhand AG, Generaldirektor Waffenwerke Brünn AG = früher Skodawerke; Hans Walz (1883-1974), Generalbe-vollmächtigter Robert Bosch GmbH, aktives Mitglied der Widerstandsbewegung (Helfferich, IV, 27f.; Vogelsang, 160-168).

Kartelle und gewerblicher Mittelstand (Handwerk)

Die Industrie-Kartelle waren geradezu eine deutsche Schöpfung. Im Ausland wurde der freie Wettbewerb ge-setzlich verteidigt. Im Deutschen Reich hatten die den Wettbewerb ausschließenden Produktions-, Preis- und Ab-satzkartelle von jeher unangefochten Rechtscharakter.

Kartelle halten auch veraltete und unwirtschaftliche Un-ternehmen am Leben, die bei freier Konkurrenz vom Markt gefegt worden wären. Das kartellierte Preis-Niveau deckt noch die Kosten dieser unwirtschaftlichen Betriebe. Auch der Weimarer Staat stand der Kartellbewegung positiv ge-genüber. SPD und ADGB werteten Kartelle als positive An-zeichen für schnellen Verfall des kapitalistischen Individua-lismus und als Beweis für einen Trend zum Kollektivismus.

Etwa die Hälfte der Roh- und Halbstoffpreise war (ge-schätzt 1931) gebunden (Nussbaum, 258). Am höchsten war die Kartellierung durchschnittlich von 1925 bis 1928 mit vier Fünftel im Bergbau, mit zwei Drittel und mehr in der Chemie-, Glas- und Papierindustrie.

Die Wirtschaftskrise traf konzern- und kartellfreie, meist unterkapitalisierte kleine und mittlere Unternehmen, relativ am stärksten. Demgegenüber konnten von 1929 bis 1932 die Kartelle der vom Markt her gebotenen Preissenkung wesentlich besser widerstehen und erschwerten so eine marktwirtschaftliche Anpassung. Daher gingen von 1929 bis 1932 die Preise in der stark konzentrierten Investitionsgüterindustrie nur um 28 % zurück, in der weit schwächer konzentrierten Verbrauchsgüterindustrie jedoch um 60 %. Der Index der gebundenen, meist kartellierten Großhandelspreise (1913 = 100) sank von 1930 103,1 über 1931 93,8 auf 1932 83,9, der Index der freien Großhandelspreise sank von 1930 79,7 über 1931 60,8 auf 1932 47,5 (Swatek, 19 + 33 + 115; Nussbaum, 262). In der Krise sanken die Kartellpreise um 21 %, die übrigen Preise um 57 % (Zumpe, 262).

Punkt 13 des NSDAP-Programms vom 24. Februar 1920 forderte die *Bekämpfung* der Kartelle. Im Dritten Reich aber gewinnen die Kartelle durch das Gesetz zur Errichtung von Zwangskartellen vom 15. Juli 1933, nach Entwurf des Reichsverbandes der Deutschen Industrie, noch mehr Ausdehnung und Macht als in der Weimarer Zeit: Kartelle bilden eine glänzende Grundlage für staatliche Lenkung von Investitionen, Produktion und Preisen (Wolfram Fischer, in: Aubin/Zorn, II, 810-811; Erdmann, 4/2, 410). Das kommt dem NS-Regime entgegen.

Außerdem werden freiwillige Kartelle in *Zwangskartelle* umgewandelt, Außenseiter, meist Kleinbetriebe, an Kartelle angeschlossen und Bereiche, die bisher weitgehend außerhalb der Kartellierung standen, in diese einbezogen. Die Staatsaufsicht über die Kartelle begünstigt größere Unternehmen und Fusionierungen, wobei zahlreiche kleinere Betriebe geschlossen werden. Seit Erlaß des Reichswirtschaftsministeriums vom 12. November 1936 kontrollieren faktisch die Spitzengremien der Wirtschaftsverbände das Kartellwesen.

Von der gesamten Industrieproduktion mögen 1938 über 50 %, 1941 mindestens 70 % kartelliert sein (Swatek, 132; Zumpe, 138). Das NS-Regime ist bemüht, die Zwangskartellierung als eine Notmaßnahme zur Überwindung der Krisenfolgen hinzustellen. Tatsächlich ist die Zwangskartell-Gesetzgebung ein Schlag gegen das mittelständische Gewerbe. Es ändert sich auch die Rechtsprechung: Vor 1933 wurden Außenseiter, wenn sie ihre Produkte unter Kartellpreisen verkauften, vom Kartellgericht geschützt; nun wird solches Verhalten als „unlauterer Wettbewerb" mit Strafe belegt (Keller, 120 + 122).

Die fortschreitende Kartellierung trägt zur verstärkten Unternehmenskonzentration bei, siehe die Kapitalkonzentration auf wenige *Aktiengesellschaften* (AGs) der obersten Größenklasse mit Nominalkapital von 5 Mio. RM und mehr: Ende 1933 haben 679 Firmen oder 7,4 % aller AGs 73,8 % des gesamten Aktienkapitals; Ende 1939 konzentrieren 669 Firmen oder 12,5 % aller AGs 78,5 % des gesamten Aktienkapitals. Oder: Ende 1939 vereinigen die 88 größten AGs und GmbHs, das sind 0,3 % aller Kapitalgesellschaften, 35,6 % des Anlagekapitals beider Firmenformen auf sich (Swatek, 108 + 110).

Punkt 16 des NSDAP-Programms forderte, einen *gesunden Mittelstand* zu schaffen und zu erhalten. − Hitler kann 1933 die hohen Erwartungen des gewerblichen Mittelstandes, einer Hauptwählerschicht der NSDAP, nicht gänzlich vernachlässigen. Indessen kann Hitler seine langfristigen Ziele von Aufrüstung und Krieg nur mit der Förderung und Unterstützung der Industriekonzerne verwirklichen. Die Aktivitäten des NS-Kampfbundes für die gewerbliche Wirtschaft, seit 1932 zentrale Mittelstandsorganisation der NSDAP, werden seit Mai 1933 abgewürgt, der Kampfbund selbst wird am 8. August 1933 aufgelöst. Im Dritten Reich verringert sich die Zahl der kleinen Unternehmen schneller noch als in der Weimarer Republik − wegen Aufrüstung.

Mit Verordnung vom 22. Februar 1939 stellt Reichswirtschaftsminister Walther Funk fest, daß die Rüstungsaufgaben eine weitere Schonung des Handwerks im Sinne seiner Erhaltung als Berufsstand unmöglich machen. Anschließend können unwirtschaftliche Kleinbetriebe stillgelegt werden, falls deren Inhaber für Rüstungsarbeiten verwendbar seien (Fritz Blaich, in: Bracher/Funke/Jacobsen, 294f.). Allein in der Bauwirtschaft sinkt durch Konzentration die Zahl der kleinen und mittleren Betriebe von 1933 bis 1939 von etwa 84.000 um 21,4 % auf 66.000. Da die Anzahl der Beschäftigten gleichzeitig von 2,0 Mio. um 15,5 % auf 2,3 Mio. wächst, wird ein Teil der mittelständischen Bauunternehmer, die vor 1933 für Hitler waren, „proletarisiert" (Joachim Petsch, in: Peukert/Reulecke, 179).

Die *Handwerksbetriebe* gehen von 1936 bis 1939 von 1,65 Mio. um 18,2 % auf 1,35 Mio. zurück. Dies unter dem Stichwort „Auskämmung", gemeint: Stillegung „lebensunfähiger" Betriebe und Überführung ihrer Arbeitskräfte in die Rüstungsindustrie. Diese Aktion wird wegen des dadurch verminderten Wettbewerbs vom Reichsstand des deutschen Handwerks ausdrücklich begrüßt, zumal von ihm früher angeregt. Auch deswegen steigt der Umsatz der Handwerkswirtschaft (1929: 19-20 Mrd. RM) von 1932 10-11 auf 1939 20 Mrd. RM (Saldern, 279; Petzina, Die, 61 + 142; Winkler, 136). In der Entwicklung des Volkseinkommens kann das Handwerk nicht Schritt halten und zählt daher zu den unteren Einkommensschichten (Saldern, 95).

Joseph Goebbels sieht sich bei seiner Proklamation des „Totalen Krieges" am 18. Februar 1943 genötigt zu versichern, mit den kommenden Schließungsmaßnahmen werde keine „Stillegung des Mittelstandes" bezweckt: „Nach dem Krieg wird der Mittelstand sofort wieder in größtem Umfang wirtschaftlich und sozial wiederhergestellt" (Reden, II, 200). Das NS-Regime leitet einen sozialen Wandlungsprozeß ein: den zahlenmäßigen Niedergang des gewerblichen Mittelstandes — vorwiegend aus dem alten Mittelstand (Keller, 146).

Im Interesse der Rüstung betreibt Hitler eine den Interessen des Mittelstandes entgegengesetzte Politik, ohne allerdings den gewerblichen Mittelstand *allzusehr* zu beeinträchtigen. Das NS-Regime will nicht alte Wirtschaftsstrukturen konservieren und bei seiner Auftragsvergabe mit vielen kleinen und leistungsschwachen Klein- und Mittelbetrieben verhandeln. Vielmehr will das NS-Regime ein Höchstmaß kapitalistischer Rationalität garantieren. NS-Regime und Großindustrie verfolgen gemeinsam das Ziel, den Wettbewerb einzuschränken und Konkurrenz der Kleinbetriebe zu meiden (Keller, 122).

Anhang: Mittelstand und Warenhäuser

Die Warenhäuser waren 1929 in fünf Konzernen organisiert: Rudolf Karstadt AG, Hermann Tietz und Co., Leonhard Tietz AG, Wertheim GmbH und Schocken AG. Im Zuge verstärkter Konkurrenz und Rationalisierung entstanden Einheitspreisgeschäfte mit wenigen Warengruppen und Preisstufen von 10, 25, 50 Pfennig und 1 Mark; führend waren Epa AG (Karstadt), Ehape AG (Leonhard Tietz) und Woolworth GmbH (USA-Konzern). Neben den aufstrebenden Konsumvereinen wurden Warenhäuser und Einheitspreisgeschäfte zur zusätzlichen Konkurrenz für den um seine Existenz kämpfenden gewerblichen Mittelstand.

Vor 1933 erfüllten die Reichskabinette aus wahltaktischen Gründen einige Wünsche des Mittelstandes, gipfelnd in der Schleicher-Notverordnung vom 23. Dezember 1932: allgemeine Sperre für Errichtung, Erweiterung, Verlegung von Einheitspreisgeschäften. Das NSDAP-Programm sah in Punkt 16 die „sofortige Kommunalisierung der Groß-Warenhäuser und ihre Vermietung zu billigen Preisen an Klein-Gewerbetreibende" vor. Die NSDAP machte sich − vor 1933 − zum Wortführer der Kampagne besonders gegen die Warenhäuser als „Ausgeburten des Judentums" und weckte damit hohe Erwartungen des Mittelstandes.

Nach einer Boykottaktion am 1. April 1933 gegen Warenhäuser und Einheitspreisgeschäfte wird durch Gesetz vom 12. Mai 1933 eine Errichtungssperre für alle Einzelhandelsgeschäfte verfügt und damit ein Schutzgürtel um bestehende Betriebe gelegt. Eine erwartete Schließung der Warenhäuser erfolgt nicht, zumal diese im Juni 1933 vor dem Zusammenbruch stehen. Ihre Schließung hätte rd. 90.000 Menschen arbeitslos gemacht; Industrie und Banken dringen auf Bezahlung von 800 Mio. RM Schulden der Warenhäuser. Der jüdische Hermann-Tietz-Konzern (Hertie) erhält im Juli 1933 durch Schacht-Intervention, von Hitler genehmigt, einen Kredit von 14,5 Mio. RM.

Später folgt ein Kurs der Restriktionen gegen Warenhäuser, so daß deren Umsatz zurückgeht und 1938 erst 70,1 % des Konjunkturjahres 1928 erreicht, während die Umsätze im gesamten Einzelhandel 93,7 % von 1928 betragen. – Warenhäuser und Einheitspreisgeschäfte dürfen bis 1945 keine neuen Errichtungen und Erweiterungen vornehmen. Bis 1939 gewinnen sie, wider Erwarten, neues Prestige, da sie besser die Abneigung gegen Ersatzstoffe überwinden helfen. Der wirtschaftliche Aufschwung läßt den Protest der Kleingewerbetreibenden gegen die Warenhäuser verpuffen (Keller, 101-109 + 114 + 148).

Lebensstandard: Löhne und Preise

Die „Lohnquote" ist der Anteil des Einkommens aus unselbständiger Arbeit am Volkseinkommen. Die deutsche Lohnquote von 1929 56,6 % und 1932 57,0 % sinkt stetig über 1934 55,5 %, 1935 54,6 %, 1936 53,5 %, 1937 52,7 % und 1938 52,4 % auf 1939 51,8 % (Petzina, Die, 122). Nach anderer Berechnung: Während das Volkseinkommen von 1933 bis 1938 im Durchschnitt pro Jahr um 10,6 % steigt, geht die Lohnquote durchschnittlich um 0,7 % pro Jahr zurück (Zumpe, 91).

Alle Statistiken erhärten: Hitler will nicht Einkommens- und Vermögensverteilung unter *sozialen* Aspekten beeinflussen. Er will jedoch Volk und Wirtschaft rasch kriegsbereit machen und zieht deswegen aus dem politischen Endziel „Krieg" die ökonomischen Konsequenzen. Die großen Gewinner des Aufschwungs und der damit verbundenen Umverteilung des Volkseinkommens sind der Staat und die von der Wirtschafts- und späteren Rüstungskonjunktur profitierenden Unternehmen (Stolper, 174; Petzina, Die, 141). Dazu im einzelnen:

Die *Rendite* des Eigenkapitals (eingezahltes Kapital plus Rücklagen und Rückstellungen) beträgt 1930 3,09 % und 1938 14,58 % (W.G. Hoffmann, 503). Die offen ausgewiesenen unverteilten, in den Firmen verbleibenden *Gewinne* der Kapitalgesellschaften (1928 1,31 Mrd. RM) sanken über 1932 450 auf 1933 175 Mio. RM und steigen bis 1939 auf 4,75 Mrd. RM. Dies entspricht, im Vergleich zu 1928, einer Steigerung von 263 % oder einem Anteil am Volkseinkommen von 1928 1,7 %, 1933 0,4 % und 1939 5,0 %. Die Gewinne haben sich im Vergleich zum letzten Vollkonjunkturjahr 1928 verdreifacht. Indessen: Der bilanzmäßig faßbare Anstieg der Jahresgewinne von 1933 bis 1939 spiegelt nur den geringeren Teil des tatsächlich erwirtschafteten Gewinns wider (Boelcke, 49) – wegen der üblichen Bilanzverschleierung.

Die *Tariflöhne* liegen 1933 um rd. 20 % unter den Tariflöhnen von 1929 und bleiben bis 1945 praktisch konstant (Petzina, Die, 121). Der durchschnittliche *Brutto-Wochenverdienst* der Arbeiter vor Abzug von Steuern (Basis 1936 = 100) lag 1932 bei 88,5 und 1933 bei 92,5 Indexpunkten und überschreitet real erst 1937 mit 103,0 das Niveau des letzten Vollkonjunkturjahres 1928 mit 102,2 minimal, um 1938 107,5 und 1939 111,1 zu erreichen (Stolper, 175).

Die Arbeiterschaft erhält 1939 in den wehrwirtschaftlich wichtigen Gewerbezweigen die höchsten Reallöhne seit der Industrialisierung, allerdings bei im Vergleich zu 1929 gestiegenen Wochen-Arbeitszeiten (Herbert, 46). *Vorgreifend:* Das Reichsarbeitsministerium wird 1943 feststellen, die Stundenverdienste lägen im Durchschnitt rd. 10 %, die

Wochenverdienste rd. 12 % höher als 1939. Der Kaufkraft nach seien die Stundenverdienste ungefähr gleichgeblieben, die Wochenverdienste um ungefähr 3 % gestiegen (Boelcke, 138).

In der verarbeitenden Industrie betrug die *Wochen-Arbeitszeit* 1928 46,0 und 1932 41,5 Stunden. Sie steigt von 1933 42,9 über 1935 44,4 auf 1939 (erstes Halbjahr) 47,0 Stunden. Gemäß DAF arbeiten aber 1938 die Arbeiter im Maschinenbau zu 50 %, im Fahrzeugbau zu 45 % länger als 48 Stunden je Woche (Herbert, 46), oft 58 bis 65 Stunden (Mason, 847). Davon profitieren die in der Großindustrie tätigen Arbeitnehmer, besonders in Maschinen- und Fahrzeugbau, Eisen- und Metallgewinnung. So steigt der Index der Löhne in der Konsumgüterindustrie von 1933 100 auf 1937 102, in der Produktionsgüterindustrie aber auf 110, in einzelnen Branchen auf 115 (Eisen- und Stahlwaren) und 129 (Elektroindustrie) an (Swatek, 104).

Die freiwilligen betrieblichen Sozialleistungen machen in größeren Betrieben oft bis zur Hälfte des tariflichen und bis zu einem Drittel des tatsächlich gezahlten Lohnes aus. Ein großer Teil des Arbeitslohns ist gewissermaßen Prämie für Arbeitsdisziplin und produktionskonformes Verhalten (Wolfgang Spohn, in: Sachse, 152).

Das *Volkseinkommen* steigt von 1932 41,09 Mrd. RM um 108,0 % auf 1939 85,48 Mrd. RM oder pro Kopf von 1932 633 RM um 95,0 % auf 1939 1234 RM (W.G. Hoffmann, 56). Das Pro-Kopf-Einkommen des Vollkonjunkturjahres 1928 1120 RM wird erst 1938 1142 RM um 1,96 % und 1939 1234 RM um 10,18 % übertroffen. Noch 1937 ist die Kaufkraft der Arbeitnehmer geringer als 1928 und übertrifft erst 1939 den Stand von 1928 (Petzina, Die, 147). Immerhin vollzieht sich diese Entwicklung bei einigermaßen stabilen Preisen.

Die Stabilität der *Preise* wird zwar nicht im propagierten Ausmaß erreicht, kann jedoch bis 1939 in etwa gesichert werden (Zumpe, 266). Diese Entwicklung kann, auch aus heutiger Sicht, als eine „Traumvorstellung von Stabilität" gelten. Eine zeitgenössische Berechnung, damals von

Sachkennern akzeptiert, beziffert die reale Steigerung der Lebenshaltungskosten von 1933 bis Kriegsbeginn 1939 auf gut 17 % und den Anstieg der Stundenverdienste der Industriearbeiter auf durchschnittlich 22,5 %, so daß eine reale Zunahme der Lebenshaltung von 5 % bis 6 % verbleibt (Boelcke, 63). *Vorgreifend:* Für einige wichtige Güter des täglichen Bedarfs steigen die amtlichen Preise von 1939 bis 1944 allerdings wesentlich stärker, beispielsweise für Bekleidung um 38 %, für Margarine um 32 %, für Kartoffeln um 34 % (Tilla Siegel, in: Sachse, 79).

Hitler schafft es, die gewaltigen Kosten der Aufrüstung und Kriegsvorbereitung zu Lasten der arbeitenden Bevölkerung aufzubringen, ohne daß es zu allzu großen Disparitäten im Lohngefüge und zu unstabilen Preisen kommt (Petzina, Die, 146). Für die breite Masse ist bis 1937 der Lebensstandard gegenüber 1932 nachweisbar besser, aber gegenüber 1928 ebenso objektiv schlechter – was gemeinhin weniger ins Auge fällt. Die NS-Statistiken gehen vom Krisenjahr 1932 aus, womit die populäre Sicht bewußt gefördert wird, das Leben unter Hitler nicht am Konjunkturjahr 1928 zu messen (Keller, 147).

Wenig bekannt: Hitler vertritt die These von den stetig steigenden Bedürfnissen und leitet daraus die Forderung ab, den Lebensstandard stetig zu steigern. Mit Eigenheim, Auto und Wohnwagen, Rundfunk und Fernsehen, Küchengeräten, Hygiene und Kosmetik propagiert man im Dritten Reich Werte, die unser Bewußtsein den fünfziger Jahren zuordnet. Die angestrebte Steigerung des materiellen Wohlstands sieht Hitler allerdings *nicht* als Möglichkeit einer Vermehrung des individuellen Glücks, sondern als einen „Stachel", der den Menschen vor der Passivität bewahre. Folgerichtig ist Hitlers Vorbild die hochtechnisierte Industriegesellschaft der USA , die er zwar als kulturlos verachtet und deren kapitalistisches Wirtschaftssystem er kritisiert, deren industrielle Potenz er jedoch gleichwohl unverhohlen bewundert (Zitelmann, Selbstv., 353-354).

Bis 1939 gibt es keine gravierenden Engpässe in der Konsumgüterversorgung, auch wenn spezifische Nachfrage unbefriedigt bleibt oder eine gewisse Zeit warten muß. Ein inflationsverschleiernder Aspekt ist: Bei gleichbleibenden Preisen wird die Güterqualität gesenkt. Oder: Durch geschickte Umsteuerung des Verbrauchs, etwa in KdF-Ferienreisen, wird Verbraucher-Einkommen aufgesaugt und von der materiellen Güternachfrage abgedrängt (Boelcke, 62).

Alles in allem: Nach Einkommens- und Konsumstatistik erreicht das deutsche Volk 1938/39 das höchste durchschnittliche Wohlstands-Niveau in seiner bisherigen Geschichte (a.a.O., 64). Bis weit in den Krieg hinein sinkt das reale Familieneinkommen nicht oder kaum ab.

Arbeiterschaft

Seit dem Kaiserreich war die deutsche Arbeiterschaft die stärkste, bestorganisierte, bestgeschulte Arbeiterschaft Europas. Jahrzehnte standen die Gewerkschaften im Ruf der Unüberwindlichkeit. Jener Ruf schwindet seit 1930 dahin. In der Wirtschaftskrise können die Gewerkschaften weder ausreichend helfen noch die Tariflöhne halten.

Daher beginnen die Arbeiter zunehmend das Vertrauen in die Gewerkschaften zu verlieren. In den der SPD nahestehenden Freien Gewerkschaften (ADGB, AFA-Bund) sind Ende 1929 5,3 Mio., Ende 1932 3,9 Mio. oder 26,4 % weniger organisiert. Der Deutsche Metallarbeiterverband, Kern der Gewerkschaftsbewegung, hat 1929 rd. 965.000, 1932 rd. 690.000 Mitglieder oder 28,5 % weniger. Vom langjährigen Elend zermürbte Arbeiter entrichten 1932/33 oft nicht mehr ihren Gewerkschaftsbeitrag. Die Sorge um den Arbeitsplatz führt zu „größeren und besseren Leistungen", zu „erhöhter Zuverlässigkeit und Pünktlichkeit" (Kranig, 40). Der Arbeiter ist 1932/33 geduckt.

Der Arbeiter (und Angestellte) geht mit Furcht vor Entlassung in seine Firma und geht mit Furcht vor dem nächsten Tag nach Hause. Wer arbeitslos ist, weiß nicht, wie er sich und seine Familie einigermaßen duchbringen soll. Er fühlt sich hilflos, minderen Wertes, als Versager. „Stempeln" gehen bedeutet abgestempelt zu sein. Rentner und Kranke sind gerade noch gesellschaftsfähig, Arbeitslose nicht. Jahrelange Arbeitslosigkeit demoralisiert, zermürbt, stumpft selbst den Strebsamen ab. Oft trifft die Geißel „Arbeitslosigkeit" die ganze Familie. Dieses Trauma ist ein Bruch im Leben des Menschen. Zuerst pflegen bei Entlassungen die älteren Jahrgänge dranzukommen; sie gelten als endgültig auf die Straße geworfen.

Im Jahres-Durchschnitt 1932 gibt es offiziell 5,575 Mio. Arbeitslose. Zusammen mit der unregistrierten Arbeitslosigkeit ist im Januar 1933 mit 7,5 Mio. Arbeitslosen zu rechnen. Mithin lebt ein Drittel der Bevölkerung am Rande des Existenzminimums und darunter.

Der berühmte amerikanische Journalist Hubert Renfro Knickerbocker (1898-1949) beschreibt in seinem Buch „Deutschland — so oder so?" (1932) die Lebensbedingungen des deutschen Arbeitslosen. Erst sein Bericht öffnet vielen die Augen über das stille, massenhafte Elend.

Danach bezieht in Berlin ein arbeitsloser Arbeiter mit Frau und Kind monatlich 51 RM. Ausgaben für Miete, Beleuchtung, Heizung und unvermeidliche Nebenausgaben erfordern ein Minimum von monatlich 32,50 RM. Somit verbleiben für die Ernährung der dreiköpfigen Familie monatlich *18,50 RM*. Davon kann man wie folgt existieren: 45 Pfund Brot für 3 RM; ein Zentner Kartoffeln für 2,50 RM; neun Pfund Margarine für 3 RM; 15 Liter Milch für 4,50 RM; 20 Pfund Kohl für 2 RM ; zehn Heringe, Salz und Zucker für 1 RM.

Knickerbocker wiegt die Tagesverpflegung einer Person aus: Sechs kleine Kartoffeln, fünf mitteldicke Scheiben Brot, ein faustgroßes Stück Kohl, ein Stückchen Margarine von etwa 16 Kubikzentimeter. Das wäre die Wochenration.

An drei Sonntagen könnten die beiden Erwachsenen noch einen Hering essen. Für das Kind ist, immerhin, an allen Sonntagen ein Hering da, außerdem täglich ein halber Liter Milch. Knickerbockers Fazit: Die Arbeitslosenunterstützung ist zum Leben zu wenig und zum Sterben zu viel. − Ein Oberhemd für 2,25 RM oder Socken für 38 Pfg. sind für den Arbeitslosen unerreichbar.

Mit 46,3 % der Erwerbstätigen ist 1933 die Arbeiterschaft die zahlenmäßig größte Schicht der deutschen Gesellschaft. Gegen einen aktiven oder auch nur passiven Widerstand dieser Schlüsselschicht könnte sich das Dritte Reich niemals halten. Das weiß Hitler.

Die *Betriebsräte* sind, gemäß Gesetz vom 4. Februar 1920, für die Arbeiter ein Kernstück sozialpolitischer Errungenschaften. Die Arbeiter identifizieren sich weit stärker mit ihrem Betriebsrat als mit einer Gewerkschaft oder Partei. 1931 waren fast 90 % aller Betriebsratsmitglieder Freigewerkschafter oder Kommunisten. Die NSDAP kam nur auf 0,5 % der Stimmen. Während die NSDAP bei der Reichstagswahl vom 5. März 1933 43,9 % der Stimmen erringt, erhalten bei den Betriebsräte-Wahlen im März/April 1933 NSDAP- und andere Rechts-Kandidaten etwa 25 %, die Gewerkschaftsvertreter etwa 75 % der Stimmen (Beier, 32; Schumann, 66); das Wahlergebnis wird nie offiziell bekanntgegeben. Daraufhin werden, gemäß Gesetz vom 4. April 1933, weitere Betriebsräte-Wahlen „ausgesetzt".

Parallel gibt es systematische *Razzien* in Arbeitervierteln. SA, SS, Gestapo, Schutzpolizei, oft hilfsweise Feuerwehr und Technische Nothilfe, riegeln die jeweilige Arbeitersiedlung ab und durchkämmen sie Haus für Haus. Sie beschlagnahmen sozialistische und humanistische Literatur, Fußbälle der Arbeitersportvereine, Musikinstrumente des Posaunenchors, Organisationskarteien, illegale Papiere, manchmal auch Waffen. Diese Razzien sind begleitet von Drohungen und Demütigungen, Schlägen und Festnahmen. Planmäßige Razzien und spontane Rachefeldzüge örtlicher SA-Trupps verbreiten ein allgemeines Klima der Unsicherheit und Wehrlosigkeit selbst in den proletarischen Hochburgen (Peukert, Volksgen., 124) von SPD/ KPD.

Seit Herbst 1932 hatte die *ADGB-Führung* die Autonomie der Gewerkschaften gegenüber der SPD betont und laut über die Lockerung ihres historischen Bündnisses mit der SPD nachgedacht. Seit dem 30. Januar 1933 herrscht in der ADGB-Spitze Opportunismus vor. Nach der Reichstagswahl vom 5. März 1933 häufen sich Gewaltakte gegen Gewerkschaftsbüros. Ein Hilfeappell vom 10. März 1933 an den Reichspräsidenten bleibt ohne Antwort, ebenso eine Bitte zehn Tage später um Audienz bei Hitler. Es zeigen sich durch Beitragsverweigerungen und Austritte Zerfallstendenzen bei den Gewerkschaften.

Der ADGD-Bundesvorstand unter seinem Vorsitzenden (seit 1921) Theodor Leipart (1867-1947) bekundet am 20. März 1933 Hitler seine Loyalität und bietet, unter Distanzierung von der machtlos gewordenen SPD, praktisch die Kollaboration an. Die ADGB-Führung hofft, den erwarteten Verlust der Demokratie durch die erhoffte Schaffung einer Einheitsgewerkschaft kompensieren und so im Dritten Reich überleben zu können. (*Vorgreifend:* Leipart wird 1946 in die SED eintreten.) Der ADGB-Bundesausschuß ruft am 22. April 1933 dazu auf, sich an der Mai-Kundgebung der NSDAP „festlich zu beteiligen". Diese Selbstgleichschaltung zerstört den Nimbus des ADGB.

Der *Erste Mai* war seit 1890 der Demonstrations-, Kampf- und Feiertag der internationalen sozialistischen Arbeiterbewegung. An diesem „roten Kampftag" gab es in der Weimarer Republik, so schildert 1941 polemisch der vielgelesene Schriftsteller Anton Zischka (geb. 1904) im NS-Sinne, „lange Reihen von Menschen, mit roten Bannern, die meisten niedergedrückt, voll Zweifel, ob die Teilnahme an diesem ‚Festzug' sie nicht ihr Brot kosten würde, gemacht lustig und überschwenglich die anderen. Berittene Polizei, Polizei mit Gummiknüppeln, Polizei in Zivil marschierte links und rechts, vor und hinter dem Zug, und in den Kasernen lagen Truppen in Bereitschaft. Reden dann, voll Haß und Wut und Verzweiflung, verblendet und gemein. Endlich Lieder und Bier und ein Anlauf zu sorgloser Freude. Denn immer war dieser erste Mai ein Versuch, auf einen Tag wenigstens das echte oder eingebildete Elend zu vergessen" (22).

Gemäß Schachzug von Joseph Goebbels, der von einem erwogenen Verbot der Maifeier abrät, um Sozialdemokraten und Kommunisten keinen Auftrieb zu geben, wird durch Gesetz vom 10. April 1933 der Erste Mai zum bezahlten *staatlichen Feiertag* erklärt. „Die Überwindung von Klassenhaß und Standesdünkel, die Ehrung der Arbeit und des Arbeiters, der Aufruf zu Schaffensmut und freudiger Lebensbejahung – das waren Parolen (der NSDAP, HJE), die sich für die nach den Erfahrungen mit der Weimarer Zeit enttäuschten Massen als elementar einsichtig erweisen sollten" (Erdmann, 4/2, 392).

Es ist ein NS-Geniestreich, den vom marxistischen Klassenkampf geprägten Mai-Aufmarsch zum „Feiertag der nationalen Arbeit" zu proklamieren. Die Wirkung auf die seit 1918 im gesellschaftlichen Abseits lebenden Arbeiter ist groß. (Daß es am 1. Mai 1933 sozialistische Gegen-Demonstrationen gibt, so in Berlin, Hamburg, Halle, Leipzig, Chemnitz, Dresden, im Ruhrgebiet, am Niederrhein, wird kaum vermerkt.) Tief wirkt ein, daß mit den Arbeitern die Direktoren in Reih und Glied marschieren – oft nicht vorn, sondern hintenan, alle hinter der Hakenkreuzfahne. Später wird dann gern und oft gesungen: „Freut euch des Lebens,/weil noch das Lämpchen glüht,/pflücket die Rose,/ eh' sie verblüht" (Klose, Hitler, 98).

Nach 1945 äußern sogar Juden, daß sie von der Berliner Hitler-Kundgebung am 1. Mai 1933 auf dem Tempelhofer Feld mit angeblich 1,5 Mio. Teilnehmern begeistert gewesen seien und sich der Faszination Hitlers nicht hätten entziehen können (Hertel, 136). Diese nächtliche Großkundgebung wird von dem noch unbekannten Architekten

Albert Speer, 1931 NSDAP-Mitglied, mit riesigen Fahnen und massiertem Scheinwerferlicht eindrucksvoll inszeniert. Dieser Erste Mai führt Hitler wieder Millionen Schwankende zu. *Vorgreifend:* Im Krieg fällt seit 1942 der 1. Mai als bezahlter Feiertag fort.

Einen Tag später, im nachklingenden Rausch der Begeisterung, läßt Hitler am 2. Mai 1933, ohne einen Rechtstitel, die *Gewerkschaften* durch SA- und NSDAP-Funktionäre zerschlagen. Widerstand gegen die überfallartige Besetzung der Häuser, Büros, Banken und Redaktionen regt sich nicht. Es ist „das bittere Ende einer stolzen, trotzigen, erfolgreichen und dann nur noch hilflosen Bewegung" (Michael Stürmer, in: Boockmann, 343). Diese vielleicht wichtigste Voraussetzung für die NS-Gleichschaltung findet offenen Beifall im Bürgertum, besonders bei Unternehmern, und in der Reichswehr-Führung.

Zum Kongreß der Gründung der DAF Deutschen Arbeitsfront am 10. Mai 1933 in Berlin erscheinen neben den Mitgliedern der Reichsregierung das diplomatische Korps, die Länder-Ministerpräsidenten, Gauleiter, Vertreter der Reichswehr und großer Unternehmen, Abordnungen von SA, SS, Stahlhelm als „außerordentlich dekorative Staffage" (Maser, Regime, 58). Hitler stellt sich als „ehrlicher Makler" zwischen Arbeitgebern und Arbeitnehmern hin, preist die Überwindung der „Klassen, Stände und Einzelinteressen" durch den Nationalsozialismus und schließt mit dem von den Zuhörern fasziniert aufgenommenen Bekenntnis: „Diese Garde (der Arbeit, HJE) müssen wir dem Staat erobern, sie müssen wir dem kommenden Deutschen Reich, dem Dritten Reich erobern. Das ist jetzt das Kostbarste, was wir geben können ... Ich werde keinen größeren Stolz in meinem Leben besitzen als den, einst am Ende meiner Tage sagen zu können: Ich habe dem Deutschen Reich den deutschen Arbeiter erkämpft!" (Domarus, 269). Mit dieser Aussage wird Hitler schließlich recht behalten.

Die Arbeiterschaft wird 1933 durch das NS-Regime am unmittelbarsten und tiefgreifendsten betroffen. Die Arbeiter fragen sich: Wird unseren materiellen Interessen besser durch Widerstand gegen die neue NS-Ordnung oder durch Mitarbeit an ihr gedient? Diese Frage wird eindeutig beantwortet – im Sinne des NS-Regimes. Indessen steht dies 1933 noch keineswegs fest. Für Hitler bleibt das Problem: „Wie gewinne ich die Arbeiter?" ein Kernproblem der inneren Stabilität des NS-Regimes. Hitler löst es allmählich, im Lauf der Jahre, teils durch Arbeitsbeschaffung und soziale Verbesserungen, teils durch Propaganda und Terror. Es läßt sich, so Timothy W. Mason 1982, von einer geschickten Kombination von „Zwang, Lähmung, Bestechung und Befriedung" sprechen (in: Sachse, 18).

Am 1. Januar 1934 gibt es noch 4,059 Mio. Arbeitslose, davon 56,0 % oder 2,272 Mio. in den Städten mit mehr als 50.000 Einwohnern. Da die Arbeitslosigkeit in den Städten langsamer als im Reichs-Durchschnitt zurückgeht, bleiben die Städte für Hitler potentielle politische Unruheherde (Bennecke, 302). Nicht zufällig werden, gemäß Gesetz vom 15. Mai 1934, Zuzugssperren für Berlin, Hamburg, Bremen und Saargebiet erlassen, den Hochburgen von SPD und besonders KPD.

Für Betriebe mit mindestens 20 Beschäftigten wird ein „Vertrauensrat" gebildet. Damit sind nur etwa 20 % aller Betriebe vertrauensratspflichtig; weniger als 50 % der Beschäftigten arbeiten in einem Betrieb mit Vertrauensrat (Wolfgang Spohn, in: Sachse, 175). Der Vertrauensrat ist keine Interessenvertretung wie der Betriebsrat, sondern Betriebsorgan mit beratender Aufgabe. Seine Tätigkeit wird fast ausschließlich vom Betriebsführer bestimmt. Die ersten Vertrauensräte-Wahlen vom 12./13. April 1934 sind ein Geheimnis: ihr Ergebnis wird weder zutreffend noch verfälscht, sondern nicht mitgeteilt. Etwa 60 % der Wahlberechtigten in den Betrieben bleiben fern. Wie viele der übrigen 40 % die von Betriebsführer und Betriebsobmann aufgestellte Liste ablehnen, bleibt unbekannt (Mason, 192).

Die am 12./13. April 1935 stattfindenden Vertrauensräte-

Wahlen als „Staatsgeheimnis" zu behandeln, kann sich das NS-Regime nicht leisten. Ihr Ergebnis: 83,0 % Ja-Stimmen. In der NSDAP-Führung weiß man, daß es sich um einen Bluff handelt. Die Amtsdauer der 1935 gewählten Vertrauensräte wird durch Gesetz vom 1. April 1938 „bis auf weiteres" verlängert. Indessen vollzieht sich seit 1936 ein Wandel. Der Vertrauensrat stellt in den meisten Betrieben eine wirkungsvollere und engere Zusammenarbeit von Arbeitgebern und Arbeitnehmern als früher dar. In vielen Betrieben entsteht tatsächlich so etwas wie eine „Betriebsgemeinschaft" (Pentzlin, Die, 110).

Bis 1935/36 sind aufgrund der Arbeitsbeschaffung viele Arbeiter bereit, auf wertlos gewordene Freiheitsrechte zu verzichten. Es ist wie im Bismarck-Reich: Was die Arbeiter an politischer Freiheit verlieren, gewinnen sie an sozialer Sicherheit. Daher auch wird die Abschaffung des Streikrechts von vielen Arbeitern nicht beachtet.

Seit etwa 1936 wird die Arbeiterschaft zunehmend, seit 1937 fast gänzlich, bis auf einen Restbestand, von Hitler gewinnen – durch erreichte Vollbeschäftigung. Für die Arbeiter steht, im Vergleich zu früher, im Vordergrund: Sicherheit des Arbeitsplatzes, Kündigungsschutz, bezahlter Urlaub, bessere soziale betriebliche Einrichtungen. Unter Hitler verlieren die Arbeiter einst gesetzlich verankertes Koalitions- und Streikrecht, Tarifhoheit, betriebliche Mitwirkung, aber die einst so machtvoll organisierte Arbeiterschaft begehrt nirgendwo sicht- und fühlbar gegen das NS-Regime auf. Es gibt zwar einzelne Arbeitsniederlegungen, aber keine ausgedehnten, größere Schichten erfassenden (wilden) Streiks, keine Zusammenrottungen, keine illegalen Betriebsaktionen unter Führung der jetzt entmachteten Gewerkschaftsfunktionäre, denn diese haben, in Sicht der Arbeiter, vor 1933 versagt. Die Beseitigung von Massen-Arbeitslosigkeit und Elend wird die entscheidende Voraussetzung für die Stabilisierung des NS-Regimes. Parallel dazu wird der Begriff des „klassenbewußten Proletariers" subjektiv gegenstandslos.

Die Entwicklung der *Arbeitslosenzahl* im Jahres-Durchschnitt: 1932 5,6 Mio., 1933 4,8, 1934 2,7, 1935 2,1, 1936 1,6, 1937 0,9 Mio. (also erstmals unter dem Stand von 1928 und, darüber hinaus, mit Vollbeschäftigung, die nicht einmal 1924 bis 1929 erreicht war), 1938 0,4 Mio. (also ein seit 1913 nicht mehr registrierter Tiefstand) und 1939 0,1 Mio. – Auf 1000 Einwohner entfallen an Arbeitslosen 1932 92,5, 1933 73,7, 1934 41,7, 1935 32,6, 1936 24,1, 1937 13,8, 1938 6,5 und 1939 1,7. – Die Zahl der *Beschäftigten* (Arbeiter und Angestellte), 1929 18,4 Mio., steigt von 1933 13,4 über 1936 17,6 auf 1939 20,8 Mio., also um 55,2 %. 1938/39 gibt es in der Wirtschaft 1 Mio. unbesetzte Stellen, davon ein Viertel in der Landwirtschaft, drei Viertel in Industrie, Handwerk und Verkehr (Timothy W. Mason, in: Peukert/Reulecke, 296f.; Herbert, 50).

Die meisten Deutschen schmunzeln verständnisinnig über eine sarkastische Bemerkung Hitlers am 6. September 1938 in der Proklamation zum Reichsparteitag: „Wenn man in anderen Staaten darin (Arbeitskräftemangel im Dritten Reich, HJE) nun das ersehnte Zeichen einer damit eben doch noch vorhandenen wirtschaftlichen Schwäche des Dritten Reiches erblicken will, so können wir gerne bei uns diese Schwäche des Fehlens von Arbeitskräften ertragen und den Demokratien die Stärke der Arbeitslosigkeit überlassen" (Domarus, 891).

Ein Vergleich: Von den Erwerbstätigen sind 1938 arbeitslos im Dritten Reich 3,2 %, in Frankreich 7,8 %, in England 12,9 %, in den USA 26,4 % (Petzina, Die, 17). Trotz riesiger Arbeitsbeschaffungsprogramme in den USA bleibt die Arbeitslosigkeit dort sehr hoch. Während die demokratischen Staaten 1938 wieder in eine Rezession geraten, ist in Deutschland mit Hochkonjunktur und Vollbeschäftigung der Arbeitsmarkt umgekippt vom Arbeitsmangel zum *Arbeitermangel*. Der „Arbeitseinsatz", also die Beschaffung der erforderlichen Arbeitskräfte, wird seit 1938 die Kernfrage bei der Erfüllung des Vierjahresplan-Programms (Zumpe, 225 + 345) und bleibt ungelöst.

Der Klassenkampf wird – scheinbar – durch die an die Stelle der Gewerkschaften *und* der Arbeitgeberverbände tretende *DAF Deutsche Arbeitsfront* mit Symbol Hammer und Zahnrad (siehe S. 336) unter Robert Ley überwunden. Ley ist schroff und hart, hat keine Hemmungen, neigt zu Gefühlsausbrüchen, ist korrupt und bestechlich, intelligent, ohne viel Urteilsvermögen. Er redet stotternd und stammelnd, erweckt aber Gefühle und reißt Massen mit. Leys Trinkfreudigkeit wird bald ebenso bekannt wie seine Schürzenjägerei. Doch das trägt eher dazu bei, diesen ehemaligen promovierten Chemiker bei IG Farben bei Arbeitern populär zu machen. Unternehmer unterschätzen Ley wegen seiner Schwächen und verkennen seine Organisationsbegabung und politische Zielsicherheit (Smelser, 15; Pentzlin, Die, 84 f.).

Die DAF hat rd. 40.000 haupt- und rd. 1,3 Mio. ehrenamtliche Funktionäre. In der DAF, der 1,5 % des Einkommens von (1938) rd. 23 Mio. Mitgliedern zufließen, sind Arbeitgeber und Arbeitnehmer als „schaffende Deutsche der Stirn und der Faust" vereinigt. Ein rechtlicher Beitrittszwang zur DAF besteht nicht, aber fast niemand will oder kann sich dem „sozialen Druck" entziehen (Thamer, 499). Wenn die NS-Propaganda die Gleichrangigkeit von Hand- und Kopfarbeit betont, bleibt das nicht ohne Einfluß auf die Arbeiterschaft.

Die Tarifautonomie der Sozialpartner wird aufgehoben. Sie wird jedoch nicht, wie von ihr erhofft, der DAF übertragen, sondern durch Gesetz vom 19. Mai 1933 den neuen staatlichen *„Treuhändern der Arbeit"*. Sie unterstehen als weisungsgebundene Reichsbeamte dem Reichsarbeitsministerium, heißen seit 9. April 1937 Reichstreuhänder der Arbeit und sind für dreizehn Wirtschaftsgebiete, entsprechend den Landesarbeitsämtern, zuständig: Ostpreußen, Schlesien, Brandenburg, Pommern, Nordmark, Niedersachsen, Westfalen, Rheinland, Hessen, Mitteldeutschland, Sachsen, Bayern, Südwestdeutschland. Kollektive, von Gewerkschaften und Arbeitgeberverbänden ausgehandelte Tarifverträge werden durch staatlichen Spruch ersetzt.

Die DAF macht den Unternehmer zum „Betriebsführer", den Arbeitnehmer zur „Gefolgschaft", beide zu „Soldaten der Arbeit" Hitlers. Neben die „Fürsorgepflicht" des Betriebsführers tritt die „Treuepflicht" des Gefolgsmannes. Dies entspricht speziell der handwerklichen Ideenwelt mit ihrem patriarchischen Arbeitsverhältnis. – Nur wenige Deutsche erinnern sich: Arbeitgeber und Arbeitnehmer hatten in einem ähnlichen „Burgfrieden" am 2. August 1914 für die Dauer des Krieges die Einstellung aller Arbeitskämpfe vereinbart. Die so naheliegende Parallele zur NS-Gegenwart ziehen nur wenige.

Da staatspolitische Ziele Vorrang haben vor individuellen Rechten, werden das Recht auf Freizügigkeit, freie Wahl des Arbeitsplatzes, freie Wahl des Berufes eingeschränkt, später aufgehoben. Nach Verlust der *Freizügigkeit* mit Verordnung vom 10. August 1934 darf ein Arbeitnehmer seinen Arbeitsplatz nur mit Behörden-Genehmigung wechseln, andernfalls verliert er Anspruch auf Arbeitslosenunterstützung. Die Beschränkung der Freizügigkeit erschwert es oder soll es unmöglich machen, einen besser bezahlten Arbeitsplatz zu suchen. Dieser als bitter empfundenen Einschränkung steht gegenüber: Der Arbeitgeber kann keinen Arbeitnehmer mehr willkürlich entlassen.

Die arbeitskräftelenkenden Maßnahmen werden schrittweise ausgeweitet. Die moderne Arbeiterbewegung errang ihren ersten sozialpolitischen Erfolg, als 1869 das Arbeitsbuch abgeschafft wurde. Durch erneute stufenweise Einführung des *Arbeitsbuches* für Arbeiter (und Angestellte) mit Gesetz vom 26. Februar 1935 (seit 22. April 1939 sind auch die meisten Selbständigen und Angestellten mit Einkommen von mehr als 1000 RM arbeitsbuchpflichtig) wird der Arbeitnehmer ständig staatlich kontrolliert. Das privatrechtliche Arbeitsverhältnis wird so in ein quasi staatliches Zwangsverhältnis umgewandelt. Demnach ist

Arbeitsverrichtung nun öffentliche Pflicht, Arbeitsverweigerung dagegen „Meuterei". Die Arbeitsbuchkarteien werden auch für die Wehrerfassung genutzt. Das Arbeitsbuch ist eine Art „Stammrolle" für Arbeitseinsatz im künftigen Krieg, das Arbeitsamt ziviles Wehrbezirkskommando (Kranig, 155).

Durch Verordnungen vom 25. Juni 1938/13. Februar 1939 wird der Arbeitsmarkt „vorübergehend" durch Teil-Dienstverpflichtung, sodann Dienstverpflichtung von unbeschränkter Dauer militarisiert. Sie gilt der „Sicherstellung des Kräftebedarfs für Aufgaben von besonderer staatspolitischer Bedeutung". Dies entspricht einem wirtschaftlichen „Gestellungsbefehl". Viele Dienstpflichtige empfinden dies als „eine Art Strafversetzung" (Kranig, 81). Theoretisch sollen, trotz Dienstverpflichtung, der alte Arbeitsplatz und die mit ihm erworbenen Anrechte des Dienstpflichtigen erhalten bleiben.

Seit Ende 1936 müssen, wegen Rohstoffmangels, gelegentlich Kurzarbeit und zwangsweise Arbeitsplatzwechsel mit Aufenthalts- und Wohnungswechsel eingeführt werden. Indessen: Die Grundhaltung der Arbeiter ist bereits „soweit positiv auf Hitler fixiert, daß derartige Unannehmlichkeiten bei allem verbotenen Murren keine gravierenden Einbrüche mehr auslösen" (Maser, Regime, 172). Dafür erhalten die Arbeitnehmer mit sozialen Verbesserungen in weitem Umfang das, was die Gewerkschaften bis 1932 angestrebt und versprochen, aber nicht erreicht hatten (Pentzlin, Die, 110). Michael Stürmer bilanziert 1984 diesen Wandel: „Zur Zerstörung der Arbeiterbewegung kam die Demütigung, daß die Arbeiter sich mit dem erfolgreichen Regime offensichtlich arrangierten" (in: Boockmann, 348).

Nach erreichter Vollbeschäftigung, als die Arbeitskräfte-Reserve erschöpft und die Arbeitszeit nicht mehr zu erhöhen ist, wächst das Selbstbewußtsein der Arbeiter und damit auch die Bereitschaft zu Kritik und Protest. Seit 1937, besonders seit 1938, nehmen in der Arbeiterschaft Ablehnung von Überstunden und Nachtschichten, dazu Feierschichten, Krankfeiern, Bummelei zu. Es sind Symptome eines *gewissen Protestes*. Die Arbeiter nutzen ihre verbesserte Situation auf dem Arbeitsmarkt aus. Es entwickelt sich so etwas wie „Tarifpolitik auf eigene Faust" (Peukert, Volksgenossen, 134).

Ein Großteil der vom NS-Regime registrierten Mißstimmung entspricht normalem Alltagsverhalten, nicht politisch bewußtem Widerstand. Von einem „Zerfall der Arbeitsmoral" und einem „Eindruck einer umfassenden und hartnäckigen, wenn auch unterschwelligen Verweigerung der Kooperation auf der ganzen Linie" (Mason, 315) kann ernstlich nicht die Rede sein. Die absinkende Arbeitsdisziplin stammt nicht aus politischen, gar widerständlerischen Motiven. (So gibt es auch in England, als erstmals nach Kriegsausbruch 1939 Vollbeschäftigung herrscht, zahllose Fälle von Leistungsverweigerung.)

Im Frühjahr 1939 melden SPD-Vertrauensleute betroffen: „Welcher Wandel ... in der Psyche des Arbeiters eingetreten ist, beweist die an sich unverständliche Tatsache, daß die Arbeiter es als Kränkung empfinden, wenn sie etwa vor Ablauf von 10 Stunden von der Arbeit nach Hause geschickt werden." Die Exil-SPD zitiert 1938 auf Politik angesprochene Facharbeiter: „Das ist alles schön und gut, was Du da erzählst. Wir geben auch zu, daß heute vieles faul ist. Aber materiell ist es uns nie so gut gegangen wie jetzt, und das ist auch was wert" (Berger, 155). Werner Maser kommentiert 1983: „Das System funktionierte nicht nur angesichts der drastischen Strafandrohungen" (Regime, 200). Die Forderungen der Arbeiter sind 1939: Redefreiheit, wahrheitsgetreue Berichterstattung, höhere Reallöhne, unbeschränkter Arbeitsmarkt, weniger Abgaben für NS-Organisationen, kein Krieg (Timothy W. Mason, in: Peukert/Reulecke, 310).

Die Erfahrungen der Arbeiterschaft laufen 1939 darauf hinaus: Individuelle Leistungen machen sich unter Ausnutzen der Rüstungskonjunktur bezahlt, während gewerkschaftliche Interessenvertretung in der Wirtschaftskrise versagte. Diese Einschätzung der Arbeiterschaft dürfte zum Abbau von Klassenkampfdenken beitragen (Detlev Peukert, in: Bracher/Funke/Jacobsen, 652). Die gewerkschaftliche Tradition der Solidarität „Gemeinsam sind wir stark!" verblaßt und macht der Parole Platz „Jeder ist sich selbst der Nächste!" Vor allem jüngere, nicht mehr von der Gewerkschaftsbewegung vor 1933 geprägte Arbeiter beginnen sich von sozialen Normen der älteren Arbeiter zu entfernen. *Vorgreifend:* Die längerfristige Wirkung erweist sich nach 1945. Es entstehen zwar wieder Parteien und Gewerkschaften der Arbeiter, nicht jedoch das bis 1932 traditionelle proletarische Sozialmilieu (Peukert, Volksgenossen, 137 + 140).

Dennoch: Hitler bleibt, im Blick auf die Arbeiterschaft, skeptisch. Dies wird in einer Momentaufnahme deutlich, als er 1939 zu Albert Speer äußert, sein neues Berliner Regierungsviertel müsse wie „eine Festung" verteidigt werden können: „Es ist doch nicht ausgeschlossen, daß ich einmal gezwungen bin, unpopuläre Maßnahmen zu treffen. Vielleicht gibt es dann einen Aufruhr" (Erinnerungen, 173) von, wie Hitler sicherlich vermutet, vorrangig verbitterten, sich getäuscht fühlenden Arbeitern. Oder: Am 20. Juli 1944 verdächtigt Hitler zuerst die Bauarbeiter im Führerhauptquartier als Attentäter.

In der entscheidenden Bewährungsprobe des Hitler-Krieges stehen die Arbeiter, in beispielloser Pflichterfüllung, bis 1945 zum Dritten Reich – nicht nur wegen des NS-Terrors. Dieser NS-Staat wird vom Arbeiter weithin auch als sein Staat empfunden. Wenige Widerständler und Streikaktionen, so unter Ruhrkumpels, Hamburger Werft- oder Dortmunder Hafenarbeitern, bleiben Randerscheinungen. Als einst populäre Gewerkschaftsführer, etwa Jakob Kaiser (1888-1961) und Wilhelm Leuschner (1890-1944), im Krieg eine gewerkschaftliche Widerstandsbewegung aufbauen wollen, stoßen sie bei Arbeitern auf Interesselosigkeit oder sogar schroffe Ablehnung. Als der Reichswehrminister a.D. Gustav Noske (1868-1946) von SPD-Genossen 1944 zur Mitwirkung im Widerstand aufgefordert wird, sagt Noske ab: „Die Arbeiter werden sich gegen euch stellen, denn Hitler hat ihnen gegeben, was wir ihnen versprochen hatten" (Pentzlin, Die, 200).

Ein nicht unwichtiger Gesichtspunkt wird oft übersehen: Hitler vermeidet es sorgfältig, mit den Maßnahmen, die die Interessen der Arbeiter am stärksten beeinträchtigen, persönlich in Zusammenhang gebracht zu werden. Viele Arbeiter neigen daher dazu, dies zu akzeptieren; die Schuld für Schwierigkeiten wird nicht Hitler, sondern anderen angelastet (Timothy W. Mason, in: Sachse, 43). Auch die Deutschland-Berichte der Exil-SPD bestätigen, daß Hitler innerhalb der Arbeiterschaft von der häufigen Kritik am NS-Regime meist ausgenommen wird (Kershaw, 61). Hitler genießt bei den Arbeitern nicht weniger Vertrauen als in anderen Schichten der Gesellschaft.

Dies auch bis fast zuletzt, wie ein SD-Bericht vom 19. März 1945 vermerkt: „In der Überzeugung, daß es keine andere Möglichkeit gäbe, als die Zähne zusammenbeißen und durchzuhalten, tue der Arbeiter, was man ihm auferlege und vertraue auf den Führer. Hitler müsse auch mal auf den Arbeiter hören und innerhalb der Beamtenschaft, der Wehrmacht und auch der Partei eine Säuberung vornehmen ..." (Boberach, 17, 6732). Die Führertreue der Arbeiter bleibt groß.

Das Fazit von Rainer Zitelmann 1989: „Indem der NS-Staat dem alten Bedürfnis der Arbeiter nach sozialer Anerkennung entgegenkam, indem er gleichzeitig dem Bürgertum seine historischen Versäumnisse auf diesem Gebiet vorhielt, bewirkte er einen nachhaltigen Wandel im Selbst- und Fremdbild der Arbeiterschaft in der deutschen Gesellschaft" (Biogr., 122). Und Ronald Smelser 1989: „Daß das NS-Regime dem deutschen Arbeiter tatsächlich viele Vorteile brachte ..., ist ein Beweis für die Hoffnungen, die viele

NS-Idealisten hegten (und DAF-Leiter Robert Ley war wohl der größte Idealist in den oberen Rängen der Partei) — Hoffnungen, die schließlich durch den verbrecherischen Charakter des Regimes grausam vernichtet wurden" (12).

In Deutschland, Österreich, Ungarn, Rumänien und der Slowakei erzielte der Nationalsozialismus bei der Arbeiterklasse noch größere Erfolge als beim Mittelstand. Ein Beispiel: Im Mai 1939 erringt die Ungarische Nationalsozialistische Partei (Pfeilkreuzler-Partei) in den Industrie-Vorstädten Budapests ihren größten Wahlerfolg. *Vorgreifend:* Der Pfeilkreuzler-Führer Ferenc Szálasi (1897-1946), von Oktober 1944 bis April 1945 mit deutscher Hilfe Staatschef Ungarns, setzte mit blutigem Terror den Krieg an Hitlers Seite fort.

Bauernschaft

Der Anteil der Erwerbspersonen in der Landwirtschaft an den Gesamtbeschäftigten machte 1925 30,3 % aus, der landwirtschaftliche Beitrag zum Volkseinkommen nur 13,0 % (Nussbaum, 225). Dennoch war die Landwirtschaft, wie im Kaiserreich, ein politisch gewichtiger Faktor — mit einem „enormen Durchsetzungsvermögen ihrer Interessen" (Schulze, Weimar, 58). Die zehn Kriegs- und Inflationsjahre (1914-1923) waren der Landwirtschaft gut bekommen: sie war auf billige, beneidete Weise zum größten Teil von ihrer Schuldenlast befreit worden. Seitdem allerdings wurden die steigenden Reinerträge von den erhöhten Lasten fast völlig aufgezehrt (Nussbaum, 235).

Die Bauernschaft, mit Familienangehörigen 14,7 % der Gesamtbevölkerung, hatte 1928 ein Pro-Kopf-Einkommen von 646 RM, der Volks-Durchschnitt von 1105 RM. In der Prosperität hatte der Bauer ein um 44 % (1913: 22 %) geringeres Einkommen. „Die Erkenntnis dieser Lage trägt wesentlich zum besseren Verständnis der Haltung der Bauern ... bei" (Georges Castellan, in: Mommsen/Petzina/ Weisbrod, 107).

Der Preisverfall der Agrarprodukte als Folge der Weltwirtschaftskrise und der Konsumrückgang in Deutschland als Folge der Massen-Arbeitslosigkeit führten zu einer Verelendung der landwirtschaftlichen Bevölkerung, besonders in Ost- und Norddeutschland. Im Westen arbeitete der Landwirt ohne Verdienst, im Osten um seine Existenz. 1927 trat die chronische Krise der Landwirtschaft in ein akutes Stadium. Seit 1929 konnte der Bauer kaum sein Getreide und Vieh verkaufen und wenn, dann zu Preisen, die kaum die Gestehungskosten deckten. Vielfach kam es zu Brandstiftungen von Bauern, die dadurch den Folgen ihrer Verschuldung entrinnen oder sich mit erhofftem Versicherungsbetrug sanieren wollten. In Ostelbien waren große wie kleine Landwirte verzweifelt: Bauern ließen ihre Höfe stehen und liegen; Landarbeiter mancher Güter bekamen keinen Lohn mehr und wanderten ab; Gläubiger blieben ohne Zinsen.

Im Winter 1927/28 kam es in Schleswig-Holstein unter dem populären Bauernführer Claus Heim (1883-1968) zu einer Welle von Demonstrationen von Bauern. *Vorgreifend:* Im „Bombenlegerprozeß" äußerte sich Heim weder zur Person noch zur Sache, wurde 1930 wegen Kontakten mit Sprengstoff-Attentätern zu fünf Jahren Zuchthaus verurteilt, 1932 amnestiert und zog sich aus dem öffentlichen Leben zurück. In allen Kreisstädten Schleswig-Holsteins demonstrierten am 28. Januar 1928 rd. 140.000 Bauern, schweigend, in musterhafter Ordnung. Dies war völlig neu und ein erstes Wetterleuchten am politischen Horizont der Weimarer Republik − vor den NSDAP-Erfolgen.

Seitdem verweigerten die Bauern Steuer- und Zinszahlung und rotteten sich, unter der schwarzen Fahne mit silbernem Pflug und Schwert, zusammen. Mit Widerstand gegen die Staatsgewalt wollten sie Pfändungen von Vieh und Geräten sowie Zwangsversteigerungen verschuldeter

Höfe verhindern. Nationalrevolutionäre aller Schattierungen schalteten sich als Drahtzieher und Unterführer ein und trieben die Bauernrevolte voran. Es war eine „Synthese von revolutionärer Stimmung und konservativer Gesinnung" (Schulz, Aufstieg, 469). Jene radikale *Landvolkbewegung* breitete sich bis Pommern, Ostpreußen, Schlesien usw. aus, verbunden im Winter 1928/29 mit Bombenanschlägen — ohne Todesopfer — auf Finanz- und Landratsämter.

Die der Republik grollende Bauernschaft sah sich als Opfer von Kräften, denen sie sich nicht gewachsen fühlte: Opfer der Alliierten, der Industriellen, der Städter, der Arbeiter, der traditionellen politischen Parteien. Daher war sie, besonders in protestantischen Gegenden, sehr empfänglich für die Demagogie der NSDAP. Die Bauern waren nicht vom Nationalsozialismus überzeugt, sondern ihre Hinwendung zur NSDAP war vorrangig ein Protest gegen Republik und DNVP, die sich als unfähig erwiesen, die Forderungen der Bauern wirkungsvoll zu vertreten (Henri Burgelin, in: Grosser, 50). Der Bauer hätte sich unter den gegebenen Umständen dem Teufel verschrieben; es wurde Hitler leichtgemacht, ihn an sich zu ziehen.

Erst Anfang 1930 versandete die bäuerliche Schuldnerrevolte. Literarischen Ausdruck fand sie im viel gelesenen Reportageroman „Bauern, Bonzen und Bomben" (1931) von Hans Fallada. Die NSDAP hatte ursprünglich nichts mit der Landvolkbewegung zu tun. Es bedeutete eine Zäsur, als auch die Bauern in der NSDAP ihre letzte Rettung zu erblicken beginnen. Der Bauer versprach sich von Hitler Steuernachlaß, „Brechung der Zinsknechtschaft", Schuldenstreichung, Sicherung seines Erbes. Schleswig-Holstein, dessen bäuerliche Bevölkerung eine alte demokratische und liberale Tradition hatte, wählte in der Reichstagswahl 1912 nur sozialdemokratische und linksliberale Abgeordnete. Am 31. Juli 1932 stellte Schleswig-Holstein, als erste Provinz, eine NSDAP-Mehrheit von 51,0 % für den Reichstag.

Schon im Kaiserreich wurde die Landwirtschaft durch Schutzzölle vor dem Weltmarkt abgeschirmt. Alle Reichsregierungen der Weimarer Republik bemühten sich um ein Gleichgewicht zwischen lebensnotwendigem Export und gemäßigtem Zollschutz für die Landwirtschaft. Seit 1925 gab es ständig erhöhten Agrar-Zollschutz, Subventionen und Import-Kontingentierungen von Agrarprodukten, seit 1929 ermäßigte Steuern, erhöhte Subventionen, Bürgschaften für Umschuldungsdarlehen, Übernahme der Zinsverpflichtungen bankrotter Betriebe.

Das Gesetz vom 31. März 1931 über *„Osthilfe"*, ein gemeinsames Programm von Reich und Preußen, sah Entschuldung ostelbischer Güter vor. Kurzfristige Schulden sollten in langfristige, niedrig verzinsliche Schulden umgewandelt werden, wobei die Kosten der Zinsdifferenz zu Lasten von Reich und Preußen gingen. Die Osthilfe sah bis 1936 fast 2 Mrd. RM Subventionen vor; gezahlt wurden fast 806 Mio. RM. Es häuften sich Korruption und Betrügereien, jedoch werden Untersuchung und Veröffentlichung der Osthilfe-Skandale 1933 niedergeschlagen (Nussbaum, 363 + 367). Alle staatlichen Stützungen gingen selbstredend zu Lasten der Verbraucher.

Die Landwirtschaft blieb im NSDAP-Programm vom 24. Februar 1920 unerwähnt, abgesehen von „Bodenreform". Als die NSDAP-Agitation von den Städten auf die Dörfer übergriff, wußte Hitler, daß „Bodenreform" den Bauern nicht gefallen konnte. Daher widerrief Hitler am 13. April 1928 Punkt 17 des „unabänderlichen" Parteiprogramms: „Schaffung eines Gesetzes zur unentgeltlichen (entschädigungslosen, HJE) Enteignung von Grund und Boden für gemeinnützige Zwecke." Da die NSDAP „auf dem Boden des Privateigentums" stehe, richte sich diese Enteignung, so Hitler nun, „in erster Linie gegen die jüdischen Grundspekulationsgesellschaften". Am 6. März 1930 verkündete Hitler ein großzügiges NSDAP-Agrarprogramm, das fast alle Wünsche und Forderungen der Landwirtschaft erfüllte.

Während vor 1933 Hitler den ostelbischen Großgrundbesitzern den Schutz ihrer Rittergüter zusicherte, sprach
gleichzeitig der NS-Wirtschaftsideologe Gottfried Feder
(1883-1941) davon, im Osten des Reiches überschuldete
Latifundien aufzulösen und daraus Kleinbauernstellen
zu schaffen. Ähnliche Ideen vertrat der Rittergutsbesitzer Hans Schlange-Schöningen (1886-1960), bis 1929
DNVP-Landesvorsitzender von Pommern, 1931/32 Reichskommissar für Osthilfe. Sein Plan bot einen Ausweg aus
der Agrar-Misere, wurde aber von Großagrariern als
„Agrar-Bolschewismus" diffamiert und war für Hindenburg der letzte Anstoß, Kanzler Heinrich Brüning zu entlassen.

Die Landwirtschaft stand 1932 vor dem Ruin. Ihre Erlöse
von 1928: 10 Mrd. RM waren um ein Drittel auf 6,5 Mrd. RM
gesunken, ihre Gesamtverschuldung (1928: 8,5 Mrd. RM)
hatte um die Hälfte auf 12,5 Mrd. RM zugenommen. Dies
zu 8 % Zinsen oder doppelt so hoch wie 1913 und mit einer
Zinslast von etwa 1 Mrd. RM jährlich, die aus ständig sinkenden Geldeinnahmen bestritten werden mußte. Zudem
bestand die Verschuldung zu 60 % aus kurzfristigen Perso-
nalkrediten und nur zu 40 % aus langfristigen Hypothekar-
krediten (Zumpe, 108).

In der „Deutschen Allgemeinen Zeitung" vom 26. Juli
1932 brachte Gerhard Freiherr von König unter der Überschrift „Das Hakenkreuz als Bauernfahne?" ein Stim-
mungsbild aus Pommern: „Ganz Pommern ist bis auf wenige unbedeutende Inseln von der Welle des Nationalsozialismus überflutet ... Jedes Kind auf der Straße, jeder Hü-
tejunge am Chausseegraben erhebt die Hand zum Hitlergruß ... Was veranlaßt den Pommern, der, ob Junker oder
Bauer, im Grunde seines Herzens konservativ und allen
Extremen abgeneigt ist, seinen Namen dieser Fahne zu
verschreiben? ... (Überall) steht die bange Frage nun schon
seit Jahr und Tag, bin ich morgen noch im Besitz meines
Ackers, meiner Wiesen, meines Geschäftes? ... Die nationalsozialistische Bewegung gibt den Verzweifelten und

Verbitterten ein, wenn auch noch unklares, Ziel ..." (Megerle, Machtergreifung, 236-238).

In keinem Berufsstand fand die NSDAP bis 1932 so starken Rückhalt wie in der Landwirtschaft, vor allem im protestantischen Norden und Osten Deutschlands. Früh sich zur NSDAP bekennende Meinungsführer bäuerlicher Interessenorganisationen (Landbünde, Landwirtschaftskammern, Landgenossenschaften) zogen Wählerstimmen zur NSDAP mit. Ohne die Bauern wäre die NSDAP nie über 30 % gekommen.

Chef-Agrarpolitiker der NSDAP ist Diplom-Landwirt Richard Walther Darré (1895-1953): 1929 NSDAP-Mitglied, 1930 Leiter des Agrarpolitischen Referats und 1931 des Rasse- und Siedlungshauptamtes der NSDAP-Reichsleitung, 1932 Hitler unmittelbar unterstellt, 1933 Reichsbauernführer und (bis Mai 1942) Reichsminister für Ernährung und Landwirtschaft. Seine Bücher „Das Bauerntum als Lebensquell der nordischen Rasse" (1929) und „Neuadel aus Blut und Boden" (1930) nahmen in völkisch-rassistisch zugespitzter Form Parolen auf, die der antirepublikanisch-antidemokratisch orientierte Reichslandbund, die Interessenvertretung der adligen und bürgerlichen Rittergutsbesitzer Ostelbiens, unter dem schlesischen Magnaten und DNVP-Politiker Eberhard Graf von Kalckreuth (1881-1941) vertreten hatte. *Vorgreifend:* Kalckreuth, lange Fürsprecher der NSDAP, muß dem Druck weichen und 1933 als Reichslandbund-Präsident zurücktreten.

Das Papen-Kabinett hatte im September 1932 die Zwangsvollstreckung erschwert, faktisch aufgehoben, das Schleicher-Kabinett am 19. Dezember 1932 den Vollstreckungsschutz für nicht mehr entschuldbare Güter aufgehoben. Am 14. Februar/1. Juni 1933 wird *Vollstreckungsschutz* für landwirtschaftliche Betriebe angeordnet, der die Bauern durch faktische Teil-Enteignung der Kreditgeber völlig dem Zugriff der Gläubiger entzieht. Damit wird dringendste Agrar-Not gebannt.

Nach dem deklamatorischen Gesetz vom 14. Juli 1933 über die „Neubildung deutschen Bauerntums", einer NS-Variante des Reichssiedlungsgesetzes vom 11. August 1919, ergeht am 29. September 1933 das *Reichserbhofgesetz*, welches das alte deutsche Anerbenrecht extrem übersteigert. (Danach war Hofteilung untersagt, so daß die Miterben, im Erbschaftsfall, ausgezahlt werden mußten, was zur Hofverschuldung führte.) Das Erbhofgesetz enterbt die Miterben zugunsten des erstgeborenen „Anerben". Die Schuldenlast der Erbhöfe von (geschätzt) 6 Mrd. RM wird auf Kosten der enterbten Bauernkinder stabilisiert (Zumpe, 106 + 109). Etwa 685.000 Erbhöfe von mindestens 7,5 Hektar oder entsprechend einer Ackernahrung bis höchstens 125 Hektar, mittlere Größe 12 Hektar, machen 37 % der bebauten Nutzfläche und 22 % aller landwirtschaftlichen Betriebe aus. Sie befinden sich meist in Ostpreußen, Pommern, Schleswig-Holstein und Oldenburg, den alten NSDAP-Wählerhochburgen von vor 1933.

Sofern die „Blutsreinheit" der Besitzer bis 1. Januar 1800 und damit die „SS-Fähigkeit" der Brüder und Söhne des Erbhofbauern nachgewiesen ist, werden die Erbhöfe dem Zugriff der Gläubiger und Käufer entzogen. Sie sind „grundsätzlich unveräußerlich, unpfändbar, unbelastbar". Damit werden zwar die mittleren bäuerlichen Besitzverhältnisse stabilisiert, aber auch die enterbten Bauernsöhne verstärkt in die Stadt zu einträglicher Arbeit gelenkt. Die Erbhöfe sind, wegen ihrer Unbelastbarkeit und Unpfändbarkeit, zunächst von den relativ billigen langfristigen Realkrediten zwecks Modernisierung ausgeschlossen und auf den teuren Personalkredit angewiesen, erhalten aber 1937 wieder Zugang zu Realkrediten (Zumpe, 282).

Nur die vom Erbhofgesetz Privilegierten dürfen sich „Bauern" nennen; Gutsbesitzer und Kleinbauern sind „Landwirte". Der vom Erbhofgesetz ausgenommene Großgrundbesitz genießt zwar weniger Schutz, dafür aber um so mehr ökonomische Freiheiten (Thamer, 520).

Die Stadt Goslar/Niedersachsen wird zur „Reichsbauernstadt" proklamiert, das aus christlich-bäuerlicher Tradition stammende Erntedankfest politisch zum „Ehrentag des deutschen Bauern" ausgestaltet. Bei der jährlichen Zentralkundgebung auf dem Bückeberg bei Hameln/Niedersachsen schreitet Hitler durch ein Spalier der Massen zum Erntealtar, um die Erntekrone zu empfangen. So erhält das Bauerntum eine völkisch verklärte Sonderstellung unter den Berufsständen zuerkannt, was seinen Eindruck bei den Bauern nicht verfehlt.

Im Zuge der Industrialisierung hatte sich Deutschland dramatisch *verstädtert:* 1875 lebten in Städten über 20.000 Einwohner 15,4 % — 1939 sind es 45,2 %, fast dreimal mehr (Langewiesche/Tenorth, 4). Darré propagiert das Ideal der *Entstädterung* und der — nur durch Bodenreform zu schaffenden — breitgestreuten mittleren und kleinen Bauernwirtschaften, besonders im Osten Deutschlands. Vorhaben nach 1933, das Verhältnis von Stadt und Land von zwei Drittel zu einem Drittel umzukehren, werden von Großgrundbesitzern und Generalität abgeblockt. (1932 hatten sich die Rittergutsbesitzer um „Osthilfe"-Subventionen gerissen, oft sogar mit Scheindarlehen, waren jedoch keinesfalls bereit, Boden für Siedlungszwecke herzugeben).

Eine Reagrarisierung nebst Aufteilung der Großgüter hätte die von Hitler geforderte Erhöhung der Getreideerzeugung und damit seine Autarkiebestrebung stark gefährdet. Daher sind noch 1945, zum Beispiel, in Mecklenburg 48 % der landwirtschaftlichen Nutzfläche in der Hand des Großgrundbesitzes (Wolfgang Zorn, in: Aubin/Zorn, II, 879; Erdmann, 4/2, 407). 1939 gehören im Reich den 56 % Höfen unter 5 Hektar nur 13 % der Fläche, den 0,6 % Gütern über 100 Hektar dagegen 17 % (Aleff, 119). (Aus anderem Blickwinkel siehe S. 333)

Die *Landflucht* hält im Dritten Reich an. Der effektive Verlust an Arbeitskräften von 1933 11,21 Mio. zu 1939 8,84 Mio. beträgt 21,2 % oder 2,37 Mio., davon 2,13 Mio. ständig mithelfende Familienangehörige. Bei den familienfremden Arbeitskräften ist der stärkste Rückgang beim Gesinde (Knechte, Mägde), die am schlechtesten gestellt sind und in die Städte abwandern. In Gemeinden bis 2000 Einwohnern leben 1925 35,4 % und 1939 30,1 % der Gesamtbevölkerung; in Großstädten über 100.000 Einwohner leben 1925 26,6 % und 1939 31,6 % − trotz aller „Blut-und Boden"-Romantik des NS-Regimes.

Da Hitler „Kanonen statt Butter" erzeugen will, sieht er, bei 1936/37 erreichter Vollbeschäftigung, der verstärkten Landflucht gelassen zu. Als Landhilfskräfte wirken HJ, BdM, Schüler, Soldaten. Der Anteil der landwirtschaftlich Beschäftigten an der Gesamtzahl der Erwerbspersonen geht von 1933 28,9 % auf 1939 25,9 % zurück (Petzina, Die, 148 + 179) − wie in den anderen Industriestaaten auch.

Durch Gesetz vom 13. September 1933 wird die Landwirtschaft in Erzeugern, Händlern, Be- und Verarbeitern im *Reichsnährstand = RNSt* organisiert. Der RNSt ist eine Körperschaft des öffentlichen Rechts mit umfassender landwirtschaftlicher Marktordnung, gleichsam ein öffentliches *Zwangskartell*. Im RNSt sind zusammengefaßt: Land- und Forstwirtschaft, Gartenbau, Fischerei, Jagd, landwirtschaftliche Genossenschaften, Landhandel (Groß- und Einzelhandel), Be- und Verarbeiter von Agrar-Erzeugnissen und damit die gesamte Nahrungsmittelindustrie − „von Getreide bis Puddingpulver, von Fleisch und Fisch bis Öl und Margarine, von Käse und Bier bis Senf und Essig" (Horst Gies, in: Hirschfeld/Kettenacker, 271).

Der RNSt unter Reichsbauernführer und Reichsminister Darré ist gegliedert in 20 Landes-, 515 Kreis- und 55.000 Bezirks- und Ortsbauernschaften mit rd. 17 Mio. Mitgliedern, rd. 10.000 Beamten, rd. 20.000 Angestellten und rd. 113.000 halb- oder ehrenamtlichen Mitarbeitern. Den RNSt dirigieren im wesentlichen die Großbauern als nach dem Führerprinzip ernannte Landes-, Kreis- und Ortsbauernführer − mit erheblichen Befugnissen. Daß die Besetzung dieser Posten nicht durch Wahl erfolgt, wird keineswegs negativ aufgenommen.

Bis 1932 litten die Erzeuger unter sinkenden Preisen und zudem unter starken Preisschwankungen. Vor allem nach der Ernte, wenn die Landwirte knapp an Geld waren und ihre Produkte schnell absetzen mußten, sanken die Preise stark ab; sie wurden zusätzlich beeinflußt von Importen, Hortungen, Spekulationen (Nussbaum, 336).

Seit 1933 wird für die Landwirtschaft, mit der Festsetzung von Preisen, Erzeugungs-Kontingenten, Einzelhandels-Gewinnspannen, die Marktwirtschaft aufgehoben. Die Inlandpreise werden von den schwankenden und spekulativen Weltmarktpreisen abgeschirmt. Die *Marktordnung* des Dritten Reiches schützt bei guten Ernten den Erzeuger vor Schleuderpreisen und bei schlechten Ernten den Verbraucher vor Preistreibereien. In keinem Wirtschaftszweig wird das ökonomische Risiko derart verringert wie in der Landwirtschaft. Das hatten die Bauern, ob groß oder klein, in der Wirtschaftskrise gefordert. Hitler erfüllt diese Forderungen in ungeahnter Weise.

Die gebotene Erhöhung der Agrarpreise hätte höhere Verbraucherpreise zur Folge und, entgegen Lohnstopp, Löhne und Gehälter steigen lassen. Die Industrie ist an höheren Agrarpreisen interessiert, um die Landwirtschaft als Abnehmer der Industrieprodukte wieder kaufkräftig zu machen. Durch die RNSt-Marktordnung wird es möglich, Erzeuger- und Verbraucherpreise gleichzeitig und abgestimmt zu regulieren (Zumpe, 102-103). Die Bauern, ob Erbhofbauern oder nicht, ziehen es vor, lieber von der NS-„Zwangsjacke" (Erzeugungsquoten, Kontrolle, Strafen für Verstöße) gewärmt zu werden, als sich dem scharfen Wind des Marktes auszusetzen. Wo immer es geht, fahren die findigen Bauern quasi vierspännig durch das Netz der Erlasse.

Die *Entschuldung* bevorzugt der größeren bäuerlichen Betriebe, zu Lasten der Gläubiger (Banken, gewerblicher

Mittelstand, Landhandwerk), ist 1938 abgeschlossen. Je größer der Betrieb ist, desto mehr Chancen hat er, höhere Entschuldungsmittel zu erhalten (Saldern, 72). Damit gewinnt Hitler auch die Großagrarier Ostelbiens. Als Stützungsmaßnahmen kommen hinzu, u.a.: verbilligte künstliche Düngemittel, erhöhte Abgabepreise, verstärkte Mechanisierung – auch durch 1938 um 20 % bis 30 % verbilligte Landmaschinen.

Einer umfassenden *Mechanisierung* stehen zwei Hindernisse im Wege: *1.* Der RNSt redet einer Erzeugung aus eigener Scholle ohne Rücksicht auf die Kosten das Wort. *2.* Die durch das Erbhofgesetz festgeschriebene Betriebsgruppen- Struktur, namentlich der Streu- und Splitterbesitz im Westen und Süden des Reiches, setzen rationelleren Bewirtschaftungsverfahren Schranken. In Deutschland kommt daher 1939 nur ein Traktor auf 325 Hektar; in England kommt auf 95 Hektar, in den USA auf 85 Hektar ein Traktor (Fritz Blaich, in: Bracher/Funke/Jacobsen, 307). Daher säen 1939 noch zwei Drittel aller getreideanbauenden Landwirte ihr Getreide mit der Hand aus. Trotz vermehrter Zahl der Schlepper wird in vielen Betrieben noch immer mit Pferden und Ochsen gearbeitet (Saldern, 85). *Vorgreifend:* Mit Pferden gelingt 1945 die große Treckbewegung Ostdeutschlands vor der Roten Armee. Für motorisierte Zugmaschinen gibt es 1945 keinen Treibstoff mehr. Mit vollmotorisierter Landwirtschaft hätte sich die ostdeutsche Landbevölkerung nicht in großer Zahl retten können.

Die *Reinerlöse* in der Landwirtschaft steigen in ansehnliche Höhen. Während bis 1932 die Erlöse der Landwirtschaft auf zwei Drittel von 1928 abgesunken waren, steigen sie bis 1938 um 67 % auf 10,7 Mrd. RM und übertreffen damit das Ergebnis von 1928. Die deutsche Landwirtschaft ist 1938/39 im großen und ganzen saniert – auf Kosten der städtischen Millionenmassen der Verbraucher.

Für Hitler steht die *Agrar-Autarkie,* genannt „Nahrungsfreiheit für das deutsche Volk", in Sicht auf Kriegsvorbereitung im Mittelpunkt. Nie wieder soll Deutschland, wie 1914-1918, durch feindliche Wirtschaftsblockade und Hungersnot auf die Knie gezwungen werden. Dies Weltkriegs-Trauma sichert der Landwirtschaft einen Vorrang in Hitlers Kriegsplanung. Aber deswegen hat sich auch die Landwirtschaft letztlich den Interessen der nur mit der Großindustrie zu verwirklichenden Aufrüstung, dann Kriegsvorbereitung unterzuordnen.

Getreide-Anbau und Brotversorgung sind das Rückgrat der angestrebten Autarkie. Die Agrar-Selbstversorgung des deutschen Volkes steigt von 1927/28: 68 % auf 1938/39: 83 %. Hitlers wehr- und kriegswirtschaftliches Ziel „Autarkie" wird bei Brotgetreide übervoll, bei Kartoffeln und Zucker voll, bei Fleisch und Gemüse fast, bei Fett zur Hälfte erreicht (Petzina, Die, 150). (Siehe mehr S. 433).

Die RNSt-Lenkung braucht nach Kriegsbeginn 1939 kaum noch geändert zu werden. Zeitzeuge und Filmregisseur Arthur-Maria Rabenalt (geb. 1905) nennt 1985 den RNSt in den Kriegsjahren bissig „eine besitzgierige Gesinnungsbrüderschaft von Schleichhändlern und Schwarzmarktbelieferern" (122f.). *Vorgreifend:* Weil die RNSt-Organisation 1945 auch unter alliierter Militärregierung als unerläßlich gilt, wird sie das NS-Regime um fast drei Jahre überdauern.

Vorgreifend: Als 1945 die Evakuierten, Flüchtlinge, Heimatvertriebenen als doppelte Verlierer des Hitler-Krieges zu den Bauern kommen, tritt ein Großteil der Bauern diesen ärmsten Deutschen mit harter Selbstsucht entgegen. Die reichen Bauern treten hierin noch schlimmer auf als die ärmeren, die betont religiösen Bauern noch schlimmer als die unauffällig frommen. Diese Tatsachen werden später oft verdrängt. So in vielen Ländern Europas. „Manche Menschen, unter denen gläubige Christen in der Minderheit waren, benahmen sich besser als viele andere, von denen ein Großteil regelmäßig in die Kirche ging. Oder deutlicher gesagt: ein guter Heide war ein anständigerer Mensch als ein schlechter Christ" (Lukacs, 373).

18

Soziale Errungenschaften 1933-1938/39

Es wäre kurzsichtig und irreführend, mit dem Namen Hitlers verbundene soziale Errungenschaften zu bagatellisieren oder zu ignorieren. Ebenso kurzsichtig und irreführend wäre es, nicht die hinter den sozialen Errungenschaften stehende Zielsetzung zu erkennen.

Die gesamte Innenpolitik soll, in Sicht Hitlers, seiner auf Eroberungskrieg und Weltreich-Gründung zielenden Militär- und Außenpolitik dienen. „Volksgemeinschaft" und „soziale Errungenschaften" sind daher für Hitler nicht bloße Sozialpolitik, sondern sie sollen eine breite Popularität für Hitler schaffen, besonders in Kriegszeiten, und die Geschlossenheit des Volkes im NS-Sinne sicherstellen. Dies gelingt weitgehend. Bestimmte soziale Errungenschaften im Dritten Reich festigen die Treue der Deutschen zu Hitler.

Aufgrund der 1942 in den „Tischgesprächen" Hitlers gewonnenen Eindrücke faßt Protokollant und Alt-Pg. Henry Picker zusammen:

Als *Anti-Kommunist* ist Hitler für das Privateigentum, auch an Grund und Boden und an den Produktionsmitteln (allerdings in sozialstaatlich vertretbaren Grenzen), sowie für das private, eigenverantwortliche Unternehmer-Management in Industrie und Landwirtschaft (allerdings im Rahmen staatlicher Gesamtplanung). Als *Anti-Kapitalist* bejaht Hitler das Recht jeden Staatsbürgers auf Arbeit und Gesundheitsfürsorge. Er ist für umfassende Bildungs- und

Berufsförderung der Arbeitnehmer, für ihre umfassende Beteiligung am Gewinn der Unternehmen. (Dies hatte Ende 1931 die NSDAP-Reichsleitung vorgeschlagen, erstmals in einem deutschen Parteipapier überhaupt.) Darüber hinaus ist Hitler für eine staatlich zu lenkende Vermögensbildung unter dem Motto „Ein Volksauto und ein Volkseigenheim für jedermann!" sowie für eine „Volkspension" für alle Invaliden, alle Frauen über 60 und alle Männer über 65 Jahre (49).

Dies sind Zukunftsträume von 1942. Sie werden Jahrzehnte später in der parlamentarischen Demokratie der Bundesrepublik Deutschland und ihrer sozialen Marktwirtschaft zum großen Teil verwirklicht. Hier sollen realisierte soziale Errungenschaften skizziert werden. Aus der Sicht der Gegenwart mögen es oft keine „sozialen Errungenschaften" sein, in Sicht der Hitler-Deutschen sind sie es. Das Fazit von Ronald Smelser 1989: Was das NS-Regime dem Volk bietet oder zu bieten verspricht, bildet (ohne „Volksgemeinschaft" und Terrorapparat) weitgehend das Programm der Nachkriegsplanung (15).

Sozialer Aufstieg

Die verbesserten Aufstiegschancen im Dritten Reich sind keineswegs, wie man nach 1945 oft annahm, ein „unbeabsichtigtes" und von Hitler nicht gewolltes Ergebnis seiner NS-Revolution. Ganz im Gegenteil:

Seit 1920 will Hitler das von ihm verachtete Bürgertum durch eine „neue Elite" ablösen, die er besonders auch aus der Arbeiterschaft gewinnen will. Hitler sieht das Bürgertum kraftlos, feige, energielos; in der Arbeiterschaft sieht er Kraft, Mut, Energie. Daher fordert Hitler vor 1933 wiederholt verbesserte soziale Aufstiegsmöglichkeiten für Angehörige sozial benachteiligter Schichten, besonders der Arbeiter, im künftigen NS-Staat. Hitler bleibt vehementer Anhänger einer Chancen-Gleichheit. Dies jedoch nicht im Sinne der bestmöglichen Entfaltung des Individuums, das Hitler gleichgültig ist, sondern im Sinne optimalen Nutzens des Einzelnen für die NS-Volksgemeinschaft (Zitelmann, Biogr., 41; dto., Selbstv., 145).

Bemühungen um Chancen-Gleichheit haben Erfolge. In den sechs Friedensjahren des NS-Regimes ist die „vertikale Mobilität" insgesamt, nicht in der Industrie, doppelt so groß wie in den letzten sechs Jahren der Weimarer Zeit (Grunberger, 56). Diese Aufstiegsdynamik hat 1985 für den Lektor Franz Schonauer (1920-1989) „etwas Überraschendes und beinah Unstatthaftes" (in: Denkler/Lämmert, 127).

Hitler betont (13. September 1937, Proklamation zum Reichsparteitag), es sei von „höchster Wichtigkeit", den sorgfältigen Ausleseprozeß in der Führung der Nation „auf allen Gebieten weiterzutreiben und nicht vor irgendwelchen Widerständen oder Hemmungen formaler Art zu kapitulieren". Grundgedanke der „gesellschaftlichen Revolution" sei es, „mit überlieferten Vorrechten zu brechen und die Führung der Nation auf allen Gebieten des Lebens, an der Spitze jedoch auf dem Gebiet der Politik, in die Hände einer neuen Auslese zu legen, die ohne Rücksicht auf Herkunft, Geburt, gesellschaftliche oder konfessionelle Zugehörigkeit ausschließlich nach der inneren Veranlagung und Würdigkeit ausgesucht und gefunden wird" (Zitelmann, Selbstv., 134-135). Dies findet breite Zustimmung.

Das NSDAP-Programm vom 24. Februar 1920 forderte „die Ausbildung geistig besonders veranlagter Kinder armer Eltern ohne Rücksicht auf deren Stand oder Beruf auf Staatskosten". Die soziale Zusammensetzung der *Schülerschaft* auf den weiterführenden allgemeinbildenden Schulen ändert sich nach 1933 wenig. Die Hitlerjugend ist bestrebt, im *Schulwesen* soziale Barrieren niederzureißen, verpönt daher die Schülermützen und bekämpft die Gymnasien als Hort der Reaktion. Von der Reichsjugendführung wird 1933/34 ein Arbeiterstudium vorbereitet, um das „bürgerliche Bildungsmonopol" zu brechen, doch davon ist bald keine Rede mehr. Nur 4 % der Studierenden kommen aus Arbeiterfamilien. Die Zuteilung späterer beruflicher Chancen läuft, wie bisher, über das Schulsystem mit seinem Muster sozialer Ungleichheit (Klönne, 287). Dafür ist der Anteil der Arbeiterkinder auf den Adolf-Hitler-Schulen (siehe Anhang 1) und den Nationalpolitischen Erziehungsanstalten (siehe Anhang 2) erheblich höher.

Wer im beruflichen Leben wenig darstellt, kann nun im politischen Leben, wie in der von der NSDAP früher lautstark bekämpften „Futterkrippenwirtschaft" im Zeichen des „Parteibuchbeamten", als Parteigenosse Macht repräsentieren — unabhängig von Rang und Stand, Geburt und Reichtum. Genannte NS-Ausleseschulen eröffnen Aufstiegs-Chancen, die es zuvor nicht gegeben hatte, für Schichten, die diese Chance zuvor nicht gehabt hatten (Michael Stürmer, in: Boockmann, 348). Jenen NS-Eliteschulen kommt eine Modellfunktion zu. Mit ihnen ist die Richtung künftiger Änderungen angezeigt (Zitelmann, Biogr., 120). Die NS-Einheitsschule der Zukunft soll egalitär sein.

Ein Blick auf die *Oberbürgermeister* der Großstädte mit mehr als 100.000 Einwohnern. Vor 1933 hatten 86,5 % der Oberbürgermeister ihre Ausbildung mit einem juristischen Examen abgeschlossen, nur 9,6 % verfügten über keinen Hochschulabschluß. Im Dritten Reich besitzen nur noch 46,8 % ein juristisches Examen, jedoch 23,4 % keinen Hochschulabschluß. Demnach gelangen nun, unter der NS-Parole „Brechung des Juristenmonopols", zahlreiche Nicht-Juristen mit sehr unterschiedlichen Berufswegen in diese kommunale Spitzenposition, meist jüngere Leute, Außenseiter, Alt-Parteigenossen (Horst Matzerath, in: Hirschfeld/Kettenacker, 236 + 237 + 239), teils qualifiziert.

Die Zahl der Stellen für gelernte und angelernte Arbeiter und der besser bezahlten Stellen in der Industrie steigt von 1933 bis 1939 enorm, besonders in Schwerindustrie, Maschinenbau, Baugewerbe. Viele jener „sozialen Aufsteiger" dürften Vorarbeiter werden, mit erheblichem Ansehen. Oder: 1939 gibt es sehr viel mehr Arbeiterhaushalte als 1929, in denen die Tochter nicht mehr als Putz- oder Kindermädchen dient, sondern als Verkäuferin oder Stenotypistin arbeitet. Die betreffenden Familien müssen dies alles als Anzeichen für sozialen Aufstieg empfinden (Timothy W. Mason, in: Sachse, 27).

Eines der zentralen sozialpolitischen Ziele Hitlers ist: Alle Angehörigen (nur) der deutschen Volksgemeinschaft sollen, unabhängig von bisherigem Sozialstatus, Besitz, Bildung, Einkommen, die Möglichkeit haben, an dem von ihm sozialdarwinistisch verstandenen Kampf um den sozialen Aufstieg teilzunehmen (Zitelmann, Selbstv., 44). Joseph Goebbels drückt die Chancen-Gleichheit (Rede 9. Juli 1943) so aus: „Wir Deutschen wurden zwar nicht gleich in den Rechten und Pflichten, aber gleich in den Chancen" (Reden, II, 245).

Standesunterschiede einebnende und sozial egalisierend wirkende Entwicklungen entfalten im NS-Regime eine modernisierende Wirkung. Begriffe wie „bürgerlich" und „proletarisch", „städtisch" und „ländlich" verlieren an Bedeutung, werden verwischt oder verdrängt. Die breite Masse nimmt bejahend zur Kenntnis: Zugehörigkeit zu traditionellen Führungsschichten bedeutet nicht mehr ohne weiteres politisches Führungsprivileg (Hildebrand, 9 + 52 + 169; Klönne, 287).

Der Anteil des Adels im *Offizierskorps* (1918: 9 %) stieg bis 1925 in der Reichswehr auf 24 %. Das ist in der Wehrmacht vorbei. Nach Wiedereinführung der allgemeinen Wehrpflicht am 16. März 1935 gibt es keine Standesprivilegien mehr wie im Kaiserreich. Auch die vom Kaiserreich in die Weimarer Republik übernommene Offizierswahl wird abgeschafft, wonach das Offizierskorps des Regiments die zur Beförderung anstehenden Fähnriche und Leutnante wählte. Mit diesen und anderen Maßnahmen soll aus der traditionsverhafteten Reichswehr, so besonders das Heer, ein revolutionäres NS-„Volksheer" werden (Im Zweiten Weltkrieg stammen, im Frühjahr 1944, fast zwei Drittel des Offizierskorps aus dem Mannschaftsstand. Aufgrund der sehr hohen Verluste an Offizieren verstärkt sich dies bis 1945 noch weiter.)

Ein Gauleiter-Beispiel: Als Gauleiter (seit 1925) und als Reichsstatthalter (seit 1933) für Mecklenburg und Lübeck wirkt der ehemalige Volksschüler und Landarbeiter Friedrich Hildebrandt (1898-1948), Abkömmling einer Familie von Tagelöhnern, Büdnern, Schmieden. Dies veranlaßt Reichspräsident Paul von Hindenburg zur abfälligen Bemerkung, könne der Ex-Landarbeiter nicht endlich Ruhe geben, nachdem er es bis zum Reichstagsabgeordneten gebracht habe (Zitelmann, Selbstv., 141). Hindenburg versteht dies nicht mehr. Aber jene Art von Aufstiegs-„Sozialismus" wiegt für viele Deutsche den Verlust politisch-gewerkschaftlicher Rechte bei weitem auf.

Anhang 1: Adolf-Hitler-Schulen

Hitler äußerte (1930, zu Otto Wagener): „Da schleifen wir zur Zeit die größten Strohköpfe durch die Gymnasien und Hochschulen, nur weil der Vater sich in gehobener Stellung befindet oder weil er das Geld dazu hat!" Das müsse sich ändern (Zitelmann, Selbstv., 130).

1937 werden von der HJ geführte „Adolf-Hitler-Schulen" errichtet − mit sechs Klassen und Aufnahme mit vollendetem 12. Lebensjahr. Aufgenommen werden Jungen, die sich im Jungvolk „hervorragend bewährt" haben und von den zuständigen Hoheitsträgern vorgeschlagen werden. Die Schulausbildung ist unentgeltlich. Nach Reifeprüfung steht den Adolf-Hitler-Schülern jede Laufbahn in Partei und Staat offen.

NS-Gegner Erich Ebermayer kommentiert in seinem Geheim-Tagebuch: „Die Schaffung dieser Schulen ist für alle Gegner des NS-Regimes ein schwerer Schlag. Sie ist eine revolutionäre Tat, wie es sie in Deutschland noch nicht gab. ‚Freie Bahn dem Tüchtigen' haben wir ‚Liberalen' immer gefordert und nie erreicht. Immer war die höhere Schule ein Privileg der oberen Klassen. Der noch so geistesarme Großbürgersohn mußte bis zum Abitur durchgeschleust werden, auch wenn er dreimal hängenblieb, der noch so kluge, geistig wache Junge aus nicht privilegierten Ständen konnte nur in Ausnahmefällen die höhere Schule besuchen. Das alles hört nun auf ... Gesiebt wird (freilich) nach Gläubigkeit ... Nur dann ist (dem Zwölfjährigen) und den Eltern kostenlose Ausbildung sicher und jede Laufbahn offen ... (Diese Adolf-Hitler-Schüler) danken alles dem ‚Führer': die Idee, den Glauben, das Hemd und die Hose. Mehr brauchen sie, mehr wollen sie gar nicht" (und, 136f.). So wie Ebermayer empfinden nun viele.

Der Anteil von Arbeiterkindern in den Adolf-Hitler-Schulen beträgt 19,5 %, womit sie und die Kinder angestellter Handwerker, nach Beamten und Angestellten, die drittstärkste Gruppe bilden; 2,2 % der Schüler aus Akademikerfamilien bilden die mit Abstand kleinste Gruppe. Es wird ausdrücklich festgelegt, daß in den Adolf-Hitler-Schulen Schüler aus der sozial schlechter gestellten Bevölkerung besonders berücksichtigt werden sollen (Zitelmann, Biogr., 120).

Zu den Adolf-Hitler-Schülern der Ordensburg Sonthofen/Allgäu zählen, beispielsweise, der Filmschauspieler Hardy Krüger (Jahrgang 1928), der SED-Ideologe Werner Lamberz (1929-1978) und der Chefredakteur der Wochenzeitung „Die Zeit", Theo Sommer (Jahrgang 1930) (Karl Heinz Krüger, in: „Der Spiegel", Hamburg, 23. Januar 1989).

Die NAPOLA sind Internatsoberschulen. Hervorgegangen aus den alten preußischen Kadettenanstalten bis 1918, sollen sie eine NS-Elite für alle Bereiche des Lebens heranbilden. Bis 1938 gibt es 21, bis 1944 42 NAPOLA, davon 17 Vollanstalten. Im Unterschied zu anderen NS-Erziehungsanstalten, unterstehen die NAPOLA nicht der NSDAP direkt. Die Auslese der „Jungmannen" obliegt den staatlichen Organen. Einige NAPOLA sind auf klassisch-humanistische Fächer, andere auf Naturwissenschaften und moderne Sprachen spezialisiert. In den NAPOLA herrscht kein Klassengeist: man ist bemüht, eine Elite der Jugend ohne Klassen-Unterschiede zusammenzufassen. Wenn die Eltern das Schulgeld nicht aufbringen können, wird es ihnen erlassen.

NAPOLA-Begründer (und Initiator der Landjahrpflicht) Joachim Haupt (1900-1989) kam aus der Jugendbewegung, war Freikorps-Mitglied, schloß sich dem linken Flügel der NSDAP an und wird 1935 wegen Unbotmäßigkeit pensioniert. Bis 1939 werden Lehrer aus der Jugendbewegung vorgezogen. Die NAPOLA-Leiter haben Freiheiten in der Wahl ihrer Mitarbeiter. Einige NAPOLA-Lehrer versuchen, sich der Funktion des „NS-Priesters" zu entziehen, so daß ein Stück deutscher Bildungstradition lebendig bleibt. Einerseits wird bei der Erziehung der Schüler Pflichtbewußtsein, Mut (daher Sport und Härtungsübungen), Einfachheit, Gemeinschaftsgefühl betont; andererseits will man Eigenschaften des „Kolonialherren" fördern: kühle Überlegenheit, Zurückhaltung, tadelloses Benehmen, bestimmtes Auftreten. Die absolute Hingabe an den Nationalsozialismus bildet den Hintergrund. Es gibt oft beißende Kritik an NS-Korruption (siehe S. 418). Der Reichsjugendführer scheitert, die NAPOLA der HJ einzuverleiben.

Für 1941 liegt eine Statistik der sozialen Herkunft aller NAPOLA-Schüler vor: 1,5 % Söhne von NSDAP-Funktionären, 26,0 % von Beamten, 5,6 % von Berufssoldaten, 22,0 % von Angestellten, 13,1 % von Arbeitern, 7,2 % von Bauern, 16,3 % von kaufmännischen Angestellten, 6,6 % von Freiberuflern, 1,7 % von Eltern ohne Beruf. Demnach überwiegen Eltern aus der Mittelschicht (alter und neuer Mittelstand). Söhne und Töchter von Arbeitern sind bedeutend stärker vertreten als auf anderen Höheren Schulen damals oder heute. Seit 1941 gewinnt die SS entscheidenden Einfluß auf die NAPOLA (Koch, 269-293). *Vorgreifend:* Im Urteil der NAPOLA-Schüler, die nach 1945 oft Karriere machen, scheint Positives zu überwiegen. (Siehe dazu auch S. 354).

Volksempfänger und Fernsehen

Gegen den Widerstand der mittleren und kleineren Firmen der Rundfunkindustrie wird 1933 der Volksempfänger VE 301 in Bakelitgehäuse für 76 RM durchgesetzt. Damit können der nächstgelegene Rundfunksender und der zentrale Deutschlandsender empfangen werden, nicht jedoch Auslandssender. 1937 wird der Preis des VE 301, dank Massenproduktion, auf 59 RM ermäßigt. Durch Teilzahlungssystem von 18 Monatsraten wird weiterer Kaufanreiz geschaffen. Das billigste Radio der Welt, der Deutsche Kleinempfänger DKE 38, kostet 1939 nur 35 RM, wenig mehr als der Durchschnitts-Wochenlohn eines Industrie-Arbeiters, und kann in 15 Monatsraten erworben werden.

1939 haben etwa 70 % der Haushalte ein eigenes Radio, dreimal mehr als 1932. Das Dritte Reich hat 1939 die dichteste Rundfunkversorgung der Welt — wegen des Rundfunks als Propagandamittel. Seit 1934 werden Rundfunkgeräte als „grundsätzlich unpfändbar" erklärt. Der Gebührenerlaß für ärmere Familien wird teilweise erweitert.

Zunächst wird das Abhören der deutschsprachigen Sen-

dungen von Radio Moskau verboten; gefaßte „Rundfunk-
verbrecher" werden meist wegen „Vorbereitung zum
Hochverrat" bestraft. In der Sudetenkrise im September
1938 weichen viele Deutsche auf ausländische Nachrich-
tensendungen aus, besonders BBC London und Radio
Beromünster, weil sie der eigene Rundfunk mangelhaft unterrichtet. Dies bürgert sich 1939 ein, zur ohnmächtigen
Wut des Propagandaministeriums. Bei Kriegsbeginn 1939
wird das Abhören von Auslandssendern unter Strafe gestellt und für das Verbreiten ihrer Nachrichten Zuchthaus-
strafen, in „schweren Fällen" sogar die Todesstrafe ange-
droht (Sywottek, 32). Dennoch werden Auslandssender immer mehr abgehört.

Hitler fordert auch *Funk-Fernsehgeräte*, zweifellos ebenfalls aus Propagandagründen. Der deutsche Ingenieur Paul
Nipkow (1860-1940) hatte 1884 den nach ihm benannten,
ersten brauchbaren mechanischen Bildfeldzerleger erfunden, der deutsche Physiker, Pionier der Funktechnik und
Nobelpreisträger 1909 Karl Ferdinand Braun (1850-1918)
die 1897 nach ihm benannte Röhre für Fernseh-Wieder-
gabe. Der deutsche Physiker-Autodidakt Manfred von Ar-
denne (geb. 1907) führte 1930 das erste vollelektronische
Fernsehbild vor; in Berlin wurde der erste UKW-Fernseh-
sender Europas in Betrieb genommen, mit Antenne auf
dem Funkturm. Die Deutsche Reichspost strahlte am 19.
August 1932, als erste Fernmeldeverwaltung der Welt, ein
Fernsehprogramm im UKW-Bereich von Berlin aus; dieses
stumme 90-Zeilen-Bild war noch in einer Entfernung von
50 Kilometer gut zu empfangen.

Der Fernseh-AG des Reichspostministeriums gelingt am
18. April 1934 der entscheidende Durchbruch: Erstmals in
Europa können Fernsehszenen mit Begleitton übertragen
werden, nachdem es gelungen war, die Umsetzung von
Tonschwingungen in Lichtimpulse auf den gleichen Bild-
streifen zu fixieren. Damit ist das Fernsehen imstande, Ton-
filme zu senden. In Berlin beginnt am 31. März 1935 der
Fernsehsender Paul Nipkow das erste regelmäßige Fern-

sehprogramm der Welt mit Ansage, Nachrichten, Spielfilm. (Vorangegangen waren regelmäßige Fernsehsendungen, allerdings nicht über UKW, daher unbefriedigend, 1928 in den USA, 1929 in England.) Ein Kuriosum: Programmleiter des Reichsfernsehens von 1936 bis 1940 ist der von Joseph Goebbels protegierte „nichtarische" Schriftsteller Arnolt Bronnen (siehe S. 116): einst linksradikaler Snob, seit 1929 Mitläufer des Nationalsozialismus, 1945 Kommunist, seit 1956 Theaterkritiker in Ostberlin.

Die Eröffnung der Olympischen Spiele am 1. August 1936 in Berlin wird als erste Live-Übertragung über Fernsehen mit Ton gesendet. Drei schwenkbare Ikonoskop-Kameras sind auf dem Reichssportfeld postiert mit noch allerlei Tücken: große Lichtschwankungen, zu grelles Sonnenlicht oder aufziehende dunkle Wolken haben Störungen zur Folge; auch dies läßt sich meistern. Die Fernsehkameras gehören der Firma Telefunken, dem Reichspost-Zentralamt und der Fernseh-AG des Reichspostministeriums. Zum Empfang der Sendungen gibt es in Berlin und Potsdam 25 Fernsehstuben, die rd. 160.000 Menschen besuchen. Außerdem stehen etwa 50 Privat-Fernsehempfänger in Schrankgröße für Ministerialbeamte und Industrielle zur Verfügung.

1938 wird das erste vollelektronische Fernsehstudio der Welt am Berliner Reichskanzlerplatz eingerichtet; verantwortlich für Entwicklung, Planung und Bau ist der Farbfernsehpionier Walter Bruch (1908-1990). Seit 1938 ist Fernsehempfang auch in München möglich. Joseph Goebbels will mit einem Fernseh-Volksempfänger aufwarten.

Für wenige Jahre steht Deutschland in Europa an der Spitze der Fernsehtechnik. Den ersten Fernseh-Volksempfänger E 1 mit der ersten Rechteckbildröhre der Welt, 37 cm hoch, 65 cm breit, 38 cm tief und mit Bildgröße 20 x 23 cm für 650 RM, den die Industrie im Juli 1939 Hitler präsentiert, schenkt dieser an seine Münchener Freundin Eva Braun weiter (Picker, 437; „Frankfurter Allgemeine Zeitung", Frankfurt, 20. August 1982; Walter Görlitz, in: „Die Welt", Bonn, 21. April 1984).

„Schönheit der Arbeit"

Das DAF-Amt Schönheit der Arbeit (SdA) wird seit 1934 von Albert Speer geleitet. SdA propagiert technokratische Ästhetik. SdA darf sich zwar nicht in die Unternehmensführung einmischen und hat auch keine exekutive Gewalt, schafft aber, mit Zuckerbrot und Peitsche, menschenwürdigere Arbeitsbedingungen in den Betrieben. Dies gegen den mehr oder weniger zähen Widerstand eines erheblichen Teils der Arbeitgeber. SdA will Zustimmung zum NS-Regime organisieren − durch hygienische, ergonomische, sozialpolitische Reformen aller Art.

Widerspenstige Unternehmer, die sich SdA-Forderungen zu entziehen suchen, werden in der Tagespresse angeprangert (Friemert, 1 + 94), aber gesetzliche SdA-Verpflichtungen gibt es nicht. Unter der Parole „Gutes Licht − gute Arbeit!" gibt es bessere Beleuchtung, Be- und Entlüftung. Unter der Parole „Saubere Menschen im sauberen Betrieb!" gibt es mehr Wasch- und Duschräume sowie sanitäre Einrichtungen, Lärmminderung , subventionierte Kantinen und Werkswohnungen, Grünanlagen, Sportplätze, Kindergärten und vieles andere mehr. Benötigt ein Fabrikant für Anschaffung neuer Maschinen ein Darlehen, steht die DAF-Bank bereit, falls er, wie verlangt, etwa den sauberen Waschraum und die helle Kantine einrichtet (Smelser, 166).

Die Priorität für SdA gebührt nicht der NSDAP. Der 1907 in München gegründete *Deutsche Werkbund* (DWB) hatte das Ziel, neben Formniveau, Material- und Werkgerechtigkeit der Produkte, die gewerbliche Arbeit zu „veredeln". Die DWB-Ausstellungen 1914 in Köln, 1927 in

Stuttgart, 1930 in Paris hatten großen, weltweiten Einfluß. Der DWB wird 1933 aufgelöst; der Schriftleiter Wilhelm Lotz der DWB-Zeitschrift (1926-1933) „Die Form" wird jedoch publizistischer Mitarbeiter des DAF-Amtes SdA. – Ansätze zu einer betrieblichen Sozialpolitik, im Sinne einer „sozialen Befriedung" durch Überwinden der „Arbeitsverfremdung", waren seit 1925 vom deutschen Nationalökonomen, Soziologen und Mitbegründer der Betriebssoziologie, Götz Anton Briefs (1889-1974), und seinen Schülern verfochten und in vielen Betrieben vor 1933 erprobt und entwickelt worden.

Federführend dabei war vor und ist nach 1933 der Siemens-Konzern. Er gründete 1918/19 Heime und Sanatorien, baute 1921 Sportplätze, Turnhallen und Kegelbahnen, 1928/30 ein Erholungs- und ein Kinderheim. In der Wirtschaftskrise seit 1929 gab es oft keine betriebshygienischen Verbesserungen mehr, verfielen Sozialeinrichtungen und Arbeitsräume. Die meisten Beanstandungen der Gewerbeaufsichtsämter bis 1932 betrafen die Instandhaltung der Arbeitsräume.

Hitler unterzeichnet am 29. August 1936 einen Ley-Aufruf, der den Wettbewerb für den „NS-Musterbetrieb" einleitet. Im Wetteifer um die besten sozialpolitischen Leistungen steigen die SdA-Ausgaben von 1936: 80 auf 1938: über 200 Mio. RM (Zitelmann, Biogr., 121).

Genannte und andere seit 1933 verwirklichte betriebliche Sozialeinrichtungen werden von vielen Unternehmern zunächst als „luxuriös" oder bösartig als „Blumentopf-Romantik" oder „Abort-Sozialismus" beschimpft. Das NS-Regime will mit dem SdA-Programm auch aufkommende Spannungen wegen der sichtbar steigenden Unternehmergewinne und der sichtbar gestoppten Löhne abfangen. Zunehmender Arbeitskräftemangel läßt vor allem Schwerpunktwerke in Rüstungsindustrie und Vierjahresplan Lock- und Anreizlöhne anbieten oder die neuen Arbeitskräfte tariflich höher einstufen. Außerdem veranlaßt der Arbeitskräftemangel viele Betriebe zu eigenen und verstärkten sozialen Vergünstigungen vieler Art – was dem NS-Regime zugutekommt.

Zu den betrieblichen Sozialleistungen zählen Gratifikationen, Urlaubsgelder, zusätzliche Alters- und Lebensversicherungen, erhöhte Deputate, verbilligte Beschaffung von Lebensmitteln und Betriebsverpflegung, kostenlose ärztliche Behandlung, Erholung in werkseigenem Heim, Baukostenzuschüsse, Werkswohnungen, sogar Bereitstellung von Leicht-Motorrädern für Pendler. So fördern von 1933 bis 1938 die Unternehmer mit rd. 250 Mio. RM den Bau von rd. 112.000 Werkswohnungen (Fritz Blaich, in: Bracher/Funke/Jacobsen, 293). Die Organisierung von betrieblicher Gemeinschaftsverpflegung dürfte auch – uneingestanden – mittelbarer Kriegsvorbereitung dienen.

Ein Beispiel: Die neugegründete Thüringische Zellwolle AG, Schwarza, für synthetische Spinnstoffe, NS-Musterbetrieb mit Goldener DAF-Fahne, hat Eigenheime für Betriebsangehörige, Gemeinschaftsräume, Sportplätze, Schwimmbäder, Kinderheime, Waschanstalten für Mitarbeiter und sonstige Betreuungseinrichtungen. *Vorgreifend:* Nach 1945 macht die SED diese NS-Gründung zum Volkseigenen Betrieb und renommiert damit als Zeugnis der DDR-Sozialpolitik (Hertel, 220).

Ein von den eifrigen DAF-Referenten 1938 vorgeschlagenes SdA-Reichsgesetz kommt nicht über das Stadium des Entwurfs einer Stichwortsammlung hinaus. Daher bestehen die Minimalbestimmungen der Gewerbeaufsicht aus der Weimarer Republik weiter (Friemert, 280).

Betriebliche Sozialarbeit

Vor 1914 wurde betriebliche Sozialarbeit nur vereinzelt von „Fabrikpflegerinnen" wahrgenommen. Im Juli 1918 betreuten 789 Fabrikpflegerinnen in 1176 Betrieben rd.

733.000 Arbeiterinnen oder etwa 35 % aller Industriearbeiterinnen. Betriebliche Sozialarbeit fand erst Ende der zwanziger Jahre mit der Frauenarbeitszentrale unter Marie-Elisabeth Lüders (1878-1966) stärkere Verbreitung. Die Werksfürsorgerinnen, ein Organ des Betriebes, verstanden sich bis 1932 als ausgleichende Instanz zwischen Betriebsführung und Belegschaft. Im Vordergrund stand bis 1932 weniger die einzelne Arbeitskraft, sondern die Arbeiterfamilie im häuslichen Bereich.

Im NS-Regime nimmt die Zahl der betrieblichen Sozialarbeiterinnen von 100 bis 150 in den zwanziger Jahren über 1935 410 und 1939 900 auf 1944 3000 zu. Im DAF-Sinne haben die betrieblichen Sozialarbeiterinnen eine doppelte Aufgabe. Zum einen sollen die Arbeiterinnen betreut, erzogen, geführt und auf ein der Volksgemeinschaft verpflichtetes Arbeitsethos ausgerichtet werden. Zum anderen tritt neben die „Berufsehre" auch die „Geschlechtsehre", welche die Arbeiterin als Mutter verpflichtet, ihre und ihrer Kinder Rasreinheit, Erbgesundheit und Gemeinschaftsfähigkeit hochzuhalten.

Statistiken über die Zahl betreuter Arbeiterinnen liegen nicht vor. Dennoch ist der Aufschwung betrieblicher Sozialarbeit nicht zu verkennen. Sie kommt vor allem Frauen zugute, die, so 1936 die Reichsfrauenführerin Gertrud Scholtz-Klink (geb. 1902), „bei allen Arbeitsleistungen ein tüchtiger Mensch sein" sollen, „aber trotzdem immer dabei 100 % Frau (zu) bleiben" (Carola Sachse, in: Sachse, 211). Angeblich sollen 80 % der Betriebsführer den Differenzbetrag zwischen Bruttolohn und Wochengeld im Mutterschutz auf den Druck des DAF-Frauenamtes hin bezahlen. So rühmt sich jedenfalls am 1. Mai 1939 die Reichsfrauenführerin. Immerhin scheinen bis 1939 der Arbeitsschutz für schwangere Frauen und der Mutterschutz stärker als früher berücksichtigt zu werden (a.a.O., 257).

Über betriebliche Sozialarbeit gibt es von 1935 bis 1944 Auseinandersetzungen zwischen Industrie und DAF, um deren Versuche abzuwehren, die Kontrolle über betriebliche Sozialarbeit zu gewinnen. Am meisten Erfolg haben dabei Konzerne wie IG Farben und Siemens. *Vorgreifend:* In der umfangreichen Literatur nach 1945 über Werksfürsorge wird das Dritte Reich fast vollständig ausgeblendet.

Anhang 1: Gertrud Scholtz-Klink

Zunächst im Deutschen Roten Kreuz. 1928 NSDAP-Mitglied. Leiterin des Frauen-NS Arbeitsdienstes in Württemberg. 1934 Reichsfrauenführerin und Leiterin der NS-Frauenschaft, des Deutschen Frauenwerks, des DAF-Frauenamts, des Frauen-Arbeitsdienstes, der DRK-Frauenarbeit. Als Mutter von elf Kindern, mit blonder Haarkranzfrisur, Ideal der NS-Frau. *Vorgreifend:* 1949 als Hauptschuldige eingestuft, dann freigesprochen und aus der Haft entlassen. Bleibt NS-Ideen treu.

Anhang 2: DINTA und DAF

Das 1925 vom Verein deutscher Eisenhüttenleute gegründete DINTA — Deutsches Institut für Technische Arbeitsschulung war, im Sinne fürsorgerischer Sozialarbeit, um „Werksgemeinschaft" bemüht. Danach sei im „Kampf um die Seele des Arbeiters" ein von Dankbarkeit, Einsatzfreude und Treue geprägtes Zusammengehörigkeitsgefühl der Belegschaft die wichtigste Voraussetzung, um die Produktivität zu erhöhen und zu verbessern. Am weitesten Verbreitung fanden vor 1933 DINTA-Bestrebungen in Ruhrbergbau und Ruhr-Montanindustrie.

DINTA-Schöpfer war der Gelsenberg-Oberingenieur und enge Mitarbeiter von Albert Vögler (siehe S. 248), Karl Arnhold (1884-1970). Er baute das Ausbildungswesen des Schalker Vereins der betont antigewerkschaftlichen Gelsenkirchener Bergwerks-AG seit 1921 auf und unterstützte die NSDAP schon 1926 finanziell (Ruge, Hitler, 141).

Es fällt Arnhold nicht schwer, sein DINTA-Programm im Sinn der DAF umzuformen. 1933 wird das DINTA in die DAF eingegliedert und geht 1934/35, unter Leitung von Arnhold, im DAF-Amt für Berufserziehung und Betriebsführung auf, das Arnhold bis 1942 leitet. *Vorgreifend:* Nach 1945 betreibt Arnhold die in der Unternehmensberatung tätige Gesellschaft für Arbeitspädagogik in Witten/Ruhr. Arnhold erhält für seine vielfältigen Leistungen 1960 das Bundesverdienstkreuz I. Klasse (Carola Sachse, in: Sachse, 220).

Anhang 3: Bielefelder Modell

Das vor 1933 entwickelte Bielefelder Modell sozialer Betriebsarbeit wird vom DAF-Frauenamt übernommen und zum Kern der NS-Frauenarbeit in den Betrieben. Die Propagandistin des Bielefelder Modells, Ilse Ganzert, früher im ADGB, wird 1934 Sachbearbeiterin für Soziale Betriebsarbeit im DAF-Frauenamt und arbeitet mit dem DAF/DINTA zusammen (Carola Sachse, in: Sachse, 222; Jürgen Reulecke, in: Peukert/Reulecke, 247). Über ihr Schicksal nach 1945 ist nichts bekannt.

Urlaub und „Kraft durch Freude"

Das DAF-Amt Reisen, Wandern und Urlaub (RWU) gründet am 26. November 1933, angeblich auf Führerbefehl, einen Freizeitkonzern: die NS-Gemeinschaft Kraft durch Freude (KdF) mit rd. 5000 haupt- und rd. 125.000 ehrenamtlichen Mitarbeitern. KdF kann „tatsächlich ihresgleichen suchen" (Maser, Regime, 59) und wird populärste NS-Organisation. Erster KdF-Reichsleiter wird der linke NSDAP-Funktionär Horst Dreßler-Andreß (1899-1979). (Siehe Anhang 1)

KdF-Vorbild sind die Sozialeinrichtungen der früheren Gewerkschaften, des Siemens-Konzerns und, vor allem, die in Italien am 1. Mai 1925 gegründete halbstaatliche, von der Partei kontrollierte Freizeit-Organisation „Opera Nazionale Dopolavoro" = Nach der Arbeit.

„Da die Arbeitszeit vom schaffenden Menschen Höchst- und Spitzenleistungen verlangt", so Robert Ley 1933, „muß man in der Freizeit als Nahrung der Seele, des Geistes und des Köpers das Beste vom Besten bieten." Und KdF soll die Integration des Arbeiters in die Gesellschaft fördern, sein Selbstbewußtsein erhöhen (Smelser, 209). Ley präzisiert: „Der beste Staatsmann (gemeint: Hitler, HJE) kann mit einem Volk mit zerrütteten Nerven keine Politik treiben. Der verlorene Weltkrieg sollte uns diese Erkenntnis für alle Ewigkeit eingehämmert haben..." Deshalb wolle Hitler, daß der NS-Staat „dafür sorgt, daß die Nerven des Volkes gesund und stark bleiben" (Hasso Spode, in: Sachse, 290) − in Sicht auf Kriegsvorbereitung.

Wichtigste DAF-Ämter sind 1938 RWU, Sport, Feier-abend, Schönheit der Arbeit, Deutsches Volksbildungs-werk, Wehrmachtsheime, KdF-Wagen = Volkswagen. 1939 dürften mindestens jedem zweiten Deutschen die KdF-Einrichtungen offenstehen (a.a.O., 294 + 295).

Es wird das Wort „Freizeitgestaltung" erfunden. Es werden, auch Nicht-DAF-Mitgliedern, angeboten: Ur-laubsfahrten, Konzert- und Theaterveranstaltungen, Wei-terbildungskurse, Ausflüge, Sportkurse (sogar Ober-schichtensport wie Tennis, Reiten, Fechten), Volkswagen-Sparen.

Der *Urlaub* ist seit 1900 ein neuartiges Phänomen in Deutschland. Vor 1914 war bezahlte Jahres-Freizeit für Ar-beiter die Ausnahme. Schätzungsweise erhielten zwei Drittel der Angestellten, aber nur 10 % der Arbeiter Urlaub. In der Weimarer Republik scheiterten Bestrebungen für einen gesetzlich geregelten, bezahlten Jahresurlaub für Arbeiter von drei bis sechs, für Angestellte von 12 bis 18 Werktagen. Bei den Gewerkschaften gehörte die Verlängerung des bezahlten Urlaubs nie zu den wichtigsten Forderungen (Mason, 183).

Vor 1933 waren Urlaub und erst recht Urlaubsreisen eine Sache höherer Gesellschaftsschichten, auch des Mittelstandes. Massentourismus gab es praktisch nicht. Arbeiter konnten sich Urlaubsreisen finanziell kaum leisten. Von den 1934 befragten rd. 42.000 Berliner Siemens-Arbeitern verbrachten rd. 28.500 oder über zwei Drittel noch nie einen Urlaub außerhalb des Raums Berlin. Der Siemens-Konzern wird zum Schrittmacher der KdF-Reisen (Mason, a.a.O.).

Bezahlter Urlaub wird seit 1936 üblicher, zu reichseinheitlichen Urlaubsgesetzen kommt es nicht. Immerhin: 1938 erhalten mehr als zwei Drittel der Arbeiter in der metallverarbeitenden Industrie einen Urlaub von 7 bis 12 Tagen (61 %) und darüber (7,5 %) − eine deutliche Verbesserung gegenüber den drei Urlaubstagen von 1932/33. Begünstigt werden mit Jugendschutzgesetz vom 30. April 1938 Jugendliche: Mindesturlaub für unter 16 Jahren 15 Tage, für 16 bis 18 Jahre 12 Tage; der Urlaub soll zusammenhängend gewährt und in die Zeit eines HJ-Lagers gelegt werden. Urlaub und Freizeit bleiben „Mangelware", aber das Recht auf Urlaub hat 1939 den „Charakter eines Gewohnheitsrechts" angenommen. Die Urlaubsregelungen unter Hitler sind „bedeutend günstiger" als je zuvor oder in irgendeinem anderen Staat (Hasso Spode, in: Sachse, 282-284 + 287).

Die großen Luxusdampfer galten bis 1932 als schwimmende Sinnbilder der Klassengesellschaft, auch wegen der miserabel untergebrachten Zwischendeck-Passagiere und Mannschaften. Die Prophezeiung der SPD von 1904, die Arbeiter würden „einst auf eigenen Wagen fahren und mit eigenen Schiffen die Meere durchkreuzen", wird von KdF eingelöst. Mit dem Eigentum der Gewerkschaften (siehe Anhang 2) und mit dem teilweise in DAF-Eigentum überführten Eigentum der Arbeitgeberverbände soll eine *KdF-Flotte* gebaut werden. 1937 läuft die „Wilhelm Gustloff" vom Stapel, 1938 die „Robert Ley" — beide in Komfort und Technik-Standard Luxusdampfern ebenbürtig. „Robert Ley", Länge 204 Meter, größte Breite 24 Meter, gesamte Deckfläche rd. 5000 Quadratmeter, Elektromotoren-Antrieb mit Dieselgeneratoren, bietet 1700 Passagieren allen Komfort. Sie hat Theatersaal, drei Speisesäle, Sporthalle, Leseraum mit Bibliothek. Es stehen 48 Badezimmer, 100 Duschen, 145 Toiletten zur Verfügung. Für Notfälle sind zwei Ärzte und ein Zahnarzt an Bord. Bei Kriegsausbruch hat KdF zwölf Schiffe mit 200.000 BRT (Smelser, 210-211). Später dienen sie als beliebte Truppentransporter und Lazarettschiffe.

Die KdF-Schiffe befördern jährlich nur rd. 100.000 Passagiere, sind aber bewunderte NS-Prunkstücke. Auf ihnen gibt es nunmehr nur eine Einheitsklasse für Zwei- und Vierbettkabinen; Passagiere und Besatzung sind einheitlich untergebracht — was im Ausland Aufsehen, auch Neid erregt. Daher wird die KdF-Flotte zum besten Werbeträger für die NS-Ideologie im In- und Ausland — oft bis heute nachklingend.

Für 50 Pfg. können Teilnehmer von KdF-Veranstaltungen Theater und Konzerte besuchen. Für 42 RM kann man mit dem Schiff von Bremen nach Norwegen reisen und an Bord alle Annehmlichkeiten genießen, die Arbeiter und Angestellte bisher nur im Film gesehen haben. Eine zehntägige KdF-Urlaubsreise von Bayern nach Spitzbergen/Norwegen kostet alles in allem nur 76 RM. Für nur 7 RM reisen im Sommer 1934 900 Münchener für acht Tage an die Mosel.

SPD-Vertrauensleute berichten: „In einem Ort an der Mosel wurde in einen öffentlichen Brunnen Wein gegossen, und die Teilnehmer der Fahrt durften nach Herzenslust trinken. Man kann sich vorstellen, wie begeistert alle Teilnehmer waren." Daß NS-Amtswalter, SA- und SS-Leute die Urlauber als Spitzel begleiten, Kampflieder und weltanschauliche Vorträge zum „Zeitvertreib" gehören, stört nur wenige. Versuche Oppositioneller, Reiselustige zum Boykott von KdF-Veranstaltungen zu bewegen, haben wenig Erfolg (Maser, Regime, 59-61).

Ebenfalls dank enormer Subventionen und kostensenkender Massenbeteiligung ermöglicht KdF, bei einem Durchschnitts-Industrie-Wochenlohn von 28 RM, einen achttägigen Ostsee-Urlaub für 32 RM und – nicht zuletzt – den weltberühmt gewordenen vierzehntägigen *Madeira-Urlaub* für 48 RM einschließlich Reise-, Verpflegungs- und Nebenkosten. (Madeira ist das traditionelle Winterreiseziel der englischen Oberschicht.) Die populären KdF-Reisen sind ein Novum moderner Sozialtouristik und werden im Ausland viel beneidet.

Mit 10 % KdF-Anteil an den Landreisen oder rd. 10 Mio. Übernachtungen jährlich stößt der KdF-Tourismus an seine Grenzen und kann mit den beachtlichen Zuwächsen im freien Fremdverkehr nicht Schritt halten. Die Ankündigung Robert Leys, jährlich sollten 14 Mio. Volksgenossen einen zwölftägigen KdF-Urlaub verbringen, bleibt unerfüllt (Hasso Spode, in: Sachse, 299 + 300). Überdies: Das Eindringen der KdF-Billigst-Urlauber in Kurorte und Heilbäder erregt das Mißfallen des gut zahlenden Bürgertums. Bis Frühjahr 1938 gibt es 384 Seefahrten mit rd. 490.000 Teilnehmern und rd. 60.000 Landfahrten mit rd. 19 Mio. Teilnehmern (Maser, a.a.O.).

Standes- und Klassenunterschiede verschwimmen, wenn sich Kaufleute, Akademiker, Angestellte, Arbeiter, Arbeitgeber auf den KdF-Schiffen begegnen. Aber: Nur jeder dritte oder vierte KdF-Reisende ist Arbeiter. Kaum etwas ebnet die sozialen Unterschiede so schnell ein wie die KdF-Veranstaltungen, die auch oppositionelle Arbeitnehmer sehr bald für das NS-Regime einnehmen. Indessen: KdF vermittelt nicht sozialen Aufstieg, sondern „die Illusion des sozialen Aufstiegs" (Hasso Spode, in: Sachse, 316). KdF ist ein Demokratie-Ersatz für den Arbeiter, der sich gleichberechtigt vorkommen soll.

SPD-Informanten notieren schon im Herbst 1934, bei den (gerade anlaufenden) KdF-Fahrten habe man es mit einer "positiven Leistung des Regimes" zu tun. Hinweise, die Arbeiter würden KdF-Vorteile nur „mitnehmen", ohne innerlich beteiligt zu sein, sind durchsichtig und verraten das Wunschdenken der NS-Gegner (Maser, a.a.O.). Dazu gehört: Frühere ADGB-Funktionäre betätigen sich gern in DAF und KdF und versuchen, gewerkschaftliche Ideen einzubringen.

Auf der pommerschen Ostsee-Insel *Rügen* wird seit 1936, nahe Binz, ein KdF-Seebad für jährlich rd. 350.000 Badegäste vorbereitet: Eine fast sechs Kilometer lange, parallel zum Strand angelegte Baufront, in gleichem Abstand von zehn Quertrakten unterbrochen mit Speise- und Gemeinschaftssälen für je 2000 Erholungsplätze. Jedem KdF-Badegast steht eine Strandfläche von 3,32 Meter Kantenlänge zu (Hasso Spode, in: Sachse, 310). Das Vorhaben bleibt 1939 unvollendet.

Vorgreifend: Der DAF-Kriegsorganisationsplan vom 26. Januar 1942 hebt faktisch KdF auf. Hitler äußert (22. Juli 1942, Tischgespräch) den Wunsch, daß nach dem „Endsieg" auch die seit 30. Juni 1940 von der Wehrmacht besetzten (und bis zum Kapitulationstag 8./9. Mai 1945 gehaltenen) englischen *Kanalinseln* Jersey, Guernsey und Alderney wegen ihres „wunderbaren Klimas" und ihrer Kurhotels „ideale Erholungsmöglichkeiten für KdF" bieten (Picker, 450). Die Kanalinseln besitzen ozeanisches, fast frostfreies Klima mit Jahresniederschlägen von 750 bis 1000 Milimeter; die Vegetation weist zahlreiche mediterrane Arten auf. Für Hitler – vielleicht – wichtiger noch: Eine Kommission des SS-Rasse- und Siedlungshauptamtes hatte festgestellt, daß auf jenen Kanalinseln „das normannische Blut mit wünschenswerter Reinheit erhalten" sei (Engelmann, Bis, 91).

Anhang 1: Horst Dreßler-Andreß

Sein Lebenslauf ist nicht uninteressant. Zunächst Bürogehilfe. Mit 22 Jahren bis 1923 Freischüler in der Schauspielschule des berühmten Max Reinhardt (siehe S. 26). 1924 bis 1928 Regisseur am Preußischen Theater in Gera/Thüringen. Autor von Theaterstücken mit sozialistischer Tendenz, die vom KPD-Mitglied Erwin Piscator (1893-1966) inszeniert werden. 1929 NSDAP-Mitglied. 1931 Leiter der Kulturabteilung des Gaues Berlin. September 1932 Leiter der Hauptabteilung Rundfunk in der NSDAP-Reichspropagandaleitung. Juni 1933 Leiter der Abteilung Rundfunk im Reichspropagandaministerium. *Vorgreifend:* Er ist seit 1945 im KZ Buchenwald/Sowjetzone, wird aber 1948 freigesprochen und lebte, seit 1964, als Rentner in der DDR.

Anhang 2: Gewerkschaftseigentum

Im Jahresbericht 1936 von Adolf Padberg über die Entwicklung des deutschen Bergbaues und der Arbeit der Reichsbetriebsgemeinschaft Bergbau (nur für den Dienstgebrauch, nicht zur Veröffentlichung) findet sich „ein glänzendes Beispiel für den DAF-Tatsozialismus".

Im einzelnen: Die Reichsbetriebsgemeinschaft (RBG) Bergbau hatte aus beschlagnahmtem Gewerkschaftseigentum das vom Gewerkverein christlicher Bergarbeiter gekaufte Hotel Rosenau bei Königswinter/Rhein an sich gerissen. Die RBG Bergbau begründete dies mit wütenden Ausfällen gegen die frühere Führung des Gewerkvereins: „Seine Bonzen kauften das Hotel Rosenau ... Hier verlebten sie fortan mit ihren Familien den Urlaub herrlich und in Freuden. Die Mitglieder (des Gewerkvereins, HJE) hatten das Nachsehen und die zweifelhafte Ehre, dieses Vergnügen der Gewerkschaftssekretäre zu finanzieren."

Die RBG Bergbau macht dem auf ihre Weise ein Ende. Nachdem sie das Gewerkschaftsheim gestohlen hat, kann

sie sich „im Verfolg ihrer Fürsorgebestrebungen" ohne
großen finanziellen Aufwand als Wohltäter präsentieren
und „Schönheit der Arbeit", wenn auch bei der Erholung,
praktizieren. Angeblich richtet sie im Hotel ein „Berg-
mannsheim" ein, in welchem sie „ständig 40 bis 45 alten
Bergmännern einen vierzehntägigen kostenfreien Erho-
lungsaufenthalt" gewährt. — Indessen: Solche billig durch-
geführten Erholungsmaßnahmen können weder die Ar-
beitshetze kompensieren noch Bergleute gewinnen, wieder auf den Gruben zu arbeiten (Friemert, 240-241).

Volkswagen

Hitler ist leidenschaftlicher Autofahrer. Der Mercedes-Fan
Hitler, seit 1. Januar 1925 Mitglied des ADAC Allgemeiner
Deutscher Automobil-Club e.V. (Picker, 130), gibt (Nacht
9./10. Januar 1942, Tischgespräch) zu: „Meine Liebe gehört dem Automobil. Das Auto hat mir mit die schönsten
Stunden meines Lebens geschenkt" (Heim, 192).
   Schon 1924 schwebte Hitler ein deutsches „Volksauto"
vor. Hitlers Vorbild war der von ihm verehrte amerikanische Autofabrikant Henry Ford (1863-1947), der von 1908
bis 1927, seit 1913/14 mit Fließbandsystem, mehr als 15
Mio. Autos des weltberühmten Modells T fertigte.
   Bis 1932 steckte die deutsche Automobilproduktion in einer Dauerkrise. Die amerikanische Konkurrenz erwies sich
als zeitweise technisch überlegen, zumal der deutsche Au-
tomobilbau in viele Unternehmen zersplittert war. Krieg,
Inflation, Wirtschaftskrise schwächten die Oberschicht, auf
deren Kaufkraft die Automobilindustrie lange Zeit als Lu-
xus- und Luxussportindustrie angewiesen war. Erst seitdem entstand die gesellschaftliche Voraussetzung für eine
stärkere Entwicklung von „Volksautos" auch in Deutschland. — Hitler hat 1933 die phantastisch anmutende Idee,

mit dem staatlich subventionierten Klein-Auto den breiten Massen ein neues Lebensgefühl zu geben, das sie an den Nationalsozialismus fesseln werde.

In seiner Rede vom 7. März 1934 zur Eröffnung der Internationalen Automobilausstellung in Berlin fordert Hitler das autobahnfeste *Volksauto* für zwei Erwachsene und drei Kinder. Es soll 100 Kilometer je Stunde schnell sein, 6,5 Liter Benzin je 100 Kilometer verbrauchen und luftgekühlten Motor gegen winterliches Einfrieren haben – zum Preis eines mittleren 350-Kubikzentimeter-Motorrades von unter 1000 RM. Ein Vergleich: Der „Hanomag"-Zweisitzer, Spitzname „Kommißbrot", braucht vier Liter Benzin auf 100 Kilometer und kostet rd. 2000 RM. Seit 1934 weiß die Arbeiterschaft: Hitler wird ihr, wie den „Oberen", in absehbarer Zeit den Besitz eines Autos verschaffen, von dem sie bis dahin nicht zu träumen wagte.

Hitler (15. Februar 1936, Rede Berlin) will, daß der Kraftwagen „vom Luxus-Objekt einzelner zum Gebrauchs-Objekt für alle" wird. Dies könne nur geschehen, wenn es gelinge, „die Anschaffungs-, Betriebs- und Erhaltungskosten dieses Wagens in ein tragbares Verhältnis zum Einkommen dieser breiten Masse unseres Volkes zu bringen", wie es in den USA schon glanzvoll gelöst sei (Domarus, 577).

Hitlers Forderung wird gegen alle Widerstände der Automobilindustrie durchgesetzt, die traditionell mehr an hochqualifizierten, teuren Kraftwagen als an der Massenproduktion billiger Typen interessiert war. Das billigste Opel- oder DKW-Modell kostet 1933 1400 bis 1600 RM. Konstrukteur des geforderten Volkswagens wird der weltbekannte sudetendeutsche Ingenieur Ferdinand Porsche (1875-1951), Inhaber von 1230, davon 260 deutschen Patenten. Nach dem Konstruktionsvertrag vom 22. Juni 1934 arbeitet das Stuttgarter Porsche-Team von 40 Ingenieuren Tag und Nacht an den Detaillösungen. Ziel: ein hochwertiges, einfach zu handhabendes, trotz leichter Bauweise zuverlässiges Fahrzeug. Anfang 1936 gibt es erste fünf Prototypen, bald rollen 50 Versuchswagen durch Europa.

Bei Grundsteinlegung der DAF-Fabrik bei Fallersleben/ Niedersachsen (seit Juni 1945: Wolfsburg) am 26. Mai 1938 wird der Volkswagen von Hitler „KdF-Wagen" getauft. Porsche wird Geschäftsführer der Volkswagen GmbH, des nun größten deutschen Autowerkes, und erhält 1938 von Hitler den Deutschen Nationalpreis für Kunst und Wissenschaft — den NS-Ersatz für den Nobelpreis. Der VW soll gemäß Hitler den Kraftwagen als bürgerliches Status- und Klassensymbol für Arbeiter erreichbar machen und für das NS-Regime im Ausland werben.

Hitler äußert (5. September 1938, zu seinem Heeres-Adjutanten Gerhard Engel): Der VW solle nicht nur eine gute Devisenquelle des Reiches werden, sondern vor allem beim Arbeiter das Fahrrad ersetzen. Er werde nicht ruhen, bis daß, nach gesteigerter Produktion, in einer Zeit, die er gern noch erleben möchte, zumindest jeder Facharbeiter seinen Volkswagen habe (Zitelmann, Selbstv., 356).

Der VW-Kauf zum Preis von zunächst 990 RM, dann 1400 RM soll durch ein vierjähriges Spar-Kauf-System mit Sparmarken erfolgen. Wer drei Viertel des Kaufpreises eingezahlt hat, erhält einen Bezugschein mit Bestellnummer; Lieferung, entgegen sonstiger Übung, erst nach Zahlung der letzten Rate. Auf diese Weise soll gleichzeitig überschüssige Kaufkraft abgeschöpft werden. 1940 sollen rd. 10.000 KdF-Wagen rollen. Bis Kriegsausbruch 1939 kommen nur Prototypen zur Ausstellung heraus. Einen der ersten VW schenkt Hitler 1939 seiner Freundin Eva Braun zum 27. Geburtstag (Picker, 223).

Auch der Nicht-Pg. kann so zu einem guten, billigen PKW gelangen. Trotz großer Anstrengungen gibt es 1939 in Deutschland auf 1000 Einwohner erst 25 Kraftwagen, in England 51, in Frankreich 54 und in den USA 227 (Wilhelm Treue und Knut Borchardt, in: Aubin/Zorn, II, 113 + 867). Dafür hat das Dritte Reich 1939 die größte Motorrad-Dichte der Welt — mit 23,8 Motorrädern auf 1000 Einwohner.

Da der Besitz eines Autos nun auch für Arbeiter in greifbare Nähe zu rücken scheint, lohnt es sich, höhere Akkordleistungen anzustreben und Überstunden zu leisten. Finanziert wird das VW-Werk im wesentlichen durch 336.668 potentielle VW-Käufer, die rd. 285 Mio. RM ansparen und dem Staat anvertrauen. Wochenraten von 6 RM und zu erwartende laufende VW-Kosten bedeuten, daß die Gesamtkosten ein Drittel bis ein Viertel des Wochenlohns der meisten Lohnempfänger ausmachen werden. Ob der VW tatsächlich bei Lohnstopp der „Wagen des Volkes" wird, ist 1938 bloße Vermutung (Grunberger, 228).

Im Krieg fertigt das VW-Werk außer Rüstungsgütern rd. 51.000 geländegängige Kübel- und rd. 15.000 Schwimmwagen. Dank fehlender Wasserkühlung bewähren sie sich, unter den harten Bedingungen Nordafrikas und Rußlands, ausgezeichnet und gelten als unverwüstlich.

Hitler prophezeit (22. Juni 1942, Tischgespräch), der VW werde der „Wagen der Zukunft" und in einer alle Kriegserfahrungen auswertenden Konstruktion nach dem Krieg der „europäische VW" schlechthin sein. Er könne sich vorstellen, daß der VW jährliche Lieferzahlen von 1 bis 1,5 Mio. erreichen werde (Picker, 374). Damit wird Hitler, anders als gedacht, recht behalten. 1944, als die Fertigung der V1-Rakete 70 % des Werksumsatzes ausmacht, sind zwei Drittel der VW-Belegschaft von 17.000 Mann Zwangsarbeiter, Kriegsgefangene und KZ-Häftlinge; Entschädigungen werden sie nicht erhalten.

Vorgreifend: Nach Kriegsende wird der „klassenlose VW" zum Symbol des westdeutschen Wirtschaftswunders und in rd. 150 Ländern zum erfolgreichsten Auto der Welt. Im Februar 1972 überholt der VW sogar Henry Fords legendäres T-Modell mit 15 Mio. Stück. Der VW wird in 5115 Bauteilen ständig verbessert (1948 bis 1974: 78.000 Änderungen) und aufgewertet, bleibt aber in seinen Grundzügen unverändert. In den USA wird der VW-„Beetle" = VW-Käfer zum beliebtesten deutschen Produkt. Erst 1985 wird die Fertigung des VW-Käfers, zuletzt in Mexiko, eingestellt — mit rd. 20,6 Mio. Stück.

Vorgreifend: Nach 1945 erhalten die VW-Sparer, nach fast 20 Jahren und langen Prozessen, 10 % bis 60 % ihrer Einzahlungen zurück.

Anhang : Reichsautobahn (RAB)

Entgegen zäher Legende ist Hitler nicht der Initiator der RAB. Er übernimmt 1933 Pläne vieler Studiengesellschaften und Förderunternehmen. Dipl.Ing. Fritz Todt (1891-1942), 1922 NSDAP-Mitglied, bis 1933 Geschäftsführer einer Münchener Straßenbaufirma, wird als Generalinspektor für das deutsche Straßenwesen mit dem RAB-Bau beauftragt. (Die 1938 gegründete Organisation Todt leistet den Bau des Westwalls und anderer kriegswichtiger Bauten. Seit 1940 ist Todt Reichsminister für Bewaffnung und Munition.) Er widerspricht, wenn nötig, Hitler, bleibt integer und daher „weißer Rabe" im NS-Regime.

NS-Gegner und Zeitzeuge Erich Ebermayer notiert am 25. September 1933 zum Beginn des RAB-Baues: „Ein großer Tag für das Verkehrswesen Europas ... Hier wenigstens kann und darf jeder Europäer uneingeschränkt Ja sagen ... Die Pläne und Modellphotos der Autobahnen ... sind hinreißend. Eine Zukunftsvision großen Stils! ... Vielleicht macht sich das Geschöpf, die Autobahn, später frei von seinen Schöpfern ... Hitler hat eine einfache und sympathische Rede gehalten, bevor er den ersten Spatenstich tat" (denn, 174).

Bis Kriegsbeginn 1939 sind 3065 Kilometer von diesen „Straßen des Führers" fertig, 1689 Kilometer im Bau. Die RAB entwickelt ihre eigene Ästhetik, soll sich in die Natur einfügen und dem Stil der Landschaft anpassen. Alle Obersten Bauleitungen erhalten Landschaftsarchitekten als Berater für richtige Mutterbodenbewirtschaftung, Wiederherstellung aufgerissener Waldränder, geeignete Blendschutzbepflanzungen usw. Geraden und Krümmungen sind, im Sinne harmonischer landschaftlicher Gestaltung und für ermüdungsfreies Fahren, aufeinander abgestimmt. Ausländer staunen und schwärmen über Todts Meisterwerk (Franz W. Seidler, in: Smelser/Zitelmann, 302-303). Die RAB wird Hitler überdauern, wie von ihm schon 1937 prophezeit.

Um die RAB bilden sich bis 1945 zwei Legenden. Zum einen: Der RAB-Bau habe der Arbeitsbeschaffung gedient. Hitler brüstet sich, daß jener Bau nichts koste, weil Arbeitslose beschäftigt würden, deren Unterstützung dadurch wegfalle. Zum anderen: Die RAB sei in Sicht auf den geplanten Krieg für Nachschub entstanden. Zunächst: Die am Bau und in den Zulieferindustrien beschäftigten 220.000 Arbeiter entsprechen knapp 5 % der Arbeitslosen. Sodann: Militärisch hat die RAB nur bedingte Funktion: nicht nur für Panzer ist die Betondecke zu dünn gebaut, auch die Lastkraftwagen sind zu schwer für sie.

Sozialwerke

Vor 1933 gab es bei Wohlfahrtsverbänden riskante Bankgeschäfte und Unterschlagungen, oft Mißwirtschaft mit öffentlichen Geldern. Eine NSDAP-Sozialarbeit begann vor 1933: es wurden Kleider gesammelt, heiße Küchen aufgestellt, Kinder versorgt. Diese Leistungen waren für arme oder arbeitslose NSDAP-Mitglieder bestimmt, jedoch konnten bei genügend Mitteln auch Nicht-Parteimitglieder daran teilhaben. Im Hungerjahr 1932 wurde in den NS-Gauen die Fürsorgearbeit verstärkt − parallel zur staatlichen Fürsorge oder sogar als deren Ersatz (Ronald M. Smelser, in: Michalka, 221 + 222). Dieses wirbt.

Nach dem Vorbild karitativer Organisationen arbeitet als neues NS-Sozialwerk die im September 1931 in Berlin-

Wedding, am 18. April 1932 im NS-Gau Berlin gegründete *NSV* Nationalsozialistische Volkswohlfahrt e.V.: Winterhilfsaktionen, Kinderlandverschickung, Heime für Durchreisende, Kriegsopferversorgung, Notküchen (a.a.O., 223). Am 3. Mai 1933 wird die NSV im Reich zur Parteiorganisation erhoben und mit Sitz in Berlin für alle Fragen der Wohlfahrt und Fürsorge zuständig. Dem Hauptamt für Volkswohlfahrt in der NSDAP-Reichsleitung sind Gau-, Kreis- und Ortsgruppenämter nachgeordnet.

Am 24. März 1934 wird die NSV mit der Inneren Mission, der Caritas und dem Deutschen Roten Kreuz in der Reichsarbeitsgemeinschaft der freien Wohlfahrtspflege zusammengeschlossen. Nach dem Zusammenschluß dieser am 22. Januar 1936 mit den Trägern der öffentlichen Fürsorge wird die NSV zur dominierenden Organisation der Wohlfahrtspflege (Heinz Lampert, in: Bracher/Funke/Jacobsen, 198-199). Die NSV hat 1939 rd. 11,9 Mio. Mitglieder und rd. 1,25 Mio. freiwillige Helfer, ist damit nach der DAF die zweitgrößte Massenorganisation und die größte Organisation für Volksfürsorge, die es in Deutschland *und* in der Welt je gegeben hat. Finanziell getragen wird die NSV von Mitgliedsbeiträgen, WHW-Sammlungen (siehe unten) und durch den üblichen „freiwilligen Zwang" geworbene Spenden.

Im NSV-Hilfswerk Mutter und Kind seit 1. April 1934 für kurzfristige wirtschaftliche Soforthilfe und langfristige vorbeugende Gesundheitspflege gibt es Wohnungshilfe, Arbeitsplatzhilfe, Fürsorge für werdende Mütter, Ernährungsbeihilfen für Bedürftige, Müttererholungsfürsorge, Kinderlandverschickung, Erziehungsberatung, Haushaltshilfen für kinderreiche Familien. Alles dies wird dankbar begrüßt. Im Mittelpunkt steht die erbgesunde kinderreiche Familie.

Die NS-Fürsorge- und Wohlfahrtspolitik steht unter den Grundsätzen „Selbsthilfe geht vor Fremdhilfe" und „Vorsorge hat Vorrang vor Fürsorge". Für die NSV ist nicht wirtschaftliche Hilfsbedürftigkeit an sich der Grund für Unterstützung, sondern der Wert des Hilfsbedürftigen für das Volk — nach dem NSV-Motto „Nicht mitzuleiden, mitzukämpfen sind wir da!" Diese Ausrichtung auf Steigerung und Gesunderhaltung der Lebenskräfte bestimmt jede Einzelmaßnahme der NS-Wohlfahrtspflege — dies im Sinne der Hilfe zur Selbsthilfe.

Dazu gehört die Erziehung zur NS-Gesinnung, um den Befürsorgten zu einem nützlichen, leistungswilligen Glied der Volksgemeinschaft zu machen. Nach dem Motto „Einer für alle, alle für einen!" soll sich der Befürsorgte in seiner Not von der Gesamtheit beachtet wissen, soll sich der Helfer seiner Verantwortung gegenüber notleidenden Volksgenossen bewußt sein. Nur gemeinschaftsfähige Volksgenossen, die aus gesundheitlichen oder wirtschaftlichen Gründen nicht ihre „Gemeinschaftspflichten" erfüllen, sollen dazu befähigt werden.

Die NSV-Arbeit ist erbbiologisch und rassenhygienisch orientiert. Sie wendet sich nicht „lebensgeschwächten Individuen" und Schichten zu, sondern erstrebt die „Ertüchtigung des durch äußere Verhältnisse gehemmten Erbmaterials". Demgegenüber sollen die lebenden „minderwertigen Individuen" nur mit einer „Mindestfürsorge" bedacht werden (wie schon in der Weimarer Zeit gefordert), außerdem, falls notwendig, durch fürsorgliche Bewahrung oder Sicherheitsverwahrung auf strafrechtlicher Grundlage aus dem Volksleben ausgeschieden werden. Asoziale (Trinker, Homosexuelle, Dirnen, Arbeitsscheue), Erbkranke, Angehörige „minderwertiger" Rassen bleiben von der NSV ausgeschlossen; sie werden der kirchlichen und privaten Barmherzigkeit anheimgegeben. Dies zeigt auf: Die NSV unterscheidet zwischen „anständiger" und „unanständiger" Bedürftigkeit. Damit wird dieser Bereich staatlicher Sozialpolitik seiner früheren humanitären Züge beraubt und in den Dienst der NS-Ziele gestellt (Heinz Lampert, in: Bracher/Funke/Jacobsen, 200f.; Adelheid Gräfin zu Castell Rüdenhausen, in: Peukert/Reulecke, 223 + 225 + 237).

Als weiteres Sozialwerk verkündet Joseph Goebbels am 13. September 1933 im Rahmen der NSV, unter dem Motto „Keiner soll hungern, keiner soll frieren!", das *WHW Winterhilfswerk* als Kampf gegen Hunger und Kälte und als Initiative für alle notleidenden Deutschen. Dies WHW ist keine Erfindung der NSDAP, sondern entstand im Winter 1930/31 und wurde im Winter 1932/33 auf Anregung der freien Wohlfahrtspflege ausgebaut, um die Bevölkerung zu Spenden (rd. 91 Mio. RM) für immer mehr unzureichend versorgte Arbeitslose zu veranlassen. Dazu gehörten im Winter 1932/33 Verbilligungsscheine für den Kauf von Brennstoffen, Kartoffeln, Brot und Fleisch (Preller, 453).

Im Rahmen des WHW, seit Gesetz vom 1. Dezember 1936 mit eigener Rechtsfähigkeit, werden im Winter 1933/34 an Geld- und Sachspenden rd. 358 Mio. RM aufgebracht und rd. 16,62 Mio. Menschen unterstützt. Üblich wird dabei seit 1. Oktober 1933 der den US-Mormonen abgeschaute *Eintopfsonntag:* Einmal im Monat soll auf Fleisch verzichtet und die Ersparnis dem WHW gespendet werden. Mit jener WHW-Aktion verschaffen sich die Parteisammler an jenem Sonntag Zutritt zu jeder Familie; das Sonntagsessen wird politisiert und zum Akt der Zustimmung oder Ablehnung gegenüber dem NS-Regime (Berger, 15). Mancher spottet über den „Eintopf"; für viele ist er Ausdruck der Zusammengehörigkeit und „Volksgemeinschaft" (Pentzlin, Die, 128). Nach der größten Not wird durch WHW-Sammlungen (bis Winter 1941/42 rd. 4,02 Mrd. RM) mit moralischem Druck Kaufkraft abgeschöpft.

Mitglieder von NS-Organisationen, an der Spitze NSV und HJ, gehen von Haus zu Haus, um WHW-Spenden zu sammeln. Wer auf der Straße kein Spendenabzeichen trägt, sieht sich dauernd Straßensammlern gegenüber. NS-Blockwarte vermerken, wer sich nicht in die Spendenlisten einträgt, sich also „aus der Volksgemeinschaft ausschließt". Kleine Unternehmer, Handwerksmeister, Beamte, Bauern müssen mit Konsequenzen rechnen, wenn sie ständig in den Spendenlisten fehlen (Maser, Regime,

50f.). Das WHW wird nicht zuletzt durch „freiwillige" Lohn- und Gehaltsabzüge der Arbeitnehmer finanziert.

Die *WHW-Spendenabzeichen*, insgesamt 478 der Reichsstraßensammlungen und rd. 2000 der wichtigsten Gaustraßensammlungen, umfassen in ihrer Mischung von Kriegerischem und Idyllischem deutsche Kultur-, Sitten- und Militärgeschichte. Hinzu kommen deutsche Metalle, Holzarten, Textilien, Porzellane, Bernsteine, Halbedelsteine, Blumen, Heilkräuter, dazu Glasgemmen mit Köpfen berühmter Deutscher, Deckchen aus Plauener Spitzen, Hitler-Büchlein und Kurzbiographien von Ritterkreuzträgern. Die WHW-Abzeichen werden weltweit wie Münzen oder Briefmarken gesammelt und Jahrzehnte später zu Höchstpreisen verauktioniert (Picker, 88f.). Komplette Sammlungen der WHW-Abzeichen sind sehr rar und daher entsprechend teuer zu ersteigern.

Anhang: Eine NSV-Idealistin

Die Frauen werden im Dritten Reich umworben, umschmeichelt, geehrt. Zwar hat die NS-Frauenschaft wenig Anziehungskraft, aber die Ideale von Mutterschaft, Treue, Dienen sind weithin populär. Indessen: Der Typus der gläubigen Nationalsozialistin bleibt eine Ausnahme. Nur wenige Frauen leisten begeistert die mühsame Kleinarbeit der NSDAP oder gehen im Krieg freiwillig in die Rüstungsindustrie. Fast immer stammen *diese* NS-Frauen aus dem Kleinbürgertum. Für sie bedeutet „Dienst an der Partei" sozialen Aufstieg und Kompensation.

Frau K. glaubt an den Führer wie an den Heiland. Sie hat nie einen Vorteil davon, daß sie „Alte Kämpferin" in der NSDAP und NS-Frauenschaft ist, jedenfalls keinen materiellen Vorteil. Bei Veranstaltungen darf sie in der ersten Reihe sitzen. Einmal durfte sie Hitler einen Blumenstrauß überreichen, das war der „Höhepunkt" ihres Lebens. Sie hat nur Arbeit mit dem Kassieren der Beiträge, dem Sammeln von Spenden, der Lauferei bei zahllosen Dienststellen, wenn sie für eine kinderreiche Familie eine bessere Wohnung oder später für Ausgebombte eine Unterkunft beschaffen will. Sie rackert sich ab. Jede freie Minute, die ihr der Haushalt läßt, opfert sie für irgendeine „Aufgabe". Sie hält alles für richtig und notwendig, was das NS-Regime macht, und alles, was über Greueltaten geflüstert wird, für dummes oder böswilliges Geschwätz. Sie hat nie jemandem bewußt geschadet, sondern immer nur „das Beste" gewollt. Im Mai 1945 bricht für sie eine Welt zusammen.

Nach Fürstenfeldbruck evakuiert, wird sie von den Amerikanern gezwungen, sich im nahen KZ Dachau alles anzusehen: Berge von Leichen verhungerter KZ-Häftlinge. Frau K. erleidet einen Nervenzusammenbruch und erholt sich nur langsam wieder davon. Aber: Auch durch das Erleben der KZ-Wirklichkeit läßt sie sich nicht in ihrem Glauben an Hitler beirren. Sie pflegt auch später noch zu sagen: „Das hat der Führer nicht gewollt!" Ein anderer ihrer unverrückbaren Glaubensgrundsätze lautet bis zum Tode: „Der wirkliche Nationalsozialismus war sauber und anständig!" Die KZs ordnet sie ein, wie man es ihr auf Parteiversammlungen erklärt hat: Das Gesindel muß von den Straßen! Gewohnheitsverbrecher, Sittenstrolche und Volksschädlinge, etwa Wucherer und Schieber, würden in den KZs zu ehrlicher Arbeit erzogen. Man bringe ihnen Disziplin und Sauberkeit bei, und natürlich werde keinem von ihnen ein Haar gekrümmt (Engelmann, Im, 85f.).

Reichsarbeitsdienst (RAD)

Der Freiwillige Arbeitsdienst (FAD) entwickelte sich aus der studentischen Arbeitslagerbewegung der zwanziger Jahre. Zu ihren Vorkämpfern zählte u.a. der Kulturphilosoph, Rechtsgelehrte und Soziologe Eugen Rosenstock-

Huessy (1888-1973). Ähnliche freiwillige Lager für Studenten und Arbeiter gab es, in der Wirtschaftskrise, in England, Holland, Österreich, Rumänien, der Schweiz und den USA. Der FAD der Weimarer Republik wurde mit Brüning-Notverordnung vom 23. Juli 1931 als staatliche Einrichtung ins Leben gerufen. Er sollte arbeitslose, hoffnungslose Jugendliche von der Straße und damit dem Einfluß des politischen Radikalismus von NSDAP und KPD wegnehmen. Durch den FAD sollten jene Jugendlichen, wenigstens eine Zeitlang, wieder Lebensinhalt und Lebensfreude erfahren. Am 10. August 1931 verordnete die Reichsanstalt für Arbeitsvermittlung und Arbeitslosenunterstützung Fürsorge- und Krisenunterstützungs-Empfängern unter 21 Jahren den FAD für gemeinnützige Arbeiten.

Ein Jahr nach Gründung gab es im Juli 1932 rd. 97.000, im Oktober 1932, nach Aktivierung durch das Papen-Kabinett, rd. 254.000 FAD-Angehörige, die durch öffentliche Arbeiten, meist in der Landwirtschaft, die Massen-Arbeitslosigkeit lindern sollten. Der FAD wurde aber von den Reichsregierungen nur zögernd und unzureichend unterstützt. Das Kabinett Schleicher rief am 28. Januar 1933 alle Abiturienten zu einem „Werkhalbjahr" auf, damit sie, vor Beruf oder Hochschule, am FAD-Geländesport teilnehmen (Paul, Feldlager, 349).

Für die deutschen Studenten im ersten bis vierten Semester, die wegen ihrer Karriere am wenigsten Widerstand leisten können, beginnt am 1. August 1933 eine zehnwöchige Arbeitsdienstpflicht, um ihnen „Schwere und Würde körperlicher Arbeit" beizubringen. Verhältnismäßig spät wird mit Gesetz vom 26. Juni 1935 der *Reichsarbeitsdienst* geschaffen. Nach Einführung der allgemeinen Wehrpflicht am 16. März 1935 ist dies zugleich *auch* eine zweite Maßnahme zur Entlastung des Arbeitsmarktes. Unter dem Symbol „Spaten und Ähren" haben alle jungen Männer von 18 bis 25 Jahren als „Ehrendienst am deutschen Volke" ein halbes Jahr in militärisch gegliederten Formationen jene nun gesetzliche Dienstpflicht zu erfüllen.

Die RAD-Schute als Kopfbedeckung (RAD-Jargon: „Arsch mit Griff") erinnert an den „Bundschuh", Name und Feldzeichen aufständischer Bauernverbände im 15. Jahrhundert. Der RAD hat eine eigenständige, nicht von der NSDAP beeinflußte Vergangenheit. Seine Führer, genannt „Feldmeister", stammen aus weltanschaulich-politisch unterschiedlichen Richtungen der Weimarer Zeit (a.a.O., 349f.). Viele junge RAD-Führer fühlen sich als Nachfolger der Bündischen Jugend und sind von ihren neuen Vollmachten überrascht und geblendet (Maser, Regime, 82). Wer RAD-Führer wird, braucht nicht der NSDAP beizutreten. Angesichts des hohen Offiziersbedarfs der Wehrmacht verschlechtert sich die Qualität der RAD-Führerschaft; bei den RAD-Unterführern ist der Anteil übler Typen höher als in der Wehrmacht.

Der RAD ist keine NSDAP-Gliederung, sondern staatliche Institution, untersteht dem Reichsminister des Inneren und wird erst 1943 selbständige Oberste Reichsbehörde. Reichsarbeitsführer, seit 1936 auch NSDAP-Reichsleiter, ist Reichswehr-Oberst a.D. (1924) Konstantin Hierl (1875-1955). Er gründete 1925 den Tannenbergbund als Dachverband völkischer Wehr- und Jugendverbände unter der Schirmherrschaft Erich Ludendorffs. Als Ludendorff 1927 den Tannenbergbund in den Dienst seines Kampfes gegen die „überstaatlichen Mächte" mit Front auch gegen Hitler stellte, wurde Hierl 1927 Mitglied der NSDAP und 1929 Organisationsleiter II in der NSDAP-Reichsleitung in München.

Fast alle Volksschichten bejahen den RAD als Erziehungseinrichtung und Ehrendienst der Jugend an der Gemeinschaft. Kardinal Michael von Faulhaber (siehe S. 402) begrüßt 1937 aus dem RAD heimgekehrte Priester-Kandidaten, wenn sie sonst nichts gelernt hätten „als die Pünktlichkeit, die auf die Minute zur Stelle ist und ohne Widerrede in Reih und Glied sich einordnet, Ihr hättet für Euer ganzes Leben etwas Großes gelernt" (Langewiesche/Tenorth, 48). Die Einberufung zum RAD kommt den meisten ungelegen, zumal sie für die Berufsausbildung ausfällt. Wer eine Möglichkeit findet, sie zu umgehen, der nutzt sie. Für viele ist die körperliche Arbeit eine ungewohnte Strapaze. Einige leiden unter dem engen Zusammensein mit vielen in primitiven Unterkünften. Später gewöhnen sich die meisten an den RAD, finden Gefallen daran und entwickeln sogar enge Kameradschaften unabhängig von Herkunft und Bildung (Pentzlin, Die, 113).

Die RAD-Pflichtigen aus dem Rheinland kommen in Lager in Mecklenburg, die Pommern nach Thüringen usw., damit sie Deutschland kennenlernen können. Die Einberufungen zum RAD, später zur Wehrmacht, erhöhen die Mobilität der Dörfler und Kleinstädter und tragen damit langfristig zur Auflösung traditioneller Strukturen bei (Peukert, Volksgenossen, 118). Der RAD erbringt − nicht zuletzt − durch Straßen- und Wegebau, Hochwasserschutz, Be- und Entwässerung, Ödlandaufforstung nicht unerhebliche volkswirtschaftliche Werte.

Wichtiger noch für das NS-Regime: Jeder junge Deutsche soll in gemeinnütziger Arbeit, kraft „Sozialismus der Tat", im gleichen Rock und bei gleicher Kost Standesdünkel überwinden, Handarbeit achten, Kameradschaft und Pflichtgefühl im Sinne der NS-Volksgemeinschaft erleben. Abiturienten werden daher besonders hart „herangenommen" und häufig im Drillichanzug zum Revier- und Latrinenreinigen eingesetzt. Der RAD ist somit als „Schule der Nation" ein Pfeiler der gesellschaftlichen Einebnungsbestrebungen Hitlers. − Das erste RAD-Lied verkündet: „Zu tilgen Deutschlands Schande,/sind wir allzeit bereit./Wir helfen unserem Lande/aus Arbeitslosigkeit./Wir säen grüne Saaten,/wo andere Unkraut sä'n,/und wollen als Werksoldaten/getreu zur Heimat steh'n!" (Klose, Hitler, 88).

Für Hitler steht, darüber hinaus, die Ableistung des RAD als „Voraussetzung" für den aktiven Wehrdienst gemäß Wehrgesetz vom 21. März 1935, § 8, Absatz 3 im Vordergrund − also eine Art vormilitärischer Ausbildung mit Karabiner 98k, Handgranate, leichtem MG, um auf diese Weise das erstrebte „NS-Volksheer" zu verwirklichen.

Seit 1938 muß der RAD teilweise militärisch bestimmte Hilfsdienste leisten, so beim Westwall-Bau. Bis 1939 absolvieren den RAD rd. 2,5 Mio. junge Männer und rd. 0,3 Mio. junge Frauen; diese können als Ersatzdienst Land-, Haushalts- oder Krankenhaushilfe ableisten.

Vorgreifend: In der Kriegsendphase 1944/45 hastig aufgestellte RAD-Divisionen schlagen sich, trotz ungenügender Ausrüstung, oft hervorragend. Aus der HJ hervorgegangen, lebt in ihnen das HJ-Lied „Ein junges Volk steht auf", dessen dritte Strophe sie nun kennenlernen: „Und welcher Feind auch kommt mit Macht und List,/seid nur ewig treu, ihr Kameraden!/Der Herrgott, der im Himmel ist,/liebt die Treue und die jungen Soldaten./Vor uns marschieren mit sturmzerfetzten Fahnen/die toten Helden der jungen Nation,/und über uns die Heldenahnen,/Deutschland, Vaterland, wir kommen schon!"

Vorgreifend: Der RAD übersteht nach 1945 das allgemeine Suchen der Deutschen nach Schuld im Dritten Reich ohne nachhaltigen Schaden an seinem Ruf. Die meisten RAD-Angehörigen denken nach 1945 nicht ungern an diese Zeit zurück, auch wenn sie durch „Schleifen" mürbe gemacht wurden. Eine grundlegende RAD-Monographie steht noch aus.

Anhang: RAD, Pflichtjahr und BdM

Die RAD-Pflicht für die weibliche Jugend wird erst mit Kriegsbeginn durch Verordnung vom 4. September 1939 wirksam. Im BdM (siehe S. 346) werden Mädchen von 14 bis 18 Jahren „straff, aber nicht stramm − herb, aber nicht derb" auf ihr späteres Leben als Mütter weltanschaulich und körperlich geschult. Mehr noch als in der HJ, wirkt im BdM die Parole, Jugend solle von Jugend geführt werden. (Die organisierte Jugendarbeit vor 1933 leisteten oft Geistliche und Pfarrersfrauen und erschien nicht immer als jugendgemäß.)

Mit Anordnung vom 15. Februar 1938 wird ein „hauswirtschaftliches Jahr" für Mädchen unter 25 Jahren eingeführt – auch zur Entlastung des Arbeitsmarktes. Nur wenige Mädchen empfinden das ihnen abverlangte „Pflichtjahr", wegen des Einsatzes auf dem Lande meist auch „Landjahr" genannt, als eine Belastung. 1938 sollen 90 % der Betroffenen in der Landwirtschaft arbeiten. Für die überarbeiteten Bäuerinnen (siehe S. 435), oft kinderreiche Mütter, sind die ihnen zugeteilten „Pflichtjahrmädchen" eine dankbar begrüßte große Hilfe, auch wenn diesen die ungewohnte Arbeit anfangs oft schwerfällt.

Diese RAD-Dienstpflicht wird am 29. Juli 1941 auf ein Jahr, am 8. April 1944 für „Arbeitsmaiden" in der Luftverteidigung auf eineinhalb Jahre verlängert. Dort leisten sie, zusammen mit den halbwüchsigen Schüler-„Luftwaffenhelfern", oft ausgezeichnet beurteilten Militärdienst. Zuerst nur im Innendienst, werden die Flak-Helferinnen seit 1944 auch an Geschützen und Zielgeräten ausgebildet. Seit Oktober 1944 werden Scheinwerfer-Batterien mit weiblichen Kräften besetzt. 1944/45 werden rd. 52.000 Mädchen der Jahrgänge 1920 bis 1924 statt für den RAD für die Wehrmacht eingezogen (Steinert, Hitlers, 505f.). Manche Flak hat dann ein Drittel Mädchen.

Das „klassenlose" Zusammensein im BdM, später im weiblichen RAD, wirkt im allgemeinen positiv. Es gibt Klagen über organisatorische Mißstände im weiblichen RAD. Seine Führerinnen sind teils fanatische NS- und Hitler-Gläubige, teils sind sie fürsorglich bemüht. „Die im Rahmen der HJ häufig zu Ärgernissen Anlaß gebenden Machtmißbräuche" gehören im BdM (und RAD) zu den „Ausnahmen" (Maser, Regime, 72; Heinz Lampert/Fritz Blaich, in: Bracher/Funke/Jacobsen, 186 + 307). *Vorgreifend:* Mehr noch als die männlichen RAD-Führer, neigen die weiblichen RAD-Führer nach 1945 dazu, ihre Arbeit zu idealisieren, ohne das NS-Regime kritisch zu bewerten.

19

Sein und Bewußtsein 1933-1945

Der größte Triumph des Massenbezwingers Hitler liegt in einem neuen gesellschaftlichen Bewußtsein der großen Mehrheit der Deutschen. In einem berühmt gewordenen Satz sagte — 1859 — Karl Marx in „Kritik der politischen Ökonomie": „Es ist nicht das Bewußtsein der Menschen, das ihr Sein, sondern umgekehrt ihr gesellschaftliches Sein, das ihr Bewußtsein bestimmt." Hitler gelingt es, jenen Satz zu widerlegen. Er knüpft auf seine Weise an das bekannte Wort von Kaiser Wilhelm II. in seiner Reichstag-Thronrede vom 4. August 1914 an: „Ich kenne keine Parteien und auch keine Konfessionen mehr; wir sind heute alle deutsche Brüder und nur noch deutsche Brüder!"

Ist Hitlers Bewußtseinsrevolution konservativ-romantisch oder radikal-modernistisch? Das wird nicht klar. Gerade solche zwitterhafte „Legierung" aus Reaktion und Revolution, Tradition und Fortschritt, verbohrter Ideologie und technischer Effizienz scheint jener Stoff zu sein, aus dem massenwirksame Revolutionäre agieren.

Tatsächlich steht Hitler in einem zugleich restaurativen *und* revolutionären Verhältnis zur überkommenen Gesellschaft Deutschlands und Europas. Das Dritte Reich zeigt sich einerseits sozialkonservativ, sogar mit sozialer Rückständigkeit und Massen-Antimodernismus; es zeigt sich andererseits als eine Kraft, welche die Emanzipation vorantreibt und teilweise die verspätete soziale Revolution nachholt (Wolfgang Zorn, in: Aubin/Zorn, II, 881).

Die von Hitler teils gewollten, teils nicht gewollten Modernisierungs-*Wirkungen* seines Kurses werden erst lange nach 1945 erkannt und gewinnen für die Entwicklung der Bundesrepublik Deutschland spezifische Bedeutung. Hitler hat manche die Entwicklung Preußen-Deutschlands belastende Hypotheken vernichtet und damit „für den zweiten parlamentarischen Versuch der deutschen Geschichte neue Erfolgsmaßstäbe zur Verfügung gestellt" (Hildebrand, 227).

Ein Beispiel. In der Weimarer Republik umfaßten 2,2 Mio. Landwirtschaftsbetriebe bis 20 Hektar 91,0 % der Anbaufläche von 12,7 Mio. Hektar. Indessen: 9800 Großbetriebe mit über 200 Hektar und einem Anteil von nur 0,4 %, aber mit 15,9 % der Anbaufläche lenkten den Reichslandbund (RLB), eine großagrarisch orientierte, mächtige Pressure-group. Der RLB wurde vor 1933 Wegbereiter der NSDAP. Aber schon 1933 verschwinden die ostelbischen Großagrarier als eigenständige Macht *für immer* von der politischen Bühne (Barkai, 123).

Volksgemeinschaft

Die Parole „Volksgemeinschaft", das „wirksamste Element der NS-Propaganda" (Martin Broszat, in: Broszat/Möller, 53), war vor 1933 besonders im alten und neuen Mittelstand sehr populär. „Gerade die Masse der Angestellten, Handwerker und Kaufleute sah den Weimarer Staat als Pfründenkartell von Politikern und Bürokraten auf Kosten der Volksgemeinschaft" (Lothar Kettenacker, in: Bracher/Funke/Jacobsen, 111). Sie fordern den gesellschaftlichen Ausgleich.

Konservative Ideologen, besonders NS-Sprecher, propagierten in der Weimarer Zeit: Das Bewußtsein der Volkszugehörigkeit könne und müsse die Gegensätze der Parteien und Klassen überwinden, ohne dabei die gewachsene soziale Schichtung aufzuheben. Dies heißt für die NSDAP seit 1933 keineswegs, Interessengegensätze und ihre ökonomische Bedingtheit in Abrede zu stellen. Im Gegenteil: Interessengegensätze werden als dynamisches Element der gesellschaftlichen Entwicklung ausdrücklich anerkannt, sollen aber ihrer Konfliktmöglichkeiten entkleidet werden (Wolfgang Spohn, in: Sachse, 140). „Volksgemeinschaft" soll der Gegenpol zum politisch-gesellschaftlichen Pluralismus und zum marxistischen Klassenbegriff sein.

„Volksgemeinschaft" ist „auch Aufruf zur Überwindung vorbürgerlicher, vorindustrieller sozialer Hierarchien und Normen", um eine moderne, mobile Massengesellschaft zu bilden. Die Modernitäts- und Mobilitätsverheißung des NS-Regimes führt ihm scharenweise Jugend zu, besonders junge Ingenieure und Techniker. Ohne diesen „Schub" einer jungen, neuen Elite ist die Energie des NS-Regimes nicht zu verstehen (Martin Broszat, in: Broszat/Möller, 54).

Wie im „Geist von 1914" scheinen im Dritten Reich alte Klassenbarrieren aufgehoben. Die viel gerühmte Überwindung der Klassengesellschaft durch die „Volksgemeinschaft" ist eine Halbwahrheit. Indessen: Die in der deutschen Geschichte einmalige Mobilisierung des Volkes in Friedenszeiten zu immer neuen Massenkundgebungen ist *keine Zwangsveranstaltung.* „Man will es heute einfach nicht mehr wahrhaben, daß sich in der nationalsozialistischen ‚Volksgemeinschaft' eine zwar schwer begreifliche, irrationale Partizipation manifestierte, gewiß keine politische Meinungsbildung, aber doch eine ernstzunehmende Willensäußerung, nicht bloß plebiszitäre Akklamation" (Lothar Kettenacker, in: Bracher/Funke/Jacobsen, 115).

Hitler (27. Januar 1934, zu Hanns Johst) über Volksgemeinschaft: „Das heißt Gemeinschaft aller wirkenden Arbeit, das heißt Einheit aller Lebensinteressen, das heißt Überwindung von privatem Bürgertum und gewerkschaftlich-mechanisch organisierter Masse, das heißt die unbedingte Gleichsetzung von Einzelschicksal und Nation, von

Individuum und Volk" (Domarus, 350). Oder kurz (28. März 1938, Wahlkundgebung Berlin): „Bürgertum und Proletariat sind beide auf der Strecke geblieben, und Sieger ist die deutsche Nation" (a.a.O., 838). Dann (30. Januar 1939, Rede Berlin) skeptischer: „Der Nationalsozialismus ... stellt in seiner Volksgemeinschaft ein zeitloses Ziel auf, das nur durch fortgesetzte und dauernde Erziehung angestrebt, erreicht und erhalten werden kann" (Mason, 177). Hitler (30. Januar 1944, Proklamation) rühmt sich, „an der Spitze aller Taten der nationalsozialistischen Revolution" stehe „ohne Zweifel der Aufbau der deutschen Volksgemeinschaft" (Domarus, 2085).

Die Verbindung von „Volksgemeinschaft" und „gesundem Volksempfinden" faßt Lothar Kettenacker 1983 zusammen: Das Haushaltsjahr für höhere Töchter, der Reichsarbeitsdienst für die verweichlichten Bürgersöhne, die Wehrpflicht als „Schule der Nation", der sprichwörtliche „kurze Prozeß" für Kriminelle aller Art, das Ausmisten „entarteter Kunst" aus Museen und zur Belohnung der Goldmedaillensegen (1936) der Olympiade. Über allem der allmächtige, doch volkstümliche Führer, der sich nicht hinter Aktenbergen verkriecht, sondern sich bei jeder Gelegenheit dem Volk zeigt, zu ihm spricht, es lobt, anspornt, ermahnt, schließlich das Ausland in die Schranken weist. Hitlers Reden in der Pose des pater familias oder des praeceptor Germaniae, in der er die „Dekadenz" der Weimarer Zeit anprangert und das Gute, Kräftige, Gesunde im Volk beschwört, sind ganz auf das unpolitische, naive Gemüt des Provinzbürgers zugeschnitten − mit seinem Widerwillen gegen Großstadt und Zeitgeist ... Man kann die Wirkung seiner Worte bei breiten Schichten ... nicht hoch genug veranschlagen (in: Bracher/Funke/Jacobsen, 112-113).

Die Demokratie lebt mit Konflikten, die Diktatur versucht, sie auszuschalten. Die Integration der Gesellschaft ist weithin Produkt des Hitler-Mythos; so werden potentielle innere Konfliktherde entschärft. Hitler ist bestrebt, soziale Konflikte zu vermeiden oder zu verdrängen, stillzulegen, zu betäuben. Interessengegensätze sollen gegensatzlos *erlebt* werden. Der begeisterte Sammlungsruf „Ein Volk, ein Reich, ein Führer!" verschleiert, weithin erfolgreich, die Realität der Klassenstruktur und Klassengegensätze.

Deutsche Arbeitsfront (DAF)

Die NSDAP-Propaganda forderte vor 1933 eine Volksgemeinschaft, in der Klassenkampf und Streikrecht überflüssig seien. Daher war vor 1933 für viele Unternehmer die NS-Parole der „Versöhnung" zwischen Arbeit und Kapital anziehend. Schon früh (Rede 6. August 1927) hatte Hitler dies durchschaut: „Sie fühlen in der Volksgemeinschaft nichts anderes als einen Rückversicherungsvertrag für die Rentabilität des eigenen Betriebes" (zit. in: Zitelmann, Selbstv., 154).

Manfred Mansfeld (siehe Anhang 2), Hauptverfasser des Gesetzes zur Ordnung der nationalen Arbeit, kommentiert 1934: „Das deutsche Sozialsystem vor dem 30. Januar 1933 beruhte auf der Annahme eines grundsätzlichen Gegensatzes von Arbeitgebern und Arbeitnehmern." Man habe damit den wirtschaftlichen Interessengegensatz zu einer „allgemeingültigen Norm" erhoben, die das gesamte Staats- und Wirtschaftsleben beherrscht hätte (Wolfgang Spohn, in: Sachse, 141).

Das NS-Regime schafft — theoretisch — Gewerkschaften und Arbeitgeberverbände, tatsächlich nur die Gewerkschaften ab. Die DAF soll im Sinne einer Disziplinierung und NS-Gleichschaltung die Interessengegensätze von Arbeit und Kapital ausgleichen, also zur NS-Gesinnung erziehen. Gemäß Verordnung vom 24. Oktober 1934 ist die *DAF* eine der NSDAP angeschlossene, dem NSDAP-Reichsorganisationsleiter Robert Ley (1890-1945) unterstehende Gliederung mit eigener Rechtspersönlichkeit und verfügt daher über relative Selbständigkeit. Die DAF wird berüchtigt für ihre enorme Korruption, und ihr Leiter ist auch in dieser Hinsicht führend. 1938 ergreift Major a.D. Walter Buch (1883-1949), Vorsitzender des Obersten Parteigerichts, die Initiative: Er sucht Hitler auf, legt ihm umfangreiches Belastungsmaterial gegen Ley vor und fordert dessen Absetzung. Hitler brüllt Buch an und wirft ihn hinaus ... (Smelser, 112 + 114).

Das Gesetz zur Ordnung der nationalen Arbeit vom 20. Januar 1934 gestaltet die arbeitsrechtlichen Verhältnisse um. Der Betrieb gilt nun als „Urzelle des sozialpolitischen Aufbaues". Das NS-Regime verstaatlicht den Klassenkonflikt. Es zwingt keine Tarifpartner, sondern es ersetzt den freien Vertrag durch staatspolitische Regelung. Das Verhältnis zwischen Arbeitgeber und Arbeitnehmer wird, so 1934 der berühmte Staatsrechtler Carl Schmitt, zu einer „Gemeinschaft mit öffentlich-rechtlichem Charakter" (a.a.O., 143).

Unter der Parole „Betriebsgemeinschaft" gibt es nun den „Betriebsführer" und die „Gefolgschaft". (Beide Begriffe sind auch nach 1945 noch üblich.) Damit sollen die Klassenkampf-Begriffe „Arbeitgeber" und „Arbeitnehmer" aus der Diskussion verschwinden. An die Stelle des Betriebsrates tritt ein von Betriebsführer und DAF-Obmann vorgeschlagener „Vertrauensrat" (siehe S. 271) mit beratenden Befugnissen. Theoretisch ist, als „Werkgemeinschaft", eine Interessen-Identität zwischen Unternehmer und NSDAP gegeben.

Indessen: Der herkömmliche „Herr im Hause"-Standpunkt der Unternehmer, im Sinne ihrer Allein-Entscheidungs-Befugnis, wird „teilweise entscheidender eingeschränkt" als vor 1933 durch die Gewerkschaften (Hildebrand, 8) mit Tarifvertrag und Betriebsvereinbarung. In vielen Fällen entsteht bei den Arbeitern das Gefühl, daß vor dem Führer Hitler auch mächtige Industrielle stramm stehen müssen und daß jeder Betriebsführer gut daran tut, es nicht mit den NS- und DAF-Aktivisten in der Gefolgschaft zu verderben.

Die DAF übt Druck aus, um höhere Tarife und bessere Arbeitsbedingungen durchzusetzen. Auf Ortsebene kann „ein DAF-Obmann in Uniform die Faust unter die Nase des kleineren Unternehmers" halten (Ronald M. Smelser, in: Michalka, 227). Je größer eine Firma ist, desto größer ist ihre Immunität von der DAF (Grunberger, 205-206). Zu den DAF-Aufgaben gehören: Soziale Betreuung der Arbeitnehmer, Schulung und Berufserziehung, Gewährung von Unterstützungen, Rechtsberatung und rechtliche Vertretung von Arbeitnehmern, Förderung der Siedlung, Mitwirkung an der Sozialverwaltung, Freizeitgestaltung (siehe KdF, S. 309) und kulturelle Förderung.

Die DAF, der „organisatorische Träger der Volksgemeinschaft" (Mason, 182), entwickelt ein weder von der Staatsbürokratie noch Industrie erwartetes, häufig unerwünschtes Eigengewicht. Die DAF verschafft den Arbeitnehmern eine gewisse − indirekte − Mitsprache im Betrieb, entwickelt sich immer mehr zu einer „Arbeiterinteressenvertretung" und ist Verfechter verbesserter Arbeits- und Lebensbedingungen der Industrie-Arbeiterschaft (Zitelmann, Biogr., 121).

Zwar versucht die DAF immer wieder, Einfluß auf die Lohnpolitik zu nehmen, was mitunter Erfolg hat, aber die für Lohnpolitik zuständigen Instanzen bleiben die Unternehmer/Betriebsführer und der Staat durch seine Treuhänder der Arbeit (siehe S. 274). Für die Arbeitgeber ist ihr DAF-Beitrag eine Art „Versicherungsprämie" gegen zu weitgehende, unliebsame gewerkschaftliche DAF-Tendenzen.

Anhang 1: Reichsberufswettkampf (RBWK)

Seit 1934 gibt es für Jugendliche dieses von DAF-Jugend-amt und von Reichsjugendführung veranstaltete jährliche „Olympia der Arbeit". Der RBWK wird von Jahr zu Jahr mit immer gewaltigeren Anstrengungen in Planung und Organisation durchgeführt. 1938 wird der RBWK zu einem „Wettkampf aller schaffenden Deutschen" ohne Altersgrenze. Einzige Voraussetzung ist die sogenannte arische Abstammung. 1934 nehmen rd. 500.000 Jungen und Mädchen teil; 1939 sollen mehr als 3,5 Mio. Personen als Wettkampfteilnehmer und weitere rd. 650.000 Personen als Organisatoren und Kampfrichter im RBWK engagiert sein.

Hierbei geht es vordergründig um den individuellen Anreiz zu Aufstieg und beruflicher Qualifikation. Die besten Leistungen der HJ-Angehörigen in ihren Fächern werden beurteilt und belohnt, die Sieger von Hitler empfangen. Der RBWK erweist sich als „äußerst wertvoll"; in ihm spiegelt sich das allgemeine Schulungsniveau in Berufen und Gewerben nebst zu behebenden Lücken und Mängeln wider (Koch, 158-159). Die Auswertung des RBWK dient der Überwachung von Berufsschulen und Lehrbetrieben. Nach den im ersten RBWK gewonnenen Erfahrungen wird 110 Betriebsführern die Ausbildungsbefugnis entzogen (Langewiesche/Tenorth, 290). Hinter dem RBWK steht, ungesagt, der Gedanke einer planmäßigen Auslese einer Elite, die Lenkung des Arbeitskräftepotentials und die massenweise NS-Ausrichtung. Man prüft daher auch Weltanschauung und sportliche Leistung.

Die psychologische Massenwirkung des jährlichen RBWK vermerken widerstrebend sogar die kritischen Deutschland-Berichte der Exil-SPD in den Jahren 1935 und 1938: Zwar interessiere die Jugendlichen nicht so sehr die Erhöhung ihrer Qualifikation, aber neben den verschiedenen „wirtschaftlichen Anreizmitteln" wie Lehrzeit-Abkürzung, Gratifikationen, Sonderurlaub usw. würden vor allem „der Kampf selbst und die allgemeine Betriebsamkeit" eine mitreißende Wirkung entfalten (Jürgen Reulecke, in: Peukert/Reulecke, 249). Mehr noch:

Durch das an den RBWK anschließende Begabten-Förderungswerk werden die RBWK-Sieger in allen Sparten und auf allen Ebenen gefördert, so daß die Weiterbildung zum erträumten oder erstrebten Beruf dem Begabten und Wollenden offensteht, bis hin zum Vollstudium. Weil viele RBWK-Sieger aus bescheidenen sozialen Verhältnissen kommen, trägt diese Begabtenförderung sehr dazu bei, der Volksgemeinschaft und dem sozialen Aufstieg den Weg zu ebnen (Smelser, 193).

Anhang 2: Werner Mansfeld

Werner Mansfeld ist von 1933 bis 1942 im Reichsarbeitsministerium (RAM) Ministerialdirektor und Leiter der Hauptabteilung III. Damit ist er zuständig für Arbeitsrecht, Arbeitsschutz, Gewerbeaufsicht, Sozialverfassung, Lohn- und Wirtschaftspolitik. Von ihm stammen alle wesentlichen Gesetze, Verordnungen und Erlasse auf dem Gebiet des Arbeitsrechts. Mansfeld ist der Idealtypus des politischen Fachmanns, ohne den das Dritte Reich nicht hätte bestehen können. Er ist pflichtgetreu, intelligent und von profundem Fachwissen, nicht unbedingt ein Nationalsozialist. Er ist damit ein Beispiel für die leitende Ministerialbürokratie — als Stütze des Dritten Reiches. Leute wie Mansfeld stehen nicht an der Spitze des NS-Regimes, aber an dessen Schalthebeln und machen die Gesetze und Verordnungen.

Mansfelds Werdegang: 1893 als Sohn eines Reichsgerichtsrats geboren. 1914 Kriegsfreiwilliger, mehrfach verwundet. Freikorps-Kämpfer in Bremen und im Ruhrgebiet. 1919 Reichswehr-Offizier, dann in den Justizdienst (Staatsanwaltschaft). 1920 Teilnahme am Kapp-Putsch. 1922 Mitglied des Stahlhelm-Bund der Frontsoldaten. Er wechselte 1924 als Justitiar in die Geschäftsführung des Vereins für bergbauliche Interessen in Essen über. Neben seiner Verbandstätigkeit leitete er eine auf Arbeitsrecht spezialisierte Anwaltspraxis, veröffentlichte arbeitsrechtliche Werke und habilitierte sich 1930 als Privatdozent an der Universität Münster. Bis 1932 war er Unternehmensvertreter in vielen Selbstverwaltungsorganen der Sozialversicherung. Er tritt erst spät, im April 1933, zusammen mit dem Stahlhelm-Führer und Reichsarbeitsminister Franz Seldte, zur NSDAP über — wenige Tage, bevor Seldte ihn in die Spitze des RAM beruft.

Mansfeld tritt zum richtigen Zeitpunkt in die Dienste des Dritten Reiches, und er verläßt das „sinkende Schiff" zum richtigen Zeitpunkt. Die Ernennung des Gauleiters Fritz Sauckel im März 1942 zum Generalbevollmächtigten für den Arbeitseinsatz (siehe S. 450) und die damit verbundene Unterstellung unter Sauckel ist für Mansfeld der Anlaß, aus dem RAM auszuscheiden. Gemäß Zusicherungen, die ihm 1933 für ein späteres Ausscheiden aus dem RAM gemacht wurden, wird er Vorstandsmitglied (Direktor mit Generalvollmacht) der Salzdetfurth AG in Berlin, übersteht das Jahr 1945 und leistet später als Unternehmer seinen Beitrag zum Wiederaufbau der deutschen Wirtschaft (Wolfgang Spohn, in: Sachse, 143-144; Zumpe, 358f.). Er stirbt 1953.

Gemeinnutz und Eigennutz

Im Dritten Reich werden einerseits bestimmte überlieferte gesellschaftliche Ansprüche fragwürdig, andererseits bleibt die Klassenstruktur im wesentlichen unverändert. Alle traditionellen Gruppen, von Hitler (1. Mai 1933, Rede Berlin) fälschlich als „künstliche Klassen" (Domarus, 260) bezeichnet, setzen, entgegen der von der NSDAP übernommenen alten deutschen Losung „Gemeinnutz geht vor

Eigennutz!", ihren Kampf fort. Es kommt zwischen Kapital und Arbeit, großen und kleinen Geschäftsleuten, exportorientierter Industrie und autarkiefreundlicher Landwirtschaft weder eine Konfliktlösung, noch ein geregeltes Verhältnis zustande (Schoenbaum, 336). Es gibt einen ausgeprägten Interessenten-Lobbyismus, auch wenn er sich nicht, wie in der Weimarer Republik, offen darstellen kann. Die Parole „Gemeinnutz geht vor Eigennutz" gewinnt eine Scheinrealität.

Der Nationalökonom Albert Hesse verkündet 1942, nicht ganz ungefährlich: „Der Individualgedanke, der alles auf den Einzelnen bezieht, und der Sozialgedanke, der alles der Gesamtheit unterordnet, sind beide nicht in voller Reinheit zu verwirklichen" (122). Der Eigennutz entstammt den natürlichen Antrieben des Daseinswillens und der Lebensbejahung und gehört untrennbar zum Menschen. Daher meint Albert Hesse vage, der NS-Grundsatz „Gemeinnutz geht vor Eigennutz!" besage zunächst, „daß der Eigennutz immer seine Grenze am gemeinen Nutzen findet, dann aber, daß die Bestrebungen des Einzelnen ihr letztes Ziel in der Richtung des Gesamtwohls zu suchen haben", was eine „bestimmte Gesinnung" erfordere. „Dort, wo der Einzelne nicht sehen und entscheiden kann, wo das Gemeinwohl liegt, muß der Staat dies angeben" (125 + 126). Die Wirklichkeit: Es gibt Teil- oder Augenblickserfolge im Sinne „Gemeinnutz geht vor Eigennutz!", vor allem dann, wenn das Verhalten unter den Blicken der Öffentlichkeit liegt — sonst bleibt praktisch alles beim alten.

Der Nationalsozialismus starrt, wie sein Kompilator und Schöpfer Hitler, in Theorie und Praxis wie ein australischer Zauberer von bunten Vogelfedern. Aber seine Macht und sein Einfluß beruht — in beiden Fällen — gerade auf der suggestiven Wirkung dieses seines Aufputzes. Ist nicht in allen Völkern die Rationalität — vielfach — nur ein Durchgang für neue, irrationale Bindungen? Viele Deutsche halten im Dritten Reich jene „gesellschaftliche Magie", die sie nicht als Magie durchschauen, für gesellschaftliche Wirklichkeit.

Jugend und Hitlerjugend (HJ) 1926-1945

Die Jugendorganisation der NSDAP wurde am 4. Juli 1926 als „Hitlerjugend – Bund deutscher Arbeiterjugend", Mindestalter 14 Jahre, mit vielleicht 300 Mitgliedern gegründet. Die HJ, eine Art Jugendabteilung der SA, wurde von der NSDAP und SA kaum beachtet, wenig unterstützt und erlangte bis 1932 nicht viel Bedeutung. Erst als am 24. Januar 1932 in Berlin das knapp 16 Jahre alte HJ-Mitglied Herbert Norkus ermordet wurde, erfuhren manche Berliner von der Existenz einer HJ (Brandenburg, 118); Norkus wurde zum „Hauptblutzeugen" der HJ erklärt. Die HJ erwarb einen Ruf für rüpelhaftes Auftreten – zumal sie bis Mai 1932 der SA unterstellt war, in die bis 1928 alle 18 Jahre alten HJ-Mitglieder übertreten mußten.

NS-Studentenführer Baldur von Schirach (siehe S. 38) wurde am 30. Oktober 1931, in der Obersten SA-Führung, Reichsjugendführer der NSDAP im Rang eines SA-Gruppenführers (Generalleutnant-Rang), am 15. Juni 1932 auch Reichsführer der HJ. Am stärksten war die HJ in Nord- und Mitteldeutschland, Schlesien, Ostpreußen, am schwächsten in Bayern, Oberpfalz, Schwaben, Nordfranken (Koch, 130f.).

Aufsehen erregt der Reichsjugendtag der NSDAP am 2. Oktober 1932 in Potsdam. Sobald die oft zu Fuß anmarschierenden HJ-Kolonnen durch einen Weiler, ein Dorf, eine Stadt zogen, wurden unter lauten Fanfarensignalen Flaggen gehißt. Der Idealismus und der Elan dieser jungen Braunhemden beeindruckte. Etwa 70.000 HJ-Angehörige, darunter etwa 15.000 Mädchen, marschierten sieben Stunden lang an Hitler vorbei. Beim SPD-Jugendtreffen fünf Monate zuvor waren kaum 15.000 Teilnehmer erschienen (Klose, 142).

Ende 1932 hatte die HJ (geschätzt) rd. 108.000 Mitglieder, davon rd. 12.000 mit Führungsaufgaben – ein Verhältnis von 9:1. (Bis 1939 ergibt sich ein Verhältnis von 1:10 für Führer und Mitglieder.) Von den HJ-Angehörigen waren 1931/32 — angeblich — 69 % Jungarbeiter und Lehrlinge, 12 % Schüler und 10 % kaufmännische Berufe, viele davon also Lehrlinge, der Rest arbeitslos (Schultz, 16; Koch, 131). Ideologisch und verhaltensmäßig zählte die HJ zum linken Flügel der NSDAP. Es gehörte zeitweise mehr Mut und Opferbereitschaft dazu, sich der HJ anzuschließen als den freien Jugendbünden (Brandenburg, 66) mit ihrer Pfadfinder-Romantik.

1931 und 1932 kamen 21 HJ-Angehörige im politischen Kampf ums Leben — getreu bis in den Tod ihrem Fahnenlied (Text 1932 von Baldur von Schirach): „Vorwärts, vorwärts!/schmettern die hellen Fanfaren!/Vorwärts, vorwärts,/Jugend kennt keine Gefahren .../Wir marschieren für Hitler durch Nacht und durch Not,/mit der Fahne der Jugend für Freiheit und Brot./Uns're Fahne flattert uns voran,/in die Zukunft zieh'n wir Mann für Mann./Uns're Fahne ist die neue Zeit./Und die Fahne führt uns in die Ewigkeit./Ja, die Fahne ist mehr als der Tod!" Die den Arbeiterparteien SPD und KPD verbundene Jugend hielt bis 1932 ihren Bestand. Der SA gelang es zwar zunehmend, in die Arbeiterviertel der Städte einzudringen; der HJ mißlang es, nennenswerte Teile der Arbeiterjugend zu gewinnen (Brandenburg, 93).

Seit 1933 zielt der Totalitätsanspruch des NS-Regimes und der HJ-Führung auf völlige ideologische und organisatorische „Erfassung" der Jugendlichen, ihrer Verbände, ihres gesamten Lebensbereiches.

Jetzt gilt jeder Widerspruch, gar jeder Widerstand gegen solche HJ-Gleichschaltung als „Verrat an der nationalen Sache" (Brandenburg, 134). Die HJ will das Erbe der Jugendbewegung antreten. Die Mehrheit der Bündischen Jugend ist ehrlichen Herzens gewillt, sich in den Dienst des Dritten Reiches zu stellen. Der überaus rasche Aufbau der HJ und der Ausbau vor allem ihrer musisch-kulturellen Aktivitäten ist ohne Anknüpfung an Vorarbeiten der Jugendbewegung nicht denkbar (Klönne, 112). Ein typisches Beispiel: 70 % der HJ-Lieder stammen aus der Jugendbewegung von vor 1914 (Koch, 205).

Der 26 Jahre alte Schirach wird am 17. Juni 1933 „Jugendführer des Deutschen Reiches", jedoch am 8. Juli 1933 dem Reichsinnenminister unterstellt. Schirach schaltet 1933/34 alle konkurrierenden Jugendbünde aus, zuletzt am 26. Mai 1934 die Reichsschaft Deutscher Pfadfinder — ausgenommen die erst 1937/38, nach langwierigen Intrigen und Kämpfen, endgültig aufgelösten katholischen Jugendverbände.

Durch Gesetz vom 1. Dezember 1936 wird die HJ, neben Elternhaus und Schule, dritter eigenständiger Erziehungsfaktor. Außerhalb Familie, Kirche und Schule ist die deutsche Jugend in der HJ „körperlich, geistig und sittlich im Geiste des Nationalsozialismus zum Dienst am Volk und zur Volksgemeinschaft zu erziehen". Das HJ-Gesetz macht den HJ-Beitritt zwar nicht ausdrücklich zur Pflicht, jedoch 1936 wird der anstehende Jahrgang 1926 angeblich zu 95 % eingegliedert. Dies geschieht seitdem — jahrgangsweise — am Führer-Geburtstag 20. April, mit der bis 1945 wiederholten Eidesformel: „Ich verspreche, in der Hitlerjugend allzeit meine Pflicht zu tun in Liebe und Treue zum Führer und zu unserer Fahne. So wahr mir Gott helfe!"

Durch Jugenddienst-Verordnung vom 25. März 1939 wird die HJ-Dienstpflicht, neben Arbeitsdienst- und Wehrpflicht, obligatorisch, damit „vormilitärische Erziehung". Der Reichsjugendführer erringt, als Oberste Reichsbehörde, endgültig die außerschulische öffentlich-rechtliche Erziehungsgewalt über die Jugend. Nie zuvor in der Geschichte Deutschlands hat „die Jugend" derart bedeutende Machtpositionen eingenommen (Koch, 199) wie im Dritten Reich.

Die HJ, deren hauptamtliche Führer von der NSDAP besoldet werden, gliedert sich seit 1. Juli 1933 wie folgt: 10- bis 14jährige Jungen und Mädchen bilden das Jungvolk (JV) und die Jungmädel (JM). Die 14- bis 18jährigen Jungen und Mädchen bilden die HJ im engeren Sinne und den Bund deutscher Mädel (BdM). Die 17 bis 21 Jahre alten Mädchen sind im 1938 angegliederten Werk „Glaube und Schönheit" erfaßt. Sie werden auch in Kosmetik und modernen Gesellschaftstänzen ausgebildet, sollen reiten lernen, Tennis spielen und „im müßigen Sonnenbad der Schönheit ihres Körpers huldigen" (Schäfer, 159).

Durch Verbote, Auflösungen, Übernahmen anderer Jugendverbände zählt die HJ Ende 1933 rd. 2,3 Mio., Ende 1934 rd. 3,58 Mio. Mitglieder. Nach allen Eingliederungen anfangs nicht verbotener Jugendverbände und nach Übernahme von Jugendverbänden in Österreich und Sudetenland sind es Ende 1938 rd. 8,7 Mio.

Ein Blick auf die Gesamtzahl der 10- bis 18jährigen von 1933 bis 1938 erhellt: Anfangs macht ein Drittel der Jugend nicht mit. Nicht selten zahlen offiziell als HJ-Mitglieder geführte Jugendliche nur den Beitrag, drücken sich schlicht vom Dienst oder lassen sich davon durch Hausarzt-Attest oder wegen „schulischer Mängel" befreien. Wer der HJ beitritt, ist entweder begeistert dafür oder tut wenigstens so, als ob er es sei (Engelmann, Im, 82-83 + 96).

Brennpunkt der Schulung ist der wöchentliche HJ-Heimabend, der jedoch bald wegen seiner ideologischen Arbeit langweilig wird. Obwohl sich die HJ, als Mammutorganisation, zu einer schwerfälligen, unbeweglichen Tretmühle entwickelt, bleibt sie dennoch auf plumpe Weise weitgehend effektiv. Arno Klönne nennt 1982 die HJ sogar die „effektivste Jugendorganisation der bisherigen Geschichte" (7).

Macht und Konsens im Dritten Reich beruhen auch darauf, daß das Regime immer wieder jugendliche Begeisterungsfähigkeit und Aggressivität freisetzen und diese gleichzeitig disziplinieren und manipulieren kann (Thamer, 400). Zu Zeiten vielleicht die Mehrheit fühlt sich von der HJ positiv angezogen. Ähnlich denkt 1982 der Schriftsteller Dieter Wellershoff, Jahrgang 1925, zurück, „daß ich neben dem täglichen Terror und der Abstumpfung in der Schule den Dienst im Jungvolk zweimal in der Woche nicht als eine Institution der Unfreiheit empfinden konnte. Hier gab es keine körperlichen Züchtigungen, nicht den Terror spießiger, scheinheiliger Moral" (Reich-Ranicki, 136). Gern und mit voller Kehle wird das HJ-Lied gesungen: „Auf, hebt uns're Fahnen in den frischen Morgenwind,/ laßt sie weh'n und mahnen die, die müßig sind./Wo Mauern fallen, bau'n sich and're vor uns auf,/doch sie weichen alle uns'rem Siegeslauf!"

HJ-Aktivitäten kommen dem jugendlichen Betätigungsdrang entgegen und zähmen ihn zugleich im NS-Sinne: Sport mit dem seit 1935 populären Reichssportwettkampf (1939 rd. 7 Mio. Teilnehmer), Jugendsozialarbeit, Fahrten und Zeltlager, musische Wettbewerbe, Berufsmöglichkeiten mit dem seit 1934 populären Reichsberufswettkampf (siehe S. 339) für besseres Fortkommen. Besonderen Anklang finden, bei technisch begeisterter Jugend, Sondereinheiten wie Nachrichten-, Marine-, Flieger- und besonders Motor-HJ, zumal dort kein Massenbetrieb herrscht und sie sich von der allgemeinen HJ abheben. Die wenigsten ahnen, daß hier für den Krieg ausgebildet wird.

Die HJ appelliert an den Geltungsdrang und erzieht zu Selbstbewußtsein. Dies bekommen Väter und Lehrer, Meister und Pfarrer zu spüren. Arno Klönne sieht 1982 die Auswirkung der HJ-Erziehung weniger in der Heranbildung einer breiten Schicht fanatischer Jung-Nationalsozialisten als vielmehr in der Dressur der Jugendlichen zur Anpassung an das NS-Regime (124). Viele Jugendliche gehen im NS-Regime einfach auf — und bleiben dabei politisch ziemlich gleichgültig. Andere entwickeln sich zu fanatischen Nationalsozialisten — unter dem HJ-Lied: „Ein junges Volk steht auf, zum Sturm bereit,/reißt die Fahnen höher, Kameraden!" (Peter D. Stachura, in: Bracher/Funke/Jacobsen, 234-236; Klönne, 77 + 78 + 80).

Die *konfessionelle Jugendarbeit* bleibt für die HJ ein nie wirklich bewältigtes Problem, vor allem wegen des stillen, aber zähen Widerstandes des Katholizismus. Die HJ lehnt den Anspruch der Kirchen ab, eine eigene und über religiöse Unterweisung hinausgehende Jugendarbeit zu behalten. Die Unterdrückung der legalen Arbeit konfessioneller Jugendverbände gelingt völlig, die Ausschaltung einer kirchlichen Jugendarbeit nur weitgehend (Klönne, 50).

Ein erheblicher Teil der *Lehrerschaft* steht, bei Bejahung des NS-Regimes, der HJ-Arbeit skeptisch bis vorsichtig ablehnend gegenüber, oft aus Standesbewußtsein. Nach Gleichschaltung aller Schuldirektoren leisten besonders die höheren Schulen Hilfsdienste für die HJ. Es stehen sich gegenüber das schulische Führerprinzip und das durch die HJ verkörperte außerschulische Führerprinzip. Zwischen HJ und *Schule* bleibt ein unüberbrückbarer Gegensatz, jedoch können die Lehrer ihre Position behaupten. Die Jugend meint weithin, in verstaubten, unzeitgemäßen „Paukschulen" ein sinnloses Dasein zu führen. Dafür scheint sich in den Heimen und Lagern der HJ bei Sport, Spiel und Fahrt das eigentliche Leben abzuspielen. In den Schulen wird „für das Leben" gelernt; diese Jugend lebt dieses Leben vermeintlich schon in der HJ. Jene Stimmung trägt sehr zum Verfall des Bildungsniveaus bei; die lernwillige Jugend hat das Nachsehen. Da die HJ den 16 bis 18 Jahre alten Jugendlichen Führer-Verantwortung überträgt, führen sie eine doppelte Existenz: in der Schule haben sie wenig Rechte und viel Pflichten; in der HJ sind sie vollwertige Glieder des NS-Jugendstaates (Wortmann, 128; Klönne, 53f.; Koch, 256 + 263) und treten dementsprechend auf.

Zu einer der bedeutendsten HJ-Aktionen wächst sich, seit 1941, die *Kinderlandverschickung* (KLV) aus. Ursprünglich war KLV Ferienaufenthalt für gesundheitsgefährdete Kinder aus den Städten. Dann werden schulpflichtige Jungen und Mädchen aus luftkriegsgefährdeten Gebieten klassen- oder schulweise in andere Gebiete in der Mitte oder im Osten des Reiches evakuiert, teils auch in deutsche Besatzungsgebiete in Europa. Die HJ-Führung sieht diese KLV-Lager als Dauereinrichtung: dort wird der Einfluß des Elternhauses auf ein Mindestmaß beschränkt, der Einfluß der Lehrer mehr und mehr ausgeschaltet. Von 1941 bis 1944 sollen rd. 800.000 Jugendliche in KLV-Lagern „erfaßt" sein, darunter 500.000 in Ostpreußen, Warthegau, Oberschlesien und der Slowakei. Sie geraten 1945 in die Katastrophe des Vormarschs der Roten Armee (Klönne, 39 + 54f.; Koch, 256).

Bis Kriegsbeginn verflacht sich in der bürokratisierten HJ der attraktive Impuls für die Jugend. Mit dem Anspruch, jeden zu „erfassen", holt man sich auch jene in die HJ, die ihre Abneigung sonst durch Fernbleiben bekundet hätten (Peukert, Volksgenossen, 180).

Worin liegt bis 1939 die *Anziehungskraft* der HJ für große Teile der Jugend? Anknüpfend an die Jugendbewegung, bietet die HJ jugendgemäße Lebensformen an und stößt damit in eine Bedarfslücke. So besonders auf dem flachen Lande, teils auch bei konfessionell und politisch nicht engagierten Teilen der Arbeiter- und Mittelstandsjugend. Jungen und Mädchen aus armen Schichten, deren Eltern ihren Kindern keine Ferienreisen ermöglichen konnten, können im HJ-Rahmen an Sommer- oder Skilagern fern der engeren Heimat teilnehmen. Für Mädchen in Dörfern, Kleinstädten, teils Großstädten, deren Erziehung traditionell Familiensache war, bedeutet der BdM eine Art *Emanzipation,* zumindest eine Modernisierung provinziellen Lebensstils. Die von der HJ organisierten sportlichen und besonders beruflichen Leistungswettbewerbe sind attraktiv. Noch 1944 wird ein „Musischer Wettbewerb" durchgeführt für Freihandzeichnen, Malerei, Graphik, Plastik, Weberei, Lyrik, Epik, Dramatik und Musikkomposition. Für „Aufsteiger" sehr wichtig: Erfolgreicher HJ-Dienst ist ein Sprungbrett für Karriere in NSDAP, vor allem in RAD und SS (Klönne, 128 + 129). Hinzu kommt: In der HJ werden „ehrliche und erfolgreiche Anstrengungen" unternommen, um soziale Schranken niederzureißen (Koch, 182) — gegen „bürgerliche Muttersöhnchen".

Besonders im Krieg stößt der totalitäre NS-Erziehungsanspruch auf Abneigung und Ablehnung – meist in Großstädten wie Berlin, Leipzig, Hamburg, Frankfurt, ferner im rheinisch-westfälischen und sächsischen Industrierevier. Das Spektrum *abweichenden Verhaltens* reicht von illegalen Jugendbanden, die sich dem militärähnlichen HJ-Dienstbetrieb entziehen, bis zu illegalen Fortsetzungen jugendbündischer Gruppen. Sie alle suchen das unpolitische Abseits – mehr aus privater Bequemlichkeit als aus echter Widerstandshaltung. Oft ist es der Reiz, solchen Cliquen oder „Meuten" beizutreten, daß sie gegen die HJ sind. Diese Jugendlichen kleiden sich extravagant mit karierten Hemden, verbeulten Hüten, furchterregenden Siegelringen usw. Bekannt werden im Rheinland die „Edelweißpiraten": Jene 14 bis 18 Jahre alten Jugendlichen aus der Arbeiterschaft wollen an Abenden und Wochenenden unkontrolliert von der HJ ihre Freizeit ausleben. Die HJ betrachtet argwöhnisch die *„Swing-Jugend"*: Real- und Oberschüler mit noblen Adressen und reichlich Bargeld aus der gehobenen Mittelschicht in den Großstädten. Sie tragen mit Vorliebe lange karierte englische Sakkos, Schuhe mit dicken Kreppsohlen, auffallende Schals, Diplomatenhut, Regenschirm, als Abzeichen Frackhemdenknopf mit farbigem Stein (Peukert, a.a.O., 199).

Der Schriftsteller Siegfried Lenz, Jahrgang 1926, erinnert sich 1983: „Die offiziell mißbilligte, nur abschätzig quittierte oder sogar untersagte (Swing-)Musik wurde zu einer Obsession. Sie wurde Erkennungszeichen, Ausdruck einer Sehnsucht und eines Selbstgefühls ..." (Reich-Ranicki, 161). Heute vergessen: Der Schlager „Lamberts Nachtlokal" ist 1938 die deutsche Version des englischen Volkslieds „Lambeth Walk", das vom NS-Regime grimmig auf den Index kommt, denn es wird in Swingkapellen verjazzt und ist Churchills Lieblingslied. Es ist sofort in fast aller Schüler Munde mit der pubertären Lust am Obszönen: „Kennen Sie Lamberts Nachtlokal?/Nackte Weiber kolossal!/Eine Mark und zehn/liegen oder steh'n!"

Diesen Rückzug in das Privat-Gesellige sieht die HJ als ernste Gefahr „politischer Zersetzung der Jugend" an, obschon jene Cliquen meist unpolitisch orientiert sind. Noch am 25. Oktober 1944 gibt der Reichsführer SS und Chef der Deutschen Polizei, Heinrich Himmler, einen Erlaß zur „Bekämpfung jugendlicher Cliquen" heraus. In den Kriegsjahren steigen nicht zufällig die rechtskräftigen Verurteilungen Jugendlicher erheblich an – bis hin zu Errichtung von eigenen Jugend-KZs. Diese widerstrebenden Teile der Jugend bilden zwar nur eine Minderheit der Außenseiter, aber eine gewisse nonkonformistische Subkultur als Alternative zur Staatsjugend der HJ. Teilweise nehmen jene Jugendcliquen an angelsächsischen Mustern orientierte Leitbilder jugendlicher Freizeit schon vorweg, wie sie sich nach 1945 in Westdeutschland ziemlich rasch durchsetzen.

Für andere Jugendliche ist es ein Augenblick höchster Weihe, von Hitler im Frieden väterlich umarmt und mit ihm zusammen fotografiert zu werden. Unter diesem weltweit vielleicht berühmtesten HJ-Lied marschiert diese an Hitler glaubende Jugend in Krieg und Tod:

„Es zittern die morschen Knochen/der Welt vor dem großen Krieg./ Wir haben den Schrecken gebrochen,/für uns war's ein großer Sieg./Wir werden weiter marschieren,/ wenn alles in Scherben fällt;/denn heute da hört (gehört) uns Deutschland/und morgen die ganze Welt!"

Im Krieg hat die HJ viele neue Aufgaben wahrzunehmen: Wachdienst, Luftschutz, Altmaterialsammlung, Land- und Ernteeinsatz usw. Der BdM wird in Feldlazaretten, Kindergärten, Bahnhofsdienst tätig.

Die Kampf- und Todesbereitschaft der Hitler treuen Jugend erreicht in der am 24. Juni 1943 aufgestellten *12. SS-Panzerdivision Hitlerjugend* einen makaberen Höhepunkt. Ihre Angehörigen sind 17 bis 18, oft auch 16 Jahre alt. Sie haben keine Kampferfahrung, dafür aber kämpferische Begeisterung bis zur Tollkühnheit (siehe S. 463). In der

Normandie-Schlacht 1944 kämpft die HJ-Division, von den Amerikanern anfangs spöttisch „Baby-Division" genannt, im Raum Caen mit größter Tapferkeit und blutet, dann im Kessel von Falaise, auf die Stärke eines Bataillons von 600 Mann aus. Bevor diese HJ-Freiwilligen fallen, singen sie HJ-Lieder, etwa von Hans Baumann: „Nun laßt die Fahnen fliegen/in das große Morgenrot,/das uns zu neuen Siegen/ leuchtet oder brennt zum Tod!" Diese HJ-Division besteht am 8. Mai 1945 aus 455 Mann mit einem Panzer (Koch, 368-370).

Seit Anfang 1943 werden etwa 120.000 Angehörige der Jahrgänge 1926 bis 1928, teils auch 1929, als *„Luftwaffenhelfer"* von den Mittel- und Oberschulen meist klassenweise zur Flak befohlen. Für die 15 bis 16 Jahre alten Jugendlichen ist der Krieg die Normalität. In Zentren des Bombenkrieges werden sie meist als Richtkanoniere geschult. Anfangs wird die Regel eingehalten, eine Schulklasse nur zusammen und nicht weiter als 50 Kilometer vom Wohnort einzusetzen. Vormittags gibt es „Schulunterricht", nachmittags HJ-Dienst, nachts Flak-Einsatz. *Vorgreifend:* Nach 1945 wird die große Mehrheit dieser Luftwaffenhelfer sagen, sie hätten in ihrem soldatischen Einsatz einen Sinn gesehen — ohne Bekenntnis zu HJ oder NS-Regime.

Am 5. März 1945 werden die rd. 600.000 Angehörigen des Jahrgangs 1929 aufgerufen, sich freiwillig zur Wehrmacht zu melden. Ein großer Teil der teilweise nicht einmal 16 Jahre alten Jungen folgt diesem Aufruf. Die Blutspur opferbereiter Jugend endet im Dritten Volkssturm-Aufgebot von 1945 — bewaffnet mit Gewehren, Handgranaten, Panzerfäusten gegen russische und amerikanische Panzer.

Im März 1945, als das Berliner Olympiastadion zur „Festung" ausgebaut ist, ruft dort der Sportorganisator Carl Diem (1882-1962) die HJ zum Kampf auf. Reinhard Appel, Jahrgang 1927, von 1976 bis 1988 ZDF-Chefredakteur, erinnert sich, wie Diem „in einer flammenden Rede" voll von Sparta und Opferbereitschaft die HJ zum „siegreichen

Endkampf" auffordert. Vier Wochen später liegen mehr als 2000 Gefallene auf dem Reichssportfeld, fast alle Hitlerjungen. Heute erinnert nichts an ihren sinnlosen Tod, aber Carl Diem wird mit einer Porträtplastik am Marathontor geehrt (Karl Heinz Krüger, in: „Der Spiegel", Hamburg, 23. Januar 1989). *Dazu:* Der Sportwissenschaftler Diem, 1920 Mitbegründer der Hochschule für Leibesübungen Berlin, 1938-1945 Leiter des Internationalen Olympischen Instituts Berlin, wird 1947 Begründer der Deutschen Sporthochschule Köln.

Reichsjugendführer (seit August 1940) Arthur Axmann (geb. 1913) feuert am 28. März 1945 die HJ fanatisch an: „Es gibt nur Sieg oder Untergang. Seid grenzenlos in der Liebe zu eurem Volk und ebenso grenzenlos im Haß gegen den Feind. Eure Pflicht ist es, zu wachen, wenn andere (gemeint: Wehrmacht und NSDAP, HJE) müde werden; zu stehen, wenn andere weichen. Eure größte Ehre sei aber eure unerschütterliche Treue zu Adolf Hitler!" (Koch, 371). *Vorgreifend:* Axmann setzt sich nach Hitlers Selbstmord aus dem Berliner Führerbunker ab, fällt nicht und wird erst im Dezember 1945 verhaftet.

Im April/Mai 1945 fallen 15 bis 16 Jahre alte Hitlerjungen an der Oder, in Breslau, in Berlin usw. getreu ihrem Versprechen: „Führer, dir gehören wir, wir Kameraden dir!" Für den Gau Franken meldet am 17. April 1945 Gauleiter Karl Holz, das in sechs Wochen aufgestellte HJ-Regiment Panzervernichtungstrupps habe sich hervorragend geschlagen. „Es ist aber sehr schade um dieses junge und kostbare Blut, wenn es in solchen Kämpfen dahinfließt. Ein Bataillon ist bereits nahezu aufgerieben" (Broszat/Fröhlich/Wiesemann, 688).

Im Endkampf um Berlin vom 21. April bis 2. Mai 1945 stehen mindestens 5000 17jährige Hitlerjungen offiziell unter Waffen. Der 26 Jahre alte Dieter Kersten, Ex-NAPOLA-Schüler, Träger des Goldenen Verwundetenabzeichens und des Deutschen Kreuzes in Gold, befehligt als Hauptmann ein Bataillon von 300 HJ-Angehörigen, von dem bald nur noch 50 übrig sind. Dieser Rest streckt auch nach der Kapitulation Berlins nicht die Waffen, sondern diese Jungen ziehen den Tod einer russischen Gefangenschaft vor (Rose, 115) – ein schauerlicher Höhepunkt der Indienstnahme ihres treuen Opfermutes.

Eine Sozialgeschichte der Jugend im Dritten Reich steht noch aus, ebenso ein weiterführender Bezug zur Zeit nach 1945. Die HJ-Generation steht, nach ihren bitteren Erfahrungen, oft der politischen Arbeit fern und macht besonders in der Wirtschaft Karriere. Zweifellos gab es unter überzeugten HJ-Führern Tausende, „deren Idealismus, persönliche Sauberkeit und Einsatzbereitschaft jeder Prüfung standhalten". Der prominente Frankfurter Personalberater Maximilian Schubart bezifferte 1968 die damaligen Führungskräfte in der westdeutschen Industrie in der Altersgruppe von 45 bis 60 Jahren, die aus NAPOLA, Adolf-Hitler-Schulen und Ordensburgen stammten, auf 65 % bis 70 % (Schultz, 12 + 226). Dieses damit angesprochene Tabu-Thema wurde leider niemals vertieft und aufgeklärt.

Anhang 1: Manfred Rommel

Die ehrliche Aussage Manfred Rommels mag für Millionen von HJ-Mitgliedern stehen. Er wurde 1928 als Sohn des Berufsoffiziers und späteren Feldmarschalls Erwin Rommel (1891-1944) geboren. Das Ansehen seines berühmten Vaters erweist sich auch als Belastung für den nicht sehr sportlichen und ehrgeizigen Sohn. 1938 im Jungvolk, 1944 Luftwaffenhelfer einer Flak-Batterie, Februar 1945 im RAD, April bis August 1945 in französischer Kriegsgefangenschaft.

Rommel erinnert sich 1982, wie er das Dritte Reich erlebte: „Wenn man mich als jungen Menschen gefragt hätte, ob ich Nationalsozialist sei, hätte ich diese Frage mit einem klaren ... Jawohl beantwortet. Ich wußte zwar nicht genau, was Nationalsozialismus ist, ich stellte mir da wunder etwas vor wie: der Einzelne ist nichts, die Gemeinschaft ist alles; der Einsatz für Deutschland, gleich dem Führer Adolf Hitler, ist Ehrensache; Bekämpfung des Bolschewismus; Errichtung eines germanischen Großreiches; neue Menschen, die sich nicht wegen des Geldes, sondern wegen der Ehre einsetzten ...

Selbstverständlich war ich auch gegen die Juden, was mir leicht fiel, weil ich nur wenige kannte, die ich selbstverständlich als positive Ausnahme betrachtete. Ich fühlte mich ... im hohen Maße frei. Tat ich doch alles, was mir befohlen wurde, freiwillig ... Der Nationalsozialismus wurde eben von der Jugend getragen. Die Jugend war die Hoffnung, so wie man es uns beigebracht hatte. In der Schule neigte ich zu Unverschämtheiten gegenüber meinen Lehrern, die nach meiner Einschätzung ... nicht die neue Zeit richtig begriffen hätten ... Daß Adolf Hitler der größte aller lebenden Menschen sei, daran hatte ich keinen Zweifel" (Maser, Regime, 89). CDU-Mitglied Manfred Rommel ist seit 1974 Oberbürgermeister von Stuttgart.

1989 bestätigt Rommel: „Ich war gerne beim Jungvolk, ich war auch gerne Hitlerjunge." Das NS-Regime habe „die junge Generation außerordentlich geschickt behandelt" und ihr „eingeredet, sie sei eigentlich schon ein paar Jahre älter". Man habe ihr „auch die Minderwertigkeitsgefühle, die mit der Pubertät verbunden sind, gemildert durch Beförderungen ... Wenn man selber da mitmachte, hatte man überhaupt kein Gefühl der Freiheitsbeschränkung ... Man war als junger Mensch trotz aller Niederlagen immer hundertprozentig überzeugt". 1944 „war ich unglaublich stolz, daß man mich benötigte, ... daß man mich (bei der Flak) für voll nahm" (Steinhoff, 480-481).

Anhang 2: Hans-Günter Zmarzlik

Der heutige Professor, Jahrgang 1922, erinnert 1970 sich: „Meine dörflichen Freunde (in Friedrichsthal, nördlich von Berlin), meine Klassenkameraden im Gymnasium (Oranienburg) waren meist schon im 'Jungvolk', trugen Uniform und erzählten die abenteuerlichsten Dinge von dem, was sie da machten. Vieles war nicht so schön, wie ich es mir vorgestellt hatte. Aber es gab doch genug, was ansprach: Gemeinschaft, in der man sich bestätigt fühlte; Verantwortung und Führungsaufgaben, die das Selbstbewußtsein und den Ehrgeiz befriedigten. Auch sonst war manches, was nun geschah, ganz unsere Sache.

Mit Vergnügen nahmen wir von den Schülermützen Abschied, die bis dahin den Gymnasiasten so auffällig vom Volksschüler abhoben. Mit Begeisterung standen wir am lodernden Holzstoß bei Sonnenwendfeiern, fieberten den Sportfesten entgegen, feierten die Olympiade von 1936 als einen nationalen Triumph (siehe S. 149-151). Noch in der Weimarer Zeit war uns in der Volksschule die demütigende Lage unserer Nation seit dem 'Schanddiktat' von Versailles eingeprägt worden. Um so befreiender nun das Gefühl, daß es damit vorbei war. Es ging aufwärts, und wir waren die 'Garanten der Zukunft'.

Faktisch bedeutete das wenig, denn Familie und Schule blieben für uns letztlich bestimmend wie vordem. Aber dem wackligen Selbstgefühl der Adoleszenz kam es gelegen, den Widerstand der Älteren als Blindheit gegenüber der neuen Zeit abzuwerten. Unwillkürlich festigte sich damit unsere Loyalität zu Hitlers Staat" (18).

Anhang 3: Hans und Sophie Scholl

Hans Scholl (1918-1943), anfangs engagiertes HJ-Mitglied, 1938 mit seiner Schwester Sophie (1921-1943), BdM-Mitglied, wegen bündischer Jugendarbeit verhaftet. Als

356

Medizinstudent und Sanitäter 1942 in der Sowjetunion. Kriegseindrücke und Einflüsse katholischer NS-Gegner machen ihn zum „Weiße Rose"-Widerstandskämpfer in München; hingerichtet. Über beider HJ-Idealismus 1933 heißt es: „(Was) uns mit geheimnisvoller Macht anzog und mitriß, das waren die kompakten, marschierenden Kolonnen der Jugend mit ihren wehenden Fahnen, den vorwärtsgerichteten Augen und dem Trommelschlag und Gesang... So war es kein Wunder, daß wir alle, Hans und Sophie und wir anderen, uns in die Hitlerjugend einreihten" (Langewiesche/Tenorth, 57).

Anhang 4: Jugendschutz

Unter Jugendschutz versteht man alle Maßnahmen zum Schutz von Kindern und Jugendlichen gegen negative Einflüsse, die ihrer körperlichen und seelischen Gesundheit schaden können. Gemäß Gesetz über Kinderarbeit und über die Arbeitszeit der Jugendlichen = Jugendschutzgesetz vom 30. April 1938 sollen alle Jugendlichen zu körperlich und seelisch gesunden Volksgenossen erzogen werden. Unter der Parole „Jugendschutz ist Volksschutz" sollen der Jugend Schutz und Förderung zuteil werden, um ihre Leistungsfähigkeit zu steigern.

Das Gesetz bringt wesentliche Verbesserungen in fast allen Gebieten des Jugendschutzes. Beachtlich ist die Ausdehnung des Jugendschutzes bis zum 16. Lebensjahr auf Jugendliche bis zu 18 Jahren. Der Mindesturlaub, der unter Fortgewährung des Lohnes für Jugendliche unter 16 Jahren 15 Werktage, für Jugendliche über 16 Jahren 12 Werktage beträgt, ist möglichst in der Zeit eines Lagers oder einer Fahrt der HJ zu erteilen. Der Mindesturlaub erhöht sich auf 18 Tage, wenn der Jugendliche mindestens zehn Tage an einem Lager oder einer Fahrt der HJ teilnimmt. (Der Einfluß der HJ wird deutlich.)

In der Jugendfürsorge, also der Hilfen für einzelne erziehungsbedürftige oder gefährdete Jugendliche, erfolgen im Vergleich mit der Weimarer Zeit keine größeren Gesetzesänderungen. Durch Gleichschaltung der Träger der Jugendhilfe macht das NS-Regime die Jugendpflege zu einem Instrument seiner Politik. Die Zielsetzung wird aus dem Entwurf eines neuen Jugendwohlfahrtsgesetzes deutlich, der jedoch nicht mehr Gesetz wird: „Ziel der Erziehung ist der körperlich und seelisch gesunde, sittlich gefestigte, geistig entwickelte, beruflich tüchtige deutsche Mensch, der rassebewußt in Blut und Boden wurzelt und, getragen von den lebendigen Kräften des Christentums, Volk und Staat verpflichtet und verbunden ist."

In der Jugendfürsorgeerziehung unterscheidet man zwischen a) guten Elementen, die als erbgesund, normal begabt und eingliederungsfähig gelten und in NSV-Jugendheimstätten untergebracht und erzogen werden, b) den halbguten Elementen (Fürsorgeerziehung gemäß Reichsjugendwohlfahrtsgesetz von 1922) und c) den bösen Elementen, die als schwersterziehbar gelten, seit 1940 in Polizei-Jugendschutzlagern untergebracht und nach Volljährigkeit ins Arbeitshaus oder KZ überführt werden. Fürsorgezöglinge können womöglich sterilisiert werden (Heinz Lampert, in: Bracher/Funke/Jacobsen, 196-198).

Künftige NS-Sozialrevolution?

Hitler, der Nationalsozialismus und das Dritte Reich sind doppeldeutig: weder eindeutig revolutionär noch reaktionär. Es gibt keine sozialrevolutionären Eingriffe in die Eigentumsverfassung.

Aber wenn das NS-Regime das unbedingte Recht hat, über die Entscheidungen der Produktionsmittelbesitzer (Inhalt, Zeitpunkt, Umfang der Investitionen) zu bestimmen, dann bedeutet die formale Eigentumsgarantie nicht mehr viel (Zitelmann, Selbstv., 284). Rainer Zitelmann weist 1989 darauf hin, man habe bisher „die Bedeutung der sozialrevolutionären Elemente in Hitlers Weltanschauung unterschätzt" (Biogr., 17). Sie realisieren sich nur im Ansatz, Hitlers Zielvorstellungen gehen weit darüber hinaus (dto., Selbstv., 498). Unklare staatssozialistische und sozialrevolutionäre Vorstellungen schwelen von 1943 bis 1945 u.a. in den Kreisen um Joseph Goebbels, Robert Ley und Martin Bormann, auch in der Reichsjugendführung.

Der *SS-Apparat* (siehe S. 364), seit 20. Juli 1934 selbständig und Hitler direkt unterstellt, unterwandert zielstrebig Partei und Staat. Er wird − bis 1945 − zu einem Staat im Staate. Angesichts der Mammut-NSDAP sieht Hitler, so Rainer Zitelmann 1989, kaum noch eine Möglichkeit, diese wieder zur revolutionären Elite umzubilden. An die Stelle der Partei soll die SS treten. „Erst unter diesem Aspekt ... läßt sich der Aufstieg der SS im Dritten Reich und die Entstehung des SS-Staates erklären" (Selbstv., 415-416).

Die SS-Führung ist ebenso skrupellos wie leistungsfähig. Die Personalakten von 5250 SS-Führern ergeben: Nur 7,4 % kommen aus der Arbeiterschaft, 52,6 % aus dem unteren Mittelstand, 40,0 % aus dem oberen Mittelstand. 30,1 % haben abgeschlossenes Hochschulstudium, davon sind ein Drittel Juristen (Gunnar C. Boehnert, in: Hirschfeld/Kettenacker, 361). Dieses militante und technokratische SS-Führerkorps steuert, als politische Subkultur, einen eigenen, aber NS-konformen Kurs und will vor allem die Kader für eine neue Gesellschaft nach dem „Endsieg" heranbilden. Die traditionelle, in Sicht Hitlers *und* der SS-Führung überlebte preußisch-deutsche Machtelite hätte, nach dem „Endsieg", in einer Pax Germanica des deutsch-eurasischen Weltreiches ihren letzten verbliebenen Einfluß verloren − nicht zugunsten der NSDAP, sondern des SS-Apparates.

Das Attentat vom 20. Juli 1944 verstärkt die sozialen Ressentiments der NS-Führung und vieler NSDAP-Mitglieder gegen die Angehörigen der alten Oberschichten. Zum einen verstärkt die drohende militärische Niederlage die Forderung, die NS-Revolution zu vollenden; zum anderen sieht man in den Verschwörern und in den durch sie repräsientierten großbürgerlichen und adligen Schichten einen Schuldigen für die militärischen Niederlagen (Zitelmann, Biogr., 166).

Die Vergeltungsmaßnahmen nach dem 20. Juli 1944 signalisieren die Umrisse einer tatsächlichen Sozialrevolution. Hitler stellt (1. Januar 1945, Neujahrsbotschaft) eine Gesellschaftsordnung in Aussicht, „die mit allen Vorrechten aufräumt ..., vor allem den gesamten Wahngebilden einer überlebten Welt einen unerbittlichen Kampf ansagt ..." (Domarus, 2184). Hier schwingt bei Hitler offenkundig der tiefe Groll gegen die Aristokratie mit, dem Hauptträger der Verschwörung. Wahrscheinlich will Hitler, nach seinem „Endsieg", die preußisch-deutsche Oberschicht ausmerzen – wie auch den Katholizismus.

Thomas Nipperdey stellt 1980 fest: Da das von unseren Wertungen her Positive-Gute und Negative-Böse vielfach miteinander verschränkt seien, habe „der Nationalsozialismus, der unter anderem aus dem Unbehagen an der Modernität geboren ist, die Gesellschaft modernisiert ... (und) sie demokratischer gemacht" (in: Stürmer, 387) – etwa wenn provinzielle sozialkonservative und patriarchalische Sozialverhältnisse bis 1945 geschwächt oder in Frage gestellt werden (Elke Fröhlich, in: Hirschfeld/Kettenacker, 266).

Ein Beispiel: Das „vielleicht folgenreichste Resultat" der NS-Urlaubspolitik ist „ihr Beitrag zum säkularen Wandel der Lebensstile, zur Auflösung proletarischen Milieus. Das Prinzip der bezahlten Jahresfreizeit wurde ein für allemal durchgesetzt, das Muster, sie zu konsumieren, war (durch den KdF-Massentourismus, HJE, siehe S. 309) bereitgestellt ..." (Hasso Spode, in: Sachse, 328).

Golo Mann urteilt 1971: Unter Hitler „ist die alte Oberschicht zerrieben worden; erst unter ihm hat eine Nivellierung der Gesellschaft stattgefunden ... Auf diesem Hintergrund hat sich in Westdeutschland seit 1945 zum ersten

Mal eine Gesellschaft ohne Oberschicht, ohne Führungsschicht entwickelt. Nicht ohne Klassen, aber ohne Oberschicht, das heißt auch nahezu ohne Vergangenheit, ohne Tradition, ohne Geschichtsbewußtsein" (in: Franz, 69). Hitler verursacht oder leitet eine politische und soziale Revolution ein, deren Wirkungen weit über Deutschland hinausgehen und bis in unsere Zeit reichen (Hildebrand, 105) — oft heute nicht mehr wahrgenommen.

Anhang 1: DAF-Pläne für NS-Sozialrevolution

US-Professor Ronald Smelser faßt 1989 zusammen: Die Pläne des DAF-Leiters Robert Ley aus der Berliner DAF-„Denkfabrik" Arbeitswissenschaftliches Institut sehen einen hochentwickelten Wohlfahrtsstaat und eine Gesellschaft vor, die jedem gleiche Aufstiegschancen bietet und alte Klassenunterschiede beseitigt. Viele Elemente dieser Leistungsgesellschaft sind „erstaunlich progressiv und vernünftig":

1. Eine neue Lohnordnung mit Recht auf Arbeit berechnet die Löhne aufgrund tatsächlicher Arbeitsanforderungen unabhängig von Berufssparte und Arbeitsplatz, bindet sie an Lebenshaltungskosten und Produktivität mit gleichem Lohn für Männer und Frauen bei gleicher Arbeit, dazu Mindestlohn für Existenzminimum vierköpfiger Familie.

2. Der Arbeiter im Produktionsprozeß wird nach modernen, rationalen Gesichtspunkten beurteilt. Daher Analysen des Arbeitsablaufes, berufliche Fortbildung und gezielte Berufsberatung, um Arbeiter durch Umschulung in bessere Zukunftsmöglichkeiten zu lenken. Der Arbeitsplatz wird nicht auf Lebenszeit gewählt, sondern eine dynamische Wirtschaft verlangt ständig Entwicklung neuer Arbeitsplätze. Arbeitsschutz ist auszubauen, vor allem für Frauen und Jugendliche.

3. In der neuen Sozialversicherung gehen die Systeme für Arbeiter und Angestellte in einer Einheitsversicherung auf. Die Sozialversicherung wird von den während der Lebensarbeitszeit bezahlten Beiträgen abgekoppelt und stattdessen aus dem Steueraufkommen finanziert. Eine Mindestrente richtet sich nach dem Durchschnittsverdienst der letzten zehn Berufsjahre. Versorgungsberechtigte werden nach Erreichen der Altersgrenze zur Weiterarbeit animiert.
4. Staatliche Gesundheitsfürsorge hat „Präventivmedizin" mit Erholungsheimen. Der soziale Wohnungsbau soll mit Fertigbauteilen und nach ökologisch vernünftigen Grundsätzen nicht nur grüne Stadtrandsiedlungen schaffen, sondern auch die Stadtkerne wiederbeleben.

Diese Nachkriegspläne Leys und seiner Planer decken sich mit der Hitler vorschwebenden „revolutionären Umwandlung" der Gesellschaft. Fortschrittliche Maßnahmen können viel von ihrer Berechtigung verlieren, wenn sie in einem gefährlichen und unmoralischen Rahmen verkündet werden. Im NS-Rahmen mörderischer Rassenideologie verlieren attraktive, fortschrittliche Maßnahmen viel von ihrer Überzeugungskraft: „Sie sind durch das System, dem sie ihre Entstehung verdanken, in verhängnisvoller Weise kompromittiert" (300-301).

Anhang 2: NS-Rassismus als NS-Gesellschaftspolitik

Der NS-Rassismus bietet ein Modell für die Neuordnung der Gesellschaft. Es beruht auf der rassistisch begründeten Aussonderung aller aus der Norm herausfallender Personen: aufsässige Jugendliche, Arbeitsbummler, Asoziale, Prostituierte, Homosexuelle, beruflich Erfolglose und Leistungsuntüchtige, Behinderte. Die NS-Eugenik als Auslese nach dem „Wert des Erbguts" zielt auf Sterilisierung und Euthanasie bei − angeblich − wertlosem Leben und Nachwuchsförderung bei – angeblich – wertvollem Leben. Die NS-Volksgemeinschaft will alle letztlich „ausmerzen", die in ihr keinen Platz finden sollen.

Neben den Juden sollen vor allem die *Zigeuner* der Ausrottung zugeführt werden. Sie gelten als Fremde mit irritierender Kultur und als Asoziale, die sich nicht der Arbeitsdisziplin und der Einordnung in feste Verhältnisse beugen. *Vor 1933* wurden Zigeuner bereits deshalb diskriminiert und polizeilich überwacht. Diese Tradition setzt das Dritte Reich mörderisch fort. Man schätzt, daß im europäischen NS-Machtbereich etwa 219.000 Zigeuner ermordet werden, davon etwa 15.000 der 20.000 deutschen Zigeuner. Ausgegrenzt werden auch die *„Wanderer":* meist abenteuernde Jugendliche, Bettler, Vagabunden, die vor 1933 Behörden, Sozialpolitiker, Pädagogen, Fürsorger beunruhigten. Deren Forderungen nach Aussonderung und „Verwahrung" der „Unverbesserlichen", von einer Mehrheit der Bevölkerung geteilt, ebnen im NS-Regime ihren Weg in KZ und Gaskammer.

Eine Mehrheit billigt auch den NS-Terror gegen *Homosexuelle* (siehe S. 179). Vor 1933 war eine Liberalisierung der Lebensbedingungen und Rechtssituation der Homosexuellen steckengeblieben. 1935 wird der § 175 StGB verschärft: Schon die Andeutung sexuellen Interesses, nicht nur der vollzogene Akt, wird strafbar und damit der Denunziation Tür und Tor geöffnet. Der Vorwurf der Homosexualität ist 1936 bis 1938 ein häufig öffentlich genannter Grund für Verfolgung politisch mißliebiger Priester, Ordensgeistlicher und ehemals bündischer Führer. In den KZs stehen Homosexuelle auf der untersten Stufe: terrorisiert von den Wächtern, drangsaliert von den Kriminellen, oft verachtet von den Politischen. *Vorgreifend:* Kein Homosexueller erhält nach 1945 Wiedergutmachung für KZ-Haft, weil der § 175 damals „rechtens" war. Nur wenige wagen entsprechende Anträge zu stellen. Der § 175 in seiner 1935 verschärften Form besteht bis 1969 (Peukert, Volksgenossen, 246 + 247-253 + 260-261).

Die SS: Mitgliedschaft und Mentalität

Die SS ist „die reinste Verkörperung der NS-Konzeption einer Weltanschauungspartei im Sinne der Führergewalt" (Thamer, 365). In der „Kampfzeit" vor 1933 bestimmten die SS der Ex-Freikorpsmann, der Intelligenzler mit abgebrochener Berufsausbildung, der arbeitslose Akademiker, der kleinbürgerliche Partei-Veteran. Von diesen SS-Angehörigen hält sich nur eine kleine Führerclique, die aber bis 1945 die entscheidenden Positionen in der SS innehat. Bereits 1939 sind 90 % der SS-„Kampfzeit"-Veteranen im Ruhestand. In der SS sind, vor und nach 1933, „Idealisten und Verbrecher, Ehrgeizlinge und Romantiker". Bald genießt die SS den Ruf, eine „Elite" zu sein. Viele „feine Leute" bevorzugen deshalb beim Eintritt in eine der Parteigliederungen — vor und nach 1933 — die SS (Höhne, I, 19 + 102).

Der Schriftsteller Hans Egon Holthusen (siehe S. 56), 1933 bis 1937 SS-Mitglied, bestätigt 1968: Die SS „galt als eine Auslese, sie galt als echt, galt als elegant" und ist daher Favorit von „vielen exklusiv eingestellten Jünglingen", die nicht in der „kackbraunen" SA-Kluft stecken wollen (War, 61). Favorit für sie ist die Reiter-SS. *Vorgreifend:* 1945 wird von den Westalliierten die Reiter-SS als „nichtverbrecherisch" eingestuft, die Motor-SS dagegen als „verbrecherisch". Der Volksmund spricht vom Sieg des Pferdes über den Motor. Zum „Freispruch" der Reiter-SS mag beigetragen haben, daß andernfalls der Prinzgemahl der niederländischen Königin, der als Prinz Lippe-Biesterfeld Deutscher war, das Mitglied einer Verbrecher-Organisation gewesen wäre (Pentzlin, Die, 210).

Mit der seit 1934 gewachsenen Bedeutung der SS drängen viele intelligente und tatkräftige Männer in die SS. Dieser Andrang läßt die SS-Führung einen hohen Maßstab bei der Bewerberauswahl anlegen. Verlangt werden gute Körpereigenschaften, überdurchschnittliche Intelligenz und vor allem Dienstbereitschaft und Unbestechlichkeit (Höhne, I, 104). Von 1933 bis 1939 wächst die SS von 52.000

auf 240.000 Mann, von 800 auf 14.000 Führer, davon jeder zwölfte kein Parteigenosse. So wird der Gestapo-Chef Heinrich Müller von der NSDAP abgelehnt und erst 1939 als Mitglied aufgenommen (Aleff, 69).

1933 animiert der Reichsführer SS Heinrich Himmler (1900-1945) die anpassungswillige Oberschicht zum Eintritt in die SS. Den Anfang macht der *Adel*. Schon vor 1933 waren namhafte Aristokraten zur SS gestoßen, so etwa Josias Erbprinz (seit 1946: Fürst) zu Waldeck und Pyrmont (1896-1967), Neffe der niederländischen Königin: 1929 in der NSDAP, 1930 in der SS und Adjutant Himmlers, Multimillionär, 1936 SS-Obergruppenführer im Oberabschnitt Werra-Fulda, 1939 Höherer SS- und Polizeiführer (General-Rang) im Wehrkreis IX (Weimar). Bald gleichen die SS-Ranglisten Seiten aus dem Gotha-Adelskalender; kaum ein erlauchter Name preußisch-deutscher Militärgeschichte fehlt. 1938 ist jeder elfte höhere SS-Führer vom Adel (Aleff, 69).

Den Adligen folgen Söhne des *mittleren Bürgertums,* mehrheitlich mit voller akademischer, meist juristischer Ausbildung, fast alle aufgewachsen in der Gefühls- und Ideenwelt der Jugendbewegung. Sie hoffen auf schnelle Karriere. Sie wissen sich ebenso weit entfernt vom Schützengraben-Sozialismus der SS-Veteranen wie vom – für sie – kleinbürgerlich-vulgären SA-Typus. Diese Schicht schafft das Musterbild des unsentimentalen SS-Technokraten, der die Führerdiktatur mit jeder gewünschten formalrechtlichen oder organisatorischen Formel bedient. Sie sind klug, illusionslos, kaum einer Ideologie verschrieben, außer der der Macht. Sie sind aber seelisch entwurzelt, ohne Anerkennung allgemeinverbindlicher Normen, geschweige so „altmodischer" Dinge wie Humanität und Gerechtigkeit. 1938 stellen Akademiker jeden vierzehnten SS-Angehörigen (Aleff, 69).

Mit ihnen geistig verwandt sind die *Jung-Wirtschaftswissenschaftler,* die in die Stäbe der SS-Unternehmen einrücken. Sie unterscheiden sich kaum von heutigen Managern, sind noch weniger an einer SS-eigenen Weltanschauung von Rassenmystik, Parteilegende, Führerkult interessiert, sondern suchen schnelle und steile Karriere. Sie versuchen meist, ihren Ehrgeiz mit der NS-Weltanschauung zu verbrämen (Höhne, I, 134-135). Im SD-Sicherheitsdienst sammeln sich ebenfalls Jung-Intellektuelle. Ihr Ideal ist der von nüchterner Zweckmäßigkeit und eisiger Logik gesteuerte, reibungslos funktionierende totalitäre Staat. Der SD durchleuchtet mit etwa 3000 hauptamtlichen Angehörigen und etwa 100.000 Spitzeln die Schwankungen der Volksstimmung – in einer Ersatzform der Meinungsforschung (Aleff, 71), wie sie in den USA bekanntgeworden ist.

Der Idealtypus des SS-Angehörigen fühlt sich einem eigenen Lebensstil, einer eigenen Charakterhaltung verpflichtet. Das unterscheidet ihn von seiner Umwelt *und* von der NSDAP. Darin kommt zum Ausdruck, daß die SS ein Ableger der Freikorps-Mentalität ist. Deren bedeutendster Interpret, Ernst Jünger (siehe S. 119), schrieb in „Der Kampf als inneres Erlebnis" (1922) u.a.: „Nicht *wofür* wir kämpfen, ist das Wesentliche, sondern *wie* wir kämpfen ..."

Gestapo-Justitiar (seit 1935) Werner Best (geb. 1903), früher unter dem Einfluß der Jugendbewegung, formuliert 1930 daraus die für den SS-Führer zentralen Ideen eines „heroischen Realismus": „Der Kampf ist das Notwendige, Ewige; die Kampfziele sind zeitbedingt und wechseln. Deshalb kann es auch auf den Erfolg des Kampfes nicht ankommen ... So bleibt als Maß der Sittlichkeit nicht ein Inhalt, nicht ein Was, sondern das Wie, die Form." *Vorgreifend:* Best, als SS-Obergruppenführer (General-Rang) Reichsbevollmächtigter (1942-1945) in Dänemark (siehe S. 383), wird dort 1948 zum Tode verurteilt, zu fünf Jahren Haft begnadigt, 1951 freigelassen und wirkt von 1957 bis 1964 als Rechtsberater des Hugo Stinnes-Konzerns.

SS-Mentalität bedeutet, abgesehen vom Kampf als Selbstzweck, blinde Ergebenheit nach dem Motto „Meine Ehre heißt Treue!", unbedingter Gehorsam mit jedem Opfer an Stolz und äußeren Ehren, Leistungsehrgeiz mit dem

Streben, jede Aufgabe perfekt zu erfüllen ohne Frage nach Mitteln und Sinn, Härte ohne jede „Humanitätsduselei". Daher werden in der Knochenmühle härtesten SS-Drills die SS-Rekruten auf Höchstleistung getrimmt (Aleff, 70). Zweckfreie Krieger-Ethik bildet für den SS-Mann die Grundlage für höchste Leistungssteigerung. Diese Vergötzung der (kriegerischen) Leistung um der Leistung willen zieht auch Nicht-Nationalsozialisten in den Bann.

Der Appell an Leistungsfähigkeit und Tatbereitschaft, die pausenlose Forderung nach Einsatz und Bewährung soll den SS-Angehörigen in einen scheinbar urmännlichen Konkurrenzkampf stürzen, der allgemeinverbindliche Normen vergessen läßt. Werner Best glaubt 1930 an den „guten Kampf" und an eine „heroische Sittlichkeit". Der heroische SS-Kämpfer aber wird Befehle erhalten, die auch Verbrechen aus angeblicher staatspolitischer Notwendigkeit nur als Objekte menschlich-technischer Leistungskraft deutet. Denn der SS-Mann hat sein Gewissen dem Führer Hitler zu dessen Verwendung übergeben.

Hans Buchheim zieht das Fazit: „Wem es nicht darauf ankommt, *wofür,* sondern nur, *wie* er kämpft, der ist in einzigartiger Weise dafür disponiert, sich unter Umständen auch für verbrecherische Ziele heroisch einzusetzen. Während der heroische Kämpfer wähnt, allein auf sich selbst gestellt zu sein, wird er ... in den Dienst totalitären Verfügungsanspruchs genommen ..." (Höhne, I, 157-159).

20

Opportunismus und Opposition 1933-1945

Denunzianten, Mitläufer, Opportunisten

Wer, zumal in leitender Stellung, den ihm nahegelegten Eintritt in die NSDAP ablehnt, gilt häufig als Außenseiter, wenn nicht gar als Saboteur des „nationalen Aufschwungs". Was heute oft verkannt oder verschwiegen wird: NSDAP-Mitgliedschaft ist eine Auszeichnung, die niemandem, schon gar nicht einem Unzuverlässigen, aufgezwungen, im Gegenteil manchen wieder aberkannt wird (Eberhard Jäckel, in: Bracher/Funke/Jacobsen, 712). Nicht jeder Parteigenosse (Pg.) ist ein Nationalsozialist, nicht jeder Nicht-Parteigenosse ein Nicht- oder Anti-Nationalsozialist. Mancher in der Wolle Gefärbte bleibt außerhalb der NSDAP, weil man ihn nicht hineinläßt (Aleff, 67f.).

Der Zustrom zur NSDAP und mehr noch zu ihren Gliederungen ist 1933 groß. Nicht wenige kommen aus gewandelter politischer Überzeugung. Andere treten bei, um „Schlimmeres zu verhüten"; sie wollen ihre Stellungen nicht an NS-Fanatiker abtreten und werden oft von ihren Mitarbeitern gebeten, den Aufnahmeantrag zu stellen. So geschieht es häufig in Ministerien und Verwaltung, häufiger noch in Verbänden und Vereinen, auch in den Vorständen großer Unternehmen (AGs) (Pentzlin, Die, 89-90), die damit ihr „NS-Alibi" vorweisen können.

Der früher nur von NSDAP-Mitgliedern mit erhobenem

rechten Arm gebrauchte Gruß „*Heil Hitler!*" wird seit Juli 1933, mit „Nachhilfe", mehr und mehr zum Standardgruß für alle Deutschen. Er ist ein äußerliches Bekenntnis der freiwilligen, angepaßten oder erzwungenen Regime-Bejahung, seine Verweigerung ein Kennzeichen der Nonkonformität. Wer kein Außenseiter sein will, mit allen möglichen Konsequenzen, der bequemt sich wenigstens zu einem halbherzigen „Deutschen Gruß" (Kershaw, 56). In Süddeutschland, speziell bei den widerborstigen Bayern, kommt das „Heil Hitler!" privat nur schwer über die Lippen; das vertraute „Grüß Gott!" behält die Oberhand.

Offene Kritik an den zahllosen Unrechtstaten der NS-Machthaber wird selten. Das blutige Unrecht wird nicht wahrgenommen oder bagatellisiert. Die NS-Gegner sehen sich isoliert und belächelt, verspottet und verfolgt, eingesperrt und ermordet. Von ihnen spricht man „taktvollerweise" nicht mehr; sie gelten als „Weimar-Bankrotteure". Viele von ihnen treten oft aus Angst der NSDAP bei. Eine luftleere Schicht legt sich um alle, die dem NS-Regime „unbelehrbar" gegenüberstehen. Für untrennbar gehaltene Freundschaften zerbrechen aus politischen Gründen; dafür gibt es „nie gekannte Feindschaften" mit Schikane-Bedürfnissen (Joachim Fest, in: Reich-Ranicki, 179).

Alle Revolutionen und Diktaturen kennen und züchten ein blühendes *Denunziantentum.* Es wird im Dritten Reich zum System erhoben. Eine Analyse der erhalten gebliebenen Akten der Düsseldorfer Gestapo über im weitesten Sinne aus politischen Gründen verfolgte Personen belegt: Mindestens jeder vierte bei der Gestapo anhängige Vorgang wird durch eine Anzeige aus der Bevölkerung eingeleitet. Motive für solche Anzeigen sind zu einem Viertel systemloyale Einstellungen, zu einem Drittel die Absicht, private Konflikte unter Gestapo-Einschaltung zu „bereinigen" (Peukert, Volksgenossen, 283).

Gestapo und SD (Sicherheitsdienst) verfügen über ein weitgefächertes Netz von V-Männern, das dem Regime überdies demoskopische Umfragen ersetzt. Für diese ausgedehnte Überwachung werden auch Behörden und Dienststellen mobilisiert, die scheinbar nur ökonomische und technische Aufgaben haben, so etwa die Treuhänder der Arbeit, Arbeitsämter, Wirtschaftskammern, Führungsstäbe der Wirtschaft. Der Denunziant ist nicht unbedingt Parteimitglied, will jedoch seine Ergebenheit beweisen und meldet alles, was er hört.

Die meist nicht zugegebene Furcht vor der Gestapo durchdringt *alle* Schichten, ob NSDAP-Mitglieder oder nicht. Jedermann weiß: Die Gestapo hat die höchste und zudem unkontrollierbare Macht im Reich; die Gestapo ist umwittert von Geheimnis und Düsternis. Ob jemand einen politischen Witz erzählt oder am Stammtisch über eine Gauleiter-Maßnahme murrt, stets erhält er von einem Gutmeinenden die leise Warnung: Sei still, sei vorsichtig, sonst kommst du noch ins KZ! Gerade weil die meisten Deutschen nichts Genaues über die KZs wissen, haben sie noch größere Furcht davor (Engelmann, Im, 88).

Politisches Denunziantentum setzt das Mitwirken unzähliger „Aktivisten" voraus. Und sie finden sich, um persönlicher, nicht notwendigerweise materieller Vorteile willen oder aus „Idealismus für die große Sache". *Vorgreifend:* Oft betätigen sich dieselben, die im NS-Regime denunzierten, nach dessen Zusammenbruch bei den alliierten Militärregierungen erneut als Denunzianten (Münkler, 197).

Das NS-Regime bietet Pöstchen aller Art. Auch der kleine Spießer darf sich als Unterführer aufspielen, Nutzen davontragen und mit Wollust als „Radfahrer" nach oben buckeln, nach unten treten (Binder/Wasser, 146). Es finden sich „Treppenterrier" als Scharfmacher und als Denunzianten (siehe S. 164). Als Zellen- oder Blockleiter halten sie die Menschen in Atem mit Sammlungen, Beflaggungen, Mitmachen an Gemeinschaftsaktionen. Es wird ein System „freiwilliger Spenden" ausgeheckt und an das „soziale Verantwortungsbewußtsein" appelliert, um jeden, der knausert, moralisch richten zu können.

Die „kleinen Hitlers" gebärden sich besonders fanatisch. Ohne ihre Bereitschaft und Einsatzfreude könnte das NS-Regime nicht bestehen. So können auch unterdrückte Bedürfnisse nach Aggression ausgelebt und zugleich das Gewissen beruhigt werden. Härte gegen NS-Kritiker gilt als patriotische Pflicht und wird entsprechend belobigt.

Das Fundament einer Diktatur beruht zu einem erheblichen Teil auf der *Masse der Mitläufer,* weit weniger auf der Schicht seiner Gefolgstreuen. Bei denen begegnet man nicht selten Idealisten, die dem NS-Regime bald unbequem werden (siehe S. 417). Auch NS-Gegner Erich Ebermayer urteilt 1934: „Diese ältesten Mitkämpfer der NS-Bewegung sind jedenfalls erfreulichere Erscheinungen als die späteren oder gar die neuen Mitläufer der Partei" (denn, 43). Überspitzt gesagt: Die Mitläufer *ermöglichen* erst das NS-Regime. Dies nicht so sehr, weil sie begeistert für die NS-Ordnung sind, sondern weil sie aus (verständlichem) Opportunismus mitmachen, mitlaufen.

Die vielleicht beklemmendste Szene im Film „Die Mitläufer" (1985) von Erwin Leiser, Jahrgang 1923: Der Vater, Lokomotivführer, fährt angeblich Nachschub für die Front und erhält zu Weihnachten Urlaub. In seiner familiären guten Stube ist vom Krieg wenig zu spüren. Aus der erhofften Familien-Harmonie wird nichts, der Mann betrinkt sich, und dann kommt es heraus: Tatsächlich fährt er Juden in Güterwagen wie Schlachtvieh nach Auschwitz zur Vernichtung. Daran droht er zu zerbrechen. Die Reaktion seiner Frau: Nun hast du uns das Weihnachtsfest verdorben! Am besten wärst du gar nicht gekommen! Jene Filmszene könnte sich tatsächlich zugetragen haben.

Das deutsche Volk sieht nicht und kann oder will nicht sehen: Weil der NS-Staat in weiten Bereichen ein Unrechtsstaat ist, wird *Widerstand* zur moralischen Pflicht. Aber unter einer Diktatur ist es auch für tapfere Menschen ratsam, ihre Gesinnung zu verbergen, wenn sie ihre Freiheit bewahren oder am Leben bleiben wollen. Widerstand erfordert eine Haltung, die nur wenige aufbringen können.

Selbstaufopferung von breiten Volksschichten zu verlangen, ist unrealistisch, sogar unmenschlich. Selbst das volle Wissen um die ungeheuerlichen Verbrechen des NS-Regimes hätte die meisten Deutschen nicht zum aktiven, lebensgefährlichen Widerstand veranlaßt.

Im totalitären System verschwimmen die Grenzen zwischen Normalität und Ausnahmezustand. Daher steht jeder im Dritten Reich in der unausweichlichen Gefahr, zum Komplizen zu werden. Walter Hagemann (1900-1964), Chefredakteur (1934-1938) der Ex-Zentrum-Zeitung „Germania", meint 1948, es gebe „niemanden, der von sich behaupten könnte, daß er zu keiner Stunde und in keiner Beziehung, weder bewußt noch unbewußt, den Erfindungen, Tricks oder Lockungen der NS-Lenkung jemals erlegen wäre" (Frei/Schmitz, 182). Ohne die vielen Einzelnen, die innerlich widerstreben, aber mitmachen, könnte das NS-Regime nicht arbeiten. Der Konsens mit dem NS-Regime gründet sich auf der Gesamtheit aller kleinen Zustimmungsschritte.

Jeder hat gute Gründe, sich anzupassen, auch wenn er ehrlich überzeugter NS-Gegner ist oder zu sein wähnt. Dies ist der *Primat des Opportunismus,* also der Vorrang einer Haltung, die oft im Widerspruch zur eigenen Überzeugung oder Wertvorstellung steht und allein nach Zweckmäßigkeit für eigene Interessen handeln läßt.

Opportunismus ist eine bei *allen* Schichten und *allen* Völkern bestätigte, jedoch oft beschönigte Binsenwahrheit. Menschen und Völker sind, so gesehen, mit wenigen Ausnahmen stets opportunistisch, also „charakterlos", und es wäre weltfremd, etwas anderes zu erwarten. Dies darf nicht, so Eberhard Jäckel 1983, zu einer pauschalen moralischen Verurteilung der Deutschen unter Hitler führen. Sie sind insgesamt weder schlechter noch besser als Generationen vor ihnen und nach ihnen; sie sind lediglich Anfechtungen ausgesetzt, die anderen erspart blieben (in: Bracher/Funke/Jacobsen, 711).

Ein Star-Beispiel für viele. Der genialische, karrieresüchtige österreichische Dirigent Herbert von Karajan (1908-1989) kommt 1938 über Ulm (1929) und Aachen (1935) nach Berlin zur Staatsoper und Staatskapelle. Er tritt nicht, wie er nach 1945 versichert, 1935 bei seiner Ernennung zum damals jüngsten Generalmusikdirektor in Aachen der NSDAP bei, sondern tatsächlich zuvor, 1933, in Salzburg und in Ulm. (Karajan hat diese Tatsache bis zu seinem Tod verleugnet oder verdrängt.) *Ein* Parteibeitritt könnte womöglich Überzeugung sein, *zwei* Parteibeitritte sind Opportunismus. Indessen: Von den 110 Mitgliedern der Berliner Philharmoniker sind noch Ende 1939 nur deren acht oder 7,3 % NSDAP-Mitglieder (Lukacs, 430, Anm. 38).

Anhang: Österreich und Frankreich

In der Moskauer Erklärung vom 1. November 1943 forderten die alliierten USA, England, UdSSR, den Staat *Österreich* als „erstes Opfer" der NS-Aggression wiederherzustellen. Zugleich wurde Österreich an seine Verantwortung wegen Teilnahme am Kriege an Deutschlands Seite erinnert. Die Österreicher, geborene Opportunisten, nutzen ihre Chance. Was nicht in das Bild „Opfer Österreich" paßt, wird 1945 konsequent verdrängt. Dies berührt damals etwa den Emigranten Heinrich Fraenkel „so unsympathisch", daß man in Österreich in erstaunlichem Ausmaß die Jahre 1938 bis 1945 verdrängt; ihm fällt besonders „die allgemeine Atmosphäre der verfolgten Unschuld" auf (152f.). Dies kommt den Siegermächten entgegen: Sie wollen Großdeutschland auch im Bewußtsein der Menschen des deutschen Sprach- und Kulturraumes ausmerzen. 1945/46 werden Deutsche unter beschämenden Umständen aus der wiedererstandenen Republik Österreich hinausgeworfen. Seit 1945 herrschten Verschweigen, Verdrängen, Verleugnen gar der NS-Vergangenheit. Ist den Österreichern ihr lebenslanger Opportunismus, sich 1945 aus der gesamtdeutschen Verantwortung davonzuschleichen, zum Vorwurf zu machen?

Ein Blick auf *Frankreich*. Die Widerstandsbewegung = Résistance seit 1940 gewinnt erst 1943 und vor allem nach der Invasion 1944 an Schlagkraft. Die militärische Bedeutung der (geschätzt) 45.000 Widerstandskämpfer wird unterschiedlich beurteilt. Die Résistance ist die Legende von vielen, derer sich 1944/45 viele fälschlich bedienen. Tatsächlich findet sich das besetzte Frankreich zunächst mit seinem Helotenschicksal ab und wirft sich dem greisen Staatschef Marschall Philippe Pétain (1856-1951) in Vichy an die Brust. Es tobt sich im rüden Antisemitismus fast ebenso aus wie die NS-Lehrmeister. Juden und Widerstandskämpfer werden denunziert, französische Schergen leisten deutschen Henkern Beihilfe. Ohne die Tausende französischer Informanten, Spione, Erpresser, Folterer und Mörder wäre die Gestapo blind. Die Masse der Franzosen handelt unter der Parole „Attentisme" opportunistisch – wie nicht anders zu erwarten ist. Der darüber handelnde siebenstündige Film „Le chagrin et la pitié" = Das Leid und das Mitleid (1970) von Marcel Ophüls, Jahrgang 1927, kann erst zwölf Jahre später im französischen Fernsehen ausgestrahlt werden, was bis dahin Wortführer der ehemaligen Résistance verhindert hatten. Wahrheit tut stets weh.

Juden in Deutschland

Heute ungesagt: In Kaiserreich und Republik bereitete vielen Unbehagen: Die Juden sind eine Minderheit mit eigener Religion und Tradition. Sie gehören daher, trotz Sprach- und Kulturgemeinschaft und bewußter Zugehörigkeit zum Staat, nicht voll zum Volksganzen, spielen aber eine führende Rolle im politischen, wirtschaftlichen und kulturellen Leben. Ein stets latenter Antisemitismus wirkte sich aber nur vereinzelt gegen jüdische Mitbürger aus. Bis 1932 war in Deutschland ein weit schwächerer Antisemitismus zu spüren als in den meisten Staaten Europas, siehe besonders Osteuropa, England, den Niederlanden (Pentzlin, Die, 36f. + 165) und Österreich.

Im Reich lebten 1925 rd. 568.000, 1933 rd. 503.000 Juden oder 0,90 % bzw. 0,76 % der Gesamtbevölkerung. Die Hälfte aller erwerbstätigen Juden waren Selbständige; 61,0 % betätigten sich in Handel und Gewerbe, gegenüber 16,4 % der Gesamtbevölkerung (Binder/Wasser, 168).

Vor allem dank ihrer Tüchtigkeit stellten die Juden 5 % der Universitätslehrer, Journalisten und Theater-Intendanten, 10 % der Ärzte und Zahnärzte, 16 % der Rechtsanwälte. Noch mehr überrepräsentiert waren die Juden mit 25 % im Einzelhandel, mit 30 % im Kleiderhandel, mit 48 % in Privatbanken, mit 70 % im Feinmetallhandel, mit 79 % in Warenhäusern (Grunberger, 474-475; Jürgen Thorwald, in: „Die Zeit", Hamburg, 4. Mai 1979). Die Berliner Jüdische Gemeinde war die größte Deutschlands und die fünftgrößte der Welt. 1925 lebten 30,6 % der deutschen Juden in *Berlin,* bildeten dort 4,3 % der Einwohnerschaft, stellten jedoch 34 % der Universitätslehrer, 42 % der Mediziner, 48 % der Rechtsanwälte, 56 % der Notare (Stellrecht, 242).

Diese Tatsachen erregten vielfach Anstoß, mehr noch Neid und nährten den traditionellen Antisemitismus. Hinzu kam: Die Juden ließen fühlen und erkennen, daß sie sich geistig und kulturell überlegen fühlten. Andererseits: Von den 1,657 Mio. preußischen Beamten der Weimarer Republik waren nur 5446 oder 0,33 % Juden. Nicht ein einziger der zwölf Oberpräsidenten, 35 Regierungspräsidenten und mehr als 400 Landräte in Preußen war Jude (Binder/Wasser, 169).

Von den etwa 550.000 Juden im Kaiserreich waren rd. 96.000 Kriegsteilnehmer, davon 80.000 Frontkämpfer. 12 % der jüdischen Soldaten waren Kriegsfreiwillige, 12.000 sind gefallen, fast 30.000 wurden dekoriert, fast 20.000 befördert. Diese Zahlen entsprachen dem Reichs-Durchschnitt. Der Anteil gefallener jüdischer Offiziere lag sogar 1,3 % über dem aller gefallenen Offiziere (Engelmann, Wie, 307). Diese Tatsachen werden von deutschnationalen und NS-Kreisen vor und nach 1933 verschwiegen oder verleugnet, weil sie nicht ins Propaganda-Klischee passen. Das Dritte Reich wird 1935 auch jüdische Kriegsteilnehmer und deren Hinterbliebene nicht schonen.

Die Juden zahlten im Kaiserreich etwa drei- bis siebenmal mehr Steuern als die Nichtjuden (Ruppin, I, 377). In Preußen waren 1910 unter den hundert Reichsten 29 Juden. Diese und andere finanzielle Tatsachen wurden allmählich bekannt, erregten Neid, förderten den traditionellen Antisemitismus. Über Vermögen und Einkommen der Juden in der Weimarer Republik gibt es keine amtlichen Statistiken. Der weit überwiegende Teil der Juden gehörte dem Mittelstand an und geriet ebenfalls in den Strudel der Wirtschaftskrise.

Die katholischen Studentenorganisationen führten 1923 den „Arier-Paragraph" ein (Bronder, 148), schlossen mithin Juden aus. 1927 forderten 77 % der Studenten in Preußen, den „Arier-Paragraph" in die Verfassung der Universitäten aufzunehmen (Grunberger, 318). Es beeindruckte sie nicht, daß unter den 150 Nobelpreis-Trägern von 1901 bis 1930 14 Juden sind, die 9,3 % der Preisträger ausmachen oder etwa fünfmal so viel, wie der Anteil der Juden von 1,8 % unter der weißen Kulturmenschheit erwarten ließe (Ruppin, II, 312).

Viele Deutsche billigten das Ziel der NSDAP, den als „überfremdend" empfundenen jüdischen Einfluß zu vermindern oder auszuschalten. Heute meist peinlich verschwiegen: Angesichts des populärer gewordenen Antisemitismus im Volk vermieden es die bürgerlichen Parteien in der Krise 1931/32 scheu, den Antisemitismus deutlich zu bekämpfen. Seit 1930 spielte Hitlers Judenhaß, den er bis dahin sehr herausgestellt hatte, in der NSDAP-Propaganda aus taktischen Gründen nur eine geringe Rolle. Im Mai

1930 erklärte Hitler sogar einem amerikanischen Journalisten scheinheilig, er sei nicht dafür, die Rechte der Juden in Deutschland zu beschneiden (Fabry, 156).

Seit 1923 erscheint in Nürnberg das vom Franken-NS-Gauleiter (seit 1925) Julius Streicher (1885-1946) herausgegebene Wochen-Kampfblatt *„Der Stürmer"*, Auflage 1933: 20.000, 1935: 400.000 Exemplare, mit der vom bedeutenden Historiker Heinrich von Treitschke (1834-1896) übernommenen Parole „Die Juden sind unser Unglück!" (1879). In der NSDAP galt der von Hitler geschätzte „Stürmer" als vulgär-pornographisches Hetzorgan und wurde vor 1933 nicht sonderlich ernst genommen. Streicher und sein Hetzblatt (Hauptthema: obszöne Berichte über angebliche jüdische Sexualverbrechen und Ritualmorde) haben lange Zeit NS-Sympathisanten vom Eintritt in die NSDAP abgestoßen.

Seit 1933 betätigt sich der „Stürmer" als Antreiber zu immer neuen antijüdischen Maßnahmen und schafft zunehmend ein Klima der Einschüchterung. Gestützt auf eine Fülle von Denunziationen von Lesern, druckt das Blatt Meldungen, in denen mit vollem Namen, Geburtsdatum und Anschrift Personen an den Pranger gestellt werden, die für Juden arbeiten, bei ihnen einkaufen oder Freundschaften aufrechterhalten. Auch Mitglieder von NS-Organisationen bleiben nicht von der Hexenjagd ausgenommen. In Partei und Reichsregierung bleibt Streichers Blatt nicht unumstritten. Mindestens zweimal wird es verboten. Mit Rücksicht auf das Ausland verschwindet 1936, während der Olympischen Spiele (siehe S. 149-151), der „Stürmer" aus dem Straßenhandel (Frei/Schmitz, 104-105).

Vorgreifend: Durch seine sexuellen Eskapaden und dubiosen Geschäfte wird Streicher allmählich in der NSDAP untragbar. Die massive innerparteiliche Opposition gegen den „Psychopathen Streicher" kann sogar Hitler nicht ignorieren. Daher wird er 1940 von allen Parteiämtern beurlaubt (nicht entlassen) (Wistrich, 347).

Zu einem der gehässigsten Judenhetzer entwickelt sich der Jurist Johann von Leers (1902-1965): Seit 1929 in der NSDAP, wird er Gauredner und Schulungsleiter des NS-Studentenbundes. Mit Professorentitel und 27 Büchern bis 1945 gilt er als Experte für Blut- und Boden-Theorien und Judenfrage. Er fordert offen die Ausrottung der Juden. *Vorgreifend:* 1945 flieht Leers nach Italien und Argentinien, wo er bis 1955 unter deutschen Exilanten seine NS-Propaganda fortsetzt. Anschließend lebt er in Kairo, tritt als „Omar Amin von Leers" zum Islam über und ist im Auslands-Propagandadienst unter Präsident Gamal Abd el Nasser (1918-1970) tätig (Wistrich, 220).

Die Antisemitismus-Propaganda der NSDAP blieb in ihrer Wirkung begrenzt. Unter den NSDAP-Mitgliedern vor 1933 gab es nur wenige *rabiate* Antisemiten, vielleicht 15 %. Andererseits: SA-Männer brüllten vor 1933 gern: „Juda verrecke!" und sangen mit Inbrunst oft: „Wenn's Judenblut vom Messer spritzt, dann geht's noch mal so gut!" oder: „Schmeißt sie raus, die ganze Judenbande, schmeißt sie raus aus unser'm Vaterlande, gebt ihnen noch'n Tritt in'n Arsch und setzt sie wieder nach Jerusalem in Marsch!" Doch dies wurde als Rabauken-Propaganda inner- und außerhalb der NSDAP kaum beachtet. Aber judenfeindliche Ausschreitungen (Synagogen-Schändungen, Mißhandlungen, Talmudfälschungen) gehörten vor 1933 zur NSDAP-Praxis.

Der Antisemitismus, besser: der tödliche Judenhaß erweist sich als „das zentrale Bewegungsgesetz und Ziel" Hitlers (Hildebrand, 38). 1933 wird dieser extreme Antisemitismus zur *Staatsideologie.*

Am 1. April 1933 organisieren Joseph Goebbels und Julius Streicher mit Zustimmung Hitlers den Boykott jüdischer Geschäfte. Diese von der SA ohne nennenswerte Beteiligung der Bevölkerung durchgeführte Aktion soll eine spontane antisemitische Bewegung auslösen; sie ist in jener Hinsicht ein eklatanter Mißerfolg. Viele Deutsche bringen später durch „Sympathiekäufe" ihre Ablehnung des

NS-Vorgehens zum Ausdruck. Damit wird deutlich: Die große Mehrheit der Deutschen ist nicht für ein spontanes pogromartiges Vorgehen gegen Juden zu gewinnen (Hans Mommsen/Dieter Obst, in: Mommsen/Willems, 374f.).

Der Leidensweg der Juden vollzieht sich — bis 1939/40 — in hellem Licht, und jeder Deutsche kann es sehen. Es folgen sich steigernde Entrechtung, Erniedrigung, Bedrohung der Juden. Die Deutschen nehmen dies, zum geringen Teil, mit Abscheu, meist passiv und gleichgültig hin. Der Umgang mit jüdischen Freunden wird zu einem „Akt des Trotzes" und hört allmählich auf, weil solche „unerwünschten" Beziehungen beide Teile in Verlegenheit bringen (Bielenberg, 27).

Die Masse steht den Juden weder besonders gehässig und feindlich, noch besonders freundlich und mitleidig gegenüber. Es gibt private Hilfe für verfolgte Juden; in Berlin werden 3000 Juden verborgen.

Die NS-Judengesetzgebung stößt bis 1939 kaum je auf ernsthafte, im Volk vorhandene oder aus ihm erwachsende Hindernisse. Dies gilt sogar für Gruppen, Institutionen, Personen, die dem NS-Regime sonst kritisch oder ablehnend gegenüberstehen. Bedeutet das Schweigen der Deutschen zu den massiven legislatorischen Entrechtungen (1933, 1935, 1938/39) der Juden stillschweigende Zustimmung oder mißbilligende Ablehnung? Es ist anzunehmen: Eine latente Zustimmung und Billigung der Anti-Juden-Maßnahmen überwiegt in allen Schichten bei weitem (Uwe Dietrich Adam, Zur). Eberhard Jäckel 1986 lakonisch: „Hitler fand auf dem Weg zum Mord an den Juden noch weniger Widerstand als auf dem Weg in den Krieg" (Hitlers Herrschaft, 120).

Die Berufsverbot-Gesetzgebung für Juden (Gesetz zur Wiederherstellung des Berufsbeamtentums vom 7. April 1933) und die Bestimmungen der Nürnberger Gesetze vom 15. September 1935 (Gesetz zum Schutze des deutschen Blutes und der deutschen Ehre, Reichsbürgergesetz) stoßen auf breite Zustimmung selbst unter früheren Anhän-

gern jener Parteien, die in der Weimarer Zeit als „staatstra-
gend" oder „demokratisch" qualifiziert wurden. Dies gilt
besonders für den Ausschluß der Juden von den Staatsbür-
gerrechten. Fast alle politischen Gruppierungen im 19.
Jahrhundert waren aus verschiedenen Überlegungen dagegen, Bürger- und Staatsbürgerrechte auch jüdischen
Deutschen zukommen zu lassen. Daher auch stößt das
Reichsbürgergesetz von 1935 auf keine ernsthafte Kritik
bei (ehemals vor 1933) liberalen oder konservativen Demokraten (Uwe Dietrich Adam, Zur).

Ende 1938 gibt es 65 jüdische Zeitungen und Zeitschriften mit einer monatlichen Gesamtauflage von etwa 1 Mio.
Exemplaren. Sie dienen wie jüdische Erziehung und Kul-
turarbeit der Emigrationsvorbereitung und können bis
1935 sogar öffentlich verkauft werden.

Bis 1937/38 werden immer mehr jüdische Geschäftsinha-
ber gezwungen, ihre Firmen zu liquidieren oder durch Ver-
käufe unter Wert „arisieren" zu lassen. Im Juli 1938 sind
von über 50.000 jüdischen Einzelhandelsgeschäften noch
etwa 9000 in jüdischer Hand. Von den rd. 8000 jüdischen
Ärzten praktizieren im Juli 1938 noch knapp 3000, mei-
stens für jüdische Patienten. Von den rd. 4500 jüdischen Juristen üben noch 1753 ihren Beruf aus. Seit Sommer 1938
sind noch 709 Ärzte und 172 Rechtsanwälte als „Kranken-
behandler" und „Konsulenten" für jüdische Klienten zugelassen. Nach dem Pogrom vom 9. November 1938 ist die
„Entjudung der Wirtschaft" abgeschlossen und das restli-
che jüdische Vermögen enteignet (Barkai, Der, 40-46).

Abertausende von Deutschen verdienen an der „Arisierung", die gesetzlichem Diebstahl gleichzusetzen ist, weil
die Juden vor Auswanderung verkaufen *müssen*. Hem-
mungs- und schamlos gehen manche Geschäftsleute vor,
um jüdische Geschäfte zu möglichst niedrigen Preisen zu
erwerben. Andere wiederum helfen ihren jüdischen Ge-
schäftsfreunden, ihr Hab und Gut vorteilhafter zu veräu-
ßern, als es den Behörden angegeben wird — was strafbar
ist (Pentzlin, Die, 175).

In Zusammenarbeit deutscher Behörden (auch Gestapo) und jüdischer offizieller Stellen wandern, bis zum Pogrom vom 9. November 1938, nur rd. 170.000 Juden aus, etwa ein Drittel der Juden — trotz aller rechtlichen Diskriminierung und rassischen Verfolgung des Judentums. Daß es nicht mehr sind, liegt einerseits an den von vielen Staaten immer restriktiver gehandhabten Immigrationsbestimmungen, andererseits machen sich viele Juden noch immer Illusionen über das NS-Regime. Erst das Pogrom von 1938 zerstört alle Hoffnungen auf weitere Existenz-Chancen (Hildebrand, 44; Zitelmann, Biogr., 127).

Die Pogrom-Ausschreitungen von 1938 finden keine spontane Zustimmung der Bevölkerung, die sich verschüchtert, schockiert, teilweise offen angewidert zeigt (Thamer, 398 + 399), und werden von der Mehrheit der Deutschen stillschweigend mißbilligt. Andererseits: 1982 erinnert sich die damals 13jährige Carola Stern, begeistert im BdM: Sie steht vor der angezündeten Synagoge in Swinemünde/Pommern und zwischen den umgeworfenen Grabsteinen auf dem jüdischen Friedhof. „Empfanden wir Mitleid, Scham, Entsetzen? Nichts von alledem" (Reich-Ranicki, 150). So reagiert Jugend in HJ und BdM.

Momentaufnahme Berlin: Am 9. November 1938 steht der 13jährige Jude Klaus Scheurenberg vor der zerstörten Synagoge und verbeißt sich die Tränen, um sich nicht zu verraten. Er sieht, wie ein etwa achtjähriger Junge durch die zerborstene Schaufensterscheibe des benachbarten jüdischen Schuhgeschäftes kriecht und zu seiner Mutter sagt: „Kieck mal, Mutter, die schönen Schuhe, die ick mir jeklaut habe!" Darauf die Mutter: „Dussel, det sind ja zwei linke, gleich jehste zurück und holst dir den rechten!" Daneben steht ein Polizist und wacht, daß alles seine Ordnung hat (in: Steinhoff, 105).

Zeitzeuge und NS-Gegner Erich Ebermayer beobachtet, das Pogrom habe gerade im einfachen Volk einen Schauer erzeugt. „Mit den willkürlichen Verhaftungen ... hatte sich dieses seltsame Volk in fast sechs Jahren Gewaltherrschaft abgefunden. Jeder sagte sich: solange ich kusche und das Maul halte, kann mir nicht viel passieren; abgeholt werden nur die anderen. Nun aber geht es an den *Besitz*, an die Sicherheit des Eigentums, an Haus und Hof, an Warenlager und Schaufenster! Und da versteht der deutsche Normalbürger keinen Spaß" (und, 325). So meldet die Gendarmerie-Station Waischenfeld/Bayern am 25. November 1938, „von der Mehrzahl der Bevölkerung" werde kein Verständnis dafür aufgebracht, „daß man ohne weiteres fremdes Eigentum zerstören darf" (Broszat/Fröhlich/Wiesemann, 123).

Ex-Reichskanzler Heinrich Brüning vermerkt am 30. Dezember 1938 im Exil: „Viele Leute aus Deutschland besuchen mich, und alle berichten, daß die ganze Bevölkerung, auch die Nazis, sich der Greuel zutiefst schämt" (Briefe, 224). Zeitzeuge und NS-Gegner Erwin Leiser berichtet: Als die deportierten Berliner Juden ihre Koffer, die sie zum Umschlagplatz trugen, nicht in die Lager mitnehmen dürfen, stehen die Koffer tagelang auf der Straße, ohne daß sie angerührt werden („Frankfurter Allgemeine Zeitung", Magazin, 3. Mai 1985).

Nur wer seines eigenen Mutes, seiner eigenen Opferbereitschaft in Todesgefahr sicher ist, wird nachträglich sagen können, jeder anständige Deutsche habe gegen die Entrechtung jüdischer Mitbürger angehen müssen — und sei es unter Einsetzen des eigenen Lebens.

Die Mitglieder und Wähler der NSDAP vor 1933 und das deutsche Volk nach 1933 erkennen nicht die — letztlich — mörderischen Konsequenzen von Hitlers Judenhaß. Vermutlich will die große Mehrheit der Deutschen und auch die Mehrheit der NSDAP-Mitglieder nicht jene mörderischen Konsequenzen. Dazu Rainer Zitelmann 1989: „Der Massenmord an den Juden ist nicht voraussehbar", und auch Hitler hat den Holocaust, nach allem, was wir wissen, „keineswegs von Anfang an geplant" (Biogr., 124). Niemand kann sich vorstellen, daß die Nürnberger Gesetze von 1935 mit der Entrechtung und Demütigung der Juden sie am Ende in die Gaskammern führen. Jene Gesetze sind, zum Beispiel, für das offizielle katholische Klerusblatt eine „berechtigte Schutzmaßnahme für den Bestand des deutschen Volkes" (Toland, 680). Nur wenige Katholiken und Deutsche widersprechen dem.

Ein Kuriosum: In den Kriegsjahren stellen sich einige alte NS-Kämpfer und SS-Prominente, aus welchen Gründen auch immer, schützend vor Juden. Drei Beispiele. 1. Der Gauleiter der Kurmark bis 1936 und fanatische Alt-Antisemit Wilhelm Kube (1887-1943), bis 1923 Generalsekretär der DNVP und Leiter ihrer Bismarck-Jugend, 1928 in der NSDAP, einer der korruptesten NSDAP-Funktionäre, verklagt als Generalkommissar (seit Juli 1941) von Weißruthenien/UdSSR Polizeioffiziere wegen Ausschreitungen gegen Juden und stellt die zur Vernichtung nach Minsk deportierten Juden unter seinen persönlichen Schutz. 2. SS-Obergruppenführer Werner Best (siehe S. 366), früher ein ehrgeiziger, skrupelloser Machttechniker, sabotiert als Reichsbevollmächtigter (seit November 1942) in Dänemark die Juden-Deportation und läßt etwa 7000 dänische Juden ins neutrale Schweden entkommen. 3. Staatssekretär (seit März 1935) Wilhelm Stuckart (1902-1953) im Reichsministerium des Inneren und 1944 „Ehren"-SS-Obergruppenführer, Freikorps-Kämpfer, 1922 in der NSDAP, rettet seit 1942 rd. 107.000 „Mischlinge" und rd. 28.000 Juden in „Mischehen" vor der Ermordung (Höhne, I, 18 + 387 + 414f.).

Vorgreifend: Einer Flucht in das Nichtwissenwollen ist entgegenzuhalten: Jeder Deutsche weiß mehr oder minder konkret, daß Juden deportiert werden. Ein größerer Teil der Deutschen weiß, daß sie vergast werden. Eine winzige Minderheit versucht, sie davor zu retten. Die Verdrängung zeigt sich oft im Verhältnis zu Israel: einerseits unkritische Verherrlichung, andererseits als „Antizionismus" getarnter alt-neuer Antisemitismus (Binder/Wasser, 157).

Gemäß Historiker-Professor Hans Mommsen, Jahrgang 1930, läßt sich der Forschungsstand 1988 zur „Reaktion der deutschen Bevölkerung auf die Verfolgung der Juden 1933-1943" wie folgt zusammenfassen:

In den Anfangsjahren des NS-Regimes verhält sich die Mehrheit der Bevölkerung weitgehend gleichgültig. Für sie ist die „Judenfrage" gegenüber ihren wirtschaftlichen Problemen gänzlich untergeordnet. Nur Minderheiten beteiligen sich an antisemitischen Ausschreitungen. Vereinzelte Gewaltaktionen von SA und NSDAP werden durchweg von weiten Teilen mißbilligt. Das brutale und hemmungslose Vorgehen von SA und NSDAP steht im Widerspruch zu überlieferten gesellschaftlichen Normen und wird häufig als ernsthafte Beeinträchtigung der öffentlichen Sicherheit und Ordnung empfunden.

Da es eine grundsätzliche Ablehnung und Verurteilung des Antisemitismus in der Regel nicht gibt, sind die vielgestaltigen Bemühungen der NSDAP, die jüdische Minderheit gesellschaftlich zu isolieren und zu diskriminieren, langfristig erfolgreich. Das „Blutschutzgesetz" von 1935 wird trotz seiner diskriminierenden Bestimmungen selbst in jüdischen Kreisen insofern mit Erleichterung aufgenommen, als man den Zusagen der Reichsregierung Glauben schenkt, daß es sich hier um eine definitive gesetzliche Regelung handle.

Viele von NSDAP und SA für das Pogrom vom 9./10. November 1938 aufgebotene Gewalttäter handeln nicht mit einem guten Gewissen. Vor allem in Kleinstädten und auf dem Land sind die Träger des Pogroms immer wieder bestrebt, persönlich unerkannt zu bleiben, um ihren Ruf nicht zu gefährden. Bei vielen Tätern und dafür Verantwortlichen hinterlassen jene Ausschreitungen ein Gefühl der Peinlichkeit. Die Kritik der Bevölkerung am Vorgehen der Partei wurzelt nicht in Sympathien mit den jüdischen Mitbürgern; im Vordergrund steht die Ablehnung einer sinn- und zwecklosen Zerstörung von Sachwerten. Die antisemitische Grundhaltung oder Disposition wird durch das

Pogrom nicht wirklich erschüttert. Seit Frühjahr 1939 sind die Juden endgültig kaum mehr wahrgenommene Parias der Gesellschaft.

Nach Kriegsbeginn 1939 tritt die Judenfrage im Bewußtsein der Öffentlichkeit vollständig in den Hintergrund. Die Bevölkerung widmet der Judenfrage, mit der sie im allgemeinen nicht mehr unmittelbar konfrontiert ist, trotz antisemitischer Propaganda fast keine Aufmerksamkeit. Zwar gibt es einen Bodensatz fanatischer Antisemiten, doch die Mehrheit der Bevölkerung reagiert eher mit Gleichgültigkeit. Besonders Mitläufer und Opportunisten (siehe S. 371-372) schert das Schicksal der jüdischen Mitbürger wenig; Antisemitismus aus Anpassung ist freilich eine der schlimmsten Erscheinungen des Dritten Reiches. Bis Ende 1940 sind zahlreiche Spitzenfunktionäre und -beamte, sofern sie nicht zum extremen NSDAP-Flügel gehören, bereit, einzelnen jüdischen Bekannten zu helfen. Niemand macht sich die Mühe, die nicht abreißende Kette antijüdischer Verordnungen wahrzunehmen. Erst die am 1. September 1941 verfügte „Judenstern"-Pflicht bewirkt, daß die Existenz der Juden wieder beachtet wird.

Daß Juden 1940/41 deportiert werden, muß jedem Nachdenklichen bekannt werden. Die Umstände des Abtransports machen klar, daß den Deportierten ein schweres und ungewisses Schicksal bevorsteht. Die Sprachregelung der Absiedelung findet Glauben. Eine systematische Vernichtung der abtransportierten Juden wird für unmöglich gehalten. Die Deportationen werden zunehmend unpopulär. Am 11. Juli 1943 ergeht vom Leiter der Parteikanzlei, Martin Bormann, die geheime Anweisung, bei öffentlicher Behandlung der Judenfrage habe „jede Erörterung einer künftigen Gesamtlösung" zu unterbleiben; man solle sich darauf beschränken, daß die Juden „geschlossen zu zweckentsprechendem Arbeitseinsatz" im Osten abtransportiert würden. Diese Taktik erweist sich als erfolgreich: die Judenverfolgung verschwindet seit 1943 weitgehend aus dem öffentlichen Bewußtsein.

Kenntnisse über die Existenz von Vernichtungslagern, an der Spitze Auschwitz, sind fast überhaupt nicht nachweisbar. Gerüchte verdichten sich nur in Ausnahmefällen zu einem geschlossenen Bild.

Nach „Stalingrad" (Jahreswende 1942/43) wird die Bevölkerung immer mehr vom Krieg beansprucht. Daneben gibt es eine bewußte Verdrängung unbequemer Informationen; dies gilt auch für Spitzenfunktionäre (siehe Albert Speer usw.). Unzweifelhaft erfährt die Masse von der Existenz der Vernichtungslager konkret erst seit Mai 1945. Dennoch bleibt ein dumpfes Bewußtsein des Unrechts allgemein lebendig. Verdrängungsbereitschaft und Verdrängungswille sind nicht erst Erscheinungen nach 1945, sondern setzen mit den Ereignissen selbst ein. „Unterschiedliche Grade der moralischen Schuld und politischen Mitverantwortung können jedoch nicht darüber hinwegsehen lassen, daß sich die Nation als ganze in eine Komplizenschaft verstrickte, die über den Generationenwechsel hinaus als ethische Herausforderung bestehen bleibt" (Mommsen/Willems, 377-421).

Anhang: Juden in Österreich 1938

Mit dem Anschluß an das Dritte Reich am 13. März 1938 werden 10 % der Wiener Bürger als Juden über Nacht zum Freiwild, zum Opfer sadistischer Erniedrigung und Ausbeutung. Was im Altreich bis dahin den Tarnmantel pseudolegaler Diskriminierung getragen hat, gibt sich in Wien als blanker Terror zu erkennen. Wir folgen der Studie der österreichischen Zeithistoriker Hans Safrian und Hans Witek.

Offene Rechnungen von Mißgunst und Ressentiments werden ungestraft beglichen. Hakenkreuzbinden sind die Legitimation, Juden einzufangen und zu den berüchtigten „Reibeaktionen" durch die Straßen zu treiben, Geschäfte auszurauben, sich in fremden Wohnungen einzunisten.

Noch vor dem Pogrom im Reich vom 9. November 1938 zeigt in Wien der Pogrom-Antisemitismus sein massenmörderisches Gesicht. Zeitzeuge Carl Zuckmayer (1896-1977) berichtet 1966 rückblickend: „Die Stadt (Wien) verwandelte sich in ein Alptraumgemälde des Hieronymus Bosch: Lemuren und Halbdämonen schienen aus Schmutzeiern gekrochen und aus versumpften Erdlöchern gestiegen" (88).

Die Radikalisierung antijüdischer Maßnahmen macht an der Donau einen gewaltigen Schritt nach vorn. Sogar den neuen NS-Machthabern in Wien scheinen die zahllosen Ausschreitungen auf eigene Faust zuviel des Schlechten zu sein, denn sie verletzen das Prinzip von Unrecht und Ordnung. Auch illegale, also alte NSDAP-Mitglieder protestieren − mit Namensnennung − bei Gauleiter Josef Bürckel, dem Reichskommissar für die Wiedervereinigung, gegen das „ganz zügellose Treiben" und fragen irritiert: „Ist das Nationalsozialismus?"

Die Kehrseite bilden die Forderungen der Denunzianten und Scharfmacher, denen die „Generalprobe" für die Ausrottung der Juden immer noch zu human vorkommt. Entscheidenden Anteil an allen Übergriffen haben rein ökonomische Interessen: von den „Arisierungen" profitieren Zehntausende Österreicher. Das in der „Ostmark" bewährte Vorgehen wird „Modellcharakter" für das gesamte Dritte Reich haben.

Vorgreifend: Nach 1945 sind die Alptraumszenen von 1938 ebenso wie der Anschlußjubel von der Wiener „verfolgenden Unschuld" vergessen. Es finden bemerkenswerte Verfahren statt. In einem keineswegs untypischen Prozeß wird einem zweifelsfrei überführten Mittäter und Nutznießer gerichtlich bescheinigt, er habe sich in den „Judenaktionen" als „willfähriges Werkzeug der nationalsozialistischen Bewegung, wenn auch in persönlich integrer Weise", beteiligt.

„Volksabstimmungen" und „Wahlen"

Die demokratischen Parteien lösen sich im Juni/Juli 1933
auf. Seitdem gibt es außer der NSDAP weder Parteien noch
freie Wahlen mehr. Alle „Volksabstimmungen" und
„Wahlen" sind weder frei noch geheim, noch fordern sie
zur Wahl zwischen Personen und Programmen auf. Sie sollen nur pseudodemokratische Akklamationen für Hitler
sein. Wieweit diese Wahlen manipuliert oder unter psycho-
logischem Druck zustandekommen, bleibt unklar. Fest
steht: Die Ergebnisse dieser Plebiszite sind teils korrekt,
teils geschönt, teils verfälscht.

Zeitzeuge Erich Ebermayer notiert 1936: „Eine allgemeine Fälschung der Stimmen ist nicht möglich. Dagegen
wird in jeder... Gemeinde in stillschweigendem Einverständnis mit den Parteibonzen etwas 'Schmu' gemacht:
man läßt die Nein-Stimmen unter den Tisch fallen oder
bucht sie als 'ungültig', um oben gut dazustehen. So kommen vielleicht eine oder zwei Millionen gefälschte Stimmen zustande. Viel mehr dürften es nicht sein" (und, 53f.).
Zeitzeuge Peter Wapnewski, Jahrgang 1922, urteilt 1982:
„Die Ergebnisse waren so eindeutig, daß es der (gelegentlich gewiß riskierten) Fälschungen gar nicht bedurfte"
(Reich-Ranicki, 101). Rainer Zitelmann meint 1989, vieles
deute darauf hin, daß die Ergebnisse tatsächlich die Volksstimmung widerspiegeln. Man mache es sich sicherlich zu
leicht, „wenn man sie vorwiegend als Resultat von Wahlfäl-
schungen und Manipulationen bewerte" (Selbstv., 439).
Diesem Urteil ist beizupflichten.

Die NS-Presse kaschiert die örtlichen Wahlergebnisse
vielfach so, daß nur schwer der Anteil der „Nein"-Wähler
erkennbar wird (Maser, Regime, 112). Es gehört Mut dazu,
mit Nein zu stimmen, also nicht offen sein Ja-Kreuz zu machen, sondern in die Wahlkabine zu gehen. Heute kaum
noch bekannt: Ja-Stimmen für Hitler sind, zumindest *bis
1934*, nicht immer mit vorbehaltloser Zustimmung gleich-

zusetzen, Nein-Stimmen nicht immer mit vorbehaltloser Opposition. Nein-Stimmen spiegeln ziemlich häufig persönliche Verärgerung über örtliche NSDAP-Führer oder unpopuläre Gauleiter-Maßnahmen wider.

Ein Blick auf *Danzig.* 1919 trotz Protests der zu 96 % deutschen Bevölkerung aus dem Deutschen Reich ausgegliedert, wurde Danzig, innerhalb der Zollgrenzen Polens, ohne Volksabstimmung 1920 zur Freien Stadt mit 1966 Quadratkilometern und (1938) rd. 407.000 Einwohnern erklärt und dem Genfer Völkerbund unterstellt.

Bei der Wahl vom 28. Mai 1933 zum Volkstag erringt die NSDAP, deren Gauleitung seit 1926 besteht, mit 50,5 % (Wahl 16. November 1930: 16,4 %, im Reich 14. September 1930: 18,3 %) der Stimmen die absolute Mehrheit von 38 (1930: 12) oder 52,77 % der 72 Mandate. Bei der Neuwahl vom 7. April 1935 erringt die NSDAP 59,3 % der Stimmen und 43 oder 60,01 % der 72 Mandate, verfehlt aber die angestrebte verfassungsändernde Zweidrittelmehrheit. Trotz Reichstreue hält sich die NSDAP-Begeisterung der Danziger, verglichen mit dem Reich, in Grenzen. Interessant ist 1935 das Abschneiden der im Reich seit fast zwei Jahren verbotenen Parteien: SPD 16,1 % (1933: 17,6 %), KPD 3,4 % (1933: 6,7 %), Zentrum 13,4 % (1933: 14,5 %), DNVP 4,2 % (1933: 6,3 %) der Stimmen. Bemerkenswert ist: SPD und Zentrum haben geringe Verluste, KPD und DNVP schwere Verluste zu verzeichnen.

Die erste Volksabstimmung im Reich vom *12. November 1933* gilt der Innen- und Außenpolitik Hitlers, vor allem dem Austritt Deutschlands aus Abrüstungskonferenz und Völkerbund am 14. und 19. Oktober 1933. Dies erfolgte, nachdem Frankreich an seinem Widerstand gegen die militärische Gleichberechtigung Deutschlands festgehalten hatte, worauf England vorschlug, Deutschland solle erst nach einer vierjährigen Übergangszeit voll gleichberechtigt sein.

Die NSDAP-Wahlparole „Kampf um Ehre und Gleichberechtigung" leuchtet den meisten Deutschen ein; dafür kann man „Ja" ohne schlechtes Gewissen stimmen. Am Plebiszit-Vorabend spricht Reichspräsident Paul von Hindenburg letztmals über alle deutschen Sender, u.a.: „Dank der mutigen, zielbewußten und kraftvollen Führung des am 30. Januar dieses Jahres von mir berufenen Reichskanzlers Hitler und seiner Mitarbeiter hat Deutschland sich selbst wiedergefunden und die Kraft gewonnen, den Weg zu beschreiten, den ihm seine nationale Ehre und seine Zukunft vorschreiben" (Dorpalen, 446f.).

Jener erste NS-„Wahlkampf", ohne konkurrierende Parteien, ist eher ein Kampf um die Wahlbeteiligung. Diese beträgt 95,2 %. Gemeldet werden 40,609 Mio. oder 95,1 % Ja-Stimmen und 2,101 Mio. oder 4,9 % Nein-Stimmen. Ungültig sind 0,758 Mio. Stimmen oder 1,74 % der abgegebenen Stimmen. „Nichtwähler", das sind Stimmberechtigte abzüglich abgegebene Stimmen, sind immerhin 1,685 Mio. Bürger.

Bei der parallelen „Reichstagswahl" erhält die NSDAP-Einheitsliste mit ehemaligen Angehörigen von DNVP, DVP, Zentrum/BVP 39,646 Mio. oder 92,2 % der Stimmen, also fast 1 Mio. Stimmen oder fast 3 % weniger, wie amtlich gemeldet. Auffallend ist die gemeldete verfünffachte Zahl von 3,398 Mio. ungültigen Stimmen oder 7,89 % der abgegebenen Stimmen. Die Zahl der Nichtwähler steigt auf 2,125 Mio.

In einigen Großstädten zeigen sich, mit „nur" 75-80 % Ja-Stimmen, Zentren erkennbaren Widerstrebens: Leipzig, Bremen, Aachen, Bremerhaven, Hamburg, Berlin (besonders in den bürgerlichen Bezirken Wilmersdorf und Charlottenburg), Bielefeld, Altona, Herford und vor allem Lübeck, wo „nur" 70 % Ja-Stimmen gemeldet werden. Die Zahl der Wahlverweigerer = Nichtwähler hinzugenommen, dürften in jenen genannten Städten etwa 25-30 % der wahlfähigen Bevölkerung NS-Verweigerer sein (Gerhard Schulz, in: Treue/Schmädeke, 83).

Seit dieser „Reichstagswahl" besitzt der Reichstag nur

noch dekorative Bedeutung als Hintergrund für wichtige Führerreden: Die „Abgeordneten" brechen im Takt in frenetischen Beifall aus, singen zum Schluß beide Nationalhymnen und kassieren ihre Diäten.

Es folgt die Volksabstimmung vom *19. August 1934* über die Übernahme auch des mit dem Tode Hindenburgs am 2. August 1934 erloschenen Amtes des Reichspräsidenten durch Hitler als „Führer und Reichskanzler". Viele Deutsche sind von Furcht ergriffen, daß mit dem Ableben Hindenburgs der letzte traditionelle Halt genommen und man nun allein einer ungewissen Gewalt Hitlers ausgeliefert ist.

Bei einer Wahlbeteiligung von 95,7 % stimmen „nur" 38,363 Mio. oder 89,9 % für Hitler. Die meisten Ja-Stimmen gibt es in Ostpreußen mit 95,9 %, die wenigsten in Hamburg mit 79,5 %. Mit Nein stimmen 4,300 Mio. oder 10,1 %. Zusammen mit 0,874 Mio. ungültigen Stimmen oder 2,0 % der abgegebenen Stimmen sind das 5,174 Mio. oder 12,1 %. Die Zahl der Nichtwähler beträgt 1,981 Mio. Diese Ergebnisse geben Hitler zu denken, trotz zu unterstellender Verfälschungen. Vergleiche mit dem Ergebnis von 1933 darf die NS-Presse nicht bringen (Maser, Regime, 112). Zumindest das Berliner Ergebnis wird von Joseph Goebbels als „Mißerfolg" empfunden (Zitelmann, Biogr., 92).

Eine Minderheit von mindestens 10,1 %, wahrscheinlich mehr, lehnt mithin die Machtfülle Hitlers ab. Hitler muß ein offiziell dokumentiertes leichtes Absinken seiner Popularität vermerken; im kleinen Kreis reagiert er darauf einige Zeit beleidigt bis schmollend. Bei dieser Gelegenheit bekennt sich Hitler zum Gedanken der plebiszitären Führerdemokratie, „tief durchdrungen von der Überzeugung, daß jede Staatsgewalt vom Volke ausgehen und von ihm in freier und geheimer Wahl bestätigt werden muß" (Domarus, 431).

Das *Saargebiet,* 1913 Quadratkilometer und 1933 r d. 826.000 Einwohner, 1920 politisch vom Deutschen Reich abgetrennt und für fünfzehn Jahre der treuhänderischen

Verwaltung des Genfer Völkerbundes unterstellt, gehörte seit 1925 zum französischen Zollgebiet und war, seitdem, das Ziel unverhüllter französischer Annexionspolitik.

Die NSDAP wurde vor 1933 nach Kräften von der Völkerbundskommission behindert. Dies verstärkte sich 1933/34 durch den Zuzug von etwa 37.000 deutschen Emigranten und Exilanten. Bei der Landesratswahl vom 13. März 1932, als Hitler in der Reichspräsidentenwahl 30,1 % Stimmen erhielt, kam die Saar-NSDAP nur auf 6,7 % der Stimmen. Bei Kommunalwahlen in drei Gemeinden am 2. Juli 1933 erhält die NSDAP rd. 35 % der Stimmen, jedoch sind dies schätzungsweise 10-15 % weniger als im Reich. Durch rührige, einfallsreiche Propaganda der Emigranten/Exilanten in den Jahren 1933 und 1934 sind im Saargebiet alle Informationen über Kirchenkampf, Judenverfolgung und Gestapo-Terror, über die man im Reich bestenfalls flüstert, wohlbekannt.

Die Mitte- und Rechtsparteien lösen sich, seit Juli 1933, auf und vereinigen sich mit der Saar-NSDAP zur „Deutschen Front". Die Anti-NS-Front im Saargebiet kommt durch das Einschwenken der Bischöfe auf die NS-Linie ins Wanken: Am 12. September 1934 mahnen die Bischöfe von Trier und Speyer an die „sittliche Pflicht der Liebe zum angestammten Volkstum". Carl Severing (1875-1952), bis 1932 SPD-Innenminister Preußens, erklärt am 30. Dezember 1934 (Interview mit „Kölnische Zeitung"), er wünsche „aufs dringendste" eine „imposante Mehrheit" für die Rückkehr des Saargebietes an Deutschland (Zitelmann, Selbstv., 573, Anm. 57). Dieses Severing-Interview ist weder gefälscht noch unter NS-Druck ergangen. Auch die meisten christlichen Gewerkschafter sind für eine Rückkehr zum Reich.

Es folgt am 13. Januar 1935 die vom Völkerbund mittels internationaler Polizei kontrollierte Volksabstimmung über die politische Zukunft des Saargebietes. Dies ist das letzte freie Duell auf deutschem Boden zwischen „Ja" und „Nein" zum NS-Regime. Die Saarländer stellen ihr nationales Bewußtsein über ihre Besorgnis vor dem NS-Regime und streben ins angestammte Vaterland zurück. Bei einer Wahlbeteiligung von 97,9 % votieren 477.119 oder 90,8 % für Wiedervereinigung mit Deutschland, 46.513 oder 8,8 % für den Status quo, 2.124 oder 0,4 % für Frankreich. Die nationale Losung erweist sich auch für rd. zwei Drittel der Saar-Linkswähler von 1932 stärker als die demokratische Losung (Aleff, 136) gegen das Dritte Reich.

Die Saarländer erbringen damit aber *auch* ein Vertrauensvotum für Hitler, der im kleinen Kreis eingesteht, mit diesem großen Sieg nicht gerechnet zu haben (Wahl, 109). Dieses international beaufsichtigte Plebiszit-Resultat entspricht den Ergebnissen im Reich: die Deutschen bekennen sich, mit riesiger Mehrheit, zu Hitler.

Vorgreifend: 1. Zum zehnten Jahrestag dieses Votums, am 13. Januar 1945, fliegt die britische Luftwaffe die beiden letzten schweren Angriffe auf das schon weitgehend zerstörte Saarbrücken. 2. Nach Kriegsende wird das Saarland 1946 erneut in das französische Zollgebiet eingegliedert. Der Saarländische Landtag beschließt 1947 wirtschaftlichen Anschluß an Frankreich und politische Autonomie. In der Volksabstimmung vom 23. Oktober 1955, Wahlbeteiligung 97,5 %, lehnen die Saarländer mit 67,7 % Europäisierung wie Anschluß an Frankreich ab. Daraufhin wird das Saarland am 1. Januar 1957 als zehntes Bundesland in die Bundesrepublik Deutschland aufgenommen, wirtschaftlich nach Übergangsfrist am 6. Juli 1959 eingegliedert.

Vor der „Reichstagswahl" vom *29. März 1936* nach Rheinland-Besetzung drei Wochen zuvor wird das Wahlrecht zur „Wahlpflicht" erklärt. In Betrieben, Hausgemeinschaften, Ämtern, sogar Schulen heißt die Parole: „Bei dieser Wahl darf keiner fehlen! Jede Stimme dem Führer! Wer nicht für Adolf Hitler stimmt, ist ein Volksverräter!" Viele, die bis dahin noch zweifelten, sind nun, da die Westmächte diesen vertragswidrigen Rheinland-Coup hinnehmen, von Hitler überzeugt (Engelmann, Im, 230f.). Hitler erhält 98,8 % der Stimmen, amtlich am wenigsten in Leipzig 97,4 % und Hamburg 95,8 %. Offiziell gibt es 452.000 Nichtwähler und 540.000 Nein-Stimmen. Teils sind die NS-Kontrollen ausgefeilter, teils ist die resignierte Einsicht gewachsen, mit einer Nein-Stimme lasse sich ja doch nichts erreichen.

Das Ergebnis der Volksabstimmung vom *10. April 1938* über den Österreich-Anschluß und die Errichtung Großdeutschlands mit 99,73 % Ja-Stimmen in Österreich und 99,02 % im Altreich trifft wahrscheinlich zu. Patriotische Begeisterung herrscht auch bei NS-Gegnern. (1921 waren am 24.4. in Tirol 98,8 %, am 29.5. in Salzburg 99,3 % für den Anschluß an Deutschland; weitere Plebiszite wurden verhindert.) *Vorgreifend:* Seit 1945 empfinden sich viele (die meisten?) Österreicher als erstes Opfer der Hitler-Aggression — eine Lebenslüge.

In den Kriegsjahren gibt es keine solchen Volksabstimmungen mehr.

Sozialdemokraten

Die SPD, mächtigste Partei der Sozialistischen Arbeiter-Internationale mit ihren (1931) 36 Parteien und rd. 6,2 Mio. Mitgliedern, hatte Ende 1932 7,25 Mio. Wähler und rd. 971.000 (1929: rd. 1,02 Mio.) Mitglieder, davon (1930) 60 % Arbeiter, 17 % Hausfrauen, 10 % Angestellte, 3 % Beamte. Der SPD standen nahe die Schutzformation Reichsbanner Schwarz-Rot-Gold mit 1932 rd. 400.000 Mitgliedern und der Arbeiter-Turn- und Sportbund mit 1932 rd. 738.000 Mitgliedern.

Dank ihrer geringen Mitgliederfluktuation und ihrer in Jahrzehnten festgefügten Organisation mit etwa 10.000 meist hauptamtlichen Funktionären stellte die SPD an Größe und Stabilität den stärksten Machtfaktor des politischen Lebens in der Weimarer Republik dar (Dederke, 128). Die tatsächlichen Einflußmöglichkeiten der SPD in der Agonie der Republik wurden überschätzt (Klaus Schönhoven, in: Michalka, 74). Die SPD-Führung erkannte nicht die revolutionäre Dimension der NSDAP und unterschätzte sie fatal. Von allen Parteien blieb allein die SPD eindeutig kompromißlos gegenüber der NSDAP.

Am 6. November 1932 hatte die SPD das schlechteste Reichstags-Wahlergebnis seit 1920/24. In der Parteiführung breitete sich Rat- und Hoffnungslosigkeit aus. Am 30. Januar 1933 war die SPD, nominell nach der NSDAP zweitstärkste Partei, politisch nicht mehr existent (Hagen Schulze, in: Stürmer, 274 + 278). Gemessen an der Stärke des NS-Gegners und dessen Machtmitteln, ist 1933 gewaltsame Gegenwehr noch aussichtsloser als beim Preußenschlag 1932 (Klaus Schönhoven, a.a.O., 79). Unter der Sogwirkung der „nationalen Revolution" beginnt sich die ziel- und kraftlose SPD seit Februar 1933 organisatorisch und moralisch unaufhaltsam zu zersetzen. Bei der SPD-Wahlkundgebung am 7. Februar 1933 im Berliner Lustgarten zündet die Rede des Parteivorsitzenden Otto Wels nicht; die Menge bleibt dumpf und stumm (Erich Matthias, in: Jasper, 297; Hoegner, 68). SPD-Mitglieder treten reihenweise aus, SPD-Ortsvereine müssen schließen.

Einen größeren Widerstand der SPD-Mitgliedschaft gegen Hitler gibt es nicht. Das Ausland ist betroffen, wie mühelos die NSDAP über die Arbeiterbewegung triumphiert, die binnen kurzem organisatorisch zerschlagen und aller legalen Aktionsmöglichkeiten beraubt wird. Die emigrierten SPD-Führer verlieren bald den Kontakt mit den Anhängern. Ein Beispiel: Einen Tag vor der Reichstagswahl vom 5. März 1933 setzt sich der preußische Ministerpräsident (seit 1920) Otto-Braun (1872-1955) nach Ascona/ Schweiz ab. Die NSDAP hat ihre „Wahlbombe"; Joseph Goebbels läßt diese Meldung mehrfach über alle Rundfunksender wiederholen. Der Schock für treue SPD-Wähler und viele Demokraten über diese Flucht des „Eisernen

Otto" oder „Roten Zaren von Preußen" ist groß. „Mit dieser Flucht... gab sich Deutschlands bekanntester Sozialdemokrat selber der Vergessenheit preis" (Karl-Heinz Janßen, in: „Die Zeit", Hamburg, 26. Mai 1978).

Der SPD-Vorstand hält an seiner Stillhalte- und Beschwichtigungstaktik gegenüber dem NS-Regime fest. Nach dem Ermächtigungsgesetz vom 23. März 1933, als SPD-Mitglieder in KZs mißhandelt oder „auf der Flucht erschossen" (sprich: ermordet) werden, streiten sich SPD-Abgeordnete um Mandate, klammern sich SPD-Funktionäre an die Hoffnung, Hitler sei eine vorübergehende Episode, so daß man durch eine loyale Einstellung zum NS-Staat die Partei retten könne. Daher auch stimmt im Reichstag die mittlerweile halbierte SPD-Fraktion unter Paul Löbe (1875-1967) am 17. Mai 1933, entgegen der Empfehlung der SPD-Exilführung, durch Erheben von den Plätzen für Hitlers außenpolitisches Programm. Für jene Einstimmigkeit bricht ein Beifallssturm der anderen Fraktionen los; selbst Hitler scheint bewegt und applaudiert den SPD-Abgeordneten. Als in der Hitler-Rede jenes Tages die erwarteten Angriffe gegen die SPD unterbleiben, schauen sich manche SPD-Abgeordnete „freudig überrascht und glücklich" an. Als die DNVP-Fraktion das Deutschlandlied anstimmt, singen die meisten SPD-Abgeordneten mit, manche unter Tränen (Hoegner, 203).

Wenig später erklärt der SPD-Vorstand den Austritt aus der Internationale und stößt jüdische Genossen aus den Vorständen aus. Die SPD-Reichstagsfraktion distanziert sich öffentlich von den Erklärungen jenes Teils des SPD-Vorstandes, der sich am 2. Juni 1933 in Prag als neue Parteileitung etabliert. Alles dies löst im Ausland Verwunderung und Bestürzung aus. Nachdem am 18. Juni 1933 in Prag die erste Nummer des SPD-Organs „Neuer Vorwärts" mit dem Aufruf des Emigrations-Vorstandes „Zerbrecht die Ketten!" erscheint, lehnt der in Berlin am 19. Juni 1933 neugewählte Parteivorstand jede Verantwortung für alle Äußerungen des Prager Emigrations-Vorstandes über den NS-

Terror ab und erkennt den emigrierten Vorstandsmitgliedern sogar ihre Parteimandate ab. Als NS-„Revanche für Prag" wird drei Tage später die SPD zur „staats- und volksfeindlichen Partei" erklärt und ihr, kraft Verbot, jede weitere Betätigung untersagt.

Verschiedene SPD-Gruppen werden illegal tätig, meist ehemalige Mitglieder der *SAJ* Sozialistischen Arbeiterjugend und des linksoppositionellen SPD-Flügels mit *SAP* Sozialistischer Arbeiterpartei, die zwischen SPD und KPD steht, dabei Willy Brandt = Herbert Frahm (geb. 1913), und *ISK* Internationaler Sozialistischer Kampfbund. Sie alle werden bis 1938/39 größtenteils vom NS-Regime zerschlagen. Aber: Sozialdemokraten wie Julius Leber, Wilhelm Leuschner, Carlo Mierendorff (1897-1943) Adolf Reichwein (1898-1944) sind führend in der Widerstandsbewegung tätig. In dem Netz von Vertrauensleuten, das die Verschwörer des 20. Juli 1944 über Deutschland vorbereitet haben, sitzen bewährte Sozialdemokraten an den Knotenpunkten.

In *Österreich* sagen viele alte Sozialdemokraten Ja zum Anschluß am 13. März 1938 an das Dritte Reich, an der Spitze die späteren Bundespräsidenten Theodor Körner (1875-1957) und Karl Renner (1870-1950), aus dem Exil etwa Friedrich Adler (1879-1960) und Otto Bauer (1881-1938). Die Ernüchterung der gleichgeschalteten Österreicher nach anfänglichem begeisterten Jubel über den Anschluß setzt bald ein. Namen und Tradition Österreichs sollen durch Gliederung in sieben Reichsgaue ausgelöscht werden. Dies und die NS-Praxis stärkt das bisher schwache eigene österreichische Nationalbewußtsein. Der politische Kopf der deutschen Widerstandsbewegung, Carl Goerdeler, stellt am 26. März 1943 in einer Denkschrift fest, daß alle Schichten des österreichischen Volkes dem Deutschen Reich „innerlich die Gefolgschaft aufgesagt" hätten (Ritter, Anh. VII, 584).

Im *Sudetenland* muß die Exil-SPD feststellen: Unter den 3,5 Mio. Deutschen wirkt der Nationalsozialismus auch un-

ter ihren Genossen „überzeugend" (Maser, Regime, 190).
Bei den CSR-Parlamentswahlen vom 19. Mai 1935 erhalten
die Sozialdemokraten nur noch 11 statt 21 Mandate, ein
Rückgang um 47,6 %. Zwei Drittel der CSR-Deutschen
stimmen für die SdP Sudetendeutsche Partei unter Konrad
Henlein (siehe unten), die damit zweitstärkste Partei der
CSR wird. Bei den Kommunalwahlen im Mai 1938 erhält
die SdP rd. 92 % der deutschen Wählerstimmen. *Henlein,*
geboren 1898, Bankbeamter, anfänglich eher autoritär-na-
tionalistischer Austrofaschist als Nationalsozialist (Aleff,
153), wird nach dem Münchener Abkommen vom 1. Oktober 1938 Reichskommissar, am 1. Mai 1939 Gauleiter/
Reichsstatthalter im Reichsgau Sudetenland. Zwei Tage
nach der Kapitulation begeht Henlein am 10. Mai 1945 in
alliierter Haft Selbstmord.

Kommunisten

Die KPD hatte Ende 1932 5,9 Mio. Wähler und rd. 360.000
Mitglieder und war damit nach NSDAP und SPD drittstärkste Partei. Hitlers Weg zur Macht war durch den verbisse-
nen Kampf der KPD gegen die SPD erleichtert und indirekt
gefördert worden. Die NSDAP wurde bis 1932 unterschätzt, die SPD als „Hauptfeind" bekämpft und als „So-
zialfaschismus" diffamiert − gemäß Moskauer Befehlen.
Wie die SPD, ist auch die KPD weder auf aktiven, gewaltsa-
men Massenwiderstand, noch auf konspirative Unter-
grundtätigkeit organisatorisch vorbereitet. Im Einklang mit
Moskau erwartet 1932/33 die KPD-Führung, ein Kanzler
Hitler werde das Reich derart herunterwirtschaften, daß
danach in einem bürgerkriegsähnlichen Chaos, fast
zwangsläufig, die revolutionäre Saat der KPD (und UdSSR)
in Deutschland aufgehen werde.
Nach dem Reichstagsbrand am 27. Februar 1933 wird die

KPD verboten und zerschlagen. Die Berliner KPD-Reichs-zentrale „Karl-Liebknecht-Haus" wird am 6. März 1933 unter Hissen der Hakenkreuzfahne umbenannt in „Horst-Wessel-Haus". Vielleicht 30.000 illegal tätige Kommunisten gehorchen den Direktiven der Inlandsleitung in Berlin und der Auslandsleitung in Prag/Paris. Nach Verhaftungswellen dezimiert, existieren seit 1938 nur noch kleine kommunistische Zirkel. Viele Kommunisten werden zu „überzeugten Anhängern" Hitlers (Zitelmann, Selbstv., 470). Stalins Terror dürften mehr KPD-Führer zum Opfer fallen als dem Hitlers. Mit dem Hitler/Stalin-Pakt vom 23. August 1939 nebst Polen-Klausel hilft Stalin entscheidend mit, die Weichen für den Ausbruch des Zweiten Weltkrieges zu stellen.

Nach dem deutschen Überfall auf die UdSSR am 22. Juni 1941 bilden sich wieder stärkere KPD-Widerstandsgruppen; sie werden bis 1945 zerschlagen. Die KPD-Widerstandszellen entfalten zwar stellenweise eine gewisse Agitation und Sabotage, bleiben aber wegen ihres doktrinären Sektierertums isolierte Randerscheinungen. Vor allem stößt andere Widerstandskämpfer ab, daß die Kommunisten, mit all ihrem Opfermut, nur die braune Diktatur durch eine rote ersetzen wollen.

Ein Monopol oder eine Vorherrschaft des kommunistischen Widerstandes gibt es nicht. Der nach 1945 oft legendär stilisierte illegale Kampf der Kommunisten, dem viele (geschätzt 20.000) KPD-Mitglieder zum Opfer fallen, vollzieht sich meist unter den wachsamen Augen der Gestapo: sie bleibt, teils durch Verräterei, teils durch infiltrierte Agenten, ständig über den KPD-Untergrund gut unterrichtet.

Katholizismus

1932/33 bilden die Katholiken 32,5 % der Reichsbevölkerung. Nur ein knappes Drittel von ihnen gilt noch als bekenntnistreu und praktizierend (Wolfgang Zorn, in: Aubin/ Zorn, II, 913). Die katholische Kirche stand dem republikanisch-demokratischen Staat distanziert gegenüber. Der berühmte Dogmatik-Theologe Michael Schmaus urteilt 1933: „Nichts ist unkatholischer als eine extrem demokratische Wertung des Seins" (Karlheinz Deschner, in: Corino, 33). 1933 hegt die Kirche vielfach die Illusion, daß das NS-Regime im Grunde eine ihre gemäßere Art politischer Ordnung darstelle als die ruhmlos untergegangene Weimarer Republik. Kämpft die NSDAP nicht wie die Kirche gegen Marxismus/Kommunismus, Materialismus, Liberalismus, Individualismus, Sittenverfall und Klassenkampf?

Die *Zentrum-Partei* war von den Parteien der Weimarer Koalition am ehesten geneigt, eine Koalition mit der NSDAP zu erwägen. Die Funktionsfähigkeit des Staatsganzen war dem Zentrum wichtiger als demokratisch-liberale Prinzipien. Ferner glaubte man, daß die Reichsverfassung die dauernde Ausschaltung einer so starken politischen Kraft wie der NSDAP nicht gestatte (Schulze, Weimar, 361).

Im Einklang mit der römischen Kurie, arrangiert sich 1933 das Zentrum mit Hitler, um in der Kirchen- und Schulpolitik Konzessionen und schließlich das lange in der Republik angestrebte Reichskonkordat zu erlangen. Das Zentrum gibt dafür, mit der Zustimmung zum Ermächtigungsgesetz vom 23. März 1933, die Demokratie preis. Nachdem Papst Pius XI. (1857-1939) durch Fallenlassen der katholischen Popolarpartei in Italien Erfolge hatte, erstrebt er ein ähnliches Ergebnis im Reich. Diesen Kurs vertritt besonders Kardinalstaatssekretär Eugenio Pacelli, später Papst Pius XII. (1876-1958), als Nuntius 1917 bis 1929 in München und Berlin, der das Zentrum allmählich nach rechts steuerte (Karlheinz Deschner, a.a.O., 26-27).

Durch das Reichskonkordat vom 20. Juli 1933 verschafft der Vatikan Hitler internationale Respektabilität. Die Fuldaer Bischofskonferenz unter Vorsitz (seit 1919) des Breslauer Kardinals Adolf Johannes Bertram (1859-1945) zieht, nach päpstlichem Hinweis, in ihrer „Kundgebung über Kirche und Nationalsozialismus" vom 28. März 1933 ihre drei Jahre zuvor ausgesprochenen und 1932 erneuerten „allgemeinen Verbote und Warnungen" vor der „unchristlichen NSDAP" zurück, erlaubt den Beitritt zur NSDAP und fordert die Gläubigen zur „Treue gegenüber der rechtmäßigen Obrigkeit" auf. Damit ist einer politischen Opposition der Katholiken der Boden entzogen. Die bayerischen Bischöfe rühmen am 6. Mai 1933 die „geistige, sittliche und wirtschaftliche Erneuerung" durch Hitlers Regierungskurs.

Alle maßgebenden geistlichen und geistigen Führer des Katholizismus fordern zur Unterstützung des NS-Regimes auf. Besonderes Gewicht hat am 26. Mai 1933 die Kölner Ansprache des Benediktiners und seit 1913 Abtes des Klosters Maria Laach, Ildefons (Taufname: Peter) Herwegen (1874-1946), Mitbegründer der liturgischen Bewegung in Deutschland, womit seine Abtei zur führenden liturgiewissenschaftlichen Forschungsstätte im deutschen Sprachraum wurde. Herwegen sagt nun, das deutsche Volk sei vor 1933 „ohne den ihm gemäßen Staat" gewesen. Jetzt seien „Volk und Staat wieder Eins geworden durch die Tat Adolf Hitlers", denn: „Auf den Glauben des Führers an das Volk antwortet die Gefolgschaft des Volkes." Herwegen schließt jedoch unüberhörbar eine Warnung vor einem nicht unter göttlichem Gesetz stehenden Staat an (Erdmann, 4/3, 436).

Das Zentrum war für 30-40 % der wahlberechtigten Katholiken außerhalb Bayerns „ihre Partei" und bis Mai 1932 in allen Reichskabinetten vertreten. Nachdem sich im April 1933 der Zentrum-Vorsitzende Ludwig Kaas (1881-1952) nach Rom, Joseph Wirth (1879-1956) nach Luzern absetzen, halten viele Zentrum-Mitglieder weiteren Widerstand gegen das NS-Regime für hoffnungslos. Als Heinrich Brüning am 6. Mai 1933 den Parteivorsitz übernimmt, kann er keinen Willen zum Überleben mehr mobilisieren (Joachim Maier, in: Michalka, 156).

Die Selbstauflösung des Zentrums am 5. Juli 1933, als letzte der demokratischen Parteien, hat keine Obstruktion der Katholiken zur Folge. Die Zentrum-Führung ruft ihre Anhänger auf, sich beim Neuaufbau von Staat und Volksgemeinschaft „von niemandem übertreffen" zu lassen. Der organisierte politische Katholizismus, schon seit Jahrzehnten in einem stillen Niedergang, jedoch von Hitler in seiner Bedeutung weit überschätzt, geht 1933 ziemlich kläglich ein.

Der NS-Angriff auf die Kirche erfolgt nicht frontal und mit gleichbleibender Methode, sondern etappenweise, mit wechselnder Stärke und verdeckten Zielsetzungen. Seit 1936 steht die Kirche im offenen Konflikt mit dem NS-Regime. Der auf Beschwerde und Beschwichtigung basierende Kurs des Episkopats-Vorsitzenden Kardinal Bertram vermeidet den Bruch, etwa Kündigung des Reichskonkordats. Der Münchener Kardinal Michael von (seit 1913) Faulhaber (1869-1952) war der Republik tief abgeneigt, für den autoritären Ordnungsstaat anfällig und sieht 1933 Hitler positiv. Dann verfaßt er die entscheidenden Passagen der berühmten, einzigen deutschsprachigen päpstlichen Enzyklika „Mit brennender Sorge" vom 14. März 1937 gegen die rassistischen Grundlagen des Dritten Reiches und die unter Bruch des Reichskonkordats vollzogenen antikirchlichen Maßnahmen.

Die Kirche kündigt nicht ihre Loyalität gegenüber dem NS-Regime auf. Der Episkopat anerkennt weiter den Träger der Staatsgewalt als legale Obrigkeit, dem ein Anspruch auf staatsbürgerlichen Gehorsam im Rahmen des sittlich Erlaubten zustehe (Gotto/Hockerts/Repgen, in: Bracher/Funke/Jacobsen, 662). Fast die gesamte höchste, hohe und niedere Geistlichkeit huldigt Hitler als dem von Gott berufenen Führer. Auch Kardinal Faulhaber: Er läßt zum Dank für Hitlers Errettung beim Münchener Attentat am 8. November 1939 in der Frauenkirche den Hymnus Te Deum Laudamus = Großer Gott, wir loben Dich singen. Nach den Synagogen-Vernichtungen vom 9. November 1938 gibt es keinen öffentlich vernehmbaren amtskirchlichen Protest, auch nicht nach dem späteren Massenmord (1941 bis 1944) an den Juden. Im Krieg, als sich die NS-Innen- und Rassenpolitik beispiellos radikalisiert, steigert sich die Wucht des Angriffs auf die Kirche.

Der Moraltheologe Josef Mayer, Paderborn, bezeichnet 1940 in einem Gutachten die *Euthanasie* für Geisteskranke als „vertretbar", aber 1941 sagen dem NS-„Gnadentod" der Berliner Bischof Konrad Graf von Preysing (1880-1950) und besonders der Münsteraner Bischof Clemens August Graf von Galen (1878-1946), genannt „Löwe von Münster", öffentlich den Kampf an. Die übrigen Bischöfe schweigen. Sie wissen, daß sich Katholiken nicht durch Bischofswort von Hitler-Treue abhalten lassen. Ein gemeinsames Hirtenwort der Fuldaer Bischofskonferenz vom 15. November 1941 gegen die NS-Diktatur scheitert, weil ein Drittel der Bischöfe nicht zustimmt (a.a.O., 665). Tausende mutiger Pfarrer, Mönche, Nonnen leisten Widerstand bis in das KZ, so auch besonders Mitglieder der katholischen Arbeiterbewegung.

Die Bischöfe wollen offenbar ohne aktiven Widerstand, ohne volle Kooperation, durch Anpassung und Widerstehen die Kirche bewahren. Der nach 1945 konstruierte konsequente Widerstand des Klerus und der Bischöfe entspricht ebensowenig den Tatsachen wie die angebliche Unkenntnis des Klerus über die NS-Greuel- und Massenmordtaten.

Anhang: Jesuitenpater Alfred Delp

Die Überlegungen „Im Angesicht des Todes" des Theologen und Soziologen Alfred Delp (1907-1945) gehören zu den ergreifendsten Zeugnissen katholischen Widerstandes. „Delps aufrichtiger Ernst leuchtet nicht nur, er brennt aus diesen tragischen Seiten" (Lukacs, 367). Als Sohn eines protestantischen Kaufmanns geboren, trat Delp 1925 dem Jesuitenorden bei und wird 1933 zum Priester geweiht. Als vielversprechender jesuitischer Philosoph wird er Mitarbeiter und 1939 Chefredakteur der 1866 gegründeten katholischen religiös-kulturellen Monatszeitschrift „Stimmen der Zeit", bis zur Einstellung (1941) dieser führenden katholischen Publikation in München.

In den ersten beiden Kriegsjahren schreibt Delp Artikel, die in gewisser Beziehung kennzeichnend für die Mentalität der deutschen Katholiken sind. Bei Kriegsbeginn im September 1939: „Flucht und Emigration oder Reaktion sind nie Haltung der Christen ..." Im April 1940 zitiert Delp unter dem Titel „Der Krieg als geistige Leistung" Thomas von Aquin (1225-1274): „Wie es Aufgabe der Religion ist, Gott die Ehre zu erweisen, so ist es nachfolgende Sache der Pietät, den Eltern und dem Vaterland die gebührende Ehre zu erweisen." Im Juni 1940 hält Delp es für angebracht, aus den Büchern des führenden NS-Rassenforschers Hans F.K. Günther (1891-1968) zu zitieren (siehe unten). Später folgt sein Umbruch. 1942 stößt Delp zur Widerstandsbewegung, hier: dem Kreisauer Kreis, und arbeitet an dem Entwurf einer christlichen Sozialordnung für Deutschland mit.

Im Juli 1944 verhaftet, sieht sich Delp dem rüden Spott des VGH-Präsidenten Roland Freisler ausgeliefert, wird zum Tode verurteilt und hingerichtet. Delp sieht das Versagen der katholischen Kirche, erkennt das Bedürfnis nach einem neuen, existentiellen Christentum, zieht die Konsequenzen aus seiner Überzeugung und zahlt als Märtyrer den höchsten Preis für sie (a.a.O., 368). Pater Alfred Delp ist ein mutiger, in vielem moderner, unkonventioneller Glaubenszeuge. Er steht für viele Katholiken im aktiven Widerstand. „Sie haben dies nicht im Auftrag der kirchlichen Führung getan und sind von dieser dabei auch nicht gestützt worden. Die Bischöfe haben aktiven Widerstand nicht als Sache der Kirche als Kirche verstanden"

(Gotto/Hockerts/Repgen, in: Bracher/Funke/Jacobsen, 667).

Günther verbreitet nach 1945 seine Ideen weiter, als ob es nie ein Drittes Reich und eine „Endlösung" gegeben hätte (Wistrich, 133).

Protestantismus

1932/33 bilden die Protestanten 62,7 % der Reichsbevölkerung, aber in Mittel- und Ostdeutschland überwiegen nominelle Kirchensteuer- und Taufschein-Christen. Aufgrund nationalkonservativer Grundhaltung hatten Kirchenführer und vor allem Kirchenvolk, im allgemeinen, kein positives Verhältnis zur Weimarer Republik. Viele lehnten die Regierungsverantwortung von SPD und Zentrum ab. Das Ende der Republik ist für sie die Erfüllung ihrer Hoffnungen. Dem Kirchenvolk erscheint Hitler als Überwinder der geistigen „Anarchie" der Weimarer Zeit (Günter Brakelmann, in: Peukert/Reulecke, 131).

Die Leitung der Evangelischen Kirche der Altpreußischen Union erklärt am 16. April 1933 ihre dankbare Freude über den Sieg der „nationalen Erhebung"; Gott habe durch eine „große Wende" zum deutschen Volk gesprochen (Günter van Norden, in: Jasper, 394). Ähnliche Botschaften erlassen auch die übrigen 27 Landeskirchen, die im Deutschen Evangelischen Kirchenbund lose zusammengefaßt sind. Wenige aufrechte, aber einflußlose Pastoren widersetzen sich dem NS-Regime, müssen dafür büßen und kommen im KZ ums Leben.

Dem am 21. September 1933 von *Martin Niemöller* gegründeten Pfarrernotbund schließen sich etwa ein Drittel der rd. 17.000 Pastoren an; ein weiteres Drittel gehört den „Deutschen Christen" an; ein Drittel verhält sich abwartend. Es gehört Mut dazu, der Nazifizierung der Kirche, den Rasselehren, dem Führerkult zu widersprechen (Engelmann, Im, 132). Es gibt Opposition in Form tapferen moralischen Widerstandes. Der erste offizielle Protest gegen Euthanasie stammt am 19. März 1940 vom Württemberg-Bischof Theophil Wurm (1868-1953), wiederholt am 9. Dezember 1941 gegen Euthanasie und Judenverfolgung und am 16. Juli 1943. Das bleiben Protestanten-Ausnahmen.

Niemöller, 1918 U-Boot-Kommandant und Pour le mérite-Träger, 1919 Freikorps-Bataillonskommandeur gegen Spartakisten, 1931 Pastor in Berlin-Dahlem, vor 1933 NSDAP-Wähler, gelobt 1934 Hitler Treue. Er ist Wortführer der aus dem Pfarrernotbund hervorgehenden *Bekennenden Kirche* (BK). Seit 1. Juli 1937 ist er in Haft, seit 2. März 1938 „Prominentenhäftling" in den KZs Sachsenhausen und Dachau.

Fast gleichzeitig wird die große Mehrheit der Geistlichen von den Kirchenleitungen genötigt, den persönlichen Treueid auf Hitler abzulegen. Die BK, in der sich lutherische und reformierte Protestanten zusammenschließen, wird zu einer Untergrundbewegung mit unbeugsamen Theologen und ist eine theologisch äußerst lebendige, zahlenmäßig wenig repräsentative Bewegung innerhalb der Landeskirchen mit eigenen Predigerseminaren, aber ohne viel Kirchenvolk. Dies trotz der Barmer Reichs-Bekenntnissynode vom 29. bis 31. Mai 1934 − erstmals seit der Reformation wieder ein gemeinsames Bekenntnis lutherischer, reformierter und unierter Protestanten.

Ebensowenig Anhang findet die das NS-Regime vertretende, bald bedeutungslos werdende Bewegung „Deutsche Christen". Gemäß Volkszählung von 1939 bezeichnen sich 95 % der Deutschen als Christen, 1,5 % als Atheisten und nur 3,5 % als „gottgläubig" im Sinne der „Deutschen Christen" und fanatischer SS-Angehöriger. Innerhalb der BK sind nur einzelne Gemeinden, Gruppen oder Glieder Träger eines passiven oder offenen ideologischen Widerstands (Armin Boyers, in: Bracher/Funke/Jacobsen, 685). Auch BK-Angehörige teilen vielfach die antijüdische

NS-Einstellung. Die Widerstandsgruppen evangelischer Christen leisten geistlichen, nicht vorrangig politischen Widerstand, und haben kein Programm zum Sturz des NS-Regimes.

Auch die BK-Pastoren leisten mehrheitlich am 20. April 1938 den Eid auf Hitler und fordern 1939 ihre Mitglieder zur Teilnahme am „gerechten Krieg" auf. Nach Kriegsausbruch fragt Niemöller aus dem KZ Dachau beim Oberbefehlshaber der Kriegsmarine an, ob es für ihn eine Verwendung gäbe. Die BK streicht den im Widerstand tätigen Theologen Dietrich Bonhoeffer (1906-1945) von ihrer Fürbittenliste für inhaftierte Pastoren. Werner Maser faßt 1983 zusammen: 1939 genießt Hitler „die größte Verehrung" im Protestantismus. „Nicht einmal Parteiorganisationen huldigen Hitler in einer Weise, wie der kirchlich organisierte Protestantismus" (Regime, 127).

Eine Sonderstellung nehmen, hier wegen ihrer klaren Frontstellung, die *Zeugen Jehovas* (bis 1931: Ernste Bibelforscher) ein. Sie nehmen die Bibel als Wort Gottes buchstäblich und ignorieren das Dritte Reich. Da das Evangelium Blutvergießen verbiete und Nächstenliebe befehle, verweigern sie den Wehrdienst. Den Hitlergruß verweigern sie als Mißbrauch einer Heilsanrufung, ebenso jeden Eid auf Hitler. Das Strafgesetzbuch betrachten sie als Anmaßung, die Justizverfahren gegen sie als rechtsungültige Gewaltakte. Von fast 10.000 Angehörigen der Sekte werden 6019 teils wiederholt verhaftet; 252 werden zum Tode verurteilt, 203 Urteile werden vollstreckt. Sie bleiben unbeugsam ihrer Überzeugung treu – was Respekt erregt.

Anhang: Evangelische Kirche und Judentum

Es gibt eine antijüdische Tradition im Protestantismus. Am 11. Juli 1932 unterrichtet Oberkirchenrat Schreiber vom Kirchenbundesamt eine amerikanische Kirchen-Delegation über die „außerordentliche Macht des Judentums auf dem Geldmarkt und in geistiger Beziehung". Vom Judentum gingen „zersetzende Einflüsse ... auf das gesamte öffentliche Leben ..." aus. Daher überlassen, nach 1933, die Kirchenführer auch Mitchristen jüdischer Herkunft der NS-Verfolgung.

Daß der NS-Staat das Recht habe, Juden aus Amt und Beruf zu jagen, ist auch in der Bekennenden Kirche (BK) keine Frage. Im November 1933 ist Martin Niemöller dagegen, daß „heute ein Pfarrer nichtarischer Abstammung ein Amt im Kirchenregiment ... einnimmt". 1935 verfaßt der BK-Angehörige Siegfried Knak, Direktor der Berliner Missionsgesellschaft , ein „Wort der Mission zur Judenfrage": Danach bringe das Judentum den Völkern Verderben. Wenn sich ein Staat dieses Verderbens erwehre, tue er seine Pflicht und dürfe harte Maßnahmen nicht scheuen. „Ein Jude wird durch Taufe und Glauben nicht ein Deutscher ..." Der württembergische Landesbischof Theophil Wurm verkündet 1937 in der Stuttgarter Stiftskirche: „Unsere Evangelische Kirche ist judenreiner als irgendeine andere Organisation." Im Februar 1942 schreibt Wurm, Kirchenführer, auch er, hätten früh schon auf die Gefahren aus „jüdischer Überfremdung" hingewiesen.

Sogar in der Widerstandsbewegung ist antijüdische Einstellung verbreitet. Siehe die „Vorschläge für eine Lösung der Judenfrage", die der 1943/44 entstandenen Denkschrift des Bonhoeffer-Kreises für eine Neugestaltung Deutschlands nach Hitler angefügt sind. Danach seien, nach dem Ende des NS-Regimes, die Grenzen gegen eine „jüdische Rückwanderung" (der vor der Verfolgung Geflüchteten) zu sperren. Der neue Staat dürfe Maßnahmen ergreifen, „um dem unheilvollen Einfluß einer Rasse auf die Volksgemeinschaft zu wehren."

Vorgreifend: Nach 1945 hilft die Kirche Heimatvertriebenen, Ausgebombten, Kriegsgefangenen, auch Entnazifizierten, versagt aber den überlebenden Juden und Christen jüdischer Herkunft ihre Zuwendung. Erst am 27. April 1950 bekennt sich die EKD-Synode in Weißensee zum Versagen der Kirche gegenüber der Judenverfolgung. Jene Erklärung ist den Christen kaum zu vermitteln: die Mehrheit fühlt sich weder schuldig noch mitschuldig (Fritz Fischer, in: „Die Zeit", Hamburg, 8. Dezember 1989; Ernst Klee, in: a.a.O., 10. November 1989).

Widerstand

Eine einheitliche Widerstandsbewegung gibt es nicht. Viele Deutsche werden von 1933 bis 1938 zwischen Bewunderung und Abscheu für die Taten und Untaten des NS-Regimes hin- und hergerissen. Es herrscht ein Neben- und Miteinander von Konformität und Nonkonformität. Es gibt eine Skala von Verhaltensweisen zwischen Zustimmung und Widerstand. Kein System kann alle Normverletzungen ahnden. Im Dritten Reich gibt es Bereiche, die im allgemeinen unterhalb der polizeilichen „Eingreifschwelle" liegen (Peukert, Volksgenossen, 96).

Das Leben unter Hitler ist weder einfach regimekonformer „NS-Alltag", noch ausschließlich „Alltag der Entrechteten". Statt dessen gibt es das vielfach uneindeutige Alltagsleben der „kleinen Leute", das sich zwischen aktivem Konsens, Anpassung und abweichendem Verhalten durchlaviert (a.a.O., 289). *Vorgreifend:* Nach 1945 werden viele Deutsche, verständlicherweise, ihren „Widerstand" aufbauschen oder ihn sogar erfinden. Andere werden ihre Beweggründe und ihr Verhalten bewußt oder unbewußt umdeuten (Pentzlin, Die, 257).

Die Übergänge fließen zwischen privatem Nonkonformismus und innerer Emigration, zwischen passivem Widerstand hilflosen Widerstrebens und aktiver Tätigkeit mutigen Widerstehens. Es gibt eine schwer erforschbare *Grauzone* des lose oder gar nicht organisierten, spontanen Protests zwischen offensivem Nonkonformismus und defensiver Verweigerung: demonstrativer Besuch der Gottesdienste mißliebiger Pfarrer, Nichtentsendung von Sohn oder Tochter in HJ und BdM, mangelhafte Hausbeflaggung, Spaziergänge bei Hitler-Reden, Verweigern von WHW-Spenden. Es gibt, von vielen Ungenannten, stille Hilfe für politisch und rassisch Verfolgte — unter eigener Lebensgefahr.

NS-Gegner Ernst Niekisch blickt 1958 zurück: „So verrückt waren die Umstände, daß man schon wie ein politischer Held handelte, wenn man die Vorzimmer einer Behörde mit dem Gruß 'Guten Tag' statt mit dem Hitlergruß betrat" (I, 278). NS-Gegner Frank Thieß (siehe S. 119), der 1933 „Hitlers Werk eine erlösende Tat" genannt hatte, darf, trotz Schreibverbot, Filmdrehbücher verfassen, weil Joseph Goebbels beweisen will, daß er großzügig sei (Cziffra, 169). Thieß, in innerer Emigration, erinnert 1972 sich: „Mein Zustand ließ sich dem eines Gesunden vergleichen, der einen Kranken, den er liebt (gemeint: das deutsche Volk im Dritten Reich, HJE), hinsiechen sieht, ohne ihm helfen zu können. Und dies, während andere erklärten, der Kranke sähe blühend aus; er sei also gar nicht krank ... Daß ein Volk Gorgonen für Retter des Vaterlandes hielt ..." (144).

Heinrich Fraenkel (1897-1986), Jude, 1935 Emigrant, urteilt 1960: „Vom Blickpunkt des Emigranten sahen die Dinge (im NS-Regime, HJE) einfacher aus, als sie waren. Wir hatten unsere Helden, die in den KZs oder in der Illegalität saßen, und wir hatten unsere Teufel: die saßen auf den Sesseln der Macht oder bedienten die Vollzugsmaschinerie der Machthaber. Erst viel später lernte ich, daß nicht alle unsere Helden gar so heldisch und nicht alle unsere Teufel gar so teuflisch waren; und daß die menschlichen und sachlichen Beziehungen der Wirklichkeit viel zu komplex waren, um in die Schwarz-Weiß-Malerei unserer Emigrantenträume zu passen" (6f.).

Das Spektrum des Widerstandes umfaßt organisierte und nichtorganisierte Kräfte der Arbeiterbewegung, illegale

Jugendgruppen gegen die HJ, stockkonservative und bürgerliche Kreise, anfängliche Sympathisanten des Nationalsozialismus, sogar hohe NS-Funktionäre. Es fehlen Kaufleute, Fabrikanten, Bankiers, selten sind auch Lehrer und Hochschullehrer. Das Attentat vom 8. November 1939 des schwäbischen Schreiners Johann Georg Elser (1903-1945) gegen Hitler prägt sich, zu Unrecht, der Erinnerung der Deutschen weniger ein als das Attentat vom 20. Juli 1944 durch Oberst i.G. Claus Graf Schenk von Stauffenberg (1907-1944) aus altem schwäbischen Adelsgeschlecht.

Seit 1933 emigrieren etwa 505.000 Menschen von im weitesten Sinne jüdischer Herkunft: etwa 330.000 aus Deutschland, 150.000 aus Österreich = Ostmark und 25.000 aus dem Sudetenland. Zur politischen Emigration zählen etwa 30.000 Menschen von Kommunisten bis zu Konservativen (Möller, Exodus, 38 + 39). Wieviele Deutsche zum Widerstand zählen, ist unbekannt. Dafür zwei Anhaltspunkte. *Erstens:* Ohne Gerichtsverfahren sind 1933-1944 zeitweilig oder dauernd in KZs (ohne Vernichtungslager und Ghettos) mindestens 1,1 Mio. Menschen, darunter wenigstens 100.000 Deutsche. *Zweitens:* Aufgrund regulärer Gerichtsurteile werden 1933-1944 11.881 Todesurteile vollstreckt, darunter sehr viele für politische Delikte.

Selbst wenn im Dritten Reich aus politischen oder religiösen Gründen womöglich 40.000 Deutsche umgebracht oder hingerichtet worden sein sollten, wäre dies eine winzige Minderheit unter den 90 Mio. Deutschen. Aktiver Widerstand ist die Ausnahme und insofern ein Elitephänomen. Um so höher stehen Einsamkeit, Opfermut, Ethos dieser isolierten, ganz auf sich gestellten, von Denunzianten umlauerten Kämpfer gegen Hitler. Zudem vom Ausland ignoriert, stellen sie sich unter äußerster Gefahr, mit minimalen Erfolgsaussichten, der NS-Diktatur entgegen und müssen meist schrecklich dafür zahlen.

Richard Löwenthal, Jahrgang 1908, Emigrant 1935, urteilt 1983 über die deutschen Widerstandskämpfer: „Sie alle haben mitgeholfen, über die Jahre der Barbarei hinweg die moralischen und kulturellen Traditionen zu bewahren, die ein menschenwürdiges Deutschland braucht" (in: Bracher/Funke/Jacobsen, 632). Und 1986 im Blick speziell auf die linken Gegner des NS-Regimes melancholisch: „... Sie hatten nie eine Chance, den Kampf gegen die siegreiche Gewaltherrschaft zu gewinnen – nicht einmal die geringe Chance der Männer des 20. Juli" (in: „Die Zeit", Hamburg, 26. Dezember 1986).

Kein Außenstehender oder Nachgeborener hat das Recht, sich darüber zu entrüsten, daß die Deutschen im Dritten Reich wenig Widerstand leisten. Der rigorose Ethiker Immanuel Kant (1724-1804) betonte, daß keiner zu mehr verpflichtet sei, als er zu leisten vermöge: Ultra posse nemo obligatur. Hier beginnt das *Märtyrertum*, und Märtyrer sein kann nie die Verpflichtung sein. Niemand hat das moralische Recht, einem Mitmenschen vorzuwerfen, dieser sei kein Held oder Märtyrer gewesen.

Viele der späteren Verschwörer gegen Hitler hatten aktiv am Untergang der Weimarer Republik mitgewirkt und im Dritten Reich wichtige Stellungen eingenommen (Engelmann, Reich, 298). Die führenden Köpfe des späteren Widerstandes sind zunächst 1933 teils für, teils gegen Hitler und dienen jahrelang treu dem NS-Regime, mit mehr oder minder starken inneren Vorbehalten. Hier sind vor allem zu nennen:

Ludwig Beck (1880-1944), Generaloberst, 1935-1938 Chef des Heeres-Generalstabs, der als betont National-Konservativer den 30. Januar 1933 als „ersten großen Lichtblick seit 1918" begrüßte, bereitwillig das Zusammenwirken Hitler/Reichswehr unterstützte, bis zu seinem Rücktritt 1938 nicht das NS-Regime stürzen, sondern es nach den Vorstellungen der Generalität reformieren wollte, 1944 vorgesehen als Reichsverweser/Staatsoberhaupt; Carl Friedrich Goerdeler (1884-1945), bis 1931 DNVP-Mitglied, 1920-1930 Zweiter Bürgermeister von

Königsberg/Ostpreußen, 1930-1937 Oberbürgermeister von Leipzig, 1931/32 und 1934/35 zugleich Reichskommissar für Preisüberwachung mit Kabinettsrang, politischer Kopf der schließlich auf den Staatsstreich drängenden Widerstandskräfte, vorgesehen 1944 als Reichskanzler; er befürwortet eine Monarchie mit Prinz Oskar von Preußen, dann mit Prinz Louis Ferdinand als neuem Kaiser.

Ferner: Wilhelm Canaris (1887-1945), Admiral, 1938-1944 Leiter des Amtes Ausland/Abwehr im OKW; Hans von Dohnanyi (1902-1945), 1929-1938 im Reichsjustizministerium, durch besondere Hitler-Weisung „arisiert", daher ohne NSDAP-Mitgliedschaft Reichsgerichtsrat am Reichsgericht, 1939 Leiter des Referats Politik im Stab der OKW-Abwehr; Ulrich von Hassell (1881-1944), überzeugter Monarchist, Schwiegersohn des kaiserlichen Großadmirals Alfred von Tirpitz (1849-1930), Diplomat, 1932-1938 Botschafter in Rom, 1944 vorgesehen als Reichsaußenminister; Helmuth James Graf von Moltke (1907-1945), ein Großneffe des preußischen Feldmarschalls, 1939-1944 Kriegsverwaltungsrat (Sachverständiger für Kriegs- und Völkerrecht) im OKW; Johannes Popitz (1884-1945), 1925-1929 Staatssekretär im Reichsfinanzministerium, 1932 Reichsminister ohne Geschäftsbereich, 1933-1944 preußischer Finanzminister, er setzt sich vergeblich für Kronprinz Wilhelm als neues Staatsoberhaupt ein; Erwin von Witzleben (1881-1944), Feldmarschall, 1941/42 Oberbefehlshaber West in Paris, 1944 vorgesehen als Oberbefehlshaber der Wehrmacht.

Sie sind zum „Hochverrat" entschlossen, wollen aber keine „Landesverräter" sein. Sie geben sich der Hoffnung hin, daß die Feindmächte einer Nicht-NS-Regierung erträgliche Friedensbedingungen zugestehen würden. Daß sie alle zunächst Hitler dienten, mindert ihre spätere Tapferkeit und Einsicht nicht; ihr Opfer sühnt Schuld.

Da wesentliche Teile der alten Elite fortschreitend in die NS-Diktatur eingespannt werden, wird die Kristallisation ernsthaften Widerstandes erschwert. Viele spätere prominente Widerstandskämpfer hatten 1933 nichts einzuwenden gegen Verfolgung und Ermordung von Sozialdemokraten und Kommunisten oder gegen Zerschlagung der Gewerkschaften und ähnliche NS-Gewaltakte. Die als überraschend empfundene Mordaktion vom 30. Juni bis 2. Juli 1934 mit ihrer bekannt werdenden Brutalität schokkiert und lähmt die Opposition.

Die national-konservative Elite empfindet jahrelang Hitler als politisch unvermeidliche Figur und hofft, das NS-Regime zu entradikalisieren. So, beispielsweise, *Goerdeler*: Nach seinem Rücktritt als Oberbürgermeister 1937 bewirbt er sich mehrfach bei Göring und Hitler um ein neues Amt, zieht aber weiterhin unerschrocken gegen NS-Korruption zu Felde. Derselbe nie zu erschütternde Optimismus, das NS-Regime durch Appell an Vernunft reformieren zu können, beseelt seine außenpolitischen Unternehmen. Finanziert von den Konzernen Bosch und Krupp, politisch gedeckt von Göring, bereist Goerdeler 1937-1939 den Westen, Balkan und Vorderen Orient und sendet seine Berichte an NS-Spitze *und* Oppositionsfreunde (Aleff, 162f.).

„Jahrelang ist gegen dieses Trauma vom durch den geschichtlichen Ablauf bestätigten Liquidator (Hitler) nicht anzukommen. Etwas Lähmendes geht von der Zwangsvorstellung aus, daß dieser unförmige braune Bagger durch den Schutt und Geröll politischer und sozialer Ordnungen eine Schneise legt" (Gisevius, 213). Joachim Fest urteilt 1983: „Es macht gerade die Tragik des konservativen Widerstands aus, daß seine moralische Einsicht so viel größer war als seine politische: in ihm kämpfte das autoritäre, tief in seine romantischen Verspätungen verstrickte Deutschland einen aussichtslosen Kampf mit der Gegenwart" (in: Bracher/ Funke/Jacobsen, 794).

Hitler darf sich allgemeiner Zustimmung, auch späterer Widerstandskämpfer, sicher sein, als er (6. April 1938, Wahlrede Salzburg) als Führer des Großdeutschen Reiches erklärt: „Ich glaube, daß die Nachwelt und die deutsche Geschichte mir einmal bestätigen werden, daß ich in der

Zeit meiner Staatsführung dem deutschen Volke den höchsten Nutzen gebracht habe" (Domarus, 846). Dazu Golo Mann 1958: „Hätte er (Hitler) nur ein klein wenig Maß gehalten, dann hätte 1933 eine neue, legitime Periode der deutschen Geschichte begonnen ... Die Bereitschaft dafür war da" (Dt. Geschichte, 811). Zugespitzt: Der Volksführer Hitler von 1938 wäre – sechshundert Jahre zuvor – geadelt, gefürstet und zum Kaiser ausgerufen worden.

Erst am Vorabend der von Hitler angeheizten Sudetenkrise, die sich im Herbst 1938 zu einem Krieg mit den Westmächten zu entwickeln droht, bildet sich ein Kern politisch oppositioneller Militärs, der Hitler stürzen, verhaften und vor Gericht stellen will. Als mit der Münchener Konferenz vom 29./30. September 1938 die Abtretung des Sudetenlandes ohne Krieg geregelt wird, ist einem Staatsstreich des Heeres der Boden entzogen, sind die Massen begeistert und die Widerständler gescheitert. Ein triumphierender Hitler ist unverwundbar. Ein Militärputsch wäre weder verstanden noch geduldet worden. Bezeichnend Witzleben, Kommandierender General im Wehrkreis III Berlin: Wenn man putsche, würde die Geschichte „nichts anderes zu berichten haben, als daß wir dem größten Deutschen die Gefolgschaft aufgesagt haben gerade in dem Augenblick, als er am größten war und die ganze Welt seine Größe anerkannte" (Erdmann, 4/2, 480).

Zeitzeuge Erich Ebermayer notiert: „Die deutlichste Reaktion auf die Septemberkrise (1938) bei uns wackeren Staatsfeinden ist eine allseits erkennbare politische Desinteressiertheit. Niemand (von seinen Anti-NS-Freunden, HJE) will sich überhaupt noch um Politik kümmern! Jede Erregung darüber erscheint einem als Verschwendung. Es lebe das Privatleben!" (und, 306). So denken nun viele.

Erst schrittweise steigert sich bei den führenden Persönlichkeiten der späteren Widerstandsbewegung (Heeres-Generalstab, Auswärtiges Amt, Adel) sachliche Kritik in Detailfragen im Sinne systemstabilisierender Korrekturen zu prinzipieller Opposition, dann zur radikalen Fronde und Verschwörung, schließlich mit dem Ziel des Attentats und Staatsstreichs im Sinne systemsprengenden Umsturzes. Als Hitler 1940/41 den Gipfel seiner Popularität erreicht und das Volk geschlossener denn je hinter ihm steht, schrumpfen die Zentren des Widerstands. Nach dem *so nicht* erwarteten Triumph des Frankreich-Feldzuges ist Hitler „unverwundbar gegen alle Kritik, gegen jeden Widerstand" (Michael Stürmer, in: Boockmann, 356).

Ein Staatsstreich kann nur erfolgreich sein, wenn die putschbereite Generalität sich der jüngeren Offiziere, der Unteroffiziere und der Mannschaften sicher sein kann. Das aber ist keinesfalls sicher, eher unwahrscheinlich. Die Putschisten können, überdies, nicht mit der breiten Masse der Deutschen rechnen. Erst nach den verheerenden Frontniederlagen von 1942/43 formiert sich im Volk, quer durch *alle Schichten,* stärkerer Widerstand aus politischen und vor allem moralischen Motiven — mit teils beispiellosem Märtyrertum.

Wie sieht das *Zukunftsbild* der Widerstandsbewegung aus? Die führenden Köpfe des konservativen Widerstandes bleiben, als Befürworter des Rechtsstaates, mehrheitlich autoritären Ideen verhaftet. Der Parteien-Demokratie stehen sie, nach den Weimar-Erfahrungen, skeptisch gegenüber. Ihre innenpolitischen Perspektiven haben wenig gemein mit den Erfordernissen einer parlamentarischen Demokratie unter den Bedingungen der technisch-industriellen Arbeitswelt. Ihre außenpolitischen Perspektiven sehen Deutschland möglichst in den Grenzen von 1938 vor, das Mitteleuropa so oder so beherrscht.

NS-Glaube und NS-Opposition

Hans Schlange-Schöningen (siehe S. 284) bestätigt 1946, daß es unter den „Alten Kämpfern" der NSDAP „eine große Zahl wirklicher Idealisten" gab, die als „reine Toren" sich alles ganz anders vorgestellt hatten und sich im NS-Regime tief enttäuscht zurückzogen (89). Ebenso urteilt 1973 Sebastian Haffner, der ergänzt, es habe unter ihnen sogar „eine Art Fronde" gegeben (Kempowski, 106). Besonders der Führer-Sekretär Martin Bormann (siehe S. 174) ist bestrebt, „unbequem" gewordene NS-Idealisten kaltzustellen. Diese systemloyale NS-Opposition von Alt-Parteigenossen hat, wegen ihres diffusen Charakters, bisher keinen Historiker gefunden.

Hans Hertel, mit 20 Jahren 1928 NSDAP-Mitglied, zuletzt Chef des Drahtlosen Dienstes des Großdeutschen Rundfunks, blickt 1977 zurück: „Ich war felsenfest von der Reinheit der (NS-)Idee überzeugt ... Erst nach langen inneren Kämpfen rang ich mich zu dem Glauben durch, daß einzelne Elemente ... für den Wert oder Unwert einer Idee nichts bedeuten, selbst wenn sie als Person mit hohen Machtvollkommenheiten ausgestattet sind ... Darin habe ich mich allerdings bitter getäuscht ... Ich sah aber keine Veranlassung, mich von der (NS-)Bewegung zu trennen. Man verläßt nicht die Fahne, weil unter Hunderttausenden auch Unwürdige mitmarschieren" (89 + 90).

Zu spät versteht diese NS-Opposition die im Juni 1933 von Oswald Spengler im Vorwort zum Buch „Jahre der Entscheidung" ausgesprochene Warnung: „Es gelangen Elemente zur Macht, welche den Genuß der Macht als Ergebnis betrachten und den Zustand verewigen möchten, der nur für Augenblicke tragbar ist. Richtige Gedanken werden von Fanatikern bis zur Selbstaufhebung übersteigert. Was als Anfang Größe versprach, endet in Tragödie oder Komödie" (16).

Widerborstige HJ-Führer übernehmen die Rolle der 1934

politisch entmachteten SA-Führer. Die jährlichen zehntägigen Reichsführerlager der HJ von 1936 bis 1939 sind für Parteibonzen unliebsame Ausbrüche jugendlichen Zorns. Die 1939 eröffnete Akademie für Jugendführung in Braunschweig soll das künftige HJ-Führerkorps schulen und prägen. Lehrpersonal und Führeranwärter pflegen kritisches Bewußtsein. Dazu gehört, daß die Bibliothek dieser HJ-Akademie mit ihren 20.000 Bänden auch im Dritten Reich verbotene Literatur aufweist.

Diese HJ-Rebellen bejahen Nationalsozialismus und Diktatur, wollen sich jedoch in keine Schablone pressen lassen. Vertreter einer NS-konformen, aber eigenen „HJ-Gesinnung" ist etwa der in Tirol geborene Hartmann Lauterbacher (1909-1988), 1927 NSDAP-Mitglied, 1934 Stabschef und Stellvertreter des Reichsjugendführers Baldur von Schirach, in allem das Gegenbild zu diesem (Wortmann, 137).

Zu diesen HJ-Rebellen gehört auch der spätere Historiker Hans-Günter Zmarzlik, Jahrgang 1922. Er erinnert sich 1970 dieser Jahre: „Wir bejahten den Staat und konnten glaubhaft behaupten, daß unsere Kritik sich gerade aus dieser positiven Sicht ergab ... So entstand ein Zwiespalt zwischen dem Wunschbild des Staates, den man im Führer und dessen Großtaten Gestalt gewinnen sah, und einer oftmals häßlichen Alltagswirklichkeit ... Welche Formen müßte dieser Staat haben, damit die Volksgemeinschaft nicht zur Lüge wird? ... Das aber hat bis zuletzt nicht die Überzeugung erschüttern können, daß das Führerprinzip gut und richtig war ... Eine Führerdemokratie schwebte uns (in Diskussionen in HJ und Wehrmacht, HJE) vor ..." (24).

Den innerlich abtrünnigen Kreisen in NSDAP, SS, SA, HJ, Waffen-SS fehlen überzeugende Mentoren und Führer. Der beiseitegeschobene NS-Ideologe Alfred Rosenberg bekennt 1946: „Meine Mitarbeiter, zum Teil aus der HJ gekommen, schlossen gewissermaßen ein revolutionäres Reform-Komplott für die Zukunft. Ich erklärte, ich würde auf die alten Tage (er ist 1944 51 Jahre alt, HJE) wie-

der Revolutionär werden, um zu erhalten, wofür wir gekämpft hatten. Wäre ich heute jung, so würde ich aus diesem System sicher herausspringen" (Härtle, 172). Sie alle
aber verdrängen die kriminelle NS-Wirklichkeit.

Viele im Denken jung und im Handeln anständig gebliebene alte NS-Idealisten setzen insgeheim auf die künftige
Rebellion der nachwachsenden HJ-Generation, sparen
aber weiterhin Hitler dabei aus. Die wenigen sauber gebliebenen Teile der NS-Führungsschicht lehnen Bonzentum und Scheinautorität, Geltungssucht und Korruption im
Dritten Reich ab. Jene systemloyale NS-Opposition drängt
zum „reinen Nationalsozialismus" zurück — ohne Grund-
satzkritik an Hitler. Sie machen Front vor allem gegen Martin Bormann und Heinrich Himmler, die von ihr als Verderber einstiger Ideale angesehen werden.

Die NS-Opposition bleibt unorganisiert und rüstet sich,
nach Ende des Krieges, für eine innere Auseinandersetzung mit dem weithin korrupten NS-Regime. Sie will die
„Goldfasane" (Parteibonzen) aus ihren Sinekuren jagen
und den Augiasstall des Dritten Reiches unbarmherzig
ausmisten. Sie erwartet, dafür Hitler zu gewinnen.

Anhang 1: SS-Zentralorgan „Das Schwarze Korps"

Seit Februar 1935 erscheint „Das Schwarze Korps" als Wochenzeitung und erreicht 1937 eine Auflage von 500.000,
1944 von 750.000 Exemplaren. Chefredakteur (im NS-Jargon: Hauptschriftleiter) ist SS-Hauptsturmführer (Haupt-
mann-Rang) Gunther d'Alquen (geb. 1910). Als Rebell gegen deutsch-nationale Bürgerlichkeit des Elternhauses
wurde er 1925 Mitglied der HJ, 1927 der NSDAP, 1931 der
SS. Dieses Blatt pflegt vielseitige Thematik, eleganten Stil,
häufig erstaunliches Niveau. Es fasziniert und schockiert
sein Lesepublikum.

Zum einen beleidigen die Haßfeldzüge gegen Judentum
und Katholizismus, gegen Bürgertum und Beamtenstand

jeden Anstand. Zum anderen gilt das „Schwarze Korps", auch wegen der kritischen Leserbeiträge, im Volksmund als „Reichsbeschwerdestelle" und als „einzige oppositionelle Zeitung" im Dritten Reich, was nicht zutrifft.

Seine radikalen, intelligenten SS-Journalisten fühlen sich als das Sprachrohr eines revolutionären Nationalsozialismus und wollen NS-Mißstände anprangern: borniere Parteifunktionäre, parteiinterne Korruption, braunen Ämterschacher. So am 31. Januar 1937: „Nach jeder Revolution besteht die Gefahr der Erstarrung ... Deshalb die für manchen überraschende Notwendigkeit einer neuen Form der Opposition." Im „Schwarzen Korps" findet sich manch offenes Wort. So am 27. August 1935, „daß Nationalsozialisten auch auf Posten gestellt werden mußten, für die ihre Kraft und Befähigung ncht ausreichten". Am 27. Mai 1936 geht es gegen „Revolutionsgewinnler der Partei".

Oder am 5. Juni 1935: „Die Judenfrage als eines der brennendsten Probleme eines Volkes wird nicht durch Straßenterror entschieden." Zum berüchtigten Thema „gesundes Volksempfinden" (siehe S. 181) heißt es am 22. April 1937: „Ein selbstbewußter Richter hat es nicht nötig, seine Urteile mit einem so dehnbaren Begriff ... zu begründen." Der Gestapo rät man am 27. August 1936, mit dem Begriff „Staatsfeind" etwas vorsichtiger umzugehen: „Es wird durch zu scharfe Verfolgung mehr geschadet als genützt ... Man sollte einmal eine genaue Statistik darüber machen, wieviel Anklagen auf Grund von Denunziation und persönlicher Rachsucht zustande kommen."

Am 11. April 1945 verabschiedet sich das „Schwarze Korps", auf der Titelseite mit Hitler-Porträt und der Balken-Überschrift „Es lebe der Führer!" Im Text heißt es einigermaßen zweideutig: „Verzeih' uns, Adolf Hitler, wenn wir je an Dir gezweifelt haben sollten!"

Anhang 2: SS-Frondeure

Es kristallisieren sich vier Gruppen heraus: 1. Ein kleiner Kreis um Reichskriminaldirektor Arthur Nebe (1894-1945), dessen Freunde, mit Nebe an der Spitze, seit Jahren mit dem Widerstand zusammenarbeiten und echte Partner der Verschwörer des 20. Juli 1944 werden. 2. Einige Führer der Waffen-SS im General-Rang, die eine Ermordung Hitlers ablehnen, gemeinsam mit Wehrmacht-Generalen Hitler aus der Kriegsführung ausschalten wollen und Waffenstillstand mit den Westmächten anstreben. 3. Ein Kreis um den Chef des SD-Auslandsnachrichtendienstes Walter Schellenberg (1910-1952), der, mit zeitweiser Billigung Heinrich Himmlers, Sonderfrieden mit den Westmächten wünscht. 4. Ein großer Kreis hoher SS-Führer von Werner Best (siehe S. 366 und 383) bis Otto Ohlendorf (siehe unten), die jede gewaltsame Regime-Änderung im Krieg bekämpfen, dafür an die Möglichkeit glauben, nach dem Krieg das Dritte Reich zu erneuern.

Zum Widerstand ist nur der *Nebe-Kreis* zu rechnen. Seit 1941 sieht Nebe in der Ermordung Hitlers die einzig mögliche Befreiung vom NS-Regime und von eigener Schuld. Zu Nebe stößt aus dem Gestapo-Bereich SS-Brigadeführer (Generalmajor-Rang) Paul Kanstein, seit 1937 Leiter der Gestapo-Leitstelle Berlin und NS-Schlüsselfigur aller Putschpläne, weil er sichert, daß die Berliner Polizei als Gegenspieler der Verschwörer ausfällt. (Bei geglücktem Umsturz hätte Kanstein die neue Sicherheitspolizei nach Hitler geleitet.) Was Kanstein und andere SS-Frondeure verbindet und von anderen Hitler-Kritikern in der SS unterscheidet, ist ihre moralische Empörung über ein Regime der Menschenverachtung und der sittliche Protest gegen eine verantwortungslose Staatsführung (Höhne, II, 531f.).

Ohlendorf, als Leiter einer Einsatzgruppe 1941/42 in Südrußland für Ermordung von rd. 90.000 Zivilisten verantwortlich, gilt wegen seiner SD-„Meldungen aus dem Reich" als ein Sprachrohr jener NS-Opposition, die sonst nicht zu Wort kommen kann. In privaten Studien entwirft er Zukunftspläne für ein NS-Deutschland, mit einer gereinigten, aber praktisch entmachteten NSDAP. Er sammelt kritische Feldpostbriefe junger Frontsoldaten, kontaktiert die Schreiber und ersinnt sich ein Nachkriegs-NS-Regime, geprägt von HJ-Führern und Frontsoldaten (Höhne, II, 534). Ohlendorfs wirtschaftspolitische Ideen für die Zeit nach dem „Endsieg" ähneln denen der Freiburger Schule der Ordoliberalen, dabei auch Ludwig Erhard (siehe S. 254).

Zum ebenso anziehenden wie abstoßenden Otto Ohlendorf (1907-1951):

Bauernsohn. 1925 in der SA, dann in SS und NSDAP. Studium Rechts- und Staatswissenschaften. Oktober 1933 Assistent am Institut für Weltwirtschaft in Kiel. Januar 1935 Abteilungsleiter im Institut für angewandte Wirtschaftswissenschaften in Berlin. Als überzeugter Nationalsozialist eigene Gedanken zur Wirtschaftsordnung und daher in Konflikt mit der NSDAP-Linie. Mai 1936 Leiter der Abteilung Wirtschaft im Sicherheitsdienst (SD) der SS. Sein Nachrichtendienst soll als Korrektiv für die Staatsführung dienen und Fehlentwicklungen aufzeigen. Nach kritischer Berichterstattung, etwa Gefährdung des Mittelstandes (siehe S. 256-260), zeitweilig kaltgestellt.

Juni 1938 Geschäftsführer, November 1939 Hauptgeschäftsführer der Reichsgruppe Handel. In Personalunion: September 1939 Leiter des Amtes III (Deutsche Lebensgebiete) im Reichssicherheitshauptamt und damit Leiter der einflußreichen Meinungsforschung Inland. November 1944 SS-Gruppenführer und Generalleutnant der Polizei.

Gegen sein Sträuben von Juni 1941 bis Juni 1942 Leiter Einsatzgruppe D im Bereich der 11. Armee in der Süd-Ukraine, die rd. 90.000 Personen, meist Juden, ermordet. Überzeugt von der Rechtmäßigkeit seines Tuns, ist er bestrebt, jene Aufgabe „nach bestem Wissen und Gewissen" zu erfüllen. Dieser Versuch, ihn durch Beteiligung am Massenmord gefügiger zu machen, mißlingt; er bleibt kritischer Ideologe. Seine im großen und ganzen ungeschminkten SD-„Meldungen aus dem Reich" werden von den Empfängern als „Defätismus" empfunden. 1943 werden sie, nach Goebbels-Intervention, durch „SD-Berichte zu Inlandsfragen" für wesentlich kleineren Empfängerkreis ersetzt. 1944 untersagen Martin Bormann und Robert Ley den Funktionären in NSDAP und DAF die Mitarbeit im SD (siehe S. 489). Der SD-Inland arbeitet mit Einzelberichten bis April 1945 (siehe S. 519) weiter.

November 1943, als Verfechter einer mittelstandsfreundlichen Politik, Ministerialdirektor und Stellvertreter des Staatssekretärs im Reichswirtschaftsministerium. Er plant einen neuen NS-Staat (siehe oben) und will – auch mit parteilosen Mitarbeitern – eine neue NS-Wirtschaftsordnung vorbereiten. Bei den (illegalen) Nachkriegsplanungen der Industrie (siehe S. 254) Ansprechpartner und Koordinator. Mai 1945 im Dienst der geschäftsführenden Reichsregierung. 1948 zum Tode verurteilt, 1951 in Landsberg/Lech hingerichtet (Hanno Sowade, in: Smelser/Zitelmann, 188-200; Wistrich, 257-259).

Anhang 3: SS-Opposition 1945

Der Entwurf vom 3. April 1945: „Die deutsche Freiheitsbewegung (Volksgenössische Bewegung)", wahrscheinlich vom Leiter der Personalabteilung des Reichssicherheitshauptamtes, SS-Standartenführer (Oberst-Rang) Alfred Franke-Grieksch (geb. 1906, verstorben 1955 in der UdSSR), ist ein Dokument systemloyaler Opposition. Danach sei die NSDAP zu befreien „von einer verrotteten Parteibürokratie und einem mancherorts eingerissenen korrupten Bonzentum", aber auch „von einem undeutschen einseitigen Führerprinzip in der inneren und einem hohlen

Machtdünkel in der äußeren Politik". Andererseits sei das Volk zu bewahren „vor einem Zurücksinken in die längst überwundenen Welten des Kapitalismus, der politisierenden Kirche, des zersetzenden Parteihaders einer parlamentarischen Demokratie, der kleinösterreichischen, bayerischen, rheinischen und sonstigen Sondertümelei sowie dem das Volk aufspaltenden klassenkämpferischen Kommunismus".

Der „Volkswille" solle sich in zwei Kammern ausdrücken: Im „Volksthing", das von gewählten Vertretern der Gauthinge in geheimer und gleicher Wahl zu bestimmen sei, und im „Ordensrat", der nach „strengsten Maßstäben politischer, soldatischer und charakterlicher Bewährung" auszulosen sei. Die Reichsregierung solle beiden Thing-Kammern verantwortlich sein und die Freiheit der Meinungsäußerung garantieren, aber zersetzende politische Hetze bekämpfen.

Als außenpolitisches Programm ist eine „europäische Friedensordnung" vorgesehen: Zusammenfassung der europäischen Völker in einer föderalistischen „Europäischen Eidgenossenschaft" mit Beibehalt ihres „Eigendaseins" und dem Recht, ihre „politische Organisation frei zu gestalten"; dazu „europäische Schiedsgerichtsbarkeit"; als Fernziel ein freier Zusammenschluß zu einem „Germanischen Reich".

Fazit: Außenpolitisch ist dies die Vision eines von der Rassenidee geformten Europas im Zeichen des Föderalismus ohne alleinigen Führungsanspruch Deutschlands. Innenpolitisch wird mit dem Führerprinzip gebrochen, ist ansatzweise die Rückkehr zur Gewaltentrennung zu erkennen, eingeschränkt durch zweite Kammer und Ablehnung echter politischer Auseinandersetzung. Totalitär bleiben die Absage an Parteien und parlamentarische Demokratie, verbunden mit Polemik gegen Kapitalismus und Katholizismus. Der Zentralismus bleibt erhalten, daher auch die Abrechnung mit aller Kleinstaaterei im Zeichen eines gefürchteten Separatismus (Steinert, 23 Tage, 19-20).

Soldaten-Eid und Soldaten-Rebellion

Die Wehrmacht ist regimetreu, der ideologisch-fanatische Soldat selten. Unter Hitler verzeichnet die Wehrmacht die glänzendsten militärischen Siege deutscher Geschichte und ihre totale Zerschlagung. Unter Hitler fällt die Zersetzung von Form und Geist des Soldatentums mit seiner höchsten Leistung zusammen. Größe und Versagen, Glanz und Schmach sind bei diesem Weg des Soldatentums in den Untergang miteinander verbunden. Hier, in Sicht der Soldaten, die Hauptstationen des Weges der Wehrmacht in Stichworten:

Im Polen-Feldzug der 18 Tage (1939) wird in präzise durchgeführter Operation, statt Materialschlacht nun Blitzkrieg, Polen geschlagen.

Der Norwegen-Feldzug (1940) von drei Wochen überglänzt noch den Polen-Sieg. Trotz weit überlegener englischer Flotte werden, im Zusammenwirken der drei Wehrmachtsteile, Truppen bis an die Nordspitze Norwegens hinaufgeworfen. Kampf und Sieg der eingekesselten Gebirgsjäger bei Narvik prägen sich dem Volksbewußtsein ein.

Der Frankreich-Feldzug (1940) ist in sechs Wochen beendet, die nächst der deutschen ruhmreichste Armee Europas zerschlagen. Der Kampf wird gegen „Versailles" geführt, das Durchqueren der Kampfstätten des Weltkrieges als Sühne unverwundener Schmach empfunden.

Der Balkan-Feldzug (1941) ist mit der Eroberung Jugoslawiens, dann Griechenlands in weniger als acht Wochen siegreich abgeschlossen.

Die Unbeschwertheit, mit der die Landser kämpfend und singend Europa besiegen, ist ohne Frivolität. Polen ausgenommen, wird der Kampf ohne Verbitterung geführt. Diese Siege bewirken unbegrenzten Glauben an den Feldherrn Hitler — wie hätte es anders sein können? Die „Soldaten des Führers" fühlen sich nicht als Vorkämpfer einer Vergewaltigung der Völker – aber objektiv sind sie es. Sie haben nicht das Gefühl, einer schlechten Sache zu dienen – aber sie tun es objektiv. Der traditionelle Soldatengeist ist bis 1940 stark genug, um trotz NS-Einbrüchen die Haltung der Truppe zu bestimmen.

Der *Rußland-Feldzug* (1941) ändert die Situation des Soldaten grundlegend. Alle führenden Militärs bejahen mit Hitler, dieser Überfall sei ein Lebensraum-, Eroberungs- und Vernichtungskrieg. Nach dem 1941 geltenden Kriegsvölkerrecht ist dieser *Vernichtungskrieg* ein kriminelles Geschehen ... Es gelingt, die in Panzern, Geschützen, Flugzeugen überwältigend überlegene Rote Armee in riesigen Kesselschlachten zu zerschlagen und den Angriff bis vor die Tore Moskaus (5. Dezember 1941), dann auf den Gipfel des Kaukasus (21. August 1942) vorzutragen. Dies Seite an Seite mit der finnischen Wehrmacht, mit italienischen, ungarischen, rumänischen, slowakischen, kroatischen Verbänden, dazu Freiwillige aus Spanien, Schweden, Dänemark, sogar aus Frankreich, Belgien, Holland, Norwegen – meist Waffen-SS.

Die NS-Propaganda spricht bis Kriegsende von der „Verteidigung des Abendlandes" gegen „östlichen Bolschewismus" und „westliche Plutokratien". Der Soldat gerät in ausweglose Verstrickung, bis hin zur Beteiligung an Mord-Aktionen. Er ist dennoch überzeugt, für die Sache des Westens zu kämpfen. Damals von den wenigsten Soldaten erkannt: Die großen Vernichtungslager im Osten können nur im Rücken der Ostfront und damit im Schutz der Wehrmacht bis 1944 arbeiten.

Ideologischer Haß durch Hitler hat eine bis dahin ungekannte Brutalisierung der Kriegsführung zur Folge. Der Russe wird zum „Untermenschen" gestempelt, dem gegenüber alles erlaubt sei. Die von Stalin unterdrückte Bevölkerung, die die Deutschen – so besonders in der Ukraine – als Befreier begrüßt, wird geknechtet. Hinter der Front beginnt das Gemetzel der SS-Kommandos, geduldet oder unterstützt von der Wehrmacht. Die Nichtachtung des Lebens der Kriegsgefangenen (siehe Anhang) hat zur Folge, daß der Gegner bis zur letzten Patrone kämpft. Beide Seiten kämpfen mit erbarmungsloser, oft grausamer Härte. Hinzu kommt: Durch Hitler ist der Soldat einer Nichtachtung seiner Existenz ausgesetzt. Das Überfordern in Kampf, Klima, Strapazen übersteigt jedes Maß menschlicher Leistung.

Der Soldat verwirklicht bis zum bitteren Ende Treue zu seinem Hitler-Eid, Einsatz für die Heimat und Glaube an den Sieg der guten Sache. Aber die Wehrmacht kann sich nicht davon freisprechen, die von Hitler befohlene Zersetzung soldatischer Ehrbegriffe mitzumachen, vorrangig im Krieg gegen die Sowjetunion. Auch Teile der Wehrmacht beteiligen sich immer wieder an völkerrechtswidrigen und verbrecherischen Maßnahmen der Ausrottung (siehe Anhang).

Das bekannteste Beispiel: Der Massenmord von 33.771 jüdischen Männern, Frauen, Kindern in der Schlucht von *Babi Jar,* westlich Kiew, am 29./30. September 1941 wird von der Wehrmacht (Oberkommando der 6. Armee) für SS-Sonderkommandos vorbereitet. Heeres-Lkw fahren die Kleider der Erschossenen ab. Heeres-Pioniere sprengen die Ränder der Schlucht so ab, daß die Leichen von der Erde bedeckt werden.

Die meisten Soldaten leisten, in wortloser Selbstverständlichkeit, ihre Pflicht — in Gehorsam, Treue, Kameradschaft. Die Wehrmacht erbringt aus diesem Geist heraus Leistungen, denen auch der Gegner seinen Respekt bezeugt. Im letzten Wehrmachtbericht heißt es am 9. Mai 1945: „Der deutsche Soldat hat, getreu seinem Eid, in höchstem Einsatz für sein Volk, für immer Unvergeßliches geleistet." Tapferkeit trägt ihren Wert in sich und kann durch politischen Mißbrauch nicht entwertet werden, sofern sie nicht gegen Sitte und Recht verstößt. Fahnenflucht, Überlaufen, Sabotage bleiben Ausnahmen. „Das Sich-Ausschließen und Sabotieren (im Zweiten Weltkrieg, HJE) ist gegen die menschliche Natur; es gehören dazu abnormale oder sehr, sehr starke Charaktere" (Golo Mann, Deutsche Geschichte, 916).

Die meisten Soldaten werden erst nach 1945 begreifen lernen: Kameraden, die einst an Hitler glaubten und ihm treu waren, vollziehen, unter dem beklemmenden Eindruck der immer deutlicher werdenden ungeheuren Verbrechen des Obersten Befehlshabers Hitler, einen Bruch mit sich selbst, mit ihrer Treue, mit ihrem Eid. Dolf Sternberger urteilt 1984: „Wer die Last und die Größe der moralischen Entscheidungen nicht wahrzunehmen vermag, die diese Männer zu treffen hatten, der sollte sich lieber bequemeren Themen zuwenden" (in: „Frankfurter Allgemeine Zeitung", Frankfurt, 25. Juli 1984).

Im Dritten Reich stehen zwei Ausdrucksformen deutschen Schicksals nebeneinander. Da ist einerseits der hohe Mut und das ethische Verantwortungsbewußtsein derjenigen, die sich gegen den Diktator Hitler auflehnen. Da ist andererseits der sehnsüchtige Glaube und die parsifalhafte Einsatzbereitschaft derjenigen, die dem Diktator Hitler folgen. Diejenigen, die den Hitler geschworenen Eid halten, glauben, daß sie für eine im Kampf auf Leben und Tod stehende Volksgemeinschaft weiterkämpfen. In Sicht der (eidbrüchigen) „Verräter des 20. Juli 1944" bleiben die Eidgetreuen in tragischer Weise gekettet an den Glauben an echtes Führertum und verkennen dabei die vom Eidträger Hitler her zerstörten Gefolgschaftsbande. Hitlers Eidbruch hat die Treue seiner Gefolgschaft verwirkt.

Nach 1945 wird, bis in die nächste Generation reichend, über „Verrat" und „Treue" der Soldaten im Zweiten Weltkrieg bitter debattiert. Das Märtyrertum der Rebellen gegen Hitler, gipfelnd im 20. Juli 1944, ist kein geringeres, aber auch kein höheres Opfer als der Soldatentod der Eidgetreuen. Für beide Lager besteht kein Grund zur eigenen Selbstüberhebung oder zur gegenseitigen Schmähung.

OKW und OKH rechnen, vor Beginn des Rußland-Feldzuges, mit 2 bis 3 Mio. russischen Kriegsgefangenen. Sie treffen aber keine Vorbereitungen für deren Unterkunft, Transport, Verpflegung, weil russische Menschenleben nichts gelten. Von den 3,35 Mio. Kriegsgefangenen von 1941 sind am 1. Februar 1942 nur noch ein Drittel am Leben. Insgesamt sterben rd. 3,3 Mio. an Unterernährung, Kälte, Fleckfieber oder werden von SS-Einsatzgruppen umgebracht – mit Wissen, Duldung, teils Mithilfe der Wehrmacht (Herbst, 135). Viele Wehrmacht-Einheiten wirken, in mörderischer Arbeitsteilung mit der SS, mit, russische Kriegsgefangene zu selektieren und zu liquidieren.

Die erschreckend barbarische Behandlung der Russen wird, von wenig Ausnahmen abgesehen, von der großen Mehrzahl der Truppenführer mitgetragen oder bewußt hingenommen – unter Führung einer überwiegend zustimmenden Generalität. Der damals ungenannte Massenmord an russischen Kriegsgefangenen wird nicht durch Eingriffe oder Weisungen Hitlers veranlaßt, liegt aber auf der Linie von Hitlers Denken.

Bis zum Winter 1941/42 werden die Millionen russischen Kriegsgefangenen an Ort und Stelle, im Wald oder auf nacktem Steppenboden eingezäunt. Schon vor ihrer Gefangennahme waren sie oft dem Verhungern nahe. Nun werden sie völlig schutzlos einem qualvollen Tod ausgesetzt – ohne warmes Essen, Medikamente, Baracken. Hunger und Kälte treiben die Russen zu Wahnsinnstaten und zum Kannibalismus. Filmaufnahmen dieser Russen auf der Stufe von Kannibalen bewirken bei den Deutschen nicht einen Aufschrei wegen des Verhungerns, sondern bestätigen die NS-Theorie vom „Untermenschen". Die NS-Propaganda vom „russischen Untermenschen" findet in der deutschen Öffentlichkeit zunächst ein durchaus positives Echo (Herbert, 136).

Für viele Wehrmacht-Posten der Kriegsgefangenenlager

stehen die Russen noch unter den Polen und kaum höher als Tiere. Die Bewacher rechtfertigen die unmenschliche Behandlung mit der Behauptung, daß sie selbst überrannt werden würden, wenn diese „riesige tierische Masse" nicht in einem Elendszustand der Auszehrung und Furcht gehalten werde (Grunberger, 158). 1942 bessern die Verhältnisse sich etwas, doch die überlebenden Russen werden, unter teilweise entsetzlichen Bedingungen, in der deutschen Wirtschaft eingesetzt. *Ein Vergleich:* Von den rd. 3,2 Mio. deutschen Kriegsgefangenen in sowjetischer Hand sterben *rd. 1,1 Mio.* oder fast ein Drittel.

Hitler und Verschwörer 1944

Hitler befaßt sich, zeitlebens, mit den Möglichkeiten und der Abwehr eines Attentates gegen ihn. Er meint (3. Mai 1942, Tischgespräch), daß gegen einen idealistischen Attentäter, der für seinen Plan rücksichtslos sein Leben aufs Spiel setze, kein Kraut gewachsen sei. Allerdings sei die Zahl idealistischer Attentäter, die ihm gefährlich werden könnten, immer gering gewesen. Bei den Bürgerlichen und den Marxisten fänden sich kaum Attentäter, die das Attentat mit dem Vorsatz durchführten, notfalls auch ihr eigenes Leben daranzusetzen (Picker, 257). Damit behält Hitler recht. Aber: Er anerkennt demnach Attentäter aus Glaubens- oder Gewissensgründen.

Ein hochinteressanter Aspekt des Geschehens um den 20. Juli 1944 bleibt ungeklärt und wird nach 1945 kaum nachgefragt: Wie steht Hitler, abgesehen von der Verdammung der „Verräter", zu ihrem politisch-ethischen Wollen? Gegenüber seinem Leibarchitekten für München und Linz, Hermann Giesler (1898-1987), 1931 NSDAP-Mitglied, ironisiert Hitler die von den Putschisten genannten „höheren Menschheitsideale" ihres Gewissens (Giesler, 452). Ahnt er, daß hinter ihrem Wollen eine Ethik steht, die er nicht wissen will und die das deutsche Volk nicht kennenlernen soll? Hitler ordnet jedenfalls an, daß den Verschwörern „blitzschnell" der Prozeß gemacht werden müsse, ohne daß sie noch groß zu Wort kommen könnten.

Hitler läßt sich alle Vernehmungsprotokolle vorlegen, erfährt daraus die Verzweigung der Widerstandsbewegung in den verschiedensten Volksschichten. Er beschäftigt sich aber nach außen hin sehr wenig mit den Hintergründen und Motiven der Widerstandskämpfer, als fürchte er unangenehme Einsichten. So vielleicht auch im Blick auf den Widerstandskämpfer seit 1938 und Alt-Pg. Wolf Heinrich Graf von Helldorf (1896-1944): Berufsoffizier, Freikorps-Kämpfer (was er im Grunde lebenslang bleibt), 1920 Kapp-Putschist, 1925 NSDAP-Landtagsabgeordneter in Preußen, 1931 Führer der SA-Gruppe Berlin-Brandenburg, 1933 Polizeipräsident von Potsdam und 1935 von Berlin. Er bereichert sich durch Bestechungsgelder von Juden. – Helldorfs Sohn kämpft 1944 als Obersturmführer (Oberleutnant-Rang) der Waffen-SS-Division Hitlerjugend an der Invasionsfront (Schönhuber, 113).

Reift in Hitler die Einsicht, in den Putschisten nicht Landesverräter, sondern aus berechtigten Motiven handelnde Hochverräter zu sehen? Hitler ist (7. Juni 1942, Tischgespräch) dafür, jeden Landesverräter ohne Rücksicht auf den Umfang des von ihm angerichteten Schadens zu exekutieren (Picker, 360), spricht sich aber über Hochverräter nicht aus. Hitler scheint dieses Thema zu verdrängen.

1925 hatte Hitler, im Blick auf Deutschland im Ersten Weltkrieg, geschrieben: „In einer Stunde, da ein Volkskörper sichtlich zusammenbricht und allem Augenscheine nach der schwersten Bedrückung ausgeliefert wird, dank des Handelns einiger Lumpen, bedeuten Gehorsam und Pflichterfüllung diesen gegenüber doktrinären Formalismus, ja reinen Wahnwitz, wenn andererseits durch Verweigerung von Gehorsam und ‚Pflichterfüllung' die Errettung eines Volkes vor seinem Untergang ermöglicht würde ...

Pflichtbewußtsein, Pflichterfüllung und Gehorsam sind nicht Zwecke an sich ... Es tritt in einer solchen Stunde die Pflicht der persönlichen Verantwortung einer ganzen Nation gegenüber in Erscheinung" (Mein Kampf, 593f.).

Mithin räumte Hitler früher selbst ein: Hochverrat kann um des Überlebens des deutschen Volkes willen berechtigt sein und zur vaterländischen *Pflicht* werden. Obwohl Hitler weiß, daß sein Krieg verloren ist und das deutsche Volk 1944 „sichtlich zusammenbricht", entzieht er sich, jedenfalls öffentlich, der Konsequenz dieser entscheidenden Frage des 20. Juli 1944. Seine allzu dünne „Rechtfertigung" lautet, so zu Hermann Giesler, nicht *er* habe das deutsche Volk in die Not geführt, sondern der offen bekundete Vernichtungswille der Churchill, Roosevelt und Stalin und ihres großen Alliierten, des internationalen Judentums (Giesler, a.a.O.).

Als Hitler am 2. August 1944 die beim Attentat verletzten Offiziere besucht, sagt er zum Göring-Adjutant Karl Bodenschatz (1890-1979), er lehne den politischen Mord nicht hundertprozentig ab, um sodann zu offenbaren: „Ich weiß, Stauffenberg, Goerdeler und Witzleben haben geglaubt, das deutsche Volk durch meinen Tod zu retten. Aber bisher hat man nur das eine ermitteln können: diese Leute hatten überhaupt keinen festen Plan darüber, was sie nachher tun wollten" (Domarus, 2137) – was nicht zutrifft. Dies ist, für den zwei Wochen zuvor knapp dem Tode entronnenen Hitler, überraschend milde gesagt. Billigt er, insgeheim, den Verschwörern ehrenhafte Hochverrats-Motive zu – im Sinne seiner 1925 dargelegten Ausführungen? Oder möchte der potentielle Selbstmörder Hitler, in einer Art Todeswunsch, durch ein Attentat als „Blutzeuge seines Glaubens" in Erinnerung und politische Willensbildung des deutschen Volkes eingehen? (Heer, 411).

21

Die Deutschen im Krieg 1939-1945

Ernährung und Volksgesundheit

Ein mittleres Kostmaß erfordert in Deutschland je nach Alter, Körpergewicht und Arbeitsleistung täglich 2500 bis 3000 Kalorien: Eiweiß (Eier, Milch, Fleisch, Fisch, Hülsenfrüchte) für substanzerhaltenden Kreislauf, Fette und Kohlehydrate für Arbeitsleistung und energetischen Kreislauf. Die dem Körper zugeführten Energiewerte sind zumeist wesentlich niedriger und individuell verschieden.

Im Weltkrieg (1914-1918) versagte die deutsche Ernährungswirtschaft. Es gab keine Bevorratung, keine Erfassungsorganisation, keine statistischen Unterlagen. Seit Sommer 1916 wurde in den Industrie-Großstädten gehungert. Die Hungerwinter 1916/17 und 1917/18 mit dem Hauptnahrungsmittel Kohlrübe, einer kraft- und anspruchslosen Gemüse- und Futterpflanze, sind zwanzig Jahre später unvergessen. Die damalige allgemeine Unterernährung ließ die Fettreserven des Körpers, schließlich das Körpereiweiß aufbrauchen und schwächte entscheidend Leistungsvermögen und Widerstandskraft.

Angesichts dieses Weltkriegs-Traumas kann Hitler die Agrar-Selbstversorgung bis 1938/39 auf 83 % steigern. Jenes Autarkie-Ziel wird bei Brotgetreide übervoll, bei Kartoffeln und Zucker voll, bei Gemüse und Fleisch fast, bei Fett zu 50 % erreicht (Petzina, Die, 150).

Vier Tage vor Kriegsbeginn, am 28. August 1939, werden Lebensmittel-, Kleider- und Kohlenkarten sowie Bezugscheine für Schuhe und Textilien eingeführt. Schlagartig sind alle Grundnahrungsmittel rationiert. Diese Teil-Rationierung wirkt wie ein Schock. Eine *volle* Lebensmittel-Rationierung gibt es erst seit 1942/43. Die Lebensmittel-Rationen berücksichtigen das Nahrungsbedürfnis der Altersklassen und, soweit wie möglich, die körperliche Arbeitsleistung. Der Soldat des Feldheeres erhält 3720 Kalorien, der des Ersatzheeres 3520 Kalorien, der zivile Schwerarbeiter 3429 Kalorien. Bevorrechtigt werden, neben Schwer- und Schwerstarbeitern, werdende Mütter und Kleinkinder, jedoch sind Mütter mit kleinen Kinder erfahrungsgemäß mit den Rationen besonders schlecht dran.

Der Kalorienverbrauch je Kopf und Tag für Normalverbraucher (1935-1938: 3043) beträgt 1939/40: 2435 und 1940/41: 2445 oder je 20 % weniger als im Frieden. Verbraucher, die früher nicht luxuriös lebten, werden kaum oder nicht berührt. Als am 6. Mai 1940 die Rationierung des bisher markenfreien Feinbackwerks in der Kuchenkarte gemäß Reichsbrotkarte B erfolgt, gibt es Unruhe unter Arbeitern: sie deckten ihren Mehrbedarf an Arbeitsverpflegung häufig mit Kuchen und sparten so Brot und rationierten Aufstrich. Die Rationen galten als erstrangiges Politikum. Kleinere Abweichungen sind mit dem Führer-Sekretär Martin Bormann (siehe S. 174) abzustimmen; größere Kürzungen bedürfen der Zustimmung Hitlers.

Die Wochen-Fleischration wird am 2. Juni 1941 von 500 g um 20 % auf 400 g gekürzt. Gleichzeitig werden Kartoffeln rationiert, die bisher nicht rationiert oder im Reich unterschiedlich bewirtschaftet waren. Wenig später, am 12. Juni 1941, wird das bisher unbewirtschaftete Pferdefleisch markenpflichtig. Der Kalorienverbrauch pro Kopf und Tag für Normalverbraucher beträgt 1941/42: 1928 und 1942/43: 2078 oder 36,6 % bzw. 31,7 % weniger als im Frieden.

Am 6. April 1942 müssen die Rationen besonders bei Fleisch und Fett gekürzt werden. Je Woche gibt es 300 statt

400 g Fleisch, 125 statt 150 g Butter, 65,62 statt 96,87 g Margarine, 2000 statt 2500 g Brot. Die Fettration beträgt nur noch 39 % des Friedensverbrauchs. Diese bisher einschneidendste Kürzung wirkt schockhaft und läßt die Volksstimmung auf einen Tiefpunkt sinken. Sechs Monate später, am 19. Oktober 1942, wird die Fleischration um 50 g, die Brotration um 250 g erhöht; damit erreicht zwar die Brotration wieder ihre frühere Höhe, nicht aber die Fleischration.

Bei Beginn der Rationierung 1939 klagen viele über „Hunger". Diese Klagen verstummen seit 1941 weitgehend, trotz zunehmender Verknappung. Die Ärzte stellen vielmehr, trotz Eiweiß- und Fettmangels, erheblich besseren Gesundheitszustand und geringere Krankheitshäufigkeit fest. Die Gewichtsabnahme, bei Frauen geringer als bei Männern, bedeutet vielfach eine Normalisierung der 1939 häufigen Übergewichtigkeit: relativer Nahrungsmangel als „Zwangsdiät" ...

Der Kalorienverbrauch pro Kopf und Tag für Normalverbraucher sinkt 1943/44 auf 1981, ist also niedriger als 1942/43, aber etwas höher als 1941/42 und liegt 19,0 % unter 1939/40 und 34,9 % unter Friedensstand. Aber Mehr- und Nachtarbeit sowie Strapazen durch Luftangriffe mit verringerter Schlafzeit heben den ernährungspysiologischen Bedarf der Stadtbevölkerung über den Friedensstand; er bleibt ungedeckt. Da der Körper, durch Herabsetzen des Grundumsatzes, den durch Unterernährung bewirkten Substanzverlust steuert, kann die Differenz zwischen physiologischem Sollbedarf und tatsächlichem Nahrungsangebot sogar für längere Zeit überstanden werden.

Bei seit 1938 etwa gleichbleibender Nutzfläche von 28,5 Mio. Hektar und wenig absinkender Viehhaltung erreicht 1944 die Erzeugung bei Roggen, Weizen und Kartoffeln 75 % des Vorkriegsstandes. Der akute Arbeitskräftemangel in der Landwirtschaft wird 1939/40 durch Einberufungen verstärkt. Die Landwirtschaft und damit die Volksernährung ruht auf den *Bauersfrauen*. Im Frieden stellten sie fast 50 % der ländlichen Arbeitskräfte, arbeiteten im

Durchschnitt 75 (im Krieg: 82) Wochenstunden, zur Ernte-
zeit 100 Wochenstunden. Die 65 Jahre und älteren Frauen
leisten den größten Arbeitsanteil. Auf kleinen Höfen leisten die Frauen 75 %, auf mittleren Höfen 50 %, auf großen
Höfen 25 % der Arbeit (Grunberger, 170). 1944 sind fast die
Hälfte aller in der Landwirtschaft Beschäftigten Ausländer:
Polen, Russen, westliche Kriegsgefangene, Italiener, Ungarn, Slowaken. Ohne sie wäre die Landwirtschaft schon
1940 zusammengebrochen.

Die *Qualität* der Lebensmittel bleibt bis Kriegsende im
großen und ganzen befriedigend. Das Brot, neben der Kar-
toffel wichtigstes Nahrungsmittel, ist trotz hoher Ausmah-
lung des Getreides weitaus besser als im Ersten Weltkrieg,
auch wenn der abnehmende Roggen- und Weizengehalt
durch beigemischtes Mais- und Kartoffelmehl ausgeglichen wird. Außerdem wird einen Tag altes Brot verkauft,
weil es längeres Kauen erfordert und so länger „vorhält".
Einschneidende Qualitätsverschlechterungen sind höherer Wassergehalt in Butter und Margarine, Verwendung
neuer Zusammensetzungen bei Fetten, verringerter Fett-
gehalt in der für Kinder zugeteilten Vollmilch, gewisse Zu-
sätze bei der Wurst. Gemüse, meist Weißkohl, gibt es verhältnismäßig reichlich und kann bis Ende 1941 frei bezo-
gen werden. Die Obst-Erfassung versagt wegen fehlender
Einlagerungen völlig.

Seit Winter 1943/44 beginnt die seelisch-körperliche Leistungsfähigkeit und Widerstandskraft durch Substanzver-
schleiß abzunehmen. Im Winter 1944/45 wird das Existenzminimum von 1800 Kalorien unterschritten: der Kalorienverbrauch pro Kopf und Tag für Normalverbraucher sinkt
auf 1671 — das sind 31,4 % weniger als 1939/40 und 45,1 %
weniger als im Frieden. Seit Anfang 1945 beginnt die relative Mangel- oder Unterernährung (knappe Eiweiß- und
Fettzufuhr, bei hoher Kohlehydrat-, Kochsalz- und Flüssig-
keitsaufnahme) in relative oder sogar absolute *Hungerer-
nährung* überzugehen.

Den NS-Gauämtern für Volksgesundheit wird am 5. April

1945 von Berlin vorsorglich mitgeteilt, da die verfügbaren Rationen unter das „Erhaltungs-Minimum" abgesunken seien, drohe, in absehbarer Zeit, Hungersnot (siehe Anhang 2). Daher steigt nun rasch der Krankenstand, nimmt die Säuglings- und Kindersterblichkeit zu. *Vorgreifend:* Die Unterernährung, teilweise Hungersnot, mit einem Kalorienverbrauch pro Kopf und Tag für Normalverbraucher 1945/46 von 1412, mithin schlimmer als 1917/18, wird von Anfang 1945, über den Hungerwinter 1945/46 hinaus, bis zur Jahreswende 1947/48 andauern.

Auf dem Lande merkt man wenig vom Beginn des sechsten Kriegsjahres, da die Reichsnährstand-Kontrollen nicht greifen. Es verbittert Normalverbraucher, daß Partei- und Wirtschaftsführer rauschende Feste feiern und sich über den Schwarzen Markt (siehe Anhang 3) reichlich mit Lebens- und Genußmitteln versorgen können. KZ-Insassen erhalten, wie Häftlinge in Strafanstalten, bei Nichtarbeit 20 % geringere Rationen – das sind oft nur 1000 Kalorien, also der Nahrungsbedarf eines normalen zweijährigen Kindes. KZs und Lager für Polen und Russen erhalten Nahrungsmittel schlechtester Qualität mit hohem Abfall; anstelle Eiweiß und Fett gibt es Kohlehydrate, was über steigende Hungerödeme zum Hungertod führen muß.

Fremdarbeiter und westliche Kriegsgefangene sind in ihren Rationen im allgemeinen der deutschen Zivilbevölkerung gleichgestellt. Erst am 21. August 1944 werden die Russen den übrigen Kriegsgefangenen gleichgestellt und erhalten mehr Fleisch, Zucker, Fett, dazu Quark, Brotaufstrich, Hülsenfrüchte, Kaffee-Ersatz (Herbert, 267).

Anhang 1: Bericht Anna Neuber

Anna Neuber, Jahrgang 1900, ist 1939 Nachtschicht-Packerin in der Druckerei der „Münchener Neuesten Nachrichten": „Ich bin nie mit meinen Lebensmittelkarten ausgekommen. Vor allem fehlten mir immer Fett und Zucker.

Rationen für Normalverbraucher, je Zuteilungsperiode von vier Wochen (28 Tage) und Kopf, in g (Eier in Stück, Kartoffeln in kg)

	Fleisch	Fett	Käse	Eier	Brot	Nährmittel	Zucker	Marmelade	Kartoffeln
1939	2000	1080	250	5	9600	600	1000	400	frei
1940	2000	1040	250	5	9000	600	900	600	frei
1941	1600	1050	125	5	9000	550	900	700	frei
1942	1200	825	125	5	8500	550	900	700	15
1943	1000	875	187	4	9300	500	900	700	12
1944	1000	875	125	3	9300	500	900	700	14
1945	1000	500	62	–	5725	300	800	700	10

Quellen: Sperling; Hans-Joachim Riecke, in: Bilanz, 331-346;
Schenck, Das, 26 + 28 + 29 + 30 + 36 + 37 + 43 + 49

Da habe ich dann Punkte von meiner Kleiderkarte gegen Fettmarken eingetauscht. Es gab ja Kolleginnen, die wollten lieber einen schicken Badeanzug oder einen neuen Büstenhalter. Manche, die Eltern oder Geschwister auf dem Land hatten, waren auf die Fettrationen auch nicht so angewiesen. Die brachten sich sonntags von daheim ein Stück Speck oder einen Topf Schmalz mit. Ich hatte niemanden, der mir etwas gab ... Für meine Raucherkarte, da hätte ich wohl genug Margarine bekommen, aber ich brauchte die paar Zigaretten, die uns Frauen zustanden, für die Feldpostpäckchen, die ich meinem Jungen schickte. Auch die meisten Zuckerabschnitte gingen dafür drauf ... Es gab ab und zu eine Tafel Schokolade oder andere Süßigkeiten, und die mochte der (einzige Sohn) Schorschi so gern ... Weihnachten 1939 war Schorschi dann zum ersten Mal auf Urlaub wieder zu Hause. Da habe ich alles zusammengekratzt, was es an Sonderzuteilungen gab. Der Metzgerfrau habe ich 18 Punkte von meiner Kleiderkarte gegeben, damit sie sich ein Nachthemd kaufen konnte, und ich habe dafür einen schönen Braten bekommen. Außerdem brachte der Schorschi aus Polen einiges mit: Wurst und Schmalz in Dosen und sogar eine Gans! Das waren die schönsten Weihnachten, an die ich mich überhaupt erinnern kann ..." (Sohn Georg Neuber fällt 1943 in Rußland.) (Engelmann, Bis, 10 + 14).

Anhang 2: Ersatznahrungsmittel 1945

Den NS-Gauämtern für Volksgesundheit werden am 5. April 1945 „neuartige Nahrungsmittel" empfohlen: Raps, Rapskuchen, Mohnkuchen, Leinsamen, Kastanien, Eicheln, Zucker- und Runkelrüben, Seradella, Klee, Luzerne, Wildpflanzen, Wildbeeren, Wurzeln, Pilze, Frösche, Schnecken, Kiefer- und Fichtennadel-Jungtriebe als Tee gegen Skorbut-Erkrankungen. „Hungerödeme werden in den nächsten Monaten in großem Maße auftreten. Behandlung:

a) absolute Bettruhe, b) kalorien- und eiweißreiche Ernährung, wenn möglich" (Kuby, 90).

Anhang 3: Schwarzer Markt

Ungeachtet der Strafandrohungen wegen Verstoßes gegen die Kriegswirtschaft-Bestimmungen, setzt sich seit 1942 immer mehr der Tausch- oder Schleichhandel durch. So kostet 1942 eine 3.1/3-Pfg.-Zigarette im Schwarzhandel 1 RM (Paul, Heimatkrieg, 167). Ein höherer Beamter des Reichsfinanzministeriums bekennt 1944, daß niemand im Deutschen Reich von seiner Lebensmittelkarte „allein lebt" (Boelcke, 135). Getauscht werden, unter „Normalverbrauchern", etwa Raucherkarten gegen Brotmarken, unter Geschäftsleuten etwa Fleischprodukte gegen Kleidungsstücke. Relationen sind etwa 1 kg Speck oder 1 Pfund Butter = 1 Paket Pfeifentabak, ein Ei oder 5 g Fett = eine Zigarette, eine Gans = 3 Flaschen Kognak, 50 g Fleisch = 10 Zigaretten. Dienstleistungen, besonders Handwerker zur raschen Beseitigung von Bombenschäden, werden vielfach nicht mehr mit Geld, sondern in seltenen Waren bezahlt (Maser, Regime, 310-311). Es entsteht eine Geheimsprache, beispielsweise Fahrkarte I. Kl. = Butter.

Eine der begehrtesten Schwarzmarktwaren ist *Bohnenkaffee*. Sein Verbrauch stieg von 1930 1,9 kg um 21,0 % auf 1938 2,3 kg pro Kopf und Jahr. Aber die Nachfrage war erheblich höher als das Angebot. Den erhöhten Verbrauch verdankten Deutschlands Kaffeetrinker Brasilien, das sein Erz nur in Verbindung mit Kaffee tauschen wollte. Angesichts der Zuteilung von 2,5 kg jährlich blüht seit Kriegsbeginn der Schwarzhandel. Nach der deutschen Besetzung Westeuropas 1940 wird Kaffee im Reich zu 40 RM je kg gehandelt. Bis Kriegsende steigt der Kaffee-Schwarzmarktpreis auf schwindelnde Höhen: in Berlin im Winter 1944/45 für 1 Pfund 400 RM oder entsprechend 20 l Benzin (Grunberger, 220) für Fluchtzwecke. Oder im Februar 1945 in

Berlin: 1 l Benzin kostet 40 RM oder 20 Zigaretten; 20 l Benzin kosten 1 Pfund Kaffee oder 1 kg Butter (Boelcke, 135).

Vorgreifend: Die Reichsmark ist bei Kriegsende fast wertlos. Dafür gibt es bis 1948 die erstaunlich inflationsfeste, kursstabile, mit dem Weltmarkt verbundene „Zigarettenwährung": Eine Zigarette = 6 bis 7,50 RM – entsprechend einem Durchschnitts-Wochenlohn. Im Dezember 1947 kosten den Normalverbraucher alle ihm auf Rationen zustehenden Lebensmittel 9,56 RM, also noch nicht einmal umgerechnet zwei US-Zigaretten. Auf dem Schwarzmarkt in Berlin-Friedenau kostet im April 1948 1 Pfund Zucker 80 RM, 1 Pfund Butter 250 RM, 1 Pfund Kaffee 330 RM (Boelcke, 179 + 180).

Luftkrieg und Zivilbevölkerung

In den Großstädten leben 1939 30,5 % der Bevölkerung, mithin rd. 24 Mio. Deutsche. Vor allem die (1943) noch rd. 15-18 Mio. Menschen in den Großstädten werden das Ziel des Luftkrieges. Später werden auch die (1939) 13,1 % Deutschen in den mittleren Städten Opfer des Luftkrieges. In einer Vorphase des Luftkrieges (1. September 1939 bis 10. Mai 1940) greifen beide Seiten nur militärische Ziele an.

In der *ersten Phase* des Luftkrieges (11. Mai 1940 bis 31. Dezember 1941) hat die Zivilbevölkerung verhältnismäßig wenig Verluste: monatlich im Durchschnitt 219 Luftkriegstote und 120 total zerstörte Wohngebäude. Das sind nach amtlicher Definition von 1944 zu 85-100 % zerstörte Gebäude, deren Instandsetzung nicht möglich ist oder in Material- und Arbeitsaufwand einem Neubau gleichkäme. Die Zerstörwirkung der Sprengbomben mit dickwandiger Stahlgußhülle ist relativ gering, ihre moralische Splitterwirkung dagegen erheblich.

Nach dem ersten Luftangriff auf Berlin (Nacht 25./26.

August 1940) werden rauchgeschwärzte Häuserruinen wie ein neues Pompeji erschreckt bestaunt. Die Berliner lästern über Hermann Göring, weil sein Wort, kein Feindbomber werde je die Reichshauptstadt bombardieren können, als Prahlerei entlarvt ist. Bis September 1940 ist es noch nicht Pflicht, bei Luftalarm Luftschutzkeller aufzusuchen. Neugierige holen sich Souvenirs aus abgeschossenen Feindmaschinen.

In der *zweiten Phase* (1. März 1942 bis 31. Mai 1944) er folgen massierte Angriffe auf Flächenziele, genannt „area bombing", mit Masseneinsatz hochwirksamer Phosphor-Brandbomben. Der Luftkrieg wird zum Luftbrandkrieg. Wer dabei war, wird es nie vergessen: das Heulen der Sprengbomben, das Zischen der Brandbomben, das Gurgeln der Luftminen. Die Brandbombe wirkt vier- bis fünfmal zerstörender als die Sprengbombe. Zunächst kleine, unscheinbare Einzelbrände wachsen zu verheerenden Groß- und Flächenbränden zusammen. Die Zivilisten müssen lernen, während des Luftangriffs ins Dachgeschoß zu steigen, um dort zischende Phosphor-Brandbomben mit Schaufeln durch die Dachluken auf Straßen, Höfe und Gärten zu werfen.

Die 1942 vermehrt eingesetzten *Luftminen* (Wohnblock-Knacker) verbreiten anfangs lähmendes Entsetzen. Diese dünnwandigen Sprengbomben mit hochempfindlichen Aufschlagzündern und rd. 80 % Sprengstoffanteil haben durch die Detonations-Druckwelle eine furchtbare Zerstörwirkung. Die durchschnittlichen monatlichen Verluste steigen von März bis September 1942 auf 741 Luftkriegstote und 1971 total zerstörte Wohngebäude, sinken jedoch von Oktober 1942 bis Februar 1943 auf monatlich 394 Luftkriegstote und 433 Wohngebäude.

Das Jahr *1943* bringt bis dahin unvorstellbare, für unmöglich gehaltene rollende Luftangriffe am Tag durch die USAAF, in der Nacht durch die RAF, unter dem Schutz neuer Langstreckenjäger und Radar-Zielfindung bei Nacht und jeder Wetterlage. Fast 90 Groß- und Mittelstädte werden in Ruinenfelder verwandelt. Trotz aller Verluste und Schäden geht das Leben in jenen Ruinenstädten weiter. Trotz Lebensgefahr stürzt man in brennende Wohnungen, um Habe zu bergen und nicht in einer Bezugschein-Mangelwirtschaft zum Armen zu werden.

Nach den Luftangriffen verwendet das NS-Regime große Energie auf die Versorgung der Bombenopfer und entwickkelt ein gestaffeltes System von Sonderzuteilungen: es gibt eine halbe Flasche Trinkbranntwein, Zigaretten, eine Dose Fischkonserven und – sehr begehrt – 25-50 Gramm Bohnenkaffee, aber auch tiefgekühltes Obst, Fruchtsäfte, Eier oder auch Trockengemüse in Zellglasbeuteln (Schäfer, 194).

Seit der Schlacht um Berlin, beginnend 18./19. November 1943, wird monatelang fast jede Nacht auf Berlin getrommelt (siehe Anhang). Der Widerstandswille der Berliner wird nicht gebrochen, sondern er versteift sich. Berliner Mutterwitz prägt das Wortspiel „Berlin ist eine Stadt der Warenhäuser, denn dort waren Häuser!" In Berlin entstehen nicht verheerende Flächenbrände wie etwa 1943 in Hamburg: Berlin hat eine günstigere städtebauliche Struktur und ist baulich widerstandsfähiger. Von März 1943 bis Januar 1944 steigen die monatlichen Durchschnittsverluste auf 8100 Luftkriegstote und 14.733 Wohngebäude, von Februar bis Juni 1944 sinken sie auf 5539 Luftkriegstote und 9445 Wohngebäude.

In der *dritten Phase* (1. Juni 1944 bis 8. Mai 1945) dehnen die Alliierten, dank totaler Luftherrschaft, ihre Angriffe auf das ganze Reichsgebiet aus, schwerpunktmäßig gegen Verkehrsnetz und Treibstoffwerke. Zusätzlich erfolgen die verlustreichsten Angriffe gegen die Zivilbevölkerung. Es gibt vom 1. Juli 1944 bis 31. Januar 1945 (Zahlen vom 1. Februar bis 8. Mai 1945 sind unsicher) monatlich im Durchschnitt 13.536 Luftkriegstote und 25.057 Totalschäden an Wohngebäuden. Zur Jahreswende 1944/45 sind 80 % der Großstädte zerstört (Rumpf, 101). Indessen: Von Februar bis April 1945 weiten sich die Luftangriffe zu „einer schwer begreiflichen Orgie von Haß und Rache" aus; es werden – beginnend mit Dresden – Würzburg, Paderborn, Hildesheim, Münster und Potsdam zerstört (Thamer, 751).

Die teilweise geschätzte *Bilanz* des Luftkrieges: 635.000 Luftkriegstote und 879.000 Luftkriegsverwundete ohne Todesfolge der Zivilbevölkerung. Hinzu kommen 654.000 total zerstörte Wohngebäude und 4,11 Mio. zerstörte Wohnungen mit dadurch 13,7 Mio. Obdachlosen (Hampe, 141 + 188). Von den 1939 in Groß- und Mittelstädten vorhandenen rd. 7,4 Mio. Wohnungen sind demnach 55,5 % zerstört.

Die Schäden an Kulturbauten sind riesig, so bei Bibliotheken und Museen. Die wissenschaftlichen Bibliotheken verlieren trotz Auslagerungen etwa 25 von 75 Mio. Bänden, die technischen Bibliotheken im Durchschnitt 53 % ihres Bestandes. Die Museen-Schäden sind kaum zu überblicken. So werden die Naturkundemuseen zu 45 % zerstört. Der Geldwert der Luftkriegsschäden kann auf 110-120 Mrd. RM oder 20-22 % des Volksvermögens von 1939 geschätzt werden (a.a.O., 141-142 + 147 + 242-243). Genauere Statistiken bleiben unerreichbar.

Die Städtebevölkerung durchsteht mehr Bombenangriffe als erwartet. Ihre moralische Widerstandskraft kann nicht gebrochen werden. Der Mensch im Bombenhagel wird seelisch widerstandsfähiger. Es erweist sich: Der Mensch kann außerordentliche Dauer-Belastungen ohne Zusammenbruch ertragen – vor allem durch Mobilisieren bisher nicht geahnter seelischer Kraftreserven. Die (theoretische) Volksgemeinschaft wird im Luftkrieg zur (praktischen) Leidensgemeinschaft. Sie bewährt sich meist besonders in der Familie.

Die britischen Luftkriegshistoriker Sir Charles Webster und Noble Frankland urteilen 1961, daß die deutschen Männer und Frauen unter schrecklichsten Bedingungen Ausdauer, Energie und Mut entfaltet hätten. „Der Stoizismus und in vielen Fällen das Heldentum des deutschen

Volkes ..., die Weigerung, sich durch Angst und Terror beugen zu lassen, nötigen Respekt und Bewunderung ab" (Bd. II, 224).

Der Oberbefehlshaber (seit 22. Februar 1942) des britischen Bomber Command, Air Chief Marshal Sir Arthur T. Harris (1892-1984), will durch Luftkrieg den physisch-propagandistischen „Würgegriff" des NS-Regimes gegenüber der Zivilbevölkerung aufbrechen. Die Rache der Deutschen in ihren zerbombten Städten soll sich in Widerstand gegen Hitler umsetzen. Soll also der Mann, dessen Frau und Kind unter den Haustrümmern erdrückt sind, dafür nicht den Verursacher, die alliierten Bomber, sondern den Urheber, sprich: Hitler, verantwortlich machen? Das zu erwarten bleibt unrealistisch (Hampe, 182).

Der „Wille zur Normalität" beherrscht die Masse der Deutschen, und er verstärkt sich, je mehr ihre Städte in Bombentrümmer versinken. Viele Deutsche verfallen in eine Stimmung, in der sich Apathie und Vergnügungssucht mischen (Ulrich Heinemann, in: Kleßmann, 40).

Gemeinsame Leiden erzeugen Korpsgeist und versteiften Kampfwillen. Sogar in Kreisen, die Hitler und das NS-Regime ablehnen, wächst Erbitterung gegen einen derart brutalen Luftfeind (Spetzler, 295). Im USA-Exil denkt Ex-Reichskanzler Heinrich Brüning (14. Juli 1941, Brief an Edmund Stinnes) ähnlich: „Die Zerstörung Münsters und des Domes Karls des Großen in Aachen ... wird Haß erwecken, aber nicht gegen Hitler, sondern gegen die Briten ... Alle Londoner Kirchen zusammen besitzen weder das Alter noch die Schönheit der Kirchen in meiner Heimatstadt (Münster), aber die Zerstörung wird (in England) als große Heldentat gerühmt und nicht als Barbarei, da sie sich ja gegen andere richtete ..." (Briefe, 366.)

Viele Deutsche beklagen sich nur selten oder verhalten; sie nehmen den Luftkrieg wie ein Naturereignis hin. Das Verhältnis der Zivilbevölkerung zu den alliierten Luftangreifern bleibt bis zuletzt erstaunlich indifferent und frei von persönlichen Haßgefühlen. Als aber Feindflugzeuge

1944 zunehmend Zivilisten mit Bordwaffen beschießen, werden allerdings abgeschossene Flieger gelyncht.

Wie reagiert die *NS-Führung?* Hitler meint am 18. Oktober 1943, von bulgarischen Gästen auf die grauenhaften Zerstörungen deutscher Städte angesprochen, ein Mann der alles verliere, sei ein wahrhaft fanatischer Kämpfer; im übrigen seien in den letzten 300 Jahren etliche deutsche Städte bis auf die Grundmauern abgebrannt, nur um sich neu zu erheben (Irving, 354). Hitler läßt sich zwar stets über Verluste und Sachschäden berichten, setzt etwa nach einem besonders verlustreichen Angriff auf Kassel den Gauleiter ab, weigert sich aber beharrlich, je eine zerbombte Stadt aufzusuchen.

Vor 1939 war das NS-Regime im Zuge der Stadtsanierungen bemüht, in übervölkerten Armenvierteln und enggebauten Altstadtteilen sonnenlose Gassen, verbaute Innenhöfe, ungesunde Hinterhäuser zu beseitigen und freizulegen. Diese NS-Raumordnungspläne werden durch die Luftangriffe in ungeahnter Weise beschleunigt und verwirklicht. Städteplaner und Architekten sehen größte Chancen der Erneuerung. Joseph Goebbels und Martin Bormann sehen im Luftkrieg, der weder Arm noch Reich verschont, den Beginn der totalen NS-Sozialrevolution.

Die Leistung der Berufs- und Freiwilligen Feuerwehren und des zivilen Luftschutzes ist bewundernswert. Das Lösch-, Bergungs-, Aufräumungs-, Sanitäts- und Instandsetzungspersonal leistet Unglaubliches. In vielen Werken bewähren sich freiwillige Feuerlöschtrupps von Franzosen, Polen und Russen. Besonders bewähren sich seit 1943 Luftschutzbunker, bombensichere Tunnel und Stollen. Ohne diese und andere Luftschutz-Maßnahmen, ohne die Leistung ziviler Luftschutzkräfte, vor allem der tapferen Frauen-Luftschutzwarte, gäbe es sicher mehr als das Fünffache an Luftkriegstoten (Hampe, 149).

Erfolgsmäßig lag Berlin auf dem Breitengrad von New York, landschaftlich auf dem von Schloß Rheinsberg. Aus märkischem Sand und amerikanischem Hartgestein baute sich die Weltstadt Berlin. Es war eine blühende und turbulente Stadt von hinreißender Vitalität, die größte deutsche Industrie- und Handelsstadt, das Luftkreuz Kontinentaleuropas. Mit ihren 1939 4,34 und Ende 1944 2,83 Mio. Einwohnern war die Reichshauptstadt das politische und wirtschaftliche, wissenschaftliche und in wesentlichem Umfang kulturelle Zentrum Deutschlands. In der letzten freien Reichstagswahl vom 6. November 1932 erhielten in Berlin SPD 23,3 %, KPD 31,0 %, zusammen 54,3 % der Stimmen, die NSDAP nur 25,97 %. In der halbfreien Reichstagswahl vom 5. März 1933 kam die NSDAP im Reichs-Durchschnitt auf 43,9 %, in Berlin nur auf 34,6 %. Kein NS-Prominenter stammt aus Berlin.

Fünf Großangriffe vom 18. November bis 3. Dezember 1943 mit 2212 britischen Bombern sind der Beginn der Luftschlacht um Berlin, für die RAF das wichtigste Ziel. In 363 Luftangriffen werfen 18.468 Flugzeuge 45.517 Tonnen Bombenlast auf Berlin ab. Von 1,54 Mio. Wohnungen werden 730.000 oder 47,4 % zerstört; mindestens 35.000, womöglich 50.000 Menschen finden den Tod. Bei den Luftangriffen gibt es regelmäßig (schätzungsweise) 5000 Verletzte und 30.000 Obdachlose — dies entspricht jeweils der Vernichtung einer kleineren Stadt. Dieser im Verhältnis zu Dauer und Aufwand des Bombenkrieges dennoch niedrige Anteil von Luftkriegstoten zeugt für eine hohe Luftschutz-Disziplin der stoischen und mutigen Berliner.

Sofort nach Entwarnung fahren stets Soldaten, etwa in Divisionsstärke, in die Stadt, um die Trümmer von den Straßen zu räumen und für Fahrzeuge den Zugang in die brennenden und ausgebombten Stadtviertel freizulegen. Ihnen folgen Sanitätsautos, Feuerwehren, Verpflegungskolonnen. Gleichzeitig beginnt man zerstörte Strecken der

S- und U-Bahn, der Oberleitungen und Gleise der Straßenbahn wiederherzustellen. Noch in der Bombennacht werden die Ausgebombten umquartiert. An jedem Morgen nach einer Schreckensnacht erlebt Berlin ein Wunder: Die Brände sind unter Kontrolle, der Verkehr läuft wieder, so daß jeder Berliner, oft auf Umwegen mit mehrfachem Umsteigen, daher verspätet, seinen Arbeitsplatz erreichen kann.

Post, Bahn, Presse, Theater, Konzerte gehen bis fast zuletzt weiter. Nach jedem Luftangriff werden Telefon, Wasser, Strom im Eiltempo wiederhergestellt. Die Theater passen sich in ihren Schlußzeiten den früher einsetzenden Nacht-Luftangriffen an. Noch am 21. April 1945, 17.30 Uhr, als die russische Artillerie sich schon auf Berlin einzuschießen beginnt, gibt es ein Opernkonzert im Schauspielhaus am Gendarmenmarkt: Margarete Klose, Tiana Lemnitz, Willi Domgraf-Faßbaender, Josef Greindl, Jaro Prohaska und Helge Roswaenge singen Szenen aus Mozarts „Zauberflöte" und Verdis „Aida".

Bei Kriegsende sind zwei Drittel der Berliner Industrieanlagen betriebsfähig. 1945 ist fast jede zweite Berliner Wohnung total zerstört oder schwer beschädigt, also unbewohnbar. Der Krieg verlangt demnach der Stadt Berlin viel größere Opfer ab als den Berlinern.

Die Organisation der zivilen Luftabwehr ist mit dem Namen des Berliner Gauleiters Joseph Goebbels verbunden, seit 1. April 1944 als Stadtpräsident auch Inhaber der vollziehenden zivilen Gewalt. Sofort nach dem warnenden Hamburg-Beispiel im Juli 1943 läßt Goebbels Frauen und Kinder evakuieren, Bunker und Deckungsgräben ausbauen, alle notwendigen Hilfsmaßnahmen vorbereiten. Wegen seiner vorbeugenden Maßnahmen bleibt Goebbels bei den Berlinern ungewöhnlich populär. Wichtiger noch: Er scheut sich nicht, zu den Bombenopfern zu gehen, ihre vielfachen Sorgen anzuhören, unbürokratisch Abhilfe zu schaffen. Goebbels leitet aus einem nur splittersicheren Luftschutzkeller am Wilhelmsplatz die zivile Luftabwehr.

Die westlichen und südlichen, schwächer bevölkerten Wohn- und Villenviertel halten dem Schrecken des Luftkrieges weniger entschlossen stand als die Arbeiter-Wohnviertel im Osten und Norden. Der Westen und Süden Berlins zeigen eine weit stärkere, der Osten und Norden eine erheblich geringere Abwanderung als der Berlin-Durchschnitt (Juli 1943 bis Juli 1944) von 29,8 %. Die Evakuierung von Kindern und Jugendlichen ist noch stärker, da die bürgerlichen Stadtviertel von ihnen weit mehr geleert werden als die Arbeiterviertel (Pritzkoleit, Berlin, 49 + 60). Parallel dazu beginnt 1944 die Absetzbewegung der Großunternehmen und der Konzernleitungen.

Der Berliner ist praktisch und romantisch, energisch und sentimental, neugierig und kritisch, nüchtern, schlagfertig, witzig mit Untertönen von Melancholie, für Leistung und Überleben. Das faszinierende Fluidum Berlins wird alle Kriegszerstörungen überstehen, aber Berlin wird nach 75 Jahren nicht mehr Hauptstadt eines Deutschen Reiches sein. Doch das ahnen 1944/45 die wenigsten Berliner.

Legende „Totaler Krieg"

In und nach dem Ersten Weltkrieg (1914-1918) kam die Lehre vom totalen Krieg auf. Danach sei die gesamte Bevölkerung, ob in der Armee oder in der Heimat, am Existenzkampf um Sein oder Nichtsein zu beteiligen. Alle menschlichen, materiellen, moralischen Potentiale müßten in den Dienst einer Vernichtungs-Strategie gestellt werden.

Hitler plant keinen totalen Krieg, sondern kurze Blitzfeldzüge. Daher gibt es 1939 weder eine Generalmobilmachung noch eine vorgeplante Umstellung von Friedens- auf Kriegswirtschaft. Hitler wagt 1939 keine rechtzeitige, planmäßige, rigorose Erfassung und Steuerung des deutschen Kräftepotentials. Theater, Kinos, Varietés, Zirkusunterneh-

men, Sportveranstaltungen, Messen usw. bleiben friedens-
mäßig erhalten. Während das demokratische Großbritannien sofort zur totalen Mobilisierung seiner Arbeitskräfte
greift, scheut Hitler wegen der Volksgunst derartige unpopuläre Eingriffe.

Statt dessen greift das NS-Regime verstärkt auf *ausländische Arbeitskräfte* (siehe Anhang) zurück. Durch Kriegsgefangene steigt ihre Zahl von 1940: 1,15 Mio. auf 1941: 3,51
Mio. an. (Kriegsgefangene Soldaten, nicht Offiziere, dürfen nach Völkerrecht zur Arbeit herangezogen werden.)
Spätestens seit Herbst 1941 ist die Kriegswirtschaft ohne
Alternative auf Ausländer angewiesen.

Die Deutschen sehen die Fremdarbeiter als selbstverständlichen Teil der Kriegsszene: Wir sind die Sieger, die
Fremden sind dazu da, um für uns zu arbeiten! Industriebetriebe wetteifern um ausländische Kriegsgefangene und
Arbeitskräfte. Bis 1941 verheißt das Dritte Reich für sie bessere Lebensbedingungen als in ihrer Heimat. *Vorgreifend:*
Die mindestens 200.000, wenn nicht 400.000 freiwillig ge-
kommenen Ausländer, häufig Franzosen, werden 1945 zumeist sagen, sie seien unter Druck gezwungen im Reich gewesen und miserabel behandelt worden, um nicht als Hit-
ler-Kollaborateure zu gelten.

Im Mai 1942 gibt es 7,8 Mio. deutsche Arbeitskräfte weniger als im Mai 1939. Die Zahl ausländischer Kriegsgefangener und Zivilarbeiter liegt um 3,9 Mio. höher. Das rech-
nerische Defizit beträgt 3,9 Mio. Daher ernennt Hitler am
21. März 1942 den Thüringer Gauleiter (seit 1927) Fritz
Sauckel (1894-1946) zum Generalbevollmächtigten für den
Arbeitseinsatz. Mit Sauckels Namen verbinden sich grausame Massen-Deportationen von Frauen, Männern und
Kindern.

Polen und Ostarbeitern (Russen) verbleiben nach extremen Steuerabzügen nur geringe Bar-Löhne. Erst seit 25.
März 1944 werden Ostarbeiter arbeits- und sozialrechtlich
den übrigen ausländischen Arbeitskräften gleichgestellt.
Nach der seit 1. November 1943 geltenden besseren Be-

zahlung von Kriegsgefangenen soll ein Unternehmen für einen Kriegsgefangenen, wenn dessen Arbeit der eines gleichartigen deutschen Arbeiters mit einem Lohnbetrag von 200 RM entspricht, 88 RM dem Kriegsgefangenen „gewähren". Bei einem sowjetischen Kriegsgefangenen sind 118 RM monatlich dem Lager zu überweisen, womit dem Russen lediglich 30 RM verbleiben (Boelcke, 139).

Die Zahl ausländischer Arbeitskräfte und Kriegsgefangener steigt von 1942: 4,665 auf 1943: 5,740 Mio. Im August 1944 sind von 28,854 Mio. insgesamt Beschäftigten 7,652 Mio. Ausländer. Davon sind 5,722 Mio. oder drei Viertel Zivilarbeiter (darunter 1,925 Mio. oder ein Drittel Frauen) und 1,930 Mio. Kriegsgefangene. Der Ausländeranteil macht 26,5 % aus. Darunter sind 2,8 Mio. oder 36,8 % Russen, 1,7 Mio. oder 22,3 % Polen, 1,3 Mio. oder 17,0 % Franzosen, 590.000 oder 7,7 % Italiener, 250.000 oder 3,3 % Belgier. Mehr als die Hälfte der russischen und polnischen Zivilarbeiter sind Frauen im Alter von durchschnittlich 20 Jahren (Herbert, 270).

Im Metall-, Chemie-, Bau- und Bergbau-Bereich sind 1944 etwa ein Drittel Ausländer, in reinen Rüstungsbetrieben sogar bis zur Hälfte. 1944/45 ist jede vierte Arbeitskraft ein zur Arbeit in Deutschland gezwungener Ausländer oder Kriegsgefangener, in der Landwirtschaft sogar fast jede zweite (Zumpe, 345 + 346; Herbert, 11 + 270).

Behörden in Reich, Provinzen, Gemeinden und besetzten Gebieten erfreuen sich weiterhin reicher personeller Ausstattung. Jede angestrebte Verringerung von öffentlicher Verwaltung und Parteibürokratie gelingt nur zum kleinen Teil — dank des stillen, unglaublich zähen Widerstandes der Behörden. Nicht zu vergessen: Bis zum Kriegsende, als Kranke und Krüppel an der Front stehen, führt eine „Armee" von vielleicht einigen hunderttausend, größtenteils fronttauglichen Männern den Vernichtungsfeldzug gegen die Juden.

Auch die Wehrmacht betreibt groteske Verwaltungsbürokratie (siehe S. 468). Alle „Auskämmungsaktionen" seit Führer- Erlaß vom 22. November 1942 durch General Walter von Unruh (1877-1956) und seinen Stab, den „Schrekken der Etappe", ändern daran so gut wie nichts. Noch am 9. April 1945 stellt der Stab der für die Oderfront verantwortlichen Heeresgruppe Weichsel fest, der Wehrkreis II (Stettin) lebe einem Selbstzweck mit Etappendasein, sei personell übersetzt, mit Drang nach Westen. Im Wehrersatzwesen gebe es zuviel Stäbe, so im Raum Neustrelitz/Mecklenburg aus (dem längst russisch besetzten) Ostpommern ausgewichene Dienststellen ohne Daseinsberechtigung.

Von den Wehrbezirkskommandos „unabkömmlich" gestellt zu werden, wird zur Quelle der Korruption. Gute Beziehungen zu NS-Bonzen werden zur fast wichtigsten Voraussetzung für Nichteinberufung, so in der Landwirtschaft: Parteifunktionäre des Reichsnährstandes, die Bauern für „uk" erklären können, werden mit Bestechungsgeschenken überschüttet. Wehrmacht-Behörden nennt der Landser „Lieferantenzentralen", weil sie für Lieferanten-Söhne Heimatposten liefern.

Am unangreifbarsten ist es, sich zwar einberufen, jedoch durch eine angenehme „Sonderverwendung" im fast unentwirrbaren Geflecht der Dienststellen von Wehrmacht, Partei, Staat vom Frontdienst „befreien" zu lassen. Die so Begünstigten führen dann sogar ein bequemeres und sozial gehobeneres Leben als in Zivil. Deshalb nennt der Landser den Kriegsverwaltungsrat ironisch „Kriegsverlängerungsrat". Der Führerstaat bietet viele Möglichkeiten, „kriegswichtige" Positionen einzunehmen, ohne der Front ins Auge sehen zu müssen.

Erst unter dem Schock des Untergangs der 6. Armee in Stalingrad, Jahreswende 1942/43, ändert sich die unzureichende Ausschöpfung des Menschenpotentials etwas. Da Hitler schweigt, springt Joseph Goebbels in die Bresche und ruft eigenmächtig den „totalen Krieg" aus. Dies geschieht in Goebbels' berühmtester, tagelang gefeilter und eingeübter Rede vom 18. Februar 1943 im Berliner Sportpalast.

Diese Rede ist ein Meisterstück der Demagogie. Einerseits steuert eine Claque den Beifall, unterstützt durch von Schallplatten eingespielte Ovationen. Andererseits gelingt es Goebbels, den Beifall bis zur Minutenlänge auszudehnen, spontane Zustimmung und hysterische Exzesse zu inspirieren. Das Auditorium bildet einen Querschnitt vom NS-Fanatiker bis zum Mitläufer. Unter dem Spruchband „Totaler Krieg — kürzester Krieg!" bezeichnet Goebbels „Stalingrad" als „großen Alarmruf des Schicksals" und fordert totale Mobilisierung aller verfügbaren Kräfte, dazu spartanische Lebensführung für alle Deutsche — hoch und niedrig, reich und arm.

Der totale Krieg bleibt Phase und bis heute Lexikon-Legende. Als einer der wenigen Beobachter stellt 1985 Johannes Gross, Jahrgang 1932, fest: „Daß die Nazis den totalen Krieg bloß ausschrien, aber nicht führten, insbesondere nicht im Vergleich zur Mobilisierung der Briten und der Amerikaner, ist verdrängt worden" (in: FAZ-Magazin, Frankfurt, 3. Mai 1985). Der von Goebbels dem Freiheitsdichter Karl Theodor Körner (1791-1813) entlehnte Schlußsatz seiner Rede: „Nun, Volk, steh' auf und Sturm brich los!" findet keinen Widerhall in den Bürokratien von Partei, Wehrmacht und Staat. Niemand gedenkt Goebbels große Machtbefugnisse einzuräumen.

Auch nach „Stalingrad" existieren Juwelierläden, Briefmarkenhändler, Parfümerien, Bars, andere Luxuseinrichtungen als Friedensinseln. Der Führer-Befehl vom 27. November 1943, die Wehrmacht solle mindestens 1 Mio. Mann dem Frontdienst zuführen, verhallt.

Wie steht es mit dem *Frauen-Arbeitseinsatz*? Deutschland ist der einzige kriegführende Staat, in dem die Frauenarbeit nicht wesentlich zunimmt. Die Zahl der männlichen Arbeitskräfte sinkt von 1939 bis 1944 auf fast die Hälfte, die

Zahl der weiblichen Arbeitskräfte verändert sich kaum. Von den 14 bis 65 Jahre alten Frauen stehen im Dritten Reich 46 %, in England 61 % in der Industrie. Die einsetzbare Reserve von fast 5 Mio. deutschen Frauen bleibt ungenutzt (Speer, 548). Auch hier schreckt Hitler vor unpopulären Maßnahmen zurück. Den von Hitler − lange − abgelehnten Arbeitszwang für deutsche Frauen sollen Zwangsarbeiter ausgleichen.

Die staatlichen Ausgleichszahlungen gemäß Verordnung vom 2. Oktober 1939 nach Einberufung des Familienvaters bedeuten: Die Höchstgrenze des Familienunterhalts stellt sich auf das Netto-Einkommen von Mann und Frau vor der Einberufung, abzüglich 15 %. Damit können viele Frauen − ohne Arbeit − zwar nicht besser, aber bequem leben. Der Anteil der Frauenarbeit in der Rüstungsproduktion bleibt unter dem des Ersten Weltkrieges. Außerdem wichtig: Die niedrigen Frauenlöhne verlocken nicht zur Weiterarbeit oder zur Arbeitsaufnahme.

Es folgt, gemäß Führer-Erlaß, die Verordnung vom 27. Januar 1943 über die gesetzliche Melde- und Arbeitspflicht aller Frauen von 17 bis 45 (und aller Männer von 16 bis 65) Jahren für Aufgaben der Reichsverteidigung. Sie ändert wenig. Auch hier blüht Korruption. Frauen entgehen der Arbeits-Einberufung durch freiwillige Meldung zur Kinderpflege, durch ehrenamtliche Arbeit in der NSDAP und im DRK, durch Scheinanstellungen bei befreundeten Firmen, durch Geburt von Kindern. Vor allem Frauen der besseren Kreise drücken sich mit Erfolg dauerhaft vor der gesetzlichen Arbeitspflicht (Grunberger, 266f.). Der breite Ermessensspielraum der Arbeitsämter kommt den Anliegen der Betroffenen mehr entgegen als dem Gebot der Mobilisierung aller Arbeitskräftereserven (Recker, 267). Frauen werden bei Arbeitspflicht-Drückebergerei in der Regel nicht bestraft.

Ein Blick auf die *Hausgehilfinnen.* Ihre Einstellung und Beschäftigung bleibt von staatlicher Kontrolle ausgenommen. Während England die Zahl der Hausgehilfinnen drastisch um zwei Drittel verringert, bleibt sie im Dritten Reich mit 1,4 Mio. oder 4 % der insgesamt Beschäftigten bis Kriegsende gleich hoch (Speer, 235). Es sind meist deutsche Mädchen. Sie werden ergänzt durch gemäß Verordnung vom 10. September 1942 freiwillig gekommene oder deportierte polnische und ukrainische Mädchen – für kinderreiche Mütter und besser gestellte Hausfrauen. Gemäß Verordnung vom 23. Februar 1943 sollen deutsche Hausgehilfinnen verstärkt für Kriegsaufgaben herangezogen werden; auch diese Verordnung versandet weitgehend.

Zusammenfassend: Für viele Frauen, vor allem der sozial schwächeren Schichten, ist die Verpflichtung aller arbeitsfähigen deutschen Frauen ein Prüfstein für gerechte Lastenverteilung und für echte Volksgemeinschaft. Das NS-Regime besteht diese Probe nicht.

Mit Datum 20. Juli 1944 reicht Albert Speer eine aufsehenerregende Denkschrift an Hitler über totalen Kriegseinsatz des Arbeitskräftepotentials ein: In Rüstung, eisenschaffender Industrie und Bergbau zusammen sind 6,22 Mio. Arbeitskräfte tätig, in Verwaltung, Handel und Banken zusammen 7,63 Mio. Arbeitskräfte. Oder: In der Wehrmacht mit ihren 10,5 Mio. Angehörigen sind nur 2,3 Mio. bei den Kampf-Divisionen, nur 1,2 bis 1,5 Mio. bei der fechtenden Truppe. Diese Relation bedeutet: 10 Kämpfern stehen 90 Nichtkämpfer für Führung, Versorgung, Verwaltung gegenüber. In der Roten Armee ist es, mit 90 Kämpfern und 10 Nichtkämpfern, umgekehrt.

Am 25. Juli 1944 wird Joseph Goebbels von Hitler zum Reichsbevollmächtigten für totalen Kriegseinsatz berufen. Er soll „das Höchstmaß von Kräften für Wehrmacht und Rüstung freimachen" und das gesamte öffentliche Leben den Erfordernissen totaler Kriegführung anpassen. Dies ist für Goebbels ein privater Triumph: damit steigt er, neben Heinrich Himmler, zum mächtigsten Führer-Prätendenten auf. Goebbels dekretiert, alles Tun müsse vor den strengen Augen des Frontsoldaten und Rüstungsarbeiters bestehen können. Goebbels will alle das Volk verbitternde Korruption ausmerzen; er scheitert.

Statt bisher 52 Wochenstunden für Männer in Verwaltung und Wirtschaft wird die 60-Stunden-Woche eingeführt, für Frauen in der Industrie die 56-Stunden-Woche. Goebbels verhängt vorläufige Urlaubssperre, setzt die Frauenarbeitspflicht vom 45. auf das 50. Lebensjahr hinauf, will Scheinarbeitsverhältnisse beseitigen und fordert, alle Verwaltungen in Reich, Ländern, Gemeinden und in der Industrie um mindestens 30 % Kräfte zugunsten der Rüstung auszukämmen.

Goebbels läßt Berufs-, Fach-, Kunst- und Hochschulen (bis auf medizinisch-naturwissenschaftlichen Bereich) stillegen. Theater, Kabaretts, Varietés, Schauspielschulen, Orchester, Konservatorien schließen. Die KdF-Truppenbetreuung wird eingestellt. Der gesamte Theater- und Filmnachwuchs muß in die Rüstungsindustrie. Die schöngeistige Buchproduktion wird eingestellt, das Pressewesen scharf eingeschränkt; Tageszeitungen erscheinen mit nur noch vier (seit Kriegsbeginn 1939: zwölf) Seiten. Ausstellungen, Kongresse, Messen werden verboten. Der Reiseverkehr wird scharf beschränkt. Rundfunk und Film bleiben, als Propaganda-Medien, von Schließungen verschont.

Nicht als kriegs- und lebenswichtig angesehene Einzelhandelsläden müssen ebenso wie Vergnügungslokale schließen. Für viele Deutsche macht erst die Stillegung der Unterhaltungsstätten den Ernst der Kriegslage deutlich. Ein Blick auf die Friseursalons: Beim Friseur können Männer nur noch Haarschneiden, Kopfwaschen und Rasieren, Frauen nur Kopfwaschen, Frisieren und Ondulieren verlangen; untersagt sind nun Schönheitspflege, Kopf- und Gesichtsmassage, Maniküre, Pediküre, Färben und Bleichen, sogar Dauerwellen (Preis, 200).

Anfangs prägt Goebbels die Parole „1 Mio. Menschen = 100 Divisionen = Sieg!" Dann bescheidet er sich mit rd. 850.000 Mann unausgebildetem und ausgebildetem Ersatz für die Wehrmacht. Diese Zuführungen bis Dezember

1944, von den Landsern „Goebbels-Spende" genannt, sind wegen des Rückgangs im Ausbildungs- und Ausrüstungsstand nur ein bedingter Kräftezuwachs, zumal nun auch bisher Untaugliche dazu gehören. Auch Goebbels kann nicht den Fraueneinsatz in der Rüstung steigern: die Zahl der weiblichen Arbeitskräfte steigt von August bis November 1944 nur von 11,1 auf 11,2 Mio. Hitler überträgt Ende 1944 Goebbels sogar das Auskämmen der Wehrmacht, weil diese sich dazu als unfähig erwiesen hatte. Diese Erweiterung der Goebbels-Sondervollmacht wird nicht mehr wirksam.

Anhang: Fremdarbeiter

Der riesige Fremdarbeiter-Einsatz ist zu Kriegsbeginn keineswegs geplant. NS-Weltanschauung und Erfahrungen aus dem Ersten Weltkrieg sprechen dagegen. Gänzlich programmwidrig im NS-Sinne vom „Untermenschen" ist der Ostarbeiter-Einsatz. Zu Beginn des Rußland-Feldzugs 1941 ist kein Arbeitseinsatz von Russen vorgesehen im Reich.

Die Arbeits- und Lebensbedingungen der ausländischen Arbeitskräfte sind grundsätzlich schlechter als die der deutschen. Sie führen jedoch nicht das Leben von Sklaven, ausgenommen Polen und Russen. Am besten werden Dänen, Flamen, Schweizer, Ungarn behandelt; weniger gut Franzosen, Belgier, Holländer; schlecht Balkanvölker, Italiener, Spanier; inhuman Russen und Polen. Seit 1940 gilt für Polen u.a.: Kein geselliger Verkehr mit Deutschen; abends und nachts Ausgehverbot; kein Besuch von Gaststätten und Gottesdiensten; Todesstrafe für sexuelle Beziehungen mit Deutschen.

Seit dem Abfall Italiens 1943 begegnen die meisten Deutschen den im Reich eingesetzten italienischen Ex-Soldaten mit eisiger Verachtung. Italiener stehen bald auf gleicher Stufe wie Russen und Polen. In Berichten über

Krankenstand und Todesfälle werden russische Kriegsgefangene und italienische Militärinternierte stets zusammen genannt. 1944 liegt die Sterblichkeit bei Russen und Italienern unter allen Ausländergruppen am höchsten (Herbert, 261).

Die DAF, vor allem an Produktivitätssteigerung interessiert, rückt immer mehr von der Ideologie ab und nähert sich einer rationaleren Betrachtung der Leistungsfähigkeit der Ostarbeiter. Im Mai 1943 kommt das Arbeitswissenschaftliche Institut der DAF zum Ergebnis, daß sowjetische Arbeiter 70-80 % der Leistung vergleichbarer deutscher Arbeiter aufweisen. Es betont den Zusammenhang zwischen Arbeitsleistung und Arbeitsbedingungen der Ausländer: Unterkünfte, Verpflegung, Kleidung, hygienische Verhältnisse, Lohn, sogar „gegenseitiges Sichverstehen" (Smelser, 266) – für die SS unerhört.

Im Frühjahr 1943 beginnt die DAF ein Programm, das Forderungen nach besseren Arbeitsbedingungen für Ostarbeiter mit ernsthaften Bemühungen verbindet, deren Qualifikation durch systematische Berufsschulung zu verbessern. Das DAF-Institut für Arbeitspsychologie und Arbeitspädagogik testet 1941/42 die Fähigkeiten von rd. 400.000 Fremdarbeitern und stuft sie absteigend wie folgt ein. *Männer:* 1. Franzosen; 2. Russen, Griechen, Polen; 3. Jugoslawen; 4. Holländer, Norweger; 5. Italiener. *Frauen:* 1. Russinnen; 2. Polinnen; 3. Griechinnen; 4. Französinnen, Jugoslawinnen (Homze, 241). Die DAF muß zugeben, daß auch Ostarbeiter „vielfach hervorragende, arbeitsame und anständige Arbeitskräfte" sind (Smelser, 266f.).

Andererseits ordnet die DAF an, daß Frauen aus Bulgarien, Italien, Kroatien, der Slowakei, Spanien und Ungarn nach dem Mutterschutzgesetz gleich zu behandeln seien wie deutsche Frauen, während Ostarbeiterinnen nur minimalen Schutz erhalten (Smelser, 267).

Die Anwerbung von Arbeitskräften stößt 1941 in der Ukraine und in Bjelorußland nur selten auf Schwierigkeiten. Vielmehr ist der Andrang nach Deutschland so groß, daß eine Auslese getroffen werden muß. Wenig später erfolgen demütigende, barbarische Zwangsdeportationen. Die NS-Reichskommissare Hinrich Lohse (1896-1964) und Erich Koch (1896-1986) sowie Generalkommissar Wilhelm Kube für Ostland (Baltikum), Ukraine und Weißrußland sind die Totengräber nationalrussischer und nationalukrainischer Bewegungen gegen den Bolschewismus. Die Russen sind als „Untermenschen" Freiwild. Daher schlägt die anfängliche Aufgeschlossenheit für die Deutschen in Haß und Feindschaft um.

Die Ostarbeiter erleben in geschlossenen Arbeitskolonnen ein menschenunwürdiges Schicksal. Die Verpflegung ist, bis Herbst 1944, schlecht (siehe S. 437), die Arbeitsdisziplin scharf, die Unterkunft dürftig, für Kleidung und ärztliche Versorgung wird kaum gesorgt. Kommt der einzelne Ostarbeiter aus der Masse heraus in einen Bauernhof oder Haushalt, geht es ihm nicht schlechter als ausländischen Kriegsgefangenen. Viele Deutsche übertreten die Bestimmungen, um Ostarbeitern das Leben zu erleichtern (Karl Heinz Pfeffer, in: Bilanz, 377). Die meisten Deutschen zeigen wenig Interesse am Schicksal der Ausländer; sie beteiligen sich weder an Mißhandlungen noch sympathisieren sie mit ihnen; sie sind ihnen gleichgültig.

Viele ausländische Kriegsgefangene und Zwangsverpflichtete finden, entgegen den Vorschriften, durch Fürsorge deutscher Frauen erträgliche Lebensbedingungen. 1945 werden sich besonders Franzosen dafür erkenntlich zeigen: ohne sie wären im Osten viele deutsche Frauen nicht der Roten Armee entkommen. Einzelne Deportierte und Kriegsgefangene bringen es durch Schwarzhandel zu viel Geld. In Berlin leben etwa 400.000 ausländische Zivilarbeiter (nicht Russen/Polen) besser als die Deutschen, weil sie geschickter sind und sich von Reichsgesetzen frei fühlen (Herbert, 273; Augier, 33 + 34).

Ostheer-Frontsoldaten

Das Feldheer tritt 1939 mit 2,6 Mio. Mann in den Krieg ein. Angesichts fast ebenso hoher Verluste ist das Heer von 1939 das tote Heer von 1945 (Paul, Feldlager, 25). Nach den Siegen (siehe S. 425) von 1939 bis 1941 heißt es frohgemut in der Truppe, jeder deutsche Soldat wiege zwei gegnerische Soldaten auf. Die Tragödie des Heeres deutet sich zu Beginn des Rußland-Feldzugs an. Von den Gesamtverlusten des Feldheeres seit Kriegsbeginn entfallen allein drei Viertel auf die ersten fünf Wochen im Rußland-Feldzug.

Das Ostheer erleidet von Juni 1941 bis März 1942 einen Verlust von insgesamt 1,1 Mio. Mann oder 35 % seines Bestandes. Dieser Aderlaß ist *nie mehr* auszugleichen. Der Substanzverlust der Infanterie beginnt 1942 mit dem Rückgang an Kampfkraft und Ausbildungsstand. Da die Masse der kampferfahrenen Mannschaften, Unterführer und Offiziere ausgefallen ist, der Ersatz (siehe Anhang 3) nach 6-8 Wochen Ausbildung an die Front geworfen wird, sinkt der Kampfwert der Infanterie ständig, seit 1943 schneller ab. Den frontbewährten Divisionen werden Bataillone und Kompanien als Kader für Neuaufstellungen entnommen. Daher büßen viele Regimenter des alten Ostheeres ihren Zusammenhalt ein, fühlen sich die alten Landser unter jungen Rekruten und (oft) unerfahrenen Offizieren unwohl und deprimiert.

In drei Rußland-Jahren, von Juni 1941 bis Juni 1944, hat der Infanterist eine durchschnittliche „Lebensdauer" von nur zweieinhalb Monaten (Middeldorf, 10). Mehr als 80 % der Verluste des gesamten Zweiten Weltkrieges erleidet die Wehrmacht durch die Rote Armee. Die Verluste an der Ostfront übersteigen die Verluste aller deutschen Heere in allen voraufgegangenen Kriegen. Auf keinem der Kriegsschauplätze sind Verzweiflung und verborgene Angst so groß wie an der Ostfront. Auch kampferprobte Landser geben sich in aussichtslosen Lagen auf, nehmen grimmig Abschied vom Leben und kämpfen dennoch weiter. Diese Frontgeschichte bleibt ungeschrieben.

Wie entwickelt sich die Zahl der *Vermißten?* Zur Kategorie „Vermißte" gehören alle Wehrmacht-Angehörigen, deren Schicksal unbekannt ist. Entweder steht ihr Tod nicht fest, oder sie sind unter unerkannt gebliebenen Umständen in Kriegsgefangenschaft geraten. (Ein auf dem Rückzug befindliches Heer hält seine Unterlagen kaum intakt, so daß die meisten Vermißten faktisch als in Kriegsgefangenschaft geraten anzusehen sind.) Die Zahl der Vermißten, meist in Kriegsgefangenschaft, beträgt bis Juni 1943 (ohne Kapitulationen in Stalingrad und Tunis) 5-15 % der Gefallenen, steigt bis Mitte 1943 auf 30-50 % der Gefallenen, erreicht im Mai 1944 die Zahl der Gefallenen und übersteigt von Juni bis September 1944 die Zahl der Gefallenen um das Sechsfache (Mueller-Hillebrand, III, 171).

Wie reagiert der Landser auf die düstere Frontwirklichkeit in Rußland? Seit „Stalingrad" (Januar 1943) resignieren in den Kompanien die Älteren, bis hin zum offenen Defätismus. Dafür wollen die Jungen, vor allem, wenn gerade als Ersatz aus der Heimat an die Front gekommen, die kraft Hitler-Befehl geopferte 6. Armee rächen. Die an Zahl und an modernen leichten Waffen der Roten Armee immer stärker unterlegene Infanterie ist nur noch mit Panzern und starker Artillerie-Vorbereitung nach vorn zu bringen. Dennoch können schwache Verbände in beweglicher Kampfführung, bis in die letzten Tage des Krieges, gegenüber der Roten Armee örtliche Erfolge erzielen.

Weil man überleben will, verwischt immer mehr die Grenze zwischen Gehorsam und Fahnenflucht — in Form stiller Drückebergerei. Dazu gehört der „Heimatschuß"; das ist vorzugsweise eine Fleischwunde ohne bleibende Folgen, die zwecks Auskurieren in der Heimat die Überlebens-Chance erhöht. Dies sind willkommene Verwundungen. Die Kriegsgerichtsakten (übrigens: aller kriegführenden Staaten) enthalten Fälle von Selbstverstümmelung in

461

Form des „Heimatschusses von eigener Hand", bis hin zu bleibenden Folgen von Verkrüppelung.

Seit im Herbst 1943 zur Beurteilung des Kampfwertes einer Division der Begriff „Krisenfestigkeit" eingeführt wird, gelten nur verhältnismäßig wenige Divisionen als „krisenfest". Wie innerlich „fertig" Vorgesetzte in hohen Stellungen sind, erhellt in Krisenlagen. Man strebt eine günstige „Verwendung" an, einen weniger gefährdeten „Druckposten", sei es für die eigene Person, sei es gleichzeitig für die unterstellte Truppe. Man hält sich möglichst auf der „Stifterstraße", auf der es zu „stiften" = sich abzusetzen gilt. Man baut sich aus Beton oder Balken einen „Angstbunker". Man läßt Nachbarn oder Untergebene, Vorder- oder Hintermänner im Stich, sobald man „abhauen" kann, ohne einem direkten Befehl zuwiderzuhandeln. Der Landser-Galgenhumor macht sich mit folgendem Satz Luft: „Der Führer weiß es, Gott ahnt es, und uns geht es nichts an ..."

Seit 1944 verwehrt die Wehrmacht, abgesehen von Teilen Ostpreußens, der immer überlegener gewordenen Roten Armee den Zutritt zum deutschen Boden. Dies ist „eine Leistung, die für den einzelnen Soldaten mit ungeheuren Strapazen, Entbehrungen und Leiden verbunden ist" (Schwinge, 46). Seit Ende 1944 deckt das Ostheer nicht mehr indirekt den Juden-Massenmord in den Ost-Todeslagern, sondern ermöglicht, mit seinem verzweifelten Aushalten, die Massenflucht aus dem deutschen Osten über Weichsel, Ostsee, Oder. Gleichzeitig verlängert die Wehrmacht aber auch die Weiterexistenz des NS-Regimes.

Wie sind die bis 1945 nicht abreißenden *Tapferkeitstaten* einzelner Soldaten und Offiziere oder ganzer Verbände zu erklären? Jene Tapferkeit hat, mit Ausnahme der HJ-Divisionen und teilweise auch der Waffen-SS, wenig zu tun mit Todesmut und Ehrgeiz, Begeisterung und NS-Treue. (Gerade in HJ- und Waffen-SS-Einheiten denkt man betont kritisch über das NS-Regime.) Diese Tapferkeit erwächst zum großen Teil aus dem Zwang der Lage. Manchmal ist dies geradezu ein „Ausreißen nach vorn", der Gefahr entgegen, um sie zu unterlaufen.

HJ-Soldaten wollen sich an Tapferkeit nicht übertreffen lassen. Hinzu kommt bei ihnen eine Initiative, die den Gegner immer wieder überraschend vor neue, schwierige Situationen stellt. Während der Soldat des Ersten Weltkrieges, bei aller Tapferkeit, oft ratlos bei Ausfall seiner Offiziere war, wird der in der HJ gedrillte Soldat gerade dann oft unberechenbar gefährlich, dank Fanatismus und Selbstvertrauen, Eigenwillen und Einfallsreichtum. 1945 gehen opferbereite HJ-Einheiten oder HJ-Einzelkämpfer an die Front (siehe S. 352f.). Angefeuert durch fanatische Aufrufe, glauben sie, nur sie seien noch imstande, das Vaterland zu retten. Ahnungslos, daher ohne Furcht, werfen sie sich, oft nur dürftig bewaffnet, dem haushoch überlegenen Gegner entgegen. Wenn fronterfahrene Landser aufgeben oder sich absetzen, springt diese HJ bedenkenlos in die Bresche — mit einem unverantwortlich hohen Blutzoll (Rose, 114).

Die Überforderung des Ostheeres läßt jedes Maß menschlicher Leistung hinter sich. Dennoch bleibt die *soldatische Moral* intakt. Dies aus zwei Hauptgründen. Zum einen: Die kämpfende Truppe hat in der Masse, trotz schwerer Niederlagen und erkannter Fehlentscheidungen Hitlers, nicht das Vertrauen in Hitler verloren. Zum anderen: Das alliierte Kriegsziel „bedingungslose Kapitulation" (siehe S. 484) scheint gegen das ganze deutsche Volk gerichtet und läßt die Truppe nun mit dem Mut der Verzweiflung weiterkämpfen.

Von der eigenen Führung belogen und betrogen, zuletzt verraten und verleugnet, ist der Landser 1945 allein auf sich selbst gestellt — ohne Pathos und NS-Ideen. Es geht fast über Menschenkraft, anständiger Soldat und guter Kamerad zu bleiben. Von „Pflicht" und „Ehre" ist keine Rede mehr, weil diese Werte aufgebraucht sind. Der Landser läßt sich nur noch auf den „anständigen Kerl" anreden. Einsichtige stellen, in Kampfpausen, die uralten Fragen nach

Leben und Tod, nach dem Sinn menschlichen Leidens und Lebens. Diese Urfragen bleiben bei den meisten ohne Antwort. Fragen nach Freiheit und Gewissen sind den Landsern gleichgültig oder ein Thema des Spottes.

Erst zuletzt, in der nun klaren Erkenntnis der Niederlage, beginnt die Kampfmoral der Truppe abzusinken — im Widerstreit von Eid und Einsicht, von Gehorsam und Selbsterhaltungstrieb. Fast alle Völker kennen den Kampf ohne Hoffnung, das Durchhalten an sich, das Ausharren auf verlorenem Posten; der deutsche Soldat fügt jener Chronik ein neues Kapitel hinzu. Die meisten Landser stellen sich auf den Tod ein. Aus solchem zähneknirschenden Fatalismus heraus können Feigheit und Panik, aber auch Mut und Tapferkeit erwachsen.

In Todesangst kann man entweder in größte Panik verfallen, oder auch ungeahnte Kräfte entfalten und sogar geistesgegenwärtig handeln. Ausgewiesene Angsthasen, sogar Feiglinge verteidigen sich und retten damit ihr Leben und oft das ihrer Kameraden. An der Front bestätigt sich wiederholt: Frechheit ist oft mit Feigheit verschwistert; bei Schüchternen findet sich nicht selten Mut, zumindest Gleichmut vor Gefahren — und auch das ist Tapferkeit.

Wofür kämpft 1945 der Landser? Er kämpft nicht mehr für Hitler, für den Nationalsozialismus, für Deutschland — nicht einmal mehr für Mutter und Vater, Frau oder Familie. Er kämpft mit der Angst und aus der Angst heraus. Auch wer sich mit dem eigenem Tod abgefunden hat, bäumt sich dagegen auf. Der Landser kämpft letztlich nur für sich selbst, um trotz allem nicht in einem Erdloch zu verrecken.

Die Verlust-Statistik der Wehrmacht reicht nur bis 31. Januar 1945. Bis dahin sind nachweislich gefallen (einschließlich Waffen-SS): 1.809.361, gestorben: 191.338, zusammen: 2.000.699 und bis Anfang 1955 registriert: 2,73 Mio. Unbekannt ist die Zahl der Toten in der Zahl der Vermißten von 1.902.704 (Ende 1954: 1.240.629), ferner die Zahl der vom 1. Februar bis 9. Mai 1945 Gefallenen und die der in Kriegsgefangenschaft Gestorbenen. Amtlich festgestellt sind bisher 2,73 Mio. Tote, mit den Toten unter Vermißten etwa 4 Mio.

Anhang 1: Kampfbeispiel Ostpreußen 1945

Die 4. Armee, Hauptquartier am Haffstrand-Steilhang der Halbinsel Balga (dort Reste der ältesten erhaltenen Ordensburg von 1239), wird bis 19. März 1945 auf den Brükkenkopf Heiligenbeil mit Küstenstreifen von 30 km Frontlänge und 10 km Tiefe zusammengedrückt. Ihre Divisionen werden nicht mehr nach Regimentern, Bataillonen und Kompanien gezählt, sondern nur noch nach Gewehren. Wegen Mangels an MGs und sogar Gewehren kann vielfach nur bei russischem Sturmangriff auf nahe Entfernung geschossen werden. Angesichts der hoffnungslosen Lage häufen sich Flucht und Desertionen, beginnen Soldaten gruppenweise die Waffen zu strecken; die Masse hält aus.

Während Tausende aus zerschlagenen Einheiten apathisch hinter der Stellung des Steilhangs am Haffufer hokken, treten die letzten 300 Mann der 24. Panzerdivision auf mündlichen Zuruf zum Flankenstoß an, werfen die Russen und stellen so die Sicherungsfront für Einschiffung her. Von einer dieser Kompanien sind noch 28 Mann übrig; sie wehren den Angriff mit letzter Kraft ab, die letzten neun Mann retten sich aufs Floß. Bei der 292. Infanteriedivision sind, wie anderswo auch, mehr Offiziere als Mannschaften im Schützengraben. Schlechte Befehlsgebung und Disziplinlosigkeiten wirken sich verheerend aus. In einer Woche wird der Strand zwischen Rosenberg und Balga zu einem „deutschen Dünkirchen" in Panik und Chaos. Man versucht, mit Hilfe von Benzinkanistern und improvisierten Flößen zu entkommen.

Wenn ein Schwerverwundeter nach hinten gebracht wird und stirbt, nehmen seine Kameraden die Mütze ab und schauen stumm auf den Toten, aber keine Bewegung ist auf ihren abgestumpften Zügen zu lesen. Die Überlebenden sahen schon so viele sterben und sind froh, daß ihnen der Tod einen guten Grund gab, für kurze Zeit hinten in Ruhe atmen zu können. Die toten Kameraden werden geschäftsmäßig wie Kartoffelsäcke gestapelt, denn die Erde ist vielfach zu hart, die Zeit zu knapp für Beerdigung, so daß sie unbestattet wie ein Haufen Abfall zurückbleiben. Man hat sich abgewöhnt, zu viel zu denken, weil es keine Antwort auf so viel erlebtes Grauen gibt.

Die 4. Armee deckt mit ihrem zähen Widerstand die Flucht von Hunderttausenden Ostpreußen. Am 28. März 1945 werden die Trümmer der 4. Armee über das Frische Haff auf die Frische Nehrung übergesetzt und gerettet. Die 4. Armee, einst 350.000 Mann, am 13. März 1945 150.000 Mann, hat noch 60.000 Kampffähige und 70.000 Verwundete.

Anhang 2: Alarmeinheiten 1945

Angesichts zusammenbrechender Fronten werden Alarmeinheiten gebildet. Sie werden zusammengerafft aus Urlaubern, Versprengten, Genesenen, Troßangehörigen, Rekruten, niedrigen Tauglichkeitsgraden. Ein typisches Beispiel: Da ist ein Heeres-Stabsgefreiter mit 16 Kasernenhof-Jahren oder ein stutzerhafter Luftwaffen-Feldwebel mit Lackstiefeln und havannabraunem Offizierskoppel. Es sind symptomatische Figuren der Geborgenheit der Kasernen, weicher Küchenmädchenbetten, dunstiger Unteroffiziers-Kantinen. Nun suchen sie mit verkrampften Gesichtern, eckigen Bewegungen, unechter Forschheit ihre Ängste zu überspielen. Daneben Rekruten mit vier Wochen Ausbildung, eingekleidet mit dem Ramsch der Kleiderkammern, nach dem Motto „Wer stirbt, braucht keine passenden Schuhe!" Weder die älteren Schreibstubensoldaten noch die Rekruten haben genügend Erfahrungen mit MG 42 oder anderen Infanteriewaffen (Fraschka, 92-93).

Die Alarmeinheiten verfügen über kein Zusammengehörigkeitsgefühl. Jedermann steht zwischen Kameraden, die er nicht kennt, und unter dem Befehl von Offizieren, deren Namen er nicht weiß. Es gibt keine Stammrolle; seine Angehörigen haben keine Feldpostnummer, womit niemand diese benachrichtigen kann, wenn er nicht zurückkehrt. Daher erleiden diese improvisierten Einheiten weit höhere Verluste als ein fest gefügter Verband. Weil niemand seinen Nebenmann kennt, läßt er ihn bei Verwundung im Stich, was bei festgefügten Einheiten undenkbar ist. Der Kampfwert der Alarmeinheiten ist mithin in der Regel gering; Ausnahmen bestätigen die Regel. Es wäre besser, die Versprengten so schnell wie möglich ihrem „alten Haufen", also ihren Stammeinheiten zuzuführen (Steinert, Hitlers, 546).

Ein Soldat, der außerhalb seiner alten Einheit kämpft, ist immer nur die Hälfte wert. Demoralisierte Landser finden nur zusammen, wenn sie sich an der Ruhe eines bewährten Frontoffiziers, dem seine Kampferfahrung absolut geglaubt wird, aufrichten können. Der Offizier kann Halt an seinem Rangabzeichen finden, der Soldat nur an seinem Offizier. Sich absetzende Offiziere, dies 1945 immer häufiger, reißen die Panik weiter. Weil die Alarmeinheiten aus Soldaten bestehen, die bei ihrem alten Haufen schon als gefallen oder vermißt gelten, hat man keinen Grund, sie als unverhoffte „Verstärkung" besonders zu schonen, denn militärbürokratisch existieren die Angehörigen dieser „verlorenen Haufen" gar nicht mehr.

Anhang 3: Etappe und Ersatzheer

Die verschleierte *Korruption* in der Wehrmacht nimmt ungeahnte Ausmaße an. Der Zorn der Frontsoldaten trifft besonders Zahlmeister und Intendanten. Beide sind Militärbeamte im Offiziersrang, jedoch kein Stand besitzt traditionell ein ähnlich schlechtes Ansehen wie sie. Zwar ergehen immer wieder Verfügungen über schlichte Lebensführung in der Etappe, doch häufig tritt kein Kläger auf und daher auch kein Richter. Hinten ist alles das in Hülle und Fülle vorhanden, was der Landser entbehrt. Den Landser verbittert besonders, daß Luftwaffe, Kriegsmarine, Waffen-SS oft besser versorgt werden.

Manche Zahlmeister warten nur auf die erste alliierte Fliegerbombe, um ihre durch Schiebereien entstandenen „Fehlbestände" mit dem Satz „durch Feindeinwirkung vernichtet" aus der Welt zu schaffen. Viele Depots werden bis Feindeinbruch gehortet, sodann vernichtet. Nur ein Beispiel: Die Zahlmeister des Wehrmacht-Verpflegungslagers bei Klein Machnow, 4 Kilometer südwestlich Berlin, verweigern Ausgabe an Volkssturm auch dann noch, als am 22. April 1945 der erste russische Panzer wenige hundert Meter davor steht, mit der Begründung, es fehle die vorschriftsmäßige Ausgabebescheinigung. Im letzten Moment werden die Vorräte, wie lange vorbereitet, verbrannt.

Verschleierte Korruption ist die steigende Zahl von Wehrmacht-Einzelreisenden. Urlauber, Kommandierte, Versetzte mit Marschbefehl, Sonderausweis, Wehrmacht-Fahrschein füllen Züge, Bahnhöfe, Übernachtungsheime, Verpflegungsstationen. Wer sich darauf versteht, kann so, ob dienstlich gerechtfertigt oder nicht, durch halb Europa fahren. Die Streifen der Geheimen Feldpolizei (Landser-Jargon: Kettenhunde) kommen in den Zügen bei Verdunkelung und Fliegeralarm nicht mehr durch. Marschverpflegung zu fassen, ist nicht besonders schwer; im besetzten Gebiet werden oft sogar Partisanen unerkannt mitbeköstigt. 1944 ist mindestens umgerechnet eine Armee ständig „auf Achse" und entzieht sich auf diese Weise, allen angedrohten Strafen zum Trotz, dem Frontdienst. (Im Herbst 1918 drückten sich etwa 1,5 Mio. Mann zwischen Front, Etappe und Heimat herum.)

Die Wehrmacht-Verwaltung verschlingt riesige Menschenmassen, 1944/45 etwa 3,5 Mio. Diese Bürokratie produziert unvorstellbaren Papierkrieg und Vorschriften über alles und jedes, bis hin über den Knoten, mit dem die Erkennungsnummer (Landser-Jargon: Grabstein) auf sparsamste Weise um den Hals zu knüpfen sei. Diese Wehrmacht-Bürokratie kennt alle legalen Schliche ihrer „Unabkömmlichkeit" ...

Das *Stammpersonal* im Ersatzheer hat vielfach keine Fronterfahrung. Um so verbissener halten die „Etappenhengste" ihre Druckposten in der Heimat. Diese Unteroffiziere, Feldwebel, Stabsfeldwebel machen ihren Dienst tadellos, nicht etwa aus Diensteifer, sondern damit sie als „unentbehrlich" nicht zur Front geschickt werden. Jenes im Dienst unangreifbare Stammpersonal praktiziert, aus Mangel an Kampferfahrung, oft übelsten „Kommißbetrieb", etwa Kniebeuge mit vorgestrecktem Karabiner usw. Aus lebensnotwendigem Drill wird oft genug sadistische Schikane. Der grundlegende Unterschied zwischen Drill und Schikane ist (zu) vielen Ausbildern im Ersatzheer unbekannt.

Die Ersatz- und Ausbildungseinheiten in der Heimat versäumen ihre Pflicht, zum Besten der Truppe alles zusammenzutragen, was an der Ostfront zu lehren und zu lernen ist. Zwar ziehen unaufhörlich Scharen von wiederhergestellten oder abkommandierten Offizieren, Unteroffizieren, Mannschaften durch die Heimatkasernen, jedoch im wichtigsten Ausbildungszweig, der praktischen Auswertung des Ostfrontkampfes, geschieht kaum etwas. Unwiederbringliche Zeit wird, statt dessen, mit Formalexerzieren, Appellen, stumpfsinnigen Zielübungen, Auswendiglernen unzähliger Waffenteile vergeudet. Der junge Soldat bezahlt diese fahrlässige Unterlassung mit seinem Leben.

Jeder Landser weiß, wie wichtig die Fertigkeit ist, rasch und geschickt Schützenlöcher auszuheben, aber im Ersatzheer hat der Rekrut das höchstens einmal gelernt. Ebenso selten wird der Bau von Unterständen praktisch gelehrt, weil bei Felddienstübungen „Angriff" geübt wird, auch als das Ostheer längst in die Verteidigung gedrängt ist. Jeder Landser weiß, wie kläglich das Schanzmaterial, das

Schanzwerkzeug bei den Ersatz- und Ausbildungseinheiten ist; es fehlt an Beilen, Pickeln, Spaten, Sägen, Holz. Die Führung des Ersatzheeres läßt die Fronttruppe in unzähligen praktischen Dingen höchst fahrlässig sitzen. In Landser-Sicht herrscht in der Führung des Ersatzheeres, unter Generaloberst Friedrich Fromm (1888-1945), ungeheurer, erschreckender Dilettantismus und Kommißbürokratie.

In seinem ersten Tagesbefehl vom 1. August 1944, als Befehlshaber des Ersatzheeres, fordert Heinrich Himmler, „kompromißlos und ehrlich" dem „verfluchten Etappengeist" abzusagen. Doch der Schlendrian bleibt. Noch am 13. März 1945 muß Himmler-Weisung an die Garnisonen ergehen, den „sonntäglichen Dienstbetrieb" einzustellen.

Ostdeutsche Flüchtlingstrecks 1945

Das Elend der sich auf vereisten-verschneiten Landstraßen nach Westen bewegenden, dahinschleppenden Trecks ist unbeschreiblich. Pastoren erinnern an das Bibelwort: „Fliehet, rettet euer Leben und fristet es gleich dem Dornenstrauch in der Wüste" (Jeremias 48,6). Der Frost vermehrt die Fluchtstrapazen, erleichtert aber auch den Übergang über Weichsel, Frisches Haff usw. Wer stürzt und den Weg blockiert, wird beiseitegestoßen; dabei gehen aufgelöst zurückflutende Wehrmacht-Nachschubeinheiten besonders brutal vor.

Französische Kriegsgefangene fahren als Treckkutscher getreulich die Wagen ihrer Bauersfrauen. Bei der Rettung durch Flucht spielen Pferde eine entscheidende Rolle: Wäre 1939 die Landwirtschaft vollmotorisiert gewesen, hätte sich die ländliche Bevölkerung, vor allem in Ostpreußen, nicht in so großer Zahl retten können, weil es für motorisierte Zugmaschinen 1945 keinen Treibstoff mehr gibt. Eine Meisterleistung, fast ein Epos, ist die Rettungsaktion

über die Ostsee für die in den Hafenstädten zusammenge-
drängten Flüchtlingsmassen. Der Kriegsmarine mit 790
Schiffen und der Handelsmarine mit 175 Schiffen verdanken etwa 1,6 Mio. Flüchtlinge ihre Rettung.

Diese Evakuierung größten Stils hätte spätestens nach
Beginn der sowjetischen Großoffensive am 12./13. Januar
1945 eingeleitet, zumindest organisatorisch vorbereitet
werden müssen. Jedoch hatte die NS-Führung jeden Gedanken daran als Defätismus und Feigheit abgelehnt. Mithin trifft die Schuld für die durch mangelnde Vorbereitung,
verlogene Darstellung der Frontlage und zu spät erteilte
Räumungsbefehle verursachten Treck-Verluste die Gauleiter und die ihnen untergebenen Kreis- und Ortsgruppenleiter. Bei selbständigem Handeln der Gauleiter hätte
ihnen Einverständnis und Billigung der militärischen Befehlshaber die notwendige Rückendeckung gegeben.

Bei der Treckbewegung verschwistern sich Edelmut und
Niedertracht. Das Abstumpfen aller Empfindungen (in
Bombennächten, in Trecks, an der Front), hervorgerufen
durch unvorstellbare Überbeanspruchung, hilft mit, alle
Drangsale zu überstehen. Eine bestimmte Tiefe von Elend
erregt weder Mitleid noch Selbstmitleid mehr. Wer diese
härteste Schule besteht, glaubt Schwierigkeiten des normalen Lebens nie mehr ernst nehmen zu können. Massen-
sterben pflegt als anonyme Tragödie aus dem Gedächtnis
getilgt zu werden, so bei den Trecks. Einsamer Tod und
Überleben verbergen sich nach 1945 in Statistiken.

22

Volksstimmung und Volksverhalten
1939-1945

Nach Hitlers Ansprache am 27. August 1939 vor Reichs-
tags-„Abgeordneten", die den Krieg einleitet, notiert der
Chef des Heeres-Generalstabs, Franz Halder (1884-1972),
in sein Tagebuch: „Applaus befehlsgemäß, aber dünn" —
was das amtliche Kommuniqué in „stürmische Ovation"
verfälscht. Die ersten Tagesnachrichten des Großdeutschen Rundfunks um 6.00 Uhr am 1. September 1939 bringen einen Führer-Aufruf zum Beginn des Krieges mit Polen. Als Hitler vier Stunden später zur Sitzung des Reichstags fährt, in der er, übertragen von allen Reichssendern,
offiziell den Krieg verkünden wird, säumen nur wenige Zuschauer die Straße und spenden nur vereinzelt Beifall. Hitler spürt deutlich die gedrückte Stimmung in der Bevölkerung.

Die Erinnerung aller an das Ende des Weltkrieges vor 21
Jahren ist zu frisch, um Begeisterung für einen neuen Krieg
wecken zu können. Die Deutschen folgen Hitler gehorsam
in den Krieg — mit dem Gefühl, für Deutschlands Größe
und Zukunft die unerläßlichen Opfer bringen zu müssen.
Außerdem: Mit Kriegsbeginn kommen Hitler Treuege-
fühle zugute. Opposition im Krieg ist, von vornherein, mit
dem Makel der hochgradigen nationalen Untreue behaftet.
Daher zeigen sich auch NS-Gegner bereit, aus patriotischen Gründen und Pflichtgefühl Hitler in den so unge-
wünschten Krieg zu folgen (Kershaw, 128).

Der schnelle Sieg über Polen löst die Beklemmung vieler Deutscher. Soldaten, die widerstrebend in den Polen-Krieg zogen, fühlen sich erhoben und werden daheim bewundert. Selbst Besonnene geraten nachträglich in eine gewisse Kriegsbegeisterung (Klose, 165). Beispielhaft für die starke Friedenserwartung sind viele Gerüchte über einen baldigen Friedensschluß mit den Westmächten.

Vorgreifend: Im weiteren Kriegsverlauf beruht die starke und dauerhafte Treue zu Hitler, trotz aller Pflichten und Entbehrungen, nicht in erster Linie auf dem Gestapo-Terror, sondern vor allem auf dem lange fortbestehenden Grundkonsens mit Hitler. Indessen: Je länger der Krieg dauert, je beschwerlicher er wird, desto mehr lebt das NS-Regime nicht von einer weiteren Steigerung, sondern von der langsamen Aufzehrung des Hitler-Mythos (Kershaw, 129 + 130).

Hitler will der Unpopularität seines Krieges mit verhältnismäßig hohem Lebensstandard begegnen. Dem „Krieg im Frieden" soll „Frieden im Krieg" mit friedensähnlicher Kriegswirtschaft folgen.

Ein Gegenbeispiel. Die *Kriegswirtschafts-Verordnung* (KWVO) vom 4. September 1939 soll die Arbeitsverdienste den Kriegsverhältnissen „anpassen": Streichung der Zuschläge für Überstunden und für Sonntags-, Feiertags- und Nachtarbeit, Aufhebung der Arbeitszeitbegrenzung, vorläufige Urlaubssperre. Da Unruhe unter den Arbeitern aufkommt, fordern DAF-Leiter Robert Ley ebenso wie die Industrie bald, diese KWVO-Bestimmungen zu entschärfen. Dies erfolgt stufenweise.

Mit Verordnung vom 17. November 1939 wird die Urlaubssperre aufgehoben. Sodann werden gemäß Verordnungen vom 16. November/12. Dezember 1939 wieder oben genannte Zuschläge gezahlt, jedoch vorerst nur für die zehn Stunden täglich überschreitende Arbeitszeit. Gemäß Verordnung vom 3. September 1940 werden Überstunden wieder für die acht Stunden täglich überschreitende Arbeitszeit gezahlt. Dies bleibt auch so, als durch

Verordnung vom 31. August 1944 allgemein die 60-Stunden-Woche (siehe S. 456) eingeführt wird (Kranig, 133-134 + 138; Maser, Regime, 219; Tilla Siegel, in: Sachse, 62; Zumpe, 348-349). Um die Arbeiter nicht zu verprellen, tritt das NS-Regime jenen Rückzug an. Ferner: Da vom Kriegszuschlag von 50 % zur Lohn- und Einkommensteuer Jahreseinkommen bis 2400 RM befreit werden, sind etwa 60 % der Lohnsteuerpflichtigen davon befreit.

Vorgreifend: Mit der Kriegswende vor Moskau (Dezember 1941) sind Hitlers Blitzkrieg-Strategie *und* sein kriegswirtschaftlicher Kurs gescheitert. Erst 1942 wird die Wirtschaft für den Krieg mobilisiert. Da Rüstungsminister Albert Speer, in Verbindung mit perfektionierter Wirtschaftsselbstverwaltung, Rationalisierung forciert, verdreifacht sich die Rüstungsendfertigung in weniger als drei Jahren. Der Anteil der Rüstungsgeräte an der Industrie-Nettoproduktion steigt von 1940/41: 16 % auf 1944: 40 % an, der Anteil der Konsumgüter sinkt von 1940/41: 29 % nur auf 1944: 22 %. Doch dies ist nur die halbe Wahrheit. Von 1941 bis Ende 1944 sinkt die Verbrauchsgüter-Erzeugung um fast 40 % (Boelcke, 142). Konkreter aus anderem Blickwinkel: 1944 stehen 14 % weniger Verbrauchsgüter zur Verfügung als 1939, pro Kopf sind es fast 33 % weniger. Da 1944 die Wehrmacht fast ein Drittel (1939: 17 %) der Verbrauchsgüter für sich in Anspruch nimmt, gelangt an die Zivilbevölkerung nur noch etwa 50-60 % des Vorkriegsstandes − das sind etwa 10 % weniger als im Tiefpunkt der Wirtschaftskrise (Tilla Siegel, in: Sachse, 108).

Um so mehr gilt es der NS-Führung, das Volk „bei Laune" zu halten. Unter dem Motto „Leichte Muse für schwere Zeiten" haben Operetten, Revuen, Varietés, Kabaretts, vor allem Filme Hochkonjunktur. Bis Februar 1941 sind in den Kinos Hollywoodfilme zu sehen. Die Unterhaltungskünstler müssen nicht ins Feld. Die strengen Sitten lockern sich; auf den großen Bühnen treten fast nackte Mädchen auf.

Im Berliner „Wintergarten" gastieren Stars wie die Meister-Clowns Grock = Adrian Wettach (1880-1959) und Charlie Rivel (1896-1983). Den populären Komikern Weiss Ferdl (1883-1949) und Karl Valentin (1882-1948) in München werden freche Bemerkungen nachgesehen. Aber der politisch viel pointierter stichelnde Kabarettist Werner Finck (1902-1978) in Berlin mit seinen stotternden, vieldeutigen Halbsätzen hat es schwerer. Nach Schließung des Kabaretts „Die Katakombe" 1935 zeitweise in Haft, kann Finck vom März 1936 bis Dezember 1938 regelmäßig für das „Berliner Tageblatt" in der Rubrik „Von mir aus — jede Woche" doppeldeutig seine Meinung sagen. Seine Themen sind u.a. Judenverfolgung, ritualisierte Volksabstimmungen, Furcht vor Krieg. Ein Teil der Finck-Satiren kann 1938 als „Kautschbrevier" erscheinen, erreicht 1939 das 40. Tausend und wird in Willy Schaeffers „Kabarett der Komiker" in Berlin vorgetragen. Ein Auftritt Fincks im Januar 1939 hat seinen Ausschluß aus der Reichskulturkammer zur Folge (Schäfer, 42), was seinem Berufsverbot gleichkommt.

An jedem Sonntag-Nachmittag sind die Straßen leergefegt: das Berliner „Wunschkonzert für die Wehrmacht" vereint seit 1. Oktober 1939 Front und Heimat. Unter Leitung des Ex-Schauspielers Heinz Goedecke (1902-1959), 1933 NSDAP-Mitglied und Sprecher am Deutschlandsender, treten in dieser populärsten Sendung des Reichsrundfunks vier Stunden lang aus dem Großen Sendesaal des Berliner Funkhauses Stars der leichten und ernsten Unterhaltung ohne Gage auf.

Die stets wiederholten Schlußworte Goedeckes werden zum Markenzeichen: „Das Wehrmachts-Wunschkonzert geht jetzt zu Ende, die Heimat reicht der Front nun ihre Hände, die Front reicht ihrer Heimat nun die Hand. Wir sagen: Gute Nacht, auf Wiederhören, bis wir zum nächsten Male wiederkehren — Auf Wiedersehen! sagt das Vaterland!" Der Film „Wunschkonzert" (1940), Regie: Eduard von Borsody (1898-1970), Hauptdarsteller: Ilse Werner und Carl Raddatz, wird mit 26,5 Mio. Besuchern der erfolgreichste Film des Dritten Reiches. Das Wunschkonzert wird erst im Oktober 1944 eingestellt, Goedecke einberufen (*vorgreifend:* 1945 steht Goedecke auf der schwarzen Liste).

Der Karikaturist Erich Ohser (1903-1944), Illustrator und Freund Erich Kästners (siehe S. 114), vor 1933 u.a. für das SPD-Zentralorgan „Vorwärts" tätig, erhält 1934 Berufsverbot, darf aber, nach Intervention einflußreicher Kollegen, unpolitisch und unter Pseudonym weiterarbeiten. Als „e.o. plauen" veröffentlicht Ohser in der „Berliner Illustrirten Zeitung" von Ende 1934 bis Ende 1937 seine Bildergeschichten „Vater und Sohn": Der unheldische und tolerante glatzköpfige Vater mit Kugelbauch und der kleine Sohn mit Haartolle, beide Gegenbilder des NS-Stils, bringen Millionen zum Schmunzeln. Im Krieg zeichnet Ohser politische Karikaturen auch für die Goebbels-Wochenzeitung „Das Reich" (siehe S. 146). Wegen politischer Witze denunziert, kommt er in Untersuchungshaft und entzieht sich dem sicheren Todesurteil (siehe S. 499) durch Selbstmord.

Die triumphalen *Blitzfeldzüge 1939/40* heben Europa aus den Angeln und scheinen Hitlers Feldherrn-Genie zu bestätigen. Das Volk ist, bei zudem geringen Verlusten, teils benommen, teils von einer fast selbstverständlichen Genugtuung, sogar Überheblichkeit erfüllt. Man ersehnt nun Frieden mit dem Westen. Die meisten Frauen werden von Geschenken ihrer Männer als Besatzungssoldaten überhäuft.

Nach dem schnellen, triumphalen Sieg über den „Erbfeind Frankreich" erreicht die Bewunderung Hitlers den Zenit. Auch für frühere NS-Gegner ist es schwierig, sich von der begeisterten Siegesstimmung zurückzuhalten. Die Regierungspräsidenten von Oberbayern und von Ober- und Mittelfranken melden, „frühere Staatsfeinde" seien von den Leistungen Hitlers und der Wehrmacht „tief beeindruckt", ebenso ehemalige SPD- und KPD-Angehörige (Zitelmann, Biogr., 142-143).

Nach dem schnellen Balkan-Feldzug 1941 notiert August Winnig (1878-1956) 1951 rückblickend melancholisch: „Der Durchschnittsdeutsche war von den Erfolgen und der Propaganda so verwandelt und benommen, daß er die Fähigkeit eigenen Urteilens nicht mehr besaß ... Sogar alte Freunde aus meiner gewerkschaftlichen Zeit und frühere sozialdemokratische Reichstagsabgeordnete ... waren jetzt von Hitlers Weltmission überzeugt und wären bereit gewesen, ihm alles abzubitten, was sie je gegen ihn gesagt hatten" (196).

Der deutsche Eroberungskrieg ist populär. Dabei spielt das Streben nach Kriegsauszeichnungen und Beförderungen eine nicht zu unterschätzende Rolle. Für zahlreiche Subalternbeamte, Volksschullehrer, Angestellte usw. bedeutet die Beförderung zum Offizier Aufstieg, soziales Ansehen, spätere Arbeitsplatzsicherheit. Das besetzte Europa verwandelt sich durch künstlich festgesetzte Wechselkurse in einen attraktiven Käufermarkt. Die Soldaten schicken Kaffee und Schokolade aus Holland, Butter und Sonnenblumenöl aus dem Osten, Speck vom Balkan, häufiger Seidenstrümpfe, Stoffe und Parfüm aus Frankreich, Pelzmäntel und Silberfüchse aus Norwegen. Es ist ein Krieg, mit dem sich gut leben läßt; man genießt ihn, angenehm fröstelnd, in der Wochenschau (Schäfer, 192 + 193).

Nach dem Überfall der Wehrmacht auf die *Sowjetunion* am 22. Juni 1941 festigt sich, nach erster allgemeiner Verblüffung und Schockgefühlen, die Volksstimmung. Immerhin registriert der SD Befürchtungen über Verlängerung des Krieges, Verschlechterung der Ernährungslage, möglichen Eintritt der USA in den Krieg gegen das Reich, erhöhte Verluste − auch unter deutschen Kriegsgefangenen. Später verdüstert sich trotz Siegesmeldungen die Stimmung, weil der Friede weiter hinausrückt. Dennoch erwartet man baldige Niederlage der Roten Armee. Seit August 1941 beginnt sich jedoch eine pessimistische Grundhaltung durchzusetzen (Maser, Regime, 249 + 250 + 258).

Die *Wende vor Moskau* im Dezember 1941 bewirkt einen

ersten, schweren Schock – trotz verschleiernder Wehr-
machtberichte. Fast schockhafter noch wirkt der Goebbels-
Aufruf vom 20. Dezember 1941 zur Wintersachensamm-
lung für das Ostheer. Mit dieser Sammlung, bis in die letzten Dörfer, will Goebbels durch Appell an den Patriotismus
auch von der Moskau-Niederlage ablenken. Indessen ist
jetzt augenscheinlich: Der Führer hat sich geirrt, er ist nicht
unfehlbar, seine Erfolgsserie ist gerissen. Hitlers Riesenpo-
pularität ist angeschlagen. Das verinnerlichte Vertrauen zu
Hitler ist nicht zerrüttet, aber die Basis der großartigen
leichten Erfolge, bisher Voraussetzung immer neuer Hitler-Begeisterung, ist abhanden gekommen (Kershaw, 153
+ 157). Die Schlauesten beginnen sich so unauffällig wie
möglich von der NSDAP abzusetzen. Unter den Frontsoldaten ist die Siegeszuversicht nicht gebrochen, aber erschüttert.

Die Rationierung läßt längere Zeit viele Güter, vor allem
schnell verderbliche Waren und Gebrauchsgüter des gehobenen Bedarfs, genannt „Luxusartikel", unbewirtschaftet.
Auf jener Basis bildet sich ein schwarzer Markt (siehe S.
440) und ein illegaler Warentausch, genannt „Schieberei".
Die Strafmaßnahmen sind hart, weil dies der NS-Propaganda gefährlich wird. Zum einen erscheint die Parole von
der Volksgemeinschaft unglaubwürdig, zum anderen verliert die Propaganda gegen die „ausbeuterische Plutokra-
tie" der Angloamerikaner bei Arbeitern ihre Wirkung.
Schon 1941 sprechen Arbeiter von den Nutznießern des
Krieges, von „deutschen Plutokraten". Zunächst geraten,
in alter sozialer Frontstellung, Angestellte und Händler, Direktoren und Fabrikbesitzer ins Feuer der Arbeiter-Kritik,
bald aber auch, darüber hinaus, Partei- und Staatsdiener
(Dröge, 140).

Am 11. Dezember 1941 erklärt Hitler den USA den Krieg.
Die weltpolitischen Vorgänge sind – für die meisten Deutschen – so riesig, so unvorstellbar, daß der heraufziehende
Sturm zwar mit einiger Beklemmung geahnt, aber nicht an
jeder Ecke fühlbar wird. Die Wahrnehmungsweisen sind

isoliert, die Horizonte geschrumpft. In Führungsschichten wird – vorsichtig – die Überlegung laut: Wenn nun, zur Jahreswende 1941/42, der Krieg als Ermattungskrieg geführt wird, muß sich, wie im Ersten Weltkrieg, die Waage unweigerlich am Ende zu Ungunsten Deutschlands senken – trotz aller glänzenden Waffentaten der Wehrmacht und trotz größter Durchhaltekraft des Volkes.

Im *Sommer 1942* erreicht Hitlers Imperium seine größte Ausdehnung. Deutsche Truppen stehen vom Nordkap Norwegens entlang der Atlantikküste, auf dem Balkan und in Nordafrika. In Rußland verläuft die deutsche Front kurz vor Leningrad im Norden bis an die Grenze Asiens im Süden – im Kaukasus und an der Wolga bei Stalingrad. Zeitzeuge Wolfgang Paul blickt 1980 auf das Jahr 1942 zurück: „Vielleicht ist 1942 das letzte Kriegsjahr für die Deutschen gewesen, in dem sie sich noch nicht bemitleideten, in dem sie gefaßt waren, glücklich schon lange nicht mehr ... Die meisten von ihnen gaben den Krieg noch nicht verloren ..." (Endkampf, 94).

Noch 1942 versucht das NS-Regime wenigstens den „Anschein der Normalität" aufrechtzuerhalten. Das zeitweilige Angebot verknappter Waren (Weißbrot, Wurst, Fleisch) wird werbewirksam herausgestellt. Die Bekleidungsindustrie produziert für die Inhaber der Kleiderkarte nach wie vor modische Attraktionen, wobei vermehrt Ersatzstoffe (siehe S. 236) verarbeitet werden. Letzter Schrei sind 1942 punktfreie, also ohne Marken erhältliche Sandalen aus Plexiglas, deren äußere Seiten angeschliffen sind und reizvolle Lichtwirkungen zeigen (Ulrich Heinemann, in: Kleßmann, 39; Schäfer, 193).

Für das Volk beginnt Hitler unsichtbar und unhörbar zu werden. Eine Ausnahme bildet seine (letzte) Reichstagsrede vom 26. April 1942: Hitler fordert das Recht, fortan allein und ohne Rücksicht auf Gesetze, Justiz und traditionelle Gewohnheiten entscheiden zu können. Man begrüßt dies vielfach, fragt aber auch, was dahinterstecke und wieso der Führer vor aller Welt Mängel und Schwächen des

Regimes offenbare. Die unteren Schichten, vor allem Arbeiter und Angestellte frohlocken und hoffen auf ein rasches Ende jeder Korruption und Pflichtvergessenheit in Behörden und Partei. Daß Hitler Drückeberger künftig bei Mißgriffen nicht zu schonen gedenkt, findet allgemein besonderen Beifall (Maser, Regime, 303).

Hitler hält es am 30. September 1942, bei Redebeginn im Berliner Sportpalast, für nötig, sein Bedauern darüber auszudrücken, daß er, wegen Arbeitsüberlastung, viel weniger als früher zum Volk sprechen könne (Domarus, 1913). In Sicht der NSDAP: Bis 1942 spricht Hitler zum Partei-Gedenktag des 24. Februar zu den Alt-Parteigenossen; zum Partei-Gedenktag des 8. November spricht er zuletzt 1943. Hitler hält sich immer mehr von öffentlichen Auftritten zurück.

Seit Frühjahr 1942 stellt die NS-Propaganda, hier speziell von Joseph Goebbels inszeniert, Hitler als *zweiten Friedrich den Großen* dar − als die einsame, distanzierte Majestät. So im Film „Der große König" (1942), mit dem Staatsschauspieler Otto Gebühr (1877-1954) als seit den zwanziger Jahren bewährtem Fridericus-Darsteller. Dies monumentale Hitlerbild ist zwar geeignet, Ergriffenheit und Bewunderung auszulösen, kaum aber noch warmherzige Identifikation. Hitler wird mehr und mehr zum „Kriegsherrn", zunächst im monumentalen Sinne, dann zunehmend auch im Sinne einer nicht mehr menschlichen Strenge und einer (majestätischen) Abgeschiedenheit von den Interessen und Problemen des Volkes (Kershaw, 157f.).

Bis Kriegsbeginn gibt es vier Wochenschauen: „Ufa-Tonwoche", „Deulig-Ton-Woche", „Tobis-Woche" und „Fox-Tönende Wochenschau". Seit 21. November 1939 wird nur noch die *„Deutsche Wochenschau"* hergestellt. Die von Joseph Goebbels gewollte „Kinofreudigkeit" des Publikums zahlt sich aus: die Wochenschau ist populär. Goebbels rühmt die Wochenschau als das „beste Volksführungsmittel". Oft verlangt er bis in die Details Änderungen von Text oder Schnitt. Trotz kurzer Produktionszeit sind viele Wochenschauen „sorgsam inszenierte Filmwerke mit beträchtlicher Propagandawirkung". Die damit suggerierte Tatkraft der NS-Führung und die demonstrierte Schlagkraft der Wehrmacht erwecken nun, als die Wehrmacht mehr und mehr in die Verteidigung gedrängt wird, den (gewollten) Eindruck von Vormärschen (Hilmar Hoffmann, 200 + 202; Frei/Schmitz, 91 + 92).

Die *Feind-Luftangriffe* 1942 treffen einen besonders empfindlichen Punkt des Vertrauens zur Führung: sie kann nicht den Schutz der Heimat garantieren. Im Sommer 1942 tauchen erstmals Gerüchte auf, Hitler sei physisch oder psychisch krank (Kershaw, 163 + 165).

Entsprechend der düsterer werdenden Kriegslage wandelt sich 1942 der deutsche *Unterhaltungsfilm.* Die Interieurs werden todschick im internationalen Verständnis; das Design wird weltläufig. Die Damenmode kann nicht pariserisch, die Herrenmode nicht britisch genug sein, kein Dialog zu geschliffen und geistreich. Das Schlafzimmer wird zum Hauptschauplatz, das französische Bett zum Hauptmöbel. Die Negligés der Damen werden durchsichtiger, die Bettszenen lasziver, in der Badewanne verzichtet man auf verhüllenden Badeschaum. Früher galt dies alles als dekadent und wurde von der Zensur verboten. Nun gilt es als künstlerisch wertvoll (Rabenalt, 200-201). Je weniger „Brot" es gibt, desto mehr und wichtiger werden „Spiele".

In der *Unterhaltungsmusik* des Runkfunks ist im Winter 1941/42 der Winter (wegen der Ostheer-Tragödie vor Moskau Ende 1941) tabu. Es gibt kein U-Boot-Lied wegen hoher U-Boot-Verluste, keine fröhlichen Rheinlieder wegen der Luftangriffe auf die rheinischen Städte (Klingler, 140). Seit 15. Februar 1942 sind zuständig im Rundfunk für Leichte Tanz- und Unterhaltungsmusik: Georg Haentzschel (geb. 1907), für Gehobene Unterhaltungsmusik: Franz Grothe (1908-1982), 1933 NSDAP-Mitglied, beide bekannte Filmkomponisten, für Kabarettistische Sendungen: Günter Schwerkolt (geb. 1907). *Vorgreifend:* Haentzschel, Grothe, Schwerkolt machen nach 1945 weiter Karriere.

Im November 1942 verlangt Joseph Goebbels bei der Dienstverpflichtung der Komponisten, Texter und Unterhaltungsstars, angesichts der militärischen Rückschläge, bei Schlagern „den optimistischen Ton" anzuschlagen – was befolgt wird. In Notzeiten tendiert die Filmkunst zur Heiterkeit, damals auch in Frankreich und den USA. Uwe Schmitt kommentiert 1987: „Gegen Bühnenzauber, Schlager, Spaß und schöne Frauen wären wir heute nicht mehr gefeit als die Deutschen der dreißiger und vierziger Jahre ... Eine Immunität gegen Verdrängung mit Vergnügen wird es nicht geben" (in: „Frankfurter Allgemeine Zeitung", Frankfurt, 4. April 1987). Ebenfalls 1942 wird aus den besten Tanzmusikern das DTU Deutsche Tanz- und Unterhaltungsorchester mit 38 Mann unter Franz Grothe/ Georg Haentzschel gebildet, das im Reichsrundfunk gepflegte Swingmusik spielt. Das DTU, bis Herbst 1943 in Berlin, dann wegen des Luftkriegs in Prag, spielt auf damals bei den Alliierten unbekannten Magnettonbändern.

Die Schlemmer-Gerüchte werden seit 1942 immer parteifeindlicher. Die Bevölkerung verfolgt aufgedeckte Fälle von Kriegswirtschaftsverbrechen, achtet auf Herkunft und Rang der Angeklagten und auf die Höhe des Strafmaßes. Jede Strafe, außer Todesurteil, führt im Volk zur Meinung, daß an den Verfehlungen des Angeklagten einflußreiche Personen mitbeteiligt gewesen seien, so daß man den Angeklagten habe schonen müssen, um nicht „Bonzen" mit in das Verfahren hineinzuziehen (Dröge, 140). Vielfach stimmen solche Gerüchte.

Gefallenen-Todesanzeigen werden vom SD sorgfältig als Meinungsfaktor beobachtet, weil die Familien den Wortlaut der Todesanzeigen selbst bestimmen können. Seit 1941/42 wird die Formel „in stolzer Trauer" seltener. Dafür heißt es vermehrt „in tiefer Trauer" oder „in tiefem Schmerz" usw. Beim „Heldentod" wird meist zwischen den Formeln „für Volk und Vaterland" und „für Führer,

Volk und Vaterland" gewählt. Stichproben aus bayerischen Zeitungen zeigen, wie stark von 1940 bis Ende 1942 die Erwähnung Hitlers zurückgeht: in Nürnberg von 44 % auf 12 %, in Augsburg von 62 % auf 11,5 %, in München von 44 % auf 7 %. *Vorgreifend:* Um dies totzuschweigen, wird, im September 1944, die bisherige freie Wortwahl beendet und dafür in den Zeitungen die Einheitsformel „für Führer, Volk und Reich" eingeführt. In den Wochen zuvor war Hitler, etwa in München, nur noch bei 4 % der Todesanzeigen erwähnt worden (Kershaw, 166f.).

Im *Winter 1942/43* wird bewußt: Es geht nicht mehr darum, wann man den Krieg gewinnen werde, sondern darum, ihn nicht zu verlieren. Erst dem Wehrmachtbericht vom 16. Januar 1943 ist zu entnehmen, daß die 6. Armee seit Wochen (exakt: seit zwei Monaten) eingeschlossen ist. Neun Tage später wird das Rundfunk-Unterhaltungsprogramm umgestellt: Schlager werden mit wenig Ausnahmen abgesetzt, Sketche und Humoristen ebenso gestrichen wie etwa das sehr populäre Lied „Und wieder geht ein schöner Tag zu Ende" (Klingler, 151).

Am 2. Februar 1943 hört jede deutsche Kampftätigkeit in und um *Stalingrad* auf. Nach Kapitulation ziehen 91.000 Überlebende der 6. Armee bei 25 Grad Kälte in russische Kriegsgefangenschaft. Von den Angehörigen der 6. Armee waren etwa 125.000 gefallen oder erfroren, 34.000 Verwundete und Kranke ausgeflogen worden.

Am 3. Februar 1943 sendet der Rundfunk, vor 15.00 Uhr, das Brandenburgische Konzert Nr. 3 von Johann Sebastian Bach, dann die Egmont-Ouvertüre von Ludwig van Beethoven und die Tondichtung Mazeppa von Franz Liszt. Anschließend wird gemeldet: „Der Kampf um Stalingrad ist zu Ende. Ihrem Fahneneid bis zum letzten Atemzug getreu, ist die 6. Armee unter der vorbildlichen Führung des Generalfeldmarschalls Paulus der Übermacht des Feindes und der Ungunst der Verhältnisse erlegen ...". Es folgen das

Lied vom „Guten Kameraden", beide deutsche Nationalhymnen und die rumänische und kroatische National-
hymne, gefolgt von drei Minuten Funkstille. In dreitägiger
Staatstrauer bleiben Kinos, Theater, Vergnügungsstätten
geschlossen (Klingler, 152-153; Engelmann, Bis, 362f.).

„Stalingrad" ist der entscheidende Anstoß für den *Nie-
dergang des Hitler-Mythos.* Bei fast allen früheren Rück-
schlägen hieß es meist, der Führer sei schlecht beraten wor-
den oder habe nichts gewußt. Nun wird Hitler unmittelbar
mit der Stalingrad-Katastrophe verbunden − zutreffend.
Die Volksstimmung erreicht einen bisher nicht gekannten
Tiefstand (Kershaw, 168 + 169). Es kursiert der politische
Witz, daß es bald wieder mehr Butter geben werde, weil die
Führerbilder „entrahmt" würden. Den Schock über den
Untergang der 6. Armee werden weder NS-Regime noch
Volk überwinden. Erst mit dem Stalingrad-Schock breitet
sich im Volk das dumpfe Gefühl einer möglichen Nieder-
lage aus. Erst jetzt wird das Vertrauen in den Feldherrn Hit-
ler erschüttert, und zwar in allen Volksschichten.

Die „Deutsche Wochenschau" Nr. 651/10/1943 (Zensur:
24.2.1943) deutet „Stalingrad" zur Vorwärtsstrategie um.
In ihrem Mittelpunkt aber steht die Goebbels-Rede vom
18.2.1943 über den „Totalen Krieg" (siehe S. 452f.). Diese
Wochenschau ist „perfekt in propagandistischer Dialek-
tik". Ihre Bilder von ekstatisch jubelnden Massen, so SD-
„Meldungen aus dem Reich", hätten die propagandistische Wirkung dieser Kundgebung noch gesteigert (Hilmar
Hoffmann, 219-220).

Franklin D. Roosevelt (1882-1945) und Winston Churchill
verkünden, nach der Konferenz von Casablanca vom 14.
bis 26. Januar 1943, die *bedingungslose Kapitulation*
Deutschlands als einzige Möglichkeit für eine Beendigung
des Krieges. Daher versteift sich der Widerstandswille der
Mehrheit der Deutschen, trotz aller Zweifel, eher noch.
Diese alliierte Forderung „bedingungslose Kapitulation"
ist der größte Schlag für die deutsche Widerstandsbewegung: Sie kann, entgegen allen ihren Hoffnungen, nicht

auf Verhandlungsbereitschaft der Feindmächte rechnen. Michael Stürmer resümiert 1984 das Dilemma: „Der Vernichtungskrieg, der für Hitler das letzte Mittel des Krieges war, war zugleich ein grausiges Mittel, die Deutschen an ihren Zerstörer zu binden" (in: Boockmann, 360). Die deutschen Soldaten — damals kaum erkannt — verteidigen mit Deutschland Hitler und geben mit Hitler Deutschland dem sicheren Untergang preis.

Im Frühjahr 1943 kommt eine Welle neuer Gerüchte über Hitlers Gesundheitszustand auf. Es heißt, Hitler sei krank, verrückt, blind, habe einen Nervenzusammenbruch erlitten. Anders als früher, wird nun auch Hitler zur Zielscheibe von scharfen politischen Witzen. So heißt es im populären Schlager von 1942 „Es geht alles vorüber, es geht alles vorbei, auf jeden Dezember folgt wieder ein Mai" nun weiter mit der angehängten Strophe entweder: „Zuerst geht der Führer, dann die Partei" oder „Im April fällt der Hitler, im Mai die Partei". (Dieser Volkswitz wird genau zwei Jahre später Wirklichkeit.) Der Hitlergruß wird mitunter von Angehörigen der Gefallenen demonstrativ verweigert. Die Beflaggung zum Führer-Geburtstag 1943 ist deutlich spärlicher als 1942 (Kershaw, 170 + 171f.).

Trotz massiver Meinungsverschlechterung bleibt der Hitler-Mythos wirksam. Dieser Glaube an Hitler ist ein *verinnerlichter Faktor* geworden und von der Wahrnehmung objektiver Tatsachen nur bedingt abhängig. Der Führer ist für viele Symbol und Verkörperung der außerordentlichen Erfolge des Dritten Reiches. Der Führer hat auf sich gezogen, was an Bereitschaft zu Hingabe, Leidenschaft, Selbstlosigkeit in großen Teilen der Gesellschaft, seit 1918, angelegt war. Nicht zuletzt: Der Führer ist die Projektion eines großen nationalen Traumes. Diese inneren Beweggründe des Glaubens an Hitler immunisieren den Hitler-Mythos auch dann noch längere Zeit, als die äußeren Tatsachen längst gegen ihn sprechen (a.a.O., 150).

Beispielhaft Hans-Günter Zmarzlik: „Am Heldengedenktag (21. März) 1943 ... kam der große Augenblick: ich gehörte zur Ehrenkompanie der Marine, und er schritt langsam die Front ab. Der Anblick (Hitlers) war enttäuschend. Die Schultern gekrümmt, ein bleiches, gedunsenes Gesicht, das Auge schien wäßrig. Ich habe damals dieses Bild registriert, aber das Negative gar nicht an mich herankommen lassen. Der Führer stand über jeder Kritik" (23). Ähnlich denken viele.

Viele, die sich früher dem NS-Regime entzogen, meinen, im Krieg müsse man alle politischen Differenzen vergessen und mithelfen, den Krieg zu gewinnen. So argumentiert, beispielsweise, Marieluise Fleißer (1901-1974), deren Bücher 1933, weil „gefährliche Nestbeschmutzerin", verbrannt werden und die 1935 Schreibverbot erhält, in einem Brief vom 19. Februar 1943 an Erich Kuby, der ihr eine Abschrift seines pazifistischen Kriegstagebuches zum Lesen gegeben hatte: „Ein Soldat verteidigt sein Land und sein Volk, er verteidigt nicht den Feind ... In Notzeiten kann man nicht aus der Reihe tanzen." Oder Hans Fallada (siehe S. 114): Er wird 1943 vom Propagandaministerium als Sonderführer im Major-Rang nach Frankreich entsandt, um über den RAD zu berichten. Er schreibt nach Deutschland: „Wir müssen an den Sieg glauben, sonst ist alles sinnlos ... Wir sind die Herren der Welt, bestimmt die von Europa" (Schäfer, 189f.).

Früher hatte Hitler immer wieder davon gesprochen, welch bergeversetzender Glaube seit 1921 dazu gehört habe, an die NS-Bewegung zu glauben und für sie Opfer zu bringen. Nun, 1943, taucht in der NS-Propaganda — verstärkt — ein bekanntes Jesus-Wort (Matthäus 17,20) in verweltlichter Form auf: „Wenn ihr Glauben habt wie ein Senfkorn, so werdet ihr zu diesem Berge sagen: Geh fort von hier, dorthin! Und er wird fortgehen." In diesem Sinne ruft Joseph Goebbels am 30. Januar 1943 im Berliner Sportpalast kühl kalkuliert aus: „Der Glaube versetzt Berge! Dieser bergeversetzende Glaube muß uns alle erfüllen!" (II, 170). Landser spötteln dazu: Der Glaube kann zwar Berge versetzen, aber womöglich an den falschen Platz.

Am 11. April 1943 vertraut Joseph Goebbels seinem Tagebuch an, am meisten sei das Volk dadurch bedrückt, daß es keinen Überblick mehr über das Gesamtkriegsgeschehen besitze. „Man kann sich keine Vorstellung machen, wie der Krieg einmal zu Ende gehen und wir den Sieg erringen werden" (195). Hier sieht er nun seine große Aufgabe. Goebbels weiß, daß in schwerer Not der Appell an verbissene Opferbereitschaft und dadurch mobilisierbarer nationaler Trotz wirkungsvoller sein kann als der Jubel bei früheren großen Erfolgen.

Acht Tage später fragt Goebbels (Rede zum Führer-Geburtstag, Berlin) ahnungsvoll, „ob wir am Anfang einer neuen, nie dagewesenen Entwicklung unserer nationalen Geschichte stehen" oder mit dem Abschluß der alten deutschen Geschichte „überhaupt die Geschichte unseres Volkes abschließen" (Reden, II, 115). Wenig später vermerkt der Filmminister Goebbels sorgenvoll: „Das Problem der Wochenschau wird bei längerer Dauer des Krieges immer schwieriger. Man weiß nicht mehr, was man bringen soll" (Hilmar Hoffmann, 217).

Der Sturz Benito Mussolinis am 25. Juli 1943, nach alliierter Landung in Sizilien, und das Verschwinden des Faschismus über Nacht lösen bei allen NS-Funktionären ein blankes Entsetzen aus.

Durch den immer massiveren alliierten *Luftkrieg* (siehe S. 442) mit riesigen Flächenbränden, Zehntausenden Toten und Hunderttausenden Obdachlosen beginnen sich die NS-Phrasen zu verbrauchen. So besonders nach dem verheerenden ersten Großangriff auf Hamburg am 26. Juli 1943. Es gibt oft extrem übertriebene Gerüchte über Luftkrieg-Verluste. Der Luftkrieg beschleunigt die Erkenntnis deutscher Ohnmacht.

Die Anstrengungen der NSV (siehe S. 321) werden von der Bevölkerung anerkannt. Die NSV, 1943 rd. 17 Mio. Mitglieder, entwickelt sich zu einem riesigen Evakuierungs-Unternehmen: Transport, Unterbringung, Verpflegung von Gefährdeten und Bombengeschädigten, von Alten,

Kranken und Müttern von Kleinkindern. Nach Luftangriffen richtet die NSV Suppenküchen ein, organisiert sie Meldestellen für Vermißte und vieles mehr. Seit 1943/44 wird daher die NSV immer mehr zum „letzten Rettungsanker ..., zuletzt zur einzigen Hoffnung für die Heimatfront" (Ulrich Heinemann, in: Kleßmann, 42).

Aber nach jedem Luftangriff entsteht in der betroffenen Bevölkerung neben Niedergeschlagenheit und Trauer auch ein Gefühl verzweifelter Wut. Daher hat die NS-Parole der Vergeltung, mit Wunderwaffen, starke Wirkung (Dröge, 132 + 133). Die Menschen in den Luftschutzkellern wollen sich überwiegend nicht mit der Rolle wehrloser Zielscheiben abfinden. Viele Deutsche (vielleicht noch eine Mehrheit?) sagen sich: Bisher hat Hitler im großen und ganzen immer recht behalten; wenn *er* Vergeltung ankündigt, dann wird sie auch kommen. In der NS-Propaganda lautet dieser Gedanke so: Haltet aus, einmal wird doppelt und dreifach zurückgezahlt! Nicht mehr lange, dann werdet ihr wieder ruhig schlafen können! Nur jetzt nicht aufgeben und schlapp machen, die Kriegswende kommt (Hertel, 341)!

Im übrigen: Wenn der Mensch merkt, daß er eine Einsicht gewinnt, gegen die sich alles in ihm wehrt und sträubt, pflegt er desto heftiger an der Sache festzuhalten, von der er ahnt oder weiß, daß sie falsch ist. Dieses psychologische Phänomen entwickelt sich bei vielen Deutschen zu einer unerhörten Kraft — unter dem Motto: Es kann doch nicht alles umsonst, falsch und verlogen gewesen sein!

In den SD-„Berichten zu Inlandsfragen" heißt es am 20. April 1944: „Viele Volksgenossen zeigten sich allmählich müde unter dem ständigen Druck, durch das Bangen um die Entwicklung im Osten und die immer wieder enttäuschte Hoffnung 'auf ein erlösendes Wunder'. Allgemein habe man den Krieg 'bis obenhin satt'. Der Wunsch nach einer baldigen Beendigung sei überall sehr groß" (Kershaw, 181).

Im Juli 1944 bringt der Führer-Sekretär Martin Bormann (siehe S. 174f.) die SD-Berichterstattung in der bisherigen Form zum Erliegen, da er deren Meldungen als Sprachrohr des Defätismus ansieht. Seitdem hört diese regelmäßige Unterrichtung der NS-Führung über Stimmung und Reaktion des Volkes auf (Boberach, I, 37).

Vier Wochen nach der alliierten Normandie-Landung vom 6. Juni 1944 sind große Teile des Volkes weit davon entfernt, die wirkliche Lage im Juli 1944 zu erkennen. Über Regungen der Vernunft breitet sich Wunderglauben aus, über Zweifel vertrauensvolle Hoffnung. Man fragt sich: Zeigt sich eine andere Chance, als den Vernichtungswillen der Gegner durch harte Gegenwehr zu brechen? Sind nicht kaum vorstellbare Vergeltungswaffen angekündigt? Kann Hitler den Kampf fortsetzen, ohne von einem erträglichen Ende für Deutschland überzeugt zu sein (Scheurig, Spiegelbilder, 183)? Es bewahrheitet sich wiederum: Nicht entlarvte Illusionen sind Realitäten, und jede Flucht vor der Wirklichkeit ist selbst auch eine Wirklichkeit und hat Folgen.

Das Attentat vom *20. Juli 1944* löst Erschütterung, Empörung, Wut aus, dazu große Erleichterung über den glimpflichen Ausgang. Das NS-Regime wird dadurch psychologisch vorübergehend gestärkt. Jene Reaktion ist „ein nachträglicher Beleg dafür, wie isoliert der Widerstand gegen Hitler tatsächlich gewesen" ist (Thamer, 746). Oft hört man: „Dem Führer bleibt auch nichts erspart!" Hitlers Rundfunkansprache, nach dem Todes-Gerücht, hebt schlagartig die Moral. Eine Befreiung von der Hitler-Diktatur wird im Sommer 1944 von der Mehrheit der Deutschen „seelisch nicht gewollt" (Schäfer, 198).

Da die Mehrheit der Deutschen die Ermordung des Staatsoberhauptes in einem als Existenzkampf verstandenen Krieg ablehnt, stimmen NS-Propaganda und Mehrheitsmeinung hier weitgehend überein. Das Attentat und seine Folgen lenken von der West- und Ostfront ab: Im Westen gewinnen die Alliierten die Operationsfreiheit in

Frankreich; im Osten ist die Heeresgruppe Mitte mit 25 Divisionen und 350.000 Mann in einem „Super-Stalingrad" vernichtet.

Die Frontsoldaten verurteilen das Attentat, für sie Landesverrat, angesichts der wankenden Fronten fast einmütig (siehe S. 428). Ihre erste spontane Reaktion: Waren die Verschwörer nicht Günstlinge und Stützen des NS-Regimes gewesen, solange alles gut ging? Haben sie nicht durch halbe Maßnahmen, gar durch Verrat, wertvolle Kräfte ins Verderben gerissen? Eine neue „Dolchstoß"-Legende findet Glauben, wonach die Front durch Verzögerung oder gar Sabotage des Nachschubs verraten worden sei. Das Ausmaß und den ethischen Ernst der Verschwörung erkennt oder ahnt fast niemand der Frontsoldaten.

In der Wochenzeitung „Das Reich" erscheint am 30. Juli 1944 unter der Überschrift „Ein Attentat und seine Antwort. Keine Fahne und kein Regiment entehrt" ein Artikel des Redakteurs Hans Schwarz van Berk (geb. 1902), der bis zum Ende überzeugter Nationalsozialist (1920 Freikorps-Mitglied, 1930 in der NSDAP) und zugleich „einer der brillantesten Journalisten" seiner Zeit ist. Er hat sich eine gewisse Souveränität gegenüber Partei und Staat bewahrt. 1934 trägt er sich ins Gästebuch des Berliner Kabaretts „Katakombe" von Werner Finck (siehe S. 475) keck so ein: „Gefährlich oder ungefährlich – weitermachen!" Absolventen der Reichspresseschule fällt er als Dozent angenehm auf, weil man ihm gegenüber auch „offen ketzerische Meinungen" äußern kann. Seine Betrachtung über den 20. Juli vermeidet jede diskriminierende Polemik und ist damit eine einmalige Erscheinung in der NS-Publizistik. *Vorgreifend:* Nach 1945 zieht sich Hans Schwarz van Berk vom Journalismus zurück und arbeitet in der Werbung (Martens, 112 + 113 + 116; Frei/Schmitz, 168).

Als Hitler am 2. August 1944 im Rastenburger Reservelazarett die beim Attentat Verletzten besucht, wird er, ohne sichtbare Schutzmaßnahmen, von den Patienten umringt und läßt sich lächelnd von ihnen fotografieren. Jeder dieser

490

verwundeten oder verkrüppelten Soldaten, die vielleicht eben noch den Krieg und womöglich den Führer verflucht haben, hätte Hitler hier unschwer töten können. Statt dessen jubeln sie ihm zu (Peter Hoffmann, 236).

Nach der Sofort-Reaktion eines reflexhaften Zusammenschlusses mit Hitler folgt im *August 1944* ein Absinken des Vertrauens in Hitler. Denn die alliierten Luftangriffe, von Joseph Goebbels als schauerlicher Anschauungsunterricht für die alliierten Kriegsziele hingestellt, werden immer verlustreicher; die Invasion wird, entgegen allen Versprechungen, nicht zurückgeschlagen. Die Angloamerikaner jagen das flüchtende Westheer bis September 1944 zur Reichsgrenze zurück. Die Rote Armee hat das flüchtende Ostheer ebenfalls zur Reichsgrenze zurückgedrückt und steht bereits an der Weichsel.

Vor allem: Die so lange versprochene *Wunderwaffe V1* (seit 12. Juni 1944 Beschuß Londons, bis 27. März 1945) bringt keine Wende. Hans Schwarz van Berk gibt in „Das Reich" vom 25. Juni 1944 zu bedenken, daß „sehr selten ... ein Krieg durch eine einzige neue Waffe im Augenblick entschieden" worden sei (Martens, 118). Demgegenüber prophezeit Joseph Goebbels in „Das Reich" vom 30. Juli 1944, der Führer werde durch „Einsatz der furchtbaren Kriegsmittel ... in Kürze das Kriegsende herbeiführen" (Schmidt, 138).

Eine Jubel-Beschreibung der V1 lesen die Deutschen auf der Titelseite in „Das Reich" vom 13. August 1944; Verfasser ist Werner Höfer, OT-Kriegsberichterstatter bei Rüstungsminister Albert Speer. *Vorgreifend:* Höfer, Jahrgang 1913, im März 1933 NSDAP-Mitglied, dem NS-Journalismus angepaßt, 1946 Leiter der „Aktuellen Abteilung" des NWDR, 1972-1977 WDR-Fernsehdirektor, erhält 1973 das Große Bundesverdienstkreuz und wird durch seine sonntägliche Rundfunk- und Fernsehsendung „Internationaler Frühschoppen" (1952-1987) prominentester westdeutscher Fernsehjournalist.

Am 1.8. führt die Deutsche Reichspost, als erste Postverwaltung in der Welt, das System der Postleitzahlen für den Briefverkehr ein, um ihn mit wenigen verbliebenen Fachkräften zu erleichtern. In München wird die „Große Deutsche Kunstausstellung" im bisher unter Tarnnetzen unbeschädigt gebliebenen Haus der Deutschen Kunst eröffnet und in Riem das Pferderennen um das „Braune Band" ausgetragen und mit einer Sonderbriefmarke gewürdigt (Preis, 220). Im bombenzerstörten Hannover wird das erste Freilicht-Filmtheater des Reiches mit 550 Sitzplätzen in Betrieb genommen; das Kino-Rauchverbot entfällt, bei Regen wird der Film abgebrochen.

Die deutschen *Kriegsgefangenen* sehen Hitler nach wie vor im Nimbus seiner früheren Siege. Ihr Bewußtsein bleibt, gewissermaßen, bei den Hitler-Siegen stehen. Befragungen von Kriegsgefangenen vom 1. bis 10. August 1944 durch US-Truppen ergeben (Rest ohne Meinung): 68 % vertrauen Hitler, 17 % nicht; 52 % glauben an den deutschen Endsieg, 11 % nicht; 66 % glauben an deutsche kriegsentscheidende Geheimwaffen, 15 % nicht (Rudolf Sulzmann, in: Bilanz, 399). *Vorgreifend:* In den meisten Kriegsgefangenenlagern der Westmächte herrscht bis Kriegsende ein militanter NS-Geist. Die Kriegsgefangenen halten den Nationalsozialismus vor allem wegen seiner sozialen und wirtschaftlichen Leistungen in Ehren, besonders, so heißt es, wegen der durch ihn bewirkten Überwindung der Klassengegensätze (Lothar Kettenacker, in: Bracher/Funke/Jacobsen, 187).

Führer-Sekretär Martin Bormann befiehlt am 12. August 1944 eine „Aktion zur rücksichtslosen Ausmerzung aller Verräter, Defätisten und ähnlicher Handlanger des Feindes": Jeder Parteigenosse und jeder Volksgenosse darf künftig jeden anderen Bürger auf bloßen Verdacht hin „vorläufig festnehmen" (Pätzold/Weißbecker, 373). Im Zuge der „Aktion Gewitter" werden am 22.8. rd. 5000 ehemalige Minister, Bürgermeister, Parlamentarier, Parteifunktionäre, politische Beamte der Weimarer Republik verhaftet. Offensichtlich soll das für einen Regimewechsel zur

Verfügung stehende Führungspersonal vorsorglich ausgeschaltet werden (Hildebrand, 94).

Der 25 Jahre alte französische NS-Sympathisant Christian de la Mazière meldet sich, nach der Befreiung von Paris am 25. August 1944, freiwillig zur französischen Waffen-SS-Division Charlemagne. Auf dem Weg zum Truppenübungsplatz Wildflecken trifft er in Heidelberg die 18 Jahre alte deutsche Studentin Inge: „Sie hatte sich freiwillig zum Hilfsdienst in der Wehrmacht gemeldet und wartete auf den Marschbefehl. Darin unterschied sie sich nicht von den anderen jungen Leuten dieses Landes. Ich weiß nicht, ob sie echte Anhänger Hitlers waren. Aber Nürnberg (gemeint: die Reichsparteitage, HJE) hatte sie geprägt, und sie waren vom Nationalsozialismus durchdrungen. Sie waren sich ihrer Gemeinschaft und ihrer europäischen Mission sehr bewußt. In ihrer Begeisterung standen sie noch immer unter dem Eindruck zahlloser Siege, und der Gedanke an die Niederlage hatte noch nicht von ihnen Besitz ergriffen ... Sie alle glaubten, sich aus freien Stücken der Sache verpflichtet zu haben" (33).

Im Volk gewinnt die Ansicht an Boden, daß selbst größte Tapferkeit die materielle und zahlenmäßige Überlegenheit der Feindkoalition nicht ausgleichen könne. Dafür appelliert die NS-Propaganda an Nationalidee, Opferbereitschaft, Gläubigkeit, Gehorsam, Soldatentugenden. Die eigenen Niederlagen werden bagatellisiert, die Schwierigkeiten der Feindkoalition aufgebauscht. Die Luftangriffe, die Forderung nach bedingungsloser Kapitulation, der Morgenthau- Plan, das als herzliche Freundschaft bekundete Einvernehmen der Westmächte mit der Sowjetunion spielen der NS-Propaganda Trümpfe zu.

Am Nachmittag des 11. September 1944 überschreitet der erste amerikanische Spähtrupp nördlich Trier, bei Prüm (Nordostfuß der Schnee-Eifel), die Reichsgrenze. Das Westheer ist zerschlagen. Ein OKW-Befehl vom 23.9.1944 spricht von „Auflösungserscheinungen in der Truppe" (Messerschmidt, 42). Einen verheerenden Eindruck hinterlassen viele aus Frankreich zurückflutende Truppen: Unordentliche Uniformen, betrunkene Soldaten und Nachrichtenhelferinnen („Blitzmädel"), Lkw's mit Mobiliar, Teppichen, Gemälden, Lebensmitteln und französischen Mädchen. Das ist Etappe schlimmster Prägung.

Im *Herbst 1944*, vor dem sechsten Kriegswinter, setzt die Agonie des Dritten Reiches ein. Dennoch erblicken die gläubigen Hitler-Anhänger in den schweren Niederlagen nur die dem Endsieg vorangehenden „Hammerschläge der Vorsehung". In der Wehrmacht schwindet noch nicht das Vertrauen in ein glimpfliches Ende oder in einen Remis-Frieden. Die Kampfmoral der Truppe und der Widerstandswille des Volkes sind schwer angeschlagen. Daß den Kriegsgegnern an der Ost- und Westfront an den Reichsgrenzen Halt geboten werden kann, gibt wieder Mut. Die meisten Deutschen ahnen nicht, daß dieser „Erfolg" nicht auf der Stärke der eigenen Verteidigung beruht, sondern auf dem Erlahmen des Feindangriffes in der Tiefe des Raumes.

Wenig bekannt: Seit Sommer 1944 entwickelt oder verstärkt sich in vielen Großstädten eine *neue Unterwelt* aus Kriminellen, Deserteuren, politisch Verfolgten, entwichenen Häftlingen und Fremdarbeitern, umherirrenden Kriegsgefangenen, Hehlern, Schwarzhändlern, Polizeispitzeln und Abenteurern. Dieser Untergrund erhält um so mehr Zulauf, je näher (an der Westfront, HJE) die alliierten Truppen vorrücken (Herbert, 327). Das sind massive Auflösungserscheinungen.

Es folgt die Aufstellung des *Deutschen Volkssturms* (DVSt) für alle „waffenfähigen" 4-5 Mio. Männer der Jahrgänge 1884 bis 1928 von 16 bis 60 Jahren, sofern sie bisher wegen kriegswichtiger Aufgaben oder mangels Tauglichkeit vom Wehrdienst freigestellt waren. Mit der Aufstellung des DVSt wird der Leiter der Parteikanzlei, Martin Bormann, betraut. Der Führer-Erlaß über den DVSt vom 25. September 1944 wird vom Reichsführer SS Heinrich

Himmler, als Befehlshaber des Ersatzheeres, erst am 18. Oktober 1944 in Königsberg bekanntgegeben, dem Jahrestag der Völkerschlacht bei Leipzig 1813 — sieben Tage, nachdem Spitzen der Roten Armee in Ostpreußen eingedrungen sind. Der Aufruf zum DVSt wirkt eher deprimierend statt anfeuernd. Man wertet den DVSt als Zeichen militärischer Schwäche, mit Alten und Kindern, Lahmen und Krüppeln den Krieg wenden zu wollen. Und man fürchtet, vom Gegner als Partisan erschossen zu werden.

Nach siebentägigen, erbitterten Kämpfen fällt am 21. Oktober 1944 *Aachen,* zu 65 % zerstört, als erste deutsche Großstadt (1939 162.164 Einwohner) im Westen in amerikanische Hand. (Der Aachener Dom war von 936 bis 1531 Krönungsstätte von 32 deutschen Königen.) Damit haben sich der West- und der Ostgegner bis auf 550 Kilometer Berlin genähert. Doch die zusammengezogenen deutschen Fronten und die aus- oder überdehnten Versorgungslinien der Westalliierten und der Roten Armee schaffen für Hitler eine gewisse Atempause. Aber am 26. Oktober 1944 verfaßt die Hitler-Freundin Eva Braun ihr Testament.

Die bei alten Landsern populäre Parole „Freut euch des Krieges, der Friede wird fürchterlich!" wird von der NS-Propaganda gern aufgegriffen, um das Volk gegen Ost- und Westgegner zu stabilisieren. Die US-Befragungen deutscher Kriegsgefangener Mitte Oktober 1944 ergeben: 42 % vertrauen Hitler, 43 % nicht; 28 % glauben an den Endsieg, 57 % nicht; 33 % glauben an Geheimwaffen, 52 % nicht (Rudolf Sulzmann, in: Bilanz, 399). Trotz fehlenden Glaubens an den Endsieg halten sich Vertrauen und Nichtvertrauen in Hitler die Waage.

Die Massenkundgebungen Hitlers, die ihn und sein Volk einst gemeinsam aufgeladen hatten, gibt es schon lange nicht mehr. Nach „Stalingrad", Jahreswende 1942/43, hält Hitler nur noch zwei Reden in der Öffentlichkeit und spricht dafür fünfmal über den Rundfunk — abgesehen von Gedenkansprachen beim Tode von SA-Stabschef Viktor Lutze 1943 und von Generaloberst Eduard Dietl 1944. Dennoch zehren viele Deutsche – weiterhin – von dem mystischen Glauben, daß dem charismatischen Führer, der einst so viel erreichte, auch nun, in bedrängtester Lage des Reiches, das Unmögliche gelingen könne.

Das NS-Zentralorgan „Völkischer Beobachter" gibt am 11. November 1944 unter der Überschrift „Das Weltgeschehen läßt sich nicht errechnen" unumwunden zu, daß vom Standpunkt der vernunftgemäßen Analyse Deutschland den Krieg, angesichts des Übergewichts der Feinde, nicht gewinnen könne. Aber „im Frieden mögen derartige Berechnungen noch angehen – im Krieg aber kann man das Schicksal nur durch eiserne Standhaftigkeit erkämpfen und dann, entgegen allen Gesetzen der Vernunft, bezwingen und das scheinbar unausweichliche Schicksal ändern" (Bramstedt, 411). Eine Minderheit glaubt daran.

Obwohl der Wunderglaube an Hitler erschüttert ist, gelingt es ihm, durch seine Proklamation zum *9. November 1944,* den Labilen und den Leichtgläubigen wieder Vertrauen einzuflößen, Sicherheit zu suggerieren, Hoffnungen zu beleben. Die Tatsache des nun erst bekanntgegebenen Beschusses Londons seit 8. September 1944 durch die V2-Rakete weckt neue Hoffnungen, die jedoch nicht lange anhalten.

Die NSDAP mit ihren rd. 8 Mio. Mitgliedern ist am Nullpunkt ihres Ansehens; Parteigenossen tragen nur noch ungern ihr Parteiabzeichen. Die Erkenntnis deutscher Kriegsschuld und deutscher bestialischer Mordaktionen im Osten dringt in weitere Kreise des Volkes.

Anders reagieren (als Trotzreaktion?) deutsche Kriegsgefangene bei US-Befragungen vom 15. bis 30. November 1944: 64 % vertrauen Hitler, 22 % nicht; 50 % glauben an den Endsieg, 27 % nicht; 53 % glauben an Geheimwaffen, 29 % nicht (Rudolf Sulzmann, in: Bilanz, 399).

Im Volk geht das Gerücht um, Hitler leide an starken Depressionen, sei schwächlich und hinfällig wie ein alter Mann geworden (Oven, I, 176) – dieses Gerücht entspricht immer mehr der Wirklichkeit. Obschon der Hitler von Ende

1944 und der Hitler-Mythos durch eine Welt getrennt sind, spricht Hitler noch immer breite Volksschichten an. Auch deswegen bleibt der Wille zum Durchhalten ungebrochen. Menschen, die im mörderischen Bombenhagel ihr Hab und Gut verlieren, glauben fast mystisch, man könne durch schwerste Opfer vielleicht doch noch den Sieg, zumindest ein Remis herbeizwingen.

Reden der NS-Hoheitsträger auf Ortsebene klingen ähnlich: Angst und Leid seien notwendige Durchgangsstationen auf dem Weg in eine bessere Zukunft; alles, was man ertrage, werde in der Endabrechnung positiv zu Buche schlagen (Münkler, 60). Damit stellt sich die NS-Durchhaltepropaganda geschickt auf Volksstimmungen ein. Die vom Propagandaministerium gesteuerte, von Mund zu Mund gehende Flüsterparole von den dem Weltuntergang gleichkommenden künftigen deutschen „Wunderwaffen" findet weiterhin Verbreitung und Anklang.

Am 29. November 1944 wird, als neue Notmaßnahme, ein Wehrmachthelferinnenkorps gebildet. Zunächst auf der Basis freiwilliger Meldungen, dann durch Einberufungen sollen „geeignete vorwiegend jüngere Frauen und Mädel vom 18. Lebensjahr ab" herangezogen werden.

Im *Dezember 1944* steigt die Stimmung, trotz des immer schrecklicheren Bombenkrieges, als die ersten Meldungen über die Ardennen-Offensive bekannt werden. Auf viele Deutsche wirkt die Tatsache, daß die Wehrmacht wieder offensiv geworden ist, wie eine Erlösung.

Am 8. Dezember 1944 wenden sich fünfzig deutsche Generale in sowjetischer Kriegsgefangenschaft, an der Spitze Friedrich Paulus (1890-1957) und Walther von Seydlitz-Kurzbach (1888-1976), beide Stalingrad-Befehlshaber, in einem Flugblattaufruf an Wehrmacht und Volk, den Hitler-Krieg sofort zu beenden und das NS-Regime zu stürzen. Ihr beschwörender, jedoch psychologisch unglücklich formulierter Aufruf findet im Ostheer fast kein Echo — zumal der Landser seit langem weiß oder zu wissen glaubt, was ihn beim „Iwan" erwartet.

Joseph Goebbels kommentiert im Leitartikel „Die Ent-
scheidungsrunde" in der Wochenzeitung „Das Reich" vom
10. Dezember 1944 die düstere Kriegslage, u.a.: „Wir
kämpfen jetzt mit dem Rücken an der Wand. Das ist selbstverständlich sehr gefährlich, bietet aber auch eine ganze
Reihe von Vorteilen." Für die deutsche Weihnacht 1944
gibt Goebbels die Parole aus: „Ein Fest der starken Herzen!"

Im „Völkischen Beobachter" vom 17. Dezember 1944
schreibt Waffen-SS-Kriegsberichter (seit 1940) Herbert
Reinecker, Jahrgang 1914, unter dem Titel „Der Führer-
glaube der jungen Soldaten" u.a.: „Der junge Soldat ist
dem Führer treu, weil er sich selber und seinem Schicksal
treu ist. Es ist ihm undenkbar, nachzudenken, aufzugeben
oder vor Schwierigkeiten zu kapitulieren ..." *Dazu:* Reinek-
ker ist 1934 Hauptschriftleiter der NS-Zeitschrift „Landes-
jugendpflege", in Münster, redigiert 1935-1939 im Presse-
amt der Reichsjugendführung die Jungvolkzeitschrift „Der
Pimpf", schreibt u.a. das von der Berliner Volksbühne ur-
aufgeführte und von rd. 100 Bühnen nachgespielte völkische Schauspiel „Das Dorf bei Odessa" (1942) und hat mit
dem Luftwaffe-Propagandafilm „Junge Adler" (1944) einen hochgelobten Erfolg. *Vorgreifend:* Von 1948 bis 1951
vertreibt er seinen erfolgreichen Feuilleton-Pressedienst
„Die Kurzgeschichte", schreibt u.a. den verfilmten Roman
„Kinder, Mütter und ein General" (1953), erhält 1955 für
den Widerstandsfilm „Canaris" den Bundesfilmpreis und
wird erfolgreichster deutscher Kriminalfilmautor im Fernsehen.

In der Ringsendung des Deutschlandsenders vom Heilig-
abend 24. Dezember 1944 sagt Joseph Goebbels u.a.:
„Über die Gräber vorwärts! Die Toten sind stärkere Heere
als wir auf dem Lande, als wir auf dem Meere. Sie schreiten
uns voran. Im Lärm der Schlachten des Krieges gingen sie
von uns. Beim Dröhnen der Glocken eines siegreichen
Friedens werden sie zu uns zurückkehren. Mehr als allen
Lebenden sind wir ihnen das Reich schuldig. Das ist die

einzige Forderung, die sie uns hinterlassen haben ..." (Hilmar Hoffmann, 223).

Viele hoffen auf einen „Kompromißfrieden", wenn es nur gelänge, noch diesen Kriegswinter 1944/45 über erfolgreich standzuhalten. Diese Stimmung beschwört der aus dem Film „Die große Liebe" (1942) populär gewordene Schlager: „Ich weiß, es wird einmal ein Wunder gescheh'n, und dann werden tausend Märchen wahr ...", Text: Bruno Balz (1902-1988), Musik: Michael Jary = Maximilian A. Jarczyk (1906-1988). Diesen Schlager singt der schwedische UFA-Star *Zarah Leander* (1907-1981). Seit 1936 bei der UFA unter Vertrag, feiert sie mit zehn Filmen große Erfolge und ist die berühmteste Filmdiva. Ihr exzentrisches Verhalten wird toleriert. Sie hat das seltene Privileg, zwei Drittel ihrer Einnahmen in Devisen ausführen zu dürfen. Zuletzt beträgt ihre Jahresgage 800.000 RM. Nach ihrem Film „Damals" (1942) verläßt sie 1943 wegen des Luftkriegs ihre Berliner Villa und lebt auf ihrem Gut bei Norrköping/Schweden.

Ähnlich populär werden mit ihren Schlagern, beispielsweise, Marika Rökk (geb. 1913) und Rosita Serrano (geb. 1914), diese bis 1943 im Dritten Reich. Der berühmte Filmschlager von 1941: „Heimat, deine Sterne, sie strahlen mir auch am fernen Ort", Musik: Werner Bochmann (geb. 1900), populär durch den Baßbariton Wilhelm Strienz (1900-1987), stammt vom Textdichter Erich Knauff (1895-1944), vor 1933 führend bei der sozialistischen „Büchergilde Gutenberg", der in Verbindung mit Erich Ohser (siehe S. 476) wegen „Wehrkraftzersetzung" hingerichtet wird. Eine bitterböse Parodie dieses Liedes im Bombenkrieg lautet: „Heimat, deine Trümmer, die Sonne scheint in den ersten Stock!" *Zu Strienz:* Zu seinem Repertoire gehören auch „Glocken der Heimat", „Tapfere kleine Soldatenfrau" und das auf Churchill gemünzte Schmählied vom „Lügenlord". *Vorgreifend:* Nach 1945 wird Strienz vom Vorwurf politischer Willfährigkeit freigesprochen. Es gelingt ihm mit Kunst- und Volksliedern kein Comeback, außer bei Kurkonzerten und Bunten Abenden, nicht in Rundfunk und Fernsehen. 1963 zieht er sich von öffentlichen Auftritten zurück.

Das Lied „Das kann doch einen Seemann nicht erschüttern" aus dem Film „Paradies der Junggesellen" (1939) von Bruno Balz/Michael Jary, gesungen von den Schauspielern Hans Brausewetter, Heinz Rühmann und Josef Sieber, wird zum Durchhalte-Schlager erhoben.

Die Ästhetik des untergehenden Dritten Reiches drückt sich vielleicht am besten im berühmten Soldatenbraut-Schlager „Lili Marleen" aus, Text 1915: Hans Leip (1893-1983), Musik 1938: Norbert Schultze (geb. 1911). Diese anfangs vergessene, unverkäufliche Electrola-Schallplatte macht die rauhe Stimme der Chansonsängerin und Kabarettistin Lale = Liselotte Helene Andersen (1910-1972) weltbekannt. „Lili Marleen" wird zuerst am 18. August 1941 vom Soldatensender Belgrad ausgestrahlt, dann täglich um 21.57 Uhr zum Zapfenstreich. „Lili Marleen" wird über alle Fronten hinweg berühmt. Es entstehen Versionen in allen Weltsprachen und Musikstilen. „Lili Marleen", eine Mischung von Landsertum und Liebe, Trennungsleid und Trost, ist tatsächlich ein melodramatisches Lied voller Trauer und Todesahnung auf dem Hintergrund eines Totentanzes (Friedländer, 36). Das erkennt Joseph Goebbels und verbietet es im März 1944. *Vorgreifend:* Nach 1945 bleibt „Lili Marleen" internationaler Hit. Lale Andersen, vor allem von Amerikanern begeistert gefeiert, erlebt mit Chansons und Seemannsliedern eine internationale Karriere.

Wie ist Ende 1944 die Stimmung in den ostdeutschen Provinzen *Ostpreußen, Pommern und Schlesien?* Trotz der vor den Grenzen (und in Grenzkreisen Ostpreußens) stehenden Roten Armee herrscht im allgemeinen gedämpfte Zuversicht. Zur Jahreswende 1944/45 werden, zum Beispiel, in Ost- und Westpreußen die traditionellen Treibjagden abgehalten. In vielen Ostdeutschen lebt der Tannen-

Mythos von 1914, man werde die russische Dampfwalze aufhalten und bezwingen. Gerade in diesen Provinzen war und ist das Vertrauen in Hitler besonders ausgeprägt. Auch das Vertrauen in die Widerstandskraft des (schwachen) Ostheeres ist in den Ostprovinzen ziemlich intakt.

Am 31. Dezember 1944 erklingt, kurz vor Mitternacht, aus den Rundfunk-Lautsprechern das von Heinrich George = Georg Heinrich Schulz (1893-1946), 1937 Staatsschauspieler, 1938 Intendant des Berliner Schiller-Theaters, 1943 Generalintendant der Berliner Bühnen, gesprochene „Preußische Bekenntnis" von Carl von Clausewitz, geschrieben im Februar 1812, mit dem Schlußsatz, „daß ich mich nur glücklich fühlen würde, einst in dem herrlichen Kampf um Freiheit und Würde des Vaterlandes einen glorreichen Untergang zu finden!" In die letzten Sätze mischt sich von Geigen getragen, das Deutschlandlied. Mit dem letzten Schlag der zwölf Glockenschläge hebt das eherne Dröhnen der Glocken des Kölner Doms an, das in den machtvollen Chorgesang „Oh Deutschland hoch in Ehren" übergeht. *Vorgreifend:* Nach einer Blinddarmoperation verstirbt Heinrich George im sowjetischen Internierungslager Sachsenhausen, einst das NS-KZ.

Am 1. Januar 1945, 0.05 Uhr, spricht Hitler im Rundfunk zum Volk, seit dem 20. Juli 1944 seine erste öffentliche Ansprache: Aus den Trümmern der Zerstörung würden neue Städte erstehen, werde die soziale Neugestaltung erwachsen im Sinne eines Volksstaates. „Ein Volk, das in Front und Heimat so Unermeßliches leistet, so Furchtbares erduldet und erträgt, kann niemals untergehen. Im Gegenteil: Es wird aus diesem Glutofen von Prüfungen sich stärker und fester erheben als jemals zuvor in seiner Geschichte!" (Domarus, 2184). Nach dieser Rede fassen viele wieder Mut und vertrauen Hitler.

Am 6. Januar 1945 wird unter dem Motto „Helft neue Divisionen ausrüsten!" ein Aufruf zum „Volksopfer" für Kleidung und Ausrüstungsgegenstände erlassen. Feldbecher, Wolldecken, Schuhe, Spaten, Regenmäntel usw. werden gebraucht für neue Volksgrenadier- und Volkssturm-Bataillone. Führer-Sekretär Martin Bormann ordnet an, alle Parteiuniformen mit Ausnahme einer Gebrauchsgarnitur seien abzugeben (Preis, 224). Viele spenden im „Volksopfer" ihre letzte Habe.

Am 12. Januar 1945 bricht die Großoffensive der menschen- und materialmäßig zehnfach überlegenen Roten Armee los. Die Weichselfront bricht zusammen. Das Ostheer flutet teilweise panikartig aufgelöst zurück. Drei Tage später, als das Ostheer weitgehend zerschlagen und fast ohne Befehlsführung ist, erläßt Heinrich Himmler einen Aufruf gegen Drückeberger: Wer sich von der Front entferne, verdiene von der Heimat kein Stück Brot. Die deutschen Frauen und Mädchen sollten ihm „statt Mitleid Verachtung entgegenbringen und hartnäckige Feiglinge mit dem Scheuerlappen zur Front hauen ..."

In Marienburg/Westpreußen (1939 27.318 Einwohner), am rechten Ufer des Weichsel-Mündungsarmes Nogat, steht die berühmte Ordensburg von 1274, von 1309 bis 1457 Residenz der Hochmeister des Deutschen Ordens und großartigster Wehr- und Wohnbau gotischer Backsteinarchitektur. Dort fand von 1937 bis 1944 alljährlich am Vorabend des Hitler-Geburtstages für das Reich die Aufnahme des neuen Jahrgangs in das Jungvolk der HJ statt. Am 18. Januar 1945 verläuft in Marienburg eine mit 400 Stück beschickte Bockauktion des Schafzüchterverbandes mit bestem Erfolg. Niemand denkt, angesichts der sowjetischen Ostpreußen-Offensive, an die herannahende Katastrophe. Eine Woche später wird Marienburg eingeschlossen, belagert und bis zur Besetzung am 8. März 1945 zu 45 % zerstört.

Am 19. Januar 1945 überschreitet die Rote Armee im Raum Oppeln die Grenze Schlesiens, eine Woche nach Offensivbeginn an der Weichsel.

Kleine oder größere Soldatengruppen schlagen sich in Schnee und Eis unter unvorstellbaren Strapazen (Mangel an Wasser und Salz, Hunger und Schlaflosigkeit) von der

Weichsel zur Oder durch. Beispielhaft etwa Oberst Paul Arnhold mit zwei Mann, welche die 600 Kilometer von Zwolen (25 Kilometer ostwärts Radom) bis Breslau in vier Wochen mehr tot als lebendig schaffen. Es erweist sich: Außerhalb des normalen Vorstellungsvermögens verläuft die Grenze dessen, was der Mensch, in Existenzkrisen, an ungeheuren Strapazen ertragen kann.

Pommern-Gauleiter Franz Schwede-Coburg (1888-1960) hält am 26. Januar 1945 auf dem Marktplatz von Schloppe, 30 Kilometer südwestlich Deutsch Krone, eine beruhigende Ansprache: Bereits fluchtbereite Bürger sollten ihr Fluchtgepäck wieder auspacken, da keine Gefahr bestünde; im übrigen sei jede Räumung verboten ... Drei Tage später greifen russische Panzer Schloppe an. Seitdem läßt sich Schwede-Coburg nicht mehr östlich der Oder sehen (Murawski, 130).

Hitlers monotone Rundfunkansprache am *30. Januar 1945* ist seine mit 20 Minuten kürzeste, letzte und schlechteste. Obschon die Rote Armee an diesem besonderen Tag mit Panzerspitzen an der Oder 60 Kilometer vor Berlin steht, weckt Hitler dennoch bei manchen neue Zuversicht. Seine zu Schau getragene Siegeszuversicht strahlt eine gewisse Überzeugungskraft aus. Enttäuschend aber wirkt allgemein, daß Hitler zwar von einer bevorstehenden Kriegswende spricht, jedoch keine Einzelheiten über den Einsatz neuer Waffen und über die Eindämmung der furchtbaren alliierten Luftangriffe gibt.

Auf die Berliner wirkt, am 1. Februar 1945, das plötzliche Auftauchen der Roten Armee an der Oder wie ein Schock. Noch vor drei Wochen verlief die Ostfront 600 Kilometer ostwärts an der Weichsel. Nun ist Oberschlesien verloren, wird um das letzte Drittel Ostpreußens gekämpft, scheint der „Gnadenstoß" auf Berlin nur eine Frage von Tagen. Die an die Oder zurückgefluteten desorganisierten, oft demoralisierten deutschen Kampfgruppen, ohne viel Bewaffnung, mit einer durch flucht- und panikartigen Rückzug erschütterten Führung haben nicht die geringste Chance, die unausgebaute Oderfront auch nur 24 Stunden halten zu können. In Berlin entwickelt sich über Nacht ein bis dahin unbekannter Schwarzer Markt für Pkw und Benzin, Reisepapiere und Wehrmacht-Marschbefehle, die mit Gold, Brillanten, Genußmitteln usw. bezahlt werden – für schnelle Flucht aus Berlin. Ein kompletter Satz falscher Papiere (Reisepaß, Wehrpaß, Arbeitsbuch, Z-Karte für Volkssturm) kostet 80.000 RM. Für Judensterne werden bereits größere Beträge geboten (Studnitz, 253).

Am 5.2.1945 schreibt Martin Bormann aus der durch Bomben teilzerstörten Neuen Reichskanzlei an seine Ehefrau Gerda: „Wenn man uns noch Chancen zubilligen will, muß man ein ganz großer Optimist sein! Aber wir sind's. Wir vertrauen unserem Schicksal. Es ist ja einfach undenkbar, daß das Schicksal unser Volk und seinen Führer diesen wunderbaren Weg führte, um uns nun endgültig fallen und verschwinden zu lassen" (Jochen von Lang, in: Smelser/Zitelmann, 11).

Hohe Beamte, auch Reichsminister, die sich auf Urlaub oder Dienstreise außerhalb Berlins befinden, zeigen keine Neigung, nach Berlin zurückzukehren ... Als Magda Goebbels am 7. Februar 1945 bei Tisch ausruft, man habe einst ganz Europa und halb Rußland erobert und sei nun nicht einmal in der Lage, ein paar lumpige russische Oder-Brückenköpfe, die Berlin tödlich bedrohen, zu beseitigen, antwortet Joseph Goebbels ruhig: Ja, Süßing, wir sind fertig, ausgeblutet, am Ende; da hilft alles nichts (Oven, II, 234 + 236).

Bausparkassen verzeichnen in den letzten Kriegsjahren, trotz Bausperre, ein lebhaftes Geschäft. „Deutschlands größte und älteste Bausparkasse" GdF Wüstenrot gibt 1943 Neuabschlüsse von 201 Mio. RM bekannt. Und am 4. Februar 1945 erscheint in der Wochenzeitung „Das Reich" die letzte Anzeige dieser Ludwigsburger Bausparkasse mit der Parole „Im Krieg sparen- später bauen!" (Schäfer, 195).

Im *Frühjahr 1945* schenken fast alle Deutschen, vielleicht 90 %, der NS-Propaganda über die Nachkriegsbehand-

lung Deutschlands, mit Rache und Vergeltung der Westmächte, keinen Glauben mehr. Angesichts des augenfälli-
gen Zusammenbruchs der Ost- und Westfront sowie der
Kriegswirtschaft, sinkt von Januar bis März 1945 die Moral
deutlich ab. Hier die Reaktion deutscher Kriegsgefangener
bei US-Befragungen vom 1. bis 14. Januar und, gefolgt in
Klammern, im März 1945: 62 % (31 %) vertrauen Hitler, 30
% (52 %) nicht; 44 % (11 %) glauben an den Endsieg, 42 %
(78 %) nicht; 47 % (14 %) glauben an Geheimwaffen, 40 %
(77 %) nicht (Rudolf Sulzmann, in: Bilanz, 399). Es kommt
der Witz auf: Nach dem Krieg kaufe ich mir ein Fahrrad und
sehe mir Deutschland an. Antwort: Und was machst du am
Nachmittag?

Ein Blick auf die *Filmindustrie*. Während West- und Ostfront auf deutschem Boden näherrücken, wird in Berlin,
Prag, Wien usw. weiter massenweise gefilmt. Man dreht
unter Tiefflieger-Beschuß, hat Tonstörungen durch Artille-
riefeuer. Man dreht bis zum letzten Filmmeter und solange
das Ensemble noch einigermaßen beisammen ist. Man im-
provisiert Drehpläne, Drehbuchdialoge, Spielsituationen,
zumal die Reichsfilmdramaturgie sich auflöst. Den Produk-
tionsprogrammen von UFA, Tobis, Terra, Bavaria, Berlin-
und Wien-Film, mit friedlichen gestrigen und bürgerlichen
Geschichten, ist nicht anzumerken, daß in naher Zukunft
ganz Deutschland besetzt sein wird.

Im Juni 1943, fünf Monate nach „Stalingrad", hatte Joseph Goebbels den Regisseur Veit Harlan (1899-1964), engagierten Fürsprecher der NS-Ideen im Film, beauftragt,
den UFA-Großfarbfilm „Kolberg" herzustellen. Mit Pro-
duktionskosten von 8,5 Mio. RM wird „Kolberg" der teuer-
ste Film im Dritten Reich und im Winter 1944/45 fertiggestellt. Nach Uraufführung am 30.1.1945 in Berlin und in der
gehaltenen Atlantik-„Festung" La Rochelle/Frankreich,
wird „Kolberg", seit Februar 1945, als Durchhalte-Appell
im feindfreien Reichsgebiet gezeigt. Darsteller sind, u.a.,
Heinrich George, Kristina Söderbaum, Paul Wegener,
Horst Caspar, Gustav Dießl, Otto Wernicke, Irene von

Meyendorff, Kurt Meisel. Am erstaunlichsten ist: Es entsteht kein einziger weiterer Durchhaltefilm.

Vorgreifend: Die meisten der 1944/45 produzierten Filme, deren Titel meist makabre Munterkeit ausstrahlen, werden später als „Überläufer" oder „Reprisen" Gelder einspielen (Borgelt, 25-26; Rabenalt, 214-216). Dazu gehört, als vielleicht bemerkenswertestes Beispiel, die Gruselkomödie „Spuk im Schloß", Regie: Hans H. Zerlett, mit Margot Hielscher, Fritz Odemar, Albert Matterstock, Sonja Ziemann. Dieser Bavaria-Film verhöhnt die Ahnenforschung, ironisiert mittelständische Traumberufe und spielt auf das Exil an. Die Zensur läßt auch diesen Film im März 1945 passieren und nimmt damit gleichsam Abschied (Karsten Witte, in: Denkler/Prümmer, 362).

Nach Beginn ihrer Offensive am 8. Februar 1945 gegen das schwache Westheer erreichen die Angloamerikaner sechs Tage später das linke Rheinufer bei Emmerich. Vom Westheer erreichen meist nur zerschlagene Reste das rechte Rheinufer, oft ohne schwere Waffen und Fahrzeuge. Die Zivilbevölkerung zeigt zunehmend weiße Fahnen.

In der „Deutschen Wochenschau" Nr. 751/6 vom 10. und Nr. 752/7 vom 19. Februar 1945 werden endlose, nicht mehr zu verheimlichende Flüchtlingsströme aus dem deutschen Osten gezeigt. Diese Szenen von Deutschen auf der Flucht sprechen andeutungsweise in Ton und Bild die Sprache, die sich mit der Realität deckt. Gleichzeitig jedoch wird die Fiktion eines Bollwerks der „Wende" errichtet: „Auf diesem Boden (Deutsches Reich, HJE) wird und muß Deutschland für Europas Schicksal die Wende erzwingen!" (Hilmar Hoffmann, 224).

Am 20. Februar 1945, dem 2000. Kriegstag, als Niederschlesien fast gänzlich von der Roten Armee überrannt ist, die Belagerung Breslaus mit erbitterten Kämpfen (bis 6. Mai 1945) begonnen hat, verfügt der Reichsminister für Wissenschaft, Erziehung und Volksbildung im unverdrossenen Bürokratie-Stil, das Sommersemester an den Hoch-

schulen beginne am 16. April und ende am 15. August
1945.

Am 21. Februar 1945 vermerken die Meinungsforscher
im Reichspropagandaministerium: 1. Das Bürgertum ist in
tiefgreifender Lethargie und hält den Krieg für verloren,
ebenso das Bauerntum besonders in katholischen Gebieten. 2. Die Arbeiterschaft erfüllt vorbildlich ihre Pflicht, ist
gegenüber kommunistischen Zersetzungsversuchen im-
mun, hält trotz aller Entbehrungen zum Führer und fordert
scharfes Durchgreifen. 3. Die große Zahl von Soldaten, die
überall auf Bahnhöfen usw. warten und offenbar nicht
schnell zu ihrer Truppe kommen wollen (siehe S. 468),
wirkt bedrückend. Fazit: Die Stimmung ist überwiegend
auf den Nullpunkt gesunken, die Haltung noch nicht (Ruhl,
52-53). Diese NS-Meinungsforschung trifft im ganzen zu.

Hitlers letzte öffentliche Verlautbarung an das deutsche
Volk ist seine Proklamation vom 24. Februar 1945 zum
25. Jahrestag der Verkündung des Parteiprogramms. An
diesem Tag sind an der Westfront, nach gestrigem Beginn
der alliierten Generaloffensive, erbitterte Straßenkämpfe
in Jülich vor Köln, wird im Raum Saarbrücken gekämpft.
Diese Proklamation wird nicht mehr von Hitler gesprochen,
sondern vom Parteigenossen Nr. 2, Hermann Esser (1900-
1981), in München verlesen. Hitler geißelt das „unnatürli-
che Bündnis zwischen ausbeuterischem Kapitalismus und
menschenvernichtendem Bolschewismus" und prophezeit
„noch in diesem Jahr" die „geschichtliche Wende" des
Krieges. „Was die Heimat erduldet, ist entsetzlich, was die
Front zu leisten hat, übermenschlich." Der „Völkische Beobachter" kommentiert tags darauf: „Der Führer könnte
diese eiserne Ruhe nicht haben, wenn er nicht wüßte, was
er in die Waagschale der Entscheidung zu werfen hat." Indessen: Hitlers Phrasen verfangen nur noch bei wenigen,
„während", so die SD-Außenstelle Berchtesgaden, „bei
der überwiegenden Zahl der Volksgenosen der Inhalt der
Proklamation vorbeirauscht wie der Wind im leeren Geäst"
(Kershaw, 192).

Erich Kästner notiert am 27. Februar 1945 in seinem Tagebuch: „Das Dritte Reich bringt sich um; doch die Leiche heißt Deutschland." Das Reich besteht nur noch aus dem Gebiet zwischen Rhein und Oder.

Im deutschen Rest Oberschlesiens hat sich, nach Stabilisierung der Front, das zivile Leben wieder normalisiert. Beispiel Kreis Rybnik: Landratsamt, NSDAP-Kreisleitung usw. nehmen nach ihrer Flucht ihre Amtsgeschäfte wieder auf; das Finanzamt mahnt rückständige Steuern an; die Gruben sind in Betrieb. Das Vertrauen der Bevölkerung auf baldige Wiedergewinnung von Oberschlesien ist so groß, daß man mit Saat und Kunstdünger-Ausstreuen beginnt. *Vorgreifend:* Bis 31. März 1945 wird ganz Oberschlesien in der Hand der Roten Armee sein.

Es mehren sich Auflösungserscheinungen bei der Truppe; so wird bei Einquartierungen rücksichtslos weggenommen. Hans Schlange-Schöningen berichtet, daß sein Dorf westlich der Oder von einer SS-Truppe bis auf den Grund geplündert wird (203). Oder: Gut und Schloß von Christoph von Pfuel in Jahnsfelde, von der 9. Armee an der Oderfront beschlagnahmt, wird von sich absetzender Soldateska demoliert und geplündert, worauf auf Danziger Schränke Panzerfäuste abgeschossen werden (Studnitz, 245). Heinrich Himmler verlautbart am 14. Februar 1945 als Befehlshaber des Ersatzheeres: „Aus der Bevölkerung kommen in steigendem Maße Klagen, daß Häuser, die von ihren Bewohnern verlassen wurden, durch deutsche Soldaten geplündert wurden ... Wer plündert, ist unverzüglich zu erschießen."

Der Kampf im Westen war nie populär. Nun schlägt, nach jahrelanger Überbeanspruchung vor allem durch Luftkrieg, der Widerstandswille der Bevölkerung im westlichen Deutschland in Bereitschaft zur Ergebung um. Wenn im Osten (Ostpreußen, Pommern, Schlesien) einzelne Orte vorübergehend von der Wehrmacht zurückerobert werden, fallen die zurückgebliebenen Einwohner den Soldaten vor Freude um den Hals, weil sie sich vor der Roten Armee gerettet fühlen. Wenn dies im Westen geschieht, begegnen die Einwohner ihren deutschen „Befreiern" mit unverhohlener Abneigung. Man will lieber unter feindlicher Besatzung leben als unter furchtbaren Bombenangriffen oder Jagdbombern leiden, die oft ohne militärische Notwendigkeit zivile Radfahrer, Fußgänger, Bauern, auch Kühe auf den Weiden beschießen.

Der Kampf im Osten gilt fast im ganzen Volk als Schicksalskampf der Nation. Hier denkt niemand an Ergebung, sondern nur an Rettung durch Flucht. Mit der gleichen Entschiedenheit, mit der seit Februar 1945 die Bevölkerung im Rheinland und in der Pfalz jeden weiteren Tag des Krieges verflucht, die Alliierten wie das Ende eines furchtbaren Alptraums erwartet, erhofft die ostdeutsche Bevölkerung seine Fortsetzung zumindest solange, bis sie der Roten Armee entkommen ist. Manche Ostdeutsche ahnen: Nun enden „700 Jahre deutscher Geschichte östlich der Oder in Blut und Schrecken, in Vergewaltigung, Brand und Mord" (Michael Stürmer, in: Boockmann, 363).

Was Hitler zu Zornesausbrüchen verleitet und die in Kriegsgefangenschaft gehenden Soldaten irritiert, verblüfft oder entsetzt: Die Bevölkerung begrüßt die alliierten Truppen. Während sie den eigenen Soldaten zum Teil zusätzliche Lebensmittel und andere Gefälligkeiten und Hilfen vorenthalten hat, bereitet sie den Amerikanern volle Tische. Kuchen und Wein, Schlafstätten und anderes werden ihnen unaufgefordert angetragen. Ehe noch besonders aktive örtliche NS-Funktionäre ermittelt und festgesetzt werden können, hat sie die Bevölkerung bereits gelyncht (Maser, Regime, 355f.).

Die meisten Westdeutschen, die alliierte Truppen begeistert begrüßen, empfinden sie wahrscheinlich weniger als Befreier vom NS-Regime, sondern als Garanten der Sicherheit von Leben und Besitz; die Ungewißheit ist vorüber; man freut sich, davongekommen zu sein (Münkler, 159). *Vorgreifend:* Am 26. April 1945 verflucht der in Rheydt/

Rheinland geborene, in Berlin eingeschlossene Joseph Goebbels in einem Aufruf an die Berliner die „verräterische Westmark", die es nicht wert sei, „daß man sie einen Teil Deutschlands heiße".

Indessen: Bis zum Schluß gibt es kaum Sabotage oder nennenswerten Widerstand, obwohl die aus den Fugen gehende Ordnung der NS-Diktatur dafür mancherlei Freiräume, trotz massiv gesteigerten Terrors, geboten hätte (Martin Broszat, in: Broszat/Möller, 63).

Im *März 1945* schenken die meisten Deutschen der NS-Propaganda keinen Glauben mehr und ahnen die Wahrheit über Hitler. Joseph Goebbels diktiert am 3. März 1945 in sein Tagebuch, in den bei ihm einlaufenden Briefen werde erhebliche Kritik an der Kriegsführung insgesamt, aber nun auch am Führer geübt (Tagebücher 1945, 87). Eine Momentaufnahme anderer Art: Bei seiner letzten Ausfahrt, am 11. März 1945 zu einem Korps-Hauptquartier der 9. Armee in Neu-Hardenberg, 25 Kilometer westlich Küstrin, an der Oderfront, wird Hitler im unauffälligen VW von verzweifelten Flüchtlingen und abgekämpften Frontsoldaten erkannt und umdrängt. Allein seine Anwesenheit erfüllt diese Menschen mit neuer Hoffnung (Kempka, 9 + 68). An der Oderfront hofft man sich solange halten zu können, bis die Westalliierten im Rücken erscheinen und den Krieg beenden werden.

Am 5. März 1945 wird im feindfreien Reich der Jahrgang 1928 zur Wehrmacht einberufen und die Volkssturmpflicht auf den Jahrgang 1929 ausgedehnt. Damit werden Hitlerjungen im Alter von 16 bis 17, mitunter auch 15 Jahren, ins Feuer geschickt (siehe S. 352).

Am 6. März 1945 wird Köln (1939 772.221 Einwohner) von US-Truppen eingenommen. Ein Augenzeuge: „Auf der Straße Siegburg-Much schleppt sich die geschlagene deutsche Front nach rückwärts, verdrecktes Feldgrau, Gestalten mit eingefallenen Zügen, unrasiert, mit Augen, die vor Übermüdung fiebern und in denen die letzte Hoffnung erloschen ist. Viele Einheiten ziehen an Seilen ihre Ge-

schütze hinter sich her — ohne Gewehre, ohne Koppel ..."
(Ruhl, 75). Vier Tage später ist ganz Ostpommern von der
Roten Armee überrollt — ausgenommen das belagerte *Kolberg*, das sich vom 4. bis 18.3. halten kann, bis Truppe und
Flüchtlinge über die Ostsee abfahren können.

Die operativ wichtige, leistungsfähige Eisenbahnlinie
Görlitz-Lauban-Hirschberg, die ostwärts Iser- und Riesengebirge Berlin und Schlesien verbindet, soll mit dem Knotenpunkt Lauban (1939 17.353 Einwohner), 20 Kilometer
südostwärts Görlitz, wieder in deutschen Besitz gebracht
werden. Der Angriff schlägt durch, das zu 45 % zerstörte
Lauban wird am 7.3. zurückerobert. Dies ist der letzte erfolgreiche deutsche operative Panzerangriff an der Ostfront. Die NS-Propaganda bauscht diesen doch nur lokalen
Lauban-Erfolg auf.

In der anschließenden Görlitzer Rede vom 11. März 1945
triumphiert letztmalig öffentlich die Rhetorik von Joseph
Goebbels. Auf den abgezehrten Gesichtern der Rüstungsarbeiter und kampfesmüden Soldaten sieht die Kamera der
„Deutschen Wochenschau" Nr. 754/9 (Zensur: 16.3.1945)
Hoffnungsschimmer bei der Goebbels-Rede. Es ist das historische Dokument der letzten siegverheißenden Goebbels-Rede, „ein bravouröser Nekrolog auf das untergehende Dritte Reich". Diese Rede wird später in Rhetorik-
Seminaren als exemplarisch für verbale, mimische, gestische Suggestivwirkung analysiert. Sie gibt aber auch Auskunft über die Gläubigkeit vieler Deutscher bis zum Ende
des NS-Regimes. „Selbst manchen Menschen von heute
fällt es — nicht nur bei uns — schwer ..., sich der Faszination
dieser rhetorischen Orgie zu entziehen, wohl auch unter
dem Einfluß der Kamera, welche die Rede in einen atmosphärischen Realismus zu kleiden verstand" (Hilmar Hoffmann, 227).

Momentaufnahme Marktschellenberg bei Berchtesgaden, 11. März 1945: Zum Heldengedenktag sind vor dem
Kriegerdenkmal eine Einheit der Wehrmacht, der Volkssturm und die HJ angetreten. Als der Kommandeur der

Wehrmacht-Einheit am Ende seiner Ansprache das gewohnte „Sieg Heil!" auf Hitler ausbringt, wird dieser Gruß weder von den Soldaten, dem Volkssturm noch den Zuschauern erwidert. Der Landrat kommentiert: „Dieses Schweigen der Menge wirkte geradezu (be)drückend und spiegelt wohl am besten die tatsächliche Einstellung des Volkes" (Kershaw, 193f.; Broszat/Fröhlich/Wiesemann, 684).

Die Soldaten stehen im Widerstreit zwischen Befehl und Gehorsam, Pflichterfüllung und Selbsterhaltungstrieb. Hitler, Gauleiter und Generale versuchen jener Entwicklung durch Terror, Standgerichte, drakonische Strafen zu begegnen. Wo Orden und Beförderungen nicht mehr hinreichen, um Soldaten zum Kämpfen zu bringen, tritt die Drohung mit dem Galgen an ihre Stelle; für „feige", „verräterische" Soldaten sei gemäß Hitler die Kugel zu schade. Alle Terror- und Strafmaßnahmen haben nur eine zeitweilig aufschiebende Wirkung.

Das Ein-Mann-U-Boot „Biber" kommt zum Einsatz. Es wird durch Pkw-Benzinmotor und Elektromaschine angetrieben und hat zwei Torpedos außenbords. Wegen seines beschränkten Aktionsradius kommt dieser „Biber" zwar an den Feind, aber nicht mehr zurück. Es melden sich für den „Biber"-Einsatz ständig Freiwillige, auch Frauen, die mit ihrem Selbstopfer das untergehende Deutschland zu retten hoffen.

Wer genügend Geld oder Wertgegenstände besitzt, kann sich bis zum Kriegsende erstaunlich viel beschaffen. Noch im März 1945 kann man in Berlin, wie bei einem Glücksspiel, in den wenigen Restaurants neben markenfreien „Stammgerichten" ein Stück Wild, Muscheln oder ein Glas Wein ergattern (Ulrich Heinemann, in: Kleßmann, 41).

Die Heeresgruppe Montgomery erzwingt am 24. März 1945 bei Wesel gegen hinhaltenden Widerstand den Rhein-Übergang. An diesem Tag unterhält sich Rüstungsminister Albert Speer unerkannt während einer Reifenpanne mit westfälischen Bauern, deren Vertrauen in Hitler unerschüttert ist: Der Führer hat noch etwas in Reserve, was er im letzten Augenblick ausspielen wird; dann kommt die Wende; daß er die Gegner so weit zu uns hineinläßt, ist doch nur eine Falle! (452). An diesem Tag treten die West-alliierten auf breiter Front den Vormarsch an. Das dezimierte Westheer bricht nun, fast schlagartig, zusammen: es ist ohne geregelten Nachschub, aus Betriebsstoffmangel vielfach unbeweglich und verliert, durch Stehenlassen der Panzer und schweren Waffen, täglich an Kampfkraft.

Polizei-Hauptmann Fritz Rust beobachtet in Friedberg/ Hessen: „Seit dem 25. und 26.3.1945 bewegten sich unaufhaltsam Formationen des Deutschen Heeres (leichte Flak, Panzerfahrzeuge, Infanterie außer schweren Waffen, motorisiert, zu Fuß und mit allen möglichen Pferdefuhrwerken) teils geschlossen, teils in vollkommen aufgelöster Marschordnung auf der Reichsstraße 3 aus den Räumen Frankfurt sowie Bad Homburg und Hanau kommend in Richtung Gießen und Vogelsberg. Es war ein jammervolles Bild, diese abgekämpften, abgerissenen und zum größten Teil waffenlosen Reste des deutschen Heeres auf der Flucht zu sehen. Von einem ordnungsgemäßen militärischen Absetzen war keine Rede mehr. Widerstand wurde keiner mehr geleistet, da diese Überreste dazu gar nicht mehr in der Lage waren. Es war ein Bild der Demoralisierung und Auflösung" (Münkler, 93).

Am 24. März 1945 notiert Joseph Goebbels bedrückt, der Glaube an den Sieg sei in den meisten Teilen des Volkes „endgültig dahin"; die Kritik wage sich „leider auch an die Person des Führers selbst" heran (Tagebücher 1945, 367). In Ostpreußen und in Bayern geht das (von „oben" gesteuerte?) Gerücht um, Hitler halte notfalls ein mildes Gas in Reserve, um sein Volk durch einen sanften Tod aus allem Elend zu erlösen (Lehndorff, 10; Reck-Malleczewen, 185).

Der SD-Leitabschnitt Stuttgart meldet am 27. März 1945: „Allgemein ist man der Ansicht, für uns in Württemberg sei der Krieg in Kürze zu Ende ... Angst vor den Amerikanern

513

und Engländern ... besteht nirgends" (Boberach, 17, 6732 + 6733). So denken fast alle im Westen.

Mit Nr. 755/10 (Zensur: 27. März 1945) verabschiedet sich die „Deutsche Wochenschau" vom Kinopublikum. Sie ist zugleich das letzte filmische Dokument Hitlers. Er wird am 20.3. gezeigt, wie er mit hochgeschlagenem Mantelkragen, ins Gesicht gezogener Mütze, mit eingesunkenem Oberkörper im Reichskanzlei-Garten erscheint. Es ist das Bild eines gebrochenen Führers, der langsam die Front von zwanzig Hitlerjungen von der Oderfront abschreitet, alle mit EK II oder I. Jüngster ist der 12jährige Alfred Czech aus Oppeln. Hitler klopft ihm auf die Schulter und streichelt väterlich seine Wange.

Gleichzeitig spielen sich auf den Hafenkais von Danzig und Gotenhafen (ex: Gdingen) beim Sturm der Flüchtlingsmassen auf die überladenen Schiffe unbeschreibliche Szenen ab. In *Danzig* kursiert das Gerücht, der ehemalige (1933/34) Präsident des Danziger Senats, Hermann Rauschning (1887-1982), habe über den Schweizer Rundfunk versichert, Danzig sei (1920-1939) Freie Stadt gewesen und werde es bleiben. Viele Danziger hüten daher ihren alten Paß in der Hoffnung, damit geschützt zu sein. Den in Danzig eingeschlossenen deutschen Truppen mangelt es immer mehr an schweren Waffen und Munition. Danzig wird von der Roten Armee mit Luftangriffen und Artillerie sturmreif geschossen und zum Flammenmeer. Die Landser sind am Ende ihrer Kräfte und hören hinter Barrikaden und Ruinen die Rufe der zermürbten Zivilbevölkerung in den Kellern, die Waffen wegzuwerfen. Am 30.3. fällt Danzig (1939 247.534 Einwohner) nach erbitterten Straßenkämpfen – zu etwa 50 % zerstört, die Altstadt zu 90 %. Am 19. September 1939 hatte Hitler bei seinem Einzug in Danzig gesagt: „Danzig war deutsch, Danzig ist deutsch geblieben und Danzig wird von jetzt an deutsch sein, solange es ein deutsches Volk gibt und ein Deutsches Reich!" (Domarus, 1365). So wird es eintreten.

Joseph Goebbels schreibt am 28.3.1945 in sein Tagebuch: „Wenigstens in Berlin wird die Verteidigung weiter organisiert, und ich bin auch fest entschlossen, wenn es hier zum Letzten kommt, dem Feind eine Schlacht zu liefern, wie sie einzig in der Geschichte des Krieges dastehen soll" (Elke Fröhlich, in: Smelser/Zitelmann, 52).

In der letzten Märzwoche 1945 stehen die Westalliierten u.a. in Limburg, Gießen, Marburg, Frankfurt, Mannheim. Der Staatssekretär im Propagandaministerium, Werner Naumann, sagt am 31.3. in München: „Jede Hecke, jeder Wald, jeder Platz haben eine Festung zu sein! ... Wenn der Führer am 24. Februar sagte, daß wir in diesem Jahr die historische Wende erzwingen, dann ist das für uns eine Realität. Worauf sie sich bezieht, wissen wir nicht. Der Führer weiß es" (Kuby, 79). An diesem Tag ist das Ruhrgebiet von US-Truppen eingeschlossen; im Ruhrkessel stecken rd. 300.000 Mann. Die Schlacht an der Westfront ist zu Ende. Zehntausende Soldaten marschieren freiwillig, fast heitergelöst in alliierte Kriegsgefangenschaft. Jetzt erst reift die Erkenntnis, welches Unglück Hitler und der Glaube an ihn über die Deutschen gebracht hat. SD-Berichterstatter geben bittere Anspielungen auf die „Sendung" des Führers. Was ein Einwohner von Berchtesgaden im März 1945 äußert, spricht fast allen aus dem Herzen: „Hätte man 1933 geahnt, daß sich die Ereignisse so zuspitzen würden, wäre Hitler nie gewählt worden." Jetzt betrachten sich viele Deutsche selbst als Hauptopfer Hitlers. An die Stelle der Hitler-Begeisterung tritt schweigende Verbitterung (Kershaw, 193) ob des enttäuschten Glaubens an diesen Führer.

Was geschieht mit den *KZ-Häftlingen?* Anfang 1945 hatte der Reichsführer SS Heinrich Himmler befohlen, kein KZ-Häftling dürfe lebend in die Hände der alliierten Truppen gelangen. Die Evakuierung der KZs erfolgt stufenweise, mit dem Vorrücken der West- und Ostfront. Vom 1.3. bis 7.5. werden − schätzungsweise − 250.000 Häftlinge durch das zerfallende Reich und die eroberten Gebiete getrieben. Unzählige sterben dabei durch Hunger, Kälte, Entkräftung und Ermordung.

Beispiel *KZ Dachau:* Am 26. April 1945 werden 6887 oder etwa ein Fünftel der Häftlinge in mehreren Marschkolonnen durch Oberbayern in Richtung Süden geschickt. Sollen sie bis nach Tirol gehetzt oder unterwegs in einem abgelegenen Tal getötet werden? Die „Marschverpflegung" besteht jeweils aus einem Fünftellaib Brot, 50 g Margarine und einem Dreikantkäse. Aus Furcht vor Tiefffliegern läßt die SS meist bei Dunkelheit marschieren. Dennoch werden die Auswirkungen des KZ-Terrors erstmals für einen Teil der Anwohner erkennbar. Versuche, den Häftlingen Brot und Wasser zu geben, werden von der SS unterbunden. Am 2.5. befreien US-Soldaten die Überlebenden des Dachauer Todesmarsches mit Hauptroute über Gauting, Starnberg und Bad Tölz bis an den Tegernsee. Etwa die Hälfte der Häftlinge ist unterwegs umgekommen, Hunderte sterben später an den Folgen. Diese allgemeine KZ-Evakuierung endet in der Nacht 7./8.5.1945, wenige Stunden vor der Kapitulation, mit der versuchten Räumung des Lagers Reichenau/Sudetenland („Der Spiegel", Hamburg, 14. Juli 1989).

Im *April 1945* ist der einstige Massenverzauberer Hitler faktisch abgetreten und psychologisch bereits tot. Heute unbegreiflich: Er bleibt, bis zu seinem Tod, der Herr über Leben und Tod des Volkes. Am unbegreiflichsten: Hitler bleibt, weithin, von *Haßgefühlen verschont,* auch von den ostdeutschen Flüchtlingen. Joseph Goebbels meint am 4.4., nur ein Hitler-Wort könne die seelische Krise des Volkes beheben (Tagebücher 1945, 515). Hitler weiß es besser: Er schweigt und richtet kein Wort mehr ans Volk. An diesem Tag gehen u.a. Osnabrück, Suhl, teilweise Würzburg und Karlsruhe verloren.

Angesichts der bevorstehenden vollständigen Besetzung des Reiches ahnen oder wissen jetzt die meisten Deutschen: Alle Leistungen der Tapferkeit und Treue, des Ausharrens und Glaubens wurden vergeudet. Noch aber ist ihnen schwer vorstellbar, daß *ein* Mensch (Hitler) Treue und Leidensfähigkeit derart „verwirtschaften" konnte.

516

Die verbliebenen Reichssender proklamieren den „Werwolf", eine „Bewegung der nationalsozialistischen Freiheitskämpfer in den besetzten West- und Ostgebieten des Reiches", unter der Losung: „Haß ist unser Gebet, Rache unser Feldgeschrei!" Der in Herzberg, nördlich Berlin, stationierte mobile „Werwolf"-Langwellensender beginnt am 1.4., 19.00 Uhr, seine Sendungen. Der „Werwolf"-Sender spart nicht mit Kritik an Ex-Würdenträgern des Dritten Reiches. Die „Werwolf"-Haßpropaganda bleibt allerdings, entgegen alliierten Befürchtungen, ohne großes Echo. Wenige HJ- und SS-Fanatiker führen Sabotageakte aus: Drahtsperren auf Nachschublinien zwecks Fahrzeugunfällen, Überfälle auf Verpflegungs- und Treibstofflager, Mordanschläge auf „Kollaborateure" der Militärregierung und alliierte Offiziere.

Die US-Truppen stehen in Fulda und Kassel und drehen in Richtung Thüringen und Sachsen ein. Britische Truppen stoßen beiderseits Münster nach Nordosten vor. Widerstand dagegen gibt es kaum noch.

Martin Bormann, Leiter der Parteikanzlei und Sekretär des Führers, läßt am 2.4. über die intakten Reichssender eine Verlautbarung verbreiten: „... Jetzt ist die höchste Stunde der Bewährung gekommen. Die Gefahr erneuter Versklavung, vor der unser Volk steht, erfordert unseren letzten und höchsten Einsatz! ... Ein Hundsfott, wer seinen vom Feind angegriffenen Gau ohne ausdrücklichen Befehl des Führers verläßt, wer nicht bis zum letzten Atemzug kämpft! ... Reißt hoch die Herzen und überwindet alle Schwächen! Jetzt gilt nur noch die Parole: Siegen oder fallen!" (Rose, 248). *Vorgreifend:* Keine drei Wochen später setzt sich die Parteikanzlei aus Berlin in Richtung Flensburg ab. Keiner von ihren Mitarbeitern fällt im Kampf. Bormann begeht am 2.5. nach dem Ausbruch aus dem Führerbunker Berlin Selbstmord.

Die meisten hauptamtlichen NS-Funktionäre erwecken weiterhin den Anschein, als glaubten sie an die „Unbesiegbarkeit des Nationalsozialismus". Indessen: Wenn es

„mulmig" wird, die feindlichen Truppen herannahen, krallen sich die wenigsten von ihnen befehlsgemäß in den Heimatboden, sondern setzen sich gut verproviantiert ab. Am 3.4. klagt Joseph Goebbels intern bitter über derart beschämendes Verhalten flüchtender Hoheitsträger: So etwas füge der Partei schwersten Schaden zu, im Volk schwinde das Vertrauen (Rose, 228 + 229). Goebbels beobachtet zutreffend: Mit der Flucht der Parteiführung schließt sich die NSDAP selbst aus der Volksgemeinschaft aus. *Vorgreifend:* Während am 24.4. die vorstürmende Rote Armee Berliner Vororte erobert, finden sich in der Neuen Reichskanzlei zunehmend Offiziere, Beamte, NS-Hoheitsträger, SA- und SS-Führer ein, die Schutz suchen, keinen Einsatzbefehl von Hitler erbitten, dafür um Sonderbehandlung ersuchen, lamentieren, saufen und in ihren Koffern Zivilanzüge teils mit roten Schlipsen haben (Schenck, Ich, 71f.).

Das „Sonderkommando Elbe", unter Luftwaffen-Oberst Hajo Herrmann, wird aus Freiwilligen für Jäger Me 109-G für Rammeinsatz mit Aufopferung gebildet. Jeder Pilot, sämtlich junge Offiziersanwärter, verpflichtet sich, einen Feindbomber notfalls durch Rammen zum Absturz zu bringen. Nach Unterschreiben einer Schweigeverpflichtung kommen sie am 7. April 1945 über Steinhuder Meer und Lüneburger Heide zum Einsatz gegen 1200 viermotorige Bomber mit 700 Begleitjägern. Von 150 Todeskandidaten opfern mehr als die Hälfte durch Rammen ihr Leben. Mit diesem sinnlosen „letzten Aufgebot" der Rammjäger besiegelt die deutsche Luftwaffe ihren Untergang. *Vorgreifend:* Das am 2.5. nach Klagenfurt verlegte Sonderkommando Elbe führt in Ungarn (Raab, Steinamanger, Stuhlweißenburg) im Fußmarsch Sabotage-Sprengungen hinter der russischen Front durch, bis 7.5.

Nach der Flucht von Partei- und Polizeipersonal vollzieht sich in den Städten, kurz vor Einmarsch des Gegners, fast überall das gleiche, ob an der West- oder Ostfront: *Plünderungen.* Zunächst werden Läden und Proviantämter geplündert. Dort sind Lebensmittel, Spirituosen, Gebrauchsgüter aller Art gestapelt, welche die Bevölkerung seit Jahren entbehrt hatte. Es regiert das Faustrecht des Stärkeren. Menschenknäuel ringen verbissen um Waren. Bei den Schlägereien kommen Plünderer ums Leben oder werden totgetrampelt. Geplündert werden auch verlassene Häuser der Wohlhabenden. Ferner: Alle NS-Symbole werden vernichtet. In Ämtern und Wohnungen werden Hitler-Bilder, NS-Bücher, Belobigungen, Uniformen usw. zu handlichen Bündeln geschnürt und diese versteckt oder — am besten — verbrannt.

In einem (dem letzten?) *SD-Bericht* (vom 5. April 1945?) heißt es: „... Wir (stehen) vor der größten nationalen Katastrophe mit den schwersten Auswirkungen für jede Familie und jeden Einzelnen ... Die Bevölkerung wird mit dem, was sie hat, nicht mehr satt. Kartoffeln und Brot reichen nicht mehr aus ... Zu allem Unglück kommt daher das Gespenst des Hungers ... Das deutsche Volk, insbesondere der Arbeiter, der in diesem Krieg bis an die Grenze der physischen Leistungsfähigkeit geschuftet hat, haben Treue, Geduld und Opferbereitschaft in einem Umfang bewiesen, wie ihn kein anderes Volk kennt. Wenn Defaitismus so oberflächlich interpretiert wird, wie dies bisher meist geschehen ist, dann ist er seit der Offensive der Sowjets (seit 12. Januar 1945, mit Verlust von fast ganz Ostpreußen, ganz Ostpommern, ganz Schlesien, HJE) eine allgemeine Volkserscheinung ... Noch wehrt und sträubt sich jeder anzuerkennen, daß es aus sein soll. Bis in die letzten Tage hielt sich ein Rest an Wundergläubigkeit, die seit Mitte des vergangenen Jahres von einer geschickten Propaganda um die neuen Waffen zielbewußt genährt worden ist ... Auch dieser Funke ist am Verlöschen ... Viele gewöhnen sich an den Gedanken, Schluß zu machen ... Selbstmorde aus echter Verzweiflung über die mit Sicherheit zu erwartende Katastrophe sind an der Tagesordnung (siehe S. 525-526) ... Nun werden die Fragen nach der Verantwortung und nach der Schuld (für den verlorenen Krieg) um so schärfer herausgekehrt. Aus der tiefgehenden Enttäuschung, daß man falsch vertraut hat, ergibt sich bei den Volksgenossen ein Gefühl der Trauer, der Niedergeschlagenheit, der Bitterkeit und ein aufsteigender Zorn ... Von einem wirklichen Haß gegen die Feinde kann keine Rede sein. Vor den Sowjets besteht eine ausgesprochene Furcht. Den Engländern und Amerikanern steht die Bevölkerung kritisch prüfend gegenüber ..." (Boberach, 17, 6734-6739).

Joseph Goebbels gibt am 8.4. im „Reich"-Leitartikel „Kämpfer für das Ewige Reich" zu, daß „manches Herz zu wanken und zu zittern" beginne, daß „eine Art von Lethargie bei den schlaffen und schwachen Charakteren" spürbar werde. Am 9.4. stehen die Angloamerikaner u.a. in Göttingen und Würzburg, einen Tag später u.a. in Essen, Hannover, Braunschweig. Widerstand gibt es nur noch punktuell.

Bei einer sehr kleinen Minderheit ist der Hitler-Mythos derart zur pseudoreligiösen Wahrheit geworden, daß sie sich mit allen Mitteln gegen die Wucht der Fakten wehrt. Bei ihrer Flucht seit 22. April 1945 von Berlin nach Flensburg stellen Mitarbeiter der Parteikanzlei fest: NSDAP-Kreisleitern in Mecklenburg und Schleswig-Holstein ist kaum klarzumachen, daß es jetzt mit dem Nationalsozialismus zu Ende ist; sie können es einfach nicht glauben (Stellrecht, 64).

Daher gibt es noch in letzter Stunde Denunziationen von NS-Kritikern mit Erschießungen oder Erhängungen in Wehrmacht und im Volk. Momentaufnahme (1961: Bad) Windsheim/Bayern, 12.4.: Eine Menschenmenge demonstriert vor dem Rathaus, um den Kampfkommandanten zum Abzug der Wehrmacht zu bewegen. Eine Frauen-Delegation dringt in den Gefechtsstand ein, worauf der Kommandant Jagdbomber anfordert. Tags darauf trifft ein Angehöriger der Nürnberger Gestapo ein und läßt sich angebliche Anführerinnen der Frauen-Demonstration nennen. Er sucht eine dieser Frauen auf, bezeichnet sie als „Rädelsführerin" und erschießt sie im Beisein ihres Mannes, ohne daß sie ein Wort hätte sagen können. Auf ihre Leiche

kommt ein Schild: „Eine Verräterin wurde gerichtet!"
(Broszat/Fröhlich/Wiesemann, 685f.).

An jenem Tag gehen US-Truppen bei Magdeburg über
die Elbe und bilden bei Barby einen ersten Brückenkopf;
südlich davon erreichen sie Tangermünde an der Elbe. Am
13.4. erobert die Rote Armee Wien, zweite Hauptstadt des
Großdeutschen Reiches, gegen schwachen Widerstand.
Am 15.4. hat sich der Abstand zwischen West- und Ostfront
auf 150 Kilometer verringert. In der NS-Propaganda für die
Truppe heißt es: „Das OKW nimmt die Schlacht zwischen
Oder und Elbe an und wird sie siegreich entscheiden!"
Dazu Landser-Witz: Die Panzerfaust ist für die Ostfront ver-
boten, da ihr Rückstrahl die Westfront gefährdet!

Momentaufnahme Berlin: Angesichts unmittelbar be-
vorstehender russischer Großoffensive werden in Berliner
Untergangsstimmung unzählige Orgien gefeiert, so von
Soldaten in Abendstunden in dunklen Bezirken am Zoo,
Wittenbergplatz, Kurfürstendamm. Frauen zeigen sich
ebenso hemmungslos und jagen jungen Soldaten nach.
Der Exodus der Dienststellen von Partei, Staat, SS aus Ber-
lin nimmt größere Formen an. Auflösungserscheinungen
mehren sich. In Berlin sind (geschätzt) 20.000 Deserteure,
Versprengte usw. untergetaucht.

Am 16.4., als die sowjetische Großoffensive gegen Berlin
losbricht, erlebt Heinz Schewe den Start deutscher „Kami-
kaze"-Flieger. In Jüterbog-Altes Lager/Brandenburg, 35
Kilometer nordwestlich Wittenberg/Elbe, sind etwa 20
Flugzeugführer zusammengezogen. Sie sollen sich mit ihren Flugzeugen Ju 87, Ju 88 und Me 109 voller Sprengstoff
auf die Unterwasser-Oder-Pontonbrücken der Russen stürzen und sie so vernichten. Hoffen diese Freiwilligen, genannt „Einsatzstab Freiheit", mit ihrem Opfertod die Rote
Armee aufhalten, Berlin und den Reichskern retten zu können? Ihre Motive mögen teils Idealismus und fanatischer
Glaube, teils Verlassenheit und Depression sein (131-132).
Einen Tag später heißt es im Wehrmachtbericht lakonisch:
„In der Nacht zerstörten Kampfflugzeuge unter Selbstauf-

opferung ihrer Besatzungen wichtige Oderübergänge."
Am 17.4., als die Berlin-Verteidigung an der Oderfront zusammengebrochen ist, wird *Nürnberg,* Stadt der Reichsparteitage, von US-Truppen eingeschlossen. Seit dem Luftangriff vor sechs Tagen gibt es in Nürnberg kein Licht, keinen
Strom, fast kaum Wasser. Der Kampf um Nürnberg (Kern:
Waffen-SS und HJ mit MG und Panzerfaust) wird von beiden Seiten vier Tage lang mit Erbitterung und schonungslo-
ser Härte geführt und endet am 20.4. mit der Besetzung.

Zum Führer-Geburtstag spricht Joseph Goebbels, wie
stets, am Abend des 19.4. über die verbliebenen Reichssender. (An diesem Tag stehen die Angloamerikaner u.a. in
Verden/Aller, Lüneburger Heide, Halle, Leipzig, Bitter-
feld.) Eingangs gibt Goebbels zu, das Schicksal Deutschlands stehe „auf Messers Schneide". Dann u.a.: „Niemals
wird die Geschichte über diese Zeit berichten, daß ein Volk
seinen Führer oder daß ein Führer sein Volk verließ. Das
aber ist der Sieg! ... Der Führer wird seinen Weg bis zu Ende
gehen, und dort wartet auf ihn nicht der Untergang seines
Volkes, sondern ein neuer glücklicher Anfang zu einer Blü-
tezeit des Deutschtums ohnegleichen!" Hitler sei „der einzige, der sich selbst treu blieb, der ... unbeirrbar seinen geraden Weg fortsetzte, einem Ziel entgegen, das heute zwar
unsichtbar hinter den Trümmerbergen liegt ..." Diese letzte
Reichsrede des Demagogen Goebbels gehört in Sprache,
Vortragsweise und (gespielter oder echter) Erregung zu
seinen eindringlichsten. Die Goebbels-Ansprache bleibt
oft wegen Strommangels ungehört, sie wird jedoch in den
noch erscheinenden Zeitungen abgedruckt.

Momentaufnahme Berlin, 19.4.: Im strahlend erleuchte-
ten Speisesaal des Hotels Adlon, Unter den Linden 77, wirken wie immer Kellner im Smoking, Oberkellner im Frack.
Sie richten feierlich violette Stücke Kohlrabi auf Silberplat-
ten an. Alles ist äußerlich wohlgeordnet und gepflegt. (Das
Adlon-Hotel, Haus allerersten Ranges, hat 1939 350 Betten,
200 Zimmer mit Bad. Das Einbettzimmer kostet 9 bis 12 RM,
das Frühstück 1,80 RM, Pension ab 20,50 RM.)

Am 22.4. meldet der Wehrmachtbericht: „Östlich und nördlich Berlin schob sich der Feind in schweren Kämpfen bis an die äußere Verteidigungszone der Reichshauptstadt heran. In der Linie Lichtenberg-Niederschönhausen-Frohnau wird erbittert gekämpft" – also in Ost-, Nord- und Nordwest-Ortsteilen Berlins. An diesem Tag erscheint in Berlin die Wochenzeitung „Das Reich" zum letzten Mal. Im Goebbels-Leitartikel „Widerstand um jeden Preis" heißt es: „Der Krieg ist in ein Stadium getreten, in dem nur noch der volle Einsatz der Nation und jedes einzelnen Rettung bringen kann ... Nicht besiegt werden, heißt für uns siegen. Ein Volkskrieg dieser Art kostet schwere Opfer. Aber sie stehen trotzdem in keinem Verhältnis zu den Opfern, die wir zu bringen gezwungen sein würden, wenn wir unterlägen. Es ist eine freche Umkehrung der Tatsachen, zu behaupten, das sei ein Kampf der Verzweiflung. Es wartet auf uns die Stunde des letzten Triumphes ..." Wer liest dies noch, wer kann dem glauben?

Am 26.4. verkündet Joseph Goebbels in einem Rundfunk-Aufruf an die Berliner: „Die Stunde vor Sonnenaufgang ist die dunkelste Stunde. Um so strahlender und prächtiger wird dann unser Siegesadler in den neuen Tag, in die Sonne stürmen!" Anschließend ertönt das Deutschland- und Horst Wessel-Lied. Wenig später meldet sich auf gleicher Welle ein russischer Sender mit Lagemeldungen über von der Roten Armee besetzte Orte und Ortsteile um und in Berlin. Hitler verleiht das Deutsche Kreuz in Gold an Reichsjugendführer Arthur Axmann mit den Worten: „Ohne Ihre Jugend wäre es weder hier in Berlin noch in ganz Deutschland möglich, den Kampf überhaupt fortzusetzen!" Darauf Axmann: „Das ist Ihre Jugend, mein Führer!" (so in: Frontzeitung „Panzerbär", Berlin, 27. April 1945.) *Dazu:* Die 1941 von Hitler gestiftete Auszeichnung Deutsches Kreuz in Gold für außerordentliche Tapferkeit vor dem Feind ist ein achtstrahliger Silberstern mit einem stilisierten Lorbeerkranz in Gold.

München, „Hauptstadt der Bewegung", wird am 26.4.

durch Gauleiter Paul Giesler zur Verteidigung eingerichtet. Indessen: Der Kommandierende General im Wehrkreis VII läßt durch verläßliche Ordonnanzoffiziere auf München zurückgehende Wehrmacht-Einheiten um München herumleiten, weil er den Kampf vermeiden will. Gieslers Befehl, alle Brücken zur Sprengung vorzubereiten, wird vom Kommandeur des Pionier-Ersatzbataillons 7 nicht ausgeführt: er hat längst die Masse seines Bataillons „nach Hause" entlassen und läßt die von der Gauleitung gelieferten 50.000 Kilogramm Sprengstoff still vergraben. (Am 29.4., als US-Truppen vor München stehen, rücken Waffen-SS-Einheiten aus München ab. Das Luftgaukommando löst sich und sein Standort-Bataillon auf. Nur wenige Einheiten verschanzen sich.)

Am 26.4., 9.35 Uhr, befiehlt der Oberbefehlshaber der 3. Panzerarmee in Vorpommern, General der Panzertruppen Hasso von Manteuffel (1897-1978): „Ich habe Veranlassung, nochmals mit schärfstem Nachdruck auf Befehle über Einschreiten gegen die z.Zt. in besonders hoher Zahl auftretenden Versprengten und Drückeberger hinzuweisen ... Sollten kämpfende Teile bei Feindfeuer oder gar Feindangriff kampflos ihre Stellungen verlassen, so haben alle rückwärtig eingesetzten schweren Waffen, Flak und Artillerie in direktem Beschuß in diese Haufen zu schießen." Am 27.4., 22.20 Uhr, äußert Manteuffel: „Die Hälfte der Divisionen der 3. Panzerarmee und gesamte Flak haben Kampf eingestellt. 100.000 Mann flüchten in Richtung Westen! Ich habe so etwas nicht mal 1918 gesehen ... Der Krieg ist verloren; die Soldaten haben gesprochen ... Was der Soldat konnte, hat er getan ..." Manteuffel ist seit 18.2.1945 Träger der Brillanten zum Eichenlaub mit Schwertern des Ritterkreuzes und gehört damit zu den 28 höchstdekorierten Offizieren. Nun ist Manteuffel für schnelles Absetzen nach Westen, um die Reste seiner Armee über die Elbe und damit in die Kriegsgefangenschaft der Angloamerikaner zu bringen.

Momentaufnahmen Berlin, 27./28.4.: Feindfrei, außer

Regierungsviertel und Tiergarten-Umgebung, ist zwei bis fünf Kilometer breiter Nord/Süd- und 15 Kilometer langer Ost/West-Korridor vom Zoo über Reichssportfeld bis Spree bei Spandau und Havel-Westufer. Kampfgruppen sind ohne Verbindung, sofern keine aktiven Bataillone mit Funkgeräten vorhanden sind. Körperliche Verfassung am Nullpunkt ohne Ablösung und Ruhe. Keine regelmäßige Verpflegung, kein warmes Essen, kaum Brot, kaum Schlaf. Verwundete finden kaum noch irgendwo Aufnahme, weil Zivilisten sich fürchten, sie in Kellern aufzunehmen.

Einerseits tobt fanatischer Kampf: Am Schlesischen Bahnhof wirft ein 15jähriger eine Tellermine zu kurz, will sie unter einen russischen Panzer T34 schieben, was ihm trotz MG-Verwundung gelingt, und wird mit dem Panzer zerrissen. Oder ein Haus in der Berliner Straße wird von drei BdM-Angehörigen bis zum Munitionsausfall verteidigt. Beim Eindringen der Russen wird einem die Maschinenpistole entrissen, worauf das eine Mädchen seine Kameradinnen und dann sich selbst erschießt. Andererseits mehren sich Auflösungserscheinungen. So gehen Einheiten der Berliner Polizei mit weißen Fahnen in Kriegsgefangenschaft und schießen auf Soldaten, die sie daran hindern wollen. Am 27.4. erscheint letztmals in Berlin der „Völkische Beobachter", am 29.4. der „Panzerbär", „Kampfblatt für die Verteidiger Groß-Berlins".

Am 29./30. April 1945 ist Deutschland in zwei Kampfräume im Norden und Süden aufgespalten, die sich täglich verengen. Am 30.4. beginnt im Reich die 75. *Zuteilungsperiode* bis 27. Mai 1945 — mit folgenden Rationen (siehe S. 438) für Normalverbraucher: 5800 g Brot, 300 g Nährmittel, 1000 g Fleisch, 500 g Zucker, 375 g Fett, 10 kg Kartoffeln. Marmelade ist ebenso gestrichen wie zuvor Eier.

Was in Geschichtsbüchern in einem Nebensatz oder überhaupt nicht berichtet wird: Dem Untergang des Dritten Reiches und der militärischen Besetzung des deutschen Gebietes geht parallel eine *Selbstmordwelle*, vor allem in den Ostprovinzen. Dabei mag im deutschen Osten, angesichts der Roten Armee, die Furcht vor der Katastrophe weit größer und Selbstmorde fördernder sein als die Katastrophe selber. Es gibt unter dem Grollen der Front den Erwartungssuizid, infolge Verschleppung, Vertreibung, Internierung den Erschöpfungssuizid. Es gibt Mehrfach-Suizide in Familien und Gruppen, im Sinne kollektiver Todesbereitschaft. „1945 grassiert im deutschen und deutsch besetzten Osten von der Ostsee bis zur Moldau eine Selbstmord-Epidemie, wie sie an Ausdehnung und Suggestionskraft kaum je vorgekommen ist" (Gerhard Schmidt, in: Pauleikhoff, 84-90).

Zeitzeuge und Historiker Walter Görlitz, Jahrgang 1913, faßt 1952 das Verhältnis Führer-Volk zusammen: Es war die magische Wechselwirkung und Verkettung zwischen der gläubigen Hingabebereitschaft der Massen und ihrem bezwingenden Lenker. In der Heimat waren es die durch den Luftkrieg erschütterten Bürger, an der Front die durch Niederlagen wankenden Soldaten, die ihre letzten Hoffnungen, sofern sie nicht Fatalisten wurden, auf Hitler setzten. Viele weigerten sich einfach zu glauben, daß Hitlers Versprechungen leer geworden waren; viele meinten gerade im Schweigen Hitlers den Beweis dafür zu erblicken, daß der Führer das Geheimnis der Rettung hüte. Diese mystische Gemeinschaft zwischen Führer und Geführten war eine Tatsache und eine der stärksten seelischen Triebkräfte für die Deutschen an der Front und in der Heimat, Ungeheuerliches zu ertragen und übermenschliche Anstrengungen zu vollbringen. Am Ende war jene mystische Gemeinschaft zwischen Führer und Volk den mythengläubigen Deutschen so unbegreiflich wie ein Traumgebilde (I, 348-349), an das sie sich später nur höchst ungern erinnern lassen.

Rückblickend auf 1945 erinnert sich 1979 die damals knapp 18 Jahre alte RAD-Arbeitsmaid Ingeborg Bayer: „Wir wollten unsere Traumwelt nicht zerstören lassen durch kleinmütige Zweifel; wir wollten behüten, was es schon längst nicht mehr gab" (190). (Siehe S. 534-535).

Der Schweizer Schriftsteller Max Rychner (1897-1965) stellt im Mai 1945 fest: „Geliebt worden ist dieser Mann (Hitler) – schwärmerisch, abgöttisch, ja bis zum Verrückten." Nur wenig später begreifen Hitlers Deutsche oft nicht mehr, was damals ihr Denken und Handeln bestimmt hat. Zeitzeuge Sebastian Haffner erinnert 1973 daran: „Die Generation, die Hitler erlebt hat – ganz egal, *wie* sie ihn erlebt hat – hat nachher von diesem Erlebnis nicht mehr sprechen mögen ... Sie hat vergessen und vergessen machen wollen" (Kempowski, 101). „Nach Hitler" gilt – weithin – das Nietzsche-Wort: „Das habe ich getan, sagt mein Gedächtnis. Das kann ich nicht getan haben, sagt mein Stolz – schließlich gibt mein Gedächtnis nach ..."

Der Wehrmachtbericht vom 1. Mai 1945 meldet für den Vortag, in Unkenntnis des Selbstmordes Hitlers, u.a.: „Im Stadtkern von Berlin verteidigt sich die tapfere Besatzung um unseren Führer geschart auf verengtem Raum gegen die bolschewistische Übermacht ..."

Am 1. Mai 1945, 22.03 Uhr, unterbricht der Reichssender Hamburg sein laufendes Programm und kündigt eine ernste und wichtige Nachricht an. Es folgt Wagner- und Beethoven-Musik: „Götterdämmerung" und „Eroica". Dann meldet der Sprecher in feierlichem Ton: „Aus dem Führerhauptquartier wird gemeldet: Unser Führer Adolf Hitler ist heute nachmittag (exakt: 30. April 1945, 15.30 Uhr, HJE) auf seinem Befehlsstand in der Reichskanzlei, bis zum letzten Atemzug gegen den Bolschewismus kämpfend, für Deutschland gefallen. Am 30. April hat der Führer den Großadmiral Dönitz zu seinem Nachfolger ernannt." Vier Reichssender sind noch in deutscher Hand: Böhmen = Prag, Breslau, Graz, Hamburg. Nur wer Strom hat, kann diese deutsche Rundfunkmeldung über Hitlers „Heldentod" im nun fast völlig besetzten Reich hören.

Die Wehrmacht-Reste reagieren teils gleichgültig, teils bestürzt, einige mit Schock. Für viele Offiziere und Mannschaften ist diese Meldung fast wie eine Erlösung. Die mei-

527

sten fühlen sich nicht mehr an Befehle gebunden, deren Erteilen und Befolgen immer qualvoller geworden war. Wer sich jetzt noch auf Dienstgrad und Befehlsgewalt beruft, kann bei der intakten Truppe böse Überraschungen erleben.

Schockhaft reagieren viele Hitlerjungen. So Günter Gaus, Jahrgang 1929, der „in die Tränen bitterer Verlassenheit" ausbricht. „Die Tränen, sie waren gewiß das Natürlichste der Welt. Die psychologische Erklärung liegt auf der Hand. Politisch verursacht war der Tränenfluß am allerwenigsten" (in: Augstein, 100). Gaus, 1969-1973 „Spiegel"-Chefredakteur, ist 1974-1981 erster Ständiger Vertreter Bonns bei der DDR. So Lothar Loewe, Jahrgang 1929, Meldegänger und Panzerbekämpfer in Berlin: „Wir saßen im Bunker und hörten vom Ende Hitlers, das werde ich nie vergessen. Da brach eigentlich eine Welt zusammen ... Das hinterließ ein Gefühl der Leere ..." (in: Steinhoff, 616). Loewe ist zuletzt 1983-1986 Intendant des SFB.

Hans-Ulrich Rudel (1916-1982) erinnert sich 1954, wie er auf Hitlers Tod reagiert hat: „Die Angst schnürt mir den Hals zu. Es ist mir, als versänke ich in einem Abgrund von grauer Trostlosigkeit. Das absolute Nichts tut sich auf. *Er* war das Zentrum, auf das wir unbewußt all unsere Hoffnung setzten. Solange er lebte, war uns der Krieg nicht verloren, war kein Mißstand unheilbar, war die Idee immer noch stärker als alle menschliche Unzulänglichkeit. Wir wagen kaum, uns flüchtig anzusehen. Uns allen ist eine Welt zusammengebrochen" (220f.). *Dazu:* Rudel, Oberst und Kommodore des Schlachtgeschwaders 2 „Immelmann", 2530 Feindflüge, bekannt durch Abschuß von 519 russischen Panzern aus der Luft, flog trotz Beinamputation bis Kriegsende, daher Idol Hitlertreuer kriegsfreiwilliger Jugend, erhielt am 1. Januar 1945, als erster und einziger Träger der höchsten Tapferkeitsauszeichnung, das Goldene Eichenlaub mit Schwertern und Brillanten zum Ritterkreuz. *Vorgreifend:* Rudel wird sich − zeitlebens − nicht deutlich von Hitler und NS-Regime distanzieren.

Inmitten zusammengebrochener Fronten geht in der Etappe der geordnete, gewohnte Dienstbetrieb weiter. Beispiel 1: Beim Panzergrenadier-Ersatzbataillon 5 (Stettin), nun mit Musikkorps und Stettiner Kasinomöbeln und -vorräten im Raum Wismar/ Mecklenburg in Unterkunft, werden am 28.4. die ROB Reserveoffiziersbewerber feierlich befördert und erhalten „Marschziel Heeresgruppe Kurland". Beispiel 2: Im fast restlos besetzten Berlin erfolgt am 30.4., 8.00 Uhr, in der Ruhleben-Kaserne im westlichen Stadtbezirk Charlottenburg die Wachablösung im Stechschritt – wie im tiefsten Frieden.

In Hitlers Selbstmord-Stunde wird München vom verbliebenen ranghöchsten Magistratsmitglied den US-Truppen übergeben. Gauleiter, Oberbürgermeister usw. waren geflüchtet, ebenso die Reste der um München stehenden Kampfgruppen. Die München-Ausgabe des „Völkischen Beobachter" erscheint zwar, wird aber nicht mehr ausgeliefert.

Der *Mai 1945* ist ein schöner Frühlingsmonat. In den Kampfzonen fast überall Trümmer, Leichen, Kadaver, Ruinen und dennoch strahlender Sonnenschein über dem ge- und zerschlagenen Deutschland.

Besonders die Meldung von Hitlers „Heldentod" wird von einer Freitodwelle begleitet, nicht nur von NS-Aktivisten. Es scheiden angeblich mehr Frauen als Männer aus einer Welt ohne Hitler.

So die 44 Jahre alte Magda Goebbels im Abschiedsbrief vom 28.4. an ihren ältesten, seit 1943 in Tunesien in alliierter Gefangenschaft befindlichen Stiefsohn Harald Quandt (1921-1967), aus erster Ehe mit dem Industriellen Günther Quandt (1891-1954), u.a.: „Die Welt, die nach dem Führer und dem Nationalsozialismus kommt, ist nicht mehr wert, darin zu leben, und deshalb habe ich auch die (sechs, HJE) Kinder hierher (in den Führerbunker, HJE) mitgenommen. Sie sind zu schade für das nach uns kommende Leben". – und werden vor dem Selbstmord der Goebbels-Eltern vergiftet: Helga (Jahrgang 1932), Hilde (1934), Helmut (1935),

Holde (1937), Hedda (1938) und Heide (1940) – alle Vornamen mit „H" aus Verehrung für Hitler.

Es gibt Ansätze von Separatismus. Ein Beispiel: Der Kampfkommandant der Insel Rügen (mit 926 Quadratkilometer größte deutsche Insel, 1939 62.261 Einwohner) meldet am 2.5. dem OKW, im Kampffalle müsse man von der Zivilbevölkerung Sabotage und Verrat erwarten. Kriegsmarine-Offiziere bezeichnen die Haltung der Rügen-Bevölkerung, so in der Hafenstadt Saßnitz, als fast antideutsch. Im vertrauten Kreis bekennt sie sich zur neutralen Haltung Schwedens (Murawski, 49) und würde am liebsten Schweden unterstellt werden. *Dazu:* Seit 1325 gehörte Rügen zu Pommern-Wolgast, von 1648 bis 1814 zu Schweden und erst seit 1815 zur preußischen Provinz Pommern.

Fanatiker wollen auch nach Hitlers Tod weiterkämpfen. Ein Beispiel: Etwa zur gleichen Zeit, als das neue Staatsoberhaupt, Großadmiral Karl Dönitz (1891-1980), am 5.5. die „Werwolf"-Untergrundbewegung verbietet, lehnt eine Gruppe von Angehörigen der Waffen-SS im Bad Segeberger Forst/Holstein die tags zuvor für Nordwestdeutschland vollzogene Kapitulation ab. Als Dönitz selbst anordnet, die Waffen zu strecken, verweigern sie auch ihm den Gehorsam. Nachdem das OKW die eigene 8. Fallschirmjäger-Division gegen sie einsetzt, verüben sie lieber Selbstmord als zu kapitulieren (Rose, 322).

Zwei Beispiele für SS-Fanatismus: 1. Am Berliner Kapitulationstag, 2.5., erlebt Flakhelfer Lothar Rühl, Jahrgang 1927, später u.a. Staatssekretär im Bundesministerium der Verteidigung, wie sich auf dem Gelände der Schultheiß-Brauerei französische und belgische Angehörige der Waffen-SS gegenseitig erschießen (Steinhoff, 656). 2. In der Nacht der Kapitulation, 8./9. Mai, stellen sich in Böhmen SS-Führer in der Heeresgruppe Mitte vor einem lodernden Feuer auf. Sie singen, mit Hitlergruß, das 1814 vom Lyriker Max von Schenkendorf (1783-1817) verfaßte studentische und bündische, nun SS-Treuelied: „Wenn alle untreu werden, so bleiben wir doch treu", um sich anschließend einer nach dem anderen zu erschießen (Rose, 99). Major Erich Hartmann (geb. 1922), NAPOLA-Schüler, erfolgreichster Jagdflieger des Zweiten Weltkriegs, startet am 8.5., 8.30 Uhr, mit seiner Me 109-G, genannt „Karaya 1", zum 1405. und letzten Feindflug. Über Brünn schießt er aus 60 Meter Entfernung ein russisches Yak 11-Jagdflugzeug ab und erringt damit im 825. Luftkampf seinen 352. Luftsieg. *Vorgreifend:* Hartmann wird, weil meist an der Ostfront, von US-Stellen an die Russen ausgeliefert. 1949 wird er zu 25 Jahren Zwangsarbeit verurteilt, zumal er sich weigert, in den Dienst der SBZ/DDR zu treten. So bleibt er zehneinhalb Jahre unter harten Bedingungen in Kriegsgefangenschaft. 1963 wird er in der Bundeswehr Inspizient der Jagdflieger und scheidet als Oberst aus.

Angesichts der allgemeinen Daseinskatastrophe nehmen nahezu alle Deutschen die Meldung vom Tod Hitlers fast teilnahmslos zur Kenntnis. Die Trauer gilt nicht Hitler, sondern den eigenen Toten und den Überlebenden. Hitlers Tod verursacht auch deshalb kaum Trauer, weil der Hitler-Mythos schon vor dem Tode Hitlers für fast alle Deutschen aufgezehrt war. Nicht der Nationalsozialismus hatte das Dritte Reich integriert, sondern der wirkungsmächtige, zum Schluß in Nichts zerfallende Mythos dieses Mannes Hitler. „Losgelöst von diesem Mythos, verging die Wirkung dieser Person so spurlos wie ihr zu Asche verbrannter physischer Rest" (Kershaw 194).

So auch und gerade im Reichskanzlei-Führerbunker. Hitler-Sekretärin (seit 1942) Gertrud (Traudel) Junge berichtet: Im Lagezimmer wird geraucht und gescherzt. Viele ertränken ihre Verzweiflung, Angst und Hoffnungslosigkeit im Alkohol. Nicht einer spricht mehr von Hitler. „Der Tod Hitlers war für uns wie das Ende eines Zustandes von Massenhypnose. Plötzlich entdeckten wir in uns wieder eine unbezwingbare Lust zu leben, wir selbst zu werden, menschliche Wesen zu sein. Hitler interessierte uns nicht mehr!" Hohe SS-Führer grüßen wieder bürgerlich „Guten Tag!" statt „Heil Hitler!"

Die Schriftstellerin Ingeborg Drewitz (1923-1986) denkt 1983 zurück: „Die moralische Katastrophe drang kaum schon durch das Elend ins Bewußtsein der Deutschen. Die Lügen der Nazis, die Perversität ihrer Verbrechen waren vom Schmerz verschüttet, der kaum eine Familie ausgelassen hatte" (in: Glaser, Siegreich, 266f.). Es gilt, das Leben nach dem Überleben zu meistern: Nahrung, Kleidung, Heizung. Heinz Schewe empfindet sich zeitlos, erschöpft, leer (137) — wie die meisten in Kriegsgefangenschaft geratenen Soldaten.

Angesichts der Toten und der Verwüstung hat fast niemand, im Kampf ums Überleben, inmitten allgemeiner Demoralisierung und Apathie, die seelische Stärke, über das Vergangene ernsthaft nachzudenken. Hitler wird zum nicht mehr genannten Schemen. Nun ist es fast jedem Deutschen peinlich, daß man früher Hitler begeistert zugejubelt und vertraut hatte. *Vorgreifend:* Auch später bleibt das Eingeständnis von Schuld und Scham, in beiden deutschen Staaten, unter Zeitgenossen wie unter Nachgeborenen verhältnismäßig selten. Es bestätigt sich das Wort des französischen Schriftstellers und Politikers André Malraux (1901-1976): „Nichts ist schwerer, als heute zu wissen, was man damals gewußt hat" (Steinhoff, 652).

Noch lange nach 1945 hält sich bei den Deutschen, gemäß Umfragen, die Ansicht, der Nationalsozialismus sei an sich „eine gute Idee" gewesen, die — leider — nur schlecht verwirklicht worden sei.

Die überlebenden Hitler-Gläubigen tauchen unter, oft mit falschen Namen, oder flüchten sich oft in zwei Reaktionen: sie leugnen eine Zeitlang die Endgültigkeit von Hitlers Tod; sie weigern sich oft jahrelang, gültige Beweise für die Verbrechen Hitlers und des NS-Regimes zu akzeptieren. Manche bereuen. Der Hitler-Protegé Albert Speer stellt Hitler im Juni 1945 ein Leumundszeugnis aus: „Adolf Hitler war im Volk verwurzelt. Seine einwandfreie Lebensweise und seine ausdauernde Arbeit sind weiten Kreisen bekannt geworden, so daß sich seine Gestalt nicht so leicht

verwischen läßt ... (Es) muß auch im Nationalsozialismus
ein guter Kern gewesen sein" (Schmidt, 198). Jahre später
wird Speer anders sprechen und schreiben.

Anhang 1: Hitler-Trauerfeier am 6. Mai 1945

Das Dorf Wolframitz (Olbramovice) in Süd-Mähren, 30 Kilometer südwestlich Brünn, war im Oktober 1938, im Zuge
der Abtretung des Sudetenlandes von der CSR, zum Reich
gekommen. Am Sonntag, 6.5.1945, finden in dieser Ge-
gend die „anläßlich des Heldentodes von Adolf Hitler" von
der NSDAP angeordneten Trauerfeiern statt. Die dortige 1.
Panzerarmee unter General Walther K. Nehring (1892-
1983) ist zwar angeschlagen, aber intakt und hält die von
südwestlich Brünn in allgemeiner Nordrichtung zusam-
menhängende Front. Der Kampfwille ist bei wenigen Fällen von Desertion und Überläufern ungebrochen, die Versorgung knapp, aber außer Panzermunition und Betriebs-
stoff ausreichend. Panzer-Oberleutnant Wolfgang Paul
nimmt als Beobachter an der Trauerfeier in Wolframitz teil
und erinnert sich 1978:
Da es regnet, sehen die Gesichter der Leute naß aus.
Aber die Nässe kann auch von Tränen kommen. Die Dörfler versammeln sich vor der Dorfkirche. An ihr lehnt ein
Plakat mit dem übergroßen „Hitler als Feldherr", das auf
eine Tischplatte genagelt ist. Im Rechteck Parteigenossen
in brauner Uniform, eine BdM-Gruppe mit Wimpel, eine
Jungvolk-Gruppe mit schwarzer Fahne und Sigrune. „Wenige tausend Meter hinter der Ostfront das letzte Aufgebot
einer irren Treue." Der Bürgermeister spricht, als sei Hitler
Sohn des Dorfes. Während die BdM-Mädel ein todtrauriges
HJ-Lied von Hans Baumann (1914-1988) singen, legt der
Bürgermeister einen Kranz nieder.
Augenzeuge Paul wundert sich, daß er noch lebt, um dieses Lied zu hören, das als Totenlied für jenen Mann gesungen wird, der soviel Tod hervorgebracht hat. Der tote Hitler

bekommt das dreifache „Sieg Heil" und seinen „Deutschen Gruß". Abschließend singt die Gemeinde Wolframitz das Deutschlandlied, mit einem Schluchzen. Nicht zu überhören ist auch das Horst Wessel-Lied, das nie wieder einer singen wird. Dann laufen die Leute weg wie von einer Beerdigung, mit vom Regen, von Tränen nassen Gesichtern (Endkampf, 473 + 474). In den umliegenden Dörfern hängen Hakenkreuzfahnen auf Halbmast.

Bruno Kreisky (1911-1990), SPÖ, von 1970 bis 1983 Bundeskanzler Österreichs, kommentiert 1989, „daß die Getreuesten der Getreuen die Sudetendeutschen waren — wenn man so will, die 'Randösterreicher'. Sie sind auch in großer Zahl bis zuletzt die Treuesten geblieben, sie haben dafür furchtbar büßen müssen und wurden in der grausamsten Weise von den Tschechen vertrieben" (in: Augstein, 82).

Anhang 2: BdM-Führerin Renate Finck 1939-1945

Mit 13 Jahren (1939): Es ist schwer zu ertragen, daß jemand, den ich lieb habe, gegen den Führer ist (112). Bei der Matthäuspassion von J.S. Bach: Wegen des Textes bin ich sehr mißtrauisch. Die Musik bedrängt mich so, daß es weh tut. Dann ist mir, als bräche tief in mir etwas auf ... Ich fürchte mich vor solcher Musik (115). *Mit 14 Jahren* (1940): Meine vornehmste Aufgabe ist, feierliche Stunden bereiten, in denen ich über Treue, Opfermut, Volksgemeinschaft, Pflichterfüllung und das Leben des Führers spreche (120).

Mit 17 Jahren (1943): Eine Grundhaltung meines Lebens: Die ganze Welt besteht für mich aus strenger Hierarchie, Bereitschaft zur Unterordnung als wichtigstes Element, zwischen den Völkern und im eigenen Volk, auch in der Familie (149). Hagen von Tronje (aus der Nibelungensage, HJE) ergreift Besitz von mir. Er ist das Vorbild des deutschen Herrenmenschen, denn er treibt die Selbstaufgabe bis zur äußersten Grenze. Aus Treue zu seinem König gibt er seine Ehre hin, als er zum Mörder (Siegfrieds, HJE) wird. Hier findet unsere Treue ihre letzte Verwirklichung (155).

Mit 18 Jahren (1944): Die Angst macht, daß ich plötzlich gar nichts mehr wissen will ... Ich darf meinen Glauben und meine Treue nicht gefährden (159). Wer einmal zweifelt, muß selbst weiterdenken. Wohin werde ich geraten, wenn ich weiterdenke? Da überfällt mich wahnsinnige Angst. Aber Treue will Opfer, auch das Opfer des eigenen Denkens, eigener Menschlichkeit, persönlicher Liebe (163-164). Mein Denken bleibt kurzgeschlossen in einem Teufelskreis aus Idealismus und Selbstbelügung. Es muß sein, damit später alles gut wird (169). Ich bin stolz auf die Hingabe meiner Freiheit (170).

Mit 19 Jahren (1945): Ich sehe, daß das Ende gekommen ist, ein schreckliches, unausdenkbares Ende. Aber ich will zu allem stehen, was ich gesagt habe. Ich gehöre dem Führer auch jetzt (183). Alles, worauf mein Leben gebaut war und was den Inhalt meiner Jugend ausgemacht hat, ist in totaler Auflösung (186). Ich fühle mich meiner Treue zum Nationalsozialismus nicht entbunden, auch nicht durch Hitlers Selbstmord (187). Als ich die Berichte über das wahre Gesicht des NS-Staates immer detaillierter zur Kenntnis nehmen muß, verkrieche ich mich hinter dieser Treue, die uns mehr galt als die eigene Person. Schuldig ist für mich nur, wer die Treue bricht (188). Später wandelt sich Renate Fincks NS-Treue zu Schuld und Scham.

Anhang 3: Wolfgang Borchert über Jugend 1945

Der Dichter Wolfgang Borchert (1921-1947), nach Buchhandelslehre Schauspieler, als Soldat in Rußland verwundet, zweimal wegen defätistischer Äußerungen denunziert, verurteilt und zur „Frontbewährung" an der Ostfront. Er wurde wegen Krankheit, die zu seinem frühen Tode führen sollte, 1943 aus der Wehrmacht entlassen, jedoch erneut verhaftet und verurteilt. Im Dritten Reich waren erste Arbeiten Borcherts veröffentlicht worden. Nach Kriegsende wirkt er als Regieassistent und Regisseur beim Theater. Er hat ungewöhnlichen Erfolg mit seinem in acht Tagen 1946 geschriebenen, zunächst 1947 als Hörspiel gesendeten Heimkehrerdrama „Draußen vor der Tür": Elend und Einsamkeit seiner Kriegsgeneration 1945. Einen Tag vor der Uraufführung seines Stückes in Hamburg verstirbt Borchert.

Hier seine Beschreibung der Stimmung eines Kriegsheimkehrers: „Ein Mann kommt nach Deutschland. Er war lange weg, der Mann. Sehr lange. Vielleicht zu lange. Und er kommt ganz anders wieder, als er wegging. Äußerlich ist er ein naher Verwandter jener Gebilde, die auf den Feldern stehen, um Vögel (und abends manchmal auch Menschen) zu erschrecken. Innerlich auch." So empfinden viele Heimkehrer.

Borchert zieht diese Bilanz der jungen Generation: „Wir sind eine Generation ohne Bindung und ohne Tiefe. Unsere Tiefe ist der Abgrund. Wir sind die Generation ohne Glück, ohne Heimat und ohne Abschied. Unsere Sonne ist schmal, unsere Liebe grausam, und unsere Jugend ist ohne Jugend. Und wir sind die Generation ohne Grenze, ohne Hemmung und Behütung — ausgestoßen aus dem Laufgitter des Kindseins in eine Welt, die die uns bereitet, die uns darum verachten. Aber sie gaben uns keinen Gott mit, der unser Herz hätte halten können, wenn die Winde dieser Welt es umwirbelten. So sind wir die Generation ohne Gott, denn wir sind die Generation ohne Bindung, ohne Vergangenheit, ohne Anerkennung" (in: Brandenburg, 234).

Wolfgang Borchert lehrt: Eine Jugend, die sich mit Hitler identifizierte, erlitt 1945 einen schockhaften Identitätsverlust, der lange nachwirkte. Diese Jugend kann nun nachempfinden, was der deutsche Dichter Andreas Gryphius (1616-1664), bedeutendster Lyriker und Dramatiker des deutschen Barock, am Ende des Dreißigjährigen Krieges schrieb: „Doch schweig ich noch von dem, was ärger als der Tod,/Was grimmer denn die Pest und Glut und Hungersnot:/Daß auch der Seelen Schatz uns gar ist abgezwungen."

Literaturverzeichnis

Adam, Uwe Dietrich: Hochschule und Nationalsozialismus. Die Universität Tübingen im Dritten Reich. Tübingen 1977

Adam, Uwe Dietrich: Judenpolitik im Dritten Reich. Königstein/Düsseldorf 1979

Adam, Uwe Dietrich: Zur Entstehung und Auswirkung des Reichsbürgergesetzes. In: Aus Politik und Zeitgeschichte. Beilage zu „Das Parlament", Bonn, 30. November 1985

Aleff, Eberhard (Hsg.): Das Dritte Reich. 21. Aufl. Hannover 1983

Ambesser, Axel von: Nimm einen Namen mit A. Berlin 1985

Aubin, Hermann/Wolfgang Zorn (Hsg.): Handbuch der deutschen Wirtschafts- und Sozialgeschichte. Bd. 1-2. Stuttgart 1971-1972

Augier, Marc: Götterdämmerung. Leoni 1957

Augstein, Rudolf (Hsg.): 100 Jahre Hitler. Hamburg 1989

Barkai, Avraham: Das Wirtschaftssystem des Nationalsozialismus. Der historische und ideologische Hintergrund 1933-1936. Köln 1977

Barkai, Avraham: Der wirtschaftliche Existenzkampf der Juden im Dritten Reich (1933-1938). In: Aus Politik und Zeitgeschichte. Beilage zu „Das Parlament", Bonn, 2. August 1986

Bayer, Ingeborg (Hsg.): Ehe alles Legende wird. Baden-Baden 1979

Becker, Josef und Ruth (Hsg.): Hitlers Machtergreifung 1933. Vom Machtantritt Hitlers am 30. Januar 1933 bis zur Besiegelung des Einparteienstaates 14. Juli 1933. München 1983

Beier, Gerhard: Das Lehrstück vom 1. und 2. Mai 1933. Frankfurt 1975

Bender, Peter: Deutsche Parallelen. Anmerkungen zu einer gemeinsamen Geschichte zweier getrennter Staaten. Berlin 1989

Bennecke, Heinrich: Wirtschaftliche Depression und politischer Radikalismus 1918-1938. München 1970

Berger, Thomas (Hsg.): Lebenssituationen unter der Herrschaft des Nationalsozialismus. Hannover 1981

Beyerchen, Alan D.: Wissenschaftler unter Hitler. Physiker im Dritten Reich. Vorwort Karl Dietrich Bracher. Köln 1980

Bielenberg, Christabel: Als ich Deutsche war 1934-1945. Eine Engländerin erzählt. München 1979

Bilanz des Zweiten Weltkrieges. Erkenntnisse und Verpflichtungen für die Zukunft. Oldenburg 1953

Binder, Gerhart/Hartmut Wasser: Deutschland deine Legenden. Berichtigungen zur deutschen Geschichte von Bismarck bis Brandt. Stuttgart 1974

Blaich, Fritz: Der Schwarze Freitag. Inflation und Wirtschaftskrise. München 1985

Bloch, Ernst: Erbschaft dieser Zeit. Zürich 1935/Frankfurt 1962

Boberach, Heinz (Hsg.): Meldungen aus dem Reich. Die geheimen Lageberichte des Sicherheitsdienstes der SS. Bd. 1-17. Herrsching 1984

Boelcke, Willi A.: Die Kosten von Hitlers Krieg. Kriegsfinanzierung und finanzielles Kriegserbe in Deutschland 1933-1948. Paderborn 1985

Bollmus, Reinhard: Das Amt Rosenberg und seine Gegner. Studien zum Machtkampf im nationalsozialistischen Herrschaftssystem. Stuttgart 1970

Bonn, Moritz Julius: So macht man Geschichte. München 1953

Boockmann, Hartmut/Heinz Schilling/Hagen Schulze/Michael Stürmer: Mitten in Europa. Deutsche Geschichte. Berlin 1984

Borgelt, Hans: Filmstadt Berlin. Berlin 1979

Bouhler, Philipp: Adolf Hitler. Das Werden einer Volksbewegung. 24. Aufl. Lübeck 1943

Bracher, Karl Dietrich: Die Auflösung der Weimarer Republik. Eine Studie zum Problem des Machtverfalls in der Demokratie. 6. Aufl. Villingen 1978

Bracher, Karl Dietrich/Manfred Funke/Hans-Adolf Jacobsen (Hsg.): Nationalsozialistische Diktatur 1933-1945. Eine Bilanz. Düsseldorf 1983

Bramstedt, Ernest K.: Goebbels und die nationalsozialistische Propaganda 1925-1945. Frankfurt 1971

Brandenburg, Hans-Christian: Die Geschichte der HJ. Wege und Irrwege einer Generation. Köln 1968

Braun, Otto: Von Weimar zu Hitler. 2. Aufl. New York 1940

Breuer, Wilhelm M.: Deutschland in der Weltwirtschaftskrise 1929/1932. Köln 1974

Bronder, Dietrich: Bevor Hitler kam. Eine historische Studie. Hannover 1964

Broszat, Martin/Elke Fröhlich/Falk Wiesemann (Hsg.): Bayern in der NS-Zeit. Soziale Lage und politisches Verhalten der Bevölkerung im Spiegel vertraulicher Berichte. München 1977

Broszat, Martin: Der Staat Hitlers. Grundlegung und Entwicklung seiner inneren Verfassung. 9. Aufl. München 1981

Broszat, Martin/Horst Möller (Hsg.): Das Dritte Reich. Herrschaftsstruktur und Geschichte. München 1983

Broszat, Martin: Die Machtergreifung. Der Aufstieg der NSDAP und die Zerstörung der Weimarer Republik. München 1984

Broszat, Martin/Klaus-Dietmar Henke/Hans Woller (Hsg.): Von Stalingrad zur Währungsreform. Zur Sozialgeschichte des Umbruchs in Deutschland. München 1988

Brüning, Heinrich: Memoiren 1918-1934. Stuttgart 1970

Brüning, Heinrich: Briefe und Gespräche 1934-1945. Hsg. Claire Nix. Stuttgart 1974

Burckhardt, Jacob: Weltgeschichtliche Betrachtungen. Stuttgart 1969

Ciolek-Kümper, Jutta: Wahlkampf in Lippe. Die Wahlkampfpropaganda der NSDAP zur Landtagswahl am 15. Januar 1933. München 1976

Corino, Karl (Hsg.): Intellektuelle im Bann des Nationalsozialismus. Hamburg 1980

Craig, Gordon A.: Deutsche Geschichte 1866-1945. Vom Norddeutschen Bund bis zum Ende des Dritten Reiches. München 1980

Czichon, Eberhard: Wer verhalf Hitler zur Macht? Zum Anteil der deutschen Industrie an der Zerstörung der Weimarer Republik. 2. Aufl. Köln 1971

Cziffra, Géza von: Es war eine rauschende Ballnacht. Eine Sittengeschichte des deutschen Films. München 1985

Dahrendorf, Ralf: Gesellschaft und Demokratie in Deutschland. München 1965

Dederke, Karlheinz: Reich und Republik. Deutschland 1917-1933. In Verbindung mit dem Institut für Zeitgeschichte München. 3. Aufl. Stuttgart 1978

Denkler, Horst/Karl Prümm (Hsg.): Die deutsche Literatur im Dritten Reich. Themen-Traditionen-Wirkungen. Stuttgart 1976

Denkler, Horst/Eberhard Lämmert (Hsg.): „Das war ein Vorspiel nur..." Berliner Colloquium zur Literaturpolitik im Dritten Reich. Berlin 1985

Deuerlein, Ernst (Hsg.): Der Aufstieg der NSDAP in Augenzeugenberichten. Düsseldorf 1968

Deuerlein, Ernst: Deutsche Kanzler von Bismarck bis Hitler. München 1968

Deuerlein, Ernst: Hitler. Eine politische Biographie. München 1969

Diwald, Hellmut: Geschichte macht Mut. Erlangen 1989

Dohnanyi, Klaus von: Brief an die Deutschen Demokratischen Revolutionäre. München 1990

Domarus, Max: Hitler. Reden und Proklamationen 1932-1945. Kommentiert von einem deutschen Zeitgenossen. Bd. I: Triumph 1932-1938. Bd. II: Untergang 1939-1945. Würzburg 1963

Domarus, Wolfgang: Nationalsozialismus, Krieg und Bevölkerung. Untersuchungen zur Lage, Volksstimmung und Struktur in Augsburg während des Dritten Reiches. München 1977

Dorpalen, Andreas: Hindenburg in der Geschichte der Weimarer Republik. Berlin 1966

Dröge, Franz: Der zerredete Widerstand. Zur Soziologie und Publizistik des Gerüchts im 2. Weltkrieg. Düsseldorf 1970

Ebermayer, Erich: „denn heute gehört uns Deutschland..." Persönliches und politisches Tagebuch. Von der Machtergreifung bis zum 31. Dezember 1935. Hamburg 1959

Ebermayer, Erich: „... und morgen die ganze Welt". Erinnerungen an Deutschlands dunkle Zeit. Bayreuth 1966

Eich, Hermann: Die unheimlichen Deutschen. Düsseldorf 1963

Eichholtz, Dietrich/Wolfgang Schumann (Hsg.): Anatomie des Krieges. Neue Dokumente über die Rolle des deutschen Monopolkapitals bei der Vorbereitung und Durchführung des zweiten Weltkrieges. Berlin (Ost) 1969

Engelmann, Bernt: Das Reich zerfiel, die Reichen blieben. Deutschlands Geld- und Machtelite. Mit Rangliste der 500 großen alten Vermögen. Hamburg 1972

Engelmann, Bernt: Einig gegen Recht und Freiheit. Deutsches Anti-Geschichtsbuch. 2. Teil. München 1975

Engelmann, Bernt: Wie wir wurden, was wir sind. Von der bedingungslosen Kapitulation bis zur unbedingten Wiederbewaffnung. München 1980

Engelmann, Bernt: Im Gleichschritt marsch. Wie wir die Nazizeit erlebten 1933-1939. Köln 1982

Engelmann, Bernt: Bis alles in Scherben fällt. Wie wir die Nazizeit erlebten 1939-1945. Köln 1983

541

Erbe, René: Die nationalsozialistische Wirtschaftspolitik im Lichte der modernen Theorie. Zürich 1958

Erdmann, Karl Dietrich: Die Zeit der Weltkriege. In: Bruno Gebhardt, Handbuch der Deutschen Geschichte. Bd. 4/1: Der erste Weltkrieg. Die Weimarer Republik. 9. Aufl. Stuttgart 1973. Bd. 4/2: Deutschland unter der Herrschaft des Nationalsozialismus 1933-1945. Der zweite Weltkrieg. 9. Aufl. Stuttgart 1976

Eschenhagen, Wieland (Hsg.): Die „Machtergreifung". Tagebuch einer Wende nach Presseberichten vom 1. Januar bis 6. März 1933. Darmstadt 1982

Exner, Franz: Kriminologie. 3. Aufl. Berlin 1949

Eyck, Erich: Geschichte der Weimarer Republik. Bd. 1: Vom Zusammenbruch des Kaisertums bis zur Wahl Hindenburgs. Bd. 2: Von der Konferenz von Locarno bis zu Hitlers Machtübernahme. 4. Aufl. Zürich 1962

Fabry, Philipp Walter: Mutmaßungen über Hitler. Urteile von Zeitgenossen. Düsseldorf 1969

Falter, Jürgen/Thomas Lindenberger/Siegfried Schumann: Wahlen und Abstimmungen in der Weimarer Republik. Materialien zum Wahlverhalten 1919-1933. München 1986

Fest, Joachim C.: Hitler. Eine Biographie. Berlin 1973

Feuchter, Georg Wilhelm: Der Luftkrieg. 3. Aufl. Frankfurt 1964

Finck, Renate: Mit uns zieht die neue Zeit. Nachwort Inge Aichinger. Baden-Baden 1979

Fischer, Wolfram: Deutsche Wirtschaftspolitik 1918-1945. 3. Aufl. Opladen 1968

Fraenkel, Heinrich: Lebewohl, Deutschland. Hannover 1960

Frank, Hans: Im Angesicht des Galgens. Deutung Hitlers und seiner Zeit auf Grund eigener Erlebnisse und Erkenntnisse. München 1953

Frankl, Viktor Emil: Der Wille zum Sinn. Ausgewählte Vorträge über Logotherapie. Bern 1972

Franz, Otmar (Hsg.): Was weiter wirkt. Beiträge zur Geschichte des 20. Jahrhunderts. Stuttgart 1971

Fraschka, Günter: Das letzte Aufgebot. Vom Sterben der deutschen Jugend. Rastatt 1960

Frauenfeld, Alfred E.: Und trage keine Reu'. Vom Wiener Gauleiter zum Generalkommissar der Krim. Erinnerungen und Aufzeichnungen. Leoni 1978

Frei, Norbert/Johannes Schmitz: Journalismus im Dritten Reich. München 1989

Freund, Michael: Deutsche Geschichte. Gütersloh 1960

Friedländer, Saul: Kitsch und Tod. Der Widerschein des Nazismus. München 1984

Friemert, Chup: Produktionsästhetik im Faschismus. Das Amt „Schönheit der Arbeit" von 1933 bis 1939. Vorwort Wolfgang Fritz Haug. München 1980

Funke, Manfred: Universität und Zeitgeist im Dritten Reich. Eine Betrachtung zum politischen Verhalten von Gelehrten. In: Aus Politik und Zeitgeschichte. Beilage zu „Das Parlament", Bonn, 22. März 1986

Galéra, Karl Siegmar von: Deutschlands Schicksalsweg 1919-1939. Nachschlagewerk zur deutschen Geschichte. Berlin 1940

Giesler, Hermann: Ein anderer Hitler. Erlebnisse-Gespräche-Reflexionen. Leoni 1977

Giordano, Ralph: Die zweite Schuld oder Von der Last Deutscher zu sein. Hamburg 1987

Gisevius, Hans Bernd: Adolf Hitler. Versuch einer Deutung. München 1963

Glaser, Hermann: Sigmund Freuds Zwanzigstes Jahrhundert. Seelenbilder einer Epoche. Materialien und Analysen. München 1976

Glaser, Hermann (Hsg.): Siegreich bis zum Untergang. Anfang und Ende des Dritten Reiches in Augenzeugenberichten. Freiburg 1983

Goebbels, Joseph: Tagebücher aus den Jahren 1942/43. Hsg. Louis P. Lochner. Zürich 1948

Goebbels, Joseph: Reden. Bd. 1: 1932-1939. Bd. 2: 1939-1945. Hsg. Helmut Heiber, Düsseldorf 1971-1972

Goebbels, Joseph: Tagebücher 1945. Einführung Rolf Hochhuth. Hamburg 1977

Görlitz, Walter: Der Zweite Weltkrieg. Bd. I-II. Stuttgart 1951-1952

Görlitz, Walter: Geldgeber der Macht. Wie Hitler, Lenin, Mao Tsetung, Mussolini, Stalin, Tito ihren Aufstieg zur Macht finanzierten. Einleitung Werner Maser. Düsseldorf 1976

Grieser, Utho: Himmlers Mann in Nürnberg. Der Fall Benno Martin: Eine Studie zur Struktur des Dritten Reiches in der „Stadt der Reichsparteitage." Nürnberg 1974

Grosser, Alfred (Hsg.): Wie war es möglich? Die Wirklichkeit des Nationalsozialismus. Neue Studien. München 1977

Grunberger, Richard: Das zwölfjährige Reich. Der deutsche Alltag unter Hitler. Wien 1972

Härtle, Heinrich (Hsg.): Großdeutschland — Traum und Tragödie. Rosenbergs Kritik am Hitlerismus. 2. Aufl. München 1970

Haffner, Sebastian: Anmerkungen zu Hitler. München 1978

Hagen, Louis: Geschäft ist Geschäft. Neun Deutsche unter Hitler. Vorwort Erich Kuby. Hamburg 1969

Hampe, Erich: Der Zivile Luftschutz im Zweiten Weltkrieg. Dokumentation und Erfahrungsbericht über Aufbau und Einsatz. Frankfurt 1963

Hanfstaengl, Ernst: Zwischen Weißem und Braunem Haus. Memoiren eines politischen Außenseiters. München 1970

Heer, Friedrich: Der Glaube des Adolf Hitler. Anatomie einer politischen Religiosität. München 1968

Heiber, Helmut (Hsg.): Hitlers Lagebesprechungen. Die Protokollfragmente seiner militärischen Konferenzen 1942-1945. Stuttgart 1962

Heiber, Helmut: Die Republik von Weimar. 14. Aufl. Stuttgart 1981

Heiden, Konrad: Geschichte des Nationalsozialismus. Die Karriere einer Idee. Berlin 1932

Heiden, Konrad: Adolf Hitler. Bd. I: Das Zeitalter der Verantwortungslosigkeit. Eine Biographie. Zürich 1936. Bd. II: Ein Mann gegen Europa. Eine Biographie. Zürich 1937

Heiden, Konrad: Der Fuehrer. Hitler's Rise to Power. New York 1944

Heim, Heinrich: Adolf Hitler. Monologe im Führerhauptquartier. Hsg. Werner Jochmann. Hamburg 1980

Heller, Gerhard: In einem besetzten Land. NS-Kulturpolitik in Frankreich. Erinnerungen 1940-1944. Köln 1982

Hellferich, Emil: 1932-1946 (IV) Tatsachen. Jever 1969

Hellpach, Willy: Der deutsche Charakter. Bonn 1954

Hennig, Eike (Hsg.): Hessen unterm Hakenkreuz. Studien zur Durchsetzung der NSDAP in Hessen. Frankfurt 1983

Henning, Friedrich-Wilhelm (Hsg.): Probleme der nationalsozialistischen Wirtschaftspolitik. Berlin 1976

Herbert, Ulrich: Fremdarbeiter. Politik und Praxis des „Ausländer-Einsatzes" in der Kriegswirtschaft des Dritten Reiches. Berlin/Bonn 1985

Hertel, Hans: Generation im Aufbruch. Im Herzen das Vaterland. Preußisch Oldendorf 1977

Hesse, Albert: Deutsches Wirtschaftsleben. In: Grundriß der politischen Ökonomie. 2. Aufl. Bd. 1. Jena 1942

Hildebrand, Klaus: Das Dritte Reich. 3. Aufl. München 1987

Hippler, Fritz: Die Verstrickung. Einstellungen und Rückblenden. 2. Aufl. Düsseldorf 1982

Hirschfeld, Gerhard/Lothar Kettenacker (Hsg.): Der „Führerstaat": Mythos und Realität. Studien zur Struktur und Politik des Dritten Reiches. Einleitung Wolfgang J. Mommsen. Stuttgart 1981

Hitler, Adolf: Mein Kampf. Bd. 1: Eine Abrechnung. Bd. 2: Die nationalsozialistische Bewegung. 641.-645. Aufl. München 1941

Hitler, Adolf: Hitlers Zweites Buch. Ein Dokument aus dem Jahre 1928. Hsg. Gerhard L. Weinberg. Stuttgart 1961

Hoegner, Wilhelm: Flucht vor Hitler. Erinnerungen an die Kapitulation der ersten deutschen Republik 1933. München 1977

Höhne, Heinz: Der Orden unter dem Totenkopf. Die Geschichte der SS. Bd. 1-2. Frankfurt 1969

Hörster-Philipps, Ulrike: Konservative Politik in der Endphase der Weimarer Republik. Die Regierung Franz von Papen. Köln 1982

Hoffmann, Heinrich: Hitler wie ich ihn sah. Aufzeichnungen seines Leibfotografen. München 1974

Hoffmann, Hilmar: „Und die Fahne führt uns in die Ewigkeit." Propaganda im NS-Film. Bd. 1. Frankfurt 1988

Hoffmann, Peter: Die Sicherheit des Diktators. Hitlers Leibwachen, Schutzmaßnahmen, Residenzen, Hauptquartiere. München 1975

Hoffmann, Walter Gustav/Josef Heinz Müller: Das deutsche Volkseinkommen 1851-1957. Tübingen 1959

Holl, Karl (Hsg.): Wirtschaftskrise und liberale Demokratie. Das Ende der Weimarer Republik und die gegenwärtige Situation. Göttingen 1978

Homze, Edward L.: Foreign Labor in Nazi Germany. Princeton 1967

Hüttenberger, Peter: Die Gauleiter. Studie zum Wandel des Machtgefüges in der NSDAP. Stuttgart 1969

Irving, David J.C.: Hitler und seine Feldherrn. Berlin 1975

Jäckel, Eberhard: Hitlers Weltanschauung. Entwurf einer Herrschaft. Tübingen 1969

Jäckel, Eberhard/Axel Kuhn (Hsg.): Hitler. Sämtliche Aufzeichnungen 1905-1924. Stuttgart 1980

Jäckel, Eberhard: Hitlers Herrschaft. Vollzug einer Weltanschauung. Stuttgart 1986

Jasper, Gotthard (Hsg.): Von Weimar zu Hitler 1930-1933. Köln 1968

Jochmann, Werner: Im Kampf um die Macht. Hitlers Rede vor dem Hamburger Nationalklub von 1919. Frankfurt 1960

Kehrl, Hans: Krisenmanager im Dritten Reich. 6 Jahre Frieden — 6 Jahre Krieg. Erinnerungen. Düsseldorf 1973

Keller, Bernhard: Das Handwerk im faschistischen Deutschland. Zum Problem der Massenbasis. Köln 1980

Kempka, Erich: Die letzten Tage mit Adolf Hitler. Hsg. Erich Kern. Preußisch Oldendorf 1975

Kempowski, Walter: Haben Sie Hitler gesehen? Deutsche Antworten. Nachwort Sebastian Haffner. München 1973

Kershaw, Ian: Der Hitler-Mythos. Volksmeinung und Propaganda im Dritten Reich. Einführung Martin Broszat. Stuttgart 1980

Ketelsen, Uwe Karsten: Völkisch-nationale und nationalsozialistische Literatur in Deutschland 1890-1945. Stuttgart 1976

Kleßmann, Christoph (Hsg.): Nicht nur Hitlers Krieg. Der Zweite Weltkrieg und die Deutschen. Düsseldorf 1989

Klingler, Walter: Nationalsozialistische Rundfunkpolitik 1942-1945. Organisation, Programm und die Hörer. Baden-Baden 1983.

Klönne, Arno: Jugend im Dritten Reich. Die Hitler-Jugend und ihre Gegner. Dokumente und Analysen. Düsseldorf 1982

Klose, Werner: Hitler und sein Staat. Ein Bericht. 4. Aufl. Tübingen 1979

Knickerbocker, Hubert Renfro: Deutschland – so oder so? Berlin 1932

Koch, Hannsjoachim W.: Geschichte der Hitlerjugend. Ihre Ursprünge und ihre Entwicklung 1922-1945. 2. Aufl. Percha 1979

Koch, Thilo: Die goldenen zwanziger Jahre. Mitarbeit Jürgen Seuss. Frankfurt 1970

Kolb, Eberhard: Die Weimarer Republik. 2. Aufl. München 1988

Koszyk, Kurt: Zwischen Kaiserreich und Republik. Die sozialdemokratische Presse von 1914 bis 1933. Heidelberg 1958

Kranig, Andreas: Arbeitsrecht im NS-Staat. Texte und Dokumente. Köln 1984

Kroll, Gerhard: Von der Weltwirtschaftskrise zur Staatskonjunktur. Berlin 1958

Krüger, Horst: Das zerbrochene Haus. Eine Jugend in Deutschland. 3. Aufl. Hamburg 1976

Kuby, Erich (Hsg.): Das Ende des Schreckens. Dokumente des Untergangs. Januar bis Mai 1945. München 1957

Landmann, Salcia: Der ewige Jude. München 1974

Lang, Jochen von: Der Sekretär. Martin Bormann: Der Mann, der Hitler beherrschte. Stuttgart 1977

Langewiesche, Dieter/Heinz-Elmar Tenorth (Hsg.): Die Weimarer Republik und die nationalsozialistische Diktatur. In: Handbuch der deutschen Bildungsgeschichte. Bd. V 1918-1945. München 1989

Laqueur, Walter: Weimar. Die Kultur der Republik. Frankfurt 1977

Lazar, Imre: Der Fall Horst Wessel. Stuttgart 1980

Lehndorff, Hans Graf von: Ostpreußisches Tagebuch. Ein Bericht aus Ost- und Westpreußen. Dokumentation der Vertreibung. 3. Beiheft. Düsseldorf 1960

Loewy, Ernst: Literatur unterm Hakenkreuz. Das Dritte Reich und seine Dichtung. Eine Dokumentation. 3. Aufl. Frankfurt 1977

Longerich, Peter: Die braunen Bataillone. Geschichte der SA. München 1989

Ludwig, Emil: Hindenburg. Legende und Wirklichkeit. Amsterdam 1935/Hamburg 1962

Lukacs, John: Die Entmachtung Europas. Der letzte europäische Krieg, 1939-1941. Stuttgart 1978

Mann, Golo: Deutsche Geschichte des 19. und 20. Jahrhunderts. Frankfurt 1958/1975

Mann, Golo: Geschichte und Geschichten. Frankfurt 1961

Mann, Thomas: Gesammelte Werke in dreizehn Bänden. Bd. XI bis XIII: Reden und Aufsätze. 2. Aufl. Frankfurt 1974

Martens, Erika: Zur Phänomenologie der Presse im totalitären Regime. Zum Beispiel „Das Reich". Köln 1972

Maschmann, Melita: Fazit. Kein Rechtfertigungsversuch. Stuttgart 1963

Maser, Werner: Die Frühgeschichte der NSDAP. Hitlers Weg bis 1924. Frankfurt 1965. Neuausgabe: Der Sturm auf die Republik. Frühgeschichte der NSDAP. Stuttgart 1973.

Maser, Werner: Das Regime. Alltag in Deutschland 1933-1945. München 1983

Maser, Werner: Hindenburg. Eine politische Biographie. Rastatt 1989

Mason, Timothy W.: Sozialpolitik im Dritten Reich. Arbeiterklasse und Volksgemeinschaft. Köln 1977

Mazière, Christian de la: Ein Traum aus Blut und Dreck. Wien 1972

Megerle, Klaus (Hsg.): Die nationalsozialistische Machtergreifung. Berlin 1982

Megerle, Klaus (Hsg.): Warum gerade die Nationalsozialisten? Berlin 1983

Messerschmidt, Manfred: Die Wehrmacht in der Endphase. Realität und Perzeption. In: Aus Politik und Zeitgeschichte. Beilage zu „Das Parlament", Bonn, 4. August 1989

Mezger, Edmund: Kriminalpolitik und ihre kriminologischen Grundlagen. 3. Aufl. Stuttgart 1944

Michalka, Wolfgang (Hsg.): Die nationalsozialistische Machtergreifung. Paderborn 1984

Middeldorf, Eike: Taktik im Rußlandfeldzug. Erfahrungen und Folgerungen. 2. Aufl. Darmstadt 1956

Möller, Horst: Exodus der Kultur. Schriftsteller, Wissenschaftler und Künstler in der Emigration nach 1933. München 1984

Möller, Horst: Weimar. Die unvollendete Demokratie. München 1985

Mommsen, Hans/Dietmar Petzina/Bernd Weisbrod (Hsg.): Industrielles System und politische Entwicklung in der Weimarer Republik. Verhandlungen des Internationalen Symposiums in Bochum vom 12. bis 17. Juni 1973. Düsseldorf 1974

Mommsen, Hans/Susanne Willems (Hsg.): Herrschaftsalltag im Dritten Reich. Düsseldorf 1988

Mueller-Hillebrand, Burkhart: Das Heer 1933-1945. Bd. 3: Der Zweifrontenkrieg. Das Heer vom Beginn des Feldzuges gegen die Sowjetunion bis zum Kriegsende. Frankfurt 1969

Münkler, Herfried: Machtzerfall. Die letzten Tage des Dritten Reiches dargestellt am Beispiel der hessischen Kreisstadt Friedberg. Berlin 1985

Muhlen, Norbert: Die Krupps. Frankfurt 1960

Murawski, Erich: Die Eroberung Pommerns durch die Rote Armee. Boppard 1969

Neumann, Sigmund: Die Parteien der Weimarer Republik. Berlin 1932. Hsg. Karl Dietrich Bracher. Stuttgart 1965

Niekisch, Ernst: Das Reich der niederen Dämonen. Eine Abrechnung mit dem Nationalsozialismus. Hamburg 1953/Berlin 1980

Niekisch, Ernst: Erinnerungen eines deutschen Revolutionärs. Bd. 1: Gewagtes Leben. 1889-1945. Bd. 2: Gegen den Strom. 1945-1967. Köln 1974

Nolte, Ernst: Die Krise des liberalen Systems und die faschistischen Bewegungen. München 1968

Nussbaum, Manfred: Wirtschaft und Staat in Deutschland während der Weimarer Republik. Berlin (Ost)/Vaduz 1978

Olden, Rudolf: Hitler. Amsterdam 1935

Oven, Wilfred von: Mit Goebbels bis zum Ende. Bd. I-II. Buenos Aires 1949-1950

Pätzold, Kurt/Manfred Weißbecker: Geschichte der NSDAP 1920-1945. Köln 1981

Paul, Wolfgang: Der Endkampf um Deutschland. 2. Aufl. Esslingen 1978

Paul, Wolfgang: Das Feldlager. Jugend zwischen Langemarck und Stalingrad. 2. Aufl. Esslingen 1979

Paul, Wolfgang: Der Heimatkrieg 1939 bis 1945. Esslingen 1980

Pauleikhoff, Bernhard: Situation und Persönlichkeit in der Diagnostik und Therapie. Basel 1968

Pentzlin, Heinz: Hjalmar Schacht. Leben und Wirken einer umstrittenen Persönlichkeit. Berlin 1980

Pentzlin, Heinz: Die Deutschen im Dritten Reich. Nationalsozialisten-Mitläufer-Gegner. Stuttgart/Herford 1985

Petzina, Dietmar: Autarkiepolitik im Dritten Reich. Der nationalsozialistische Vierjahresplan. Stuttgart 1968

Petzina, Dietmar: Die deutsche Wirtschaft in der Zwischenkriegszeit. Wiesbaden 1977

Peukert, Detlev/Jürgen Reulecke (Hsg.): Die Reihen fast geschlossen. Beiträge zur Geschichte des Alltags unterm Nationalsozialismus. Mitarbeit Adelheid Gräfin zu Castell Rüdenhausen. Wuppertal 1981

Peukert, Detlev: Volksgenossen und Gemeinschaftsfremde. Anpassung und Aufbegehren unter dem Nationalsozialismus. Köln 1982

Picker, Henry: Hitlers Tischgespräche im Führerhauptquartier. Vollständig überarbeitete und erweiterte Neuausgabe mit bisher unbekannten Selbstzeugnissen Adolf Hitlers, Abbildungen, Augenzeugenberichten und Erläuterungen des Autors. Hitler wie er wirklich war. Stuttgart 1976

Plehwe, Friedrich-Karl von: Reichskanzler Kurt von Schleicher. Weimars letzte Chance gegen Hitler. Esslingen 1983

Preis, Kurt: München unterm Hakenkreuz. Die Hauptstadt der Bewegung: Zwischen Pracht und Trümmern. München 1980

Preiß, Heinz (Hsg.): Adolf Hitler in Franken. Reden aus der Kampfzeit. o.O. (Nürnberg) o.J. (1939)

Preller, Ludwig: Sozialpolitik in der Weimarer Republik. Stuttgart 1949

Pritzkoleit, Kurt: Bosse, Banken, Börsen. Herren über Geld und Wirtschaft. München 1954

Pritzkoleit, Kurt: Berlin. Ein Kampf ums Leben. Düsseldorf 1962

Pritzkoleit, Kurt: Das kommandierte Wunder. Deutschlands Weg im 20. Jahrhundert. Frankfurt 1962

Pritzkoleit, Kurt: Gott erhält die Mächtigen. Rück- und Rundblick auf den deutschen Wohlstand. Düsseldorf 1963

Rabenalt, Arthur Maria: Joseph Goebbels und der „Großdeutsche" Film. Ausgewählt, durch historische Fakten ergänzt und hsgg. von Herbert Holba. München 1985

Rebentisch, Dieter: Persönlichkeitsprofil und Karriereverlauf der nationalsozialistischen Führungskader in Hessen 1928-1945. Marburg 1983

Reck-Malleczewen, Friedrich Percival: Tagebuch eines Verzweifelten. Vorwort Klaus Harpprecht. Stuttgart 1966

Recker, Maria Luise: Nationalsozialistische Sozialpolitik im Zweiten Weltkrieg. München 1985

Reich-Ranicki, Marcel (Hsg.): Meine Schulzeit im Dritten Reich. Erinnerungen deutscher Schriftsteller. Köln 1982

Reinecker, Herbert: Ein Zeitbericht unter Zuhilfenahme des eigenen Lebenslaufs. Erlangen 1990

Ritter, Gerhard: Carl Goerdeler und die deutsche Widerstandsbewegung. 3. Aufl. Stuttgart 1956

Rose, Arno: Werwolf 1944-1945. Eine Dokumentation. Stuttgart 1980

Rosenberg, Alfred: Der Mythus des 20. Jahrhunderts. Eine Wertung der seelisch-geistigen Gestaltenkämpfe unserer Zeit. München 1930

Rudel, Hans-Ulrich: Aus Krieg und Frieden. Aus den Jahren 1945 und 1952. Göttingen 1954

Ruge, Wolfgang: Hindenburg. Porträt eines Militaristen. 4. Aufl. Berlin (Ost) 1980

Ruge, Wolfgang: Hitler, Weimarer Republik und Machtergreifung. Eine politische Karriere und ihr Hintergrund 1918 bis 1933. Berlin (Ost)/Köln 1983

Ruhl, Klaus-Jörg (Hsg): Deutschland 1945. Alltag zwischen Krieg und Frieden in Berichten, Dokumenten und Bildern. Darmstadt/Neuwied 1984

Rumpf, Hans: Das war der Bombenkrieg. Deutsche Städte im Feuersturm. Ein Dokumentarbericht. Oldenburg 1961

Ruppin, Arthur: Soziologie der Juden. Bd. 1-2. Berlin 1930-1931

Sachse, Carola/Tilly Siegel/Hasso Spode/Wolfgang Spohn: Angst, Belohnung, Zucht und Ordnung. Herrschaftsmechanismen im Nationalsozialismus. Einleitung Timothy W. Mason. Opladen 1982

Safrian, Hans/Hans Witek (Hsg.): Und keiner war dabei. Dokumente des alltäglichen Antisemitismus in Wien 1938. Wien 1988

Saldern, Adelheid von: Mittelstand im „Dritten Reich". Handwerker-Einzelhändler-Bauern. Frankfurt 1979

550

Sauermann, Uwe: Ernst Niekisch und der revolutionäre Nationalismus. München 1985

Schäfer, Hans Dieter: Das gespaltene Bewußtsein. Über deutsche Kultur und Lebenswirklichkeit 1933-1945. Berlin 1984

Schaumburg-Lippe, Friedrich Christian Prinz zu: Damals fing das Neue an. Erlebnisse und Gedanken eines Gefangenen 1945-1948. Hannover 1969

Schenck, Ernst-Günther: Das menschliche Elend im 20. Jahrhundert. Eine Pathographie der Kriegs-, Hunger- und politischen Katastrophen Europas. Herford 1965

Schenck, Ernst-Günther: Ich sah Berlin sterben. Als Arzt in der Reichskanzlei. Herford 1970

Scheurig, Bodo: Ewald von Kleist-Schmenzin. Ein Konservativer gegen Hitler. Oldenburg 1968

Scheurig, Bodo: Spiegelbilder der Zeitgeschichte. Oldenburg 1978

Schewe, Heinz: Jahrgang 1921. Waren das die besten Jahre? Hamburg 1975

Schieder, Theodor: Einsichten in die Geschichte. Berlin 1980

Schirach, Baldur von: Ich glaubte an Hitler. Hamburg 1967

Schirach, Henriette von: Der Preis der Herrlichkeit. Erlebte Zeitgeschichte. München 1976

Schlange-Schöningen, Hans: Am Tage danach. Hamburg 1946

Schmidt, Matthias: Albert Speer: Das Ende eines Mythos. Aufdeckung einer Geschichtsverfälschung. München 1983

Schoenbaum, David: Die braune Revolution. Eine Sozialgeschichte des Dritten Reiches. Köln 1968

Schönhuber, Franz: Ich war dabei. München 1981

Schoeps, Hans-Joachim: Zeitgeist der Weimarer Republik. Stuttgart 1968

Schultz, Jürgen: Die Akademie für Jugendführung der Hitlerjugend in Braunschweig. Braunschweig 1978

Schulz, Gerhard: Aufstieg des Nationalsozialismus. Krise und Revolution in Deutschland. Berlin 1975

Schulz, Gerhard: Deutschland seit dem Ersten Weltkrieg 1918-1945. Göttingen 1976

Schulze, Hagen: Freikorps und Republik 1918-1920. Boppard 1969

Schulze, Hagen: Weimar. Deutschland 1917-1933. Berlin 1982

Schulze, Hagen: Die Versuchung des Absoluten. Zur deutschen politischen Kultur im 19. und 20. Jahrhundert. In: Aus Politik und Zeitgeschichte. Beilage zu „Das Parlament", Bonn, 18. Februar 1984

Schumann, Hans-Gerd: Nationalsozialismus und Gewerkschaftsbewegung. Die Vernichtung der deutschen Gewerkschaften und der Aufbau der „Deutschen Arbeitsfront". Hannover 1958

Schwarzschild, Leopold: Die letzten Jahre vor Hitler. Aus dem „Tagebuch" 1929-1933. Hsg. Valerie Schwarzschild. Hamburg 1966

Schwerin-von Krosigk, Lutz Graf: Es geschah in Deutschland. Menschenbilder unseres Jahrhunderts. Tübingen 1951

Schwinge, Erich: Bilanz der Kriegsgeneration. Ein Beitrag zur Geschichte unserer Zeit. 2. Aufl. Marburg 1979

Sethe, Paul: Deutsche Geschichte im letzten Jahrhundert. 4. Aufl. Frankfurt 1963

Siedler, Wolf Jobst: Weder Maas noch Memel. Ansichten vom beschädigten Deutschland. Stuttgart 1982

Smelser, Ronald: Robert Ley. Hitlers Mann an der „Arbeitsfront". Eine Biographie. Paderborn 1989

Smelser, Ronald/Rainer Zitelmann (Hsg.): Die braune Elite. 22 biographische Skizzen. Darmstadt 1989

Somary, Felix: Erinnerungen aus meinem Leben. 2. Aufl. Zürich 1959

Speer, Albert: Erinnerungen. Berlin 1969

Spengler, Oswald: Der Untergang des Abendlandes. Umrisse einer Morphologie der Weltgeschichte. München 1919-1922. Vollständige Ausgabe in einem Band. München 1963

Spengler, Oswald: Jahre der Entscheidung. Deutschland und die weltgeschichtliche Entwicklung. München 1933/Taschenbuchausgabe München 1961

Sperling, Hans: Die Ernährung in Physiologie und Volkswirtschaft. Berlin 1955

Spetzler, Eberhard: Luftkrieg und Menschlichkeit. Die völkerrechtliche Stellung der Zivilpersonen im Luftkrieg. Göttingen 1956

Stachura, Peter D. (Ed.): The Shaping of the Nazi State. London 1978

Statistisches Reichsamt: Statistisches Jahrbuch 1934. Berlin 1935

Stegmann, Dirk/Bernd-Jürgen Wendt/Peter-Christian Witt: Industrielle Gesellschaft und politisches System. Beiträge zur politischen Sozialgeschichte. Festschrift für Fritz Fischer zum 70. Geburtstag. Bonn 1978

Steinbach, Lothar: Ein Volk, ein Reich, ein Glaube? Ehemalige Nationalsozialisten und Zeitzeugen berichten über ihr Leben im Dritten Reich. Berlin/Bonn 1983

Steinert, Marlis G.: Die 23 Tage der Regierung Dönitz. Düsseldorf 1967

Steinert, Marlis G.: Hitlers Krieg und die Deutschen. Stimmung und Haltung der deutschen Bevölkerung im Zweiten Weltkrieg. Düsseldorf 1970

Steinhausen, Georg: Deutsche Geistes- und Kulturgeschichte von 1870 bis zur Gegenwart. Halle 1931

Steinhoff, Johannes/Peter Pechel/Dennis Showalter (Hsg.): Deutsche im Zweiten Weltkrieg. Zeitzeugen sprechen. Geleitwort Helmut Schmidt. München 1989

Stellrecht, Helmut: Adolf Hitler − Heil und Unheil. Die verlorene Revolution. Tübingen 1974

Stephenson, Jill: Women in Nazi Society. London 1975

Stolper, Gustav/Karl Häuser/Knut Borchardt: Deutsche Wirtschaft seit 1870. 2. Aufl. Tübingen 1966

Strothmann, Dietrich: Nationalsozialistische Literaturpolitik. Ein Beitrag zur Publizistik im Dritten Reich. 2. Aufl. Bonn 1963

Studnitz, Hans-Georg von: Als Berlin brannte. Diarium der Jahre 1943-1945. Stuttgart 1963

Stürmer, Michael (Hsg.): Die Weimarer Republik. Belagerte Civitas. Königstein 1980

Swatek, Dieter: Unternehmenskonzentration als Ergebnis und Mittel nationalsozialistischer Wirtschaftspolitik. Berlin 1972

Sywottek, Jutta: Mobilmachung für den totalen Krieg. Die propagandistische Vorbereitung der deutschen Bevölkerung auf den Zweiten Weltkrieg. Opladen 1976

Thamer, Hans-Ulrich: Verführung und Gewalt. Deutschland 1933-1945. Berlin 1986

Thieß, Frank: Jahre des Unheils. Fragmente erlebter Geschichte. Wien/Hamburg 1972

Toland, John: Adolf Hitler. Bergisch Gladbach 1977

Treue, Wilhelm: Wirtschaftsgeschichte der Neuzeit. Bd. II. 3. Aufl. Stuttgart 1973

Treue, Wolfgang/Jürgen Schmädeke: Deutschland 1933. Machtzerfall der Demokratie und nationalsozialistische „Machtergreifung". Eine Vortragsreihe. Einführungsreferat Walther Hofer. Berlin 1984

Tröger, Jörg (Hsg.): Hochschule und Wissenschaft im Dritten Reich. Frankfurt 1986

Turner, Jr., Henry Ashby: Faschismus und Kapitalismus in Deutschland. Studien zum Verhältnis zwischen Nationalsozialismus und Wirtschaft. Göttingen 1972

Turner, Jr., Henry Ashby: Die Großunternehmer und der Aufstieg Hitlers. Berlin 1985

Tyrell, Albrecht: Führer befiehl... Selbstzeugnisse aus der „Kampfzeit" der NSDAP. Dokumentation und Analyse. Düsseldorf 1969

Uexküll, Gösta von: Prozeß gegen Deutschland. War Hitler im Recht? Düsseldorf 1974

Vogelsang, Reinhard: Der Freundeskreis Himmler. Göttingen 1972

Wahl, Karl: Patrioten oder Verbrecher. Aus fünfzigjähriger Praxis, davon siebzehn Jahre als Gauleiter. Heusenstamm 1973

War ich ein Nazi? Beiträge von Joachim Günther, Hans Egon Holthusen, Hans Hellmuth Kirst, Rudolf Krämer-Badoni, Alexander Lernet-Holenia, Jens Rehn, Heinz Winfried Sabais, Hermann Stahl, Wolfgang Weyrauch. Einleitung Ludwig Marcuse. München 1968

Webster, Charles/Noble Frankland: The Strategic Air Offensive against Germany, 1939-1945. Vol. 1-4. London 1961

Winkel, Harald (Hsg.): Finanz- und wirtschaftspolitische Fragen der Zwischenkriegszeit. Berlin 1973

Winkler, Heinrich August: Liberalismus und Antiliberalismus. Studien zur politischen Sozialgeschichte des 19. und 20. Jahrhunderts. Göttingen 1979

Winnig, August: Aus zwanzig Jahren. 1925 bis 1945. Hamburg 1951

Wistrich, Robert: Wer war wer im Dritten Reich. Eine biographisches Lexikon. Anhänger, Mitläufer, Gegner aus Politik, Wirtschaft, Militär, Kunst und Wissenschaft. Frankfurt 1987

Worringer, Wilhelm: Fragen und Gegenfragen. Schriften zum Kunstproblem. München 1956

Wortmann, Michael: Baldur von Schirach. Hitlers Jugendführer. Köln 1982

Wuermeling, Henric L.: Die weiße Liste. Umbruch der politischen Kultur in Deutschland 1945. Frankfurt 1981

Wulff, Wilhelm Th. H.: Tierkreis und Hakenkreuz. Als Astrologe an Himmlers Hof. Gütersloh 1968

Wurm, Franz Friedrich: Wirtschaft und Gesellschaft in Deutschland 1848-1948. Opladen 1969

Ziemer, Gerhard: Inflation und Deflation zerstören die Demokratie. Lehren aus dem Schicksal der Weimarer Republik. Stuttgart 1971

Ziesel, Kurt: Die verratene Demokratie. 2. Aufl. München 1961

Zischka, Anton: Sieg der Arbeit. Geschichte des fünftausendjährigen Kampfes gegen Unwissenheit und Sklaverei. Leipzig 1941

Zitelmann, Rainer: Hitler. Selbstverständnis eines Revolutionärs. 2. Aufl. Stuttgart 1989

Zitelmann, Rainer: Adolf Hitler. Eine politische Biographie. 2. Aufl. Göttingen 1989

Zmarzlik, Hans-Günter: Wieviel Zukunft hat unsere Vergangenheit? Aufsätze und Überlegungen eines Historikers vom Jahrgang 1922. München 1970

Zuckmayer, Carl: Als wär's ein Stück von mir. Horen der Freundschaft. Frankfurt 1966

Zumpe, Lotte: Wirtschaft und Staat in Deutschland 1933 bis 1945. Berlin (Ost)/Vaduz 1980

Zweig, Stefan: Die Welt von gestern. Erinnerungen eines Europäers. Stockholm 1942/Frankfurt 1952

Personenregister

Brentano, Bernard von 115
Broch, Hermann 116
Brod, Hermann 116
Bronnen, Arnolt 116, 303
Brüning, Heinrich 43, 52, 96, 135, 137, 155f, 284, 382, 401f, 445
Brunner, Emil 23
Bucerius, Gerd 137, 153
Buchheim, Lothar-Günther 146
Bücher, Hermann 248
Bütefisch, Heinrich 255
Bultmann Rudolf 23
Bumke, Erwin 186

Canaris, Wilhelm 413
Carossa, Hans 117, 144
Caspar, Horst 122, 505
Céline, Louis-Ferdinand 32
Cézanne, Paul 190
Chagall, Marc 191
Chamberlain, Sir Austen 62
Chamberlain, Neville 155, 158
Charell, Eric 26
Churchill, Winston 62, 484
Claudius, Hermann 51, 116
Clausewitz, Carl von 501
Codreanu, Corneliu Z. 63
Corinth, Lovis 191
Cube, Wilhelm von 146
Csokor, Franz Theodor 116

Dagover, Lil 122, 123
Dahlke, Paul 121
Dahn, Felix 117
Dahrendorf Ralf 84
Daladier, Edouard 155
Darré, Walther R. 237, 285, 288
De Chirico, Giorgio 190
Degrelle, Léon 63
Delp, Alfred 403
Deltgen, René 122, 123
Deutsch, Ernst 112
Diehl, Karl Ludwig 123
Dießl, Gustav 505
Dietl, Eduard 495
Dietrich, Marlene 139

Dietrich, Otto 149
Dingeldey, Eduard 66
Diwald, Hellmut 97ff
Dönhoff, Marion Gräfin 45
Dohm, Will 123
Dohnanyi, Hans von 413
Dollfuß, Engelbert 62f
Dorsch, Käthe 112, 120, 123
Dorsey, Tommy 139
Dräger, Heinrich 209
Dreßler-Andreß, Horst 309, 315
Drieu la Rochelle, Pierre 32
Dulles, Allen W. 250

Ebermayer, Erich 71, 124f, 138, 147, 149, 151, 153, 155, 298, 320, 371, 381, 388, 415
Eggebrecht, Axel 48, 121
Eggebrecht, Jürgen 129
Eich, Günter 118, 128f
Einstein, Albert 102
Eis, Maria 122
Eisbrenner, Werner 121
Ellington, Duke 139
Elser, Johann Georg 411
Engelsing, Herbert 122
Erhard, Ludwig 252, 253f, 422
Ernst, Max 191
Essen, Paul von 75
Esser, Hermann 507
Ettinger, Karl 122

Fallada, Hans 114, 282, 486
Fanck, Arnold 125
Faulhaber, Michael von 328, 402
Feder, Gottfried 231, 284
Fernau, Joachim 146
Fiedler, Erich 122
Finck, Werner 475, 490
Finkenzeller, Heli 123
Fischer, Otto-Christian 252
Flake, Otto 114, 116
Fleißer, Marieluise 486
Flex, Walter 117
Flick, Friedrich 59, 251, 253, 255
Flick, Friedrich-Karl 251
Flick, Otto-Ernst 251

Moser, Hans 122, 123
Mosley, Sir Oswald 63
Münchhausen, Börries von 116
Münchmeyer, Alwin 242
Musil, Robert 116
Mussert, Anton A. 63
Mussolini, Benito 62, 85, 155, 487
Muthesius, Volkmar 146

Napoleon I., Kaiser 88, 135f
Naso, Eckart von 116
Naumann, Hans 104
Naumann, Werner 175, 515
Nebe, Arthur 421
Negri, Pola 26
Nehring, Walther K. 533
Neuber, Anna 437
Neumann, Alfred 109
Neumann, Erich-Peter 146
Neumann, Franz 172f
Neumann, Robert 109
Neumann, Sigmund 31
Niekisch, Ernst 42, 76, 410
Niemöller, Martin 108, 405, 406, 407, 408
Nipkow, Paul 302
Noelle, Elisabeth 146
Nolde, Emil 191, 192f, 198
Noske, Gustav 279
Nostitz, Wallwitz, Helene von 116

Odemar, Fritz 506
Ohlendorf, Otto 172, 254, 421f
Ohser, Erich = plauen, e.o.
Olden, Rudolf 34, 75f
Ossietzky, Carl von 44, 55, 72

Pabst, Georg Wilhelm 115
Pallenberg, Max 26
Pannwitz, Rudolf 109
Papen, Franz von 34, 70, 71, 77, 82, 96, 168, 203
Paquet, Alfons 109
Paulus, Friedrich 483, 497
Perkonig, Friedrich 116

Pfitzner, Hans 22
Picasso, Pablo 20, 191
Pilsudski, Jozef 62
Pinder, Wilhelm 198
Piscator, Erwin 115, 315
Pius XI., Papst 400
Pius XII., Papst 400
Planck, Max 102
plauen, e.o. 146, 476
Poerzgen, Hermann 146
Pohl, Gerhart 114
Polgar, Alfred 116
Ponten, Josef 116
Popitz, Johannes 413
Porsche, Ferdinand 317
Predöhl, Andreas 247
Preysing, Konrad Graf von 403
Pünder, Hermann 137

Quandt, Günter 529
Quandt, Harald 529
Quisling, Vidkun A.L. 63

Raddatz, Carl 121, 475
Rasche, Karl 247
Raschke, Martin 118, 128
Rauschning, Hermann 514
Reck-Malleczewen, Friedrich P. 119
Reemtsma, Philipp F. 247
Reich-Ranicki, Marcel 92, 110
Reichert, Willy 144
Reichwein, Adolf 397
Reinecker, Herbert 498
Reinhardt, Fritz 211
Reinhardt, Max 26, 125
Reinhardt, Friedrich 255
Remarque, Erich Maria 21
Renner, Karl 397
Reusch, Paul 248
Riefenstahl, Leni 125ff
Rilke, Rainer Maria 117
Ringelnatz, Joachim 117
Rivel, Charlie 475
Rivera, Miguel Primo de 62
Rökk, Marika 122, 123, 499
Roenert, Hellmut 255

Spranger, Eduard 146
Staal, Viktor 123
Stahl, Rudolf 252
Stauffenberg, Claus Graf
Schenk von 411, 432
Stauffer, Teddy 139
Stelling, Johannes 75
Stern, Carola 182, 381
Sternberger, Dolf 27, 428
Stinnes, Edmund 250
Stinnes, Hugo 17, 247
Stöckl, Otto 122
Strasser, Gregor 209
Straub, Agnes 112
Strauß, Emil 117
Strauss, Richard 198
Strauß und Torney, Lulu von 116
Strawinski, Igor 20, 139
Streicher, Julius 377, 378
Stresemann, Gustav 35
Strienz, Wilhelm 499f
Stuckart, Wilhelm 383
Stucken, Eduard 116
Stuckenschmidt, Hans Heinz
114
Süßkind, Bruno E.W. 116, 146
Szálasi, Ferenc 280

Tauber, Richard 26
Tessenow, Heinrich 197
Thieß, Frank 119, 410
Thorwald, Jürgen 146
Tietjen, Heinz 198
Todt, Fritz 320
Treitschke, Heinrich von 377
Trenker, Luis 116
Troost, Paul Ludwig 195
Tschechowa, Olga 123
Tucholsky, Kurt 44, 62, 110
Tumler, Franz 116

Uexküll, Gösta von 56
Uhlen, Gisela 123
Unruh, Fritz von 109
Unruh, Walter von 452

Valentin, Karl 475

Veller, Willi „Emmes" 75
Vespermann, Kurt 122
Vits, Ernst Helmut 247, 252
Vögler, Albert 248
Voß, Richard 117
Voss, Wilhelm 255

Waggerl, Karl Heinrich 116
Wahl, Karl 163
Waldau, Gustav 114
Waldmüller, Lizzy 123
Walz, Hans 255
Wapnewski, Peter 388
Wassermann, Jakob 109
Weber, A. Paul 146
Weber, Max 37
Weber, Werner 170
Wegener, Paul 505
Weigel, Hans 116
Weill, Kurt 27
Weinheber, Josef 116
Weinkauff, Hermann 187
Weiser, Grethe 123
Weiss, Ferdl 475
Welk, Ehm 114
Wellershoff, Dieter 346f
Wells, Herbert G. 62
Wels, Otto 96, 395
Werfel, Franz 109
Werner, Ilse 114, 475
Wernicke, Otto 122, 505
Wessely, Paula 123
Westrick, Ludger 247
Weyrauch, Wolfgang 146
Wiechert, Ernst 117
Wieman, Mathias 121, 123
Wiese, Benno von 146
Wilmowsky, Tilo von 248
Winkler, Eugen Gottlob 118
Winnig, August 477
Wirth, Joseph 96, 401
Witzleben, Erwin von 413, 415, 432
Worringer, Wilhelm 188
Wüst, Ida 120
Wurm, Theophil 406, 408